RECUEIL

DES

MÉMOIRES ET DOCUMENTS

DE

L'ACADÉMIE DE LA VAL D'ISÈRE

RECUEIL

DES

MÉMOIRES ET DOCUMENTS

DE

L'ACADÉMIE

DE LA VAL D'ISÈRE

Série des Documents.

1ᵉʳ Volume.

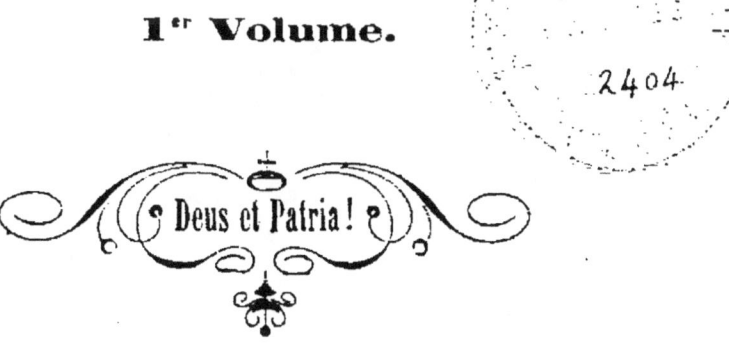

MOUTIERS

MARIN LARACINE, IMPRIMEUR DE L'ACADÉMIE.

1866

AVERTISSEMENT.

Pour faciliter les travaux des membres de l'Académie, et selon l'annonce qui en a été faite, nous livrons à l'impression la première livraison de la seconde série, sous le titre de *Documents*.

Une collection considérable de titres précieux pour l'histoire locale se trouve dans un manuscrit intitulé : *Inventaire des titres essentiels de l'archevêché de Tarentaise.* Nous la plaçons à la tête de cette série parce qu'elle est le plus important débris échappé à la dispersion ou à la destruction de nos archives diocésaines, et qu'elle peut servir d'indicateur fidèle dans la recherche des pièces originales qui s'y trouvent inventoriées.

Cette riche collection sera publiée dans son intégrité, sauf quelques légères modifications dont le lecteur sera toujours prévenu. Rien ne nous fera oublier que la publication de documents inédits exige la plus scrupuleuse exactitude.

Pour rendre possible un contrôle toujours utile en ces matières, nous indiquerons soigneusement les possesseurs des titres que nous publierons, ainsi que leur provenance, quand nous la connaîtrons. Pour faciliter les recherches, les diverses pièces reproduites seront numérotées, et, à la fin de la livraison qui terminera chaque volume, une table fournira le nom des lieux, et une autre, celui des personnes qui y figurent.

Quoique les documents soient loin de lui manquer, la Rédaction compte sur le zèle et l'activité de tous les membres de l'Académie, et fait appel au concours de toutes les volontés, pour retrouver les précieux restes de nos anciennes et si riches archives. Les pièces qu'on aura l'obligeance de lui communiquer seront reçues avec reconnaissance et fidèlement restituées, après qu'elle en aura tiré des copies destinées à la bibliothèque de l'Académie.

Moûtiers, le 1ᵉʳ août 1866.

Le Comité de Rédaction.

INVENTAIRE

Des Titres essentiels de l'Archevêché de Tarentaise.

(Publié par les soins de MM. MILLION et MIÉDAN-GROS Vital.)

INTRODUCTION.

Ce manuscrit, dont l'original écrit en 1665, contient 393 feuillets in-f°, nous a été communiqué avec la plus grande obligeance par M. le vicaire général Berard; il s'y trouve quelques lacunes que nous avons fait disparaître au moyen d'une copie authentique, qui en a été tirée en 1706, par l'ancien sénat, et se trouve déposée aux archives de la Cour Impériale de Chambéry; elle contient 436 feuillets in-f°, et nous en avons obtenu communication par l'intermédiaire de M. le comte A. Greyfié.

En 1665, le siége de Tarentaise étant occupé par Mgr Milliet de Chales, le procureur-fiscal de l'archevêché, Davied, remontra au juge ordinaire, Claude de la Cullaz, que les titres originaux devant souvent être déplacés des archives archiépiscopales, pour être produits devant les tribunaux, pourraient facilement être égarés. En conséquence, il obtint une ordonnance par laquelle le juge donna commission à Jean Cartanas, notaire, de faire des extraits authentiques des pièces les plus importantes, et d'en dresser un inventaire complet. C'est ce travail que nous publions.

Il est divisé en deux parties, dont la première comprend des *transumpts* ou des copies intégrales de quelques chartes principales. La seconde renferme l'*Inventaire* proprement dit ; il est classé selon l'ordre des armoires des anciennes archives, situées au second étage de celui des clochers de la cathédrale qui touche à la cour de l'évêché.

Nous donnerons l'idée complète de cette classification, en disant que cette vaste salle voûtée et fermée de deux portes de fer, contient une immense armoire divisée en 25 compartiments carrés, sur les portes desquels on lit les titres suivants :

I. Imperialia.
II. Papalia.
III. Ducalia.
IV. Munsterium.
V. Ecclesia et capitulum.
VI. Alta curia.
VII. Mandamentum Bastiæ.
VIII. Bosellum.
IX. Sanctum Bonum.
X. Bellifortis.
XI. Bellevillæ.
XII. Cleriaci et Turnonis.
XIII. Mandamentum sancti Jacobi.
XIV. Homagia nobilium.
XV. Allodiorum et Perreriæ
XVI. Visitationes et Synodalia.
XVII. Sion et Aost.
XVIII. Sanctum sepulchrum
XIX. Naves.
XX. Seminarium.
XXI. . . . . . .
XXII. Tours.
XXIII. . . . . .
XXIV. . . . . .
XXV. Mensa episcopalis.

L'Inventaire contient les pièces qui se trouvaient classées dans cette armoire en 1665. Mais plusieurs de ces titres, ceux surtout relatifs aux droits féodaux, furent transmis aux archives de Cour à Turin en 1772, par suite de la cession du Comté que fit Mgr de Rolland en faveur du roi, et de la transaction passée à cet effet le 26 juin 1769. Nous avons une note authentique des papiers qui furent ainsi remis au commissaire Léger, par délégation de l'intendant général Blanchet, et nous les marquerons d'un astérisque dans l'Inventaire que nous allons transcrire.

Il nous reste à prévenir les lecteurs des légères modifications que nous avons cru utile d'introduire dans cette publication.

1° Pour la partie qui contient les transumpts, quand nous posséderons les titres originaux ou que nous en retrouverons la copie dans des ouvrages déjà publiés, nous indiquerons soigneusement les variantes qui s'y trouveront.

2° Les lacunes ou les mots illisibles seront indiqués par des points.

3° Pour la partie qui ne contient que l'indication sommaire des pièces inventoriées, nous supprimerons quelques redites complètement inutiles, et nous adopterons l'orthographe moderne, sauf pour les noms de lieux et de personnes.

4° Quand nous posséderons *in-extenso* les titres qui y sont cotés, nous les y transcrirons en l'indiquant.

Iʳᵉ PARTIE.

TRANSUMPTS.

I.

TRANSUMPTUM PRIVILEGIORUM AB IMPERATORIBUS
ECCLESIÆ TARANTASIENSI CONCESSORUM.

1° *Donation du Comté par Rodolphe, roi de Bourgogne.*
2° *Investiture du temporel de l'archevêché, par l'empereur Frédéric II.*
3° *Investiture du même temporel, par l'empereur Henri VI.*

(An. 996-1226-1196.)

In nomine Domini amen. Per hoc præsens publicum instrumentum cunctis appareat evidenter quod nos, Joannes Domicelli archidiaconus et officialis curiæ Tarantasiensis pro reverendissimo in Christo Patre et Domino Domino Joanne Dei et apostolicæ sedis gratia Tarantasiensi Archiepiscopo, in judicio more majorum pro tribunali sedentes, vidimus et diligenter inspeximus duo privilegia in pargameno scripta : unum videlicet bonæ memoriæ Domini Rodulphi æterni judicis misericordia regis, ipsius sigillo authentico in cera alba in fine ipsius privilegii, prope signum in eodem privilegio descriptum infixo sigillatum, in quo quidem sigillo descripta erat imago ipsius quondam Domini regis tenens in manu sinistra sceptrum et in dextra lillium, et in capite portans coronam regiam, et in eodem sigillo circumcirca imaginem regiam, scripta erant hæc verba : *Rodulphus pius rex*. Aliud vero privilegium Domini Friderici Imperatoris, ipsius sigillo aureo impendenti cum corduno sirici viridis et crocei coloris sigillatum, in una cujus dicti sigilli parte effigies imperatoriæ majestatis sedentis in trono tenentisque in manu dextra crucem, et in sinistra sceptrum apparebat, et circumcirca *Fridericus Dei gratia Romanorum Imperator et semper augustus* legebatur; in altera vero dicti sigilli parte, similitudo cujusdam castri videbatur, cujus castri circumscriptio erat : *Roma caput mundi regit orbis frena rotundi*; quorumquidem privilegiorum seu litterarum tenor primi sequitur sub his verbis :

N. 1.

— In nomine sanctæ et individuæ Trinitatis. Rodulphus œterni judicis misericordia Rex.—Dum (1) in primordio christianæ religionis constituti sunt reges, ecclesiarum sollicitudinem curamque pontificum Deo famulantium considerantes, augmentando terrarum donis, pontificatus quamplures ad summam duxerunt dignitatem. Nos quidem exempla priorum perpendentes ac molem nostrorum peccaminum, ne ira districti judicis pavidi (2) damnemur, Archiepiscopatum hyberniis (3) incursionibus penitus depopulatum, quem Amizo (4) prout vires appetunt ordinatum vestit comitatu donamus hac hujus nostri auctoritate præcepti; hunc autem juste et legaliter esse datum (5) firmamus (6), ut sicut predictorum (7) ma-

---

1. *Besson*, preuves n° 1, p. 241, et *Gallia Christiana*, Tom. XII, Parisiis 1770, pag. 378 : JAM in primordio.—2. PAVIDE.— 3. B. : HIBERNICIS; G. C. : IBERICIS.—4. Les cinq mots qui suivent manquent.—5. DONATUM.—6. DONAMUS.—7. PRÆDICTARUM.—

ligux incursionis sæpissimo decidit (8) furore, ita nostri juvaminis sublevetur (9) honore. Hoc autem omni consideratione cordi (10) commitimus, Dominumque Jesum Christum fixis genibus imploramus, quod (11) his peractis ad cœlestis patriæ valeamus deportari regnum. Ac propter hoc sanctæ Dei ecclesiæ Tarantasiensi integrum conferimus Comitatum, quo beatissimorum Apostolorum principis interventu non deficiamus æternae felicitatis beatitudine coloni. Affirmatione namque hujus nostri (12) præcepti atque valida (13) descriptionis institutione (14), jamdictum Comitatum Deo deferimus, ut in omnibus eamdem ipse prædictus Archiepiscopatus (15) habeat regimine suæ ordinationis, suo cunctis temporibus episcopo committere. Quicumque igitur istius nostræ donationis seriem temerario ausu temerare (16) præsumpscrit, omnibus Dei maledictionibus subjaceat, sanctorumque apostolorum nodis et nexibus irretitus, anathemate perpetuo damnetur, et hæc nostra auctoritas firma stabilisque maneat semper; insuperque sentiat se compositurum centum libras optimi auri, medietatem cameræ nostræ, et medietatem prædicto Archiepiscopo, vel successoribus suis. Verum ut hoc (17) credatis melius, præsens præceptum firmavimus, nostroque sigillo insignisri jussimus (18) per signum Domini serenissimi Regis Rodulphi. Anselmus regius cancellarius hoc scripsit præceptum anno Domini (19) Incarnationis nongentesimo nonagesimo sexto, indictione vero decima, regni autem regis Rodulphi tertio actum in Aganno (20)

8. sæpissime accidit.—9. b. sublevatur.—10. g. c. : cordis.—11. quo.—12. nostri manque.—13. ad validæ descriptionis.—14. institutionem.—15. potestatem habeat.—16. attemptare.—17. hæc.—18. les six mots suivant manquent.—19. dominicæ.—20. Agauno.

feliciter.

Tenor autem privilegii præfati Domini Imperatoris de verbo ad verbum sequitur et est talis :

N. 2.

—In nomine sanctæ et individuæ Trinitatis. Fridericus secundus, divina favente clementia, Romanorum Imperator semper augustus, Hierusalem et Siciliæ Rex. Cum imperatoriam deceat majestatem merita suorum fidelium diligenter attendere et subjectorum supplicationibus justis adesse, tanto potius ad sacrosanctas ecclesias oculos tenetur reducere pietatis, quanto Regi regum (1) gratius residet cum et suæ pietatis operibus noster adhibetur assensus. Inde est igitur quod Herluinus venerabilis Munsteriensis Archiepiscopus fidelis noster per Joannem canonicum ejusdem ecclesiæ fidelem nostrum, quoddam privilegium Domini (2) augusti quondam patris nostri Domini Imperatoris Henrici recordationis inclitæ, jamdudum eidem ecclesiæ suæ ab ipso patre nostro concessum, nostræ celsitudini præsentavit humiliter supplicans et devote, quatenus privilegium in ipso eidem ecclesiæ confirmare in perpetuum de nostra gratia dignaremur, cujus privilegii tenor talis est :

N. 3.

—In nomine sanctæ et individuæ Trinitatis. Henricus sextus, divina favente clementia, Romanorum Imperator semper augustus et Rex Siciliæ. Ad superni regis gloriam et imperialis coronæ, ab eo nobis traditæ (3), temporalem excellentiam animæque remedium (4) potissimum nobis prodesse speramus, si ecclesias Dei et ecclesiasticas personas non solum in jure et

1. REGIS REGUM....Les dix mots suivants manquent.—2. DIVI AUGUSTI.—3. CREDITÆ.—4. Les dix mots suivants manquent.—

honore suo conservamus, verum etiam (5) dispersa recolligenda fractaque reconsolidando eas in suo robore protectionis nostræ munimine dilatamus; quatenus Martha (6) in suo exteriori ministerio necessitati temporalium sufficiente officio, Mariæ interius (7) divinarum contemplatione per orationes securius intenti, sinum(8)perennis misericordiæ spiritualis(9) religionis suæ suffragio valeant animabus nostris et filiorum prædecessorumque nostrorum aperire. Eapropter tam præsens ætas fidelium imperiique (10) successiva posteritas cognoscat quod, (11) attendentes honestatem dilecti et fidelis nostri Aymonis venerabilis Tarantasiensis (12) Archiepiscopi religiosam quoque conversationem congregationis ecclesiæ de Munsterio, ipsum Archiepiscopum et ecclesiam ejus, quem (13) serenissimus pater noster Fridericus Romanorum Imperator, divus augustus, de regalibus Tarantasiensis Archiepiscopatus per sceptrum imperiale solemniter investivit, et personas inibi divinis mancipatas (14) obsequiis cum omnibus rebus atque possessionibus suis, quas nunc habent vel in posterum, præstante Domino, poterunt obtinere, foris videlicet, agris, vineis, pratis, pascuis, silvis, planis, montanis, aquis, aquarumque decursibus, aliisque prediorum et possessionum bonis quæ propriis nominibus subter exprimenda decrevimus, videlicet civitatem de Munsterio cum omnibus appenditiis suis, castellum (15) Sti Jacobi, castrum de Briançone et partem quam habet in castro de Conflans, Villetam, vallem de Bosellis, vallem de Allodiis, vallem Sti Joannis, villam de Flaceria (16), villam de Combaz, vallem Sti Desiderii, vallem de Locia (17) cum universis (18) eorum attinentiis, sub protectione defensionis nostræ suscepimus, et hæc omnia eidem Archiepiscopo et prætaxatæ ecclesiæ successoribusque suis, cum omnibus feodis (19) et casamentis quæ in præsentiarum possident vel alii nomine suo tenent, imperiali authoritate confirmamus; de (20) abundati quoque im-

5. Les sept mots suivants manquent.—6. MARTHÆ.—7. INTERIORI.—8. SIGNUM.—9. B. SPECIALIS;-G. C. SPECIALI.—10. IMPERII, QUAM.—11. NOS ATTENDENTES.—12. MUSTERIENSIS.—13. QUAM.—14. MANCIPATAS ET MANCIPANDAS.—15. CASTRUM. G. C.—16. FLACHERIA.—17. DE LUCIA.—18. B. CUM DIVERSIS EARUM; G. C. : CUM OMNIBUS EARUM.—19. FEUDIS.—20. EX.

periali (21) gratiæ munificentia concedimus sæpedictis Archiepiscopo et ecclesiæ, ut ad tuitionem atque juvamen suum, liceat eis libere in locis idoneis castra construere, destructa reedificare, bona quoque tam rerum quam possessionum suarum sive (22) per violentiam aliquorum (23) eis ablata, sive per dispendium retroacti temporis amissioni (24) involuta, nullius impediente contradictionis obstaculo, in primum (25) liberæ facultatis titulum (26) revocare. Quo circa sub obtentu gratiæ nostræ, districtis inhibendum duximus mandatis, ne aliquis eorum qui feuda Munsteriensis ecclesiæ nomine ipsorum tenent, bonos usus feudorum ab ipsis abstrahere (27) nec aliquatenus minuere; imo nec ipsa feuda et bonos usus eorum dissimulare vel damnoso silentio supprimere presumant, nec aliquo prorsus ingenio sive facto temptent alienare a libera possessione et dominio sæpiusdictorum Archiepiscopi et ecclesiæ. Ut igitur hæc nostræ confirmationis et protectionis pagina omni ævo rata et inconcussa (28) permaneat, præsens inde privilegium conscribi jussimus et majestatis nostræ sigillo aureo communiri. Statuentes et authoritate imperiali sancientes ut nullus dux, marchio, comes, vicecomes, nulla potestas aut civitas, nullus consulatus, nulla denique persona humilis vel alta secularis vel ecclesiastica presumat ei obviare, vel aliquibus injurarium (29) calumniis seu damnis eam ullo modo violare (30) attemptet; quod qui fecerit in ultionem temeritatis suæ componet (31) centum libras auri puri, medietatem imperiali fisco et reliquum injuriam passis. Hujus rei testes sunt Angelus Tarentinus archiepiscopus, Petrus titulo sanctæ Ceciliæ presbiter cardinalis, Otto (32) Novariensis episcopus, Gardo (33) Yporegensis episcopus, Bonefacius marchio Montisferrati (34), Villus marchio de Pallodio (35), Marguardus (36) senescallus, Henricus marcallus (37) de

21. IMPERIALIS GRATIÆ G. C.—22. SIVE QUÆ PER. B.—23. ALIQUAM. B.—24. OMISSIONI.—25. IN PRIMAM.—26. B. TUTELAM REVOCARE; G. C. TUTELAM RECUPERARE.—27. SUBSTRAHERE.—28. INCONVULSA.—29. CALUMNIARUM INJURIIS. G. C.—30. VITIARE. G. C.—31. COMPONAT.—32. OTHO.—33. GUIDO YPOREGIENSIS.—34. Ce mot manque.—35. Ces quatre mots manquent.—36. BERNARDUS SENESCALLUS.—37. MARCELLUS.

Bappenchin (38), Henricus pernicerna de Lutra (39), Thomas de Nona et alii quamplures. Signum (40) Henrici sexti Romanorum Imperatoris et invictissimi regis Siciliæ. Ego Conradus Hildeseniensis electus imperialis aulæ cancellarius, vice Adolfi (41) Coloniensis Archiepiscopi et totius Italiæ Archicancellarii, recognovi. Acta sunt hæc, anno Dominicæ incarnationis millesimo C. XC. VI. indictione XIIII (42), regnante Domino Henrico sexto, Romanorum Imperatore gloriosissimo et rege Siciliæ potentissimo, anno regni ejus XXVII, imperii vero sexto, et regni Siciliæ secundo. Datum apud Taurinum per manus Alberti imperialis aulæ prothonotarii V. kal. augusti.

Nos igitur supplicationes prædicti Archiepiscopi fidelis nostri benignius admittentes, considerantes quidem ipsius devotionem, et fidem quam ad nostram habere dignoscitur majestatem, pro reverentia (43) Dei et nostræ conservatione salutis, ac pro remedio animarum nostrorum (44) quondam patris et matris nostræ ac aliorum prædecessorum nostrorum felicium (45) augustorum memoriæ recolendæ (46), prædictum privilegium de verbo ad verbum, sicut superius continetur, transcribi jussimus; et ipsum et quæ continentur in ipso, jamdicto Archiepiscopo et successoribus suis ac memoratæ Munsteriensi ecclesiæ, perpetuo confirmamus de abundantiori quoque gratia celsitudinis nostræ, qua Dei ecclesias semper consuevimus intueri, percipimus (47) firmiter statuentes ut omnia bona tam mobilia quam immobilia decedentium archiepiscopo-

38. Ces deux mots manquent.—39. HENRICUS DE LUCIA.—40. DOMINI.—41. RADULPHI.—42. INDICTIONE DECIMA TERTIA; ceci est fautif et dans B. et dans G. C., comme il en conste par le tableau des indictions donné par les auteurs du G. C. 1er vol.—43. PRO REVERENTIA QUOQUE DEI.—44. ANIMARUM DICTI QUONDAM.—45. FELICIUS. B.—46. MEMORIA RECOLENDA. G. C.—47. PRÆCIPIMUS.

rum, per manus officialium suorum fideliter et integre suis successoribus reserventur; itaque (48) nec comes, nec alius, occasione regalium nostra vel alicujus (49) authoritate, ea præsumat invadere quae ipsis archiepiscopis in perpetuam eleemosynam concedimus et donamus, statuentes et præsentis privilegii authoritate firmiter injungentes ut nulla omnino personna parva vel humilis, ecclesiastica vel secularis præfatum Archiepiscopum et successores suos ac ecclesiam supradictam, de supradictis omnibus ausu temerario impedire seu perturbare præsumat: quod qui præsumpserit in suæ temeritatis vindictam, præter proscriptam pœnam quinquaginta libras (50) auri puri componet (51), medietatem cameræ nostræ et alteram medietatem passis injuriam persolvendo (52). Ut autem hæc nostra confirmatio, concessio et donatio rata semper et illibata permaneat, præsens privilegium fieri et (53) bulla aurea typario (54) nostræ majestatis impressa jussimus communiri. Hujus autem rei testes sunt Albertus Magdeburgelis (55) et Lando (56) Reginus archiepiscopi Curensis (57) et Abbas S^{ti} Galli aten... (58) Jacobus Taurinensis (59) Ymolensis episcopi, Dux saxoniæ, Raynaldus Dux Spoleti, A. Marchio Esten.... (60) Comes, Gonterius de Quenrebe Comes, R. D. Averburt Comes, S. de Vienne et alii quamplures (61). Signum Domini Friderici secundi Dei gratia invictissimi Romanorum Imperatoris.

48. ITA QUOD.—49. ALICUJUS ALTERIUS.—50. LIBRARUM.—51. COMPONAT.—52. ERIT SOLVENDUM. B.—53. FIERI IN BULLA.—54. TYSSERIO VEL TESSERA.—55. MAGDEBURGENSIS.—56. LAUDO.—57. CURRENS.—58. CITEN.—59. M. IMOLENSIS.—60. ESTENSIS.—61. W. COMES, GONTERIUS....R. DE AUSBOURG COMES.

Notre manuscrit termine ainsi brusquement cette bulle sans date, nous y ajoutons la suite d'après Besson, p. 380.

Acta sunt hæc anno dominicæ Incarnationis millesimo ducentesimo vigesimo sexto, die....mensis aprilis indictionis (62) decimæ quartæ, imperante Domino Frederico secundo, Dei gratia invictissimo Romanorum Imperatore semper augusto, Jerusalem ac Siciliæ rege, anno romani imperii sexto, regni vero Siciliæ vigesimo octavo. Feliciter amen. Datum apud Ravennam, anno, mense et indictione præscriptis.

N. 4.

Investiture par l'empereur Frédéric, qui appelle l'archevêque Prince du St-Empire.

(An. 1487.)

Fridericus, divina favente clementia, Romanorum Imperator semper augustus, Hungariæ, Dalmatiæ, Croatiæ, etc. Rex, ac Austriæ, Stiriæ, Carinthiæ Dux, Dominus Marchi Esclavonice et portus Naonis, Comes in Aspurg Tirolis Phiretis et in Tiburg, Marchio Burgoniæ et Landegravius Alsaciæ, ad futuram rei memoriam. Quamquam universi imperii principes et personas quas cœlestis altitudo concilii, propter suorum meritorum exigentiam, ad pontificalis vocavit eminentiam dignitatis, debitis honoribus, sicuti commissi nobis regiminis requirit officium, præ cæteris cupiamus prævenire, ad venerabilem tamen

---

62. *indictione decima quarta.* G. C.

Joannem Archiepiscopum Tarantasiensem, Principem nostrum devotum dilectum propter virtutum quibus pollet præclara et singularia merita, aciem mentis nostræ benignius convertentes, singularibus ipsum gratiarum donis, solita nostra benignitate, duximus prosequendum. Sane pro parte ejusdem Joannis Archiepiscopi Tarantasiensis humiliter nobis extitit supplicatum quatenus, cum ad præsens propter viarum discrimina, locorum distantiam et guerrarum turbines, quæ sibi comminantur exitium, aliasque causas et rationes legitimas, absque sui et ecclesiæ prædictæ dispendio et jactura, pro suis et ecclesiæ ejus a nobis suscipiendis regalibus et feudis, prout desiderat, adire non valeat; sibi universa et singula ejus et ecclesiæ suæ regalia, feuda et feudalia in quibuscumque consistentia, confere ipsumque de illis gratiose dignaremur investire. Nos igitur qui ex innata clementia, ecclesiasticarum personarum profectibus singulari desiderio intendere, favoresque liberaliores impartiri consuevimus, supplicationibus præmissis favorabiliter inclinati, prænominato Joanni Archiepiscopo Tarantasiensi, animo deliberato, sano principum, comitum, baronum et aliorum nostrorum fidelium dilectorum ad id accedente concilio, authoritate romana cæsarea, et ex certa nostra scientia, omnia et singula ejus et ecclesiæ suæ regalia, feuda et feudalia, cum universis et singulis suis dominiis et attinentiis, mero et mixto imperio, etiam jurisdictionis exercitio temporalis, juribus, honoribus, consuetudinibus et observantiis, quemadmodum sui prædecessores Tarantasienses præsules illa obtinuerunt, possiderunt et exercuerunt, contulimus et conferimus, ac in feudum assignavimus et assignamus, atque ipsum de illis investivimus et investimus per præsentes. Ita tamen quod præfatus Princeps noster Tarantasiensis, infra anni spatium a data præsentium, in manus venerabilis Mathiæ episcopi Secoviensis principis consiliarii et oratoris nostri devoti, dilecti nostri specialiter ad hæc deputati commissarii, juxta vim, formam et tenorem eidem episcopo Secoviensi in scriptis traditi, ut hactenus observatum est, juramenti personaliter et proprium præstet jurisjurandi sacramentum. Quo circa mandamus universis et singulis comitibus, baronibus, nobilibus, militibus, clientibus et vassallis, officialibus, cœterisque terrarum, civitatum et locorum ac Dominorum quorumcumque, supradictæ ecclesiæ Tarantasiensi subditis, nostri et imperii sacri fidelibus, dilectis districte præcipientes quatenus memorato Joanni Archiepiscopo Tarantasiensi, veluti vero et ordinario eorum Domino in omnibus, tam in judicio quam in aliis singulis exercitium jurisdictionis temporalis concernentibus, reverenter pareant et debita obedientia intendant, difficultate et impedimentis quibuslibet procul motis. Cæterum ex uberioris munificentiæ nostræ dono, supradicto Principi nostro Tarantasiensi universa et singula jura, privilegia, litteras, libertates a divis Romanorum Imperatoribus et regibus eidem concessa, et concessis in omnibus eorum sententiis, articulis, verborum expressionibus, clausulis atque punctis cujuscumque continentiæ seu tenoris existant, ac si præsentibus de verbo ad verbum forent expressa, necnon observantias, cæremonias et consuetudines laudabiles antiquitus observatas, authoritate romana cæsarea suprascripta approbamus, ratificamus et tenore præsentium gratiose confirmamus, supplentes omnem defectum, si quis in præmissis ex temporibus (1), lapsu, omissione sive commissione compertus fuerit, de præfatæ imperialis plenitudine potestatis, nostris tamen et imperii sacri juribus, authoritate et superioritate præmissis semper salvis, præsentium sub nostri imperialis majestatis sigilli appensione testimonio litterarum. Datum Nuremberge, die quarta mensis maii, anno Domini millesimo quadringentesimo octuagesimo septimo regnorum nostrorum, romani quadragesimo octavo, imperii tricesimo sexto, Hungariæ vero vigesimo nono.

Suit le certificat du notaire Cartanas, qui déclare avoir copié fidèlement ces privilèges impériaux sur les originaux en parchemin.

———o>o<o———

II.

TENOR TRANSACTIONIS QUOAD DOMOS ET ALIAS POSSESSIONES CIVITATIS MUNSTERII INTER REV. ARCHIEPISCOPUM ET CIVES FACTÆ.

Cette transaction se trouve insérée dans le transumpt qui suit :

(An. 1278 et 1375.)

Nos, Officialis curiæ Tarantasiensis, notum facimus universis præsentes litteras seu præsens publicum instrumentum inspecturis seu etiam audituris quod nos, una cum Thoma Champonis de Cleriaco et notario publico infrascripto, vidimus ac

(1) Scriptoribus. Mss. du Sénat.

inspeximus, ac diligenter de verbo ad verbum legimus quoddam publicum instrumentum non cancellatum, non vitiatum, non abolitum, non corruptum, nec abrasum, nec in aliqua parte sui suspectum, sed omni suspicione carens, cujus instrumenti de verbo ad verbum, nihil addito, nihil mutato quod facti substantiam mutet, sequitur in hunc modum :

N. 5.

Anno Domini millesimo CC^{mo} septuagesimo octavo, indictione sexta, sexto kal. junii, præsentibus testibus infra scriptis, cum esset dubitatio et contentio inter Reverendum Patrem Dominum Petrum, divina Providentia Tarantasiensem Archiepiscopum, ex una parte, et cives Munsterii ex altera, super venditionibus rerum et possessionum existentium in civitate Munsterii et infra terminos ipsius civitatis, et utrum ipsæ res potuerint vendi sine laude Domini Archiepiscopi, et utrum ipse debeat amitti suum homagium quando aliquis civium vendit omnes possessiones suas, vel majorem partem earum, et super eo quod servatum est hactenus in prædictis vel servari debeat in futurum, dictæ partes de prædictis promiserunt alte et basse stare perpetuo dicto, seu recordationi Domini Rodulphi de Monte, canonici Tarantasiensis, Domini Petri Rubei de Bosellis, militis, Domini Petri de Thora, canonici Tarantasiensis, electorum et positorum per dictum Dominum Archiepiscopum, et Domini Aymonis Bruissonis, canonici Tarantasiensis, et Gonterii de Boneria et Jacobi Bossonis et electorum et positorum per dictos cives Munsterienses, qui sex jurati super sancta Dei Evangelia dicere et recognoscere veritatem super prædictis secundum conscientiam suam et secundum quod invenient pro fide dignos, et dictus Dominus Archiepiscopus, de consilio et consensu capituli sui, promisit parti adversæ per stipulationes et in bona fide, in præsentia Evangeliorum, servare et attendere cognitionem et recordationem prædictorum. Item pro parte adversa promiserunt per Sacramenta super Evangeliis corporaliter præstita, et per solemnes stipulationes Rodulphus Bruissonis, Jacobus Bossonis, Petrus Allardi, Gonterius de Boneria, Reymondus Mercerius, Michael Mathæi, Petrus Copete, Petrus Seire, Hugo Cales et Petrus Forneri, pro se et pro illis de civitate Munsterii, præsentibus fere omnibus de Munsterio et consentientibus, promiserunt supradicta omnia attendere et servare de cœtero in perpetuum ; qui prædicti sex arbitri, seu recordatores, unanimiter et concorditer habito super diligenti consilio et tractu, et communicato etiam consilio cum pluribus canonicis Tarantasiensibus et pluribus civibus de Munsterio, recordati fuerunt, declaraverunt et dixerunt ac asseruerunt, pronuntiando super hoc ex authoritate et potestate eisdem commissa. Quod omnes habitatores cives de Munsterio quorum parentes antiquitus sive de novo homines fuerunt mensæ archiepiscopalis una cum omnibus filiis suis quotquot sint homines, sunt homines ligii Domini Tarantasiensis Archiepiscopi sive mensæ archiepiscopalis, ubicumque eant vel morentur, sive feudum teneant ab ipso sive non ; item quod consuetudinis antiquæ et inviolabiliter observatæ ususque longævi inter ipsos cives existerit, quod unus homo tam ligius ipsius Domini Archiepiscopi ab alio emit at emere potest, ac etiam alio titulo gratuito vel non gratuito sibi acquirere domum sive domos, possessiones sive possessionem ac etiam totum albergamentum, sine assensu et requisitione ipsius Domini Archiepiscopi, vel alterius cujuscumque conditionis existat a quo dictum feudum teneretur; hoc autem declaraverunt posse fieri de domibus et possessionibus sitis in territorio de Munsterio a Ponte Gondini inferius usque ad Lessoricux de Lay, et a terris de Grigniaco usque ad terras de Sallino ultra Sanctum Albanum, exceptis domibus nobilium de forcia sitis apud Munsterium et in territorio ejus, exceptis domibus et casamentis de quibus deberetur homagium ; item exceptis possessionibus nobilium de quibus possessionibus homagium debetur eidem Domino Archiepiscopo quæ in parte vel in toto non possunt alienari sine consensu et voluntate dicti Domini Archiepiscopi; item dixerunt declaraverunt et recordati fuerunt et dixerunt quod prædicta consuetudo quod unus civis ab alio potest emere sine consensu dicti Domini Archiepiscopi ut supra declaratum existit non extenditur nisi ad cives et habitatores ipsius civitatis de Munsterio ita quod etiam ad alios homines ipsius Domini Archiepiscopi non extenditur nec ad ecclesias nec ad clericos sive regulares sive seculares. Item recordati fuerunt et dixerunt et declaraverunt qualitercumque unus civis homo ligius ipsius Domini Archiepiscopi emat ab alio vel alio titulo gratuito vel non gratuito id est lucrativo vel non lucrativo acquirat pecunia mediante a quocumque illud feudum mediate vel immediate teneatur de solido quolibet debetur unus denarius et persolvi debet dicto Domino Archiepiscopo nomine venditionis. Item dixerunt recordaverunt et declaraverunt quod nullus debet habere domum vel casale in civitate de Munsterio nisi sit homo ligius ipsius Domini Archiepiscopi vel nisi constituat se hominem ligium ipsius Domini Archiepiscopi, nisi hoc de gratia ipsius Domini Archiepiscopi speciali fieret ; item dixerunt et recordaverunt quod si bannum vel edictum publico vel sub pœna qualiscumque sit aliquid præcipitur et proclamatur in civitate de Munsterio per nuncios Domini Archiepiscopi vel nuncium, et aliquis in ipsum bannum temerarie inciderit, ille qui in ipsum bannum inciderit tenetur illud emendare ad misericordiam Domini Archiepiscopi. Item dixerunt et recordati fuerunt et declaraverunt quod civem intelligunt postquam habitaverit civitatem Munsterii per annum continuum et diem et subsequenter post illum annum et diem dictam civitatem habitat continue vel pro majori parte temporis. Item recordantur declarando quod de his quæ alienantur inter homines de Munsterio ad invicem quæ tenentur immediate ab ipso Domino Archiepiscopo vel mensa ipsius et inde sibi solvitur immediate servitium sive canon quod de his alienatis ipsi Domino Archiepiscopo medium placitum pro recognitione ipsius feudi ad suam misericordiam persolvatur ab habente illud feudum et ex his mihi notario præcepta fieri fuerunt plura publica instrumenta ad instar unius imbreviaturæ. Actum apud Munsterium in domo prædicti Domini Archiepiscopi in locutorio ante aulam veterem ubi testes ad hæc interfuerunt vocati Dominus Gonterius de Balma, Dominus Petrus de Virgulto, Umbertus Sapientis de Conflecto, Dominus Ansermus Abbis canonicus Tarantasiensis, Dominus Joannes curatus Avancheriorum, Dominus Petrus Piccotti, magister Bernardus de Bellicio officialis curiæ Tarentasiensis, et ego Jacobus Polleti de Conflecto, notarius publicus authoritate imperiali et illustris Domini

Comitis Sabaudiæ, et in hoc loco præfati Domini Petri Dei gratia Tarentasiensis Archiepiscopi praedictus rogatus interfui et hoc publicum instrumentum ad opus civium et aliud ad opus praefati Domini Archiepiscopi, inde scripsi, subscripsi et tradidi cum appositione bullae plombeae Tarentasiensis et signavi in testimonium veritatis.

Unde et nos officialis prædictus facta diligenti collatione hujus præsentis transcripti ad originale tam per nos quam Thomam Champonis notarium infrascriptum huic presenti litteræ seu instrumento publico authoritatem nostram pariter et decretum duximus apponendum et de prædictis Dominus Officialis præcepit mihi notario infrascripto fieri publicum instrumentum ad opus Domini nostri Tarentasiensis Archiepiscopi.

Actum apud Monsterium in platea ante grancrium Sancti Petri ubi testes vocati fuerunt pariter et rogati videlicet vir religiosus Dominus Guilliermus Aymerici canonicus et conrerius ecclesiæ Sancti Petri, Roletus Carrelli de Munsterio et Jacobus Bertrandi Domicelli ac quidam alii. Ego vero Thomas Champonis de Cleriaco authoritate imperiali notarius publicus qui hanc cartam inde rogatus scripsi signisque meis consuetis signavi fideliter et tradidi in testimonium veritatis omnium præmissorum sub anno Domini millesimo ccc. septuagesimo quinto, indictione tredecima, die ultima mensis januarii. Datum pro copia ab originali instrumento per me notarium subsignatum Jacobum Rapardi. Signatum Rapardi.

Suit le certificat du notaire Cartanas qui a copié le présent transumpt sur un autre transumpt offrant toutes les garanties d'authenticité.

III.

TRANSUMPTUM MANDATI DUCALIS PRO JURISDICTIONE MUNSTERII.

(An. 1453.)

Nos Joannes Aragonis decretorum doctor Officialis Tarentasiensis. Quoniam legislatoris veneranda decrevit authoritas publica documenta quæ interdum pensatis viarum et casuum inopinatorum discriminibus multis subjacent periculis in modum transumpti exemplificari signanter ne interdum defectu productionis originalium jura partium remaneant improsequuta universis igitur et singulis presentium serie fieri volumus manifestum quod nos vidimus, tenuimus, inspeximus, ac de verbo ad verbum legimus quondam supplicationem illustrissimo et excelso Principi Domino Ludovico Sabaudiæ, etc. Duci parte Reverendissimi in Christo Patris et Domini Domini Cardinalis de Arciis olim Archiepiscopi et Comitis Tarentasiensis porrectam necnon quosdam patentes litteras ab ipso Illmo Domino Sabaudiæ etc. Duce emanatas superque ipsa supplicatione annexas datas Gebennis die decimo tertio mensis junii, anno Domini millesimo quadringentesimo quinquagesimo tertio, et per egregium ducalem secretarium Joannem De Lestelley signatas sigilloque Cancellariæ Sabaudiæ cera rubea in cauda pargamenea impendenti impresso sigillatas, non vitiatas, non cancellatas, abrasasve aut in quavis sui parte suspectas sed omni prorsus vitio et suspicione eminentibus carentes quas requisiti pro parte procuratoris fiscalis Reverendissimi in Christo Patris et Domini Domini Thomæ miseratione divina moderni Archiepiscopi et Comitis Tarentasiensis per egregium Petrum Magnum ducalem et ipsius Reverendissimi Domini Archiepiscopi secretarium et alios notarios subscriptos exemplari et de ipsis unum sumptum vidimus et exemplum fieri jussimus quarum siquidem supplicationis et litterarum tenores de verbo ad verbum seriatim subinseruntur et primo tenor dictæ supplicationis ut ecce.

N. 6.

Illustrissime Princeps. Licet civitas Munsterii cum suo districtu pleno jure pertineat mensae archiepiscopali Tarentasiensi nec in ipsa nec in ejus districtu liceat jurisdictionis nec imperii exercitium facere Officiariis vestris quibusvis ut patet ex tenore transactionum jamdudum inter predecessores vestros et Reverendissimi in Christo Patris Domini Cardinalis de Arciis Archiepiscopi et Comitis Tarentasiensis firmatarum excepto tamen quod in die fori possunt ipsi Officiarii vestri cridas quoad subditos vestros ad forum venientes facere et ipsos tunc assignare apud Salinum vel alia loca vestrae jurisdictioni et dominio supposita nihilominus tamen Officiarii vestri Tarentasienses et interdum certi vestri aut consiliorum vestrorum commissarii et servientes seu clientes extra diem fori in dicta civitate et ejus districtu jurisdictionis exercitium diversimode exercere presumunt contra dictarum transactionum dispositionem et tenorem testes sine licentia territorii dicti Domini Archiepiscopi vel suorum Officiarium examinando in ipsa civitate repertos subditos vestros assignando citando vel injunctiones eis faciendo et quandoque personaliter eos capiendo et apud Salinum vel quo volunt ducendo ligatos et captos et hujusmodi similia multa attemptant. Unde, Illustrissime Princeps, cum haec cedant in magnum prejudicium jurisdictionis et libertatis ecclesiae Tarentasiensis et mensae archiepiscopalis Tarentasiensis supplicatur pro parte dicti Domini Archiepiscopi quatenus sub pœnis formidabilibus inhibere dignemini ne ab inde talia per Officiarios, nuncios, commissarios, scribas et alios vestros quocumque nomine censeantur vel dignitate prefulgeant attemptentur et sic ipsi ecclesiae providere quae ejus jurisdictio et libertas nullatenus ledantur seu usurpentur sed illesae quiescant et privilegia sua transactionis et alia jura ejus sibi inconcusse et integre serventur ad laudem Dei omnipotentis qui vestram dominationem feliciter conservet et augeat.

Tenor vero dictarum litterarum dominicalium sequitur in haec verba :

N. 7.

Ludovicus Dux Sabaudiae, etc., dilectis Judici, Procuratori et Castellano Tarentasiae ac coeteris Officiariis nostris ad quos spectabit presentibus et futuris seu ipsorum loca tenentium salutem. Visis supplicatione presentibus annexa nec non transactionibus ibidem expressis justisque respectibus moti et presertim jura ecclesiae Tarentasiensis pro qua supplicatur quavismodo usurpare nolentes sed potius illa preservare cupientes vobis et vestrum cuilibet in solidum districte precipimus et mandamus et sub poena centum librarum fortium per vestrum quemlibet qui non paruerit committenda et nobis applicanda quatenus transactiones ipsas teneatis et observetis ac per quoscumque teneri et observare faciatis nec contra illarum formam et tenorem ullum jurisdictionis actum vel executionem in civitate Munsterii extra diem fori et nundinarum quovismodo exerceatis seu per quemquam exerceri faciatis vel permittatis quinimo si quid jam per vos forte factum vel attemptatum fuerit illud ad pristinum debitumque statum reducatis quod nos etiam reducimus per presentes et hoc absque alterius expectatione mandati in quantum dicta pœna vos affligi formidatis. Datum Gebennis die decima tertia junii, anno Domini millesimo quatercentesimo quinquagesimo tertio per Dominum presentibus Dominis Ja. ex Comitibus Vallispergiae Cancellario Sabaudiae Petro de Balma, Francisco de Thomatis, presidente gebennesii, Philiberto de Monthou, Joanne Champronis, Ja. Meynerii generali, et Joanne Malteti thesaurario, L'Estelley Richardi quia similis est sigillata gratis.

Et quia facta diligenti collatione de presenti sumpto vidimus et exemplo ad originalis supplicationem et litteras praememoratas utrumque concordare invenimus nihil addicto, detracto vel mutato, idcirco nos præfatus Officialis pro tribunali more majorum sedentes ipsum sumptum vidimus et exemplum tantas vires habere decernimus quantas habent dictae supplicatio et litterae dominicales huic autem actui legitimo tanquam rite et solemniter peracto authoritatem nostram interponimus pariter et decretum in quarum authoritatis et decreti interpositionis ac omnium et singulorum præmissorum testimonium ipsum presens transumptum vidimus et exemplum signeto nostro proprio manuali signisque et subscriptionibus dictorum notariorum necnon majoris sigilli curiae nostrae praedictae officialatus appensione jussimus roborari et communiri. Datum et actum quoad hujusmodi nostram decreti et authoritatis interpositionem in civitate Munsterii in domo nostrae habitationis quam pro tribunali elegimus, anno Domini millesimo quadringentesimo sexagesimo quarto, indictione duodecima et die vigesima quarta mensis februarii, presentibus providis viris Joanne Gontherii, Petro Abundanciae notariis habitatoribus Munsterii, Joanne Vontereis de Confleto et Michaele Chalve de Sancto Marcello omnibus diœcesis Tarentasiensis testibus ad praemissa vocatis et rogatis. Joannes Aragonis Officialis præfatus.

Ego vero Petrus Magnum de Rotulo gebennensis diœcesis clericus Apostolica et Imperiali authoritate notarius illustrissimique Principis et Domini Domini Ludovici Ducis Sabaudiae ac Reverendissimi in Christo patris et Domini Domini Thomae miseratione divina Archiepiscopi Tarentasiensis et Comitis secretarius concessioni suprascripti transumpti vidimus et exempli manu alrius notarii coadjutoris mei aliis occupatus negotiis ex commissione speciali super hoc mihi concessa scribi seu presens fui quod de mandato venerabilis Domini Officialis superius nominati, facta prius diligenti collatione cum eodem ad originalis litteras in eodem insertas cum notariis subscriptis subscripsi, signavi in fidem robur et testimonium omnium et singulorum proemissorum.

Et me Mermeto Costent de Villario Saleti habitator civitatis Munsterii notarius publicus authoritate illustrissimi Principis et Domini Domini nostri Sabaudiae Ducis qui in omnibus et singulis proemissis dum sic agerentur et fierent presens fui atque sensivi, vidi et audivi cum proenominato notario ideo licet manu alterius notarii coadjutoris mei levatum fuit hic me subscripsi et signis meis quibus in officio tabellionatus utor signavi in robur et testimonium omnium et singulorum proemissorum.

Suit le certificat du notaire Cartanas qui a fait du présent acte un transumpt authéntique sur parchemin.

IV.

BULLA UNIONIS ET SAECULARISATIONIS VENERABILIS CAPITULI TARENTASIENSIS.

N. 8.

(An. 1605-1661.)

In nomine Domini. Amen. Cunctis ubique pateat et sit notum

quod anno a nativitate Domini nostri Jesu-Christi millesimo sexcentesimo sexagesimo primo indictione xiii die secunda aprilis pontificatus autem sanctissimi in Christo patris et Domini nostri Domini Alexandri divina providentia Papae septimi anno sexto ego notarius publicus infrascriptus vidi legi et diligenter inspexi quoddam sumptum ex registro Bullarum Apostolicarum fideliter extractum sanum siquidem non viciatum non cancellatum nec in aliqua sui parte suspectum cujus tenor sequitur et est talis :

Paulus Episcopus servus servorum Dei ad perpetuam rei memoriam aequum reputamus et congruum ut ea quae de Romani Pontificis gratia processerunt licet ejus superveniente obitu Litterae desuper confectae non fuerint suum sortiantur effectum dudum siquidem felicis recordationis Clementi P.P. octavo predecessori nostro pro parte venerabilis fratris nostri tunc sui Joannis Francisci Archiepiscopi et dilectorum filiorum Capituli Tarentasiensis exposito, quod dictus Joannes Franciscus Archiepiscopus in generali visitatione ecclesiarum civitatis et diœcesis Tarentasiensis per eum facta considerans in ipsa civitate duo capitula canonicorum professionis quidem atque ordinis varietate et ecclesiarum diversitate distincta unum silicet regularium in majori aliud vero secularium in Beatae Mariae ecclesiis adesse illa tamen olim unum atque idem capitulum effecisse sed ab Archiepiscopis Tarentasiensibus predecessoribus suis propter diversam ipsorum canonicorum regularium professionem et observantiam diversumque habitum in duo diversa capitula et tunc primum regulares quidem numero duodecim incluso Priore in Alpibus *Prati Longinqui* dictae diœcesis constitutos postea vero ad majorem ascitos et in ipsa stabilitos seculares autem sub eodem numero incluso Archidiacono ad Beatae Mariae ecclesias praedictas reductos atque ita diversas et divisas illis sedes assignatas ac etiam reddituum divisionem ut nimirum regulares duas plurimorum onerum et eleemosinarum ratione seculares vero unam tantum ex singulis tribus unciis obtenerent apostolica authoritate factam fuisse inter eosdem tum canonicos regulares et seculares plurima pristinae suae et primevae unionis vestigia atque jura mansisse et quamvis ipsi aliqualiter separati essent tantum unum semper generale Capitulum constituere nec minus seculares quam regulares se dictae majoris ecclesiae canonicos profiteri ac in ea suorum canonicatuum et prebendarum possessionem accipere ac in manibus pro tempore existentis Prioris majoris ecclesiae hujusmodi juramentum prestare In solemnibus quoque festivitatibus et celebritatibus ipsos seculares in eadem majori ecclesia cum regularibus ad divina peragenda officia sicut in processionibus et rogationibus publicis non distincte sed promiscue secundum unius cujusque ordinem et suae possessionis adeptionem tanquam unum et idem corpus ac capitulum convenire atque in capitulo generali feria sexta quatuor temporum et alias quoties toties opus erat simul et indistincte vocari eumdemque omnium in choro et processionibus habitum esse imo inter eos certam reddituum portionem pro refectoriis generalibus assignatam in quibus œquis portionibus tam regulares quam seculares indistincte concurrebant indivisam manere. Re vero bene perspecta illam canonicorum separationem olim quidem piam sed tunc temporis supervacuam ac ipsi majori ecclesiae minus aptam et convenientem videri licetque nomine tenus alii regulares alii seculares denominarentur et regulares quidem de observantia regulae sancti Augustini vota emitterent tantum ex veteri et inveterata ac per tantum tempus tolerata consuetudine quae hominum memoriam excedebat pari omnino modo ac forma seculares et regulares vivere nec ullam aliam inter eos vivendi diversitatem considerari posse praeterquam quod regulares habitum telae albae linae trium digitorum latitudinis solum professionis et regulae suae indicium deferebant eosque prebendas suas distinctas hortos prata vineas ac domos et alias possessiones perpetuas habere neque in communi sed separatim quemlibet pro suo arbitrio et quidem vigore dispensationis desuper a Sede Apostolica antea obtentae vivere neque ad dictae regulae observantiam propter inveteratam illam in contrarium consuetudinem ipsiusque regulae dissuetudinem tum etiam reddituum suorum tenuitatem revocari posse et ipsa quidem redditus ex frequentibus in illa patria alluvionibus et inundationibus atque tum temporis vigentibus calamitatibus aliisque causis aut magna ex parte deperditos aut valde imminutos esse singulasque prebendas seu portiones regulares hujusmodi vix ad viginti ducatos auri de camera inclusis etiam ordinariis distributionibus ascendere et nullatenus ad refectorii ac solius mensae communis nedum vestimentorum aliarumque rerum necessariarum et eleemosinarum quibus eorum capitulum astringebatur onera perferenda notorie sufficere et exinde eosdem regulares separatim res suas ut eorum quilibet pro sua frugalitate et abstinentia facilius sustentare valeret curare Idque tam illis ob suae regulae inobservantiam quam ordinario loci propter tolerantiam hujusmodi non parvum animarum periculum afferre quin etiam in dicta majori ecclesia ob exiguum numerum dictorum duodecim canonicorum regularium ex quibus nonnulli semper aut adversa valetudine aut alias impediti aberant sacra et divina ministeria pro qualitate ipsius majoris ecclesiae digne et condecenter vix peragi posse ac ex illa divisione magnam divini cultus diminutionem induci ipsamque majorem ecclesiam dignitatum et canonicatuum et prebendarum numero Sedunensi, Augustanensi, Maurianensi, Bellicensi et Gebennensi ecclesiis ejus pro parte suffraganeis longe inferiorem esse singulorum quoque canonicatuum et prebendarum secularium predictorum redditus valorem annuum duodecim ducatorum similium non excedere et ad eos qui olim theologii aut ex nobili et illustri familia orti conferebantur tunc plebeos et illiteratos et quales inveniri poterant magna cum ecclesiae jactura et invito ordinario promoveri Ideo his atque aliis de causis animum suum moventibus tam pro salute animarum quam decore majoris ecclesiae et commodo canonicorum praedictorum habita prius desuper cum dicto capitulo generali participatione ac precedente illius consilio et assensu praedictos canonicos regulares et seculares in unum corpus et capitulum uniendos ac ad pristinum statum et residentiam in ipsa majori ecclesia revocandos sed ne habitus ac professionis et votorum hujusmodi diversitas quae plurimum discordias, dissentiones et jurgia generare solebat illam salutarem atque necessariam unionem impederent ipsam majorem ecclesiam ad secularem statum suppresso in ea ordine praedicto prout Gebennensis Mauriannensis ac novissime Bellicensis ecclesiae praedictae ex regulari ad statum secularem reductae fuerant reducendam et pro sublevanda prioratus ejusdem majoris ecclesiae quae inibi dignitas regularis post pontificalem major existebat et ex ejus fructibus illam pro tempore obtinens statum suum decenter manutenere nequibat nec non canonicatuum et prebendarum secularium hujusmodi paupertate et inopia Archidiaconatum dictae ecclesiae Beatae Mariae dignitatem inibi secularem et pricipalem qui jam jam a biennio vel circa per obitum illius ultimi possessoris extra romanam curiam defuncti vacabat et adeo tenues fructus habebat ut ad illum sic vacantem nemo debite qualificatus toto biennio praedicto aspiraverat perpetuo supprimendum et extinguendum fructusque redditus et proventus per Archidiaconatum hujusmodi pro tempore obtinentem ex parochialibus ecclesiis de Ayme et Sancti Joannis de Belleville percipi solitos dempta tantum prebenda illi annexa dicto prioratui cujus pro tempore possessor et ex illius fructibus statum suum decenter manutenere nequibat ea tamen conditione ut cessante regulari observantia post reductionem ad secularitatem hujusmodi et obitum tunc existentis prioris dictae majoris ecclesiae non amplius prioratus sed decanatus nuncupari ac inibi dignitas post pontificalem major remanere deberet applicandos prebendam vero ejusdem Archidiaconatus ac unum et unam seculares tunc per obitum ultimi possessoris illorum extra dictam curiam defuncti vacantes nec non duos alios et duas alias ex canonicatibus et prebendis praedictis quos et quos inibi primo quoque loco vacare contingeret mensae capitulari dictae majoris ecclesiae uniendos et incorporandos ex viginti autem et una prebendis quae in ipsa majori ecclesia remansurae essent comprehensis illis duabus quas dictus prior de more percipiebat sexdecim presbyterales et omissis diaconalibus eo quod juxta ipsius majoris ecclesiae ritum etiam canonici presbyteri officio Diaconi in divinis officiis fungi solebant quatuor subdiaconales videlicet eas quatuor ex prebendis secularibus quae subdiaconales erant sicut illarum possessores secundum receptionis ordinem optionis prerogativa gauderent constituentes. Et ne canonicis ipsis tam regularibus quam secularibus in jure quesito injuria fieret eis donec unionis hujusmodi locus factus esset ut regulares pariter et seculares prebendas suas optare possent permittendum fructus autem dictorum canonicatuum et prebendarum uniendorum in commune redigendos ac aequaliter juxta morem capituli hujusmodi nulla amplius facta regularium aut secularium mentione vel distinctione dividendos fore. Et ne ex alia parte divinus cultus in dicta ecclesia Beatae Mariae quae etiam parochialis existebat desereretur sex ex presbyteris beneficiatis non canonicis qui ei aut dictae majori ecclesiae inservire tenebantur simul cum uno ex canonicis praedictis alternative eligendo qui in ipsa ecclesia Beatae Mariae officia solita horis canonicis celebrarent et ultra vicarium perpetuum curam animarum dilectorum filiorum illius parochianorum ibi exerceri solitam deputandos Insuper ad omnem controversiam quae inter Ordinarium loci aut capitulum hujusmodi super jurisdictione in canonicos praedictos oriri posset primam cognitionem causarum eorumdem canonicorum priori seu post illum decano et Capitulo praedictis attribuendam appellationem vero ac etiam casu negligentiae aut conniventiae ac forma juris primam cognitionem causarum hujusmodi dicto Ordinario salvis etiam gravioribus pœnam suspensionis aut privationis merentibus ac etiam incontinentiae aliisque casibus Concilio Tridentino Ordinariis locorum reservatis quae eidem Ordinario pleno jure immediate et privative quoad capitulum hujusmodi competere et ad illum devolvi deberent reservandam. Et quia collatio canonicatuum et prebendarum praedictorum secularium videlicet ad Ordinarium regularium vero ad regulares in mensibus ordinariis pertinebat deinceps collationem omnium canonicatuum hujusmodi Ordinario et Capitulo praedictis alternis mensibus Ordinario scilicet in martii et septembris Capitulo vero in junii et decembris salva tamen eidem Ordinario personatuum provisione ut moris erat Dispositionem autem capellaniarum quarum collatio vel ad eas personarum idonearum presentatio ad dictum Capitulum tam regulare quam seculare pertinuerat ac parochialium ecclesiarum ad quas idem Capitulum vel ex laudabili consuetudine vel ex divisionibus et transactionibus desuper cum Archiepiscopis Tarantasiensibus pro tempore existentibus et Capitulo generali hujusmodi initis presentare solebant eidem Capitulo salvam et intactam relinquendam esse censuit prout in scripturis desuper confectis plenius dicebatur contineri et in eadem expositione subjuncto quod universus dictae majoris ecclesiae status qui ex divisione ac secularium et regularium diversitate hujusmodi jam a pluribus annis citra misere deformari et vilescere cœperat ac in dies magis magisque deformabatur et vilescebat ex canonicorum praedictorum in unum corpus ac sub unam et eamdem regulam reductione feliciter in pristinum splendorem restitui Et disciplina ecclesiastica quae plurimum ibi enervata erat reparari ac traducto Capitulo seculari hujusmodi ad dictam majorem ecclesiam divinus cultus valde alioquin diminutus copioso interveniente ministrorum numero instaurari et augeri ac demum parta inter canonicos praedictos ut unius ecclesiae ita et unius regulae communione ipsa major ecclesia uberrima in spiritualibus et temporalibus incrementa suscipere ac pariter statui conscientiarum hinc ex inobservantia regulae illinc vero ex tolerantia inobservantiae hujusmodi laesarum opportune consuli videbatur ac propterea dicto predecessori pro parte Joannis Francisci Archiepiscopi et Capituli praedictorum asserentium Archidiaconatus nec non canonicatuum et prebendarum uniendarum hujusmodi in simul ac illis forsan annexorum fructus redditus et proventus viginti quatuor ducatorum parium secundum communem existimationem valorem annuum non excedere humiliter supplicato quatenus praemissis et aliis infrascriptis annuere ac aliter desuper opportune providere de benignitate apostolica dignaretur praedictus praedecessor qui dudum inter alia voluerat quod petentes beneficia ecclesiastica aliis uniri tenerentur exprimere verum annuum valorem etiam beneficii cui aliud uniri peterentur alioquin unio non valeret et semper in unionibus commissio fieret ad partes vocatis quorum interest ac idem observaretur in quibusvis suppressionibus et applicationibus de quibuscumque fructibus et bonis ecclesiasticis quique ex pastoralis sui officii debito ad ea libenter intendebat per quae ecclesiarum quorumlibet presertim Metropolitanarum in illis plantata supprimendo et ipsarum ecclesiarum statum mutando venustas et decor augeretur ac divinus cultus et animarum salus susciperet incrementum prout earumdem ecclesiarum praesules et capitula id exposcebant ac personarum locorum et temporum qualitatibus et conditionibus diligenter consideratis conspiciebat in Domino salubriter expedire Joannem Franciscum Archiepiscopum ac singulares personae capituli hujusmodi a quibusvis excommunicationis suspensionis et interdicti aliisque ecclesiasticis sententiis censuris ac pœnis a jure vel ab homine quavis occasione vel causa latis siquibus quomodolibet innodati existebant ad effectum infrascriptorum dumtaxat consequendum absolvens et absolutos fore censens nec non fructuum reddituum et proventuum dictae mensae verum annuum valorem ac quarumcumque aliarum unionum et applicationum illi quomodolibet factarum tenores pro expressis habens hujusmodi supplicationibus inclinatus subadatum videlicet calendas aprilis pontificatus sui anno tertio decimo in dicta majori ecclesia illiusque prioratu et singulis canonicatibus et prebendis seu locis a canonicalibus portionibus nec non personatibus et quibusvis aliis beneficiis regularibus ab ea quomodolibet dependentibus dictum ordinem Sancti Augustini omnemque statum naturam essentiam et dependentiam regulares Ita quod prioratus ac canonicatus et prebendae seu loca et canonicales portiones personatus cœteraque beneficia regularia hujusmodi ex tunc de cœtero mere secularia essent ac ut alia quotiescumque et quandocumque illa vacare contingeret clericis secularibus tamen per eos ad quos spectaret conferri deberent nec non praedictum Archidiaconatum cui cura non imminet animarum sive ut praedicitur sive ut alio quovismodo aut ex alterius cujuscumque persona seu per liberam resignationem ejus ultimi possessoris vel cujusvis alterius de illo in dicta curia vel extra eam etiam coram notario publico et testibus sponte factam aut assecutionem alterius beneficii ecclesiastici quavis authoritate collati vacaret etiam si tanto tempore vacaverit quod ejus collatio juxta Lateranensis statuta Concilii ad Sedem praedictam legitime devoluta ipseque Archidiaconatus dispositioni Apostolicae specialiter vel eo quod dignitas major post pontificalem erat ut praedicitur aut alias qualiter reservatus existeret et ad illum consuevisset quis per electionem assumi eique cura jurisdiciabilis tantum immineret ac super eo inter aliquos lis cujus statum idem Clemens praedecessor habere voluit pro expresso penderet indecisa dummodo dicta die calendas aprilis non esset alieni in eo specialiter jus quaesitum illiusque nomen tantum et denominationem dicta authoritate perpetuo expressit et extinxit ac regularem ipsius majoris ecclesiae statum in canonicorum presbyterorum clericorum et ministrorum secularium statum immutaret nec non ex ambobus regulari et seculari capitulis praedictis eorumque personis unicum seculare capitulum in eadem majori ecclesia Ita quod canonici seculares predicti illorumque capitulum ex dicta ecclesia Beatae Mariae deputatis etiam ultra dictum vicarium ad ejus servitium sex ex presbyteris beneficialis praedictis simul cum uno canonico alternatim ut praefertur eligendo ad eamdem majorem ecclesiam una cum majoribus et singulis ornamentis ac paramentis aliisque suppellectilibus sacris et profanis ad eos seu eorum capitulum hujusmodi spectantibus transire et apud eam residere etiam deberent authoritate praedicta etiam perpetuo constituit ipsiusque majoris ecclesiae praesulem canonicos et beneficiatos regulares tunc existentes ordinem praedictum tacite vel expresse professos ab omni et quacumque observatione constitutionum ordinationum diffinitionum institutorum statutorum et consuetudinum regularium ordinis et majoris ecclesiae hujusmodi nec non obligatione quorumcumque per eos in suis professionibus emissorum votorum paupertatis castitatis et obedientiae duntaxat exceptis et demum ab omni regula ejusdem Sancti Augustini ita quod deinceps habitum regularem deferre et constitutiones difinitiones ordinationes consuetudines statuta et instituta regularia ordinis et majoris ecclesiae hujusmodi etiam quoad divinorum celebrationem jejunia victum et ciborum usum et alia quaecumque ad quorum observationem ratione ordinis et professionis hujusmodi tenebantur de coetero non tenerentur sed in habitu tonsura victu incessu moribus divinorum celebratione ac alias in omnibus et per omnia praedictis canonicis secularibus ubique absque apostasiae inhabilitatis vel infamiae nota et censurarum ecclesiasticarum incursu se conformare ac prioratum nec non canonicatus et prebendae seu loca et portiones personatus coeteraque beneficia sic ad secularitatem reducta tunc obtinentes illa omnia in hujusmodi statu retinere libere et licite valerent ac deinceps modo praemisso seculares existerent ac pro talibus haberi et reputari deberent eadem authoritate absolvit et liberavit ac omnes et singulos fructus redditus et proventus Archidiaconatus in quibuscumque rebus consisterent et undecumque provenirent excepta duntaxat prebenda illi annexa vel competenti praedicto prioratui qui cum primum per cessum vel decessum aut alias quovismodo vacaret non amplius prioratus sed decanatus denominari et tam sub prioratus quam decanatus denominatione dignitas in dicta majori ecclesia post pontificalem major remanere et statim occurrente illius vacatione ejusdem pro tempore possessor decanus etiam denominari vocari et inscribi ac stallum in choro immediate post Archiepiscopum primumque locum in capitulo aliisque actibus publicis et privatis dictae majoris ecclesiae habere deberet authoritate praedicta similiter perpetuo applicavit et appropriavit prebendam vero suppressi Archidiaconatus hujusmodi unum et unam qui per obitum ultimi illorum possessoris ut praedicitur vacabat ex tunc dummodo dicta dies calendarum aprilis non esset in eis alicui specialiter jus quaesitum nec non alios duos et alias duas ex canonicatibus et prebendis praedictis non tamen subdiaconalibus quos etiam quas inibi primo quoque loco per cessum etiam permutationis causa vel decessum seu dimissionem aut privationem vel quamcumque aliam dispositionem omissionem seu religionis ingressum aut matrimonii contractum illos et illas tunc obtinentium vel alias quovismodo etiam apud sedem praedictam etiam in aliquo ex mensibus sibi et romano Pontifici pro tempore existenti ac praedictae Sedi per quascumque constitutiones apostolicas aut cancellariae apostolicae regulas reservatis seu locorum Ordinariis per easdem constitutiones seu regulas aut Litteras alternativarum vel alia privilegia et indulta concessis et concedendis simul et successive vacare contingeret etiam ex tunc prout ex ea die et econtra cum annexis hujusmodi ac omnibus juribus et pertinentiis suis praedictae mensae capitulari dicta authoritate perpetuo univit annexuit et incorporavit ita quod liceret priori videlicet seu decano pro tempore existenti et capitulo praedictis per se vel alium seu alias eorum et dictae mensae nominibus corporalem realem et actualem possessionem canonicatuum et prebendarum sic unitorum praedictorum et annexorum juriumque et pertinentiarum suorum quorumcumque possessionem propria authoritate libere apprehendere et apprehensam perpetuo retinere fructus quoque redditus et proventus jura obventiones distributiones quotidianas et quaecumque alia emolumenta ex eis provenientia percipere exigere levare recuperare ac locare et arrendare ac unam communem massam inter se aequaliter ut moris erat nulla amplius facta regularium aut secularium mentione vel distinctione dividenda ac in suos dictaeque mensae usus et utilitatem convertenda redigere nec non eidem priori seu decano similiter fructus redditus et proventus suppressi Archidiaconatus hujusmodi dicto prioratui ut praedicitur applicatos in suos et prioratus seu decanatus hujusmodi usus et utilitatem convertere diocesani loci vel cujusvis alterius licentia desuper minime requisita praeterea capitulo ac tunc pro tempore existentibus priori seu decano canonicis beneficiatis et aliis ministris quibuscumque majoris ecclesiae hujusmodi ut omnibus et singulis privilegiis facultatibus libertatibus immunitatibus exemptionibus praerogativis antelationibus jurisdictionibus conservatoriis praeeminentiis concessionibus indultis favoribus et aliis gratiis universis tam spiritualibus quam temporalibus utrique capitulo regulari et seculari hujusmodi corumque personis et beneficiatis et ministris praedictis per quoscumque romanos Pontifices praedecessores suos aut reges seu Sabaudiae vel alios duces seu principes quoscumque regum ducum aut principum hujusmodi vel aliorum etiam religionis intuitu aut contemplatione aut alios quomodolibet concessis quibus capitula eorumque personæ beneficiati ac ministri hujusmodi de jure usu concessione privilegio consuetudine aut alias quomodolibet utebantur fruebantur potiebantur et gaudebant ac uti frui ac potiri ac gaudere poterant quomodolibet similiter et pariformiter ac sine ulla prorsus differentia dummodo tamen secularibus personis ecclesiasticis convenirent et in usu seu viridi observantia nec sub ulla revocatione comprehensa existerent ac sacris canonibus dictique Concilii Tridentini decretis non repugnarent in omnibus et per omnia perinde ac si ipsius majoris ecclesiæ capitulo canonicis beneficiatis et ministris in seculari statu existentibus concessa forent uti frui potiri et gaudere ac omnia et singula fructus domos terras vineas prata dominia jurisdictiones contentiosas et temporales etiam merum et mixtum imperium importantes feuda et alia quæcumque bona eis tam ratione prioratus canonicatuum et prebendarum seu locorum et canonicalium portionum aliorumque beneficiorum regularium hujusmodi tam a primæva eorum institutione seu fundatione vel dotis augmento quam ex largitione et eleemosina aut pretextu et titulo seu intentione regularitatis et alias eatenus quomodolibet concessa etiam cum omnibus privilegiis indultis franchisiis exemptionibus immunitatibus libertatibus et aliis juribus universis Apostolica imperiali regia ducali aut alia quavis authoritate emanatis confirmatis et innovatis ac etiam ea prescripta seu inveterata consuetudine receptis ut prius æque ac si reductio prædicta facta non fuisset in perpetuum retinere habere possidere et administrare ac de illis disponere nec non ut ex tunc deinceps perpetuis futuris temporibus dictus Joannes Franciscus Archiepiscopus ejusque successores dictæ majoris ecclesiæ præsules seu administratores pro tempore existentes omnes et singulas causas jurisdictionem in dictos priorem seu decanum et canonicos quomodolibet concernentes de cœtero movendas una cum adjunctis capitularibus personis ejusdem majoris ecclesiæ In prima instantia et forma et dispositione dicti Concilii cognoscere ipsique ac prior seu decanus pro tempore existens et capitulum hujusmodi simul et conjunctim canonicatus et prebendas prædictos quotiescumque illorum vacatio in mensibus ordinariis quovismodo occurreret salva tamen Joanni Francisco Archiepiscopo et suis successoribus prædictis personatuum provisione ut moris erat prior autem seu decanus et capitulum et canonici prædicti omnes et singulas ac quascumque perpetuas sine cura cappellanias ac etiam parrochiales ecclesias vel earum perpetuas vicarias ad eorum collationem provisionem presentationem institutionem electionem seu quamvis aliam dispositionem tam ex consuetudine vel divisionibus aut transactionibus inter Archiepiscopos Tarentasienses qui pro tempore fuerunt ac capitulum generale hujusmodi initis quam alias quomodolibet spectantes et pertinentes quoties illa pro tempore vacare contingeret personis idoneis servata ejusdem Concilii Tridentini forma conferre ac personas ad cappellanias et parrochiales ecclesias vel vicarias hujusmodi presentare seu in eis instituere salvis tamen semper in illis reservationibus et affectionibus apostolicis Insuper quod prior seu decanus ac capitulum et canonici prædicti quæcumque statuta ordinationes et capitula felix regimen prosperamque directionem prædictæ majoris ecclesiæ ad divini in ea cultus celebrationem prebendarumque sacerdotalium et subdiaconalium hujusmodi deputationem nec non puerorum symphoniacorum aliarumque personarum ac ministrorum ejusdem receptionem qualitates et mores concernentia et alias utilia et necessaria sacrisque canonibus et prædicti Concilii decretis minime adversantia ac ab ordinario examinanda et approbanda condere eaque quoties pro rerum et temporum conditione aut alias expediens videretur limittare corrigere emendare et interpretari aliaque similiter ab ordinario examinanda et approbanda etiam ex integro edere et facere libere et licite valerent similiter apostolica authoritate itidem perpetuo concessit et indulsit Postremo statuit et ordinavit quod ex canonicatibus et prebendis sacerdotalibus prædictis quos primo quoque loco in dicta majori ecclesia postquam tamen unio annexio et incorporatio de aliis tribus canonicatibus et prebendis prædictis suum fuissent sortitæ effectum similiter per cessum etiam permutationis causa vel decessum seu dimissionem aut privationem aut aliam amissionem seu religionis ingressum illos et illas tunc obtinentium aut alias quovismodo etiam apud sedem prædictam et in aliquo ex mensibus romano Pontifici pro tempore existenti seu dictæ sedi tunc reservatis et in posterum reservandis aut locorum ordinariis concessis et concedendis ut præfertur simul et successive vacare contingeret unus et una pro uno lectore theologo et alius et alia pro uno pœnitentiario juxta dispositionem dicti Concilii qualificatis qui in eadem majori ecclesia Lector videlicet sacras scripturas legere et interpretari ac tam quadragesimali quam aliis temporibus opportunis verbum Dei praedicare Pœnitentiarius vero praedictus fidelium confessiones audire ac uterque coetera omnia et singula quae aliis similes canonici lectores et poenitentiarii ex ejusdem Concilii forma erant obligati facere et exercere tenerentur ac quotiescumque in eorum muneribus hujusmodi obeundis occupati forent pro praesentibus in choro ipsius majoris ecclesiae haberentur Nec non omnibus et singulis privilegiis exemptionibus immunitatibus praerogativis aliisque favoribus et gratiis universis tam spiritualibus quam temporalibus quibus hujusmodi Lectores et pœnitentiarii in aliis metropolitanis ecclesiis de jure usu vel consuetudine aut alias quomodolibet utebantur fruebantur potiebantur et gaudebant similiter uti frui potiri et gaudere deberent perpetuis futuris temporibus affecti et destinati essent decernens Litteras Apostolicas tunc desuper conficiendas sub quibusvis similium vel dissimilium gratiarum revocationibus suspensionibus limitationibus derogationibus modificationibus aut aliis contrariis dispositionibus etiam per ipsum Clementem praedecessorum et successores suos romanos Pontifices pro tempore existentes dictamque sedem sub quibuscumque tenoribus et formis ac cum quibusvis etiam derogatoriarum derogatoriis clausulis nec non irritantibus et aliis decretis pro tempore quomodolibet factis nullatenus comprehendi sed semper ab illis exemptos et quoties illae emanarent toties in pristinum et validissimum statum restitutas repositas et plenarie reintegratas ac de novo etiam sub posteriori data per Joannem Franciscum Archiepiscopum ejusque successores et capitulum praedictum quandocumque eligenda concessas ac perpetuo validas et efficaces esse et fore suosque plenarios et integros effectus sortiri et obtinere sicque et non aliter per quoscumque judices ordinarios et delegatos dictaeque sedis nuncios ubique judicari et definiri debere irritum quoque et inane si secus super his a quoquam scienter vel ignoranter contingeret attentari Non obstantibus priori voluntate Clementis praedecessoris et fundatione majoris ecclesiae hujusmodi aliisque praemissis nec non Lateranensis Concilii novissime celebrati uniones perpetuas nisi in casibus a jure permissis fieri prohibentis et piae memoriae Bonifacii P.P. octavi etiam praedecessoris nostri tunc sui aliisque apostolicis ac synodalibus provincialibus et universalibus Conciliis editis specialibus et generalibus constitutionibus et ordinationibus nec non majoris ecclesiae et ordinis hujusmodi juramento confirmatione Apostolica vel quavis firmitate alia roboratis statutis et consuetudinibus privilegiis quoque indultis et Litteris Apostolicis illis ac praesulibus et capitulo praedictis nec non ejusdem ordinis superioribus et personis sub quibuscumque tenoribus et formis ac cum quibusvis etiam derogatoriarum derogatoriis aliisque efficacioribus et insolitis clausulis nec non irritantibus et aliis decretis in genere vel in specie etiam motu proprio et ex certa scientia et consistorialiter quomodolibet concessis approbatis et innovatis quibus omnibus praedictus Clemens praedecessor etiamsi pro illorum sufficienti derogatione alias de illis eorumque totis tenoribus specialis specifica expressa et individua ac de verbo ad verbum non autem per clausulas generales idem importantes mentio seu quaevis alia expressio habenda aut aliqua alia exquisita forma ad id servanda foret tenores hujusmodi ac si de verbo ad verbum nihil penitus omisso et forma in illis tradita observata inserti essent pro expressis habens illis alias in suo robore permansuris ea vice duntaxat et expresse derogavit contrariis quibuscumque aut si aliqui Apostolica praedicta vel alia quavis authoritate in dicta majori ecclesia in canonicos essent recepti vel ut reciperentur insisterent seu si super provisionibus de canonicatu et prebendis majoris ac dignitatibus Beatae Mariae ecclesiarum hujusmodi speciales vel aliis beneficiis illis partibus generales dictae sedis aut legatorum ejus Litteras impetrasset etiamsi per eas ad inhibitionem reservationem et decretum vel alias quomodolibet esset processum quosquidem Litteras et processus habitos per easdem ac inde secuta quaecumque idem Clemens praedecessor ad canonicatus et prebendas unitos ac suppressum Archidiaconatum hujusmodi voluit non extendi sed nullum per hoc eis quoad assecutionem canonicatuum et dignitatum vel beneficiorum aliorum prejudicium generari et quibuslibet aliis privilegiis indulgentiis et Litteris apostolicis generalibus vel specialibus quorumcumque tenorum existerent per quae Litteris desuper conficiendis non expressa vel totaliter non inserta effectus earum impediri valeret quomodolibet vel differri et de quibus quorumcumque tenoribus de verbo ad verbum habenda esset in eisdem Litteris mentio specialis Voluit autem idem Clemens praedecessor quod propter unionem annexionem et incorporationem hujusmodi canonicatus et praebendae unitorum hujusmodi debitis non fraudentur obsequiis sed eorum congrue supportentur onera consueta quodque optio in prebendis dictae Sedi Apostolicae reservatis vel affectis locum non haberet Ne autem de absolutione suppressione extinctione immutatione constitutione liberatione applicatione appropriatione unione annexione incorporatione concessione indulto statuto ordinatione decreto et voluntate prædictis pro eo quod super illis dicti Clementis prædecessoris ejus superveniente obitu litteræ confectæ non fuerint valeat quomodolibet hæsitari ipsique Joannes Franciscus Archiepiscopus et Capitulum illorum frustrentur effectu volumus et similiter Apostolica authoritate decrevimus quod absolutio suppressio extinctio immutatio constitutio liberatio applicatio appropriatio unio annexio incorporatio concessio indultum statutum ordinatio decretum et voluntas Clementis prædecessoris hujusmodi perinde a dicta die calendis aprilis suum sortiantur effectum ac si super illis ipsius prædecessoris litteræ sub ejusdem diei datæ confectæ fuissent prout superius enarratur quodque ad probandum plene absolutionem suppressionem extinctionem immutationem constitutionem liberationem applicationem appropriationem unionem annexionem incorporationem concessionem indultum statutum ordinationem et voluntatem ejusdem Clementis prædecessoris ubique sufficiant nec ad id probationis alterius adminiculum requiratur Nulli ergo omnino hominum liceat hanc paginam nostræ voluntatis et decreti infringere vel ei ausu temerario contraire si quis autem hoc attentare presumpserit indignationem Omnipotentis Dei ac Beatorum Petri et Pauli Apostolorum ejus se noverit incursurum Datum Romæ apud Sanctum Petrum anno incarnationis dominicæ millesimo sexcentesimo quinto quarto calendas junii Pontificatus nostri anno primo.

Quodquidem sumptum ego notarius publicus infrascriptus reverenter ut decuit ad me recipiens ipsoque viso et diligenter inspecto presens publicum transumpti instrumentum cum ipso originali bene et fideliter auscultatum et collationatum in omnibus et per omnia juxta ejusdem sumpti formam continentiam et tenorem concordare inveni Idcirco transumpti hujusmodi instrumentum requisitus in hanc publicam formam redigere curavi et feci signoque et subscriptione meis publicis et consuetis roboravi ut illi fides stetur firmiterque credatur ac plenarie fides adhibeatur in judicio et extra illud perinde ac si originale exhiberetur vel ostenderetur superquibus omnibus præmissis petitum fuit a me infrascripto notario presens instrumentum actum Romæ in officio meeum presentibus DD. Jacobo Vulliemin et Jacobo Sonnier clericis Tullensis diœcesis testibus ad præmissa omnia et singula vocatis habitis specialiter atque rogatis. Præinsertae litterae Apostolicae cum suo originali revisae concordant. Signatum Joachinus Valluinus Officialium deputatus. J. Card. prod. Sigillatum sigillo dicti Domini Cardinalis. Ego Richardus Girardus sacrae Rotae notarius presens transumptum subscripsi et publicavi in fidem sigillatum sigillo dicti Girardi notarii.

V.

TRANSACTION ENTRE L'ARCHEVÊQUE DE TARENTAISE ET LES SYNDICS DES ALLUES.

N. 9.
(An. 1393.)

In nomine Domini amen. Anno ejusdem millesimo ccc. nonagesimo tertio indictione prima die decima sexta mensis aprilis per hoc presens publicum instrumentum cunctis appareat evidenter quod cum quæstio et materia quæstionis verterentur vertique....... verisimiliter major dierum speraretur inter Reverendissimum in Christo Patrem et Dominum Dominum Eduardum de Sabaudia Dei et Sedis Apostolicæ gratia Tarentasiensem Archiepiscopum et comitem seu ejus procuratorem agentem nomine ipsius Archiepiscopi et ejus mensæ Archiepiscopalis et successorum suorum Archiepiscoporum ex una parte ; et Joannem de Nanto notarium, Petrum Legerii notarium, Anthonium Legerii notarium, Petrum Regis, Joannem Richardi alias Caneynt, Joannem Freyssardi, Joannem Micolli, Petrum Albi alias Charlet, Petrum Albi alias Grant, Poncetum Albi, Joannem Andreæ juniorem, Petrum filium Pereti Cistini, Anthonium Barralis, Joannem Borgesii, Joannem Boverii de Mussilione et Vulliermum Chaberti alias Bondrici nominibus suis et aliorum hominum et personarum totius communitatis et parochiæ Allodiorum absentium, ex altera parte. Super eo videlicet quod dictus Dominus Archiepiscopus seu ejus procurator dicebat, proponebat et asserebat quod omnia et singula prata, terræ, nemora, pascua, alpes, alpiagia, aquæ, aquarum decursus, viæ et itinera publica, esserta, montes, domos, et casalia, grangiæ et omnia quæcumque existentia infra dictam parochiam totam et communitatem Allodiorum sint et hactenus fuerunt per tanti temporis spatium, quod de contrario memoria hominum non habetur, de feudo et emphiteosi dicti Domini Archiepiscopi et suæ mensæ Archiepiscopalis et prædecessorum suorum solis et in solidum tam ex largitate donatione et concessione liberalibus imperialis quam aliis justis veris titulis atque causis et de eisdem sunt et fuerunt ipse Dominus Archiepiscopus ejus prædecessores et mensa archiepiscopalis soli et in solidum possessione pacifica juris vel quasi ex antiquis temporibus suprascriptis super prædictis dictique homines supranominati præsentes et alii absentes dictæ communitatis et parochiæ Allodiorum prædicta omnia in toto vel in parte teneant et possideant per se vel per alium et ea recognoscere specificare et declarare particulariter et distincte denegent et recusent injuste et sine causa dictum Dominum Archiepiscopum de suis dictis bonis et juribus spoliando et ea occupando quare petebat et petere intendebat idem Dominus Archiepiscopus seu ejus procurator a prædictis hominibus et quolibet ipsorum in quantum ad quemlibet pertinet et spectat omnem commissionem et escheutam de prædictis ipsosque puniri de perjurio et aliis pœnis commissis secundum quod justitia postulat et requirit. Ex adverso dicti homines dixerunt et confessi fuerunt petitionem dicti Domini Archiepiscopi fore veram et quod omnia et singula bona, possessiones et alia de quibus supra fit mentio existentia infra dictam parochiam sunt de feudo et emphiteosi dicti Domini Archiepiscopi et suæ mensæ Archiepiscopalis prælibatæ. Et etiam confessi fuerunt quod omnia quæ tenent in dicta parochia sunt et moventur de feudo et emphiteosi dicti Domini Archiepiscopi et suæ mensæ Archiepiscopalis adstricta ad certa annualia tributa servitia et redditus etiam ad quædam placita solvere consueta, exceptis tantum quibusdam possessionibus et bonis quæ tenent et tenere reperirentur dicti homines et singuli eorumdem a venerabilibus capitulis regularibus et secularibus Tarentasiensibus et a nonnullis nobilibus et quibusdam aliis Dominis et personis, prout appareret et reperiretur per recognitiones veridicas seu alia legitima documenta, dicendo quod si plenarie non recognoverunt in Petri de Castellario manibus commissarii dicti Domini Archiepiscopi ad ipsas recognitiones recipiendas deputati et aliquas res, servitia, tributa, usagia et quædam alia retineant ad recognoscendum quod ipsi et singuli eorum particulariter et distincte parati sunt recognoscere et regichire recte et legitime. Dicentes etiam quod ipsi vel ipsorum alter nullus et bona de præmissis vel ipsorum aliquibus retinuerunt seu obmiserunt ad confitendum seu regichiandum aliqua fraude seu omissione tacita, nisi duntaxat per simplicem oblivionem seu errorem et si, quod absit, aliqua omiserunt tacite vel publice ad recognoscendum, ea omnia parati sunt ut supra dictum est recognoscere, specificare et declarare super quibus omnibus et singulis dependentibus et emergentibus ex eisdem fuit transactum, compositum, concordatum et via amicabili arestatum nullamque partium prædictarum discrepantem seu discordantem aut contradicentem inter dictum Dominum Archiepiscopum nomine quo supra volens et cupiens ipsos gratiosis favoribus pertractare ex una parte, et dictos homines nominibus quibus supra ex alia prout infra legitur potissime et declaratur. IN PRIMIS quod dicti homines et singuli eorum teneantur et debeant recognoscere specificare et declarare particulariter et distincte recognitionem et regichiam facere firmam et validam dicto Domino Archiepiscopo de quibuscumque pratis, terris, nemoribus, pascuis, alpibus, alpiagiis, aquis, aquarum decursibus, viis, itineribus, essertiis, montibus, domibus, grangiis, casalibus, et de quibuscumque aliis bonis, rebus et possessionibus quæ habent, tenent et possident per se vel per alium, seu tenere et possidere videntur in tota parochia et communitate seu confinibus Allodiorum exceptis hiis duntaxat quæ ab alio seu aliis dominis teneri reperirentur veridice per legitima documenta et legitimas informationes ultra alia jam per ipsos in manu dicti Petri de Castellario notarii et commissarii recognita et confessata una cum servitiis, censibus, redditibus, tributis et usagiis debite receptis et recipiendis ultra jam recognita prout supra ex hoc hinc ad unum annum proxime et continue futurum in manibus Joannis Bruneti notarii et Joannis Salomonis alias....... notarii per dictum Dominum Archiepiscopum super hoc commissariorum ad dictas recognitiones recipiendas deputatorum seu alium vel alios per ipsum Dominum Archiepiscopum ordinandos quotiescumque dicti Domini Archiepiscopi fuerit voluntatis et hoc propriis sumptibus et expensis ipsorum hominum moderatis reddere debeant dicti homines præfato Domino Archiepiscopo recognitiones hujusmodi hinc ad dictum superius annum in papiru improthocolatas si fieri possit infra dictum terminum sub pœna pro quolibet deficiente in præmissis sexaginta solidorum fortium et amissione rerum et bonorum ad recognoscendum prætermissorum nobis per quemlibet in præmissis deficientem solvendorum, dandorum et expediendorum et his actis in mei et testium præmissorum præsentia ex nunc præfatus Dominus Archiepiscopus pro se et successoribus suis de gratia speciali dictis probis hominibus præsentibus et absentibus et mihi notario infra scripto more personae publicae stipulanti et recipienti vice nomine et ad opus aliorum hominum absentium et totius parochiae et communitatis Allodiorum, et quorum in futurum poterit interesse, remisit, cessit, donavit et quittavit perpetuo omnem commissionem et escheytam, laudes et vendas, et placita et retentas usagiorum dicto Domino Archiepiscopo in et super rebus praedictis ad recognoscendum omissis et derelictis spectantibus et pertinentibus et debitis ex causis praedictis a toto tempore praeterito quoquomodo usque in terminum praedictum unius anni ita et totaliter quod factis rationibus debitis nihil ipse Dominus Archiepiscopus et successores sui de dictis escheytis commissionibus laudibus et vendis placitis et retentis petere possint ab eisdem hominibus et successoribus suis remittens etiam donans et quittans dictis hominibus et cuilibet ipsorum praesentibus et futuris et mihi notario ut supra stipulanti et recipienti omnes et singulas pœnas banna et offensas, delicta, errores et defectus per eosdem praesentes et absentes homines ratione rerum male recognitarum et male confessatarum per eosdem seu alterum ipsorum commissorum incursis et perpetratis quoquomodo occasione praemissorum dependentium et emergentium ex eisdem et ipsos et quemlibet ipsorum absolvit et absolutos esse vult de praemissis salvis tamen eidem Domino Archiepiscopo omnibus actionibus, juribus, commissionibus et escheytis quibuscumque quae habet habereque potest et sibi competunt ratione aliquorum acquirimentorum factorum per praedecessores Archiepiscopos Domini Archiepiscopi moderni supradicti seu rerum antedictarum ut praefertur acquisitarum de quibus cum dicto Domino Archiepiscopo moderno non fuit concordatum seu arestatum retinens et reservans etiam idem Dominus Archiepiscopus ad se et suos successores feuda nobilia de quibus cum eodem non esset concordatum seu arestatum vel jam confessatum. Item quod dicti homines omnes et alii dictae parochiae non præsentes sed absentes omnia praedicta et contenta in praesenti instrumento laudare, ratificare et confirmare teneantur et debeant quilibet pro se et se obligare prout alii praedicti homines præsentes erga dictum Dominum Archiepiscopum ejus successores et me notarium infrascriptum se ut supra obligaverunt cum promissionibus obligationibus et renuntiationibus opportunis erga dictum Dominum Archiepiscopum et ejus successores. Item quod dicti homines tam præsentes quam absentes recognoscere reperire et supplere aut emendare debeant et teneantur omnia annualia servitia, censas, redditus, usagia et tributa quae minus reperirentur et solverent aut de ipsis minus computaretur in Domini Archiepiscopi computis factis et receptis a sexaginta annis citra videlicet secundum majorem quantitatem quae reperiretur in majori computo de qua extitit computatum quae deficere et deesse aut perdere videretur secundum quod modo computatur aut exigitur minus in dicta tota parochia et tota communitate Allodiorum quae omnia universa et singula dicti homines præsentes pro se et eorum successoribus et nomine aliorum hominum non præsentium et nomine totius communitatis Allodiorum promiserunt per eorum juramenta ad sancta Dei evangelia tacta et sub expressa et hypotheca obligatione omnium bonorum suorum mobilium et immobilium præsentium et futurorum quorumcumque praedicta omnia universa et singula habere rata, grata, firma et valida perpetuo et tenere ac inviolabiliter observare et nunquam contra facere vel venire in judicio vel extra clam occulte manifeste seu publice aut alicui contradicere volenti nullatenus consentire sed omnia ea attendere complere et observare perpetuo prout supra narrantur et sunt expressa. Praefatus vero Dˢ Archiepiscopus pro se et successoribus suis promisit per juramentum suum more Praelati fieri solitum praedicta omnia habere rata grata firma et valida perpetuo et tenere et in nulla contrafacere vel venire seu alicui contra venire volenti nullatenus consentire. Renunciantes tam dicti Dominus Archiepiscopus quam praefati et praescripti homines pro se et pro aliis hominibus absentibus in hoc facto ex eorum certis scientiis et sub virtute suorum prestitorum juramentorum omni actioni et exceptioni doli mali metus et in factum omnium praemissorum non factorum seu non legitime factorum conditioni sine causa vel ex injusta causa petitioni et oblationi libelli lice..... contestationi et copiae præsentis omni implorationi judiciali officio juri per quod deceptis in suis contractibus subvenitur et ne posse dici seu objici dolum dedisse praesenti contractui vel incidisse in eumdem omnique lœsioni deceptioni gravamini subornationi cautelae et cavillationi juris et facti omnibusque auxiliis et beneficiis totius juris canonici et civilis et specialiter juri dicenti generalem renunciationem non valere nisi prœcesserit specialis actumque de praemissis fiant tot publica instrumenta quot per partes fuerunt petita et eis necessaria ejusdem tenoris quae possint dictari corrigi refici semel vel pluries licet fuerint grossata vel non ad dictamen et consilium peritorum. Actum in capella sancti Jacobi praesentibus venerabilibus viris domino Joanne Tissoti canonico saeculari et officiali Tarentasiensi, dominis Joanne Basini, Petro Tachie canonicis saecularibus Tarentasiensibus, Petro de Belloforti domicello, Jaquemeto Ru-

— 54 —

bei domicello, Petro Mathei habitatoribus Munsterii, Guillelmo Peroratti notario habitatore Munsterii cum pluribus aliis testibus ad praemissa vocatis specialiter et rogatis.

Subsequenter anno et indictione praedictis die vicesima mensis aprilis antedicti quod cum supra fuit inter dictas partes ordinatum quod caeteri homines absentes et qui non fuerunt praesentes praedicta omnia laudare et confirmare deberent hinc est quod in praesentia mei notarii publici et testium subscriptorum constituti personaliter Villielmus Burgodi, Jaquinus Albi, Villielmus Columbi, Petrus Bondrici....... Andreae, Joannes Ponczonis senior, Joannes Mugnerius senior, Ansermus Burgodi, Petrus Burgodi, Martinus de Nanto, Jacobus de Casali, Joannes Mugneri junior, Stephanus Curteti senior, Humbertus Curteti senior, Petrus Curteti, Martinus Girardi, Joannes Girardi, Stephanus Girardi, Anthonius Curteti, Anthonius Ducis, Joannes Burgodi, Petrus Chardoneti, Vulliermus Villiencii, Joannes Tabernarii, Joannes Brunetæ senior, Michael.....Jacobus Revelli senior, Jacobus Revelli, Petrus Salomon alias Boysset, Joannes.....alias Pami, Jacobus filius Petri Bondrici, Petrus Albors, Joannes Sigrand alias Petrat, Joannes Chardoneti, Ansermus Brunetæ, Andreas Roland, Jacobus Ducis, Petrus Ducis, Petrus Boissie junior, Ansermus Boissie, Joannes Bondrici, Joannes Sesterii, Martinus Thome, Petrus Boissie senior, Joannes Chevrotti senior, Joannes Chevrotti Junior, Stephanus Boneti, Joannes filius quondam Joannis Raffor, Joannes Crucis, Joannes filius quondam Joannis Burdini, Stephanus Tatuoz, Joannes Herlini, Berthodus Veyriaz, Stephanus Curteti junior, Jacobus Blanchic, Joannes Chapuis, Petrus

Mugnerii.....Marcus Chapuis, Jacobus Villiencii, Anthonius Seytoris, Joannes Oyselli, Anthonius Leveti, Durandus Rolandi, Jacobus Burdini, Petrus et Anthonius filii quondam Joannis Mugnerii, Jacobus filius quondam Joannis Testini, Petrus Testini senior, Petrus filius quondam Villiencii Testini, Joannes Poynt Burard. Clericus Joannes Poynt Burardus, Petrus Burdini, Petrus Albi alias Perruquet, Joannes Albi Pantet, Joannes Ponczonis junior, Petrus Joly, Anthonius Joly, Marcus Ponczonis, Stephanus de Syata, Joannes Gasconis, Petrus Richardi, Poncetus Erlini, Roletus,.....Vuillelmus Albi, Phillippus Collionis, Joannes Simondi, Anthonius Simondi alias Margueron, Joannis Valini junior, Joannes Bramerelli, Joannes filius Andreæ Chapuis, Mattheus Sibille, Laurentius Chapuis, Joannes Serre, Anthonius Sibille, Petrus Frontis, Joannes Leveti, Joannes Maygne, Vullielmus Simillionis, Petrus Thome, Jaquemetus Thome, Thomas Manovrerii (ou Manourerii), Joannes Thome senior, Joannes Burdini, Humbertus Decullata, Ansermus Aprilis, Joannes Amedei, Petrus Maygne, Ansermus Maygne, Joannes Martini, Joannes....., Petrus Argalis, Joannes Balli, et Petrus Columbi omnes de parochia et communitate Allodiorum scientes et spontanei non vi non dolo nec metu nec ab aliquo ut asserunt circumventi, prius lingua romana et intelligibili eis alta voce omnia contenta in instrumento dictæ compositionis et transactionis lecta, dicta, narrata et exposita seriatim dicentes et asserentes ipsa omnia fuisse recte et legitime ordinata, transacta, composita et concordata ea propter dicti omnes homines quilibet pro se et suis hæredibus et successoribus magnifice laudavérunt, confirmaverunt, approbaverunt, acceptaverunt, homologaverunt et ratificaverunt eorumque assensum et concensum in præmissis omnibus dederunt et apposuerunt et promiserunt quilibet pro se et suis hæredibus et successoribus mihi notario infrascripto presenti stipulanti et recipienti more publicæ personæ vice nomine ad opus dicti Domini Archiepiscopi suorum successorum dictorumque hominum et quorum in futurum poterit interesse per eorum juramenta ad sancta Dei evangelia corporaliter prestita et sub obligatione omnium bonorum suorum mobilium et immobilium præsentium et futurorum quorumcumque prædicta omnia pronunciata declarata et ordinata et quæcumque alia supradicta et arrestata habere rata, grata, firma et valida perpetuo et tenere et inviolabiliter observare et nunquam per se vel per alium in judicio vel extra clam occulte publice vel expresse contra facere vel venire in judicio vel extra seu alicui contradicere volenti nullatenus consentire sed omnia prædicta et ipsorum quilibet attendere, facere, observare et complere prout supra dictum est omni exceptione remota. Renunciantes siquidem dicti homines et eorum singuli in hoc facto ex eorum certis scientiis et sub virtute suorum juramentorum per eosdem prestitorum omni actioni doli mali metus et in factum omnium prædictorum non factorum seu non legitime factorum conditioni sine causa vel ex injusta causa petitioni et oblationi....contestationi et copiæ præsentium omni implorationi judiciali officio juri per quod deceptis in suis juribus subvenitur omnique ingratitudini et ne posse dici seu obbici causam seu dolum dedisse præsenti contractui seu incidisse in eumdem omni læsioni deceptioni subornationi cancellationi et cavillationi juris et facti omnibusque auxiliis et beneficiis totius juris canonici et civilis quibus possent contra præmissa vel ipsorum aliqua facere vel venire aut in aliquo se tueri et specialiter juri dicenti generalem renunciationem non valere nisi præcesserit specialis dictumque præsens instrumentum valeat dictari refici corrigi et emendari semel vel pluries ad dictamen et consilium peritorum si necesse fuerit substantia in aliquo mutata sive sint grossata sive non in judicio producta vel non et quod fiant de præmissis tot publica instrumenta quot fuerunt petita et necessaria pro dictis partibus et eorum singulis. Actum apud Allodia in platea ante domum archiepiscopalem Allodiorum præsentibus domino Joanne Basini canonico seculari Tarentasiensi, Joanne Bertrandi domicello, Guillielmo Perorati notario, Petro et Anthonio Legerii notariis et Joanne Salamonis alias..... testibus ad præmissa vocatis specialiter et rogatis. Et ego Joannes Panicii de sancto Ramberto Jurensi Lugdunensis diocesis clericus authoritate imperiali et curiæ domini nostri Sabaudiæ Comitis notarius publicus et juratus his omnibus una cum dictis testibus præsens fui et hoc præsens publicum instrumentum rogatus recepi et in formam publicam redegi scripsi manu mea propria signoque meo solito signavi fideliter et tradidi.

Suit le certificat du notaire Cartanas, qui a copié cet acte sur un transumpt existant dans le livre des franchises des Allues.

VI.

CONVENTION ENTRE MONSEIGNEUR L'ILLUSTRISSIME ET RÉVÉRENDISSIME FRANÇOIS AMÉDÉE MILLIET ARCHEVÊQUE ET COMTE DE TARENTAISE ET LES HOMMES COMMUNIERS ET HABITANTS DE LA PAROISSE DES ALLUES.

N. 10.
(An 1664.)

Comme ainsi soit qu'en l'année mil trois cent nonante trois et le seizième avril plusieurs et divers particuliers de la paroisse des Allues juridiction spirituelle et temporelle de l'Archevêché de Tarentaise aient reconnu tant à leurs noms que de tous les hommes et communiers de la dite paroisse des Allues sous promesse d'aveu en faveur de Monseigneur l'illustrissime et révérendissime Eduard de Savoye vivant Archevêque et Comte dudit Tarantaise la généralité du fief rière toute la dite paroisse des Allues consistant en bois, pâquiers, alpes, alpeages, eaux, cours des eaux, vis et chemins publics, monts, montagnes, maisons, chesals, granges et tout ce qui est existant et situé rière toute la dite paroisse des Allues que d'autre fief ne se trouvera mouvoir ni reconnu sans préjudice des devoirs dus à la dite Archevêché conformément aux terriers et documents d'icelle comme usages, censes, servis, plaits, suffectes, pâturages et amortization laquelle reconnaissance soit transaction passée par les susnommés particuliers en faveur de qui dessus a été avouée approuvée et ratifiée par tous les hommes et particuliers de la dite paroisse des Allues le vingtième avril susdits mois et année mil trois cent nonante trois et à présent les hommes et communiers et habitants de la dite paroisse des Allues étant informés que Mgr l'illustrissime et révérendissime François Amed Milliet Archevêque et Comte du dit Tarantaise est en voie faire reconnaître de nouveau aux hommes et communiers de la dite paroisse la généralité du fief rière toute la dite paroisse conformément à la reconnaissance soit transaction de leurs prédécesseurs sus désignés comme aussi faire reconnaître particulier par particulier tout le fief des biens existants et situés rière la susdite paroisse conformément aux terriers de la dite Archevêché aux fins de percevoir par ci-après tous les devoirs sus désignés conformément aux susdits terriers ainsi que le dit seigneur illustrissime affermait et considérant les dits hommes communiers et habitants de la dite paroisse des Allues les frais que leur pourrait causer la dite rénovation occasion de la perception des devoirs susdits les procès qui leur seraient suscités pour ce regard et que les devoirs contenus ès dits terriers leur est grandement fâcheux attendu les frais et dépens qu'ils supportent de temps en temps par particulier des fermiers de la dite Archevêché lors de l'exaction des dits devoirs Ils auraient fait le treizième du présent mois de janvier une assemblée générale des hommes communiers et habitants de la dite paroisse des Allues à l'issue de la messe parochiale le susdit jour de dimanche par laquelle assemblée iceux hommes communiers et habitants de la dite paroisse pour éviter à la dite rénovation difficultés et procès qui s'en pourraient ensuivre occasion des devoirs susdits et étant informés que les devoirs sus désignés sont considérables ils auraient résolu et conclu par la dite assemblée de faire proposer à mon dit seigneur l'illustrissime et révérendissime Archevêque et Comte du dit Tarantaise et icelui très-humblement supplié qu'au cas qu'il lui plairait en reconnaissant la généralité du fief rière toute la dite paroisse des Allues conformément à leurs prédécesseurs les affranchir tant en commun qu'en particulier de tous les devoirs sus désignés contenus aux terriers susdits qu'ils bailleraient annuellement et perpétuellement pour l'affranchissement des dits devoirs la cense annuelle et perpétuelle de trois pistoles d'Espagne de bon or et de poids et à ces fins auraient fait procure aux ci bas nommés par la dite assemblée générale faite par devant moi dit notaire soussigné lesquels procureurs en vertu de la dite procure du dit jour treizième du courant se seraient exprès transportés dans la cité de Moustier et palais archiépiscopal de mon dit seigneur le révérendissime où ayant fait les dites propositions à mon dit seigneur et icelui très-humblement supplié de la part de la dite communauté les vouloir affranchir tant en commun qu'en particulier des censes, servis, plaits, suffertes, pâturages et amortizations qu'ils pourraient devoir occasion des biens communs possédés par la dite communauté à forme des susdits terriers ainsi qu'appert par la procure susdite moyennant la susdite cense annuelle de trois pistoles d'Espagne Quoi voyant mon dit seigneur l'illustrissime et révérendissime Archevêque et Comte du dit Tarantaise et considérant le profit et utilité de la dite Archevêché et la dépense qu'il lui conviendrait faire pour la rénovation des dits terriers et à ses successeurs attendu leur invétération aurait annué à leurs dites propositions pour le bien et repos de ses dits sujets. Ils ont fait les affranchissements les reconnaissances et accords suivants :

Pour ce est-il que ce jourd'hui vingt-deuxième janvier mil six cent soixante quatre par devant moi notaire ducal royal soussigné et en présence des témoins bas nommés s'est personnellement établi Monseigneur l'illustrissime et révérendissime François-Amed Milliet par la grâce de Dieu et du Saint-Siège apostolique Archevêque et Comte dudit Tarentaise, Prince du saint empire romain, Conseiller d'Etat de S. A. R., Sénateur au souverain Sénat de Savoye, lequel de son gré pour lui et ses successeurs Archevêques et Comtes dudit Tarantaise canoniquement venant et légitimement entrant en la dite Archevêché a affranchi comme par le présent il affranchit aux hommes, communiers et habitants de ladite paroisse des Allues, à savoir : de toutes censes, servis, plaits, suffertes, pâturages et amortizations des biens communs de la dite communauté qu'ils pourraient par ci après devoir à forme des susdits terriers ; et en outre Monseigneur le révérendissime pour faire voir la protection qu'il les a affranchi encore de tous usages qu'ils pourraient aussi par ci après devoir à la dite Archevêché conformément aux terriers susdits moyennant la cense annuelle et perpétuelle de trois pistoles d'Espagne de bon or et de poids ci après plus amplement déclaré avec de tout ce dessus jamais en rien demander ni permettre être demandé par qui que ce soit à peine de tous dépens dommages et intérêts en façon que les dits communiers et habitants de la dite paroisse des Allues pour ce qui regarde la dite Archevêché sera exempte de toutes censes, servis, plaits, suffertes, pâturages, amortizations et usages moyennant la susdite cense comme sus est dit. Et d'autre part se sont personnellement établis honorables François fils de feu Martin Léger, François fils de feu Jean Simillion, Dominique fils de feu Pierre Mellieur, Mauris fils de feu Martin Meyne, modernes sindics de la dite paroisse des Allues, assistés de François fils de feu Anthoine Blanc Charlet, discret Anthoine Mellieur, conseillers de la dite paroisse, avec M⁰ Claude Barral, discret Anthoine Front, Dominique fils de Jean Freyssard Martinet et Anthoine fils de feu Anthoine Front, prud'hommes de la dite paroisse des Allues, accompagnés de M⁰ Nicolas Blanc notaire ducal de la dite paroisse des Allues, des plus idoines apparents communiers et habitants de la dite paroisse des Allues lesquels de leurs gré tant à leurs noms propres qu'en qualité de procureurs des hommes communiers et habitants de la dite paroisse des Allues comme appert par acte de procure et assemblée générale signé par je dit notaire soussigné du treizième du courant au pied du présent ténorisé et en ensuivant la reconnaissance soit transaction sus désigné passé par leurs prédécesseurs le susdit jour seizième avril mil trois cent nonante trois confessent publiquement et manifestement reconnaissent comme s'ils étaient en vrai jugement par devant leur juge compétent pour ce faire appelé et convoqué tenir vouloir tenir devoir tenir et tenir se constituent en fief du fief emphythéose perpétuelle directe seigneurie et domination de fief du dit illustrissime et révérendissime seigneur François Amed Milliet Archevêque et Comte du dit Tharantaise et de son Eglise et Table archiépiscopale et de ses en la dite Eglise et Table archiépiscopale successeurs canoniquement venant et légitimement entrant en la dite Archevêché et Table archiépiscopale du dit Tharantaise. A savoir : tous les biens et possessions existant rière toute la dite paroisse des Allues consistant en bois, pâquiers, alpes, alpéages, eaux, cours des eaux, vis et chemins publics, monts, montagnes, maisons, chesals, granges et autres biens quelconques existant et situés rière les limites et étendue de la dite paroisse et communauté des Allues sans rien excepter ni réserver sauf les biens qui pourraient se mouvoir d'autre fief et seigneur et qu'ils prouveront par bons titres et documents se mouvoir d'autre fief que de l'Archevêché ce que n'étant prouvé tous les dits biens seront mouvables ainsi qu'ils sont du fief et direct domaine de la dite Archevêché et Table archiépiscopale du dit Tarantaise, et pour ce iceux procureurs susnommés à leurs noms et des autres communiers et habitants de toute la dite paroisse des Allues pour lesquels ils agissent promettent payer à mon dit seigneur l'Archevêque moderne et à ses successeurs et fermiers à perpétuité les laouds et vends de tous les fonds de la dite paroisse des Allues à la vente, permutation, aliénation et changement de chaque tenemencier des dits fonds ventes ou aliénation d'iceux biens ou permutation toutes fois et quantes qu'ils seront dûs de droit ou de coutume de ce payer et de ce promettent passer nouvelle reconnaissance toutes fois et quantes qu'ils en seront requis de la part du dit seigneur Archevêque et des seigneurs ses successeurs en outre pour les choses sus par mon dit seigneur affranchies payer annuellement et perpétuellement à mon dit seigneur l'Archevêque et à ses successeurs de cense annuelle et perpétuelle à savoir trois pistoles d'Espagne de bon or et de poids tous les ans annuellement et perpétuellement payables audit seigneur révérendissime et à ses successeurs comme sus est dit à chacune fête de St-André Apôtre, commençant le premier payement à la St-André proche venant et ainsi continuant à perpétuité à peine de tous dépens, dommages et intérêts à l'obligation de tous leurs et des dits pour lesquels ils agissent biens, même de tous les biens de la susdite communauté qu'ils se constituent tenir en faveur du dit seigneur révérendissime et de ses successeurs se réservant mon dit seigneur le révérendissime tous les dîmes en bléd, légumes et agneaux sans exception aucune rière toute la dite paroisse des Allues et à la coutume du dit lieu arrière fief, cours des eaux, ruisseaux à censes dues à raison d'iceux par albergement ou autrement comme ce soit la sacre due à la venue de chaque Archevêque ensemble ses hommes liges jurisdiciables occasion de la juridiction et perception des escheutes quand elles adviendront et écherront et généralement tous droits seigneuriaux et autres choses excogitées et à excogiter non désignées au présent aux conditions que le présent ne pourra nuire ni préjudicier à l'exaction des devoirs dûs aux fermiers de la dite Archevêché de tout le passé jusques à l'expiration du dernier bail à ferme ; item que le présent ne pourra nuire ni préjudicier au dit seigneur révérendissime ni à ses successeurs à l'exaction des censes dues à la dite Archevêché tant par albergement qu'autrement rière toute la dite paroisse pour n'être comprise à l'affranchissement susdit ni mentionnée dans les terriers de la susdite Archevêché ; item que le présent ne pourra aussi nuire ni préjudicier au dit seigneur ni à ses successeurs à faire reconnaître les fonds possédés par cure et chapelle rière la dite paroisse des Allues pour en percevoir les devoirs conformément aux susdits terriers et les amortizations quand elles écherront ; item à être dit accordé et arrêté qu'au cas que quelques seigneurs prétendant fief sur les biens d'icelle communauté demanderaient les dits laouds et vends et molesteraient les dits hommes et particuliers de la dite paroisse pour le payement d'iceux que mon dit seigneur soit ses fermiers seront obligés de l'évictionner et défendre s'ils prétendent avoir les dits laouds seront obligés de le restituer quand il sera prouvé la pièce sur laquelle le laoud sera dû être du fief particulier d'autre seigneur. Et par ce même contrat icelui seigneur révérendissime pour faire voir la protection qu'il a pour ses dits sujets et souhait de leurs biens et repos et qu'il ne désire aucunement qu'ils soient recherchés tant à présent que par ci-après de tous devoirs qu'ils pourraient devoir tant en commun qu'en particulier il a réellement remis aux procureurs susdits tous les extraits faits sur partie de tous les terriers originaux de la dite Archevêché du dit Tarantaise dans lesquels sont toutes mémoires, introges, descendances et tenets utiles et nécessaires à la rénovation d'iceux. Premièrement un extrait de reconnaissance rière le village de l'église des Allues en latin contenant selon sa dernière cote sept cent soixante trois feuillets commençant par la reconnaissance de Claude fils de feu Anthoine Sigrand de la ville de l'Eglise et finis...

celle de Martin et Jean enfants de feu Claude Raffour. Item autre extrait de reconnaissance en latin rière le susdit village de l'Eglise contenant selon sa dernière cote six cent dix neuf feuillets outre son répertoire commençant par la reconnaissance de vénérable Dom Claude Bouvier et de Claude et Pierre Bouvier ses neveux, et finissant par celle de vénérable Dom Anthoine Curtet prêtre. Item un extrait de reconnaissance en latin rière Villarricharnoz paroisse des dits Allues contenant selon sa dernière cote huit cent et dix feuillets outre le répertoire commençant par la reconnaissance de Jean fils de feu Jean Manouvrier du dit Villarricharnoz et finissant par celle de Jaques Baudry du dit lieu. Item autre extrait rière le dit lieu de Villarricharmoz en latin contenant selon sa dernière cote six cent vingt six feuillets, commençant par la reconnaissance d'Anthoine fils de feu Thomas Baudry autrement Chabert du dit lieu et finissant par celle de Matthieu fils de feu Jean Bouvier autrement Danix de Villarmanin paroisse de Sallin. Item autre extrait de reconnaissance aussi en latin rière le village de Morel dite paroisse contenant selon sa cote outre son répertoire huit cent quarante cinq feuillets y compris les blancs à la fin du dit extrait commençant par la reconnaissance de Paul et Pierre enfants de feu Anthoine Collion du dit lieu de Morel et finissant par celle de l'Anthoine fille de feu Jaques Mugnier du dit lieu. Item autre extrait de reconnaissance aussi en latin rière le village de Chaudon dite paroisse des Allues contenant selon sa dernière cote outre son répertoire sept cent vingt sept feuillets commençant par la reconnaissance de Jaques fils de feu Anthoine Mugnier du dit lieu de Chaudon et finissant par celle de Martin fils de feu Pierre Soullier de St-Martin-de-Belleville habitant au dit Chaudon. Item autre extrait de reconnaissance aussi en latin rière le village du Raffor susdite paroisse contenant selon sa dernière cote outre son répertoire cinq cent huitante huit feuillets commençant par la reconnaissance de Pierre fils de feu Jean Blanc autrement Jaquin Jaques du dit lieu du Raffour et finissant par celle de Jean Blanc du dit lieu du Raffour Item autre extrait de reconnaissance aussi en latin rière le village de Nantgerel dite paroisse contenant selon sa dernière cote quatre cent quarante feuillets outre son répertoire commençant par la reconnaissance de Claude et Simond enfants de feu Claude Mollier habitant à Bride et finissant par celle de Claude fils de feu Pierre Christin. Item et finalement un autre extrait de reconnaissance aussi en latin rière le village de Miribel dite paroisse des Allues contenant selon sa dernière cote outre son répertoire six cent trente quatre feuillets utilisés commençant par la reconnaissance de Martin Laisue, Martin le jeune et Anthoine enfants de feu Claude Front, et de Martin et Mathié Front leurs neveux du dit lieu de Miribel et finissant par celle de Jean et Martin enfants de feu Jaques Front du susdit village de Miribel paroisse susdite tous lesquels titres sus désignés ont été levés et extraits sur partie des terriers de la dite Archevêché stipulés en faveur de feu illustrissime et révérendissime seigneur Jean Philippe de Grolée vivant Archevêque et Comte du dit Tarentaise par M. Jean Mattel et Louys Brilliat vivants notaires et derniers rénovateurs et commissaires et lesquels extraits ont été présentement retirés et emportés par les susdits procureurs à leur contentement en présence de moi dit notaire et témoins et déclaré les vouloir mettre dans les Archives de la dite paroisse et communauté des Allues lesquels ils promettent représenter au dit seigneur révérendissime et à ses dits successeurs en étant requis aux mêmes peines obligations et clauses de constitut que dessus ainsi d'accord promettant pour ce les dites parties par leur foi et serment prêtés mon dit seigneur mettant la main sur sa croix pectorale à la mode des Prélats et les sus nommés procureurs sur les saintes de Dieu Ecritures entre les mains de moi dit notaire ducal soussigné touchées, et à l'obligation de tous leurs biens mon dit seigneur de ses biens temporels et les sus nommés de leurs et de la dite communauté pour laquelle ils agissent biens présents à venir quelconques sous la clause de constitut avoir le présent contract pour agréable, ferme, stable et valable sans jamais y contrevenir directement ou indirectement aux mêmes peines susdites, même promettent iceux Procureurs payer la cense sus promise au terme sus désigné aux mêmes peines susdites et promettent aussi faire ratifier le présent contrat en tant que de besoin serait par tous les hommes et communiers de la susdite paroisse des Allues comme aussi de nouveau reconnaître la susdite cense en étant requis aux peines susdites. Renonçant les dites parties par vertu de leur serment à tous droits, loix, moyens et clauses à ce que dessus contrains même au droit disant le contrat hors jugement fait et la générale renonciation n'avoir lieu si la spéciale ne précède et autres clauses requises et nécessaires et de ce les dites parties ont requis actes respectifs. Fait et passé au dit Moustier dans le Palais Archiépiscopal en la salle de mon dit seigneur le révérendissime. Présents M. Jean Anthoine Blanc notaire ducal citoyen du dit Moustier, honorable Jaques Duc peintre de St-Jean de Maurienne et M. Jean Ruchet notaire ducal citoyen du dit Moustier témoins requis. Signés sur la minute François Amed Archevêque de Tarentaise, Méllieur, Blanc, Barral, Front, Blanc témoin, Ruchet témoin, Duc présent.

Suit l'acte du 13 janvier 1664, reçu par Louis Festaz, notaire ducal, contenant assemblée générale des Communiers de la paroisse des Allues, et approbation de la transaction précédente.

VII.

ALBERGEMENT DES DIMES DE ST-JEAN DE BELLEVILLE FAIT AUX COMMUNIERS DU QUARTIER DU DIT ST-JEAN.

N. 11.
(An. 1604.)

L'an mil six cent et quatre et le vingtième jour du mois de mars à tous soit notoire et manifeste comme ainsi soit que les illustrissimes et révérendissimes seigneurs Archevêques et Comtes de Tarentaise soient de tout temps immémorial en paisible possession de percevoir et retirer annuellement les dîmes et prémices de tous blés et légumes rière les fins du quartier de St-Jean de Belleville et La Saulsa dépendant de la dite dîmerie de St-Jean de Belleville qui néanmoins contre l'intention des dits révérendissimes seigneurs Archevêques les exacteurs des dites dîmes députés par leurs fermiers et soufermiers auraient molesté en jugement et dehors les particuliers débiteurs soit pour être en différent de la cote ou bien par autres oppressions malversations et abus que se pourraient commettre sous prétexte des dites dîmes demandes dont les dits sujets de la dite Archevêché et débiteurs des dites dîmes étaient constitués en dépens frustratoires presque tous les ans pour à quoi obvier les dits communiers du dit quartier de St-Jean de Belleville et La Saulsa par l'entremise de Pierre fils d'Hugues Deschamps sindic moderne du dit quartier de St-Jean en la présence et du consentement de Jean fils de feu Jean Bermond l'aîné son et du dit quartier conseiller assistés de M° Jean fils de feu M° Pierre François Revel notaire, honnête Jean fils de feu Martin Aspord, discret Jacques fils de Jean Losserand Jean fils de feu Jean Goncellin, Pierre fils d'Antoine Revel Michelet François fils à feu M° Martin Puget. Jean fils à feu Georges Ducrest, Jacques fils de feu Claude Gerbier et Jean fils de feu Jean Bermond le jeune tous communiers du dit quartier du dit St-Jean de Belleville auraient traité avec illustrissime et révérendissime seigneur Jean François Berliet par la grâce de Dieu Archevêque et Comte de Tarantaise baron du Bourget seigneur de Chilloup et la Roche, d'alberger perpétuellement les dites dîmes du blé du dit quartier de St-Jean de Belleville et la Saulsaz dépendant du dit quartier de St-Jean tant seulement. A cette cause ainsi est que par devant moi notaire ducal soussigné et présents les témoins bas nommés établi et constitué en sa personne le dit illustrissime et révérendissime seigneur Jean-François Berliet Archevêque et Comte de Tarantaise, lequel de son gré désirant le repos et soulagement de ses sujets du nombre desquels sont les dits de St-Jean de Belleville pour lui et ses successeurs en la dite Archevêché accense perpétuellement au meilleur moyen que faire se peut et doit, savoir est les prémices et dîmes du blé et légumes appartenant à sa dite Table archiépiscopale de Tarantaise et accoutumé cueillir et percevoir de sa part tant par ses dits fermiers que agents rière le dit quartier de St-Jean de Belleville et de la Saulsa dépendant du dit quartier de St-Jean tant seulement jouxte et à la forme des limites et confins acoutumés ensemble la mure de la grange dans laquelle l'on avait accoutumé de reposer et réduire les dites dîmes, sise au dit village de St-Jean et ce aux dits manants et habitants du dit quartier de St-Jean en la personne des dits Pierre Deschamps sindic, et de Jean Bermond conseiller, assistés des sus nommés ci présents et consentants pour eux et les leurs mettant icelui seigneur lesdits sindics et conseillers modernes et futurs en ses et de sa dite Table Archiépiscopale lieu et place propre pour percevoir et retirer à eux désormais les dites dîmes et prémices des dits favetiers tenanciers et possesseurs des biens sujets et restreints au payement d'iceux avec pouvoir de les y contraindre ou faire contraindre par toutes voies de justice dues et raisonnables tout ainsi qu'il seigneur révérendissime fait et pourrait faire comme aussi ses dits successeurs à l'avenir avant et sous le présent contrat et ce dès maintenant et à perpétuité et ce a fait icelui seigneur révèrendissime tant de son bon plaisir spécial, pour ce aussi qu'ainsi lui plait informé être le profit de sa dite Table que pour et moyennant la cense annuelle et perpétuelle de nonante seytiers blé moitié seigle et moitié orge beau et recevable mesure de Moûtiers avec les mi-combles accoutumés et de cinq florins monnaie de Savoie argent d'extra pour chacun an. Laquelle cense sus exprimée les dits Deschamps sindic et Jean Bermond conseiller ont promis et juré payer annuellement et perpétuellement au dit seigneur révèrendissime et à ses dits successeurs ou soit à leurs fermiers à chacune fête de St-André Apôtre rendu au dit Palais Archiépiscopal du dit Moutiers sans espérance de jamais prétendre aucun rabais pour quelle cause que ce soit, commençant le premier payement à la prochaine venant fête de St-André et à semblable terme continuer à perpétuité les dits payements à peine de tous dépens légitimes obligeant à ces fins les dits sindics et conseillers tous les biens du dit quartier pour lequel ils agissent et tout ce qu'ils ont promis et promettent par le dit contrat se faire avouer et ratifier par tous les dits communiers et favetiers du dit quartier par contrat authentique et ce dans un mois prochain et icelui rendre aux dépens du dit quartier au trésor du dit Palais quoi faisant promet le dit seigneur révèrendissime albergateur d'une part et les dits Deschamps sindic et Bermond conseiller du consentement susdit d'autre et chacun d'eux en ce qui les concerne obligeant, le dit seigneur révèrendissime les biens de la dite Archevêché; et les dits sindic et conseiller ensemble les dits sus nommés leurs et du dit quartier pour lequel ils agissent biens, ce présent contrat avoir agréable et ne jamais y contrevenir en jugement ni dehors.

Renonçant en après les dites sus nommées parties pour
elles et les leurs de leurs certaines sciences et par vertu
de leur dits serments sus prêtés en ce fait à tous droits et
lois à ce dessus contraires, même au droit disant la générale renonciation n'être valable si la spéciale ne précède
desquelles choses sus écrites les dites sus nommées parties
ont requis être fait par moi dit notaire ducal soussigné
deux publics contrats d'une même teneur et substance au
profit de chacune partie le sien tous deux aux dépens des
dits sindics et conseillers du dit St-Jean dont le présent est
levé pour et au profit du dit seigneur révérendissime et
de ses successeurs. Fait dans le Palais dans la chambre dans
laquelle mon dit seigneur fait son ordinaire demeurance.
Présents révérend seigneur Mre Jean Bernard chanoine
régulier de Tarantaise, Me Jean-François Durandar procureur fiscal pour Son A. en Tarantaise, Me Jean Duclos
et Me Pierre Minoret Viballif citoyen du dit Moutiers, témoins à ce requis et appelés. Combien que d'autre main
soit écrit et moi Jean Louis Reynard citoyen de Moutiers
notaire ducal soussigné à ce recevoir requis je dit notaire.
Signé Reynard.

*Suit le certificat du notaire Carlanas, qui a copié le
présent acte sur l'original même.*

L'Inventaire donne ensuite l'acte du 27 mars 1604, reçu par
le notaire Claude Callié de Moutiers, portant ratification de
l'*Albergement* précédent par les communiers de St-Jean de
Belleville, réunis en assemblée générale ; et par quelques bourgeois de Moutiers, possesseurs d'une partie des biens sujets au
paiement de ces dîmes.

VIII.

ALBERGEMENT DES VIGNES DE ST-JAQUEMOZ FAIT A DIVERS PARTICULIERS DU PRÉ.

N. 12.

(An. 1601.)

L'an mil six cent un et le jour vingt quatre du mois de mars, par devant moi notaire ducal royal soussigné et présents les témoins bas nommés établis en leurs personnes noble Jean Devoley et Me Jean Baptiste Garverin procureurs agents et négotiateurs d'illustrissime et révérendissime seigneur Mre Jean François Berliet Archevêque et Comte de Tarantaise, Baron de Bourget, etc., lesquels en ladite qualité de leur bon gré accensent et albergent perpétuellement à la meilleure façon et moyen que faire se peut à honnêtes..... *(suivent les noms)* .....tous paroisse du Pré ci présents, stipulant et acceptant pour eux et les leurs, sauf le dit Albin Varnod absent, pour lequel les autres se font forts et à chacun pour le tout et à leurs consorts qu'il leur plaira élire et déclarer d'ici absents moi dit notaire pour eux stipulant. A savoir les vignes du grand Clos et du Pigny sous le château St-Jacquemoz appartenant au seigneur révérendissime Archevêque et Comte de Tarantaise Jouxte le Vion tirant au château de St-Jacquemoz d'empuis le grand chemin jusques au Vion tirant aux vignes du Pigny des particuliers sous le dit Château et en partie le grand chemin public dessus, l'eau Isère dessous.

le chemin tirant du grand chemin au pont des Planes du couchant et la vigne d'Urbain fils de François Bouvier contenant la dite vigne du dit Urbain Bouvier environ une fosseré du levant contre le fond de la dite vigne albergé, la vigne de la cure du dit saint Jaquemoz aussi en partie dessus, et jouxte ses autres meilleurs confins avec fonds, droits, entrées, sorties, commodités et appartenances quelconques. Et ce sous la cense annuelle et perpétuelle de trois vingt et dix seytiers vin rouge pour beau et bon et recevable mesure de Moutiers payable la dite cense susmentionnée par les dits susnommés albergataires ou les leurs et par chacun d'iceux seul et par le tout sans division comme dessus faisant leur fait et dette propre pour le dit Vernod absent jurent par leurs serments ès mains de moi dit notaire et sous l'obligation de leurs personnes et biens présents et à venir qu'ils se constituent tenir tous les ans annuellement et perpétuellement à chacunes vendanges à la traite des vins des tines rendu porté à leurs dépens dans le Palais Archiépiscopal de Moutiers entre les mains des procureurs et agents du dit seigneur révérendissime. Le premier payement devoir à commencer aux vendanges prochaines et ainsi successivement perpétuellement et continuellement payer la dite cense au dit terme à tout jamais à peine de tous dépens dommages et intérêts sauf et réservé tous cas de droit en tels et semblables actes sans préjudice des arrérages du passé si aucuns en sont dus. Et en outre les dits albergataires ont promis à même obligation que dessus de maintenir la dite pièce vigne sus albergée en bon et dû état et ce avec toute donation de prévalence dévestiture et investiture accoutumés et constitutions de tenir opposition. Promettant les parties respectivement le présent acte avoir perpétuellement agréable et ne jamais y contrevenir en jugement ni dehors renonçant à tous droits à ce contraires et même au droit disant la générale renonciation non valoir si la spéciale ne précède. Et de ce les parties ont requis être fait deux actes l'un au profit du dit seigneur révérendissime et l'autre des dits albergataires et des leurs.

Fait à Moutiers dans la maison de la Jeanne Minoret geolière du Palais, présents M⁰ Urbain Point Procureur fiscal de la dite Archevêché, M⁰ Pierre Minoret Viballif d'icelle Archevêché, Pierre fils de feu Jean Constantin, Jean fils de feu Marcel Bornet et Pierre fils de feu Marcel Deschamps-Bergier paroisse du Pré témoins à ce requis Jaçoit que d'autre main soit écrit et je Laurent Dusollier paroisse de Montgirod bourgeois de Moutiers notaire royal commis soussigné à ce dessus requis recevoir combien que d'autre main soit écrit. *Signé* : Dusollier.

Suit le certificat du notaire Cartanas, qui a copié le présent acte sur l'original même.

IX.

ALBERGEMENT DES DIMES DE BLÉ DE NOTRE-DAME DU PREZ.

N. 13.

(An. 1601.)

L'an mil six cent et un et le dix-septième jour du mois de mai à tous soit notaire et manifeste comme ainsi soit que illustrissimes et révérendissimes seigneurs Archevêques et Comtes de Tarantaise soient de tout temps immémorial en paisible possession de percevoir et retirer annuellement les dîmes et prémices de tous blés et légumes rière les fins de la paroisse de Notre-Dame du Prez et quartier de Montmagnil que néanmoins contre l'intention des dits révérendissimes seigneurs Archevêques les exacteurs des dits décimes députés par leurs fermiers et sous-fermiers auraient molesté en jugement et dehors les particuliers débiteurs soit pour être en différent de la cote ou bien par autres oppressions malversations et abus qui se pouvaient commettre sous prétexte des dites demandes dont les dits sujets du dit Archevêché et débiteurs des dites décimes étaient constituées en dépens frustratoires presques tous les ans pour à quoi obvier à l'avenir les dits communiers du Prez et Montmagnil par le moyen de Pierre Terraz et Etienne Deschamps sindics modernes des dits lieux auraient présenté requête ces jours passés à illustrissime et révérendissime seigneur Jean-François Berliet par la grâce de Dieu et du St-Siége Apostolique Archevêque et Comte de Tarantaise tendant aussi que son bon plaisir fut vouloir leur alberger perpétuellement et à leurs successeurs les dites dîmes sous la cense convenable telle que par mon dit seigneur révérendissime serait avisé. Laquelle requête ayant été communiquée au Procureur fiscal et vu les requisitions d'icelui du quinzième de ce mois signé Pointi après que mon dit seigneur révérendissime a fait lecture des accensements faits et passés des dits dîmes par les seigneurs fermiers et sous-fermiers du révérendissime seigneur Archevêque son antécesseur depuis quinze ans en ça par lesquels appert les dits dîmes avoir été accensés annuellement à la quantité de nonante seytiers blé moitié seigle moitié orge comme par les deux accensements ce premier du dixième juillet 1587 signé Duplan et le suivant du vingt quatrième octobre 1589 signé Dusollier. Considérant d'ailleurs que pour le payement des dits dîmes bien souvent les dits sous-fermiers faisaient difficulté payer la quantité par eux accordé sous prétexte de la guerre autrefois peste, et par fois de la gelée, grêle et tempête par eux présupposé par le moyen desquels accidents les dits révérendissimes seigneurs sont été frustrés d'une partie dut dit blé promis. De plus désirant exempter les dits suppliants des dites molesties vexations indues et dépens frustratoires ésquels ils disaient avoir été constitués à la poursuite des exacteurs des dits dîmes, après mure délibération notamment qu'en intérinant la requête des dits suppliants aucun détriment, perte ou dommage n'est rapportée à mon dit seigneur révérendissime ni à ses successeurs au dit Archevêché, pour obvier aux dites plaintes à l'avenir et rabais prétendus fondés sur les dits accidents pour lesquels convenait rapporter plusieurs preuves enquêtes, son bon vouloir et plaisir a été ce jourd'hui par son décret écrit au dos de la dite requête en intérinant icelle accorder aux dits suppliants le dit albergement perpétuel des dits dîmes pour la cense annuelle de huitante huit seytiers blé moitié seigle et moitié orge mesure de Moutiers, oui sur ce au préalable son Juge ordinaire au dit Archevêché et son Procureur fiscal, duquel albergement perpétuel en sera fait un contrat authentique par main de notaire stipulé... *(ici est indiqué un renvoi que le copiste a oublié de mettre à la fin de l'acte)*... par le dit décret signé Jean-François Archevêque de Tarantaise. Ensuite duquel ce jourd'hui en premier lieu écrit par devant moi notaire ducal soussigné et présents les témoins bas nommés établi et constitué en sa personne le dit illustrissime et révérendissime seigneur Jean-François Berliet par la grâce de Dieu et du St-Siége Apostolique Archevêque et Comte de Tarantaise lequel de sa spontanée volonté désirant le recours et soulagement de ses sujets du nombre desquels sont les dits du Pré et de Montmagnil accense perpétuellement pour lui et ses successeurs en la dite Archevêché, savoir est les prémices et dîmes du blé et légumes appartenant à sa dite Table Archiépiscopale de Tarantaise et accoutumés cueillir et percevoir de sa part tant par ses dits fermiers que agents rière la dite paroisse Notre-Dame du Pré et au terroir du dit village de Montmagnil jouxte et à la forme des limites et confins accoutumés ensemble la grange ou salle dans laquelle l'on a de coutume reposer les dits dîmes sise au dit village du Pré et auprès l'Eglise parochiale du dit lieu et ce aux dits manants et habitants d'icelle paroisse en la personne du dit Pierre Terraz consindic d'icelle présent et avec graces humblement merciant par l'avis de Jean Constantin conseiller de la dite communauté et d'Urbain Deschamps, dit Plot, des plus apparents du dit lieu cy présents et consentants. Mettant icelui seigneur les dits sindics modernes et futurs en ses et de sa dite Table Archiépiscopale lieu et place propre pour recevoir et retirer à eux désormais les dits dîmes et prémices des dits favetiers, tenanciers et possesseurs des biens sujets et astreints au payement d'iceux avec pouvoir de les y contraindre ou faire containdre par toutes voies de justice dues et raisonnables tout ainsi qu'il seigneur révérendissime fait et pouvait faire comme aussi ses dits successeurs à l'avenir avant et sans le présent contrat et ce dès maintenant et à perpétuité. Et ce a fait Icelui seigneur révérendissime tant de sa grâce spéciale pour ce aussi qu'ainsi lui a plu et plait faire informé être le profit de sa dite Table tant par spectable Antoine Vibert Juge ordinaire de la dite Archevêché que M\e Urbain Point Procureur fiscal, que pour et moyennant la cense annuelle et perpétuelle de huitante huit seytiers blé seigle et orge moitié, beau et recevable, à la mesure de cette cité de Moutiers, et de cinq florins monnaie de Savoie argent. Laquelle le dit Terraz a promis et juré payer annuellement et perpétuellement au dit seigneur révérendissime et à ses dits successeurs à chacune fête saint André Apôtre rendu au dit Palais Archiépiscopal du dit Moutiers sans espérance de jamais prétendre aucun rabais pour quelle cause que ce soit, commençant le premier payement à la prochaine venant fête de saint André et à semblable terme continuer à perpétuité les dits payements à peine de tous dépens légitimes. Obligeant à ces fins le dit sindic tous les biens de la dite communauté pour lequel il agit et tout ce qu'il a promis et promettra par le dit contrat se faire avouer et ratifier par Etienne Deschamps autre consindic et par tous les dits communiers et favatiers par contrat authentique et ce dans un mois prochain et icelui rendre aux dépens de la dite communauté au trésor du dit Palais Archiépiscopal à peine de nullité du présent contrat. Quoi faisant promet le dit seigneur révérendissime albergateur d'une part et le dit Terraz sindic du consentement susdit d'autre et chacun d'eux en ce que le fait les concerne obligeant le dit seigneur révérendissime les biens de sa dite Archevêché et le dit sindic ses et de la dite communauté pour laquelle il agit biens ce présent contrat et contenu d'icelui avoir et tenir à perpétuité agréable ferme et valable sans oncques faire dire aller ni venir au contraire moins aux contrevenants aucunement consentir en jugement ni dehors. Renonçant en après à tous droits à ce dessus contraires et par le moyen desquels ils y pourraient contrevenir aider ou défendre et encore au droit disant la générale renonciation n'être valable si la spéciale ne précède de quoi ont été par moi dit notaire octroyés deux contrats publics requis d'une teneur et substance l'un au profit de la dite Table Archiépiscopale et l'autre de la dite communauté à ce le dit Terraz sindic consentant.

Ainsi finit cet acte que le notaire Cartanas a oublié de certifier et de signer.

ALBERGEMENT DU DIME DES AVANCHERS.

N. 14.

(An. 1635.)

L'an mil six cent trente cinq et le seizième du mois de juillet à tous soit notaire que par devant moi notaire ducal royal soussigné en présence des témoins bas nommés personnellement s'est établi Monseigneur l'illustrissime et révérendissime Benoit Théophile de Chivron Archevêque et Comte de Tarantaise et Prince du Saint Empire Romain, lequel de son gré pour lui et ses successeurs en la dite archevêché alberge purement et perpétuellement à la meilleure forme qu'albergement pur et simple se peut faire et doit à la communauté et paroisse des Avanchers pour laquelle honnêtes Antoine fils de feu François Hostoz François fils de feu François Mermin dit Genotton sindics modernes de la dite paroisse des Avanchers stipulent en ce assistés d'honnêtes …….(*suivent les noms des conseillers et notables*)……. tous des hommes et communiers des dits Avanchers. Savoir est les dimes du blé et légumes appartenant à la Mense Archiépiscopale de Tarantaise et accoutumés cueillir et percevoir de la part de la dite Mense tant par les fermiers d'icelle que agents rière la même paroisse des Avanchers. Mettant le dit seigneur illustrissime et révérendissime Archevêque la dite paroisse soit les dits modernes sindics et conseillers et futurs en son et de la dite Mense Archiépiscopale lieu et place propre pour percevoir et retirer à eux désormais les dits dîmes des favetiers et possesseurs des biens sujets et astreints au payement d'iceux dîmes avec pouvoir de les y contraindre par toutes voies de justice dues et raisonnables tout ainsi que le même seigneur révérendissime fait et pouvait faire par ci-devant et pourrait faire par ci-après sans le présent contrat avec en tant que de besoin élection de domicile suivant le stil et ce dès maintenant et à perpétuité. Et ce a fait le dit seigneur révérendissime Archevêque tant de son bon plaisir spécial et parce qu'ainsi lui plait informé être le profit de la dite Mense que pour et moyennant la cense annuelle et perpétuelle de quatre-vingt seytiers de blé moitié seigle et moitié orge beau et recevable mesure de Moutiers et du blé de la même paroisse des Avanchers pour chaque année sans aucun extra ni micombles. Laquelle cense susexprimée de quatre-vingt seytiers de blé les dits Antoine Hostoz et François Mermin Genotton ont promis et promettent en la dite qualité de sindics qu'ils agissent payer annuellement et perpétuellement au dit seigneur révérendissime et à ses successeurs canoniquement établis Archevêques du dit Tarantaise soit à leurs fermiers à chacune fête de saint André Apôtre et icelui blé rendre à leurs des dits sindics soit de la dite paroisse propres frais et dépens dans le Palais Archiépiscopal du dit Moutiers sans espérance de jamais pouvoir prétendre aucun rabais pour quelle cause que ce soit, commençant le premier payement à la fête du dit saint André prochaine venant et puis ainsi continuer à semblable terme et à perpétuité d'année en année au payement d'icelle cense à peine de tout dépens, dommages et intérêts. Obligeant à ces fins les dits modernes sindics et conseillers tous les biens de la dite paroisse des Avanchers pour laquelle ils agissent avec la clause de constitut en bonne forme ayant les prénommés sindics modernes albergé le susdit dîme d'icelui seigneur illustrissime et révérendissime Archevêque ensuite et du consentement prêté par les hommes et communiers de la dite paroisse des Avanchers nommés par l'acte de consentement reçu et signé par Me Jean-François Hoste frère de moi dit notaire soussigné, curial de la baronnie du Bois le septième jour du mois de juin proche passé par lequel acte de consentement tous les dits nommés en icelui se trouvent avoir consenti être le susdit dîme albergé sous la même cense de quatre-vingt seytiers de blé à la forme que dessus et autrement comme plus à plein se collige par le susdit acte de consentement duquel la teneur est écrite ensuite à la fin du présent, à la condition expressément arrêtée savoir est qu'il demeure au choix des successeurs du même seigneur révérendissime d'acquiescer au présent contrat d'albergement ou de le rompre si bon leur semble. Promettant etc......... *(selon la formule ordinaire donnée dans les actes précédents).....*

Fait et passé à Moutiers dans la salle du dit Palais Archiépiscopal visant sur la rue. Présents noble et spectable Jean-Pierre Duverger docteur ès droits avocat au Souverain Sénat de Savoie juge des appellations de la dite Archevêché; etc....... signé Hoste notaire susdit.

Suit la teneur de l'acte de consentement du 7 juin 1635 dont il est fait mention dans l'acte d'albergement.

ALBERGEMENT DU DIME DE DOUCY.

N. 15.

(An. 1647.)

L'an mil six cent quarante sept et le quinzième jour du mois de juillet par devant nous notaires ducaux royaux soussignés et présents les témoins bas nommés personnellement s'est établi et constitué Monseigneur l'illustrissime et révérendissime Domp Benoit Théophile de Chivron Archevêque et Comte de Tarantaise Prince du saint Empire Romain lequel de son gré pour lui et ses successeurs en la dite Archevêché alberge purement et perpétuellement à la meilleure forme qu'albergement pur et simple se peut faire et doit à la communauté et paroisse de Doucy pour laquelle agissent et stipulent honnêtes..... (*suivent les noms des sindics, conseillers et mandataires de la pa-*

roisse..... tous des hommes et communiers de la dite paroisse spécialement députés pour cet acte par acte de consentement contenant procuration passé par la dite paroisse de Doucy le jour d'hier par devant moi Etienne Pichat notaire excersant le Curial de la Baronnie du Bois en assistance de M° Jean-Baptiste Morard excusant le Châtelain duquel la teneur est écrite en fin du présent savoir est les dîmes du blé et légumes etc...... *(comme à l'acte précédent)*...... Et moyennant la cense annuelle et perpétuelle de cinquante quatre seytiers blé savoir vingt seytiers seigle et trente quatre orge........... *(le reste comme précédemment)*....... Fait et prononcé à Moutiers dans le salon du Palais Archiépiscopal présents Rd M^{re}. Anthoine Berengier curé du dit Doucy spectable sieur Laurent Grillet de Lestanche Juge ordinaire de l'Archevêché de Tarantaise M° Jean-Baltazard Laboret Procureur fiscal de la dite Archevêché, citoyens de Moutiers, etc....... signé Benoit Théophile Archevêque de Tarantaise, Guilliot Procureur, de la Chenal assistant, Bérengier curé, Lestanche présent, Laboret présent.

ALBERGEMENT DU DIME DE ST-LAURENT DE LA COSTAZ.

N. 16.

(An. 1664.)

Comme ainsi soit que de tout temps immémorial les

seigneurs illustrissimes et révérendissimes Archevêques et Comtes de Tarantaise ont perçu et perçoivent tous les dîmes sans exception aucune rière toute la paroisse de St-Laurent de la Costaz et à présent Monseigneur l'illustrissime et révérendissime François Amed Milliet Archevêque et Comte du dit Tarantaise étant informé du revenu des dits dîmes temps par temps rière la dite paroisse et que lors de l'exaction des dits dîmes il n'y a que querelles et disputes entre les dîmiers députés de la part des fermiers de la dite Archévêché et les particuliers de la dite paroisse qui cause un grand dommage de part et d'autre. Tout quoi mon dit seigneur le révérendissime après avoir mûrement considéré le profit de son Eglise et eximation des disputes de part et d'autre comme sus est dit et déclare à quelques particuliers et apparants de la dite paroisse que pour leur bien et repos il albergerait les dits dîmes... (*En conséquence de cette proposition les habitans de St-Laurent de la côté se réunirent le 12 juin 1664 en assemblée générale et donnèrent mandat au sfindic et à quelques autres de traiter avec l'Archevêque pour l'albergement de toutes les dîmes moyennant une cense annuelle et perpétuelle de treize seytiers de blé moitié seigle et moitié orge, payables chaque année à la fête de saint André Apôtre et rendus au Palais Archiépiscopal. Cette offre ayant été acceptée, l'acte fut passé le 14 juin 1664, sous la réserve : 1° que cette transaction laisse à la cure de St-Laurent de la Côte son droit d'exiger six seytiers de blé de dîmes que la communauté continuera à payer ;—2° que les arrière-fiefs ne sont point compris dans cet albergement ;—3° que l'Archevêque pourra toujours obliger les* hommes lieges et jurisdiciables *à reconnaître les services, etc.* qu'ils lui doivent et percevoir les Echeutes *le cas échéant* ; — 4° que la communauté sera tenue de donner acte de reconnaissance de ces dîmes et censes, à ses frais, quand elle en sera requise.) Promettant.... Renonçant les dites parties..... (*suivent la formule ordinaire*). Fait est passé au dit Moutiers et Palais sus dit dans la salle du dit seigneur révérendissime......... signé sur ma cède François Amed Archevêque de Tarantaise, Boson témoin, J. Vesy présent, Duc présent, les autres illitérés de ce enquis et mois dit.

Signé : Festaz notaire.

ALBERGEMENT DU DIME D'AUTEVILLE.

N. 17.

(An. 1664.)

Comme ainsi soit que les illustrissimes et révérendissimes seigneurs Archevêques et Comtes de Tarantaise soient de tout temps immémorial en paisible possession de percevoir et retirer annuellement les dîmes et prémices de tous blés et légumes rière les fins du quartier d'Hauteville, Cheynaz et la Chatonnire dépendant de la dite dîmerie du dit quartier d'Hauteville..... *(suit le dé-*

tail des contestations entre les exacteurs des dîmes et les débiteurs)..... pour à quoi obvier les hommes et communiers du dit quartier d'Hauteville auraient traité avec illustrissime et révérendissime seigneur François Amed Milliet par la grâce de Dieu, etc..... d'alberger perpétuellement les dits dîmes du blé et légumes du dit quartiers d'Auteville Cheynaz et la Chatonnire...... tant seulement. A cette cause pour ce est il que ce jourd'hui dernier juin mil six cent soixante quatre par devant moi notaire ducal soussigné et présents les témoins bas nommés établi en personne........ *(vient ensuite le nom des parties contractantes et les conditions ordinaires de l'albergement que l'Archevêque a consenti moyennant la cense annuelle et perpétuelle de treize seytiers de blé, moitié seigle et moitié orge, payables à la fête de saint André Apôtre au Palais Archiépiscopal)*........... Promettant........ Renonçant les dites parties...... Fait et passé à Moutiers dans le Palais Archiépiscopal dans la salle du dit seigneur révérendissime...... signé sur ma céde François Amed Archevêque de Tarantaise, Duc présent, les autres illitérés de ce enquis et moi dit.

Signé : Festaz notaire.

ALBERGEMENT DU DIME DU VILLARET ET BEAU VILLARD PAROISSE DE ST-JEAN DE BELLES VILLES.

N. 18.

(An. 1664.)

Comme ainsi soit que les illustritissimes et révérendissimes seigneurs Archevêques........ *(excepté le nom du quartier qui est ici Villaret et Beau Villard textuellement comme au précédent acte)......* pour à quoi obvier les hommes et communiers du dit village du Villaret et Beauvillard....... se seraient exprès transportés dans le village de Bozel et palais du dit seigneur révérendissime et auraient supplié icelui leur vouloir alberger les susdits dimes et prémices..... à quoi le dit seigneur aurait acquiescé. Pour ce est il que ce jourd'hui onzième juillet mil six cent soixante quatre par devant moi notaire ducal royal.......... s'est personnellement établi Monseigneur illustrissime et révérendissime François Amed Milliet par la grâce de Dieu, etc... Lequel... a albergé comme par le présent il alberge à perpétuité aux hommes et communiers du dit quartier du Villaret et Beau Villard.... es personnes de.... *(suivent les noms et les conditions ordinaires de l'abergement, qui est consenti moyennant la cense annuelle et perpétuelle de treize seytiers de blé, moitié seigle et moitié orge, mesure de Moutiers, payables annuelle-*

ment au palais Archiépiscopal à la fête de saint André Apôtre).

Promettant........, Renonçant les dites parties......... Fait et passé à Bozel dans le palais Archiépiscopal en la salle du dit seigneur révérendissime............signé sur ma céde François Amed Archevêque de Tarantaise Viguet témoin, Minoret, les autres illitérés de ce enquis et moi dit.

Signé : Festaz notaire.

ALBERGEMENT PERPÉTUEL PASSÉ A COMMUNAUTÉ DE NAVES DES DIMES ET FIEF.

N. 19.

(An. 1663.)

Comme ainsi soit que les hommes communiers et habitants de la paroisse de Naves et forains aient reconnu tant en commun qu'en particulier plusieurs et divers fonds rière la dite paroisse de Naves notamment la généralité des communs rière la dite paroisse en faveur de feu illustrissime et révérendissime seigneur Joseph de Parpallie vivant Archevêque et Comte de Tarantaise et de l'Eglise et Table Archiépiscopale du dit Tarantaise entre les mains de feu M° Claude De Gilly lors commissaire de la dite Archevêché comme plus amplement appert par les terriers de la susdite Archevêché les hommes communiers et habitants de la susdite paroisse terroir juridiction spirituelle et temporelle de la dite Archevêché du dit Tarantaise étant informés que Monseigneur illustrissime et révérendissime François Amed Milliet Archevêque et Comte du dit Tarantaise est en voie faire renover ses terriers et fiefs des biens existant et situés rière la dite paroisse conformément aux terriers de la dite Archevêché ainsi que le dit seigneur illustrissime affermait. Et considérant les dits hommes communiers et habitants des dits lieux les frais que leur pourrait causer la dite renovation les procès………. *(suit le détail des inconvénients résultant de cette opération, la mention de l'assemblée générale pour donner mandat de traiter avec l'Archevêque afin d'en obtenir un albergement perpétuel)*……… Quoi voyant mon dit seigneur l'illustrissime et révérendissime Archevêque et Comte du dit Tarantaise et considérant le profit et utilité de la dite Archevêché et la dépense qui lui conviendrait faire pour la renovation de ses dits terriers et à ses successeurs aurait annué à leurs dites propositions pour le bien et repos de ses dits sujets.

Pour ce est il que ce jourd'hui quinzième jour d'octobre mil six cent soixante trois par devant moi notaire ducal royal soussigné et en présence des témoins bas nommés s'est personnellement établi Mgr l'illustrissime et révérendissime François Amed Milliet……… Archevêque et Comte de Tarantaise Prince du Saint Empire Romain Conseiller d'Etat de S. A. R. Sénateur au Souverain Sénat de Savoye lequel de son gré pour lui et ses successeurs......... a albergé comme par le présent alberge à perpétuité à la dite communauté de Naves....... ès personnes d'honnêtes............... *(suivent les noms des syndics, conseillers et mandataires élus)*............... A savoir tout le fief qu'il seigneur révérendissime a rière la dite paroisse de Naves consistant en censes, servis, usages, plaits, laouds et vends, suffertes, amortisations............... comme aussi alberge tous les dîmes qu'il a rière la dite paroisse de Naves en blé et légumes tant seulement, et ce a fait Icelui seigneur pour et moyennant la cense annuelle et perpétuelle de nonante trois seytiers blé moitié seigle moitié orge beau bon et recevable mesure de Moutiers et tel que se recueille rière la dite paroisse de Naves sans espoir d'aucun rabais pour quelle cause que ce soit excogité et à excogiter tous les ans annuellement et perpétuellement payable et portable aux propres couts et dépens de la dite communauté dans la Cité de Moutiers et Palais du dit seigneur révérendissime à chacune fête de saint André Apôtre commençant le premier payement de la saint André proche en un an............... Sous les conditions suivantes savoir........ *(ces conditions sont : 1° que l'Archevêque se réserve les arrières fiefs, hommes liéges et jurisdiciables dont il pourra exiger la reconnaissance des devoirs, les dîmes des agneaux, les alpéages et autres choses non comprinses dans le présent acte ; — 2° que cet albergement ne préjudicie en rien à ce qui est dû à l'Archevêque ou à ses fermiers pour le passé ;*—3° *qu'il sera tenu de communiquer les terriers si la communauté a besoin d'en prendre des extraits, mais sous dû récépissé ;*— 4° *que la commune exigera les dîmes albergées à raison de la seizième partie selon la coutume et comme faisaient les fermiers de l'Archevêché*).

Promettant................. Renonçant les dites parties................ . *(selon la formule ordinaire)*..........

Fait et passé au dit Moutiers dans le Palais Archiépiscopal en la salle du dit seigneur révérendissime......... signés sur ma céde François Amed Archevêque de Tarantaise, Maurier, Leymond, Ivesy présent, Duc présent, Cartanas présent, les autres illitérés de ce enquis et moi dit notaire.

 Signé : Festaz notaire.

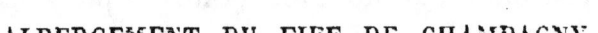

ALBERGEMENT DU FIEF DE CHAMPAGNY.

N. 20.

(An. 1662.)

Comme ainsi soit qu'en l'année mil cinq cent quarante les hommes et communiers de la paroisse de Champagny et forains aient reconnu plusieurs fonds consistant en bâtiments prés terres montagnes bois communs cours des eaux et autres espèces comme est porté par leurs reconnaissances particulières, en faveur de feu illustrissime et révérendissime seigneur Jean-Philippe de Grolée lors Archevêque et Comte de Tarantaise..... après le décès du dit seigneur de Grolée lui seraient succédés plusieurs seigneurs en la dite Archevêché qui n'auraient fait renover le dit fief et étant à présent illustrissime et révérendissime seigneur François Amed Milliet moderne Archevêque du dit Tarantaise sur le point de faire renover le dit fief rière la dite vallée de Champagny les communiers s'étant aperçu que le dit illustrissime seigneur voulait faire renover le dit fief se seraient assemblés et auraient considéré que tout le fief dépendant de la dite Archevêché est reconnu outre autres devoirs seigneuriaux portés par les reconnaissances susdésignées sous la condition taillable et voyant que la dite condition leur est grandement onéreuse attendu que de temps les fonds font écheute au dit seigneur soit à ses fermiers décédant sans enfants auraient recouru au dit seigneur illustrissime et Icelui très-humblement prié leur vouloir alberger à perpétuité tout le fief qu'il a rière la dite paroisse de Champagny à quoi le dit seigneur aurait incliné considérant les grandes dépenses qu'il lui conviendrait faire attendu l'invétération du dit fief.

Pour ce est il que ce jourd'hui vingt huit août mil six cent soixante deux par devant moi notaire ducal royal soussigné et en présence des témoins bas nommés établi en sa personne le dit illustrissime et révérendissime seigneur François Amed Milliet, par la grâce de Dieu, etc............. a albergé comme par le présent alberge à perpétuité à la communauté du dit Champagny soit aux hommes et communiers d'Icelle ès personnes..........*(suivent les noms des sindics et mandataires élus en assemblée générale tenue la veille)*........ A savoir tout le fief que le dit seigneur illustrissime a rière la dite paroisse de Champagny consistant en directe, laouds et vends, suffertes, mainmortes, écheutes et généralement tout ce que le dit seigneur a rière le dit Champagny conformément aux terriers et reconnaissances susdésignés tant reconnus aux moins du dit M^e De la Cullaz que du dit Me Barral que devoir reconnaître sauf est réservé les arrière-fiefs, hommes liéges et jurisdiciables, le vénérable chapitre de Moutiers, la communauté Ste-Marie du dit lieu, les sieurs frères Dutour pour ce qu'ils se trouvent posséder tant par la reconnaissance passée par noble Jean Dutour que autrement et ce pour ce qu'ils se trouveront possesseurs à présent tant seulement, et généralement tous les fonds que possèdent à présent les sieurs frères enfants de feu noble Balthasard Vichard contenus en la reconnaissance passée par discret Pierre fils à feu Claude Vichard que autres pièces qu'il pourrait avoir acquis de tout le passé jusque à ce jourd'hui se mouvant du fief du dit seigneur. Et ce ont fait pour et moyennant la cense annuelle et perpétuelle de soixante florins Savoye tous les ans payable à chacune fête de saint André Apôtre............ Sous les conditions suivantes que le présent ne pourra nuire ni préjudicier aux dîmes que le dit seigneur a et perçoit rière le dit lieu de Champagny tant en blé agneaux qu'autrement conformément à la coutume du lieu. Item que le dit seigneur sera tenu communiquer ses terriers à la dite communauté pour en faire un extrait............ et cas advenant que les dits communiers ou leur successeurs voulussent faire renover le dit fief le tout ou en partie seront tenus le faire renover en faveur de la dite communauté néanmoins sous le nom des seigneurs Archevêques et l'extrait qui se fera sur les dits terriers se fera aux propres couts et dépens de la dite communauté. Item que le présent ne pourra aussi préjudicier aux alpéages que le dit seigneur perçoit rière le dit lieu ni à autres devoirs que le dit seigneur prétend tant au cours des eaux et généralement toutes autres choses non comprises ès dits terriers sans laquelle proteste n'aurait fait le présent. Item que le présent ne pourra aussi nuire ni préjudicier au droit qu'il seigneur a sur les hommes que le dit seigneur a rière le dit lieu de Champagny venant à décéder sans enfants desquels l'écheute advenant appartient au dit seigneur soit à ses fermiers le tout conformément à ses terriers. Item et finalement que le présent ne pourra aussi nuire ni préjudicier à tous devoirs seigneuriaux dûs tant au dit seigneur qu'à ses fermiers conformément à ses dits terriers de tout le passé jusques à la saint André prochain. Et cas advenant que la dite communauté eut besoin des dits terriers pour leur servir en jugement et dehors le dit seigneur sera tenu les remettre en s'en chargeant bien et dûment ainsi d'accord. Promettant........ Renonçant les dites parties...... (*selon la formule*)....

Fait et passé à Bozel dans le Palais Archiépiscopal en la chambre du dit seigneur.......... signé sur la céde François Amed Milliet Archevêque de Tarantaise, (*les syndics et les témoins, Perrod chanoine de Tarantaise, Vésy prêtre, Joyre prêtre, Bruet sous-vicaire de Bozel*) et moi dit notaire ducal soussigné de ce requis recevoir.

Signé : Festaz notaire.

ALBERGEMENT PERPÉTUEL DU FIEF EN FAVEUR DE LA COMMUNAUTÉ DE BOSEL ET MOULLINS.

N. 21.

(An. 1663.)

Comme ainsi soit qu'aux années mil cinq cent quarante un, quarante deux, quarante trois et mil cinq cent quarante quatre les hommes communiers et habitants des villages de Bosel et Moullins et forains aient reconnu entre autre tant en commun qu'en particulier plusieurs et divers fonds rière les dits lieux en fief taillable en faveur de feu illustrissime et révérendissime seigneur Jean-

Philippe de Grolée vivant Archévêque et Comte de Tarantaise et de l'Eglise et Table Archiépiscopale du dit Tarantaise entre les mains de M⁰ Martin Delacullaz lors commissaire de la dite Archevêché comme plus amplement appert par les terriers de la susdite Archevêché. Les hommes communiers et habitans des dits lieux terroir juridiction spirituelle et temporelle de la dite Archevêché du dit Tarantaise étant informés que Mgr l'illustrissime et révérendissime François Amed Milliet Archevêque et Comte du dit Tarantaise est en voie de faire renover ses terriers et fiefs même les rentes provenues du sieur De Provence appelées les rentes de St-Paul et Boselles acquises par le feu seigneur De Chevron en faveur de la dite Archevêché rière les lieux susdits et prétendait aussi faire renover tous les fiefs des biens existant et situés rière les dits lieux conformément aux terriers de la dite Archevêché ainsi que le dit seigneur illustrissime affermait et considérant........ *(le reste comme à l'acte précédent)*.......... Pour ce est il que ce jourd'hui dixneuvième août mil six cent soixante trois par devant moi notaire ducal royal soussigné et en présence des témoins bas nommés s'est personnellement établi Mgr l'illustrissime et révérendissime François Amed Milliet par la grâce de Dieu, ... lequel.............. a albergé à perpétuité à la dite communauté du dit Bosel et Moullins soit aux hommes et communiers des dits lieux ès personnes..........*(suivent les noms des syndics et des mandataires nommés dans l'assemblée générale tenue à cet effet)* A savoir tout les fiefs et albergements que le dit seigneur illustrissime a

rière les dits lieux consistant en directe, censes, servis, plaicts, laouds, vends, suffertes, escheutes et généralement tout ce que le dit seigneur a rière les dits lieux conformément aux reconnaissances susdésignées et albergements passés par le dit seigneur et ses prédécesseurs. Et ce a fait pour et moyennant la cense annuelle et perpétuelle de trente cinq florins de Savoye tous les ans payables à chacune fête de saint André Apôtre................
Sous les conditions suivantes, savoir que le dit seigneur révérendissime se réserve le fief des fonds qu'il possède sis dans l'enclos du Palais du dit Bosel, tous les....... arrières-fiefs hommes liéges et jurisdiciables, le vénérable chapitre de saint Pierre de Tarantaise et les chapelles contre lesquels le présent ne préjudiciera à faire reconnaître ni à ses successeurs pour la percevation de tous devoirs seigneuriaux conformément aux dits terriers et arrière-fief se réservant aussi tous les dimes sans exception aucune. Item....... *(les autres conditions comme aux précédents actes)....* Promettant..... Renonçant les dites parties etc......... Fait et passé à Bosel dans le Palais Archiépiscopal.

Signé : Festaz notaire.

ALBERGEMENT PERPÉTUEL SOIT RECONNAISSANCE DU DIME DE SAINT JEAN DE BELLES VILLES.

N. 22.
(An. 1664.)

Comme ainsi soit que les syndics conseillers et plusieurs particuliers du quartier de St-Jean de Belles Villes, La Saulsaz, Deux Nants, Villabertrix dessus, La Roche quartier du dit St-Jean de Belles Villes aient albergé de feu illustrissime et révérendissime seigneur Jean-François Berliet vivant Archevêque et Comte de Tarantaise les prémices et dîmes du blé et légumes rière le susdit quartier de St-Jean de Belles Villes, La Saulsaz dépendant du dit quartier de St-Jean sous la cense annuelle et perpétuelle de nonante seytiers blé moitié seigle moitié orge beau et recevable mesure de Moustiers avec les micombles accoutumés et cinq florins argent monnaie de Savoye d'extra tous les ans payables et portables à chacune fête de saint André Apôtre dans la ville de Moustiers et Palais Archiépiscopal ainsi qu'appert par acte en date du vingtième mars mil six cent et quatre et signé par Me Jean-Loüys Reynard notaire ratification faite ensuite tant par tous les communiers et habitants du susdit quartier que bourgeois de Moustiers possesseurs de grande partie des biens du dit quartier ainsi que plus amplement appert par acte contenant aveu reçu et signé par Mᵉ Claude Callie en date du 27 du susdit mois de mars susdite année 1604. Et à présent les hommes et communiers du dit quartier de St-Jean de Belles Villes tant seulement étant informés que Monseigneur illustrissime et révérendissime François Amed Milliet Archevêque et Comte de Tarantaise est en voie de faire renover de nouveau l'albergement susdésigné selon sa forme et teneur...... (*les habitants du quartier se réunirent au assemblée générale, le dimanche 9 mars 1664, et nommèrent des procureurs pour aller traiter avec l'Archevêque d'un nouvel albergement*)....... Pour ce est il que ce jourd'hui dixième jour du mois de mars mil six cent soixante quatre par devant moi notaire....... (*comme aux actes précédents*)..... Lequel........ en ensuivant la forme et teneur du susdit albergement susdésigné passé par le susdit seigneur Berliet le susdit jour 20 mars 1604 signé Reynard et ratification faite ensuite le 27 mars susdite année signé Callie au pied du présent ténorisé, a albergé comme par le présent il alberge de nouveau à perpétuité aux hommes communiers et habitants du dit quartier de St-Jean de Belles Villes, La Saulsaz, Deux Nants, Villarbertrix dessus, La Roche dépendant du dit quartier de St-Jean, ès personnes........ (*suivent les noms*)....... A savoir les prémices et dîmes du blé et légumes appartenant à la dite Eglise et Table Archiépiscopale du dit Tarantaise et accoutumé cueillir et percevoir de sa part tant par ses dits fermiers qu'autres rière le dit quartier de St-Jean de Belles Villes et de La Saulsaz dépendant du dit quartier de St-Jean tant seulement jouxte et à la forme des limites confins accoutumés, ensemble la mure de la grange dans laquelle l'on avait accoutumé de reposer et réduire les dits dîmes sise au dit village de St-Jean sur laquelle les dits hommes et communiers de la dite paroisse de St-Jean ont de nouveau édifié et bâti la maison d'habitation du vicaire de la susdite paroisse de St-Jean de Belles Villes... *(suit la formule de subrogation)*.... Et ce a fait le susdit seigneur révérendissime pour et moyennant la susdite cense annuelle et perpétuelle de nonante seytiers blé moitié seigle et moitié orge beau et recevable mesure de Moustier avec les micombles accoutumés et cinq florins monnaie de Savoye d'argent d'extra tous les ans annuellement et perpétuellement payables..... à chacune fête de saint André Apôtre rendu au Palais Archiépiscopal du dit Moustier........ Promettant........ Renonçant les dites parties....... Fait et passé à Moustier dans le Palais Archiépiscopal présents Rd Mre Jean-Jacques Joyre prêtre de Montmeilliant résidant au présent lieu Rd Mre Jean Vésy prêtre de St-Hoyend témoins requis signé sur ma cède François Amed Archevêque de Tarantaise, Favre conseiller, Martin Bermond, Longet, J. Joyre prêtre présent, J. Vésy présent, les autres illitérés de ce enquis moi dit.

Signé : Festaz notaire.

ALBERGEMENT DU FIEF A LA COMMUNAUTÉ D'AUTECOURT.

N. 23.
(An. 1664.)

Comme ainsi soit que les hommes communiers et habitants de la paroisse d'Hautecourt et forains aient reconnu tant en commun qu'en particulier plusieurs et divers fonds rière la dite paroisse en faveur de feu illustrissime seigneur Jean Philippe vivant Archevêque et Comte de Tarantaise et de l'Eglise et Table Archiépiscopale du dit Tarantaise entre les mains de M° Loüys Brillat lors commissaire de la dite Archevêché ainsi que plus amplement appert par les terriers de la susdite Archevêché les hommes communiers et habitants de la susdite paroisse terroir juridiction spirituelle et temporelle de la dite Archevêché du dit Tarantaise étant informés que Monseigneur l'illustrissime et révérendissime François Amed Milliet Archevêque et Comte du dit Tarantaise est en voie faire renover ses terriers et fiefs des biens existant et situés rière la dite paroisse conformément aux terriers de la dite Archevêché ainsi que le dit seigneur illustrissime affermait et considérant..............
(ici le notaire expose les motifs d'intérêt qui donnent lieu à l'acte, et constate que par délibération prise en

assemblée générale du dimanche 6 juillet 1664, des mandataires furent chargés d'aller traiter avec l'Archevêque pour en obtenir un albergement perpétuel)............
Pour ce est il que ce jourd'hui huitième juillet mil six cent soixante quatre par devant moi notaire............ s'est personnellment établi Mgr illustrissime et révérendissime François Amed Milliet, par la grâce de Dieu, etc... lequel.... a albergé comme par le présent il alberge à perpétuité à la dite communauté d'Autecourt soit aux hommes et communiers d'icelle ès personnes....... (*suivent les noms des syndics et conseillers*)............ A savoir tout le fief qu'il a rière la dite paroisse consistant en directe, censes, servis, corvées, lait, pâturage, plaits, laouds, vends, sufferte, sacre et généralement tout ce que le dit seigneur révérendissime a rière la dite paroisse conformément aux terriers susdésignés. Et ce a fait le dit seigneur révérendissime pour et moyennant la cense annuelle et perpétuelle de deux pistoles et demi Hispagne de bon or et de poids tous les ans payable à chacune fête de saint André Apôtre........... se réservant mon dit seigneur tous les arrières fiefs, hommes lièges et jurisdiciables, les fonds possédés par cure, chapitre et chapelles contre lesquels le présent ne préjudiciera...... (*les autres conditions comme aux actes précédents*).......Et par ce même contrat icelui seigneur révérendissime cède, quitte et remet à la dite communauté tout ce qu'ils lui pourraient devoir tant en commun qu'en particulier pour son chef tant seulement de tout le passé jusqu'à ce jourd'hui notamment des plaits dûs occasion du décès de feu seigneur de Chevron vivant Archevêque et Comte du dit Tarantaise

et du sacre dû à la venue du dit seigneur révérendissime... Promettant....... Renonçant les dites parties..... (*selon la formule*) Fait et passé au dit Bosel dans le Palais Archiépiscopal en la salle du dit seigneur révérendissime présents honorable Philibert fils d'honorable Guilliaume Collier, cuisinier bourgeois de Chambéry et Rd Mre Jean-Antoine Bruet prêtre vicaire de Bosel témoins requis.....

Signé : Festaz, notaire.

ALBERGEMENT DU FIEF ET DIME DE ST-MARCEL PAROISSE DE ST-MARTIN DE BELLES VILLES.

N. 24.

(An. 1664.)

Comme ainsi soit que les hommes communiers et habitans du quartier de St-Marcel paroisse de St-Martin de Belles Villes des villages des Granges, Praranger, Bettex et Lavassey dépendant du dit quartier de St-Marcel et forains aient reconnu tant en commun qu'en particulier plusieurs et divers fonds rière les lieux susdits en faveur de feu illustrissime seigneur Joseph de Parpallie vivant Archevêque et Comte de Tarantaise et de l'Eglise et Table Archiépiscopale du dit Tarantaise entre les mains de Me Claude Degilly lors commissaire de la dite Archevêché ainsi que plus amplement appert par les terriers de la susdite Archevêché les hommes communiers et habitants du dit quartier de St-Marcel étant informés que Mgr l'illustrissime et révérendissime François Amed Milliet Archevêque et Comte du dit Tarantaise est en voie faire renover de nouveau ses terriers et fief des biens existant et situés rière les lieux susdésignés quartier du dit St-Marcel conformément aux terriers de la dite Archevêché ainsi que le dit seigneur illustrissime affermait. Et considérant les dits hommes communiers et habitants du dit quartier les frais que leur pourrait causer la dite renovation les procès que leur seraient suscités pour ce regard iceux hommes communiers et habitants du dit quartier de St-Marcel auraient fait plusieurs assemblées entre eux par lesquelles assemblées pour éviter à la dite renovation difficultés et procès qui s'en pourraient ensuivre. Et en outre considérant que les seigneurs illustrissimes et révérendissimes Archevêques et Comtes du dit Tarantaise sont de tout temps immémorial en paisible possession de percevoir et retirer annuellement les dîmes et prémices de tous blé et légumes rière les fins du quartier du dit St-Marcel........ *(suit la mention ordinaire des difficultés qui surgissaient chaque année à la perception de ces dîmes)*....... pour à quoi obvier les dits hommes et communiers du dit quartier auraient conclu par leurs dites assemblées alberger de mon dit seigneur les susdits dîmes et fief....... (*En conséquence de cette détermination ils envoyèrent à Bozel, où se trouvait à ce moment l'Archevêque, une députation pour lui proposer un albergement que l'Archevêque, pour un bien de paix, se hâta d'accepter moyennant une cense raisonnable. Pour correspondre au bienveillant intérêt que Mgr Milliet leur témoigna les gens de St-Marcel, par acte du 6 juillet 1664, reçu par les sieurs Anthoine Ferley, châtelain pour S. A. R. citoyen de Moutiers, et François Bochard Curial de St-Martin, assemblée générale en nommèrent, des procureurs pour aller à Bozel passer avec l'Archevêque l'acte d'albergement*).........

Pour ce est il que ce jourd'hui quinzième juillet mil six cent soixante quatre par devant moi notaire, etc....... s'est personnellement établi et constitué Monseigneur l'illustrissime et révérendissime François Amed Milliet par la grâce de Dieu, etc......... lequel de son gré pour lui et ses successeurs en la dite Archevêché canoniquement venant et légitiment entrant a albergé comme par le présent il alberge à perpétuité au dit quartier de St-Marcel soit aux hommes et communiers d'icelui ès personnes......... (*suivent les noms des mandataires*)....... A savoir en premier lieu tous les dîmes et prémices du blé et légumes appartenant à la dite Table Archiépiscopale du dit Tarantaise et accoutumés cueillir et percevoir de tout temps immémorial rière le dit quartier de St-Marcel, Les Granges, Praranger, Le Bettex et Le Lavassey dépendant du dit quartier tant seulement jouxte et à la forme des limites et confins accoutumés....... (*suit la formule de subrogation*)....... Et finalement tout le fief qu'il a rière le dit quartier de St-Marcel et lieux susdits dépendant du dit quartier de St-Marcel consistant en directe, censes, servis, usages, plaits, laouds, vends, suffertes, mainmortes occasion des biens possédés par la communauté du dit quartier tant seulement et généralement tout ce que le dit seigneur révérendissime a rière le susdit quartier de St-Marcel conformément aux terriers susdésignés dépendant de la susdite Archevêché. Et ce a fait le dit seigneur révérendissime pour et moyennant la cense annuelle et perpétuelle de soixante quatre seytiers blé moitié seigle et moitié orge beau bon et recevable mesure de Moutiers tel que croitra et se recueillera rière le susdit quartier tous les ans payables à chacune fête de saint André Apôtre..... sans jamais espérer aucun rabais de la susdite cense pour quelle cause que ce soit et tous les ans annuellement et perpétuellement portable dans la Cité de Moustier et Palais Archiépiscopal aux propres couts et dépens du dit quartier sauf que sera ballié le diner aux personnes qui porteront la susdite cense tant seulement....... se réservant mon dit seigneur tous les arrière-fiefs, dîmes des agneaux, hommes liéges et jurisdiciables, la directe et fiefs sur les fonds possédés par chapelles contre lesquels le présent ne préjudiciera à faire reconnaître ni à ses successeurs pour la percevation de tous devoirs seigneuriaux conformément aux dits terriers et arrière-fiefs............. (*Les autres réserves et conditions comme aux précédents actes*)......... Item et finalement qu'au cas que le dit seigneur révérendissime et ses successeurs ou fermiers ne voulussent faire transmarcher la susdite cense dans la dite Cité de Moustiers les dits albergataires ne seront obligés à aucunes choses pour l'exemption du dit port et le faisant porter comme sus est dit sera ballié le diner aux personnes qui le porteront tant seulement comme sus est dit sans espoir d'autre chose que le susdit diner ainsi du tout les parties sont demeuré d'accord. Promettant............ Renonçant les dites parties. . . . .

Fait et passé à Bosel dans le Palais Archiépiscopal en la salle du dit seigneur révérendissime présent M⁰ François Bochard notaire ducal curial du dit St-Martin de Belles Villes, Rd Mre Jacques Joyre prêtre de Montmeilland, Rd Mre Jean Vésy prêtre de St-Hoyend témoins requis. Signé sur ma céde François Amed Archevêque de Tarantaise, Jay conseiller, Manenta, J. Joyre prêtre, J. Vésy présent, Bochard témoin, les autres illitérés de ce enquis. Et moi dit notaire ducal prédit soussigné.

Signé : Festaz notaire.

ALBERGEMENT PERPÉTUEL SOIT RECONNAISSANCE DE LA POSSESSION D'ARNAL.

N. 25.

(An. 1663.)

Comme ainsi soit que feu illustrissime et révérendissime seigneur Jean-Philippe Degrolée vivant Archevêque et Comte de Tarantaise aie albergé en amphitéose perpétuelle à Loüys fils de feu Loüys Dufour Collet fils de Pierre Dufour et Jacques fils de feu Jean Surrel de la paroisse de Bosel une possession sise et jacente en la dite paroisse de Bosel lieu appelé Arnal terroir de Villargoytrouz consistante en prés, terres, maisons, granges et graniers laquelle se confine jouxte l'eau de Doron dessous, le bois et forêts des communiers et paroisse du quartier de Villarmartin à eux albergé par le révérendissime seigneur Joseph de Parpallie dessus, le bois et forêts des dits hommes et particuliers du dit quartier de Villarmartin que fut commun de Bosel du couchant, et les communs du dit quartier de Villargoytrouz de leurs anciens biens du levant sous la cense annuelle et perpétuelle de quatre-vingt florins Savoye six gros Savoye les plaits à la mort de chaque emphitéose les laouds et vends en tous cas d'aliénation et pour la décime trois bichets blé moitié mesure de Moustier pour le blé croissant toutes les années au dit max lors à tant taxés tous les ans payable à chacune fête de saint André Apôtre outre autres conditions arrêtées par le contrat sur ce fait et passé reçu et signé par Mᶜ Perret notaire le sixième avril mil cinq cent cinquante six. Et en après feu illustrissime et révérendissime Benoist Théophile de Chevron aussi vivant Archevêque et Comte du dit Tarantaise aurait albergé de nouveau la dite possession d'Arnal en faveur d'honnêtes Antoine Glize Félix fils de feu Antoine Blanc et Bon fils de feu Antoine Ruffier du dit Villargoytrouz sous les mêmes censes servis plaits laouds vends dîmes et autres conditions arrêtées par le susdit contrat signé Perret ainsi que plus amplement appert par le contrat reçu et signé par Mᶜ Jean Jacques Rol notaire ducal en date du dixième octobre mil six cent quarante un. Et à présent illustrissime et révérendissime François Amed Milliet Archevêque et Comte du dit Tarantaise faisant procéder à la renovation des terriers et albergements de la dite Archevêché voyant que les modernes possesseurs du susdit max d'Arnal n'effectuent le contenu aux albergements susénoncés non plus que les albergataires mentionnés au susdit contrat signé par le susdit Mᶜ Rol et même qu'il y a grande lésion à la cense portée par les susdits albergements désirait se pourvoir par justice contre les modernes possesseurs du susdit max aux fins d'effectuer tout le contenu aux susdits albergements ou à faute de ce être dépossessionnés du susdit max. Tout quoi étant venu à notice à honorables......... (*suivent les noms des possesseurs de la propriété d'Arnal. Ce sont les membres des familles Glize, Favre, Roland et Soffreyd, qui se transportèrent à Bozel pour prier l'Archevêque de leur alberger de nouveau la propriété d'Arnal aux conditions des précédents albergements)*............

Pour ce est il que ce jourd'huit cinquième jour d'août mil six cent soixante trois par devant moi notaire ducal royal soussigné et en présence des témoins bas nommés s'est personnellement établi Monseigneur l'illustrissime et révérendissime François Amed Milliet par la grâce de Dieu, etc.......... lequel de son gré......... a avoué comme par le présent il avoue approuve ratifie et confirme les albergements susdits passés par ses prédecesseurs et de nouveau a albergé et alberge purement et perpétuellement et donne en emphitéose perpétuelle à tous les hommes du dit quartier de Villargoytrouz paroisse de Bosel modernes possesseurs de la susdite possession d'Arnal présents et acceptant pour eux et les leurs l'un pour l'autre et chacun d'eux seul pour le tout sans division renonçant au bénéfice de droit et discussion à savoir la dite possession d'Arnal sus confinée consistant à présent en prés terres maisons granges graniers bois et verney sise au lieu susdit pour icelle possession tenir jouir et posséder par les dits albergataires emphitéotes et leurs successeurs à perpétuité sous la cense annuelle et perpétuelle de quatre-vingt florins monnaie de Savoye outre six deniers gros de servis annuel, jaçoit que par erreur le dit M° Rol eut mis au contrat par lui signé six sols, et trois bichets blé moitié beau et recevable mesure de Moustier pour la décime soit dîme anciennement reconnus par les emphitéoses de la possession en faveur des seigneurs Archevêques. Laquelle cense annuelle, servis et décime tous susnommés promettent........ payer annuellement et perpétuellement à mon dit seigneur l'Archevêque et à ses successeurs soit à leurs fermiers à chacune fête de saint André Apôtre.......... et outre ce les laouds et vends en tout cas d'aliénation se réservant toutefois le dit seigneur pour lui et ses successeurs la directe seigneurie. Aux conditions que les dits albergataires emphitéotes et les leurs seront obligés solidairement comme dessus reconnaître la susdite possession censes servis décimes laouds et vends avec les charges susdites à leurs propres frais et dépens envers le dit seigneur et ses successeurs de vingt ans en vingt ans......... de bien gouverner cultiver perpétuellement et meilleurer de leur pouvoir la dite possession restaurer et maintenir les bâtiments d'icelle......... Et en considération du susdit contrat passé entre Icelui seigneur révérendissime et le dit quartier de Villargoytroux Icelui seigneur baillie pouvoir aux albergataires susdits et ès leurs de vendre aliéner partager et diviser entre eux la susdite possession d'Arnal comme aussi les affranchit à perpétuité de tous les plaits qu'ils pourraient par ci-après devoir conformément aux albergements susdits ainsi d'accord. Promettant........ Renonçant les dites parties........ Fait et passé à Bosel dans le Palais Archiépiscopal présent M⁰ Jean-Jacques Rol notaire ducal conchâtelain du dit lieu, Etienne fils de feu M⁰ Janus Dupraz du dit lieu témoins requis. Signé sur ma céde François Amed Archevêque de Tarantaise, Glizé, Rol présent, les autres illitérés de ce enquis. Et moi dit.

Signé : Festaz notaire.

ALBERGEMENT DU FIEF FAIT A LA COMMUNAUTÉ DE MONTGIROD

N. 26.

(An. 1664.)

Comme ainsi soit que les hommes communiers et habitants de la paroisse de Montgirod et forains aient reconnu tant en commun qu'en particulier plusieurs et divers fonds rière la dite paroisse en faveur de feu l'illustrissime et révérendissime seigneur Jean-Philippe Degrolée viyant Archevêque et Comte de Tarantaise et de l'Eglise et Table Archiépiscopale du dit Tarantaise entre les mains de feu M⁰ Loüys Brilliat lors commissaire de la dite Archevêché comme plus amplement appert par les terriers de la susdite Archevêché. Les hommes communiers et habitants de la susdite paroisse terroir jurisdiction spirituelle et temporelle de la dite Archevêché du dit Tarantaise étant informés que Mgr l'illustrissime et révérendissime François Amed Milliet Archevêque et Comte du dit Tarantaise est en voie faire renouver ses terriers et fief des biens existant et situés rière la dite paroisse conformément aux terriers de la dite Archevêché ainsi que le dit seigneur illustrissime affermait et considérant les dits hommes............... *(suivent, selon la formule ordinaire, les considérants sur les frais, procès, différents qui engagent les habitants de Montgirod à députer les syndics et conseillers de la commune auprès de l'Archevêque, pour lui proposer un albergement perpétuel sous la redevance annuelle de quarante six florins monnaie de Savoie. L'Archevêque accepta l'offre et donna à Jean Cartanas, notaire ducal, mandat pour aller passer cet acte)*... A cet effet ce jourd'hui vingt deux juin mil six cent soixante quatre par devant moi notaire ducal royal commissaire général de la dite Archevêché soussigné et présents les témoins bas nommés s'est personnellement établi le dit Me Jean Cartanas notaire ducal résidant dans la Cité de Moustier lequel de son gré agissant au présent acte au nom d'illustrissime et révérendissime seigneur François Amed Milliet par la grâce de Dieu etc... auquel promet de rato en étant requis à peine de tous damps et au nom du dit seigneur révérendissime et de ses successeurs en la dite Archevêché a albergé comme par le présent il alberge à perpétuité à la dite communauté de

Montgirod soit aux hommes et commmuniers d'icelle ès personnes........ (*suivent les noms des syndics, conseillers et autres habitans de la paroisse*)........ dûment assemblés à la place commune lieu accoutumé faire les actes publics et à l'issue de la messe parochiale du dit lieu affirmant par serment excéder les deux parts les trois faisant le tout de tous les hommes communiers et habitants de la dite paroisse présents et acceptant...... A savoir, tout le fief que le dit seigneur révérendissime a rière la dite paroisse consistant en directe, censes, servis, corvées, paturages, plaits, laouds, vends, suffertes, et généralement tout ce que le dit seigneur révérendissime a rière la dite paroisse conformément aux terriers susdésignés. Et ce a fait le dit Me Cartanas au nom qu'il agit pour et moyennant la cense annuelle et perpétuelle de quarante six florins monnaie de Savoye tous les ans payables à chacune fête de saint André Apôtre..... sous les conditions suivantes savoir que le dit Me Cartanas en la dite qualité se réserve le sacre dû à la venue de chaque Archevêque tous les arrière-fiefs hommes liéges et jurisdiciables les fonds possédés par cure et chapelles contre lesquels le présent ne préjudiciera etc... (*comme aux actes précédents*)..... Promettant,...... Renonçant les dites parties etc......... Fait et passé au dit Montgirod à l'issue de la messe parochiale à la place commune du dit lieu...... signé sur ma cède Cartanas, François Rochaix, Laurent Suzan, Jean Villien, Jacques Sollier, Morard présent, Chardon présent, les autres illitérés de ce enquis et moi dit Cartanas notaire.

X.

RECONNAISSANCE CONTENANT ALBERGEMENT DES DIMES RIÈRE MONTGIROD.

N. 27.

(An. 1664.)

L'an mil six cent soixante quatre et le vingt deuxième juin par devant moi Loüys Festaz notaire ducal royal commissaire général des extentes terriers reconnaissances et albergements de l'Archevêché de Tarantaise soussigné et présents les témoins bas nommés se sont personnellement établis honorables........ (*suivent les noms des syndics, conseillers et chefs de famille*)... tous hommes communiers et habitants de la paroisse de Montgirod et tous unanimement assemblés à l'issue de la messe parochiale du dit lieu en la place commune lieu accoutumé faire les actes publics affirmant par serment excéder les deux parts les trois faisant le tout de tous les hommes communiers et habitants de la dite paroisse lesquels de leur gré pour eux et leurs successeurs en ensuivant la forme et teneur de l'albergement dernièrement passé par les prédécesseurs d'illustrissime et révérendissime seigneur François Amed Milliet moderne Archevêque et Comte de Tarantaise aux hommes et communiers de la paroisse de Montgirod prédécesseurs des susnommés lequel albergement original et expéditions lors faites en faveur des dites Archevêché et communauté se trouvent à présent égarés ne sachant en quelle part les dites expéditions peuvent être ni l'original d'icelles ni moins ne savent le nom du notaire qui peut avoir reçu le dit albergement et nonobstant les écartements et perdition des dites expéditions et étant certiorés du contenu au dit albergement confessent et reconnaissent tenir vouloir et devoir tenir de Monseigneur l'illustrissime et révérendissime François Amed Milliet par la grâce de Dieu, etc...... absent, Me Jean Cartanas notaire ducal son secrétaire avec moi dit notaire et commissaire soussigné pour le dit seigneur révérendissime et ses successeurs acceptant et stipulant, à savoir tous les dîmes et prémices en blé et légumes dépendant de la dite Archevêché de Tarantaise rière toute la dite paroisse de Montgirod et tels que les prédécesseurs du dit seigneur révérendissime avaient accoutumé percevoir avant l'albergement susdit jouxte et à la forme des limites et confins accoutumés pour lesquels dîmes et prémices iceux syndics conseillers communiers et habitants de la dite paroisse pour eux et leurs successeurs confessent devoir et promettent de bien payer annuellement et perpétuellemet au dit seigneur révérendissime Archevêque et Comte du dit Tarantaise et à ses successeurs à savoir la cense annuelle et perpétuelle de trente trois seytiers et demi blé seigle belle et recevable mesure de Moustier et cinq florins argent monnaie de Savoye tous les ans annuellement et perpétuellement payables à chacune fête de saint André Apôtre rendus au Palais de Moustier aux dépens de la dite communauté sans jamais prétendre ni espérer aucun rabais de la dite cense pour quelle cause que ce soit....... *(suit la formule ordinaire de subrogation)*... Et par ce même contrat établi en personne le dit M° Cartanas lequel de son gré agissant au présent au nom du dit seigneur révérendissime auquel promet de rato en étant requis à peine de tous damps et au nom du prédit seigneur révérendissime et de ses successeurs a albergé comme par le présent alberge de nouveau et d'abondant attendu l'escartement du susdit albergement aux hommes et communiers de la susdite paroisse de Montgirod....... *(ce qui suit n'est que la répétition de ce qui précède)*...... Fait et passé au lieu de Montgirod en la place commune du dit lieu à l'issue de la messe parochiale présents M° Pierre Baltazard Chardon praticien, bourgeois du dit Moustier, et M° Jean-Baptiste Morard notaire ducal bourgeois du dit Moustier témoins requis. Signé sur ma cède Jacques Sollier, François Rochaix, Jean Villien, Laurent Suzan, Cartanas, Chardon présent, Morard témoin, les autres illitérés de ce enquis, et moi dit.

Signé : Festaz notaire.

XI.

ESCHANGE ENTRE ILLUSTRISSIME ET RÉVÉRENDISSIME SEIGNEUR FRANÇOIS AMED MILLET ARCHEVÊQUE ET COMTE DE TARANTAISE, ET DAMOISELLE SYLVIE VULLIET, ET LES SIEURS FRÈRES VICHARD, MÈRE ET FILS.

N. 28.
(An. 1662.)

Comme ainsi soit que feu Me Pierre fils de feu Claude Vichard citoyen de Moustier aie reconnu entre autres plusieurs et divers fonds contenus en la reconnaissance par lui passée en faveur de feu illustrissime seigneur Jean Philippe de Grollée Archevêque et Comte de Tarantaise et de l'Eglise et Mense Archiépiscopale du dit Tarantaise entre les mains de Me Martin De Lacullaz notaire lors commissaire du dit seigneur le douzième janvier mil cinq cent quarante quatre en fief et du fief talliable et sous la droite seigneurie et domination du susdit seigneur et de la dite Eglise Mense Archiépiscopale du dit Tarantaise et à présent illustrissime et révérendissime seigneur François Amed Milliet moderne Archevêque et Comte du dit Tarantaise faisant procéder à la renovation des extentes terriers et reconnaissances de la dite Archevêché étant prêt tirer en instance nobles et spectables Loüys et Césard enfants de feu noble et spectable Baltazard Vichard vivant Conseiller de S. A. R. et Juge-maje de Savoye soit Damoiselle Silvie Vulliet veuve du dit Vichard héritière usufructuaire testamentaire et administratrice des personnes et biens des susnommés ses et du dit sieur Vichard enfants aux fins de passer nouvelle reconnaissance du dit seigneur et de son Eglise et Mense archiépiscopale du dit Tarantaise ou à forme des édits de sa dite A. R. ballier nouveaux tenanciers des pièces contenues en la reconnaissance passée par le susdit M° Pierre Vichard bisaïeul des dits sieurs frères Vichard quoi voyant la dite damoiselle Vulliet par l'avis et conseil de ses amis et alliés de ses dits enfants considérant que la condition talliable imposée sur les fonds reconnus par le susdit M° Pierre Vichard leur était grandement onéreuse et que les pièces sujettes à la dite condition sont situées en bons lieux fertiles et au milieu de plus grande pièce auraient recouru à mon dit seigneur et Icelui très-humblement supplié vouloir échanger tout le fief avec la condition talliable servis plaits laouds et vends qu'Icelui seigneur a sur les fonds reconnus par le dit M° Vichard que autres qu'ils pourraient avoir acquis rière le dit Champagny tant seulement de tout le passé jusqu'au vingt-huitième août dernier lequel jour le dit seigneur a albergé le restant du fief de la dite Archevêché à la communauté du dit Champagny, et qu'en contre change icelle damoiselle Vulliet et sieurs Vichard en qualité ballieraient en contre change à mon dit seigneur et à ses successeurs en la dite Archevêché trois seytiers de blé qu'elle et iceux frères Vichard ont et percevaient sur les dîmes qu'Icelui seigneur a rière la dite paroisse de

Champagny et autres droits qu'ils pourraient avoir sur les dits dîmes à quoi le dit seigneur inclinant et acquiesçant considérant le profit et utilité de la dite Archevêché le peu de servis que pourraient devoir les dits sieurs frères Vichard qu'autres considérations particulières auraient traité transigé et fait les échanges suivants : Pour ce est il que ce jourd'hui sixième octobre mil six cent soixante deux par devant moi notaire ducal royal soussigné et présents les témoins bas nommés se sont personnellement établis illustrissime et révérendissime seigneur François Amed Milliet par la grâce de Dieu et du St-Siége Apostolique Archevêque et Comte de Tarantaise, Prince du Saint Empire Romain, Conseiller d'Etat de S. A. R., Sénateur au Souverain Sénat de Savoye, d'une part; et damoiselle Sylvie fillie de feu noble Jean-Jacques Vulliet veuve du dit noble et spectable Baltazard Vichard vivant Juge-maje de Savoye et le dit noble Césard Vichard agissant au présent acte tant à leur nom que du dit noble Loüys Vichard absent auquel promettent faire ratifier tout le contenu au présent à peine de tous dépens dommages et intérêts, d'autre part; lesquels de leur gré ont fait les échanges suivants : Et premièrement le dit Ill^{me} et Rd^{me} seigneur tant à son nom que des seigneurs ses successeurs Archevêques venant légitimement en la dite Arvêché ballie en échange à la dite damoiselle Sylvie Vulliet et aux dits nobles Loüys et Césard Vichard à savoir tout le fief qu'Icelui seigneur a sur les fonds reconnus par le dit Me Vichard qu'autres qu'ils peuvent avoir acquis rière

9

la dite paroisse de Champagny de tout le passé jusques au dit jour vingt huitième août dernier consistant le dit fief à la susdite condition talliable, servis, plaits, laouds et vends, et en contre échange icelle damoiselle Vulliet et le dit noble Césard Vichard tant à leurs noms que du dit noble Loüys Vichard absent auquel promettent faire ratifier comme dit est ballient en contrechange au dit Ill^{me} et Rd^{me} seigneur François Amed Milliet et à ses successeurs venant légitimement en la dite Archevêché à savoir trois seytiers blé qu'ils perçoivent sur la dîmerie et paroisse du dit Champagny et généralement toutes prétentions qu'ils pourraient prétendre sur les dits dîmes de tout le passé jusques à ce jourd'hui excogités et à excogiter desquelles choses sus échangées les dites parties en pourront prendre dès à présent possession réelle, actuelle et corporelle et en faire comme de leurs biens et choses propres desquelles se sont dévêtus et l'un l'autre invêtu et par le bal et tradition d'une plume à la manière accoutumée invêtir avec donation de toute prévalence présente et future quelle que ce soit, et seront tenus se maintenir les choses suséchangés usagés et débrigués de généralement de toutes choses quelconques et de tout le passé jusques à ce jourd'hui et pour ce être tenus à toutes évictions de garantie générale et particulière l'un envers l'autre à la forme du droit aux conditions suivantes savoir : que le présent ne pourra nuire ni préjudicier à l'arrière-fief qu'icelui seigneur a envers les dits sieurs Vichard ni même à l'albergement qu'il seigneur a passé à la dite communauté de Champagny ni par conséquent au fief qu'icelui seigneur a sur les fonds possédés par les dits sieurs Vichard tant rière la présente Cité qu'ailleurs et hors de la dite paroisse de Champagny. Item que le présent ne pourra nuire ni préjudicier aux devoirs dûs par la dite damoiselle et les dits sieurs frères Vichard du passé jusques à ce jourd'hui occasion du fief suséchangé et sera tenu icelui seigneur communiquer ses terriers lorsque la dite damoiselle et sieurs Vichard voudront faire un extrait du fief suséchangé à leurs dépens. Et sont les dites parties demeurées d'accord que lorsque l'une viendrait à être dépossessionnée des choses suséchangées par autre que par les dites parties chacun rentrera aux choses suséchangées sans autorité de justice déclarant les dites parties que toutes les pièces mouvantes du fief suséchangé situé aux Conculliettes s'appelle nouvellement la dite situation La Brasse. Requérant la dite damoiselle que le présent soit approuvé et ratifié par le St-Siége Apostolique à ses dépens. Ainsi du tout les parties sont demeurées d'accord par pact exprès. Promettant les dites parties par leur foi et serment prêté le dit seigneur Rd^{me} mettant la main sur sa croix pectorale à la mode des prélats et la dite damoiselle Vulliet et sieurs Vichard sur les Saintes de Dieu Ecritures ès mains de moi dit notaire soussigné touchées, ce présent avoir à gré et n'y contrevenir ains icelui observer de point en point selon sa forme et teneur. Même la dite damoiselle Vulliet et sieur Vichard faire ratifier le susdit noble Loüys Vichard comme sus est dit le tout à peine de tous dépens dommages et intérêts obligation de biens constitutions d'iceux, le dit seigneur Rd^{me} de ses biens temporels et la dite damoiselle Vulliet et sieurs Vichard de tous leurs biens présents et à venir quelconques la dite damoiselle de ses dotaux, paraphernaux et adventitiaux quelconques. Renonçant les dites parties par vertu de leur dit serment à tous droits lois moyens et clauses à ce que dessus contraires même la dite damoiselle Vulliet au droit introduit en faveur des femmes et actes respectifs requis. Fait et passé au dit Moustier dans le Palais Archiépiscopal présents M⁰ Mauris Vichard notaire ducal châtelain du dit Champagny et Rd Mre Jean-Jacques Joyre prêtre résident au présent lieu témoins à ce requis. Signé sur ma céde François Amed Archevêque de Tarantaise, Sylvie Vulliet, César Vichard, J. Joyre présent, Vichard présent, les autres illitérés de ce enquis, et moi dit notaire ducal soussigné de ce requis recevoir.

Signé : Festaz notaire.

XII.

RECONNAISSANCE DE LA GÉNÉRALITÉ DU FIEF DE LA PAROISSE DE LA BASTIE.

N. 29.

(An. 1661.)

L'an mil six cent soixante un et le jour septième du mois de mars il est ainsi que les syndics hommes communiers et habitants de la paroisse de St-Didier de la Bastie terroir et juridiction spirituelle et temporelle de l'Archevêché de Tarantaise étant informés que Mgr l'Ill^me et Rd^me François Amed Milliet par la grâce de Dieu et du St-Siége Apostolique Archevêque et Comte de Tarantaise Prince du Saint Empire Romain Conseiller d'Etat de S. A. R. et Sénateur au Souverain Sénat de Savoye était en voie d'envoyer au dit lieu de La Bastie des commissaires d'extantes et reconnaissances pour reconnaitre et renouver ses terriers et fief rière le dit lieu et même prétendait faire renouver tous les fiefs des biens existant et situés rière la dite paroisse portée par les terriers de l'Archevêché ainsi que le dit seigneur Ill^me affermait et considérant les dits hommes communiers de La Bastie les frais que leur pourrait causer la dite renovation les procès que leur seraient suscités pour ce regard et le payement qu'il leur conviendrait faire des arrérages de servis laouds obventions et autres devoirs seigneuriaux portés par les reconnaissances desquels ils sont demeurés en dernier de plusieurs années passées, ils auraient fait le jour d'hier une assemblée générale des hommes communiers et habitans de la dite paroisse à l'issue de la grande messe parrochiale célébrée le dit jour d'hier et de dimanche par laquelle assemblée iceux hommes communiers et habitans pour éviter à la dite renouvation difficultés et procès qui en pourraient dépendre et étant informés que la plupart des biens de la dite paroisse dépendent du fief de la dite Archevêché sauf quelques pièces de certains autres seigneurs ils auraient résolu de faire proposer à mon dit seigneur l'Ill^me et Rd^me Archevêque et Comte de Tarantaise que au cas qu'il lui plairait les acquitter de tous laouds servis et plaits de tout le temps passé jusques au jour et pour l'avenir à perpétuité les acquitter aussi de tous servis et plaits dûs par le décès des seigneurs Archevêques et tenementiers qu'au dit cas ils passeraient reconnaissance authentique de la généralité du fief de la dite paroisse par forme de max sauf est excepté les biens que l'on prouvera être mouvables d'autre fief autrement que tous seront mouvables de l'Archevêché et à ces fins auraient fait procure aux ci-après nommés par la dite assemblée générale faite par devant les officiers locaux et moi dit notaire. Lesquels procureurs par vertu du dit mandat se seraient exprès transportés en cette Ville où ayant fait les dites propositions à mon dit seigneur et Icelui considérant le profit et utilité de la Mense Archiépiscopale ayant annué à leurs propositions pour le bien et repos de ses dits sujets ils ont fait les acquittement reconnaissance et accords suivants : A cette cause par devant moi notaire ducal royal soussigné et présents les témoins bas nommés s'est personnellement établi Mgr l'Ill^{me} et Rd^{me} François Amed Milliet par la grâce de Dieu, etc.......... (*comme dessus*)....... lequel de son gré pour lui et ses successeurs Archevêques de Tarantaise acquitte purement et simplement les dits hommes communiers et habitants de la dite paroisse de La Bastie de tous servis laouds et plaits que lui pourraient être dûs de tout le temps passé jusques à ce jour d'hui excepté de ceux desquels ils pourraient être obligés à ses fermiers et qu'ils ont déjà accordés et desquels servis laouds et plaits non encore accordés et liquidés Me Claude Malliet ici présent les acquitte aussi pour ce qui le touche et qui lui peut être dû avec pacte de ne leur en jamais rien demander en jugement ni dehors. Et pour l'avenir à perpétuité mon dit seigneur les acquitte de même de tous les servis que lui sont dûs de tous les biens de la dite paroisse dépendant de la dite Archevêché comme par la reconnaissance ci-après avec pacte de ne leur en jamais rien demander ni permettre être demandé par ses fermiers à peine de tout dépens dommanges et intérêts en façon que la dite paroisse pour ce qui regarde la dite Archevêché sera exempte de tous servis et plaits. Et d'autre part se sont personnellement établis par devant moi dit notaire ducal et les témoins bas nommés honnêtes............ *(suivent les noms des dix procureurs de la paroisse)*............ tous paroisse de La Bastie lesquels de leur gré tant à leurs noms propres qu'en qualité de procureurs des hommes communiers et habitants de la dite paroisse de La Bastie comme par acte de procure et assemblée générale du jour d'hier reconnaissent et confessent publiquement de tenir et vouloir tenir en fief et du direct domaine et seigneurie de l'Archevêché et de la Mense Archiépiscopale de Tarantaise savoir tous les biens et possessions existant rière la paroisse de La Bastie consistant en maisons, bâtiments, prés, terres, vignes, bois, paqueages, montagnes, excerts *(soit esserts)*, communs et autres biens quelconques existant et situés rière les limites et étendue de toute la paroisse et communauté de La Bastie sans rien excepter ni réserver sauf les biens qui pourraient se mouvoir d'autre fief et seigneur et qu'ils prouveront par bonnes reconnaissances se mouvoir d'autre fief que de l'Archevêché ce que n'étant prouvé tous les dits biens et fonds seront mouvables ainsi qu'ils sont du fief et direct domaine de la dite Archevêché et Mense Archiépiscopale de Tarantaise. Et pour ce iceux susnommés syndics, conseillers, procureurs et autres susnommés à leurs noms et de la dite paroisse de La Bastie pour laquelle ils agissent promettent de payer au dit seigneur Archevêque moderne et à ses successeurs et fermiers à perpétuité les laouds et vends de tous les fonds de la dite paroisse et communauté de La Bastie à la vente, permutation, aliénation et changement de chaque tenementier des dits fonds vente ou aliénation d'iceux biens ou permutation toutes fois et quantes qu'ils seront dûs de droit et de coutume observée rière la présente province de Tarantaise. Et de ce promettent lui en passer nouvelle reconnaissance si besoin est toutes fois et quantes qu'ils en seront requis de la part du dit seigneur Archevêque et de ses successeurs à peine de tous dépens dommages et intérêts et à l'obligation de leurs personnes et de tous leurs biens qu'ils se constituent tenir au nom de mon dit seigneur et de ses successeurs. Se réservant mon dit seigneur les cours des eaux et ruisseaux de la dite paroisse et censes dues à raisons d'iceux par albergement ou autrement comme que ce soit, comme encore le Château biens et bois en fonds que lui appartiennent en propriété ou autrement à forme des albergements à eux passés des bois noirs et autres par les seigneurs Archevêques ses prédécesseurs. Relâchant néanmoins le dit seigneur IIIme Archevêque par vertu de ce présent contrat aux dits syndics et communiers de La Bastie à la réparation toute fois de l'Eglise paroissiale de St-Didier de La Bastie les censes soit servis que lui sont dûs par divers particuliers rière le dit lieu de La Bastie appelé vulgairement Le Ruidoz. Et pour raison des alpeages dûs au dit seigneur Archevêque sur les montagnes existantes rière le terroir de la dite Bastie et dîmes des agneaux que ses fermiers sont en possession d'exiger pour éviter à tous différents qui pourraient naître à l'avenir pour ce regard iceux Ill^{me} et Rd^{me} Archevêque et les susnommés syndics et procureurs de la paroisse de La Bastie sont demeurés d'accord que les syndics de la dite paroisse et communauté de La Bastie payeront annuellement au dit seigneur Archevêque ou à ses fermiers la somme de neuf florins monnaie de Savoye payable à chaque fête de saint André Apôtre, savoir : quatre florins pour l'alpeage et cinq florins pour le dîme des agneaux. Comme encore par ce même présent contrat mon dit seigneur l'Ill^{me} et Rd^{me} Archevêque et Comte de Tarantaise en considération de la reconnaissance sus faite de la généralité du fief des biens de la dite paroisse de La Bastie quitte, cède et relâche toutes les écheutes que lui pourraient arriver et appartenir par le décès des hommes talliables ou liéges de la même paroisse de La Bastie avec pacte de n'en jamais rien demander ni permettre être demandé par ses fermiers à peine que dessus. Item a été dit accordé et arrêté entre les parties que mon dit seigneur soit ses fermiers ne pourront exiger ni demander les laouds des fonds vendus aliénés permutés ou autrement changés de tenementier quand de droit ou de coutume de Tarantaise ils seront dûs comme est dit ci-devant qu'une année après la passation du contrat titre ou droit en vertu duquel les laouds et vends seront dûs. Et au cas que quelque seigneur prétendant fief sur les biens d'icelle communauté demanderait les dits laouds et vends et molesterait les dits hommes et particuliers de La Bastie pour le payement d'iceux que mon dit seigneur soit ses fermiers seront obligés de l'évictionner s'ils prétendent avoir le dit laoud. Et au cas qu'ils auraient fait et exigé le dit laoud seront obligé de le restituer quand il sera prouvé la pièce sur laquelle le laoud sera dû être du fief particulier d'autre seigneur. Et pour plus grande validité du présent contrat iceux Ill^{me} et Rd^{me} seigneur Archevêque et Comte de Tarantaise et les susnommés syndics conseillers et procureurs de La Bastie sont demeurés d'accord et requièrent en tant que de besoin le présent contrat être homologué et insinué par devant nos seigneurs du Souverain Sénat de Savoye à quelles fins Icelui Ill^{me} et Rd^{me} seigneur Archevêque constitue son procureur spécial et général Me Pierre Vibert et susnommés syndics conseillers et procureurs de La Bastie Me François Bellon procureurs au dit Sénat. Et ce pour et à leur nom requérir et consentir à la dite insinuation et homologation et ce avec élection de domicile aux personnes et maisons d'iceux avec toutes les clauses en tel cas requises et nécessaires. Promettant..... Renonçant etc..... (*selon la formule ordinaire*). Fait à Moustier au Palais Archiépiscopal présents noble Rd Sieur Mre Claude-François Debongain curé de Gilly, Rd Mre Jean-Pierre Cudraz curé d'Ayme, Mre Louys Crespin curé de Cevin, Me François Laboret procureur bourgeois de Moustier, Me Jean Cartanas de Chambéry et Jean fils de Pierre Leymon de Naves témoins requis et appelés. Signé sur la minute François Amed Archevêque de Tarantaise, Mallict fermier, Debongain présent, Crespin curé présent, Cudraz présent, Laboret témoin et Cartanas présent.

Cette pièce est suivie : 1° *de l'acte passé le* 6 *mars* 1661, par devant Claude Malliet fermier et châtelain du mandement de La Bastie, Me Didier Costaz curial du dit mandement et Mauris Moris notaire ducal bourgeois de Moutiers, *contenant* procure des hommes et communiers de La Bastie pour la passation de la reconnaissance ci-devant écrite.—2° *de l'acte du* 4 *septembre* 1661, *par lequel les hommes et communiers de La Bâthie ont ratifié la reconnaissance générale du fief de leur paroisse.*—3° *de l'acte d'homologation suivant.*

ARRÊT D'HOMOLOGATION.

N. 30.

(An. 1661.)

Extrait des registres du Souverain Sénat de Savoie.

Sur la requête présentée par l'Ill^me et Rd^me seigneur François Amed Milliet Archevêque de Tarantaise et les syndics et communiers de La Bastie sous Conflents tendant à ce que la transaction entre eux passée le septième mars dernier reçue et signée par Me Moris notaire soit reçue insinuée et homologuée céans et à ses fins enregistrée ;

Vu la transaction passée entre les dites parties en date du septième mars mil six cent soixante un reçue et signée par Me Moris notaire ; requête présentée au Sénat par les supliants signée Vibert et Rey pour Bellon ; Décret du vingt huitième mars mil six cent soixante un signé Doche ; Conclusions du sieur Procureur Général du huitième avril mil six cent soixante un signé Ducrest ;

Le Sénat faisant droit sur la dite requête et icelle intérinant ayant égard aux conclusions du Procureur Général et consentement prêté par les procureurs constitués par les parties a reçu insinué et homologué la transaction passée entre les dites parties ; dit et ordonne qu'elle sera enregistrée aux registres de céans pour y avoir recours au besoin sera.

Fait à Chambéry au Sénat et prononcé au seigneur Procureur Général et aux procureurs des parties le neuvième avril mil six cent soixante un. Collation faite pour le seigneur suppliant. Signé Fort.

RECONNAISSANCE DE LA GÉNÉRALITÉ DU FIEF DE LA PAROISSE DE TOURS

N. 31.
(An. 1661.)

L'an mil six cent soixante un et le jour neuvième du mois de mai il est ainsi que les syndics hommes communiers et habitans de la paroisse de Saint Pie de Tours terroir de l'Archevêché de Tarantaise étant informés que Monseigneur l'Illustrissime et Révérendissime François Amed Milliet par la grâce de Dieu, etc............... était en voie de faire renouver ses terriers et reconnaissances rière le dit lieu de Tours ; considérant iceux hommes et communiers les frais et procès qu'ils pourraient avoir à ce sujet même pour le payement des arrérages ils se seraient assemblés le jour d'hier par devant les officiers locaux à l'issue de la messe paroissiale. (*Dans cette assemblée on nomma des mandataires pour aller proposer à l'Archevêque de lui passer une reconnaissance générale des biens de Tours, pourvu qu'il libérât la communauté de tous les arrérages dûs pour le passé ; et qu'il la dispensât des plaits et servis pour l'avenir. Cette proposition fut agréée et donna lieu à la transaction suivante*). A cette cause par devant moi notaire ducal royal soussigné et présents les témoins bas nommés se sont établis personnellement Me Anthoine fils de feu Me Jean Jacques Palliardet, Me André Rathabuis notaire, discret Claude fils de Jean Margueret, Jean fils de feu Pierre Dupissieur Guiguet et Pierre fils de feu Claude Dupissieur de la paroisse de Tours, lesquels.............. confessent et reconnaissent publiquement de tenir et vouloir tenir en fief du fief.............. *(exactement comme au précédent acte, sauf que la redevance pour la dime des agneaux et l'alpeage des montagnes, n'est ici que de deux florins)*..... Et moyennant ce d'autre part s'est aussi établi le dit seigneur Illme et Rdme François Amed Milliet Archevêque et Comte de Tarantaise lequel............. acquitte par ce présent contrat les dits hommes communiers de Tours de tous plaits laouds et servis arréragés de tout le passé jusques à ce jourd'hui sous la condition expressément réservée que au cas que Me Malliet moderne fermier ne voudra quitter les arrérages à lui dûs que le présent ne lui pourra préjudicier et au contraire ne pourra aussi se servir du bénéfice de ce dit présent contrat pendant le temps de son bail à ferme. Item mon dit seigneur acquitte à l'avenir les dits hommes et communiers de Tours du payement de tous plaits et servis comme encore de toutes écheutes....... *(tout le reste comme à l'acte précédent)*....... Fait et prononcé à Moustier au Palais Archiépiscopal dans l'antichambre de mon dit seigneur. Présents Rds Sieurs Mres Claude Naz Vice-Prieur de Bellentre, Claude Applagnat curé de Rogniaix, Anthoine Légier curé de St-Paul et Mre Jean Crosé curé de Montvalesan sur Sest témoins à ce requis et appelés. Signé sur la minute François Amed Archevêque de Tarantaise,

Palliardet contrahant, Prathabuis contrahant, Marqueret, Naz présent, Crosé présent, Légier présent, Applagnat présent.

Cette pièce est suivie : 1° de l'acte du 8 mai 1661 contenant procure des hommes et communiers de Tours. —2° de l'acte du 4 septembre 1661, portant ratification de la part des hommes et communiers de Tours.—3° L'arrêt en date du 22 novembre 1661, par lequel le Sénat a homologué cette transaction.

Cette dernière pièce dit expressément que les trois actes précédents ont été reçus par M° Moris notaire, dont le nom ne se trouve pas à la fin des pièces.

RECONNAISSANCE DE LA GÉNÉRALITÉ DU FIEF RIÈRE LA

PAROISSE DE PRALOGNAN.

N. 32.

(An. 1662.)

Comme ainsi soit qu'en l'année mil cinq cent quarante les habitans des villages Des Granges, Cruyses, Darbelley, La Chapelle et Les Bieuz quartier de Pralognan et forains aient reconnu entre autre plusieurs et divers fonds rière la dite paroisse et quartier de Pralognan notamment le max appelé Des Granges et Darbelley que de toute ancienneté les habitans de la dite paroisse de Pralognan appellent le max du seigneur Archevêque de Tarantaise en fief taillable comme est contenu en chacune de leurs reconnaissances particulières en faveur de feu Ill^{me} seigneur Jean-Philippe Degroléc lors Archevêque du dit Tarantaise entre les mains de Mc Martin De Lacullaz son commissaire, les syndics hommes communiers et habitans des dits villages..... terroir juridiction spirituelle et temporelle de la dite Archevêché de Tarantaise étant informés que Mgr l'Ill^{me} et Rd^{me} François Amed Milliet Archevêque et Comte de Tarantaise était sur le point de faire renouver ses terriers et fiefs rières les dits lieux et même prétendait faire renouver tous les fiefs des biens existant et situés rière la dite paroisse conformément aux terriers de la dite Archevêché ainsi que le dit seigneur Ill^{me} affermait. Et considérant.... (*Justement préoccupés des embarras, des frais, des désagréments et des procès que la mesure prise par l'Archevêque ne manquerait pas de leur occasionner, les gens des villages précités se réunirent en assemblée générale, le dimanche 1er octobre 1662, dont acte reçu par Me Rol. Ils y nommèrent des procureurs pour aller à Moutiers proposer à Mgr Milliet une transaction d'après les bâses suivantes : Les habitans de ces villages passeront une reconnaissance authentique de la généralité du fief de Pralognan par forme de max. L'Archevêque, de son côté, les affranchira de la condition taillable ; leur cédera les servis, censes et plaits à perpétuité ; et enfin* cèdera à la cure soit au curé de *Pralognan* l'arpage qu'il a rière la paroisse. *La proposition fut bien accueillie*)......... Pour ce est il que ce jour d'hui septième octobre mil six cent soixante deux par devant moi notaire ducal royal soussigné et en présence des témoins bas nommés s'est personnellement établi Mgr l'Ill^{me} et Rd^{me} François Amed Milliet, par la grâce de Dieu et du St-Siège Apostolique, etc....... lequel..... a affranchi comme par le présent il affranchit aux hommes communiers et habitants rière les dits lieux des Granges, Cruise, d'Arbelley, La Chapelle et Les Bieux quartier du dit Pralognan la condition taillable imposée et reconnue sur les fonds rière la dite paroisse de Pralognan conformément à ses dits terriers à commencer les limites dès la Croix Rouge en sus laquelle est au-dessous du village de La Croix paroisse du dit Pralognan comme aussi leur cède quitte et remet à perpétuité tous les servis, censes et plaits contenus ès dits terriers susmentionnés, dès la dite Croix Rouge en sus ; de même aussi les servis et amortizations qui se trouvent dûs par ci-après sur le moulin que la dite communauté a rière le dit lieu sis sur le nant de Doron conformément ès dits terriers. Et finalement cède quitte et remet perpétuellement à la cure soit au curé du dit Pralognan tout l'arpage qu'Icelui seigneur a peut avoir et pourrait avoir par ci-après rière toute la dite paroisse de Pralognan lequel sieur curé sera tenu percevoir et exiger le dit arpage à la coutume de la Val de Bosel et tout ainsi qu'ont de coutume exiger les fermiers jadis et nouveaux de la dite

Archevêché............ en façon que les dits communiers et habitans des lieux susdésignés pour ce qui regarde la dite Archevêché seront exempts de tous servis censes et plaits. Et d'autre part se sont personnellement établis par devant moi notaire ducal soussigné et présents les témoins bas nommés..... *(suivent les noms des mandataires nommés par l'acte de procure du 1er octobre 1662)*....... Lesquels confessent publiquement et manifestement reconnaissent tenir, vouloir tenir, devoir tenir et tenir se constituent en fief du fief emphitéose perpétuelle directe seigneurie et domination de fief du dit Rd^{me} seigneur François Amed Milliet et de son Eglise et Mense Archépiscopale du dit Tarantaise et des seigneurs ses successeurs.......... à savoir tous les biens et possessions existant rière la dite paroisse de Pralognan dès la Croix Rouge en sus comme sus est dit, consistant en maisons, bâtiments, prés, terres, bois, paqueages, monts, montagnes, bois noirs, esserts, communs, et autres biens quelconques existant et situés rière les limites et étendue de toute la dite paroisse et communauté de Pralognan dès la dite Croix Rouge en sus comme dit est, sans rien excepter ni réserver sauf les biens qui pourraient se mouvoir d'autre fief et seigneur......... *(comme aux précédentes reconnaissances)*........ Etant aussi réservé les biens que possèdent les habitants du dit lieu de la Croix sis dès la Croix Rouge en sus et hors du mas tels qu'ils se trouvent à présent possesseurs tant seulement. Et pour ce iceux susnommés syndics procureurs et autres susnommés à leurs noms et des dits quartiers de Pralognan pour lesquels ils agissent promettent payer à mon dit seigneur l'Archevêque moderne et à ses successeurs et fermiers à perpétuité les laouds et vends de tous les fonds de la dite paroisse de Pralognan dès la dite Croix Rouge en sus à la vente, aliénation, permutation et changement de chaque tenementier des dits fonds vente ou aliénation d'iceux biens et permutations toutes fois et quantes qu'ils seront dûs de droit ou de coutume de ce pays......... (*L'acte mentionne ensuite fort au long les réserves et conditions suivantes* : 1° *L'Archevêque se réserve les dîmes, les cours d'eau et ruisseaux ainsi que les censes qui lui seraient dues pour cela en vertu d'albergements ou autrement ;* — 2° *Les hommes liéges et jurisdiciables, avec tous les droits seigneuriaux, ainsi que tout droit non mentionné dans cette transaction ;* — 3° *En compensation il accorde aux communiers des Granges, d'Arbelley, Cruises, La Chapelle et les Bieux le droit de prélation, sur le mas des Granges et d'Arbelley seulement, droit qu'ils pourront exercer contre les habitans de La Croix qui voudraient acheter des biens sur ce mas ;* — 4° *Cette transaction ne pourra préjudicier aux droits acquis jusqu'à ce jour, non plus qu'à ceux que l'Archevêque a sur les biens possédés par le Chapitre, les Chapelles ou les Communautés ;* — 5° *Les autres clauses et conditions sont parfaitement identiques à celles qui se trouvent dans l'acte de reconnaissance de La Bâthie*)......... Fait et passé à Moustier dans le Palais Archiépiscopal présents Rd Mre Jean-Jacques Joyre prêtre de Montmeillian, Rd Mre Jean Vésy prêtre de St-Hoyend et Me François Laboret procureur citoyen de Moustier, témoins requis. Signé sur ma cède......... et moi Louys Festaz notaire ducal commissaire général de l'Archevêché de Tarantaise qui le présent contrat et les ci-après sécutifs ai reçu, stipulé et iceux expédiés en faveur de l'Archevêché du dit Tarantaise par copie après due collation faite sur les expéditions originelles par moi faites en faveur de l'Archevêché à moi exhibées par le dit seigneur Rd^{me} et après due collation faite par le dit seigneur Rd^{me} retirés en foi et témoignage de ce me suis soussigné de mon seing manuel accoutumé, jaçoit que le présent et les ci-après sécutivement ténorisés d'autre main soient écrits.

Signé : Festaz notaire.

RECONNAISSANCE DE LA GÉNÉRALITÉ DU FIEF RIÈRE LA PAROISSE DU PLANEY

N. 33.
(An. 1662.)

Comme ainsi soit qu'en l'année mil cinq cent quarante les habitants du Planey Champbérangier et Villeneufve quartier du dit Plancy et forains aient reconnu entre autre plusieurs et divers fonds rière la dite paroisse du Planey en fief taillable en faveur de feu Ill^{me} seigneur Jean-

Philippe Degrolée lors Archevêque de Tarantaise et de l'Eglise et Mense Archiépiscopale du dit Tarantaise entre les mains de feu M° Martin Delaculaz lors commissaire de la dite Archevêché comme plus amplement appert par les terriers de la susdite Archevêché. Les syndics, hommes, communiers et habitants de la dite paroisse du Planey terroir jurisdiction spirituelle et temporelle de la dite Archevêché de Tarantaise étant informés que Mgr l'Ill^{me} et Rd^{me} François Amed Milliet Archevêque et Comte du dit Tarantaise était sur le point faire renouver ses terriers et fief même la rente provenue du sieur Deprovence appelée la rente de Pontus acquise par le feu seigneur De Chivron en faveur de la dite Archevêché rière les dits lieux et prétendait aussi faire renouver tous les fiefs des biens existant et situés rière la dite paroisse conformément aux terriers de l'Archevêché ainsi que le dit seigneur affermait et considérant... (*Excepté la date de l'assemblée, qui est ici 15 octobre 1662, ce qui suit est en tout conforme aux dispositions que nous avons résumées dans l'acte précédent*)... Pour ce est il que ce jourd'hui seizième jour d'octobre mil six cent soixante deux par devant moi notaire ducal royal soussigné et en présence des témoins bas nommés s'est personnellement établi Mgr l'Ill^{me} et Rd^{me} François Amed Milliet..... lequel...... a affranchi comme par le présent contrat il affranchit aux hommes communiers et habitants de la dite paroisse du Planey la condition taillable imposée et reconnue sur les fonds rière la dite paroisse du Planey conformément à ses dits terriers. Comme aussi par le présent affranchit aux habitants du dit lieu de Villeneufve et tous particuliers possédant fonds dans les possessions sus confinées tant à présent que par ci-après les dîmes que pourraient être dûs à la dite Archevêché tant en blé que légumes dans les dites possessions tant seulement. (*D'après le préambule de l'acte cette possession se confine jouxte le nant de Gaurest du couchant, le nant de La Vaugellaz du levant, l'eau de Doron le chemin tendant à Pralognan entre deux dessous, les prés de plusieurs particuliers et les bois communs et rochais dessus*). Et en outre cède quitte et remet à perpétuité à la cure soit au curé du dit Planey tout l'arpage............. (*comme à l'acte précédent*)........ Et d'autre part se sont personnellement établis par devant moi dit notaire ducal soussigné et en présence des témoins ci-après nommés à savoir............... (*suivent les noms des mandataires élus dans l'assemblée du 15 octobre 1662, dont l'acte a été reçu par Me Rol notaire de Bozel*)....... Lesquels confessent publiquement et manifestement reconnaissent tenir vouloir tenir devoir tenir et tenir se constituent en fief du fief emphitéose perpétuelle directe seigneurie et domination de fief du dit Rd^{me} seigneur François Amed Milliet et de son Eglise et Mense Archiépiscopale du dit Tarantaise et de ses successeurs...... A savoir tous les biens et possessions existant rière toute la dite paroisse du Planey, consistant en maisons, bâtiments, prés, terres, bois, paqueages, monts, montagnes, bois noirs, esserts, communs et autres biens quelconques existant et situés rière les limites et étendue de toute la dite paroisse et communauté du dit Planey sans rien excepter ni réserver (*sauf les biens que l'on démontrera appartenir à quelque autre seigneur*)....... Et pour ce iceux susnommés procureurs à leurs noms et des autres communiers et habitans de toute la dite paroisse du Planey pour lesquels ils agissent: promettent payer à mon dit seigneur l'Archevêque moderne et à ses successeurs et fermiers à perpétuité les laouds et vends de tous les fonds de la dite paroisse du Planey à la vente permutation aliénation et changement de chaque tenementier des dits fonds vente ou aliénation d'iceux biens ou permutation toutes fois et quantes qu'ils seront de droit ou de coutume de ce pays......... Se réservant mon dit seigneur tous les dîmes rière la dite paroisse du Planey sauf est excepté les susaffranchis qui se trouveront dans la dite possesssion susconfinée tant seulement, cours des eaux, ruisseaux de la dite paroisse et censes dues à raison d'iceux......... ensemble ses hommes liéges jurisdiciables rière la dite paroisse, et généralement tous droits seigneuriaux, arrière-fief et autres choses excogitées et à excogiter mon désignées au présent. Aux conditions.......... (*ce sont exactement les mêmes qu'aux précédentes reconnaissances*)........ Fait et passé au dit Moustier dans le Palais Archiépiscopal, présents Me Jean Cartanas praticien de Chambéry, honorable Jacques fils de Nicodème Duc peintre de St-Jean de Maurienne et honorable Philibert fils de Guilliaume Collier bourgeois du dit Chambéry, témoins requis. Signé sur ma céde François Amed Archevêque de Tarantaise, Duc présent, Philibert Collier présent, les autres illitérés de ce enquis, et moi dit notaire ducal soussigné de ce recevoir requis.

Signé : Festaz notaire.

RECONNAISSANCE DE LA GÉNÉRALITÉ DU FIEF RIÈRE LE VILLAGE DE LA CROIX QUARTIER DE PRALOGNIAN PASSÉ PAR LES HOMMES ET COMMUNIERS DU DIT VILLAGE DE LA CROIX.

N. 34.
(An. 1662.)

Comme ainsi soit qu'en l'année mil cinq cent quarante, quarante trois et quarante huit les communiers et habitants du village de La Croix quartier de Pralognian et forains aient reconnu entre autre plusieurs et divers fonds rière le dit village de La Croix paroisse du dit Pralognan en fief taillable en faveur de feu Ill^{me} seigneur Jean-Philippe Degrolée lors Archevêque et Comte de Tarantaise et de l'Eglise et Mense Archiépiscopale du dit Tarantaise entre les mains de feu Me Martin Delacullaz lors commissaire de la dite Archevêché comme plus amplement appert par les terriers de la susdite Archevêché. Les hommes communiers et habitants du dit village de La Croix terroir... étant informés que Mgr l'Ill^{me} et Rd^{me} François Amed Milliet Archevêque et Comte du dit Tarantaise était sur le point faire renouver ses terriers et fief, même la rente provenue du sieur De Provence appelée la rente de Pontus acquise par le feu seigneur De Chevron en faveur de la dite Archevêché rière le dit lieu et tout ce qu'iceux habitants de La Croix se trouveraient possesseurs dès la Croix Rouge en sus sise au-dessous du village de La Croix sur le chemin public tendant au dit Pralognan et prétendait aussi faire renouver tous les fiefs des biens existant et situés rière le dit lieu de La Croix conformément aux terriers de la dite Archevêché ainsi que le dit seigneur affermait. Et considérant les dits hommes.......... (*Ce qui suit est parfaitement identique à ce qui est dit dans l'acte de reconnaissance de La Báthie*)......... Pour ce est il que ce jourd'hui vingt huit octobre mil six cent soixante deux par devant moi notaire....... s'est personnellement établi Mgr l'Ill^me et Rd^me François Amed Milliet par la grâce de Dieu...... lequel..... a affranchi comme par le présent contrat il affranchit aux hommes communiers et habitants du village de La Croix paroisse du dit Pralognan la dite condition taillable imposée et reconnue sur les fonds rière le dit lieu de La Croix et dès la Croix Rouge en sus...... comme aussi par le présent cède quitte et remet à perpétuité aux dits hommes communiers et habitants du dit lieu de La Croix tous les servis censes et plaits contenus ès dits terriers susmentionnés sans exception aucune comme aussi leur cède à perpétuité toutes censes, servis et amortizations qu'ils pourraient devoir sur les masures des moulins provenus des Maurests conformément aux terriers susdésignés leur bailliant plein pouvoir construire le dit moulin bapteur et raisses tant seulement et lesquels artifices seront tenus faire construire sur les masures susdites et non ailleurs. Ne prétendant aussi mon dit seigneur rien innover sur les dîmes des agneaux rière le dit lieu de La Croix tant seulement.............:........ Et d'autre part se sont personnellement établis par devant moi dit notaire............ (*suivent les noms des procureurs du village de La Croix, nommés en assemblée générale du 28 octobre 1662, suivant acte reçu par M*^{c} *Rol notaire*)............ Lesquels confessent publiquement et manifestement reconnaissent tenir......... (*voir l'acte précédent dont cette partie n'est que la reproduction textuelle*)......... se réservant mon dit seigneur (1° *toutes les dîmes, cours d'eau et ruisseaux du lieu de La Croix, ainsi que les censes qui lui seraient dues pour cela;* 2° *ses hommes liéges et jurisdiciables, et généralement tous les droits seigneuriaux ainsi que tout ce dont il n'est pas fait mention expresse dans la présente transaction;* 3° *que ce contrat ne préjudiciera point aux droits acquis jusqu'à jour;* 4° *que l'Archevêque et ses successeurs pourront, quand ils le jugeront bon, obliger les Chapelles, le Chapitre et la Communauté de St-André à la rénovation des titres des biens qu'ils possèdent;* 5° *les autres clauses et réserves comme à l'acte de reconnaissance de La Bâthie.—Suit la mention de la ratification par les procureurs du village de La Croix de la reconnaissance faite le 7 octobre 1662, par les habitants des Granges, Cruyses, Darbelley, La Chapelle et Les Bieux de Pralognan*). Promettant............... Renonçant les dites parties........ Fait et passé dans la Ville de Moustier dans le Palais Archiépiscopal en la salle de mon dit seigneur le Rd^{me}........ signé sur ma céde François Amed Archevêque de Tarantaise, Hector Bally présent, Duc présent, Cartanas présent, les autres illitérés de ce enquis.........

Signé : Festaz notaire.

Immédiatement après cette pièce vient un arrêt, en date du 20 avril 1663, par lequel le Souverain Sénat de Savoie a homologué et enregistré cette transaction.

RECONNAISSANCE DE LA GÉNÉRALITÉ DU FIEF RIÈRE LA PAROISSE DE SAINT-BON.

N. 35.

(An. 1663.)

Comme ainsi soit qu'aux années mil cinq cent quarante un, quarante deux, quarante trois, quarante neuf et mil cinq cent cinquante les hommes communiers et habitants de la paroisse de St-Bon et forains aient reconnu entre autre plusieurs et divers fonds tant en commun qu'en particulier rière la dite paroisse de St-Bon en fief taillable en faveur de feu Ill^{me} et Rd^{me} seigneur Jean-Philippe De Grolée vivant Archevêque et Comte du dit Tarantaise entre les mains de feu M⁰ Martin Delacullaz lors commissaire de la dite Archevêché comme plus amplement appert par les terriers de la susdite Archevêché. Les hommes communiers et habitants de la dite paroisse de St-Bon terroir jurisdiction spirituelle et temporelle de la dite Archevêché de Tarantaise étant informés que Mgr l'Ill^{me} et Rd^{me} François Amed Milliet Archevêque et Comte de Tarantaise était sur le point faire renover ses terriers et fieds même les rentes provenues du sieur De Provence appelées les rentes de St-Paul Bellecombe et Boselles acquises par le feu seigneur De Chevron en faveur de la dite Archevêché rière les dits lieux et prétendait aussi faire renover tous les albergements rière la dite paroisse dépendant de la dite Archevêché comme aussi tous les fieds des biens existant et situés rière la dite paroisse de St-Bon conformément aux terriers de la dite Archevêché ainsi que le dit seigneur Ill^{me} affermait Et considérant............ (*suit le détail des motifs ordinaires qui justifient le présent acte et l'assemblée générale, du 8 avril 1663, dans laquelle on nomma des procureurs pour aller proposer à l'Archevêque une transaction sur les bases suivantes: 1° affranchissement de la condition taillable, de toutes censes, servis et plaits ainsi que de toutes amortisations; —2° remise du droit d'Alpeage;—3° quittance générale de tout ce qui serait dû jusqu'à jour par la communauté à Mgr Milliet personnellement. Moyennant ce la paroisse de St-Bon passerait une reconnaissance authentique de la généralité du fief de St-Bon par forme de mas.*

Mais l'Archevêque ne voulut point accepter ces propositions qui lui étaient trop préjudiciables, attendu que les Alpeages étaient très-estimés et produisaient annuellement la somme de cinquante florins de Savoie. L'Archevêque avait droit de prendre pour cela le fruit d'un jour de toutes les montagnes de la paroisse de St-Bon. La question de nouveau mise en délibération fut vivement et longuement discutée dans une série d'assemblées générales. Enfin il fut convenu que l'on offrirait à la Mense Archiépiscopale la cense annuelle et perpétuelle d'une demi pistole d'Espagne pour cession de son droit d'Alpeage. La proposition fut acceptée)....... Pour ce est-il que ce jourd'hui premier jour du mois de mai mil six cent soixante trois par devant moi notaire ducal royal soussigné et en présence des témoins bas nommés s'est personnellement établi Mgr l'Ill^{me} et Rd^{me} François Amed Milliet......... lequel....... a affranchi comme par le présent il affranchit aux hommes communiers et habitants de la dite paroisse de St-Bon la condition taillable imposée et reconnue sur les fonds rière la dite paroisse de St-Bon conformément à ses dits terriers. Comme aussi par le présent les affranchit de tous alpeages qu'ils pourraient devoir par ci-après à la dite Archevêché tant en commun qu'en particulier moyennant la cense annuelle de demi pistole d'Hispagne ci-après plus amplement déclaré. Et en outre cède quitte et remet à perpétuité aux dits hommes communiers et habitants de toute la dite paroisse de St-Bon toutes censes, servis et plaits contenus ès terriers susdits ; comme aussi de toutes amortizations qu'ils pourraient devoir par ci-après occasion des montagnes, moulins, raisses, bâtiments et follons d'écorces sis sur le nant des Moulins conformément aux terriers sus désignés. Et finalement par le présent cède quitte et remet aux dits hommes, etc......... tout ce qu'ils lui pourraient devoir tant en commun qu'en particulier de tout le passé jusques à ce jourd'hui, et notamment des plaits par eux dûs occasion du décès de feu seigneur De Chevron vivant Archevêque du dit Tarantaise avec pacte de tout ce dessus jamais rien en demander ni permettre être demandé par qui que ce soit à peine........... *(comme aux actes précédents)*.........

Et d'autre part se sont personnellement établis par devant moi dit notaire ducal soussigné et en présence des témoins bas nommés......... *(suivent les noms des procureurs de la paroisse de St-Bon)*..... des plus idoines apparents communiers et habitans de la dite paroisse de St-Bon lesquels........ confessent publiquement et manifestement reconnaissent tenir, vouloir tenir, devoir tenir et tenir se constituent en fief du fief emphitéose perpétuelle directe seigneurie et domination de fief du dit IIIme et Rd^{me} François Amed Milliet et de son Eglise et Table Archiépiscopale du dit Tarantaise et de ses successeurs canoniquement..... A savoir tous les biens et possessions existant rière toute la dite paroisse de St-Bon consistant en maisons, bâtiments, prés, terres, bois, paqueages, monts, montagnes, bois noirs, esserts, communs et autres biens quelconques..... *(comme aux actes précédents)*......
Et pour ce iceux susnommés procureurs à leurs noms et des autres communiers et habitants de toute la dite paroisse de St-Bon pour lesquels ils agissent promettent

payer à mon dit seigneur l'Archevêque moderne et à ses successeurs et fermiers à perpétuité les laouds et vends de tous les fonds de la dite paroisse de St-Bon.......... *(le reste comme aux précédents actes, sauf la stipulation de la cense annuelle d'une demi pistole d'Espagne pour le droit d'Alpeage)*....... Et par ce même contrat Icelui seigneur Rd^me pour faire voir la protection qu'il a pour ses sujets et souhait de leur bien et repos et qu'il ne désire aucunement qu'ils soient recherchés tant à présent que par ci-après de tous devoirs qu'ils pourraient devoir tant en commun qu'en particulier il a réellement remis aux procureurs susdits tous les extraits faits nouvellement sur tous les terriers originaux de la dite Archevêché dans lesquels sont toutes mémoires descendances et tenets utiles et nécessaires à la renouvation d'iceux..... *(Suit l'inventaire des titres remis : 1° Un extrait de reconnaissances rière Montcharvet et la Jayre, paroisse de St-Bon, de 645 feuillets, signé par Me Festaz notaire, commissaire de l'Archevêché ; — 2° Autre extrait de reconnaissances rière les villages de St-Bon, Le Praz et Le Frency, même paroisse, de 575 feuillets, signé Festaz ; — 3° Autre extrait de reconnaissances rière les villages du Carrey et Fontanil, même paroisse, de 493 feuillets, signé par le même ;—4° Extrait de reconnaissances rière les villages de La Cuerdy, Granier, Le Boisson, Le Fay, paroisses de St-Bon, La Perrière et Les Allues, de 570 feuillets, signé par Me Festaz ;—5° Autre extrait de reconnaissances rière toute la paroisse de St-Bon, du fief appelé communément fief de St-Rémys, indivis avec le fief des* *héritiers de noble Pierre de Boselles pour le tiers. Cet extait est signé par Me Festaz et contient 288 feuillets;* —6° *Un cahier d'extraits de tous les albergements de l'Archevêché rière la paroisse de St-Bon, signé par Me Festaz et contenant 45 feuillets;*—7° *Un vieux extrait de la rente appelée de Bellecombe, signé par Me Ducornet, de 695 feuillets. Cette rente a été acquise par Mgr De Chevron;* — 8° *Autre extrait relatif à la même rente, de 675 feuillets, signé par Me Festaz. Cet extrait a été copié sur les reconnaissances en faveur de feu noble Jean-François Deprovence;*—9° *Autre extrait concernant la rente dite de Boselles, rière St-Bon, acquise par le même Archevêque. Cet extrait contenant 503 feuillets, et signé par Me Festaz, a été copié sur les reconnaissances stipulées par Me Claude Degilly en faveur de noble Antoine de Provence).* Tous lesquels extraits ont été présentement retirés par les syndics conseillers et procureurs susdits. Et au cas de débriguement du fief avec les autres conseigneurs rière la dite paroisse seront tenus les communiquer à mon dit seigneur soit à son commissaire et successeurs attendu les mémoires contenues en iceux, à peine de tous dépens dommages et intérêts, à l'obligation de tous et un chacun leurs et de la dite communauté biens. Et lorsqu'iceux syndics conseillers et procureurs susdits rapporteront à mon dit seigneur l'Archevêque la ratification et aveu du présent contrat et de tout son contenu faite par tous les hommes et communiers de la dite paroisse de St-Bon Icelui seigneur Rd^{me} promet faire quittance du tot quot à tous les hommes rière la dite paroisse de St-Bon affranchis, l'hommage-liége pour le sieur Prosper de Vegy seigneur de Lespigny et Gimilly vivant Conseiller et M° Auditeur en la Souveraine Chambre des Comptes de Savoye, commissaire député par S. A. Et aussi ensuite de la réquisition de feu noble Antoine Deprovence vivant conseigneur de la Val de Bosel ainsi qu'appert par Patentes datées à Moustier le cinquième janvier mil cinq cent huitante deux dûment signées par les sieurs Devegy et plus bas Navis secrétaire. Et en outre Icelui seigneur promet avouer les dits affranchissements d'hommage-liége rière la dite paroisse tant seulement sans préjudicier aucunement son arrière-fief et juridiction qu'il peut et pourrait avoir sur les dits hommes, ainsi d'accord. Promettant........ Renonçant les dites parties..........

Fait et passé au dit Moustier dans le Palais Archiépiscopal en la salle de mon dit seigneur le Rd^me, présents M° Jean Cartanas praticien de Chambéry secrétaire de mon dit seigneur le Rd^me, Rd Mre Aymé Comte prêtre de Chamonix en haut Faucigny, Mre Jean-Jacques Joyre prêtre de Montmeillian et Rd Mre Jean Vésy prêtre de St-Hoyend, témoins requis. Signé sur la céde François Amed Archevêque et Comte de Tarantaise, Charvin syndic, Charvin procureur, Sullice, Comte prêtre présent, J. Jacques Joyre prêtre présent, J. Vésy prêtre présent, Cartanas présent, les autres illitérés de ce enquis, et moi dit notaire ducal soussigné.

Signé : Festaz notaire.

RECONNAISSANCE GÉNÉRALE DE LA GÉNÉRALITÉ DU FIEF RIÈRE LE QUARTIER DE VILLARMARTIN, PAROISSE DE BOSEL.

N. 36.
(An. 1663.)

Comme ainsi soit qu'aux années mil cinq cent quarante, quarante un, quarante deux, quarante trois, quarante huit, quarante neuf et mil cinq cent cinquante les hommes communiers et habitants des villages de Villarmartin, Les Champs, La Chenal, Ratellard et Mullinet quartier du dit Villarmartin paroisse de Bosel et forains aient reconnu entre autre plusieurs et divers fonds rière tout le dit quartier de Villarmartin en fief taillable en faveur de feu Ill^{me} et Rd^{me} seigneur Jean-Philippe De Grolée vivant Archevêque et Comte de Tarantaise et de l'Eglise et Table Archiépiscopale du dit Tarantaise entre les mains de feu Me Martin De Lacullaz lors commissaire de la dite Archevêché comme plus amplement appert par les terriers de la dite Archevêché ; les hommes communiers et habitants du dit quartier de Villarmartin paroisse du dit Bosel terroir jurisdiction spirituelle et temporelle de la dite Archevêché du dit Tarantaise étant informés que Mgr l'Ill^{me} et Rd^{me} François Amed Milliet Archevêque et Comte du dit Tarantaise était sur le point de faire renouver ses terriers et fief même les rentes provenues du sieur Deprovence appelées les rentes de St-Paul et Boselles acquises par le feu seigneur De Chevron en faveur de la dite Archevêché rière les dits lieux et prétendait aussi faire renouver tous les fonds des biens existant et situés rière le dit quartier de Villarmartin conformément aux terriers de la dite Archevêché ainsi que le dit seigneur Ill^{me} affermait. Et considérant les dits hommes.......... (*Ici le notaire mentionne longuement les motifs déjà tant de fois indiqués de la présente transaction, l'assemblée générale du 27 mai 1663, dans laquelle on nomma des procureurs pour aller traiter avec l'Archevêque, qui se trouvait alors à son Château de Bozel*)...... Pour ce est il que ce jourd'hui troisième juin mil six cent soixante trois par devant moi notaire......... s'est personnellement établi Mgr l'Ill^{me} et Rd^{me} François Amed Milliet par la grâce de Dieu, etc......... lequel de son gré pour lui et ses successeurs Archevêques et Comtes du dit Tarantaise venant légitimement en la dite Archevêché a affranchi comme par le présent il affranchit aux hommes communiers et habitants des dits villages de Villarmartin, Les Champs, La Chenal, Le Rattellard et Mullinet quartier du dit Villarmartin paroisse de Boscl la condition taillable imposée et reconnue sur les fonds rière le dit quartier de Villarmartin conformément à ses dits terriers. Et en outre cède, quitte et remet à perpétuité aux dits hommes communiers et habitants de tout le dit quartier de Villarmartin toutes censes, servis et plaits contenus ès terriers susdits comme aussi toutes amortizations qu'ils pourraient devoir par ci-après occasion des biens communs possédés par la dite communauté conformément aux dits terriers ; de toutes censes, servis, plaits et mortizations qu'ils pourraient aussi devoir par ci-après occasion de leurs moulins sis sur le nant des Moulins conformément aux susdits terriers et aussi des amortizations qu'ils pourraient devoir occasion du bois Darnal. Et finalement par le présent quitte et remet aux dits hommes et communiers du dit quartier de Villarmartin tout ce qu'ils lui pourraient devoir tant en commun qu'en particulier de tout le passé jusques à ce jourd'hui. Et notamment des plaits par eux dûs occasion du décès de feu seigneur De Chevron vivant Archevêque du dit Tarantaise. Et en outre mon dit seigneur le Rd^{me} cède, quitte et remet à perpétuité à la Confrérie du dit Saint Esprit accoutumé faire au dit quartier de Villarmartin tous les alpeages qu'il seigneur a rière le dit quartier à condition que les procureurs d'icelle communauté seront tenus distribuer les dits alpeages aux pauvres. Et seront tenus iceux percevoir les dits alpeages à la coutume de la Val de Bosel tout ainsi qu'ont de coutume exiger les jadis fermiers et modernes de la dite Archevêché avec pacte de tout ce dessus jamais en rien demander.....

Et d'autre part se sont personnellement établis par devant moi dit notaire ducal soussigné et en présence des témoins bas nommés honorables........ (*suivent les noms des procureurs du quartier*)......... lesquels de leur gré tant à leurs noms propres qu'en qualité de procureurs des hommes communiers et habitans du dit quartier de Villarmartin comme appert par acte de procure et assemblée générale signé par je dit notaire soussigné du vingt septième mai dernier au pied du présent ténorisé, confessent publiquement et manifestement reconaissent tenir, vouloir tenir, devoir tenir et tenir se constituent en fief du fief emphitéose perpétuelle directe seigneurie et domination de fief du dit Ill^{me} et Rd^{me} seigneur François Amed Milliet et de son Eglise et Table Archiépiscopale du dit Tarantaise ; A savoir tous les biens et possessions existant rière tout le dit quartier de Villarmartin, consistant en maisons, bâtiments, prés, terres, vignes, bois, paqueages, monts, montagnes, bois noirs, esserts, communs, et autres biens quelconques existant et situés rière les limites et étendue de tout le dit quartier de Villarmartin que se confine jouxte les Alpes arêtes prés et montagnes de Notre Dame du Praz Hauteville dite paroisse Montfort et autres dessus le nant de La Roche du couchant part de Sallin les prés de La Touvière de ceux de Tencavaz et autres montagnes du levant et en partie dessous le nant de Bonrieu aussi du levant avec aussi en partie la Combaz et les Molliex passant par le milieu du terroir des Gottes dès le chemin public jusques à l'eau de Doron. Ensemble les terres et vignes de la situation de Mottélat terroir de Bosel du levant l'eau de Doron tout le long des vignes et prés dessous et en partie les terres et vignes de la dite situation du Mottelat. Ensemble la possession de Me Pierre Jarsu bourgeois de Moustier. Et finalement les terres de ceux de Bosel à droit fil de la dite possession du dit Me Jarsu contre le dit nant de Bonrieu le tout dessous avec autres meilleurs confins sans rien excepter ni réserver sauf les biens qui pourraient se mouvoir...... Et pour ce iceux susnommés procureurs à leurs noms et des autres communiers et habitants de tout le dit quartier de Villarmartin pour lesquels ils agissent promettent payer à mon dit seigneur l'Archevêque moderne et à ses successeurs et fermiers à perpétuité les laouds et vends de tous les fonds du dit quartier de Villarmartin sus confinés à la vente.... (*Voir les précédentes reconnaissances. Nous ne trouvons de spécial dans celle-ci que les conditions suivantes : 1° les fermiers de l'Archevêché ne pourront point se servir du présent acte pour exiger les droits qui leur seront dûs pour le passé ; mais devront se servir des terriers de l'Archevêché ; 2° les communiers de Villarmartin pourront construire des moulins sur le nant de Bonrieu sans préjudicier le droit du tiers aucunement, et ne pourront faire construire autres artifices que moulins, battoires, trollieurs et follon*)..........

Et par ce même contrat Icelui seigneur Rd^{me} pour faire voir la protection qu'il a pour ses sujets et souhait de leur bien et repos et qu'il ne désire aucunement qu'ils soient recherchés tant à présent que par ci-après de tous devoirs qu'ils pourraient devoir tant en commun qu'en particulier il a réellement remis aux procureurs susdits tous les extraits nouvellement faits sur partie des terriers originaux de la dite Archevêché dans lesquels sont plusieurs mémoires descendances et tenets utiles et nécessaires à la renouvation d'iceux. (*Voici une rapide analyse des titres remis : 1° Un extrait de reconnaissance rière le quartier de Villarmartin, stipulé en faveur de l'Archevêché par Mc Martin De Lacullaz, contenant 704 feuillets ;—2° Autre extrait rière le même quartier, de*

837 feuillets, signé par M⁰ Festaz notaire ; — 3° Autre extrait rière les villages des Champs et La Chenal, de 544 feuillets, signé par le même notaire ; — 4° Autre extrait de reconnaissances signé par le même notaire, contenant 254 feuillets. Ces reconnaissances concernent le fief de St-Rémis indivis avec celui de Boselles ; — 5° Autre extrait de reconnaissances rière le quartier de Villarmartin, stipulé par M⁰ Loüys Beysson en faveur de noble François Davallon seigneur de St-Paul conseigneur de la Val de Bosel, du fief de St-Paul acquis par Mgr De Chevron. Cet extrait contient 760 feuillets et a été signés par M⁰ Ducornet commissaire de feu sieur Deprovence ; — 6° Un autre extrait, signé par le même, de 624 feuillets ; — 7° Un cotet confinal fait sur les extraits ci-dessus indiqués de la rente de St-Paul, contenant 206 feuillets). Tous lesquels extriats ont été présentement retirées par les syndics conseillers et procureurs susdits. Et en cas de débriguement de fief avec les autres conseigneurs rière le dit quartier seront tenus les les communiquer à mon dit seigneur soit à son commissaire et successeurs attendu les mémoires contenues en iceux à peine de tous dépens............ Promettant........ Renonçant les dites parties.........

Fait et passé à Bosel dans le Palais Archiépiscopal, présents Rd Mre Jean-Jacques Joyre prêtre de Montmeilliand, Jean Vésy prêtre de St-Hoyend et Jean-François fils de Jean Duret de St-Bon témoins requis. Signé sur la céde François Amed Archevêque de Tarantaise, Brun,

Machet, J. Joyre présent, J. Vésy présent, les autres illitérés de ce enquis et moi dit.

Signé : Festaz notaire.

RECONNAISSANCE GÉNÉRALE DE LA GÉNÉRALITÉ DU FIEF RIÈRE NOTRE DAME DU PRAZ.

N. 37.
(An. 1663.)

Comme ainsi soit que les hommes communiers et habitans de la paroisse de Notre Dame du Praz et forains juridiction spirituelle et temporelle de l'Archevêché de Tarantaise aient reconnu tant en commun qu'en particulier presque tous les fonds existant et situés rière toute la dite paroisse de Notre Dame du Praz en faveur de la dite Archevêché ainsi que plus amplement appert par les terriers de la susdite Archevêché sous les censes, servis, plaits, terrages, corvées, paturages et autres menicules désignés aux susdits terriers. Et à présent les hommes communiers et habitans de la dite paroisse étant informés que Mgr l'Ill^{me} et Rd^{me} François Amed Milliet Archevêque et Comte du dit Tarantaise était sur le point de faire renouver ses terriers et fief............. *(Comme aux actes précédents avec semblables considérants et mention de l'assemblée du 15 juillet 1663, dans laquelle on nomma des mandataires pour aller à Bozel proposer à l'Archevêque une transaction)*.............. Pour ce est il que ce jourd'hui vingt deuxième juillet mil six cent soixante trois par devant............. s'est personnellement établi Mgr l'Ill^{me} et Rd^{me} Fançois Amed Milliet par la grâce de Dieu....... lequel............. a affranchi comme par le présent il affranchit aux hommes communiers et habitants de la dite paroisse de Notre Dame du Praz à savoir de toutes censes, servis et terrages contenus aux terriers de la dite Archevêché, consistant tant en argent qu'en blé, des plaits qu'ils pourraient par ci-après devoir à forme des susdits terriers, de la Sacre dûe à la venue de chaque Archevêque conformément aux terriers susdits alpeages et de toutes amortizations qu'ils pourraient par ci-après devoir à la dite Archevêché occasion des biens possédés par la dite communauté conformément aux terriers susdits. Et finalement cède, quitte et remet à perpétuité aux dits hommes communiers et habitants de la dite paroisse de Notre Dame du Praz toutes corvées et paturages qu'ils lui pourraient aussi devoir à forme des terriers susdits moyennant la cense annuelle et perpétuelle de deux pistoles d'Hispagne de bon or et de poids ci-après plus amplement déclaré. Et en outre mon dit seigneur pour faire voir l'amour et protection qu'il a pour ses dits sujets leur cède encore tout ce qu'ils lui pourraient devoir pour son chef tant seulement de la sacre qu'ils lui doivent occasion de sa venue en la dite Archevêché. Ensemble de toutes censes qu'ils pourraient devoir par ci-après tant en commun qu'en particulier par albergement occasion des rivages rière la dite paroisse conformément aux albergements ci-devant passés par les prédécesseurs du dit seigneur Rd^{me} en faveur des dits particuliers et communiers de la dite paroisse. Et c'est pour les albergements des rivages et cours des eaux tant seulement sans préjudicier aucunement les autres albergements de quelle nature qu'ils soient tant rière la dite paroisse que hors la dite paroisse. Et en outre leur cède à perpétuité les raves qu'iceux particuliers pourraient par ci-après devoir à la dite Archevêché au cas qu'ils en semassent rière la dite paroisse conformément aux dits terriers. Comme aussi le lait accoutumé ballier à rogation conformément aux dits terriers. Avec pacte de tout ce dessus jamais en rien demander......

Et d'autre part se sont personnellement établis par devant moi dit notaire.......... *(les syndics, conseillers et mandataires de N.-D. du Pré)*................. lesquels............ confessent publiquement et manifestement reconnaissent tenir............... *(le reste comme aux précédents actes)*............. à savoir tous les biens et possessions existant rière toute la dite paroisse de Notre Dame du Praz consistant en maisons, bâtiments, prés, terres, vignes, polliers, bois, paqueages, monts, montagnes, bois noirs, esserts, communs et autres biens quelconques existant et situés rière les limites et étendue de toute la dite paroisse et communauté de Notre

Dame du Praz sans rien excepter ni réserver sauf *(les biens que l'on prouvera appartenir au fief d'un autre seigneur.)* Ce que n'étant prouvé tous les dits biens et fonds seront mouvables ainsi qu'ils sont du fief et direct domaine de la dite Archevêché et Table Archiépiscopale du dit Tarantaise.

Et pour ce iceux susnommés procureurs.............. promettent payer à mon dit seigneur l'Archevêque moderne et à ses successeurs et fermiers à perpétuité les laouds et vends................ *(comme aux actes précédents)*............. Et en outre promettent payer annuellement et perpétuellement à mon dit seigneur l'Archevêque et à ses successeurs pour les susdits corvées et paturages comme sus est dit de cense annuelle et perpétuelle à savoir deux pistoles d'Espagne de bon or et de poids tous les ans payable.............. à chacune fête de Saint André Apôtre............... *(Vient ensuite l'énumération des réserves, clauses et conditions ordinaires)*.................. Promettant............... Renonçant les dites parties..........

Fait et passé à Bozel dans le Palais Archiépiscopal, présents M° Jean Cartanas de Chambéry secrétaire du dit seigneur Rd^{me}, Rd Mre Jean Vésy prêtre de St-Hoyend, et Rd Mre Jean Jacques Joyre prêtre de Montmellian, témoins requis. Signé sur ma cède François Amed Archevêque de Tarantaise, Plot promettant, Albin Vernod promettant Aymé Deschamps, J. Joyre prêtre présent, J. Vésy présent, Cartanas présent, les autres illitérés de ce que enquis, et moi dit notaire ducal soussigné recevant bien que d'autre main soit écrit.

Signé : Festaz notaire.

RECONNAISSANCE GÉNÉRALE DE LA GÉNÉRALITÉ DU FIEF RIÈRE TENCAVAZ PAROISSE DE BOSEL.

N. 38.
(An. 1663.)

Comme ainsi soit qu'aux années mil cinq cent quarante un, quarante deux, quarante trois, quarante neuf, cinquante et mil cinq cent cinquante quatre les hommes communiers et habitans du village de Tencave paroisse de Bosel et forains aient reconnu entre autre plusieurs et divers fonds rière tout le dit quartier de Tencavaz en fief taillable en faveur de feu Ill^{me} et Rd^{me} seigneur Jean-Philippe Degrolée vivant Archevêque et Comte de Tarantaise......... (*Voir pour ce qui suit la reconnaissance de St-Bon ci-devant*).........

Pour ce est il que ce jourd'hui dixième juillet mil six cent soixante trois par devant moi notaire ducal royal soussigné et en présence des témoins bas nommés s'est personnellement établit Mgr l'Ill^{me} et Rd^{me} François Amed. Milliet par la grâce de Dieu......... lequel........ a affranchi comme par le présent il affranchit aux hommes communiers et habitans du dit quartier de Tencave paroisse de Bosel la condition taillable imposée et reconnue sur les fonds rière le dit quartier de Tencave conformément à ses dits terriers. Et en outre cède quitte et remet à perpétuité aux dits hommes........ de tout le dit quartier de Tencave toutes censes, servis et plaits contenus ès terriers susdits comme aussi de toutes amortizations qu'ils pourraient devoir par ci-après occasion des biens communs possédés par la dite communauté soit quartier....... aussi de toutes censes, servis, plaits et amortizations qu'ils pourraient aussi devoir conformément aux terriers qu'il seigneur Rd^{me} pourrait par ci-après acquérir en faveur de la dite Archevêché. Et finalement par le présent cède quitte et remet aux dits hommes......... tous les alpeages qu'ils pourraient devoir par ci-après à la dite Archevêché rière tout le dit quartier de Tencavaz. Ensemble leur cède quitte et remet tout ce qu'ils pourraient devoir tant en commun qu'en particulier de tout le passé jusques à ce jourd'hui et notamment des plaits par eux dûs occasion du décès du dit feu seigneur De Chevron vivant Archevêque du dit Tarantaise avec pacte de tant ce dessus jamais en rien demander............

Et d'autre part se sont personnellement établis par devant,.......... honnêtes.........: (*suivent les noms des procureurs du quartier de Tencave, élus dans l'assemblée générale du 8 juillet 1663, dont acte reçu par M^c*

Festaz notaire)..... lesquels..... confessent publiquement et manifestement reconnaissent tenir, vouloir tenir, devoir tenir et tenir se constituent en fief du fief, emphitéose perpétuelle, directe seigneurie et domination de fief du dit Ill^{me} et et Rd^{me} seigneur François Amed Milliet et de son Eglise et Table Archépiscopale du dit Tarantaise et de ses successeurs ; A savoir tous les biens et possessions existant rière tout le dit quartier de Tencave, consistant en maisons, bâtiments, prés, terres, bois, paqueages, monts, montagnes, bois noirs, esserts, communs et autres biens quelconques existant et situés rière les limites et étendue de tout le dit quartier de Tencave, que se confine jouxte les Alpes et arêtes dessus, les terres, prés et possessions de ceux de Bosel dessous, le nant de Bonrieu et en partie les prés communs et particuliers de ceux de Villarmartin du couchant, et les communs et possessions de ceux de Champagny du levant avec autres meilleurs confins sans rien excepter ni réserver (*sauf ce qui sera prouvé appartenir à un autre seigneur*)...... Et pour ce iceux susnommés procureurs...... promettent payer à mon dit seigneur l'Archevêque moderne et à ses successeurs et fermiers à perpétuité les laouds et vends...... (*comme à la reconnaissance de La Bâthie, sous les mêmes conditions et avec les mêmes réserves, moins cependant ce qui concerne les réparations de l'Eglise*)........ Promettant..... Renonçant les dites parties. . . . .

Fait et passé à Bosel dans le Palais Archiépiscopal. Présents honnête Jean-Jacques fils d'honnête Domeyne Varot de Bosel, Antoine fils d'Amady Rellier du présent lieu et Pierre fils de feu Jacques Voudry de Montmagny paroisse de St-Jacquemoz et encore Hector Bally de Chambéry témoins requis. Signé sur ma céde François Amed Archevêque de Tarantaise, Hector Bally, les autres illitérés de ce enquis et moi dit.

Signé : Festaz notaire.

RECONNAISSANCE GÉNÉRALE DE LA GÉNÉRALITÉ DU FIEF RIÈRE LE QUARTIER DE VILLARGOYTROUZ PAROISSE DE BOSEL.

N. 39.

(An. 1663.)

Comme ainsi soit qu'aux années mil cinq cent quarante, quarante un, et mil cinq cent quarante trois les hommes communiers et habitans du village de Villargoytroux paroisse de Bosel et forains aient reconnu....... *(textuellement comme au précédent acte, sauf ce qui concerne le mas d'Arnal. Ce n'est au reste qu'une répétition de ce qui est dit ci-devant n° 25, page 112)*...... Pour ce est il que ce jourd'hui cinquième jour d'août mil six cent soixante trois par devant moi notaire ducal royal soussigné et en présence des témoins bas nommés s'est personnellement établi Mgr l'Ill^{me} et Rd^{me} François Amed Milliet....... lequel......... a affranchi comme par le présent il affranchit aux hommes communiers et habitants du dit Villargoytrouz paroisse de Bosel la condition taillable imposée et reconnue sur les fonds rière le dit quartier conformément à ses dits terriers. Et en outre cède quitte et remet....... toutes censes......... (*le reste comme à l'acte précédent*)...... Et finalement icelui seigneur Rd^{me} avoue, approuve, ratifie et confirme les albergements ci-devant énoncés passés par ses prédécesseurs (*Mgr de Grolée, le 16 août 1556, Mc Perret notaire; et Mgr De Chevron, 10 octobre 1641, Mc Rol notaire*) et promet passer nouveau albergement en faveur des modernes possesseurs du dit max d'Arnal conformément aux albergements susdits sans y ajouter ni diminuer (*voir n° 25 où se trouve cet albergement*) avec pacte de tout ce dessus affranchi cédé et quitté jamais en rien demander ni permettre........

Et d'autre part par devant moi dit notaire........... se sont personnellement établis (*les procureurs de Villargoytrouz nommés dans l'assemblée du 29 juillet 1663, acte reçu par Mc Festaz notaire*)......... lesquels....... confessent publiquement et manifestement reconnaissent tenir, vouloir tenir, devoir tenir et tenir se constituent... (*comme à l'acte qui précède sous les mêmes clauses, réserves et conditions; et spécialement que la présente transaction ne préjudiciera en rien à l'albergement de la possession d'Arnal*)...... Promettant........ Renonçant les dites parties.........

Fait et passé à Bosel dans le Palais Archiépiscopal,

présents Me Jean-Jacques Rol notaire conchâtelain du dit Bosel et Etienne fils de feu Me Janus Dupraz témoins requis. Signé sur ma cède François Amed Archevêque de Tarantaise, Glize, Rol présent, les autres illitérés de ce enquis. Et moi dit notaire ducal soussigné. Festaz notaire.

RECONNAISSANCE GÉNÉRALE DE LA GÉNÉRALITÉ DU FIEF RIÈRE LA PAROISSE DE ST-JACQUEMOZ.

N. 40.
(AN. 1663.)

Comme ainsi soit que les hommes communiers et habitants de la paroisse de St-Marcel mandement de St-Jacquemoz et forains juridiction spirituelle et temporelle de l'Archevêché de Tarantaise aient reconnu tant en commun qu'en particulier la plus grande part de tous les fonds existant et situés rière toute la dite paroisse de St-Marcel mandement de St-Jacquemoz en faveur de la dite Archevêché ainsi que plus amplement appert par les terriers de la susdite Archevêché sous les censes, servis, plaits, terrages, corvées, paturages, et autres menicules désignés aux susdits terriers. Et à présent les hommes communiers et habitans de la dite paroisse étant informés que Mgr l'Ill^{me} et Rd^{me} François Amed Milliet Archevêque et Comte de Tarantaise était sur le point faire renouver ses terriers et fief rière toute la dite paroisse de St-Marcel comme aussi tous les fiefs des biens existant et situés rière la dite paroisse conformément aux terriers de la dite Archevêché ainsi que le dit seigneur Ill^{me} affermait et considérant les dits hommes..............

Pour ce est il que ce jourd'hui vingt septième août mil six cent soixante trois par devant moi notaire ducal royal soussigné et en présence des témoins bas nommés s'est personnellement établi Mgr l'Ill^{me} et Rd^{me} François Amed Milliet............... lequel............... a affranchi comme par le présent il affranchit aux hommes communiers et habitants de la dite paroisse de St-Marcel mandement de St-Jacquemoz à savoir de toutes censes, servis, plaits, corvées, terrages, pâturages et alpeages qu'ils pourraient par ci-après devoir à forme des susdits terriers, de la sacre due à la venue de chaque Archevêque...... et toutes amortizations qu'ils pourraient par ci-après devoir à la dite Archevêché occasion des biens possédés par la dite communauté...... et généralement de toutes autres menicules contenues ès dits terriers. Et finalement pour faire voir la protection qu'il a pour ses dits sujets leur cède tout ce qu'ils lui pourraient devoir pour son chef tant seulement de tout le passé jusques à ce jourd'hui notamment de la sacre qu'ils lui doivent occasion de sa venue en la dite Archevêché avec pacte de tout ce desssus jamais en rien demander ni permettre être demandé par qui que ce soit à peine de tous dépens.......

Et d'autre part se sont personnellement établis...... *(les syndics et mandataires de St-Marcel nommés dans l'assemblée générale du 26 août 1663, suivant acte reçu par M*e* Festaz notaire)*............... lesquels confessent publiquement et manifestement reconnaissent tenir, *(etc. comme aux précédentes reconnaissances)* à savoir tous les biens et possessions existant rière toute la dite paroisse de St-Marcel mandement de St-Jacquemoz, consistant en maisons, bâtiments, prés, terres, vignes, polliers, bois, pâqueages, monts, montagnes, bois noirs, esserts, communs et autres biens quelconques............ Et pour ce iceux susnommés procureurs.......... promettent payer à mon dit seigneur l'Archevêque moderne et à ses successeurs et fermiers à perpétuité les laouds et vends........... *(ce qui suit n'est qu'une reproduction des dispositions des actes précédents, avec les mêmes réserves, clauses et conditions)*...... Promettant.... Renonçant les dites parties. . . . .

Fait et passé au village de Bosel dans le Palais Archiépiscopal en la salle du dit seigneur Rd^me. Présents Bernard fils de feu Jacquemoz Bruet du dit Bosel, Antoine fils de feu François Aspord des Avanchers et Me Jean Cartanas de Chambéry témoins requis. Signé sur ma cède François Amed Archevêque de Tarantaise, Michel

Vivet conseiller, Cartanas présent, les autres illitérés de ce enquis. Et moi dit Festaz notaire.

RECONNAISSANCE GÉNÉRALE DE LA GÉNÉRALITÉ DU FIEF DE LA COMMUNAUTÉ DES ALLUES.

N. 41.
(An. 1664.)

Cet acte reçu par M⁰ Festaz notaire n'est qu'une copie de celui que nous avons déjà publié sous le titre de CONVENTION ENTRE MONSEIGNEUR L'ILLUSTRISSIME ET RÉVÉRENDISSIME FRANÇOIS AMÉDÉE MILLIET ARCHEVÊQUE ET COMTE DE TARENTAISE ET LES HOMMES COMMUNIERS ET HABITANS DE LA PAROISSE DES ALLUES. (*Voyez n° 10 page 58.*)

RECONNAISSANCE GÉNÉRALE DE LA GÉNÉRALITÉ DU FIEF RIÈRE LA PAROISSE DE ST-JEAN DE BELLES VILLES.

N. 42.
(An. 1664.)

Comme ainsi soit que les hommes communiers et habitans de la paroisse St-Jean de Belles Villes et forains aient reconnu tant en commun qu'en particulier en faveur tant d'Ill^{me} et Rd^{me} seigneur Hiéronisme De Valpergue que d'Ill^{me} seigneur Joseph De Parpallie vivants Archevêques et Comtes de Tarantaise entre les mains de Me Claude Degilly vivant notaire et commissaire renouvateur des reconnaissances de l'Archevêché du dit Tarantaise la plus grande part de tous les fonds en quoiqu'ils consistent rière la dite paroisse même la plus grande part des dits particuliers outre autres fonds par eux reconnus conformément aux reconnaissances par eux passées reconnaissent tout ce qu'ils ont rière la dite paroisse que d'autre fief ne se trouvera mouvoir ni reconnu. Et outre ce que anciennement l'on appelait la dite paroisse de St-Jean max mouvant du fief de la dite Archevêché les syndics, conseillers, hommes, communiers et habitants de la dite paroisse de St-Jean de Belles Villes dès nant Benoist en sus de la part de St-Martin de Belles Villes terroir juridiction spirituelle et temporelle de la dite Archevêché de Tarantaise étant informés que Mgr l'Ill^{me} et Rd^{me} François

Amed Milliet Archevêque et Comte de Tarantaise est en voie de faire renouver ses terriers et fief rière la dite paroisse......... Et considérant les dits hommes........ (*voir les actes précédents*).......

Pour ce est il que ce jourd'hui dixième mars mil six cent soixante quatre par devant moi notaire ducal royal soussigné et en présence des témoins bas nommés s'est personnellement établi Mgr l'Ill^{me} et Rd^{me} François Amed Milliet...... lequel..... a affranchi comme par le présent il affranchit aux hommes communiers et habitants de la dite paroisse de St-Jean de Belles Villes dès nant Benoist en sus de la part de St-Martin tant seulement de toutes censes, servis, terrages tant en blé qu'en argent, plaits et suffertes contenus aux terriers de la dite Archevêché ; comme aussi de toutes amortizations qu'ils pourraient devoir par ci-après occasion des biens communs possédés par la dite communauté..... Et finalement cède, quitte aux hommes et communiers de la dite paroisse dès nant Benoist en sus comme dit est tous les plaits qu'ils lui pourraient devoir tant en commun qu'en particulier occasion du décès du dit feu seigneur De Chevron. Et en outre (*même libération pour ce que l'Archevêque pourrait acquérir à l'avenir*). Et c'est pour ce qui se trouvera dès le dit nant Benoist en sus et max ci-après confiné avec pacte..........

Et d'autre part se sont personnellement établis (*les syndics, conseillers et procureurs de la paroisse nommés dans l'assemblée du 9 mars 1664, suivant acte reçu par Me Festaz notaire*).......... Lesquels........ confessent publiquement et manifestement reconnaissent tenir............ A savoir tous les biens et possessions existant rière toute la dite paroisse de St-Jean de Belles Villes consistant en maisons, bâtiments, prés, terres, bois, paqueages, monts, montagnes, bois noirs, esserts, communs et autre biens quelconques existant et situés rière les limites et étendue de toute la dite paroisse de St-Jean de Belles Villes que se confine jouxte le col du Touvet, le col du Clovet et les arêtes le tout séparant la juridiction du dit St-Jean de Belles Villes d'avec celle du Marquisat de la Chambre soit Baronnie de Monteymont dessus ; l'eau de Merderel descendant de Belles Villes à l'eau de Doron dessous ; le nant appelé Nant Gollet, nantet Benoist, les bois noirs du quartier de Villarly, et le glappey, le tout de la part de Moustier soit de Conflans ; et les communs du quartier de Villarangier paroisse du dit St-Martin, prés de divers particuliers de la dite paroisse du dit St-Martin, le Roch de la Massuy, la montagne du Cognioz et les arêtes tendant au col du dit Touvet le tout de la part du dit St-Martin de Belles Villes, avec autres meilleurs confins sans rien excepter ni réserver sauf *ce que l'on prouvera appartenir à d'autres seigneurs et notamment au fief de S. A. R*......

Et pour ce iceux susnommés procureurs...... promettent payer à mon dit seigneur l'Archevêque moderne et à ses successeurs et fermiers à perpétuité les laouds et vends de tous les fonds de la dite paroisse de St-Jean sus confinés à la vente, permutation etc......... Et en outre promettent payer annuellement et perpétuellement à mon dit seigneur l'Archevêque et à ses successeurs de cense annuelle et perpétuelle à savoir trois pistoles d'Hispagne de bon or et de poids (*payables à la Saint André*)..... Et promettent aussi reconnaitre icelle cense en étant requis à peine de tous dépens, etc..... (*comme aux précédentes reconnaissances, sous les mêmes clauses, réserves et conditions*)......... Promettant........ Renonçant les dites parties........

Fait et passé à Moustier dans le Palais Archiépiscopal et salle du dit seigneur Rd^{me}. Présents Rd Mre Jean-Jacques Joyre prêtre de Montmelliant résidant au présent lieu et Mre Jean Vésy prêtre de St-Hoyend témoins requis. Signé sur ma céde François Amed Archevêque de Tarantaise, Favre conseiller, Martin Bermond, Longet, J. Joyre prêtre présent, J. Vésy présent, les autres illitérés de ce enquis. Et moi dit Festaz notaire.

XIII.

ARRÊTS DU SOUVERAIN SÉNAT DE SAVOYE.

EXTRAIT DES REGISTRES DU SOUVERAIN SÉNAT DE SAVOYE.

(*Concernant la préséance.*)

N. 43.

(An. 1657.)

Entre l'Ill^{me} et Rd^{me} seigneur Archevêque de Tarantaise demandeur en requête du dix neuf août dernier, d'une part

Et tous les nobles habitants et citoyens de la Ville de Moustier défendeurs d'autre.

Plaidoiries des avocats etc.

Le Sénat sans préjudice du droit des parties au principal par manière de provision ordonne que les Juges et Officiers du Rd^{me} Archevêque précèderont les Nobles aux processions et assemblées publiques sans dépens entre les parties et pour cause fait à Chambéry au dit Sénat et prononcé au Bureau et Chambre du Conseil le samedi dix-neuvième mai mil six cent cinquante sept. Collation faite pour le Rd^{me} Archevêque. Signé Mugnier.

Suit le certificat du notaire Cartanas qui a copié le présent acte sur l'original même, à lui communiqué par le Procureur fiscal de l'Archevêché.

EXTRAIT DES REGISTRES DU SOUVERAIN SÉNAT DE SAVOYE.

(Concernant la création et les attributions du Con-

seil de Ville de Moutiers, et la juridiction du grand Ballif de l'Archevêché.)

N. 44.
(An. 1655.)

Entre les nobles Syndics de la Cité de Moustier demandeurs en intérinement des articles et réponses faites par S. A. R. le sixième octobre mil six cent cinquante et des patentes et jussions de Sa dite A. R. du vingt trois avril dernier et défendeurs d'une part

Et Me Guillaume Greppat Procureur fiscal de l'Archevêché de Tarantaise défendeur et demandeur en requête du premier mars mil six cent cinquante un d'autre.

Vu par le Sénat les titres, pièces et procédures remises par les parties. En premier lieu celles du demandeur. Et premièrement l'avertissement criées faites en l'année 1453, patentes des 16 juillet 1522 et 28 octobre 1600, et deux autres patentes du 4 mars 14 et 23, signé Despinaz; prohibitions et défenses faites de la part du seigneur Rd^{me} Archevêque du 17 novembre 1368 ; réponses et réquisitions des Syndics de Moustier ; subrogation en l'affaire de Ballif de l'Archevêché du 8 mai 1571 ; informations contre les bochiers et inhibitions faites par le Ballif ; livre de résolution de Ville avec leurs armes ; extrait de finito de compte de l'année 1636 ; volume de procès contenant 184 feuillets, au premier est un acte d'opposition et signification ensuite signé Moris et finit par un avis signé Fort ; demande de forclusion ;

l'inventaire des demandeurs ; inhibition de molester le Ballif.

Les pièces des défendeurs. Premièrement procédures faites par devant la Ville du 19 septembr 1585 ; autres procédures faites par devant les nobles Syndics du 4 juillet 1603 ; vue de lieu faite par les nobles Syndics et communiers du 12 mai 1621 ; autre vue de lieu faite par la dite Ville du 20 août 1620 ; une permission accordée par les dits Syndics le 5 octobre 1621, signé Suevaz; autre vue de lieu et ordonnance rendue par les dits nobles Syndics le 15 décembre 1621 ; autre vue de lieu et ordonnance de Ville du 19 novembre 1625 et procédures faites par la dite Ville le 28 juillet 1637, signé Pichot; remontrance du sieur procureur de Ville du 25 septembre 1651, signé Grogniet ; autres procédures faites par la dite Ville le 29 septembre 1652, signé Durandard, Pichot, Jacot ; quatre divers accensements de la boucherie des 16 février 1646, 15 mars 1654 ; divers arrêts produits par la Chambre des 1er décembre 1646, 5 décembre 1647, 20 décembre 1648 et 4 mars 1652, signé Vibert ; divers billets de logement de soldats ; remontrance faite par le procureur de Ville ; lettres de bourgeoisie accordées par les Syndics et Conseil de la dite Ville ; arrêt provisionnel rendu céans le 16 février 1650, signé Corrier ; privilège du 6 octobre 1650 ; volume de procès ventilant céans contenant 119 feuillets se commençant par requête copie d'autre requête actes de présentations ensuite des 23 et 29 mars 1651, signé Trollier avis, ensuite inventaire de communication ; divers autres avis, actes de présentations des 23 juin et 8 juillet 1600, défaut ensuite du 30 juin 1653, et finissant par un avis signé Trollier ; Patentes de S. A. R. par Elle signées ; avertissement en droit ; l'inventaire de production, signé Constantet ; les conclusions du Procureur Général, signé More du 15 décembre 1655 ; et finalement tout ce qui faisait à voir, vu et considéré ;

Le Sénat disant droit sur les fins et conclusions respectivement prinses par les parties, et sur les réquisitions du Procureur Général intérinant les dites réponses et patentes quant à ce établit et crée définitivement en la cité de Moustier un Conseil de Ville composé de dix huit Conseillers, outre les Avocats et Procureurs de Ville et les Syndics dont le premier sera Noble ou Docteur. Et ordonne qu'au cas qu'un des dits Conseillers vienne à décéder, il sera procédé à nouvelle élection d'un autre par la pluralité des voix ; et qu'en l'assemblée du dit Conseil assistera le Ballif ou Viballif de l'Archevêché de Tarantaise, avec les prééminence et autorité qu'ils avaient précédemment aux assemblées publiques des Bourgeois du dit Moustier. Ordonne en outre que le dit Conseil connaîtra les deux tiers étant assemblés, les trois faisant le tout, des réparations et servitudes concernant les bâtiments de la Ville ; et ce sommairement, sans figure de procès. Et au cas qu'il y aurait opposition ou empêchement formé aux ordonnances et procédures du dit Conseil, que les parties se retireront par devant le Juge ordinaire de la dite Archevêché pour être réglé ; que les billettes et répartement des soldats qui devront loger dans la dite Cité seront faits par les dits Syndics et Conseil, comme aussi les mandats de justice et commandements à eux adressés pour le service de S. A. R. seront par eux exécutés ; qu'ils auront pouvoir de recevoir des Bourgeois et les rayer du rôle de bourgeoisie, suivant les priviléges à eux accordés par Sa dite A. R. ; qu'ils délibreront et ordonneront tout ce qui sera requis pour la conservation de leurs dits priviléges et immunités ; qu'ils règleront les différents qui naîtront entre les habitants du dit Moustier pour réception du pain bénit ; qu'ils mettront le prix à la chair qui se vend dans leur boucherie. Et le tout à l'assistance du Ballif, entre les mains duquel les Syndics élus par les Bourgeois prêteront le serment et poseront leurs comptes à la forme accoutumée. Et à la charge qu'au cas qu'il écherra de mulcter d'amendes les Bourgeois et habitants du dit Moustier sujets à la juridiction temporelle de la dite Archevêché pour n'avoir satisfait aux ordonnances du dit Conseil, les Syndics ou procureurs de Ville se retireront par devant les Officiers temporels de la dite Archevêché, pour faire déclarer les dites peines et amendes. Et concernant le surplus de la police, a maintenu et retenu les dits Officiers de l'Archevêché en la possession d'icelle exercer. Sans dépens entre les parties et pour cause fait à Chambéry au Sénat, et prononcé aux procureurs de Ville le 17 décembre 1655. Collation faite pour le Procureur fiscal de l'Archevêché. Signé Trollier.

Suit le certificat du notaire Cartanas qui a copié le présent Arrêt sur l'original qui se trouvait alors aux Archives de l'Archevêché.

EXTRAIT DES REGISTRES DU SOUVERAIN SÉNAT DE SAVOYE.

(Concernant la Juridiction de l'Archevêque sur la Noblesse résidant à Moutiers.)

N. 45.
(An. 1653.

Entre le Procureur fiscal de l'Archevêché de Tarantaise appelant de l'ordonnance rendue par le Juge Maje du dit Tarantaise le 16 février 1652 ;

Et le Procureur fiscal de S. A. R. en la dite Province de Tarantaise et noble Philibert Arnaud Bourgeois de Moustier appelé, d'autre ;

Et encore entre noble Baltazard Vichard, Conseiller de S. A. R., Juge Maje en la Province de Tarantaise ; noble Jean-Baptise Deprovence, conseigneur de la Val de Bosel ; noble Melchior et spectable Tierry frères ; noble Claude François Vibert ; noble Aymé Trolliet ; nobles Jean Loüys et Claude Mugnier, père et fils ; et damoiselle Marguerite De Loctier, veuve de noble Gaspard De Sallin, intervenant ;

Et encore entre Mre Claude De Chabot, Marquis de St-Mauris, Chevalier de l'Ordre de S. A. R., intervenant ;

Et le Procureur fiscal de la dite Archevêché défendeur ès dites interventions.

Vu par le Sénat les pièces, titres et procédures respectivement produites par les procureurs des dites parties. Et premièrement celles produites par le Procureur fiscal de l'Archevêché de Tarantaise appelant. Savoir : l'instance ci-devant intentée par M⁶ Anthoine Figon contre noble Philibert Arnaud et le dit Procureur fiscal intervenant, par devant le sieur Juge Maje de Tarantaise, contenant 20 feuillets écrits, se commençant par copie de requête du dit Figon du 9 février 1651, présentation d'icelui du 11 suivant, et à la fin est l'ordonnance dont est appel du 23 suivant, signé Etievent greffier. Item produit autre volume de procès d'appel au Sénat entre les dites parties contenant 53 feuillets écrits, au commencement duquel sont Lettres d'appel obtenues par le dit appelant le 18 mars 1651, signé Fort, avec autres procédures ensuite, et se finissant par la nouvelle présentation du 5 septembre 1652, que par avis portant renvoi en audinece. Item le registre soit volume des actes de tutelle contenant 53 feuillets écrits, aux trois premiers duquel est un acte produit par le dit Procureur fiscal, Lettres ensuite du dernier janvier 1544, signé Bruet, et aux deux derniers est la sentence rendue au dit procès le 7 octobre 1545, signé Vibert. Item un autre volume de procédures contenu en 14 feuillets aux trois premiers desquels est une requête présentée par le Procureur fiscal du seigneur Rd^{me} Archevêque de Tarantaise au Sénat le 17 mars 1565, Lettres sur icelle du dit jour, présentations des dites parties des 7 et 9 avril 1565, et aux derniers feuillets est l'Arrêt rendu par le Sénat le 28 août suivant, signé par extrait Doche, et exploit ensuite, signé Morel. Item l'Arrêt rendu par le Sénat le 25 février 1570, signé par extrait Doche, avec autres pièces ensuite. Item un volume de procès de reddition de compte tutélaire intenté par devant le Juge de la dite Archevêché en l'année 1629, ensuite de l'élection faite de la tutelle des nobles pupilles De Lachenal demandeurs contre Jaqueme et consorts défendeurs, contenant 120 feuillets et cotté par la lettre F. Produit en outre le plaintif fait par Me Maxime Vibert bourgeois de Moustier contre noble Anthoine Deprovence citoyen du dit même lieu le 7 mars 1577 devant les officiers du dit seigneur Archevêque, avec information faite contre le dit sieur Deprovence, signés Parpalliaz et Thouvex des 8, 9, et 14 du dit mars 1577. Item la transaction faite entre S. A. R. le Duc Amé et le seigneur Rd^{me} Archevêque de Tarantaise le 27 juin 1358, signé Bucherini et en fin Rocha, écrite en parchemin avec un extrait de la dite transaction. Plus produit des Lettres exécutoires taxées par le dit seigneur Rd^{me} du 10 mars 1559, scellées et signées, exécutées le premier avril suivant comme par exploit ensuite. Plus le rôle des noms de ceux qui prêtent l'hommage aux dits seigneurs Rd^{mes} Archevêques. Acte de tutelle décernée à damoiselle Dorottée veuve de noble François De Seteney des personnes et biens de noble Joseph son fils, avec l'ordonnance de prestation de serment et acte de remontrance ensuite du 23 novembre 1617, signé Vibert et signifié par Me Marey le 14 décembre dernier. Une information prinse par le sieur Juge ordinaire Thierry à requête de la femme de Me Jean Martinet contre noble Anthoine De Provence, avec le verbal et plaintif d'icelle du 23 juin 1571, signés Tierry, et Charmet greffier, contenu en sept feuillets, signifié par le dit Marey. Les réponses faites par devant le sieur D'Humbert Juge ordinaire du dit Tarantaise par noble Guidoz Bogio Ballif du balliage de Moustier et autres du 25 mai 1570, signés Guidoz Bogioz Bernard et Lafontaine et Davise, contenant quatre feuillets. Plus un dicton de sentence rendue entre damoiselle Jeanne Anthoine De Poterlat veuve de noble Jean-Philippe Deprovence demanderesse et les frères Tierri et autres, icelle rendue par le Juge ordinaire de l'Archevêché du dit Tarantaise le 4 septembre 1635, signé Lestanche et signifiée comme les précédentes. Plus autres trois dictons de sentences rendues par le dit sieur Juge ordinaire le 30 juin 1634, signé Lestanche, 2 et 21 même mois, signifiées par le dit M° Marey. L'Arrêt rendu entre les dites parties en audience le 13 septembre 1652, signé Trollier. Les écritures en droit, signé Pignier. Et l'inventaire de production du dit appelant, signé Pacoret.

Comme aussi celles produites à la part du sieur Durandard Procureur fiscal en la dite Province de Tarantaise contre le Procureur fiscal dite Archevêché, savoir : le volume de procès ci-devant mû par devant le sieur Juge Maje de Tarantaise entre le dit Figon et le sieur Arnaud ci-devant visé ; deux requêtes présentées au Sénat par le dit sieur Vichard le 18 janvier dernier avec la réponse y jointe, signé Dupraz ; et conclusions du sieur Procureur Général, signé Fichet. Item les lettres de fidélité et prestation de serment en faveur de Madame Royale mère tutrice de S. A. R. feu Mgr François Hiacinte par les sieurs Philibert De Pingon et feu noble Matthieu Figuet comme procureurs des seigneurs Comtes Barons seigneurs Bannerets et Nobles de la Province de Tarantaise, en date du 22 décembre 1637, signé Carron. Requête présentée au Sénat au nom de sieur Arnaud et du sieur Procureur fiscal en la Province de Tarantaise par Me Genot par laquelle est employé les conclusions du sieur Procureur Général, comme aussi celles du Procureur fiscal de la dite Archevêché. Savoir : un volume de procès mû ci-devant entre Micol demandeur contre les fermiers des Salines, se commençant par requête présentée au dit sieur Juge ordinaire de l'Archevêché par le dit demandeur le 20 mars 1628, et se finit par ordonnances rendues par le dit Juge les 14 et 21 novembre 1629. Plus huit dictons de sentences rendues par le sieur Vibert attachés ensemblement. Arrêt de vérification de Lettres de grâce obtenues du Sénat par le sieur Arnaud le 9 décembre 1626. Deux requêtes présentées au Sénat par le seigneur Rd^{me} Archevêque les 1er et 3 mars présent mois, avec les réponses de partie. Requête et copie d'icelle présentée au Sénat par le Procureur fiscal de l'Archevêché de Tarantaise le 10 présent mois, pièces produites dès la vision du procès et non communiquées. Item les conclusions du sieur Procureur Général, signé Fichet, du dit jour 10 présent mois, avec les écritures en droit, signé Pignier.

Et semblablement celles produites à la part du dit seigneur Marquis de St-Maurice, comme intervenant. Savoir : deux requêtes avec quelques formalités faites au greffe tendant à être reçu intervenant au dit procès, signé Trollier.

L'infeudation des revenus de Tarantaise passée par Charles-Emmanuel de glorieuse mémoire, en faveur de Mre Guilliaume-François De Chabot vivant seigneur de Jacob sous la date du 16 janvier 1590, écrite en parchemin avec deux grand sceaux pendants, et signé à la fin Demotz, avec une autre requête, signé Marcoz, par laquelle il emploie la dite infeudation.

Et finalement celles produites à la part des Nobles de la dite Ville de Moustier par Me Joly leur procureur, savoir : le volume de procès ventilant par devant le Sénat entre les dits intervenants contenu en 24 feuillets, se commençant par la dite requête du 2 août 1651, acte par eux produit au greffe le 14 du dit août, folio 10 jusques au 12 est un avis rendu au greffe par le Procureur du seigneur Archevêque le 13 septembre suivant, folio 26 jusques au dernier sont divers avis. Item la transaction faite entre le Duc Amed de Savoye et l'Archevêque de Tarantaise et autres Prélats le 8 mars 1430, contenant quinze feuillets. Plus l'inventaire des biens délaissés par Jean Requent à requête de damoiselle Louyse Mercier fait par les Officiers du sieur Juge Maje de Tarantaise le 5 février 1631, contenant 58 feuillets, signé Avet greffier. Plus produit quatre inventaires faits par les officiers du dit sieur Juge Maje de S. A. R. en faveur de noble Philibert De Pingon soit de damoiselle Louyse De Sale du 5 septembre 1608, 12 septembre 1643 et dernier juin 1643, 4 et dernier septembre 1638, joints et attachés ensemblement et contenant onze feuillets. Plus l'acte de tutelle décernée par le dit sieur Juge Maje à Me Peyssoz aux enfants et personnes de noble Jean-François Trolliet, à requête de damoiselle Jeanne Jay leur mère, du 22 juin 1643, signé par extrait Estievent greffier. L'inventaire des pièces communiquées à M⁰ Burin procureur du dit Archevêque le 14 février proche passé avec l'exploit au pied, signé Morel. L'arrêt rendu par le Sénat entre les dites parties le 13 de septembre proche passé avec les plaidoiries des articles et conseils des dites parties. Plus un extrait de tutelle et curatelle décernée aux enfants de noble Jean-François Trolliet par le dit sieur Juge Maje de Tarantaise le 5 septembre 1640, signé Ducornet, contenant quatre feuillets. Item produit et employé les écritures en droit faites et signées par le sieur Crassus. La présentation des Nobles intervenants du 14 août 1651. La requête instructive du 17 mars 1651, et les conclusions du sieur Procureur Général de S. A. R. du 10 mars même année, signé Fichet. Et finalement produit son inventaire de production, signé Joly. Et tout ce qui faisait à voir vu et bien considéré :

Le Sénat a mis et met l'appellation et ce dont est appelé au néant sans amende ni dépens entre les parties et pour cause. Et en émandant et par nouveau jugement sans s'arrêter à l'intervention des dits Nobles de la Ville de Moustier ni aux fins et conclusions par eux prinses desquelles les a débouté et déboute, ordonne que les parties contesteront par devant le Juge ordinaire de l'Archevêché de Tarantaise. Le tout néanmoins sans préjudice de l'intervention du sieur Marquis de St-Mauris en laquelle les parties se pourvoiront ainsi et comme elles verront à faire, et prendront appointement pertinent à la matière, dépens pour ce regard réservés. Fait à Chambéry au Sénat et prononcé aux procureurs des parties le dix-septième jour du mois de mars mil six cent cinquante trois. Collation faite pour le Procureur fiscal de l'Archevêché. Signé Trollier. Scellé au grand sceau de cire rouge étant les armoiries de S. A. R.

Suit le certificat du notaire Cartanas qui a copié le présent Arrêt sur l'original même.

XIV.

EXTRAIT DE LA SENTENCE ARBITRALE RENDUE PAR LE SEIGNEUR MARQUIS DE ST-MAURICE, ENTRE LE SEIGNEUR ARCHEVÊQUE ET LE SEIGNEUR MANUEL CONCERNANT LA CHASSE.

N. 46.

(An. 1674.)

Sur le différent d'entre l'Ill^{me} et Rd^{me} seigneur François Amed Milliet Archevêque et Comte de Tarantaise, Prince du St. Empire Romain, Conseiller d'Etat de

S. A. R., Sénateur au Souvrain Sénat de Savoye, opposant ;

Et le seigneur Jean-François Manuel, Conseiller d'Etat de S. A. R. Commissaire Général des guerres, Gentilhomme de sa Chambre, Chevalier de St. Maurice et Lazare, Grand Gruyer deçà les monts, demandeur ;

Nous Marquis de St-Maurice, Chevalier de l'Ordre de S. A. R. et Arbitre du susdit différent par ordre de Sa dite A. R. Etant dûment informé d'icelui et après les avoir oui en leurs raisons, demandes et défenses, avons pour bien de paix et de leur consentement sentencié et arbitré que le procès qui est ventilant au Sénat pour ce regard demeurera éteint et assoupi, et que le seigneur Archevêque sera de plus fort maintenu en possession de tous les droits, priviléges, autorités et immunités qu'il a dans les terres dépendantes de la juridiction temporelle de l'Archevêché de Tarantaise contestés au dit procès concernant la chasse et le port des armes comme droits à lui appartenant et pour les faire exécuter et en user conformément aux Edits de S. A. R., Statuts, Règlements et Arrêts du Sénat. Et pour le surplus est permis au seigneur Manuel de poursuivre pour le restant son action criminelle. Le tout sans dépens entre les parties. Signé Thomas De Chabod Marquis de St-Maurice, Arbitre.

Et pour la prononciation de la dite sentence Arbitrale Son Excellence a commis le sieur Charles Arthod notaire ducal royal tant deçà que delà les monts.

Le treizième jour du mois d'août mil six cent septante quatre la susdite sentence arbitrale a été par moi notaire ducal royal soussigné et commis par Sa dite Excellence pour la prononciation d'icelle, lue et prononcée à mon dit seigneur l'Ill^{me} et Rd^{me} Archevêque de Tarantaise en la personne de très-illustre Mre Jean-Loüys Milliet son frère Marquis de Challes Conseiller d'Etat de S. A. R. et Premier Président en la souvraine Chambre des Comptes de Savoye procureur spécialement fondé pour ce sujet par procure à lui passée par mon dit seigneur l'Archevêque le vingt un juillet dernier reçue et signée par Me Jean Cartanas notaire ducal ci-après ténorisée. Lequel seigneur Président et Marquis de Challes procureur susdit au nom du dit Mgr l'Archevêque son frère a à icelle acquiescé avec promesse de la faire observer de point en point selon sa forme et teneur, à peine de tous damps, et sous l'obligation des biens de mon dit seigneur l'Archevêque, avec clause de constitut, la présente tenant entre le dit seigneur Archevêque et seigneur Manuel lieu et force de transaction.

Fait et prononcé à Chambéry dans la maison du dit seigneur Président Marquis de Challes, présents à ce Me Pierre Gosset Châtelain du dit marquisat et honorable Henry fils de Pierre Du Sauge de Chaumont en Genevois à présent habitant à Chambéry, témoins requis. Signés Milliet De Challes pour le dit seigneur Archevêque, Gosset présent, Du Sauge présent.

Du susdit jour et an la susdite sentence arbitrale a été lue et prononcée au dit seigneur Manuel Commissaire général des guerres, grand Gruyer deçà les monts et Conseiller d'Etat de S. A. R. lequel a icelle acquiescé et accepté suivant les ordres et volonté de Sa dite A. R., et promis l'observation d'icelle.

Fait et passé à Chambéry le susdit jour dans le logis où pend pour enseigne l'épée, où loge à présent le dit seigneur Manuel, présents à ce noble et spectable Claude De Latour Avocat au Sénat et M° Anthoine Curtet Procureur au Sénat témoins requis. Signés Manuel acceptant suivant les ordres de S. A. R., De Latour présent, Curtet présent.

XV.

DONATION FONDATION POUR MONSEIGNEUR L'ILLUSTRISSIME ET RÉVÉRENDISSIME FRANÇOIS AMÉ MILLIET PAR LA GRACE DE DIEU ET DU ST-SIÉGE APOSTOLIQUE ARCHEVÊQUE ET COMTE DE TARANTAISE, PRINCE DU ST. EMPIRE EN FAVEUR ET AVEC LES RÉVÉRENDS SEIGNEURS CHANOINES ET VÉNÉRABLE CHAPITRE MÉTROPOLITAIN DE ST-PIERRE DE TARANTAISE

CONCERNANT LES DIVERS OFFICES PAR LESQUELS LES SEIGNEURS SERONT ENTABLÉS.

N. 47.
(An. 1684.)

Au nom de Dieu. L'an de grace courant mil six cent huitante quatre et le jour douzième juillet. Comme ainsi soit que les Ill^{mes} et Rd^{mes} seigneurs Archevêques et Comtes de Tarantaise Princes du St. Empire Romain qui sont en chaque temps soient entablés aux fêtes solennelles et principales de l'année pour officier et faire les services divins en l'Eglise Métropolitaine de St-Pierre de Tarantaise. Et néanmoins ils ne font pas le dit services étant empêchés par maladie, nécessités du diocèse, et autres raisons, et même lorsque le Siége est vacant. C'est pourquoi Mgr l'Ill^{me} et Rd^{me} François Amé Milliet de Challes par la grâce de Dieu et du St-Siége Apostolique Archevêque et Comte de Tarantaise voulant reconnaître le soin que prend le vénérable Chapitre Métropolitain de St-Pierre de Tarantaise de faire les dits offices et voyant même que le dit vénérable Chapitre est dans le dessein de faire rebâtir et rétablir la maison du dit vénérable Chapitre qui est tombée en ruines proche Sainte-Marie; pour seconder le dit dessein et pour s'aider à l'exécuter il a passé la promesse et contrat suivant.

A cette cause par devant moi notaire ducal royal

soussigné et présents les témoins sousnommés se sont personnellement établis le dit seigneur Ill^{me} et Rd^{me} François Amé Milliet de Challes Archevêque et Comte de Tarantaise Prince du St. Empire d'une part; et RR. seigneurs Messires Claude-François Debongain Sacristain, Claude de Laudes Delavillianne Chantre, Pierre Jalliet, Claude-François Guiguet, Jean-Louys Bernard, Guichard Etienne, Pierre Mouton, Jean-Jacques Duvillaz, Anselme Théologal, Claude Dupuy, François-Thomas Figuet, Claude Veffray, Guy Vulliet, André Blanc, François Eyvrard, Pierre-François Guérin, Jean-Louys Vignet et Maurice Abondance, Chanoines de la dite Eglise métropolitaine, excédant les deux tiers des trois du dit vénérable Chapitre les trois faisant le tout, après avoir délibéré au dit vénérable Chapitre du mérite de ce présent contrat, d'autre. Lequel Ill^{me} et Rd^{me} Archevêque promet et s'oblige de donner et payer pour s'aider à rebâtir et rétablir la dite maison ruinée proche Sainte-Marie, à savoir : la somme de quatre mille florins monnaie de Savoye, savoir mille florins aussitôt que le vénérable Chapitre aura donné le prix-fait de la rebâtir, et les autres trois mille florins dès lors en trois années ; c'est-à-dire, mille florins chaque année à mesure que l'ouvrage s'avancera. Et lesquels quatre mille florins il payera comme dessus aux maîtres maçons et charpentiers auxquels le prix-fait sera donné, en présence du sieur trésorier du dit vénérable Chapitre. Et sera mon dit seigneur dûment acquitté et libéré par la quittance des dits maîtres prix-facteurs en présence du dit sieur trésorier. Et moyennant ce iceux RR. seigneurs Chanoines et vénérable Chapitre métropolitain ont promis et s'obligent de faire ponctuellement les dits offices et services divins qu'iceux seigneurs Archevêques qui seront à l'avenir de présent à perpétuité sont obligés ou en coutume de faire quand ils ne le pourrront faire ou seront empêchés pour l'Eglise, pour le bien du diocèse ou pour maladie, sans prétendre aucune autre récompense. Et outre ce le dit vénérable Chapitre et seigneurs Chanoines susdits s'obligent aussi à perpétuité de célébrer tous les mois une messe basse des morts à l'autel privilégié de la dite Eglise métropolitaine au premier jour vacant pour l'âme du seigneur Archevêque fondateur et des autres seigneurs Archevêques et des seigneurs Chanoines qui en auront plus de besoin, suivant l'intention du dit seigneur fondateur. Déclarant le dit seigneur IIIme Archevêque qu'il ne prétend par le présent traité de se dispenser ni ses successeurs de l'obligation que l'Eglise leur impose d'officier les fêtes plus solennelles accoutumées, qui sont : le Sacre soit Dédicace de l'Eglise métropolitaine, la Toussaint, le jour de Noël, à la réserve de la messe de l'aube, les Rois, le jour de Saint Jacques Archevêque de Tarantaise, le premier jour de Pâques, l'Ascension, le premier jour de Pentecôte, la Fête-Dieu, Saints Pierre et Paul, l'Assomption de Notre Dame, et encore autres fêtes èsquelles les seigneurs Archevêques sont entablés et ne sont néanmoins pas en coutume d'officier, èsquelles il sera excusé par le semanier soit hebdomadaire quoique le dit seigneur Archevêque sera entablé suivant l'usage de la dite Eglise ; et de ne s'en excuser sans cause légitime, mais seulement qu'au cas qu'ils ne le puissent faire que l'office des dits jours sera fait par les premiers du dit vénérable Chapitre, suivant leur ordre, ainsi que l'Eglise l'ordonne et le tout sans rien prétendre pour cela.

Promettant les dites parties par foi et serment et à l'obligation de tous leurs biens temporels présents et à venir, sous la clause de constitut avoir ce présent contrat pour agréable, ferme et valable, et ne jamais y contrevenir directement ni indirectement à peine de tous dépens dommages et intérêts. Et ont renoncé aussi par serment prêté, par mon dit seigneur sur sa croix pectorale et les dits seigneurs Chanoines manus ad pectus, à tous droits et lois contraires, même au droit disant la générale renonciation ne valoir si la spéciale ne précède. Et de ce ont requis contrat respectif. Fait à Moustier au Palais Archiépiscopal dans l'antichambre de mon dit seigneur. Présents Rd sieur Mre Jean Velat prêtre d'honneur de Mgr l'Archevêque et Joseph Durier du Bourg St-Maurice et encore Joseph Duraz de Bosels témoins à ce requis et appelés, tous lesquels prêtres et témoins ont signé, sauf le dit Duraz pour ne savoir de ce enquis. Et je Maurice Moris notaire ducal royal bourgeois de Moutier ai reçu ce dessus requis, combien que d'autre main soit écrit.

Signé : M. Moris notaire.

En marge de l'original, vers le commencement de l'acte précédent, on lit la note suivante :

Nota que le dit service était déjà payé par la dernière disposition et donation faite en faveur du vénérable chapitre par Mgr l'Archevêque De Chevron, et payé à forme de la transaction passée par le dit chapitre avec l'économe Ferley du 1er

juillet 1659 ci-bas ténorisée reçue par Me Bernard signé Geyvroz.

QUITTANCE DE LA PRÉSENTE FONDATION ET DONATION.

N. 48.
(AN. 1686.)

L'an mil six cent huitante six et le jour vingt troisième de juillet, il est ainsi que Mgr l'Ill^{me} et Rd^{me} François Amé Milliet par la grâce de Dieu et du St-Siége Apostolique Archevêque et Comte de Tarantaise a donné au vénérable chapitre métropolitain de St-Pierre de Tarantaise la somme de quatre mille florins monnaie de Savoye pour s'aider à bâtir la maison soit masure qui était du dit vénérable Chapitre proche de Ste-Marie, joignante à présent à la maison du sieur avocat Rhéan, comme est plus amplement porté et contenu au contrat de donation, fondation et conventions, reçu par moi notaire ducal royal soussigné, le douzième juillet mil six cent huitante quatre. Et comme mon dit seigneur a payé les dit quatre mille florins aux maîtres prix-factaires de la dite maison en présence du Rd sieur Chanoine Estienne Thrésorier du dit vénérable Chapitre, comme par six solvits écrits en marge du dit contrat susdésigné. Désirant les RR. seigneurs Chanoines et vénérable Chapitre du dit St-Pierre que mon dit seigneur soit dûment acquitté ; à cette cause par devant moi notaire ducal royal soussigné et présents les témoins bas nommés se sont personnellement établis RR. seigneurs Claude de Lavilliane De Laudes Chantre, Pierre Jalliet premier Chanoine, Guichard Estienne thrésorier, Claude-François Guiguet, Jean-Louis Bernard, Pierre Mouton, Claude Dupuy, François-Thomas Figuet, Guy Vulliet, André Blanc, François Eyvrard, Pierre-François Guérin, Pierre Lachenal, Jean-Louis Viguet tous Chanoines de la dite Eglise métropolitaine excédant les deux parts de trois du dit vénérable Chapitre métropolitain assemblés en leur chapitre ce jourd'hui, jour de mardi, lieu et heure accoutumés tenir chapitre ; lesquels de leur gré pour eux et leurs successeurs confessent avoir eu et reçu de mon dit seigneur Milliet Archevêque et Comte de Tarantaise absent, moi dit notaire pour lui acceptant et stipulant, à savoir la somme de quatre mille florins monnaie de Savoye par mon dit seigneur payés aux maîtres prix-factaires de la dite maison à forme des dits solvits que le dit vénérable Chapitre approuve ; iceux solvits et la présente quittance ne faisant qu'un seul et même payement. En sorte que le dit vénérable Chapitre acquitte mon dit seigneur avec pacte de n'en plus rien demander, ni permettre être demandé à peine de tous dépens, dommages et intérêts, et à l'obligation de tous les biens temporels du dit vénérable Chapitre qu'ils se constituent tenir pour l'observation de la présente et du susdit contrat. Et tout ce dessus les dits scigneurs Chanoines et vénérable Chapitre promettent l'observer et faire oberver par leur serment prêté manus ad pectus Ecclesiasticorum more, et à peine et obligation que dessus. Renonçant aussi par serment à tous droits et lois contraires.

Fait et prononcé à Moustier dans le chapitre de la dite Eglise métropolitaine. Présents Rd Mre Joseph Molliet Curé de Prime de la dite Eglise métropolitaine de St-Pierre de Tarantaise et Joseph fils d'honnête Jacques Pettaix cordonnier du dit Moustier, témoins à ce requis et appelés. Lesquels chanoines et témoins ont signé la minute de moi dit notaire. Et je Maurice Moris notaire ducal royal bourgeois de Moustier ai reçu ce dessus requis, et ai expédié le présent contrat de quittance à mon dit seigneur. Combien que d'autre main soit écrit M. Moris notaire recevant.

XVI.

TRANSACTION PASSÉE ENTRE LE VÉNÉRABLE CHAPITRE MÉTROPOLITAIN DE ST-PIERRE DE TARANTAISE ET LE SIEUR ANTHOINE FERLEY COMME ÉCONOME DE

L'ARCHEVÊCHÉ DE TARANTAISE, EXPÉDIÉ EN FAVEUR DE MONSEIGNEUR L'ILLUSTRISSIME ET RÉVÉRENDISSIME FRANÇOIS AMÉ MILLIET ARCHEVÊQUE ET COMTE DU DIT TARANTAISE, PRINCE DU ST. EMPIRE ROMAIN, ETC.

N. 49.

(An. 1659.)

Comme ainsi soit que les sieurs Doyen, Sacristain, Chantre et Chanoines de St-Pierre de Tarantaise en qualité d'héritiers universels de feu Ill^{me} et Rd^{me} Benoit Théophile De Chevron Archevêque du dit Tarantaise ainsi que par son acte de dernière volonté du vingt neuf janvier mil six cent cinquante huit reçu par Mc Morard notaire, et encore de donataires entre vifs du dit feu Ill^{me} et Rd^{me} Archevêque par acte de donation du quatrième avril mil six cent cinquante cinq reçu et stipulé par Mc Moris notaire, de la moitié des moulins qu'il avait fait bâtir au faubourg du Reclu de la présente Ville de Moustier, et de tous ses revenus des dits moulins pendant la vacance du dit Archevêché qui arriverait par le décès de chaque Archevêque de Tarantaise ; se seraient pourvu par requête au Sénat du quinzième juillet mil six cent cinquante huit après le décès du dit Ill^{me} Archevêque arrivé le seizième du mois de juin précédent contre le sieur Anthoine Ferley Châtelain pour S. A. R. du dit Tarantaise établi économe des biens et revenus du dit Archevêché pendant sa vacance, et contre les fermiers afin d'avoir mainlevée des fruits arrérages et administration de ceux qui étaient pendants par racine à rate du temps qu'il avait desservi pendant la dite année mil six cent cinquante huit jusques au jour de son décès, et afin d'avoir relâchement des dits moulins pour en percevoir tous les fruits pendant la dite vacance en conformité du dit acte de donation. Le dit vénérable Chapitre et le dit sieur Ferley en la dite qualité étaient en instance, auraient soumis la décision de leur différent à l'arbitrage de deux seigneurs du Sénat, par devant lesquels ayant comparu garnis respectivement de leurs conseils, il aurait été représenté de la part du dit sieur économe que le dit feu Ill^{me} Archevêque de Tarantaise n'aurait pas pu disposer des fruits arrérages non exigés, beaucoup moins de ceux qui étaient pendants par racine lesquels devaient être conservés au seigneur successeur du dit Archevêque tant de disposition de droit canon que par les déclarations des Papes desquelles il aurait fait apparoir. Et même qu'il y aurait des préjugés du Sénat concernant la même Archevêché de Tarantaise entre le feu Ill^{me} Archevêque De Valpergue successeur de l'Ill^{me} Archevêque De Groslé auquel par arrêt du vingtième novembre mil six cent soixante deux (1) les fruits arrérages pendant la vie du dit seigneur Archevêque De Groslé furent adjugés au préjudice du Baron De Groslé

(1) *Il y a ici une faute évidente de copiste, et il faut lire 1562 au lieu de 1662. En effet, Mgr De Grolée est mort le 21 décembre 1559 et Mgr De Valpergue fut préconisé le 17 juillet 1560 et fit son entrée à Moûtiers le 30 août 1562.*

son héritier universel. Y ayant outre cela divers arrêts de cette nature entre les Illustres Evêques de Maurienne et de Losanne par lesquels les fruits et revenus non exigés ont été adjugés aux successeurs, au préjudice des héritiers des dits Prélats ; n'y ayant que les simples bénéficiers qui transmettent à leurs héritiers les fruits arrérages et non pas les Prélats. Et au regard des moulins qui auraient été bâtis sur le fonds de l'Archevêché, outre que le cours de l'eau lui appartient et que c'est du revenu du dit Archevêché qu'ils ont été construits, n'ayant par conséquent pu le dit feu seigneur Archevêque aliéner les dits moulins comme étant bien d'Eglise. Mais néanmoins parce que par les répliques du dit vénérable Chapitre il apparaissait que le dit feu Ill^{me} Archevêque avait laissé beaucoup de dettes que l'on voulait payer des dits arrérages et que la dite donation des moulins leur était onéreuse, attendu les obits annuels desquels il les avait chargés par icelle. Ce qu'étant considéré de part et d'autre pour éviter les procès auxquels les dites parties s'allaient plonger, seraient demeurées d'accord comme il s'en suit par devant les dits seigneurs arbitres, avec promesse d'en passer transaction par main de notaire.

Pour ce est il que ce jourd'hui premier jour du mois de juillet mil six cent cinquante neuf par devant moi notaire ducal royal soussigné et présents les témoins bas nommés se sont établis personnellement et capitulairement RR. seigneurs M^{res} Louys Empioz docteur ès droits Protonotaire Apostolique Sacristain, Claude Danthon Chantre aussi docteur ès droits, Pierre Bal, Philibert Pognend, François Trolliet, Adam Milliet, Jean-Philippe Bellon, Jean-Louys Magdellen prédicateur théologien, Jean-Pierre Perrot docteur en théologie, Philibert Burdel, Janus Ducret docteur en théologie, Claude De Laudes, Philibert De Fesigny, Jean-François De L'Espigny et Claude-François Guyguet tous Chanoines en la dite Eglise de St-Pierre de Tarantaise, et tant à leurs noms que des autres seigneurs Chanoines du dit vénérable Chapitre absents pour lesquels ils agissent d'une part. Et le dit sieur Ferley en la dite qualité d'économe, d'autre.

Lesquels ont renoncé ainsi que par le présent ils renoncent aux procès entre eux ventilants ; ayant été convenu que le dit vénérable Chapitre aura mainlevée de tous les arrérages jusques au terme de St-Jean-Baptiste inclusivement de l'année mil six cent cinquante huit, qui est le dernier terme de la ferme de l'année mil six cent cinquante sept, en payant les pensions échues pendant les dits termes, moyennant quoi le dit vénérable Chapitre sera tenu de payer toutes les dettes du dit feu Ill^{me} Archevêque de Tarantaise, et notamment ce qu'il devait à Me Maurice Moris soit qu'il eut emprunté ou payé en avancement de terme sur le greffe spirituel. Et par même moyen le dit vénérable Chapitre demeure acquitté des réparations auxquelles le dit feu Ill^{me} Archevêque de Tarantaise pouvait être tenu, et même de celles qui ont été faites aux dits moulins pendant la vacance. Demeurant néanmoins le dit vénérable Chapitre obligé à celles qui sont à faire pour la part qu'il est tenu de contribuer selon le droit ou coutume ainsi qu'il a été ci-devant fait sauf les dits moulins. Ayant en outre été accordé pour un bien de paix que le dit vénérable Chapitre prendra sur le terme de Noël vers le fermier de l'Archevêché et de l'année dernière mil six cent cinquante huit la somme de quatre mille florins. En considération de quoi le dit vénérable Chapitre a renoncé et renonce à toutes les prétentions qu'il aurait pu avoir sur les dits moulins ensemble à la dite donation. Et moyennant ce il sera tenu de faire annuellement les obits ordonnés par le dit acte de donation et à ces fins obligé de donner les quatre mille florins en rente constituée ou en acquérir un revenu à l'avenir pour le dit service. Et sans que la présente transaction puisse empêcher le dit sieur Ferley soit l'Ill^{me} et Rd^{me} successeur à l'Archevêché de Tarantaise à pouvoir vindiquer et demander aux tiers possesseurs les fonds et biens du dit Archevêché qui se trouvent ailleurs. Laquelle transaction les dites parties ont promis et promettent d'observer par leur foi et serment prêté. Savoir : les dits RR. seigneurs Chanoines more ecclesiasticorum manus ad pectus, et le dit sieur Ferley sur les Saintes de Dieu Ecritures, entre les mains de moi dit notaire, et sous de tous les biens du dit vénérable Chapitre que les dits sieurs Chanoines se constituent tenir au nom du dit sieur Ferley en qualité qu'il agit, et des Illustres successesseurs au dit Archevêché de Tarantaise. Et le dit sieur Ferley toujours en la dite qualité qu'il agit de faire ratifier et approuver le présent traité à l'Ill^{me} seigneur Archevêque qui sera successeur au dit Archevêché. Et ce ont fait les dites parties sous et avec toutes autres dûes promissions, obligations, renonciations et autres clauses requises, et actes respectifs requis et accordés desquels le présent est au profit dudit.

Fait et prononcé dans l'Eglise de St-Pierre du dit Tarantaise en l'oratoire de Saint Clair, les dits seigneurs Chanoines capitulairement assemblés comme dessus, présents Rd Mre François Allermet prêtre Choriste en la dite Eglise,

Mᵉ Jean fils de feu Maistre, Jacques Geyvroz notaire ducal royal bourgeois du dit Moustier et honorable Michel fils de feu Nicollas Mellieret chirugien de Flumet en Foucigny habitant au dit Moustier, témoins à ce requis. Tous les dits RR. seigneurs, Sacristain, Chantre et Chanoines avec le dit sieur Ferley économe, et témoins susnommés ont signé au pied de la minute de la présente transaction reçue et signée par le feu Mᵉ Claude Bernard notaire recevant, sauf le dit Mellieret et feu Mᵉ Bernard vivant notaire ducal royal bourgeois du dit Moustier qui a reçu le présent contrat de transaction des minutes duquel je Jean Geyvroz aussi notaire ducal royal bourgeois du dit Moustier gardiateur des dites minutes comme légataire, certifie et atteste avec serment à tous qu'il appertiendra, d'avoir relevé un extrait, le dit contrat en faveur de Mgr l'Illᵐᵉ et Rdᵐᵉ François Amé Milliet Archévêque et Comte de Tarantaise Prince du St. Empire Romain, suivant pouvoir et commission qui m'en a été donné par décret du sieur Juge ordinaire dite Archevêché de ce jourd'hui sur la remontrance présentée par le sieur Procureur fiscal d'icelle que j'ai joint à la dite minute pour y avoir recours en tant que de besoin : si bien que après l'avoir dûment collationné sur la dite minute je l'ai signé sans y avoir rien ajouté ni diminué, à Moustier ce douze septembre mil six cent huitante sept.

RENONCIATION D'ALBERGEMENT ET RELACHEMENT DES MOULINS DES ROTTES POUR MONSEIGNEUR L'ILLUSTRISSIME ET RÉVÉRENDISSIME FRANÇOIS AMÉ MILLIET ARCHEVÊQUE ET COMTE DE TARANTAISE PRINCE DU ST. EMPIRE ROMAIN ETC. PASSÉ A SA FAVEUR PAR HONORABLE PIERRE PORRET MAITRE MARÉCHAL DE MOUSTIER DU 18 MARS 1667, REÇU PAR M^c MORIS.

N. 50.
(An. 1667.)

L'an mil six cent soixante un et le dix-huitième du mois de mars. Il est ainsi que feu de bonne mémoire Mgr l'Ill^{me} et Rd^{me} Benoit Théophile De Chivron par la grâce de Dieu Archevêque et Comte de Tarantaise aurait albergé à honnête Pierre Porret maréchal bourgeois de Moustier le bâtiment moulin et rivages appartenant à l'Archevêché de Tarantaise situés delà la rivière d'Izère lieu dit aux Rottes, avec les places aboutissantes au dit moulin, sous la cense annuelle de quatorze florins monnaie de Savoye, ainsi que par contrat reçu et signé par Mc Ador notaire bourgeois de Moustier le troisième janvier mil six cent quarante quatre. Et comme Mgr Ill^{me} et Rd^{me} François Amé Milliet par la grâce de Dieu et du

St-Siége Apostolique moderne Archevêque et Comte de Tarantaise Prince du St. Empire Romain Conseiller de S. A. R. Sénateur au Souverain Sénat de Savoye a considéré qu'au susdit albergement et aliénation de bien de l'Archevêché n'y sont intervenues les solennités de droit requises, et que la dite aliénation est désavantageuse à la mense Archiépiscopale, désirant réunir les dits moulins à l'Archevêché, il était en voie de faire appeler le dit Porret pour les lui relâcher et lui vider la possession. Lequel Porret informé de son droit et de ne pouvoir retenir les dits moulins que de la volonté de mon dit seigneur Milliet, il aurait offert de les relâcher, le suppliant néanmoins de le rembourser des réparations qu'il a faites aux dits moulins pendant qu'il les a tenus, et de le dédommager des grandes dépenses qu'il a faites aux dits rivages. Suivant quoi après avoir convenu d'experts respectivement pour voir les dites réparations, le dit Porret en a fait le relâchement suivant.

A cette cause par devant moi notaire ducal royal soussigné et présents les témoins bas nommés s'est personnellement (1) le dit honnête Pierre Porret lequel de son gré pour lui et les siens se départ du susdit contrat d'albergement, cède, quitte et remet et relâche purement et simplement à mon dit seigneur l'Ill^{me} et Rd^{me} François Amé Milliet Archevêque et Comte de Tarantaise et à ses successeurs Archevêques les dits moulins, bâtiments, rivages, places adjacentes et tout ce qui lui avait été albergé par le dit feu seigneur De Chevron, sans rien se réserver et en l'état que les dits moulins, rivages

---

(1) établi. *Ce mot n'est pas dans l'original.*

et bâtiments se trouvent de présent avec tous les meubles, moules, instruments et artifices qui y sont destinés à l'usage des dits moulins et rivages. Et ce à fait le dit Porret pour et moyennant la somme de trois cents écus à cinq florins pièce, monnaie de Savoye, lesquels ont été arbitrés par les experts à ce convenus lui devoir être payés par mon dit seigneur pour toutes réparations par le dit Porret faites aux dits bâtiments et rivages encore permanentes et autres qui ne sont plus en être, comme encore pour tous dommages dépens qu'il peut avoir fait aux dits bâtiments et rivages dès qu'ils les a albergé jusques à ce jourd'hui, eut et reçu les dits trois cents écus réellement par le dit Porret de mon dit seigneur en trente deux pistoles d'Italie, deux doublons de Gennes, vingt trois pistoles d'Hespagne, quinze écus blancs, huit ducattons, douze quart d'écu, treize crosats, et le reste en bonne monnaie de Savoye, nombrés, comptés et retirés présents les témoins et moi dit notaire. En sorte que le dit Porret s'en contente et en quitte mon dit seigneur, avec pacte de ne jamais rien en demander en jugement ni dehors, à peine de tous dépens, dommages et intérêts, et à l'obligation de tous et un chacun ses biens présents et à venir quelconques qu'il se constitue tenir au nom et profit de mon dit seigneur. Et moyennant la susdite somme icelui Porret remettra et laissera dans les dits moulins les meubles et instruments destinés pour l'usage d'iceux même la dovelle daix trois ruches, trois entre muys, trois amaits, six pierres trois commune valeur trois usées, trois fers, trois roues, trois liviers et trois grappes pesant environ deux cent dix livres. Promettant pour ce le dit Porret par ses foi et serment prêté entre les mains de moi dit notaire et a l'obligation de sa personne et de tous ses biens sous la clause de constitut, avoir ce présent contrat pour agréable ferme et valable sans jamais y contrevenir directement ou indirectement en jugement ni dehors. Renonçant avec même serment à tous droits et lois contraires à ce dessus, même au droit disant la générale renonciation ne valoir si la spéciale ne précède.

Fait et prononcé à Moustier au Palais Archiépiscopal dans l'antichambre de mon dit seigneur. Présents Rd sieur Mre Louis Empioz docteur ès droits, Protonotaire Apostolique Chanoine et Sacristain de la Métropolitaine de St-Pierre de Tarantaise Official et Vicaire Général du dit Tarantaise, Hector fils de feu Amé Bally de Chambéry, et Gabriel fils de feu Jean Maurice Martin de Tignes, témoins à ce requis et appelés. Signé sur ma minute François Amé Archevêque de Tarantaise, P. P. Empioz présent, Hector Bally présent, et non les autres pour ne savoir. Et je Maurice Moris notaire ducal royal bourgeois de Moutier ai reçu ce dessus requis, combien que d'autre main soit écrit.   M. Moris notaire.

EXTRAIT DE CESSION ET TRANSPORT DU 8 JUILLET 1658 (1) FAIT PART M° ANTHOINE FERLEY ÉCONOME DE L'ARCHEVÊCHÉ PENDANT LA VACANCE EN EXÉCUTION DE LA TRANSACTION A LUI PASSÉE AVEC LE DIT VÉNÉRABLE CHAPITRE LE PREMIER JUILLET 1659 REÇUES L'UNE ET L'AUTRE PAR M° CLAUDE BERNARD NOTAIRE.

N. 51.
(An. 1659.)

Du huitième jour du mois de juillet mil six cent cinquante neuf par devant moi notaire et présents les témoins bas nommés établi en personne le sieur Anthoine Ferley Châtelain de S. A. R. en Tarantaise en qualité d'économe temporel de l'Archevêché de Tarantaise, lequel de son gré en la dite qualité, cède, quitte et remet purement et simplement comme mieux faire se peut et doit au vénérable Chapitre de St-Pierre de Tarantaise comme héritier universel de Mgr Ill^me et Rd^me Archevêque et Comte de Tarantaise Prince du St. Empire Romain, et dom Be-

---

(1) *Il faut 1659. C'est une faute évidente de copiste comme on peut s'en convaincre par la date mise en toutes lettres au commencement de l'acte.*

noit Théophile De Chevron, ès personnes de RR. seigneurs M^{res} Louys Empioz Sacristain, Claude Danthon Chantre, Pierre Bal et Pierre Jalliet Chanoines du dit vénérable Chapitre présents et acceptant au nom d'icelui ; à savoir la somme de six mille florins monnaie de Savoye, pour le semestre échu aux fêtes de Noël mil six cent cinquante sept, et six mille florins pour le semestre échu à la fête de Jean Baptiste de l'année mil six cent cinquante huit qu'est le dernier semestre de la prise de la dite ferme de l'année mil six cent cinquante sept; et de plus la somme de quatre mille florins prédite monnaie à prendre sur le terme échu aux fêtes de Noël de l'année dernière mil six cinquante huit ; le tout dû par Me Jean Michel Durandard fermier général de la dite Archevêché de Tarantaise en lui imputant et allouant les parties qu'il se trouvera avoir légitimement payées à compte des susdits semestres de Noël mil six cent cinquante sept, et St. Jean Baptiste mil six cent cinquante huit. Cède de plus le dit sieur Ferley en qualité que dessus au dit vénérable Chapitre la somme de trois mille et cinq cents florins dûs par Me Claude Malliet fermier du mandement de la Bastie pour les semestres échus de sa ferme à Noël mil six cent cinquante sept et fête de St. Jean Baptiste mil six cent cinquante huit ; aussi en lui allouant tout ce qu'il se trouvera avoir payé à compte des dits semestres du vivant de feu mon dit seigneur l'Archevêque, auquel vénérable Chapitre le dit sieur économe baille tout pouvoir de contraindre les dits Mes Durandard et Malliet soit leurs cautions au payement des dites sommes par toutes voies de justices dues et raisonnables ; à quel effet il leur cède tous droits qu'il a tant contre les dits fermiers que leurs dites cautions, comme encore toutes antériorités de date, priorité d'hypothèques et clause de constitut apposées en leur bal-à-fermes. Et généralement tout le pouvoir qu'il peut avoir contre eux en qualité susdite, sans aucune réserve. Pour l'exaction desquelles sommes le dit sieur économe fait et constitue ses procureurs le dit vénérable Chapitre et les seigneurs Chanoines d'icelui avec élection de domicile suivant le stil, ayant fait le dit sieur Ferley la présente cession en conformité de la transaction pour ce regard faite, reçue et stipulée par moi dit notaire le premier de ce mois. En observant toutefois par le dit vénérable Chapitre le porté par icelle, et payer la pension de la dite année mil six cent cinquante sept au sieur Abbé de Monthazile, le tout sous la peine de tous dépens, dommages et intérêts. Et ce ont fait en outre avec et sous toutes autres dûes promissions, serment, obligations, renonciations et autres clausules requises.

Fait et passé à Moustier dans le Palais de la dite Archevêché. Présents M° Jean Geyvroz notaire ducal bourgeois du dit Moustiers, et hon^{le} Heusèbes fils de feu Jean Baptiste Villien de St-Heusèbe de Cœur habitant au dit Moustier, témoins requis. Signés sur la minute Ferley cédant, Empioz Sacristain acceptant, Danthon Chantre acceptant, Bal acceptant, Jaillet acceptant, Geyvroz présent, et Bernard notaire recevant. Et feu M° Claude Bernard vivant notaire ducal bourgeois du dit Moustier qui a reçu le susdit contrat de transport et cession, des minutes duquel Jean Geyvroz aussi notaire ducal bourgeois du dit Moustier comme légataire et gardiateur d'icelles, l'ai extrait à la réquisition de Mgr Ill^{me} et Rd^{me} François Amé Milliet de Challes Archevêque et Comte de Tarantaise Prince du St. Empire Romain, suivant la commission spéciale que m'en a été donnée par décret du sieur Juge ordinaire de la dite Archevêché du douze septembre dernier sur la remontrance faite pour cet effet par le sieur Procureur fiscal dite Archévêché que j'ai joint à la dite minute, sur laquelle ayant collationné le dit extrait et icelui trouvé conforme, je l'ai signé pour plus grande validité d'icelui, sans y avoir rien ajouté ni diminué, à Moustiers ce huitième novembre mil six cent huitante sept.

FIN DE LA 1re PARTIE.

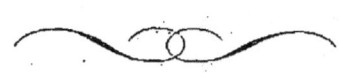

DEUX LETTRES ADRESSÉES A THOMAS BLANC, HISTORIOGRAPHE DE SAVOIE.

Communication de M. l'abbé Million.

Thomas Blanc abrégea la grande histoire de Guichenon et publia, entre autres, les ouvrages suivants : 1° *Abrégé de l'histoire de Savoie,* 3 vol. in-12, imprimé à Lyon en 1668, 1677 et 1693, et réimprimé à Turin en 3 vol. in-8°, l'année 1778. 2° *Histoire de la Maison de Bavière,* 4 vol. in-8.

Cet auteur que Grillet dit être de Chambéry, est un enfant de la Tarentaise. Fils d'égrège Nicolas Blanc, notaire aux Allues, il y naquit le 2 août 1637, comme il en conste par les registres de cette paroisse. Le 21 juin 1686, il intervint à St-Martin de Belleville comme témoin d'un acte concernant la chapelle de Notre-Dame de la Vie, qu'il signa : Thomas Blanc des Allues, historiographe de S. A. R. *(Communication de M. Trésallet, curé de St-Martin).*

Nous avons eu la chance de trouver les originaux de deux lettres que notre compatriote reçut de la Duchesse de Savoie et du Duc de Bavière, à l'occasion de ces ouvrages. M. l'Avocat Raymond, héritier des papiers de cette ancienne famille des Allues à laquelle il était allié, possédait ces pièces avec un grand nombre d'autres qui nous ont été obligeamment fournies par sa fille, Madame la Colonelle Crud.

En voici la transcription exacte :

AU CHER, BIEN AMÉ, ET FEAL

THOMAS BLANC   (sceau)

à PARIS.

La Duchesse de Savoye, Reyne de Chipre etc. (1)

Cher bien amé et feal. nous ne pouvons que louër comme nous faisons, le zele qui vous a porté à travailler à l'ouvrage, dont vous nous avés envoyé le proiet avec vostre lettre du 24 du mois passé, où nous avons aussi remarqué celuy que vous avés pour le service de S. A. R. Monsieur mon fils. nous vous en sçavons bon gré, comme nous vous le ferons connaistre aux occasions qui se presenteront de vous faire ressentir les effets de nre protection ; Cependant nous prions Dieu de vous avoir en sa S^{te} et digne garde.

A Turin le premier de juin 1680.

MARIE J^{ne}-B^{te}.

DE ST-THOMAS.

A Thomas Blanc.

(1) *Marie-Jeanne-Baptiste de Savoie-Nemours, veuve de Charles-Emmanuel II et mère de Victor-Amédée II.*

La deuxième lettre ne porte pas de suscription, mais seulement le sceau de Bavière avec cette légende : MAX. EMAN. V. B. ET. P. S. DVX. CO. P. R. S. R. I. ARCHID. ET. ELEC. LL. elle est conçue en ces terme :

Cher sieur Blanc. Puisque vous avez remis entre les mains de nostre cons^{er} Mayer tout ce que vous avez fait imprimer de l'histoire de nostre Maison Electoralle, comme nous avons appris de vostre let^e addressée à nostre oncle M. le Duc Maximilien, Nous donnerons ordre qu'après leur arrivée on nous fasse rapport du contenu de v^{re} ouvrage, que nous voulons cependant croire estre, selon ce que vous dites, entièrement conforme à l'original latin.

Au reste comm'il sera necessaire d'en suspendre la poursuite, pour ce qui touche les choses arrivées du temps de Monseig^r l'Electeur nostre Père (1) iusques à ce qu'on ait par icy examiné et mis en ordre les actes et escritures concernantes cette matiere, vous attendrez la communication, qui vous en sera faite en son temps, sans vous donner la peine de venir ici en personne. C'est de quoy nous avons bien voulu vous advertir, vous assurans de nos graces. Munique ce 16 juillet 1680.

M. Emanuel.

(1) *Ferdinand-Marie, frère de Maximilien-le-grand dont il est question plus haut, et père du Duc Maximilien-Emmanuel, signataire de la lettre.*

IIe PARTIE.

INVENTAIRE.

I.

Imperialia.—PATENTES ET PRIVILÉGES DES EMPEREURS.

N. 1. Un transumpt latin fait par devant les seigneurs Jean Bertrand, bachelier et official de Tarentaise et Humbert de Villette, des patentes et priviléges accordés à l'église archiépiscopale par les empereurs Rodolphe en 996, ind. 10 (1), Frédéric II en 1365 (2); on y voit la concession du comté et l'énumération des paroisses et des terres données à l'église. Ce transumpt écrit sur parchemin est signé par Jacques de Doucy, Floret d'Yenne et Jean Grosset de Montgirod, notaires impériaux ; il porte au bas deux sceaux en cire rouge.

Bien que ces trois chartes aient déjà été imprimées dans la 1re Partie de cet Inventaire, ci-devant p. 4 et suiv. nous les reproduisons ici d'après un texte plus correct. La double reproduction de ces pièces si importantes pour notre histoire, fera passer sous les yeux du lecteur, les diverses variantes qui se sont glissées dans les nombreuses copies qu'on en a tirées.

---

(1) *C'est Rodolphe III, dit le Fainéant, qui fut non pas empereur, mais roi de Bourgogne et mourut en l'an 1032.*
(2) *1365 ou mieux 1367, est la date du transumpt et non celle de la patente de Frédéric ; celle-ci octroyée l'an 1226, renferme la bulle d'Henri VI de 1196 et la confirme.*

(An. 996.)

Texte des *Monumenta Historiæ patriæ,* Vol. 1. Chartes, col. 304. *Ex originali.*

Variantes de deux copies tirées du transumpt de 1367 fait par Guillaume Floret d'Yenne, notaire impérial, à la demande de l'archevêque Jean. L'une de ces copies a été extraite en 1760 par le notaire Excoffier ; l'autre, plus ancienne, a été entre les mains de Mgr Charles-Auguste de Sales. L'une et l'autre appartiennent à M. le comte A. de Foras.

Cfr. Besson, *preuves,* n° 1. p. 341.
Cfr. *La Savoie historique,* par J. Dessaix, Tom. 1. p. 155.
Cfr. Documents de l'Acad. de La Val d'Isère, Vol. 1. p. 4.
Cfr. *Gallia Christiana,* Tom. xii, Parisiis 1770, p. 378.

In nomine sanctae et individuae trinitatis. Rodulfus aeterni judicis misericordia rex. Dum in primordio cristianae religionis constituti sunt reges ecclesiam (1) sollicitudinem curamque pontificum deo famulantium considerantes augmentando terraenis (2) donis pontificatus quamplures ad summam duxerunt dignitatem. Nos quidem exempla priorum perpendentes ac molem nostrorum peccaminum ne ira districti judicis pavidi damnemur archiepiscopatus (3) hyberinis incursionibus (4) penitus depopulatus (5) quem amizo prout vires

(1) ecclesiarum, *selon les deux Mss.*
(2) terram, *Mss.* 1760.
(3) archiepiscopatum, *deux Mss.*
(4) hiberinis legionibus, *Mss. de Ch.-Aug.*
(5) depopulatum, *deux Mss.*

appetunt......... (1) comitatu donamus. Hac (2) hujus nostri auctoritate precepti hunc autem juste et legaliter esse datum firmamus. Ut sicut predictorum malignae incursionis sepissimo decidit furore ita nostri juvaminis sublevetur honore. Hoc autem omnino consideratione cordi comittimus dominumque Christum Jesum (3) fixis (4) genibus imploramus quo his peractis ad celestis patriae valeamus deportari regnum. Ac praeter hoc sanctae Dei ecclesiae Darentasiensi in integrum conferimus comitatum quo beatissimorum. Apostolorum Principis interventu non deficiamur aeternae felicitatis beatitudine coloni. Affirmatione namque hujus (5) nostri precepti atque valida descriptionis institutione, jam dictum comitatum deo deferimus ut in omnibus eandem ipse predictus Archiepiscopatus potestatem habeat regimine suae ordinationis suo cunctis temporibus Episcopo committere. Quicumque igitur istius nostrae donationis serie...... (6) temtare presumpserit omnibus dei maledicionibus subjaceat sanctorumque omnium Apostolorum nodis et nexibus irretitus anathemate perpetuo damnetur et hec nostra auctoritas firma stabilisque maneat semper insuperque senciat (7) se

---

(1) ordinatum vestit, *deux Mss.*
(2) ac, *Mss.* 1760.
(3) Christum Jesum, *est en abrégé dans le texte des Monumenta hist. patr.*
(4) fixis, *manque dans le Mss. de Ch.-Aug.*
(5) hujusce, *Mss.* 1760.
(6) seriem temerario ausu, *deux Mss.*
(7) sentiat, *Item.*

compositurum centum libras obtimi auri medietatem kamere (1) nostrae et medietatem predicto archiepiscopo vel (2) successoribus suis (3) verum ut hoc credatis melius presens preceptum firmavimus nostroque sigillo jussimus insigniri (4). (*Monogramme et sceau*) (5). Anselmus regius cancellarius hoc scripsit preceptum. Anno domini (6) incarnationis nongentesimo nonagesimo V. (7) indictione vero X. regni autem regis Rodulfi III. Actum in agauno feliciter.

(An. 1196.)

Texte de la copie extraite en 1760 par le notaire Excoffier, du transumpt de 1367.

Variantes du manuscrit dit de Ch.-Aug. possédé par M. de Foras.

Cfr. Besson, *preuves* n° 48, p. 391.
Cfr. *Gallia Christiana*, Tom. xii. p. 378.
Cfr. Documents de l'Acad. de La Vald'Isère, Vol. 1. p. 7. n° 3.

In nomine sanctæ et individuæ Trinitatis. Henricus sextus, divina favente clementia, Romanorum imperator semper augustus et Rex Siciliæ. Ad superni regis gloriam et imperialis coronæ, ab eo nobis creditæ,

---

(1) camere, *deux Mss*
(2) et, *Mss*. 1760.
(3) .verum, *deux Mss*.
(4) insigniri jussimus, *Item*.
(5) Signum domini serenissimi regis Rodulfi, *Item*.
(6) dominicæ, *Mss*. 1760.
(7) sexto, *deux Mss*.

temporalem excellentiam animæque remedium potissimum nobis prodesse speramus, si ecclesias Dei et ecclesiasticas personas non solum in jure et honore suo conservamus, verum etiam dispersa recolligendo fractaque reconsolidando eas in suo robore protectionis nostræ munimine dilatamus; quatenus Martha in suo exteriori ministerio necessitati temporalium sufficiente officio, Mariæ interiori divinorum contemplatione per orationes securius intenta, sinum perennis misericordiæ spiritualis, religionis suæ suffragio valeant animabus nostris et filiorum predecessorumque nostrorum aperire. Eapropter tam præsens ætas fidelium imperii quam successiva posteritas cognoscat quod nos attendentes honestatem dilecti et fidelis nostri aimonis venerabilis musteriensis Archiepiscopi et religiosam quoque conversationem congregationis ecclesiæ de Musterio, ipsum Archiepiscopum et ecclesiam ejus, quem serenissimus pater noster Fridericus (1) Romanorum Imperator, divus augustus, de regalibus Tarantasiensis archiepiscopatus per sceptrum imperiale solemniter investivit, et personas inibi divinis mancipatas et mancipandas obsequiis cum omnibus rebus atque possessionibus suis, quas nunc habent vel in posterum, præstante Domino, poterunt obtinere, foris videlicet, agris, vineis, pratis, pascuis, silvis, planis, montanis, aquis, aquarumque decursibus, aliisque

---

(1) *L'empereur Frédéric I, surnommé Barberousse, avait accordé à l'archevêque Aimon l'investiture de son temporel, en 1186. Cette charte, base de celle d'Henri VI, et d'une teneur presque identique, sera reproduite ci-après.*

prediorum et possessionum bonis quæ propriis nominibus subter exprimenda decrevimus, videlicet civitatem de Musterio cum omnibus appendentiis suis, castellum S^{ti} Jacobi (1), castellum de Brienzona (2), et partem quam habet in castro de Conflent (3), Villetam, vallem de Bosellis, vallem de Allodiis, vallem S^{ti} Joannis, villam de Flaceria, villam de Comba, vallem S^{ti} Desiderii, vallem de Locia cum universis eorum attinentiis, sub protectione defensionis nostræ suscepimus, et hæc omnia eidem Archiepiscopo et prætaxatæ ecclesiæ successoribusque suis, cum omnibus feudis et casamentis quæ in præsentiarum possident vel alii nomine suo tenent, imperiali authoritate confirmamus, de (4) abundanti quoque imperialis gratiæ (5) munificentia concedimus supradictis episcopo et ecclesiæ, ut ad tuitionem atque juvamen suum liceat eis libere in locis idoneis castra construere, destructa reedificare, bona quoque tam rerum quam possessionum suarum sive quæ per violentiam aliquam (6) eis ablata, sive per dispendium retroacti temporis amissioni involuta, nullius impediente contradictionis obstaculo, in primum liberæ facultatis titulum revocare. Quo circa sub obtentu gratiæ nostræ, districtis inhibendum duximus mandatis, ne aliquis eorum qui feuda musteriensis ecclesiæ nomine ipsorum tenent,

(1) vulgo S^{ti} Jaquemos, *Mss. Ch.-Aug.*
(2) castrum de Brianzonio, *Ibid.*
(3) Conflens, *Ibid.*
(4) ex, *Ibid.*
(5) gratia, *Ibid.*
(6) aliquam, *manque.*

bonos usus feudorum ab ipsis substrahere nec aliquatenus minuere; imo nec ipsa feuda et bonos usus corum dissimulare vel damnoso silentio supprimere presumant, nec aliquo prorsus ingenio sive facto tentent alienare a libera possessione et dominio sæpiusdictorum Archiepiscopi et ecclesiæ. Ut igitur hæc nostræ confirmationis et protectionis pagina omni ævo rata et inconvulsa permaneat, præsens inde privilegium conscribi jussimus et majestatis nostræ sigillo aureo communiri. Statuentes et authoritate imperiali sancientes ut nullus dux, marchio, comes, vicecomes, nulla potestas aut civitas, nullus consulatus, nulla denique persona humilis vel alta, secularis vel ecclesiastica presumat ei obviare, vel aliquibus injuriarum calumniis seu damnis eam ullo modo violare attentet; quod qui fecerit in ultionem temeritatis suæ componet centum libras auri puri, medietatem imperiali fisco et reliquum injuriam passis. Hujus rei testes sunt Angelus Tarentinus (1) archiepiscopus, Petrus titulo (2) sanctæ Ceciliæ presbiter cardinalis, Otho Novariensis episcopus, Guido (3) Yporregiensis (4) episcopus, Bonifacius marchio Montisferrati, Villelmus marchio de Pallodio, (5) senescallus (6), Henricus marcallus de Hyppenchim, Henricus Pincerna de Lutra, Thomas de Nona et alii quamplures. Signum domini Henrici Romanorum Impe-

(1) Tharentinus, *Mss. Ch.-Aug.*
(2) tituli, *Ibid.*
(3) Gaddo, *Ibid.*
(4) Yporegiensis dyocesis, *Ibid.*
(5) Margardus, *Ibid.*
(6) de Baspenheim, *Ibid.*

ratoris invictissimi et regis Siciliæ (1). Ego Conradus Hildesiniensis electus imperialis aulæ cancellarius, vice Adolphi Coloniensis Archiepiscopi et totius Italiæ archicancellarius, recognovi. Acta sunt hæc, anno dominicæ incarnationis millesimo C. XC. VI. indictione XIIII, regnante domino Henrico sexto, Romanorum Imperatore gloriosissimo et rege Siciliæ potentissimo, anno regni ejus XXVII, imperii vero sexto, et regni Siciliæ secundo. Datum apud Taurinum per manus Alberti imperialis aulæ prothonotarii V. kal. augusti.

(An. 1226.)

Texte du Mss. de 1760.
Variantes du Mss. de Ch.-Aug.
Cfr. Besson, *preuves*, n° 48, p. 378.
Cfr. *Gallia Christiana*, Tom. xii. 394.
Cfr. Documents de l'Acad. de La Val d'Isère, Vol. 1. p. 7. n° 2.

In nomine sanctæ et individuæ Trinitatis. Fredericus secundus, divina favente clementia, Romanorum Imperator semper augustus, Hierusalem et Siciliæ Rex. Cum imperatoriam deceat majestatem merita suorum fidelium diligenter attendere et subjectorum supplicationibus justis adesse, tanto potius ad sacrosanctas ecclesias oculos tenetur reducere pietatis, quanto Regi (2) regum gratius residet cum et suæ pietatis operibus noster

---

(1) Imp. invict. R. S. *Mss.Ch.-Aug*.
(2) Regis, *Ibid*.

adhibetur assensus. Inde est igitur quod Herluinus (1) venerabilis Munsteriensis Archiepiscopus fidelis noster per Joannem canonicum ejusdem ecclesiæ fidelem nostrum, quoddam privilegium divi augusti quondam patris nostri Domini Imperatoris Henrici recordationis inclitæ, jamdudum eidem ecclesiæ suæ ab ipso patre nostro concessum, nostræ celsitudini præsentavit humiliter suplicans et devote, quatenus privilegium ipsum de verbo ad verbum transcribi et quæ continentur in ipso eidem ecclesiæ confirmare in perpetuum de nostra gratia dignaremur, cujus privilegii tenor talis est...... (*Ici est transcrit le diplôme précédent d'Henri VI*).

Nos igitur supplicationes prædicti Archiepiscopi fidelis nostri benignius admittentes, considerantes quidem ipsius devotionem, et fidem quam ad nostram habere dignoscitur majestatem, pro reverentia quoque Dei (2) et nostræ conservatione salutis, ac pro remedio animarum divi quondam patris ac matris nostræ ac aliorum prædecessorum nostrorum felicium augustorum memoriæ recolendæ, predictum privilegium de verbo ad verbum, sicut superius continetur, transcribi jussimus; et ipsum et quæ continentur in ipso, jamdicto Archiepiscopo et suis successoribus ac memoratæ Munsteriensi (3) ecclesiæ, perpetuo confirmamus de abundantiori quoque gratia celsitudinis nostræ, qua Dei ecclesias benigne semper consuevimus intueri, præcipimus firmiter statuentes ut

---

(1) Herlinus, *Mss. Ch.-Aug.*
(2) domini, *Ibid.*
(3) musteriensi, *Ibid.*

omnia bona tam mobilia quam immobilia decedentium archiepiscoporum, per manus officialium suorum fideliter et integre suis successoribus reserventur ; ita quod nec comes, nec alius, occasione regalium nostra vel alicujus alterius authoritate, ea præsumat invadere quæ ipsis archiepiscopis in perpetuam eleemosynam concedimus et damus, statuentes et præsentis privilegii authoritate firmiter injungentes ut nulla omnino personna parva vel humilis, ecclesiastica vel secularis præfatum Archiepiscopum et successores suos (1) ac ecclesiam supradictam, de supradictis omnibus ausu temerario impedire seu perturbare præsumat : quod qui præsumpserit in suæ temeritatis vindictam, præter prescriptam pœnam quinquaginta libras auri puri componet, medietatem cameræ nostræ et alteram medietatem passis injuriam persolvendum (2). Ut autem hæc nostra confirmatio, concessio et donatio rata semper et illibata permaneat, præsens privilegium fieri et bulla aurea typario nostræ majestatis impressa jussimus communiri. Hujus autem rei testes sunt Albertus Magdeburgensis et Lan...... (3) Reginus archiepiscopi Curensis et Abbas S^{ti} Galli...... (4) Jacobus Taurinensis, M. Ymolensis episcopus, Dux Saxoniæ, Raynaldus Dux Spoleti, A. Marchio Estensis (5) Comes Gonterius de Quenrebe (6), Comes R. D. Auburgensis

(1) ejus, *Mss. Ch.-Aug.*
(2) persolvendas, *Ibid.*
(3) Lando, *Ibid.*
(4) Citen, *surmonté d'un signe abréviatif, Ibid.*
(5) marchio, Estiensis Comes, *Ibid.*
(6) *Ces mots manquent. Ibid.*

(1), Comes S. de Vienna (2) et alii quamplures. Signum Domini Frederici secundi Dei gratia invictissimi Romanorum Imperatoris semper augusti, Jerusalem et Siciliæ regis. Acta sunt hæc anno dominicæ Incarnationis millesimo ducentesimo vigesimo sexto, mensis (3) aprilis quarta decima indictionis, imperante Domino nostro Frederico secundo, Dei gratia invictissimo Romanorum Imperatore semper augusto, Jerusalem ac Siciliæ rege, anno romani imperii ejusdem sexto (4), regni vero Siciliæ vigesimo octavo, feliciter. Amen. Datum apud Ravennam, anno, mense et indictione præscriptis.

(An. 1186.)

Texte de Besson, *preuves*, n° 38, p. 370 identique à celui de *Gallia Christiana*, Tom. xii, p. 387.

In nomine Sanctæ et Individuæ Trinitatis. Fredericus divina favente clementia Romanorum Imperator augustus. Ad superni regis gloriam, et imperialis coronæ ab eo nobis creditæ temporalem excellentiam, animæque remedium potissimum nobis prodesse speramus, si Ecclesias Dei et ecclesiasticas personas, non solum in jure et honore suo conservamus, verum etiam dispersa recolli-

---

(1) R. de Avesburt Comes, *Mss. Ch.-Aug.*
(2) h. de Vienna, *Ibid.*
(3) mense, *Ibid.*
(4) Jerosolimorum primo, *Ibid.*

gendo, fractaque reconsolidando, eos (1) in suo robore protectionis nostræ munimine dilatamus, quatenus Martha in suo exteriori ministerio necessitati temporalium sufficienti officio, Maria interiori divinorum contemplatione per orationes securius intenta sincere (2) perennis misericordiæ specialis, religionis suæ suffragio valeant animabus nostris et filiorum, predecessorumque nostrorum aperire...... (3) Quapropter cognoscat tam præsens ætas fidelium, imperiique successura posteritas, quod nos attendentes honestatem dilecti et fidelis nostri Aymonis venerabilis Musterii archiepiscopi, religiosam quoque conversationem congregationis Ecclesiæ de Musterio, ipsum archiepiscopum et ecclesiam ejus, quem de regalibus Tarantasiani (4) archiepiscopatus per imperiale sceptrum investivimus, et personas inibi divinis mancipatas obsequiis, cum omnibus rebus atque possessionibus suis, quas nunc habet vel in posterum præstante Domino poterit obtinere : foris videlicet, agris, vineis, pratis, pascuis, sylvis, planis, montanis, aquis, aquarumque decursibus, aliisque prædiorum ac possessionum bonis, quæ propriis (5) subtus exprimenda decrevimus : videlicet civitatem de Musterio cum omnibus appenditiis suis, Castrum S^ti Jacobi,

(1) *Lisez* eas.
(2) *Lisez* sinum.
(3) Besson *ayant lu* sincere *au lieu de* sinum, *n'a pas saisi le sens de cette phrase et a mis à tort ces points suspensifs.*
(4) *Lisez* Tarantasiensis.
(5) *Il manque* nominibus.

Castrum de Briançone, et partem quam habet in castro de *Conflens,* Villetam, vallem de Bosellis, vallem de Allodiis, vallem Sancti Joannis, villam de Flacheria, villam de Comba, vallem sancti Desiderii, vallem de Lucia cum omnibus earum attinentiis sub protectione defensionis nostræ suscepimus, et hæc omnia eidem Archepiscopo et prætaxatæ ecclesiæ successoribusque suis, cum omnibus feudis et casamentis quæ impræsentiarum possident, vel alii nomine suo tenent, imperiali auctoritate confirmamus, ex abundanti quoque imperialis gratiæ magnificentia concedimus sæpedicitis archiepiscopo et ecclesiæ ut ad tuitionem atque juvamen suum eis libere liceat in locis idoneis castra construere, destructa reædificare, bona quoque tam rerum quam possessionum suarum sive per violentiam aliquorum eis ablata, sive per dispendium retroacti temporis omissioni (1) involuta, nullius impediente contradictionis obstaculo in primum liberæ facultatis titulum recuperare. Quocirca sub obtentu nostræ gratiæ dictrictis inhibendum duximus mandatis, ne aliquis eorum qui feuda Musteriensis ecclesiæ nomine ipsorum tenent, bonos usus feudorum ab eis subtrahere, nec aliquatenus minuere; imo nec ipsa feuda et bonos usus eorum dissimulare, vel damnoso silentio supprimere præsumant, nec aliquo prorsus ingenio sive facto tentent alienare a libera possessione et dominio sæpiusdictorum archiepiscopi et ecclesiæ. Ut igitur hæc nostræ protectionis et confirmationis pagina omni ævo rata et inconvulsa permaneat, præsens

(1) *Lisez* amissioni.

inde privilegium conscribi jussimus, et nostræ Majestati
sigillo aureo communiri, statuentes et authoriate Imperial
sancientes, ut nullus Dux, neque Marchio, neque Come
aut vicecomes, nulla potestas aut civitas, nullus consula
tus, nulla denique persona humilis vel alta, sæculari
vel ecclesiastica ei præsumat obviare, vel aliquibu
calumniarum injuriis seu damnis eam nullo modo vitiar
(1) attemptet; quod qui fecerit, in ultionem temeritati
suæ ponat (2) centum libras auri puri, medietate
Imperiali fisco, et reliquum injuriam passis. Hujus re
testes sunt Walpertus Augustensis Episcopus, Willelmu
Astensis, Bonifacius Novariensis Episcopi, Fredericu
Argentinensis Præpositus, Magister........ Medicus, e
Capellanus noster, Magister Reigubertus Capellanus e
Notarius noster, Magister Ricostus Notarius noster
Rodulphus Camerarius, et alii quamplures. Signun
Frederici Domini Romanorum Imperatoris invictissimi
Et ego Gothofredus Imperialis aulæ cancellarius vic
Philippi Coloniensis Archiepiscopi, et Italiæ archican
cellarii recognovi. Acta sunt hæc anno Dominicæ In
carnat. millesimo centesimo octuagesimo sexto, indiction
quarta, regnante Frederico Romanorum Imperatore
gloriosissimo, anno regni ejus trigesimo quarto, imperi
vero trigesimo primo. Datum Papiæ sexto idus maii
feliciter. Amen.

(1) *Lisez* violare.
(2) *Lisez* componat.

N. 2. Autre transumpt latin des mêmes priviléges concédés par les empereurs Rodophe, Henri VI et Frédéric II, en 996, 1196 et 1226, où l'on trouve la donation des régales par le dernier de ces empereurs. Ce transumpt est signé par Jean Grosset et Cler notaires, et scellé d'un sceau en cire rouge avec ruban vert.

N. 3. Autre transumpt latin sur parchemin, fait par devant le seigneur Henri Morel, docteur-ès-droits et official de Tarentaise, en 1509, et signé par Georges Chapot. On y trouve la copie des patentes concédées par Henri VI en 1196, indiction 14, le 5 des kal. d'août, par lesquelles il déclare prendre l'archevêque et l'église de Tarentaise sous sa protection.

N. 4. Autre transumpt latin sur parchemin, des priviléges des mêmes empereurs, signé par Georges Chapot et scellé des armes de Mgr de Châteauvieux.

(*) **N. 5.** Autre transumpt latin sur parchemin, de la donation faite par l'empereur Rodolphe du comté de Tarentaise à l'église archiépiscopale, signé Jean de Ansilly clerc.

* **N. 6.** Patentes de l'empereur Frédéric III du 4 mai 1487, en latin sur parchemin, scellées du grand sceau en cire jaune pendant à un cordon de soie violette. Elles contiennent la concession et l'investiture des régales de l'église de Tarentaise, des fiefs, maisons, mère

---

(*) *Selon l'avertissement qu'on lit à la p. 3. de ce volume, l'astérisque indique les pièces qui ont été transmises aux Archives de Cour.*

et mixte empire, exercice de la juridiction temporelle, droits, honneurs et dépendances. On y voit que l'empereur donne à l'archevêque le titre de *notre bienaimé prince.*

Voir cette pièce, p. 12 du présent volume.

* **N. 7.** Prestation d'hommage par Mgr Jean de Compois en faveur du susdit empereur à cause de l'investiture susmentionnée. Cet acte de 1488, écrit en latin sur parchemin, est scellé d'un grand sceau en cire jaune et rouge avec un cordon blanc et rouge.

N. 8. Un extrait sur papier, de la dite investiture des régales, avec la prestation d'hommage susmentionnée, signé Martini et Bruno.

* **N. 9.** Copie latine des patentes de l'empereur Sigismond en 1412, par lesquelles il se réserve toute supériorité « pour regard des régales et juridiction temporelle appartenants aux esglises soit leurs ministres ensemble la reconnaissance d'iceux, cassant, annulant tout ce qui serait au contraire. »

N. 10. Procuration faite par Mgr Milliet, archevêque et comte de Tarentaise, comme prince de l'Empire, au seigneur Charles-Félix Mallet, plénipotentiaire du duc de Savoie, pour assister à la diète de Ratisbonne, avec la lettre que le duc de Savoie adressa pour ce sujet à l'archevêque. Cette procuration est du 16 avril 1664, scellée et signée Moris.

II.

Papalia.—BULLES ET PRIVILÈGES
DES PAPES.

N. 1. Bulle sur parchemin du pape Alexandre III, qui confirme les droits de l'archevêché de Tarentaise sur les évêchés de Sion et d'Aoste, et énumère les terres et les lieux dépendants du même archevêché.

(An. 1171.)

TEXTE d'une copie levée sur l'original en 1747, par le notaire Borrel, et d'un extrait produit dans une écriture en droit de 1732; ces deux manuscrits appartiennent à M. le comte A. de Foras.

VARIANTES de Besson, *preuves*, n° 33, p. 365.
Cfr. *Gallia Christiana,* Tom. XII p. 385.

Alexander episcopus servus servorum Dei. Venerabili fratri Petro Tarentasiensi archiepiscopo ejusque successoribus quibuscumque (1) instituendis, in perpetuam memoriam. In apostolicæ Sedis specula disponente Domino constitutos (2) fratres nostros episcopos tam vicinos quam longe positos fraterna debemus charitate diligere et eorum quieti ac tranquillitati salubriter auxi-

(1) canonice, BESSON.
(2) constituti, *est plus correct. Ibid.*

liante Domino providere. Hujus utique (1) rei consideratione venerabilis in Christo frater archiepiscopus (2) tuis justis postulationibus clementer annuimus et præfatam ecclesiam cui Deo authore præsides sub beati Petri et nostra protectione suscipimus et præsentis scripti privilegio communimus, Statuentes ut quascumque possessiones quæcumque bona eadem ecclesia inpræsentiarum juste et canonice possidet aut in futurum concessione pontificum, largitione regum vel principum, oblatione fidelium seu aliis justis modis præstante Domino poterit adipisci, firma tibi tuisque successoribus illibata permaneant, in quibus hæc propriis duximus exprimenda vocabulis : Augustudensis et Sedunensis (3) episcopatus, Mosterium cum omnibus pertinentiis suis, castrum sancti Jacobi et ecclesiam ejusdem loci, cum decimis usuariis et omnibus pertinentiis suis, villam de Bozellis et ecclesiam ejusdem loci cum decimis et omnibus pertinentiis suis (4), ecclesiam de Campaniaco (5) cum decimis et omnibus pertinentiis suis, villam de Allodiis et ecclesiam ejus cum decimis et omnibus pertinentiis suis, villam sancti Joannis et ecclesiam ejus cum decimis et pertinentiis suis, villam de Flaceria (6) cum omnibus decimis et pertinentiis suis, villam de Comba cum omnibus decimis et pertinentiis suis, ecclesiam S^{ti} Martini de Desertis cum

(1) itaque, *est plus correct*. BESSON.
(2) archiepiscope, *Ibid*.
(3) Augustensem et Sedunensem, *Ibid*.
(4) *Les 13 mots précédents manquent dans* BESSON.
(5) Campagniola, *est évidemment fautif dans* BESSON.
(6) Flaveria, *de* BESSON *est fautif*.

decimis et omnibus pertinentiis suis, ecclesias (1) de Monte Pontii (2) cum decimis et omnibus pertinentiis suis, ecclesias S^ti Mauritii cum omnibus decimis et pertinentiis suis, ecclesias de Ayma cum decimis et omnibus pertinentiis suis, ecclesiam de Villeta cum decimis et omnibus pertinentiis suis, vallem Sancti Desiderii et ecclesias ejusdem vallis cum decimis et omnibus pertinentiis suis, partem quam habes in castro de Conflens et ecclesias ejusdem castri cum omnibus pertinentiis suis, ecclesiam de Ventone cum omnibus pertinentiis suis, quatuor ecclesias de Luciaco cum decimis et omnibus pertinentiis suis, ecclesiam de Cæsarchis cum decimis et omnibus pertinentiis suis, ecclesiam de Cleriaco (3) cum omnibus ecclesiis ad ipsam pertinentibus decimis et pertinentiis earum. Statuimus insuper ut præscripta ecclesia nulli unquam archiepiscopo vel ecclesiæ primatiæ jure subesse debeat sed soli sacrosanctæ Romanæ ecclesiæ sit nullo mediante subjecta sicut hactenus fuisse dignoscitur; justitias quoque, forum et bonos usus quos in terra Tarentasiensis ecclesiæ tu et prædecessores tui hactenus rationabiliter habuistis tibi et successoribus tuis aucthoritate apostolica confirmamus; nihilominus etiam feuda et casamenta quæ rationabiliter vel ad manus tuas tenes aut

---

(1) ecclesiam, *est une faute qui se reproduit pour St-Maurice et pour Aime.*
(2) Montepontio, *est plus correct;* Montpon *ou* Montpont, *dont il sera souvent question en cet Inventaire, est l'ancien nom de la vallée de Bonneval au-dessus de Briançon.*
(3) Clariaco, *est fautif.*

alii tenent nomine tuo et præscriptæ ecclesiæ tibi et successoribus tuis duximus confirmanda sub interminatione anathematis prohibentes ne quis eorum qui feuda tuo vel ecclesiæ tuæ nomine tenent bonos usus feudorum vobis subtrahere, aut eadem feuda vel usus celare seu temeritate qualibet ab eadem ecclesia alienare præsumat. Decernimus ergo ut nulli omnino hominum liceat præfatam ecclesiam temere perturbare aut ejus possessiones auferre vel ablatas retinere, minuere, seu quibuslibet vexationibus fatigare, sed illibata omnia et integra conserventur eorum pro quorum gubernatione et sustentatione concessa sunt usibus omnimodis profutura, salva Sedis apostolicæ aucthoritate. Si qua igitur in futurum ecclesiastica secularisve persona hanc nostræ constitutionis paginam sciens contra eam temere venire temptaverit secundo tertiove eo monito (1) nisi præsumptionem suam digna satisfactione correxerit potestatis honorisque sui dignitate careat, reamque se divino judicio existere de perpetrata iniquitate cognoscat et a sacratissimo corpore ac sanguine Dei et Domini Redemptoris nostri Jesu Christi aliena faciat (2), atque in extremo examine districtæ ultioni subjaceat. Cunctis autem eidem ecclesiæ sua jura servantibus sit pax Domini nostri Jesu Christi quatenus et hii fructum bonæ actionis percipiant et apud districtum judicem præmia æternæ pacis inveniant. Amen. Signatis in originali : Ego Alexander Catholicæ

---

(1) comonita, *est plus correct*.
(2) fiat, *Item*.

ecclesiæ episcopus, et inferius : Ego Arbaldus (1) Hostiensis episcopus. Ego Bernardus Portuensis et Stæ Rufinæ episcopus et pluribus aliis (2). Hanc casulam (3) per manum Gratiani Sacræ Romanæ ecclesiæ subdiaconi et notarii, decimo quinto calendas martii, indictione quinta, incarnationis dominicæ anno millesimo centesimo septuagesimo primo, pontificatus vero domini Alexandri papæ tertii anno decimo tertio. Sigillo plumbeo pendente cum cordula serica.

N. 2. Bulles du pape Lucius III, en latin, sur parchemin, par lesquelles il est confirmé que les évêchés de Sion et d'Aoste dépendent de l'archevêché de Tarentaise.

(An. 1184.)

Texte de Besson, *preuves* n° 37. p. 369.

Lucius Episcopus servus servorum Dei. Dilectis filiis

(1) Ubaldus, Besson.
(2) Ego Joannes Præsbyter cardinalis titulo sancti Joannis et Pauli. Ego Joannes Præsbyter cardinalis titulo sanctæ Anastasiæ. Ego Willelmus titulo sancti Petri ad vincula Præsbyter cardinalis. Ego Boso Præsbyter cardinalis sanctæ Pudentianæ, titulo Pastoris. Ego Petrus Præsbyter cardinalis titulo sancti Laurentii in Damaso. Ego Ardico Diaconus cardinalis tit. sancti Theodori. Ego Cinthius Diaconus card. S. Adriani. Ego Hugo Diaconus card. S. Eustachii juxta templum Agripæ. Ego Petrus de Bono Diaconus card. S. Mariæ in Aquiro. *Ibid.*
(3) Datum Tusculani, *Ibid. Les mots* Hanc casulam *sont une erreur de copiste des plus grossières.*

Petro Priori Tarentas. ecclesiæ, ejusque fratribus tam præsentibus quam futuris, canonice instituendis, in perpetuam memoriam......... effectum, justa postulantibus indulgere, et vigor æquitatis et ordo exigit rationis præsertim quando voluntatem petentium pietas adjuvat, et veritas non relinquit. Eapropter, dilecti in Domino filii, vestris justis postulationibus clementer annuimus, et præfatam ecclesiam Sancti Petri, in qua divino mancipati estis obsequio, sub Beati Petri et nostra protectione suscipimus, et præsentis scripti patrocinio communimus. Statuentes ut quascumque possessiones, quæcumque bona eadem ecclesia impræsentiarum juste et canonice possidet, aut in futurum concessione Pontificum, largitione Regum vel Principum, oblatione fidelium, seu aliis justis modis Deo propitio poterit adipisci, firma vobis vestrisque successoribus et illibata permaneant. In quibus hæc propriis duximus exprimenda vocabulis : Locum ipsum in quo ecclesia ipsa sita est cum appenditiis suis, ecclesiam sanctæ Fidis cum decimis et appenditiis suis, in ecclesiis de Sexto et de Montevalesano triginta solidos et quadraginta sextarios siliginis annualiter pro censu, ecclesiam de Altavilla cum ecclesiis de Landric et de Pesiaco cum decimis et pertinentiis earum, domum de Pratolonginco cum appenditiis, ecclesiam sanctæ Mariæ de Musterio cum decimis tam in agris quam in vineis vestris, cum medietate decimæ vineæ Gorgodi, cum medietate........ costæ, et medietate costæ Martini de Campis, et medietatem vineæ quæ jacet juxta Matriculariam, in vineam quæ dicitur Astruata medietatem decimæ, ecclesiam de Altacuria cum decimis et appenditiis suis, et hospitale apud

Monasterium, cum ecclesiis et appenditiis earum, ecclesiam Aquæblanchæ, ecclesiam de Villargerardi cum ecclesiis de Cors et de Navibus, de Fessone et de Civinis, de Quegio, de Cornillione, de Marthodo, de Palud, de Mercuriaco et de Capriduno, de sancto Hypolito, S^{ti} Martini de Roignaco, de Pusiaco, de Briançone, de S^{to} Eugendo, de Bellacomba, de Bosco cum omnibus decimis et pertinentiis prædictarum ecclesiarum; in parrochia de Bozelis viginti quatuor solidos annuatim pro censu in festivitate sancti Petri, in parrochia de Salino..... solidos pro decimis, et decimam in vineam de *Ventzon,* idest decimam ex vineis vinitorum in villa Monasterii, totum terreragium et medietatem nemoris de Chentrone, et nemus quod jacet supra molendinum Musterii, totum casamentum Dominæ Gente apud Boscum, et tres vineas, et totam villam Berengarii apud Gilliacum, quartam partem terræ Raymondi ubicumque sit apud Clariacum, quinque solidos a canonicis ejusdem villæ et tres solidos in eadem villa, apud Sextenai tres solidos, apud Souciei mansum unum. Liceat quoque vobis ecclesiasticos vel laicos e seculo fugientes liberos et absolutos ad conversionem recipere et eos sine contradictione aliqua retinere. Sepulturam quoque ipsius loci liberam decernimus, ut eorum devotioni et extremæ voluntati qui hic sepeliri deliberaverint, nisi forte excommunicati vel interdicti sint, nullus obsistet, salva tamen justitia illarum ecclesiarum a quibus mortuorum corpora assumentur. Decernimus ergo ut nulli omnino hominum liceat præfatam ecclesiam temere perturbare, aut ejus possessiones aufferre, vel ablatas retinere, minuere, seu quibuslibet vexationibus fatigare, sed omnia integre conserventur eorum pro quorum gubernatione ac sustentatione concessa sunt, usibus omnimodis profutura, salva nimirum Sedis Apostolicæ auctoritate, et Tarentasiæ Archiepiscopi canonica justitia. Si qua igitur in futurum ecclesiastica secularisve persona hanc nostræ constitutionis paginam sciens, contra eam temere venire tentaverit, secundo tertiove commonita, nisi reatum suum digna satisfactione correxerit, potestatis honorisque sui dignitate careat, reamque se divino judicio existere de perpetrata iniquitate cognoscat, et a sacratissimo Corpore et Sanguine Dei et Domini Redemptoris nostri J. C. aliena fiat, atque in extremo examine districtæ ultioni subjaceat. Cunctis autem eidem loco sua jura servantibus sit pax Domini nostri J. C. quatenus et ii fructum bonæ actionis percipiant, apud districtum judicem præmia æternæ pacis inveniant. Amen. Ego Lucius Catholicæ Ecclesiæ Episcopus. Ego Theodiscus Portuensis Ecclesiæ Rufin. Sedis Episcopus. Ego Henricus Albanensis Episc. Ego Theobaldus Ostiensis et Veletri Episc. Ego Joannes titulo S. Marci præsbiter cardinalis. Ego L..... præsbiter cardinalis sanctæ Mariæ trans Tiberim titulo Calixti. Ego Humbertus titulo S. Laurentii in Damaso præsbiter cardinalis. Ego Pandulphus cardin. titulo Basilicæ duodecim Apostolorum. Ego Arditio S. Theodori diaconus cardinalis. Ego Gratianus S. Cosmæ et Damiani diaconus cardinalis. Ego Soffredus S. Mariæ in Via Lata diaconus cardinalis. Ego Albanus diacon. cardin. S. Mariæ novæ. Datum Veronæ per manum Alberti præsbiteri cardin. Sanctæ Romanæ Ecclesiæ Cancellarii, secundo nonas januarii, indictione tertia, Incarnationis

Dominicæ anno millesimo centesimo octuagesimo quarto, Pontificatus vero domini Lucii Papæ tertii anno quarto.

N. 3. Vidimé latin sur parchemin, des bulles des papes Honorius III et Urbain (1), de l'an 1226, par lesquelles les priviléges et les revenus de l'église de Tarentaise sont confirmés.

(An. 1226.)

Nous faisons précéder la bulle d'Honorius du vidimé qu'en fit l'évêque d'Aoste, pour l'adresser au pape Urbain (2).

Texte d'une copie manuscrite appartenant à M. le comte A. de Foras.

Variantes de Besson, *preuves*, n° 49, p. 380.

Sanctissimo in Christo Patri et Domino Domino Urbano divina providentia sacrosanctæ Romanæ ac universalis Ecclesiæ Summo Pontifici, Emericy Dei et Sanctæ Sedis Apostolicæ gratia Augustensis episcopus seipsum ad pedum oscula......... cum notitia rei gestæ. Sanctissime Pater et Domine, S. V. tenore præsentis paginæ innotescat me vidisse, legisse et diligenter de verbo ad verbum inspexisse quasdam litteras apostolicas a fælicis recordationis Domino Onorio Papæ tertio prædecessore vestro, ipsiusque vera bulla plumbea impendenti cum filis de serico rubei crosseique coloris bullatas non vitiatas, non

---

(1) *C'est probablement Urbain III, 1185-1187.*
(2) *C'est probablement Urbain IV, 1261-1264.*

cancellatas, non abolitas, non abrasas nec in aliqua sui parte corruptas, sed sanas et integras omnique vitio et suspicione carentes, ut prima facie apparebat, Herruino Tarentasiensi archiepiscopo ejusque successoribus canonice intrantibus in perpetuum concessas pariter et directas, mihique pro parte Tarentasiensis Archiepiscopi oblatas, ipsasque litteras transcribi fecisse manu notarii publici infra scripti ad ipsius Archiepiscopi instantiam et requestam quarum litterarum tenor infra subsequitur in hæc verba :

Honorius Episcopus Servus (1) servorum Dei. Venerabili fratri Herluino Tarentasiensi Archiepiscopo ejusque successoribus canonice substituendis in perpetuum. In eminenti Apostolicæ Sedis specula, licet immeriti, disponente Domino constituti, fratres nostros episcopos tam vicinos quam longe positos fraterna debemus charitate diligere, et eorum quieti et tranquillitati salubriter auxiliante Domino providere. Hujus utique (2) rei consideratione, venerabilis in Christo frater archiepiscope, tuis justis postulationibus clementer annuimus et Tarentasiensem ecclesiam cui Deo auctore præsides, ad exemplar felicis recordationis Alexandri et Urbani prædecessorum nostrorum Romanorum pontificum, sub Beati Petri et nostra protectione suscipimus et præsentis scripti privilegio communimus. Statuentes ut quascumque (3) possessiones quæcumque bona eadem ecclesia in præsentiarum

---

(1) Sextus, *dans* Besson *est fautif*.
(2) Itaque, *dans* Besson *est exact*.
(3) quæcumque, *de* Besson *est fautif*.

et juste et canonice possidet, aut in futurum concessione Pontificum, largitione Regum vel Principum, oblatione fidelium seu aliis justis modis præstante Domino (1) poterit adipisci, firma tibi tuisque successoribus et illibata permaneant, in quibus hæc propriis duximus exprimenda vocabulis : Augustensem et Sedunensem (2) episcopatus, ecclesiam S^{ti} Mauritii cum omnibus decimis et pertinentiis suis, decimas de Bellentro, ecclesias de Aima cum decimis et omnibus pertinentiis suis, ecclesiam de Longafide (3) cum decimis et pertinentiis suis, ecclesiam de Prato cum decimis et pertinentiis suis, ecclesiam S^{ti} Jacobi cum decimis et omnibus pertinentiis suis, ecclesiam de Bosellis cum decimis et pertinentiis suis, ecclesiam de Champagnaco cum decimis et pertinentiis suis, ecclesiam de Allodiis cum decimis et pertinentiis suis, ecclesiam S^{ti} Martini de Desertis cum decimis et pertinentiis suis, ecclesiam S^{ti} Joannis in eadem terra (4), cum decimis et omnibus pertinentiis suis, ecclesias de Monte Pontio cum decimis et omnibus pertinentiis suis, ecclesiam de Cellariis (5) cum decimis et pertinentiis suis, ecclesiam S^{ti} Desiderii cum decimis et pertinentiis suis, ecclesiam de Turonis cum decimis et pertinentiis suis, ecclesias (6) de Conflens cum decimis et pertinentiis suis, ecclesiam de Ventonio cum decimis et pertinentiis suis, vallem Luciæ et ecclesias

(1) Deo, dans BESSON est fautif.
(2) Augustensis et Sedunensis, Item.
(3) *Longafay*, Item.
(4) BESSON a fait ici une interversion fautive.
(5) Cæsariis, est fautif.
(6) ecclesiam, Item.

ejusdem vallis cum decimis et pertinentiis suis, ecclesiam de Cæzarchiis cum decimis et pertinentiis suis, ecclesiam de Cleriarco cum omnibus ecclesiis ad ipsam pertinentibus cum decimis et pertinentiis earum, villam (1) Monsterii cum omnibus proprietatibus, feudis et casamentis, castrum de Curnilione et castrum S^ti Jacobi cum omnibus proprietatibus feudis et casamentis, vallem de Bozellis cum apendentiis suis et ecclesias ejusdem vallis cum decimis et pertinentiis suis, vallem de Allaudiis (2) cum omnibus proprietatibus, feudis et casamentis, villam S^ti Joannis de Esertis (3) cum omnibus proprietatibus, feudis, casamentis, villam de Praxeria (4) cum omnibus proprietatibus, feudis, et casamentis, villam de Comba cum omnibus pertinentiis suis, villam S^ti Martini de Esertis......... cum proprietatibus, feudis et casamentis, vallem de Navis cum omnibus proprietatibus suis et casamentis, vallem S^ti Desiderii cum omnibus proprietatibus, feudis et casamentis, partem quam habes in castro de Conflens cum proprietatibus et feudis, ecclesias S^ti Jacobi et S^ti Georgii quas habes in Augusta civitate cum decimis et pertinentiis earum, ecclesiam S^ti Jacobi de Castro argenteo cum decimis et pertinentiis suis. Statuimus insuper ut præscripta ecclesia nulli unquam Archiepiscopo vel ecclesiæ, primatiæ jure subesse debeat sed soli Sacrosanctæ Romanæ ecclesiæ sit nullo mediante subjecta sicut hactenus fuisse dignoscitur ; justitias quoque,

(1) vallem, *est fautif.*
(2) Allodiis, *est exact.*
(3) vallem S. Joannis de Desertis, *Item.*
(4) Flaceria, *Item.*

forum, feuda, casamenta et bonos usus quæ in terra Tarentasiensis ecclesiæ tu et prædecessores tui hactenus rationabiliter habuistis, tibi et successoribus tuis auctoritate apostolica confirmamus. Nihilominus etiam omnia illa quæ rationabiliter vel ad manus tuas tenes aut alii tenent nomine tuo et præscriptæ ecclesiæ, tibi et successoribus duximus confirmanda sub interminatione anathematis prohibentes ne quis eorum qui feuda, tuo vel ecclesiæ tuæ nomine tenent, bonos usus fendorum subtrahere vobis aut eadem feuda vel usus celare, seu temeritate qualibet ab eadem ecclesia alienare præsumat. Decernimus ergo ut nulli omnino hominum liceat præfatam ecclesiam temere pertubare aut ejus possessiones aufferre vel ablatas retinere, minuere aut quibuslibet vexationibus fatigare, sed omnia integra et illibata observentur (1) eorum pro quorum gubernatione ac sustentatione concessa sunt usibus omnimodis profutura, salva Sedis Apostolicæ auctoritate. Si qua igitur in futurum ecclesiastica sæcularisve persona hanc nostræ Constitutionis paginam sciens, contra eam temere venire contempserit (2), secundo tertiove commonita, nisi reatum suum digna satisfactione correxerit, potestatis honorisque sui careat dignitate, reamque se divino judicio existere de perpetrata iniquitate cognoscat, et a sacratissimo corpore ac sanguine Dei et Domini Redemptoris nostri J. C. aliena fiat, atque in extremo examine districte subjaceat ultioni. Cunctis autem eidem loco sua jura servantibus, sit pax

(1) serventur, BESSON *est plus exact.*
(2) tentaverit, *Item.*

Domini nostri J. C. quatenus et hii fructum bonæ actionis percipiant, et apud districtum judicem præmia æternæ pacis inveniant. Amen. Ego Honorius Catholicæ Ecclesiæ Episcopus. Ego Hugo Hostiensis et Velletrensis Episcopus. Ego Pelagius Albanensis Episcopus. Ego Nicolaus Tusculanus Episcopus. Ego Oliverius (1) Sabinensis Episcopus. Ego Ganala (2) S^{ti} Martini præsbiter Cardinalis titulo Œquitii. Ego Thomas titulo S^{tæ} Sabinæ præsbiter Cardinalis. Ego Joannes titulo S. Praxedis præsbiter cardinalis. Ego Octaviamus SS. Georgii (3) et Bachi diaconus cardinalis. Ego Gregorius (4) S. Théoduli (5) diaconus cardinalis. Ego Renerius S. Mariæ in Cosmedin diaconus cardinalis. Ego Stephanus S. Adriani diaconus cardinalis. Ego Egidius S. S. Cosmæ et Damiani diaconus cardinalis. Ego Petrus S. Georgii ad velum aureum diaconus cardinalis. Datum Laterani per manum magistri Guidonis Domini Papæ notarii, kalendis maii, indictione decima quarta Incarnationis Dominicæ M.CC.XX.VI. pontificatus vero Domini Honorii Papæ tertii anno decimo.

N. 4. Un autre vidimé des priviléges confirmés par le pape Honorius, fait par l'official de Tarentaise, en 1468, et signé Jean Poterlat et Jean Joy.

(1) Aliverius, BESSON.
(2) Gonzala, *Ibid.*
(3) Sergii, *Ibid, est plus exact.*
(4) Georgius, *Ibid.*
(5) Theodori, *Ibid.*

N. 5. Bulle en latin du pape Alexandre IV qui donne à l'église de Tarentaise la maison de Cléry et ses appartenances.

(An. 1256.)

TEXTE de Besson, *preuves*, n° 56, p. 392.

Alexander Episcopus servus servorum Dei, Venerabili fratri Archiepiscopo Tarentas. salutem et apostolicam benedictionem. Constitutus in præsentia nostra, nobis humiliter supplicasti ut cum mansæ tuæ archiepiscopalis redditus et proventus adeo sint tenues et exiles, quod non potes ex illis secundum quod decet pontificalem dignitatem commode sustentare, providere in hac parte tibi paterna diligentia curaremus. Nos igitur tuis supplicationibus inclinati, fraternitati tuæ ut domum de Cleriaco tuæ diœcesis cum pertinentiis suis, ad tuam, ut asseris, collationem spectantem, quam nonnulli prædecessorum tuorum interdiu ad manus suas retinuisse dicuntur, possis prædictæ mansæ usibus deputare, auctoritate apostolica præsentium tenore indulgemus, proviso quod dicta domus debitis et consuetis obsequiis non fraudetur. Nulli ergo omnino hominum liceat hanc paginam nostræ concessionis infringere, nec ei ausu temerario contraire. Si quis autem hoc attentare præsumpserit, indignationem omnipotentis Dei et beatorum Petri et Pauli Apostolorum ejus se noverit incursurum. Datum Anagniæ sexto calend. novembris, pontificatus nostri anno secundo.

N. 6. Bulle du pape Clément VII, de 1533, confirmant les immunités concédées à l'église de Tarentaise par ses prédécesseurs.

N. 7. Bulle du pape Benoît XII, sur parchemin, en latin, datée des kal. de février, par laquelle il révoque les aliénations des biens de l'église de Tarentaise qui avaient été faites, et réduit ces biens en leur premier état.

Nous n'avons pas retrouvé cette bulle qui était destinée à réparer les désastres causés par la mauvaise administration de l'archevêque Jacques de Sallin. Le pape avait reçu de graves plaintes contre ce prélat et avait commis, la septième année de son pontificat, sur la fin de l'année 1340, le seigneur Durand de St-Sauveur, chanoine de Vienne en Dauphiné, pour faire une enquête sur ces dilapidations des biens de l'église. M. le comte de Foras nous ayant communiqué un extrait authentique de cette enquête, nous le reproduisons ici. C'est la réponse faite sur le 23ᵉ article, où ce prélat était accusé d'avoir laissé usurper les droits de régale, et surtout les minières de la dépendance de l'archevêché.

(An. 1340.)

Texte d'un extrait fait sur l'original, par le notaire Excoffier, en 1757.

Item magister Petrus Vicedompni, clericus, notarius publicus, oriondus de terra ecclesiæ Tarentasiensis, juratus, examinatus, et interrogatus per dictum dominum commissarium, dixit et deposuit super contentis in vigesimo tertio articulo, quod bene verum est, quod jura regaliæ secundum privilegia Romanorum Pontificum et Imperatorum pertinent ad ecclesiam in suis territoriis, sed bene scit quod dicta auri et argenti fodina non est infra terram seu territorium ecclesiæ, imo in terra Francisci de Avalone, quam tenet a Domino Comite in feudum.

Et ego Joannes de Poyeto, clericus Aniciensis diœcesis, publicus imperiali aucthoritate notarius ac scriba dicti domini Commissarii in hac parte, examinationibus, interrogationibus, responsionibus dictis, et depositionibus suprascriptis Dominorum Jacobi archiepiscopi Tarentasiensis, et Joannis prioris, ac magistri Vicedompni notarii publici prædictorum, necnon omnibus et singulis suprascriptis per venerabilem virum Durandum de Sancto Salvatore Sedis Apostolicæ commissarium prædictum, et coram eo agebantur........ diebus pontificatus in...... et locis prædictis, una cum dicto domino magistro Petro Vicedompni, et testibus supra scriptis de dicti domini commissarii mandato præsens interfui, et prædicta omnia et singula in viginti petiebus pergameni super simul junctis per Petrum Alberti de Valencia, notarium publicum de nota per me cum dicto magistro Petro Vicedompni, de prædictis recepta extrahi, scribi et grossari, et in hanc publicam formam redigi feci de dicti domini commissarii mandato, et huic publico instrumento propria manu subscripsi, et signo meo solito hic et super in singulis juncturis pellium pergameni, una cum dicto magistro Petro Vicedompni signavi in testimonium præmissorum.

N. 8. Bulle du pape Paul, de 1408 (1), qui constitue les archevêques de Lyon et d'Embrun et l'évêque de Grenoble, conservateurs et défenseurs de la mense de Tarentaise, contre les détenteurs et les spoliateurs de ses biens.

N. 9. Bulle du pape Sixte IV, de 1473, qui confie à l'évêque d'Ivrée et aux officiaux de Lausanne et de Genève, la conservation et la défense de la mense archiépiscopale de Tarentaise, contre les envahisseurs de ses biens.

N. 10. Bulle du pape Clément (2) du 18 des kal. d'octobre, qui révoque les donations que les archevêques de Tarentaise ont faites des biens de leur église.

N. 11. Bulle du pape Clément (3) du 8 des ides de mars, ordonnant à l'évêque d'Aoste de lancer une sentence d'excommunication contre les injustes détenteurs des biens de l'église de Tarentaise.

N. 12. Bulle du pape Martin (4) du 11 des kal. de février, donnant pouvoir à l'official d'Aoste de révoquer les donations faites des biens de l'église de Tarentaise, et de contraindre par les censures ecclésiastiques ceux qui s'y opposaient.

---

(1) *Cette date est fausse; peut-être faut-il 1468, alors que régnait Paul II.*
(2) *Cette date incomplète ne permet pas de savoir de quel pape Clément il s'agit.*
(3) *Idem.*
(4) *Idem.*

N. 13. Vidimé des bulles des papes Benoît (1) et Clément (2) concernant la révocation des aliénations des biens de l'église de Tarentaise; ce vidimé de l'an 1369 est signé par Me Jacques Floret et Jean Tany.

N. 14. Bulle du pape Benoît (3) du 6 des kal. de février, portant que les biens de la mense de Tarentaise induement vendus et aliénés, seront restitués.

N. 15. Vidimé fait par l'official de Tarentaise, en 1510, scellé et signé Abondance, des lettres monitoriales lachées par le commissaire du St-Siége contre le duc de Savoie, son conseil et ses officiers, avec défense de troubler l'archevêque de Tarentaise dans la juridiction temporelle de son église.

N. 16. Vidimé fait par l'évêque de Grenoble, juge député pour la conservation des priviléges de l'église de Tarentaise, des bulles du pape Nicolas (4), pour la défense et la protection des droits de cette église, contre d'injustes envahisseurs. Ce vidimé daté de 1453, est signé par Guillerme de la Croix.

N. 17. Parchemin où sont décrites les bulles du pape Honorius III qui relatent et confirment les dîmes dues à l'archevêque par les églises de Tarentaise, et les juridictions des lieux sujets à l'archevêché.

Voir le n° 3 ci-dessus, p. 243.

---

(1) *Idem.*
(2) *Idem.*
(3) *Idem.*
(4) *Idem.*

N. 18. Bulle du pape Alexandre IV, du 4 des nones de décembre, par laquelle il confirme la transaction faite entre l'archevêque de Tarentaise et l'évêque d'Herford de concert avec ses frères, au sujet du château de Briançon.

Nous n'avons pas cette bulle, mais elle se réfère évidemment à trois actes qui figurent parmi les pièces remises aux archives de Cour. (*Transactions*, paquet 1er, nos 18, 19 et 20). Ce sont : 1° Une sommation faite, le 9 février 1254, par l'archevêque Rodolphe, à Gontier de Brianzon et noble Emery d'Aigueblanche, de rendre et restituer à l'église de Tarentaise, le château de Brianzon, sous peine d'excommunication.—2° La protestation faite par le même archevêque, le 11 des kal. de septembre 1255, contre l'évêque d'Herford, sur ce qu'il avait appris que le château de Brianzon appartenait de droit à l'église de St-Pierre de Moûtiers, soit à l'archevêché, requérant être mis en possession de ce château par S. M. Impériale.—3° La vente et cession faite par le même archevêque, le 6 des ides de septembre 1258, en faveur d'Aymon, évêque d'Herford et d'Emery de Brianzon, frères, de tous les droits qu'il pouvait avoir sur le château de Brianzon pour le prix de 1600 liv. viennoises.

N. 19. Transumpt daté de 1486 et signé par Jean Desiderii, des bulles du pape Sixte IV données en 1475, en confirmation de la transaction passée entre l'archevêque Jean et le duc de Savoie.

N. 20. Bulle du pape Urbain (1) du 14 des kal. d'avril, contenant la révocation des aliénations des biens de l'église de Tarentaise.

N. 21. Bulle du pape Alexandre IV du 16 des kal. de novembre, portant commission pour

---

(1) *Idem.*

examiner les griefs des chanoines séculiers contre les réguliers.

(An. 1256.)

Texte de Besson, *preuves*, n° 55, p. 390.

Alexander Episcopus servus servorum Dei, Venerabili fratri Archiepiscopo Ebredunensi, et dilecto filio Fratri Aymoni de Crusilli, Priori Fratrum Prædicatorum Lausanen. Salutem et Apostolicam Benedictionem. Sua nobis venerabilis frater noster Tarentas. Archiepiscopus et Capitulum canonicorum sæcularium Tarentasiensis ecclesiæ, petitione monstrarunt, quod felicis recordationis Innocentius Papa prædecessor noster, intellecto quod ecclesia quæ olim inter alias illarum partium libertatis privilegio eminebat, tantum atterebatur tyrannide superborum, quod dejecta velut servitutis oppressa molestiis videbatur, et quod ecclesia eadem quæ refici consuevit in multis prosperis dulci gustu, adversis plurimis libamentis reficiebatur amaris, propter teporem et incuriam canonicorum regularium tunc habitantium in eadem, de consilio fratrum suorum, dilecto filio nostro Rodulpho sancti Angeli Diacono Cardinali suis dedit litteris in mandatis ut dictam ecclesiam de canonicis sæcularibus honestis et idoneis ac eidem ecclesiæ utilibus ad laudem et cultum divini nominis diligenter ordinare curaret, taxando in ea, consideratis ipsius facultatibus, certum ministrorum numerum et etiam præbendarum, ac statuendo de habendis inibi certis dignitatibus, de serviendo ibidem in ordinibus, de facienda illic residentia, de divinorum celebratione, ac omnibus aliis quæ honori et commodo prædictæ ecclesiæ, cultuique divino competere videbantur, prout expedire videret, regulares vero canonicos qui tunc erant in ecclesia memorata, in aliis locis consimilis ordinis Tarentas. et Viennens. provinciarum, cum ipsorum voluntate, per se vel per alium collocare, contradictores per censuram ecclesiasticam, appellatione postposita, compescendo. Idem vero Cardinalis præfatam ordinavit ecclesiam, statuendo in ea et exequendo præmissa juxta traditam sibi formam, prout in instrumento publico inde confecto, sigillatoque sigillo ipsius Cardinalis, plenius dicitur contineri. Dictus quoque cardinalis mandavit eidem archiepiscopo per suas litteras ut ordinationem ipsius Cardinalis executioni mandaret; idemque prædecessor quod super hoc ab eodem Cardin. factum extitit, confirmavit. Porro dictus archiepiscopus, juxta ordinationem Cardin. ejusdem, prædictos regulares canonicos, de voluntate ipsorum, in aliis ecclesiis consimilis ordinis earum provinciarum collocans, illis exceptis qui personatus habebant et qui remanserunt in eisdem personatibus, et aliis quibusdam remanentibus in ecclesia memorata, quibus de eorum assensu fuit sufficienter provisum, instituit in ea, in qua erant 14 regulares canonici vel circa residentes, 20 canonicos sæculares, prædictis regularibus canonicis non contradicentibus nec reclamantibus, sed ordinationem potius acceptantibus supradictam, de non veniendo contra ordinationem prædictam præstito a quibusdam corporaliter juramento. Verum postmodum suggesto nobis mendaciter quod prædicta ecclesia ex ordinatione hujusmodi non erat reformata sed potius deformata, et quod ibidem non servabatur hospitalitas ut solebat, et quod pauperes consuetis eleemosinis frandabantur, quodque divinus cultus erat in ea ex ordinatione ipsa non modicum diminutus, Abbati sancti Petri foris portam Viennensem ordinis sancti Benedicti, Priori vallis sanctæ Mariæ Diensis diœcesis Carthusiano, et fratri Petro dicto *Roscelin* Lugdun. Prædicatorum ordinis, nostris dedimus litteris in mandatis, nullam de provisione hujusmodi prædictorum canonicorum regularium et juramento prædicto facientes mentionem, ut personaliter accedentes ad locum, si eis de plano et sine strepitu judicii de præmissis constaret, et sine gravi scandalo fieri posset, prædictos regulares canonicos, ordinatione et confirmatione prædictis nequaquam obstantibus, reducentes in eumdem statum in quo fuerant tempore ordinationis Cardinalis ejusdem, amotis ab ipsa ecclesia sæcularibus canonicis, reduci facerent in commune bona præfatæ ecclesiæ quæ divisa erant inter canonicos sæculares, alioquin quod super hoc invenirent, nobis per suas litteras fideliter intimarent. Cum ergo Abbas et frater Petrus prædicti, eodem Priore se totaliter excusante, ad eamdem ecclesiam accedentes super præmissis ex arrepto, lite non contestata, inquisitionem fecissent, prædicti canonici sæculares ex eo sentientes ab eis indebite se gravari quod ipsis ad dicendum in personas et dicta testium ab Abbate et fratre prædictis super hoc receptorum, unius tantum diei terminum assignarunt, aliis gravaminibus sufficientibus ad nostram quidem eorumque auferunt audientiam appellandum. Abbas vero et frater Petrus prædicti non attendentes quod ex hoc oriebatur magnum scandalum, præfatos canonicos sæculares, quamquam prædicta ecclesia non esset ex ordinatione hujusmodi deformata, fore amovendos ab eadem ecclesia, et reducendos in ea dictos regulares canonicos per definitivam sententiam, juris ordine non servato, pronunciaverunt iniquam a qua quidam ex memoratis canonicis sæcularibus ad Sedem Apostolicam appellarunt, nosque processum Abbatis et fratris Petri prædictorum super hoc habitum dicuntur confirmasse. Cum autem prout accepimus, prædicta ecclesia propter contentiones hujusmodi patiatur in spiritualibus et temporalibus non modicum detrimentum, discretioni vestræ per Apostolica scripta mandamus, quatenus ad eamdem ecclesiam personaliter accedentes, et habentes præ oculis solum Deum, si vobis constiterit ex præmissis causis vel aliqua earum fuisse ad eamdem Sedem a memoratis sæcularibus Carnonicis appellatum, revocetis in statum debitum quidquid post hujusmodi appellationem inveneritis temere attentatum, ac facientes vobis exhiberi ordinationem prædicti Cardinalis et hujusmodi processum Abbatis et fratris Petri prædictorum, cum omnibus litteris Apostolicis impetratis hinc inde, detentores ad exhibitionem earum si necesse fuerit per censuram ecclesiasticam appellatione postposita compellendo. Ordinatine et processu prædictis diligenter inspectis, præfatam ecclesiam de sæcularibus seu regularibus canonicis auctoritate nostra per vos vel per alios, prout secundum Deum et utilitatem ipsius ecclesiæ videritis expedire, de plano et sine judicii et advocatorum strepitu, sublato cuilibet dilationis difficultate et appellationis obstaculo, ordinare curetis et ordinationem nostram faciatis per censuram ecclesiasticam firmiter observari, non obstante indulgentia quæ fratribus tui ordinis, fili Prior, ab Apostolica Sede dicitur esse concessa, quod de causis quæ sibi a Sede committuntur eadem se nullatenus intromittere teneantur : nos enim relaxandi juxta formam ecclesiæ omnes suspensionis, interdicti et excommuncationis sententias in quoscumque ex ipsis canonicis hac occasione prolatas, dispensandi quoque super irregularitate si quam, aliqui ex eis sic ligati divinis se immiscendo officiis, forsitan incurrerunt, liberam vobis concedimus auctoritate præsentium facultatem. Quod si non ambo his exequendis potueritis interesse, tu frater Archiepiscope, ea nihilominus exequaris. Datum Anagniæ, decimo sexto calend. novembris, pontificatus nostri anno secundo.

> Nous allons reproduire ici cinq pièces importantes mentionnées dans la bulle ci-dessus. Ce sont : 1° La bulle d'Innocent IV, qui commet le cardinal de St-Ange, pour réformer les chanoines de Tarentaise ; 2° Le règlement fait par ce cardinal, en exécution de son mandat ; 3° La bulle d'Innocent IV qui confirme ce règlement ; 4° La bulle d'Alexandre IV qui commet pour la même affaire, l'abbé de St-Pierre hors la Porte de Vienne et le frère Pierre Roscelin, dominicain de Lyon ; 5° Les dispositions prises par ces deux commissaires apostoliques.

(An. 1250.)

Texte de Besson, *preuves*, n° 53, p. 385.

Innocentius Episcopus servus servorum Dei, dilecto filio Richardo sancti Angeli Diacono Cardinali, salutem et Apostolicam Benedictionem. Tantum atteritur Tarentasiensis ecclesia circumstantium tyrannide superborum, ut cum olim inter alias illarum partium, libertatis privilegio emineret, nunc dejecta velut servitutis compressa molestiis videatur. Pollebat hæc dudum quasi spectabilis posita in sublimi, sed pollet modo ut despicabilis in immo demersa, multorum quondam bonorum ubertate gaudebat, sed jam crebra illorum amissione tristatur, reficiebatur hactenus in multis prosperis dulci gustu, sed nunc in adversis plurimis amaris afficitur libamentis. Et quidem hoc accidit quod consistentes pridem in ipsa regulares canonici religionis observatione clarebant, vigebant fervore spiritus, virtute animi prævalebant, et curæ sollicitudine vigilabant, propterquod malignorum reprimebatur audacia, et eadem ecclesia minorationis in suis juribus non sentiens læsionem, meliorationis in illis jugiter incrementa sumebat. Sed nunc ejus ministri sic tepuisse mentis algore, cordis hebetudine decidisse ac incuriæ otio tepuisse dicuntur, ut ipsa ecclesia, tanquam indefensa parere cernatur libere violenti, unde suarum rerum affluentia defluit, premitur suæ præeminentia libertatis, et honoris sui titulus offuscatur. Quare nobis dilectus filius Rodulphus, Tarentasiensis electus, humiliter supplicavit, ut cum vix aliqui ad illius defensionem idonei, velint ibidem institui propter religionis ligamen, licet in pluribus exinde relegatum quod eorum animos et affectus omnino religat et retrahit, in hac parte providere super hoc ipsi ecclesiæ, ne sic miserabiliter corruat, Apostolica diligentia curaremus. Nos itaque suis honestis supplicationibus inclinati, volentes eidem ecclesiæ contra imminentem ipsius ruinam celeri et congruo remedio subvenire, providentiæ tuæ, de fratrum nostrorum consilio, præsentium auctoritate mandamus, quatenus ecclesiam ipsam de canonicis sæcularibus honestis et idoneis ac eidem ecclesiæ utilibus, per eumdem electum et successores suos instituendis ibidem, si ad eum canonicorum regularium ipsius ecclesiæ receptio et institutio pertinebat, cum per hujusmodi canonicos sæculares a suis oppressionibus speretur salubriter posse resurgere, ac ab injuriatoribus et oppressoribus utiliter deffensare, ad laudem et cultum divini Nominis, diligenter ordinare procures, taxando in ea, consideratis ipsius facultatibus, certum ministrorum numerum et etiam præbendarum, ac statuendo de habendis inibi certis dignitatibus, de serviendo ibidem in ordinibus, de facienda illic residentia, de divinorum celebratione, ac omnibus aliis quæ honori et commodo ipsius ecclesiæ, cultuique divino competere dignoscuntur, prout videris expedire. Regulares vero canonicos, qui nunc sunt in eadem ecclesia, in aliis locis consimilis ordinis, Tarentasiensis et Viennensis provinciarum, cum ipsorum voluntate, per te vel per alium studeas collocare. Contradictores autem, si qui fuerint vel rebelles, per censuram ecclesiasticam appellatione remota compescas, non obstantibus privilegio quolibet, seu indulgentia Sedis Apostolicæ, vel statuto quocumque aut consuetudine, juramento seu quacumque firmitate alia roboratis. Datum Lugduni, decimo sexto Calendas februarii, Pontificatus nostri anno octavo.

(**An. 1251.**)

Texte de Besson, *preuves*, n° 53, p. 385.

Discreto viro et amico in Christo charissimo Rodulpho Tarentas. electo, Richardus, miseratione divinâ, sancti Angeli Diaconus Cardinalis, salutem et sinceram in Domino charitatem. Noveritis nos recepisse a Domino Papa litteras in hunc modum : (*Ici se trouve intercalée la bulle précédente*). Nos igitur concessa nobis auctoritate Apostolica in hac parte de Domini Papæ speciali conscientia et mandato : necnon ex consilio venerabilis patris Domini Hugonis, titulo sanctæ Sabinæ Præsbiteri Cardinalis, et aliorum plurium sapientum, sententiantes et ordinantes Tarentasiensem ecclesiam collapsam in temporalibus ac depressam, de canonicis sæcularibus honestis, idoneis et utilibus ecclesiæ ordinari præcipimus et mandamus, ac ex nunc ipsam in sæcularem ecclesiam immutamus, statum ejus taliter statuendo videlicet, quod viginti canonici sæculares sint in Tarentasiensi ecclesia supradicta, quarum quatuor sint personæ, primus Decanus, secundus Archidiaconus, Cantor tertius, et Thesaurarius tandem quartus. Facta vero taxatione proventuum ecclesiæ, quos ab illis qui eos plene noverant nobis fecimus explicari, volumus quod quilibet canonicus viginti libras viennenses habeat præbendali beneficio annuatim ; Decanus autem quadraginta, viginti pro præbenda, et pro dignitate viginti, ac quilibet aliarum trium personarum triginta, ita quod viginti libras similiter habeant pro præbenda et decem pro dignitatis honore. Quod si aliquid excrescens fuerit, inter canonicos debitis portionibus dividatur, ita tamen quod quatuor Sacerdotes vicarii ad servitium ecclesiæ ordinentur, et ex superexcrescenti prædicto quod novimus ibi esse, habeant sustentationem decentem. Decanus siquidem et sex ex canonicis sint penitus sacerdotes, præbenda Decani et sex præbendis aliis sacerdotibus contitutis, quæ nunquam nisi sacerdotibus (1) conferantur promotis, vel talibus qui possint infra annum commode ad sacerdotium promoveri, ad quod juramento etiam astringantur, cæteris canonicis ad subdiaconatus ordinem, sex ad diaconatum omnino promotis. Ad majus autem altare soli canonici, sed alii sacerdotes præter missam majorem, reliquas missas in aliis altaribus celebrabunt, et intersint omnibus horis suis canonicis, suas septimanas in omnibus officiis facientes præterquam de missa majoris altaris. Verum nullus canonicus nisi residens et personaliter deserviens percipere quidquam possit, ac per octo menses anni ad minus residere quilibet teneatur. Quod si contigerit aliquem in residuis quatuor mensibus absentari, teneatur in ordine ad cujus est servitium obligatus per vicarium ejusdem ordinis deservire. Si quis vero de Archiepiscopi licentia voluerit theologiæ studio immorari, percipiat medietatem præbendæ, medietate alia vicario qui pro eo interim deserviat assignata. Quod si studeat in alia facultate, nihil penitus percipiat de præbenda, vel quocumque modo alio sit absens, nisi causa

(1) sacerdotio, *est plus exact*.

peregrinationis de Archiepiscopi licentia, et tunc tantum præbendæ medietatem habebit. Cæterum fructus absentium per fidelem aliquem colligantur, in quotidianis distributionibus dividendi, de quibus et aliis etiam distributionibus nullus aliquid percipiat, nisi qui ad matutinas, missam majorem et vesperas præsens erit. Si quis vero se, collectis fructibus, ultra tempus absentabit statutum, perceptos fructus pro rata temporis restituere teneatur, ad hoc per subs tractionem beneficii vel pænam aliam compellendus Major autem missa semper cum diacono et subdiacono celebretur, et in duplicibus festis tantum canonici diacon et subdiaconi ministrabunt. Sane Decanus post Archiepiscopum habeat in Capitulo vocem primam, in quo nullus vocem habebit, nisi sit in sacris ordinibus constitutus; et qualibet hebdomada in sexta feria Capitulum celebretur. Singulis vero annis in Dominica præcedente festum Pentecosten celebrabunt capitulum generale, ac de negociis ecclesiæ tractabunt, perscrutando quis residens fuerit illo anno. Archiepiscopo siquidem et successoribus suis obedientiam et fidelitatem canonici jurent omnes, ad quem canonicorum institutio et collatio archidiaconatus et cantoriæ, ac omnium præbendarum tantum pertineat, si ad eum receptio et institutio canonicatuum regularium pertinebat. Sed Decanus et Thesaurarius per Capitulum eligantur ab Archiepiscopo confirmandi. Regulares autem canonicos qui nunc sunt in ecclesia prælibata, in aliis locis ejusdem ordinis Tarentasiensis et Viennensis provinciarum, cum ipsorum voluntate, collocari mandamus. Quare nos volentes universa et singula supra dicta robur perpetuum obtinere, ipsa præcepimus firmiter observari, ac in contradictores et rebelles excommunicationis sententiam promulgamus. Quapropter auctoritate qua fungimur in hac parte, vobis firmiter injungimus et mandamus, quatenus secundum modum prædictum Tarentasiensem ecclesiam ordinantes, universa et singula supra dicta, præter regularium canonicorum collationem quam Venerabili Patri Maurianensi Episcopo (1) duximus committendam, observari firmiter faciatis, auctoritate nostra contradictores et rebelles, si qui fuerint, censura ecclesiastica compescendo. In hujus autem rei testimonium et perpetuam firmitatem, præsentes litteras vobis mittimus sigilli nostri munimine roboratas. Datum Bononiæ, anno Domini millesimo ducentesimo quinquagesimo primo, decimo Calend. novembris, Pontificatus Domini Innocentii Papæ quarti anno nono.

(An. 1253.)

Texte de Besson, *preuves,* n° 53, p. 385.

Innocentius Servus Servorum Dei, Venerabili fratri Archiepiscopo et dilectis filiis Capitulo Tarentasiensi salutem et Apostolicam Benedictionem. Cum a nobis petitur quod justum est et honestum, tam vigor æquitatis quam ordo exigit rationis, ut id per sollicitudinem officii nostri ad debitum perducatur effectum. Sane vestra

---

(1) *La collation des canonicats de Tarentaise est confiée à l'évêque Amédée de Maurienne, parce que l'archevêque Rodolphe n'était encore qu'élu, à cette époque, comme on le lit au commencement de la lettre du cardinal de St-Ange.*

petitio nobis exhibita continebat quod dilectus filius noster Richardus S^{ti} Angeli Diaconus Cardinalis de nostra licentia, et Fratrum nostrorum consilio, Tarentasiensem ecclesiam quæ regularis erat, constituit sæcularem, prout in litteris inde confectis, sigillatis sigillo ipsius Cardinalis plenius continetur. Nos itaque vestris supplicationibus inclinati, quod super hoc ab eodem Cardinali factum est, ratum et gratum habentes, id auctoritate Apostolica confirmamus et præsentis scripti patrocinio communimus, tenorem litterarum ipsarum de verbo ad verbum præsentibus inseri facientes, qui talis est : (*Ici est intercalé le règlement ci-dessus du cardinal de St-Ange*). Nulli ergo omnino hominum liceat hanc paginam nostræ confirmationis infringere, vel ei ausu temerario contraire. Si quis autem hoc attentare præsumpserit, indignationem omnipotentis Dei et Beatorum Petri et Pauli Apostolorum ejus, se noverit incursurum. Datum Assisii octavo Idus augusti, Pontificatus nostri anno undecimo.

(An. 1255.)

Texte de Besson, *preuves* n° 54. p. 388.

Alexander Episcopus servus servorum Dei, dilectis filiis Abbati sancti Petri foris portam Viennens. Ordinis sancti Benedicti, Prioris vallis sanctæ Mariæ Diensis Diæcesis, et fratri Petro *de Roscelin* Lugdun. Prædicatorum ordinis, Salutem et Apostolicam Benedictionem. Dudum suggesto felicis recordationis Innocentio Papa quarto prædecessori nostro, quod Tarentasiensis ecclesiæ quæ olim inter alias illarum partium, libertatis privilegio eminebat, tantum atterebatur tyrannide superborum, quod dejecta, velut servitutis oppressa molestiis videretur, et quod ecclesia ipsa, quæ refici consueta in multis prosperis dulci gustu, in adversis plurimis, libamentis reficiebatur amaris, propter teporem et incuriam canonicorum regularium habitantium in eadem : idem prædecessor noster, de consilio fratrum suorum, dilecto filio nostro Richardo sancti Angeli Diacono Cardinali, ad supplicationem Venerabilis fratris nostri Tarentasiensis Archiepiscopi tunc electi, et suis sub certa forma dedit litteris in mandatis, ut ecclesiam ipsam de canonicis sæcularibus honestis et idoneis ac eidem ecclesiæ utilibus diligenter ordinare curaret, taxando in ea, consideratis ipsius facultatibus, certum ministrorum numerum et etiam præbendarum, ac statuendo de habendis inibi certis dignitatibus, de serviendo ibidem in ordinibus, de facienda residentia, de divinorum celebratione, ac omnibus aliis quæ honori et commodo ipsius ecclesiæ, cultuique divino competerent, prout eidem Cardin. expediens videretur; regulares vero canonicos qui tunc erant in eadem ecclesia, in aliis locis consimilis ordinis Tarentatasiensis et Viennensis provinciarum, cum ipsorum voluntate, per se vel per alium collocaret; contradictorem per censuram ecclesiasticam, appellatione postposita, compescendo, non obstantibus privilegio quolibet, seu indulgentia Sedis Apostolicæ vel statuto quocumque, aut consuetudine juramento seu quacumque firmitate alia roboratis. Idem vero Cardinalis præfatam ordinavit ecclesiam statuendo in ea, et exequendo præmissa juxta traditam sibi formam, dans eidem Archiepiscopo suis litteris in mandatis ut ea quæ continebantur in ordinatione hujusmodi faceret firmiter observari, dictusque prædecessor ordinationem hujusmodi dicitur confirmasse. Cum autem prædicta ecclesia ex ordinatione hujusmodi non reformata, sed sit potius ut dicitur deformata, cum ibidem non servetur, ut solet, hospitalitas et pauperes consuetis eleemosinis defraudentur, et divinus cultus sit in ea non modicum diminutus; Nos eidem ecclesiæ volentes paterna sollicitudine providere, discretioni vestræ per Apostolica scripta mandamus quatenus personaliter accedentes ad locum, si vobis de plano et sine strepitu judicii constiterit de præmissis, et sine gravi scandalo fieri poterit, prædictos regulares canonicos, ordinatione et confirmatione prædictis non obstantibus, in eum statum in quo fuerant tempore ordinationis Cardinalis ejusdem, amotis ab ipsa ecclesia sæcularibus canonicis, reduci faciatis in communi bona præfatæ ecclesiæ quæ inter canonicos sæculares sunt divisa; alioquin quod super hoc inveneritis nobis per vestras litteras horum seriem continentes studeatis fideliter intimare. Cæterum illis qui hujusmodi negotium prosequentur, ad ipsius prosecutionem expensas necessarias factas et faciendas ministrari faciatis de bonis ecclesiæ prælibatæ. Contradictores per censuram ecclesiasticam appellatione postposita compescendo, non obstante si aliqui ab Apostolica Sede indulgentiam habeant, quod interdiu suspendi vel excommunicari non possint, seu fratribus vestrorum ordinum.......... quod si non omnes his exequendis potueritis interesse, duo vestrum ea nihilominus exequantur. Datum Laterani, decimo octavo Calend. januarii, Pontificatus nostri anno primo.

(An. 1256.)

Texte de Besson, *preuves,* n° 54, p. 388.

Anno Domini millesimo ducentesimo quinquagesimo sexto, indictione decima quarta, pridie Nonas aprilis, præsentibus infrascriptis testibus, Nos Aynardus humilis Abbas sancti Petri foris portam Viennensem ordinis sancti Benedicti, et frater Petrus dictus *Roscelin* de Lugdunensi Prædicatorum ordine, inquisitores in negotio Tarentasiensis ecclesiæ a Sede Apostolica deputati. Dudum Alexandri Papæ litteras recepimus sub hac forma : *(Ici est intercalée la bulle précédente).* Cum igitur pro hujus modi executione mandati, citatis legitime Domino Rodulpho Archiepiscopo et canonicis ecclesiæ supradictæ, una cum collega nostro fratre Rufferio Priore vallis sanctæ Mariæ Carthusiensis ordinis Diensis diœcesis, ad locum personaliter venissemus, dictus collega noster, præsentibus canonicis ecclesiæ tam regularibus quam sæcularibus qui ad diem assignatam convenerant una nobiscum in capitulo Tarentasiensis ecclesiæ residens, se assistentium in audientia viva voce, quod amplius in dicto negotio non poterat interesse, excusavit, rogans ut sine ipso procederemus in negotio mentionato, præcipiens notario publico qui astabat, ut de hujusmodi excusatione conficeret publicum instrumentum. Nos igitur facta prædictis canonicis copia rescripti Apostolici et citationis, et assignato termino competenti quoad proponendum exceptiones quas vellent, et expositis sibi capitulis super quibus inquirere volebamus, receptis testibus super his capitulis et diligenter examinatis, et eorum depositionibus ad requisitionem canonicorum Tarentasiæ publicatis, facta sibi copia et transcripto tradito depositionum ipsarum, die assignata ad deliberandum et dicendum contra testes et dicta testium eorumdem; item termino assignato ad proponendum de jure et de facto quidquid rationabiliter proponere vellent, auditis et intellectis diligenter quæ ipsi canonici de jure et de facto proponere voluerunt, inquisita diligentissime super ipsis capitulis veritate, die assignata peremptorie ad definitivam sententiam proferendam præsentibus canonicis Tarentasiensis ecclesiæ qui voluerunt et debuerunt interesse, adhibita diligentia et cautela quæ debet in tali negotio adhiberi, habito jurisperitorum consilio, cum nobis constet legitime de præmissis, sententiando dicimus et pronuntiamus canonicos sæculares, non obstantibus ordinatione et confirmatione prædictis, a dicta ecclesia amovendos et ipsos per sententiam amovemus. Item sententiando pronunciamus regulares canonicos in pristinum statum reducendos, et ipsos per sententiam reducimus in eum statum in quo fuerant tempore ordinationis prædictæ. Item pronunciamus bona præfatæ ecclesiæ quæ divisa sunt inter sæculares canonicos, in communi reducenda et etiam per sententiam reducimus in commnni, ipsamque ex nunc in regularem ecclesiam commutamus, absolventes auctoritate qua fungimur omnes et singulos a debito quocumque homagiorum, fidelitatum, servitiorum, usagiorum, censuum, proventuum, decimarum vel quolibet alio quæ canonicis sæcularibus vel aliis quibuscumque, occasione ordinationis prædictæ, ratione Tarentasiensis ecclesiæ tenebantur, eisdem præcipientes districte ut canonicis regularibus ejusdem ecclesiæ deinceps teneantur et respondeant de præmissis; illis vero qui hoc negotium prosequuntur, centum libras fortium solvi præcipimus de bonis ecclesiæ prælibatæ pro expensis necessariis, juramento eorumdem taxatione præhabita declaratis, atque in contradictores et rebelles sententiam excommunicationis promulgamus. Actum apud Musterium in Capitulo Tarentas. ubi testes vocati fuerunt specialiter et rogati : venerabilis Pater Dominus Dei gratia Episcopus Gratianopolitanus, et Dominus Petrus Episcopus Augustensis, Willelmus Prior Columnæ Jovis, Richardus Archipræsbiter Gratianopolitanus, Willelmus de.......... canonicus Gratianopolitanus, frater Rodulphus de ordine Prædicat. Lugdun. Martinus Infirmarius sancti Petri foris Portam Viennensem, Petrus ejusdem loci monachus, Hugo capellanus de Prato, Petrus de Sancto Jacobo canonicus Augustensis, Bermundus castellanus de sancto Jacobo, Willelmus de Macello clericus et quidam alii. Nos autem Fr. (1) Dei gratia Gratianopol. et Petrus de Pra (2) Augustensis Episcopi, et nos etiam inquisitores

---

(1) *C'est l'évêque* FALCON, *le* 50ᵉ *dans le Catalogue des év. de Grenoble, publié par l'*ACADÉMIE DELPHINALE, *vol. de 1867, p.* 372.

(2) *C'est l'évêque Pierre II, que Besson surnomme* DE BOSSA, *Mem. p.* 253.

supradicti, præsenti sententiæ sigilla nostra in testimonium prædictorum duximus apponenda. Et ego Vitalis de Conflens imperiali auctoritate notarius et Comitis Sabaudiæ, his omnibus interfui et hanc cartam rogatus scripsi et subscripsi et tradidi.

N. 22. Bulle du pape Alexandre IV, du 3 des nones de novembre, qui confirme l'accord fait entre les chanoines réguliers et séculiers de Tarentaise, et confère à l'archevêque la libre collation des prébendes séculières et des personnats.

Nous allons reproduire d'abord la transaction capitulaire, et ensuite la bulle qui la confirme.

(An. 1257.)

Texte de Besson, *preuves* n° 57. p. 393.

Anno Domini millesimo ducentesimo quinquagesimo septimo, indictione decima quinta, secundo Idus septembris, in præsentia testium quorum nomina subscribuntur, Bernardus Decanus Tarentasiæ, Petrus de Bellentro, Petrus de Turre, Aymo Lay de Aquablancha, Petrus de Ayma, Joannes Costa, Herluinus Prior de Cleriaco, Humbertus de Montemajori, Aymo de Avallone, Petrus de Conflens, Willelmus de Salsa, canonici Tarentasiæ regulares, ex una parte; Rodulphus capellanus Domini Archiepiscopi, Rodulphus de Montanea, Anselmus de Bellentro, Willelmus Diderii, Hugo de Ruina, Tarentasiæ canonici sæculares pro se et canonicis suis sæcularibus ex altera ; inter se, auctoritate et consensu Venerabilis Patris Rodulphi Archiepiscopi, in quem compromiserunt, prout patet per publicum instrumentum super discordia mota inter eos, super sententia lata pro iisdem regularibus contra dictos sæculares, super amotione sæcularium et restitutione regularium per Abbatem S. Petri foris Portam Viennensem et Fratrem Roscelinum de ordine Prædicatorum, necnon super appellatione ab eisdem sæcularibus a dicta sententia interposita, super qua Venerabilis Pater Herluinus Ebredunens. Archiepiscopus ab Apostolica Sede judex datus est, memoratis sententia et appellatione nequaquam obstantibus, sic invicem amicabiliter composuerunt et convenerunt quod tam regulares quam sæculares pleno jure pro canonicis Tarentasiæ habeantur, hoc tamen moderamine adhibito quod religionis favore regulares prædicti et eorum successores in ecclesia S. Petri serviant et remaneant perpetuo in ordine regulari, sæculares vero canonici et successores eorum serviant in aliqua ecclesiarum civitatis ejusdem, quam secundum provisionem et ordinationem Venerabilis Patris Rodulphi Tarentasiæ Archiepiscopi duxerit eligendam. Bona vero Tarentasiensis ecclesiæ in hodiernum diem ad Capitulum spectantia quæ Capitulum prædictum, vel alius ejus nomine tenet vel possidet, vel pro quibus actionem sive petitionem contra quamcumque vel quascumque personas habere dignoscitur, inter partes dividant, exceptis prioratibus de *Marthod* et de Pratologinquo qui remanent regularibus, de quibus tamen pro sustentatione sua, eleemosina et festivitatibus juxta providentiam ipsius

Archiepiscopi faciendis, dicti regulares duas partes habeant cum plena et libera administratione sine saecularibus, in Capitulo et extra ; saeculares vero tertiam partem habeant illibatam, cujus tertiae ordinationem liberam habeant sine regularibus, in Capitulo et extra, et eorum successores perpetuo. Regulares vero instituantur secundum consuetudinem antiquitus observatam ; ad Archiepiscopum vero pertineat libera collatio praebendarum secularium et personatuum ; hoc adjecto quod saeculares canonici festivis solemnitatibus, in officiis majoris ecclesiae tanquam canonici majoris ecclesiae adscribantur, et illi qui commode venire potuerint, veniant et serviant per se vel per alium in officio ei adscripto, non tamen ad hoc juramento teneantur ; sed si negligentes fuerint per Archiepiscopum puniantur. Dicti vero regulares non eis in refectorio vel alibi teneantur providere in festivitatibus praedictis, nisi in festo Natalis Domini et Paschae, videlicet in vigiliis et duobus diebus sequentibus sicut hactenus fieri convenit : hoc adjecto quod in festis Ascensionis Domini, Beatorum Apostolorum Petri et Pauli, Dedicationis ecclesiae, et die Jovis sacra pro chrismatis confectione, ad majores missas et processiones omnes saeculares praesentes venire teneantur et servire in minoribus officiis nisi canonica praepeditione fuerint impediti. Cum autem electiones Archiepiscoporum occurerint faciendae, regulares et saeculares in communi Capitulo diem ad faciendam electionem assignent ; regulares vero, saeculares qui extra civitatem fuerint vocare minime teneantur, sed quilibet suos evocet prout de jure fuerint evocandi. Domos vero quae infra majorem portam et claustrum continentur habeant canonici regulares. Dictæ vero electiones Archiepiscoporum tam per regulares quam per sæculares, cum occurerint faciendæ, canonice celebrentur, et omnes tam regulares quam sæculares vocem habeant in eisdem, cum omnes ejusdem Cathedralis ecclesiæ canonici fore noscantur. Hæc autem universa et singula, omnes tam regulares quam sæculares supradicti ad sancta Dei evangelia juraverunt tenere et observare et defendere bona fide, nec contravenire aliqua arte, occasione vel ingenio, vel in fraudem contra prædictum aliquid machinari. Et hanc cartam in veritatis testimonium sigillis Vener. Patris Rodulphi Tarentas. Archiepiscopi, et Capituli Tarentasiæ, et Bernardi Decani sigillari fecerunt et rogaverunt. Actum in refectorio Tarentasiensis ecclesiæ, præsentibus testibus Vener. Patre Rodulpho Tarentas. Archiepiscopo,............ de Stipulis canonico Augustens. Jacobo capellano de Sancto Boneto, Hugone de Altacuria capellano. Et ego Anselmus sacri Palatii et Domini Comitis Sabaud. notarius, his omnibus interfui et tradidi rogatus de mandato partium fideliter et benigne.

(An. 1257.)

Texte de Besson, *preuves*, n° 57, p. 393.

Alexander Episcopus servus servorum Dei, dilectis filiis Decano et canonicis Tarentasiens. ecclesiæ ordinis sancti Augustini, salutem et apostolicam benedictionem. Justis petentium desideriis dignum est nos facilem præbere consensum, et vota quæ a rationis tramite non discedunt effectu prosequente complere. Sane orta dudum inter vos ex parte una, et canonicos sæculares ecclesiæ Tarentas. ex altera, super quadam sententia pro vobis super restitutione vestra, et amotione dictorum canonicorum sæcularium promulgata, materia quæstionis, tandem mediante Venerabili fratre nostro Tarentasiæ Archiepiscopo, amicabilis inter partes compositio intervenit, prout in litteris vestris confectis et ipsius Archiepiscopi sigillo munitis plenius continetur. Nos igitur compositionem hujusmodi sicut proinde facta est et a partibus acceptata ratam habentes et gratam, eam auctoritate apostolica confirmamus, et præsentis scripti patrocinio communimus, tenorem ipsarum de verbo ad verbum præsentibus inseri facientes, qui talis est : (*Ici est intercalée la transaction précédente*). Nulli ego omnino hominum liceat hanc paginam nostræ confirmationis infringere, vel ei ausu temerario contraire; si quis autem attentare præsumpserit, indignationem omnipotentis Dei et Beatorum Petri et Pauli Apostolorum ejus se noverit incursurum. Datum Viterbii, tertio Nonas novembris, pontificatus nostri anno tertio.

> Nous insérons ici quatre pièces qui concernent le chapitre de cette époque, et se rapportent aux actes précédents. Ce sont :
> 1° Le partage des revenus capitulaires entre les chanoines réguliers et les séculiers;
> 2° Une bulle d'Alexandre IV pour la construction d'une église à Moûtiers, et l'érection d'une collégiale; 3° Un règlement fait par l'archevêque, pour les chanoines séculiers;
> 4° Enfin, les statuts acceptés par les mêmes chanoines.

(An. 1258.)

Texte de Besson, *preuves*, n° 58, p. 394.
Cfr. *Gallia Christiana*, Tom. xii. n° xx. p. 393.

In nomine Domini, amen. Anno Domini millesimo ducentesimo quinquagesimo octavo, indict. decima quarta, nos Rodulphus, Dei gratia Tarentas. Archiepiscopus, notum facimus universis, quod cum post multas lites et controversias quas habebant ad invicem regulares et sæculares canonici Tarentas. super statu ipsius ecclesiæ, qui fuerat per Innocentium Papam de regulari in sæcularem mutatus, ac postmodum per quosdam inquisitores seu executores vel judices, ab Alexandro Papa deputatos, versa vice de sæculari in regularem translatus. Post appellationem ad Sedem Apostolicam a sæcularibus canonicis emissam et Domino Archiepiscopo Ebredunensi commissam, qui de ipsa auctoritate Apostolica cognoscebat, dictæ partes in nos prædictum Archiepiscopum Tarentas. pro bono pacis et concordiæ compromisissent et juramento firmassent, arbitrium vel ordinationem nostram servare, renunciantes nihilominus litteris Apostolicis omnibus impetratis et impetrandis, et aliis litterarum beneficiis latarum per qualescumque judices ordinarios, sive delegatos; nos prædictus Archiepiscopus Tarentas. tam ordinaria quam arbitraria potestate sic duximus ordinandum, et sub debito præstiti juramenti præcipimus observandum; videlicet, quod bona Tarentasiensis capituli, ubicumque essent, divident æqualiter in tres partes ; et quod ecclesia sancti Petri una cum domibus infra majus portale ante cimeterium adjacentibus, et duabus partibus prædictorum bonorum pleno jure regularibus remaneret et successoribus eorumdem : reliqua vero tertia pars bonorum, sæcularibus canonicis pleno jure et suis successoribus remaneret, ita quod in aliqua ecclesia Musteriensis civitatis sæculares canonici, qui pro tempore fuerint, perpetuo Domino deservirent secundum quod hoc totum et multa alia instrumento arbitrii confecto, et per Sedem Apostolicam confirmato de verbo ad verbum plenius continentur. Ad instantiam ergo et requisitionem canonicorum dictorum, arbitrio vel ordinatione nostra publicata, ad divisionem bonorum processimus de consensu et voluntate expressa tam regularium qum sæcularium canonicorum ; scilicet quod sæculares canonici habeant pro parte sua terras adjacentes ex parte ecclesiæ sancti Albani (1), tam illas quæ fuerunt Archiepiscopi quam quæ fuerunt capituli supradicti, excepta terra quam tenet Willelmus Desiderii. Item habeant vineas *de la Chaudana* (2), et ecclesiam sanctæ Mariæ cum censu suo in recompensatione prioratuum Pratilon-

---

(1) *L'ancienne église de St-Alban, martyr, occupait l'aile du Petit-Séminaire où se trouvent la chapelle et les classes ; elle a laissé son nom au quartier de la ville nommé faubourg de St-Alban.*

(2) *La Chaudane est un mas de vignes exposées au midi, qui s'étend du Colombier à la Madeleine. Bien des localités portent ce nom qu'on a prétendu dérivé de* Campus Dianæ ; *il suffit d'observer que toutes nos Chaudanes sont exposées aux feux du soleil, pour en trouver l'étymologie dans l'adjectif* calida, calda, *d'où* caldaria, caldana.

ginqui et Marthodi, et Sacristaniæ (1) et Matriculariæ (2) et omnium oblatorum majoris ecclesiæ; hoc excepto quod sæculares debeant reddere quadraginta solidos fortium prædictæ ecclesiæ, qui quadraginta solidi fortium debent poni cum anniversariis in communi. Item habeant sæculares ecclesiam Altæcuriæ et quidquid capitulum habebat in illa parrochia, et quidquid habebat capitulum in parrochia Montis Giroldi et in parrochia Prati, et quidquid habebat in parrochia de Villeta. Item habeant sæculares ecclesiam de Ayma et quidquid habebat capitulum in illa parrochia, et quidquid habebat in parrochia de Mascoto. Item habeant ecclesiam de Landrea et quidquid habebat capitulum in parrochia ejusdem, et quidquid habebat in parrochia de Bellentro. Item habeant ecclesiam *de Pesay* et quidquid habebat capitulum in parrochia ejusdem. Item habeant ecclesiam de Altavilla et quidquid habebat capitulum in parrochia ejusdem, et quidquid habebat in parrochia S^{ti} Mauritii et in ecclesia ejus, et quidquid habebat in ecclesia *de Villa Rogier*, et ecclesiam sanctæ Fidis et quidquid habebat capitulum in parrochia ejus. Et ut brevius dicatur, sæculares canonici habeant omnia illa quæ capitulum S^{ti} Petri solebat habere a civitate Musterii et supra, versus Columnam Jovis (3), et ea quæ sunt de nominatione expressa, exceptis quadraginta solidis quos percipit Willelmus Desiderii in eccle-

---

(1) *Le bénéfice du chanoine qui avait la dignité de sacristain.*
(2) *Le bénéfice du chanoine sous-sacristain; on l'appelait* matricularius, marguillier, *parce qu'il tenait le catalogue soit matricule des offices à célébrer.*
(3) *Colonne-Joux, le Petit-St-Bernard.*

sia sanctæ Fidis, et exceptis illis omnibus quæ pro anniversariis remanserunt in communi. Regulares vero canonici habeant pro partibus suis quidquid capitulum sancti Petri habebat in valle de Bosellis, apud Salinum et a Salino superius, cum sexaginta solidis ecclesiæ de Bosellis qui debentur ex quadam permutatione quæ cum Domino Archiepiscopo facta fuit, et cum viginti solidis ecclesia sancti Boneti, præter illa quæ Dominus Archiepiscopus habet apud Allodia et apud Bellamvillam ex dicta permutatione. Item apud Musterium habeant canonici regulares tredecim sextariatas terræ quæ est retro sanctum Martinum (1), et vineam Combæ et vineam Planam. Item Avancheria (2), item Saliceta (3) omnia, item Avancheriam de Monte *Poncon* (4), item quartonem vineæ *de Labalma*, item domum et casale quondam Peletæ, item vineas ultra *Duron* (5) cum nemore, et si quid reperiretur aliud apud Insulam (6), quam superius est expressum, debet dividi inter partes, salvo jure diæcesano. Item habeant canonici regulares quidquid dicta ecclesia

---

(1) *L'église et le prieuré de St-Martin extra muros, l'hospice actuel de Moûtiers.*
(2) *Oseraie, lieu planté d'osiers jaunes, appellés* avans *en basse latinité et en patois.*
(3) *Saussaie, lieu planté de saules,* salix *d'où* salicetum.
(4) *Il s'agit de Bonneval dont l'ancien nom était Montpont,* de Montepontio, *qu'on retrouve dans les chartes transcrites par* Besson, *p.* 364, 366, *et* 381. *Voir ci-devant, p.* 237.
(5) *Le Doron qui se jette dans l'Isère, un peu au-dessous de Moûtiers.*
(6) *L'Ile, autrefois l'Isle, terrain qui occupe le delta formé à Moûtiers par la jonction du Doron et de l'Isère; un bras du Doron, contournant l'emplacement actuel des Salines, en faisait jadis une île.*

sancti Petri habet a Maladeria (1) inferius, præter viginti unum sextarios avenæ ad mensuram de Musterio quod tenet Decanus de S.......... et præter decimam *de Mercurie*, et decimam de Paludibus quas Jacobus de Alunda tenet. Datum Musterii, anno quo supra in crastino Decollationis Beati Joannis Baptistæ. In cujus rei testimonium præsentes litteras sigillo nostro et sigillo Tarentasiensis capituli fecimus sigillari, et venerabilis pater Episcopus Herfordiensis (2) ad preces et petitionem partium præsentes litteras sigilli sui munimine roboravit. Ego vero B. Imperiali auctoritate notarius, quæ supra leguntur rogatus scripsi et publicavi, et meum signum apposui.

(An. 1259.)

TEXTE de *Gallia Christiana*. Tom. xii. p. 395. *Ex autographo Tarentas.*

VARIANTES de Besson, *preuves*, n° 59, p. 396.

Alexander episcopus servus servorum Dei, Venerabili fratri archiepiscopo Tarentasiensi salutem et apostolicam benedictionem. Ex tuæ fidei puritate ac integritate devotionis, quam ad nos et Romanam ecclesiam habere te novimus, promereris ut votis tuis, quatinus cum Deo

---

(1) *La Maladière, maladrerie soit léproserie, sous le vocable de Ste-Marie-Madeleine. La chapelle et les bâtiments de cet hospice occupaient autrefois le local de l'abattoir actuel, sur la route d'Aigueblanche.*

(2) *Pierre d'Aigueblanche, évêque d'Herford en Angleterre, enseveli le 4 des kal. de décembre 1269, dans la collégiale de St-Catherine qu'il avait fondée à Aiguebelle.*

possumus, favorabiliter annuamus. Cum igitur, sicut in nostra proposuisti præsentia constitutus, quandam ecclesiam in Tarentasiensi civitate de novo construere desideres et dotare, ac duodenarium canonicorum numerum instituere in eadem, tibique ad hoc apostolicæ sedis subventio sit quamplurimum oportuna, nos tuis supplicationibus inclinati, fraternitati tuæ ut pro fundanda et dotanda dicta ecclesia de usuris, et rapinis et alias male acquisitis, si quibus hominum restitutio fieri debeat omnino sciri et inveniri non possint, necnon de redemptionibus votorum quæ fuerint auctoritate diocesanorum pontificum commutata, Jerosolymitano duntaxat excepto, usque ab summam ducentarum marcarum argenti recipere valeas, si alias super similium receptione non es a nobis hujusmodi gratiam consecutus, auctoritate præsentium indulgemus, ita quod si aliquando de prædictis ducentis marcis dimiseris, aut restitueris, seu dederis illis a quibus eas acceperis, hujusmodi dimissum, restitutum vel datum, nihil ad liberationem eorum prosit, nec quantum ad illud habeantur aliquatenus absoluti. Nulli ergo omnino hominum liceat hanc paginam nostræ concessionis infringere, vel ei ausu temerario contraire. Si quis autem hoc attemptare præsumpserit, indignationem Omnipotentis Dei et beatorum Petri et Pauli apostolorum ejus se noverit incursurum. Datum Anagniæ decimo cal. Januarii, pontificatus nostri anno quinto.

(An. 1270.)

Texte de Besson, *preuves,* n° 61, p. 399.

Rodulphus miseratione divina Tarentasiæ Archiepiscopus, universis præsentes litteras inspecturis, rei gestæ notitiam cum salute. Cum nos dudum statuerimus et ordinaverimus auctoritate Apostolica, super ordinationē nostræ Tarentasiens. ecclesiæ nobis commissa, quodque in ipsa Tarentasiensi ecclesia sint perpetuo canonici regulares et sæculares ; volumus et Pontificum statuimus auctoritate, quod duodecim duntaxat numero sint canonici sæculares in Tarentasiensi ecclesia, in ipsis duodecim Archidiacono computato, qui ibidem loco Decani, qui antiquitus in dicta Tarentasiensi ecclesia fuerat, curavimus et duximus statuendum ; ita quod ibi tantummodo duodecim numero sint præbendæ canonicorum regularium quarum unam habeat Archidiaconus qui nunc est et qui pro tempore fuerit, reliquas vero habeant canonici alii quos ibi creavimus et instituimus in ecclesia sanctæ Mariæ perpetuo servituros, exceptis illis solemnitatibus quibus per aliam nostram ordinationem in ecclesia sancti Petri divinis officiis interesse tenentur, et post eorum decessum, successores eorum. Item statuimus et ordinamus auctoritate prædicta necnon et nostra, quod quatuor ex prædictis præbendis sacerdotales existant, illæ videlicet: quas nunc tenent et habent vel habituri sunt Dominus Rodulphus de Monte, Dominus Hugo de Ruina, Dominus Petrus Bononis præsbyteri, et magister Raymondus............ Et hæc quatuor præbendæ nullis de cætero post prædictorum obitum ullatenus conferantur nisi promotis vel talibus qui infra annum a receptione sua velint et valeant ad sacerdotium promoveri, et hoc in receptione sua firment propriis juramentis, In cujus rei testimonium sigillum nostrum duximus apponendum. Datum et actum apud Musterium, anno Domini millesimo ducentesimo septuagesimo, die martis post ramos palmarum.

(An. 1270.)

Texte de Besson, *preuves,* n° 62, p. 399.

Rodulphus miseratione divina Tarentasiensis Archiepiscopus, præsentes litteras inspecturis salutem cum notitia rei gestæ. Quoniam secundum veritatis verbum organo Dominicæ vocis emissum, non est accendenda lucerna sub modio, sed super candelabrum ut eis qui in domo sunt lucidius valeat perlucere ; ideoque statuta Tarentasiensis ecclesiæ quæ canonici sæculares ex juramento servare tenentur, in quadam publica notione sive scriptura, in eminenti loco ut melius videantur ab omnibus et sciantur, sub breviloquio duximus explicanda, ne forte contravenientes se possent per ignorantiam excusare. Cum nos dudum statuerimus et ordinaverimus, per sedem apostolicam confirmari feccrimus, ut tam canonici regulares quam etiam sæculares sint in ecclesia

Tarentasiensi, bona dictæ ecclesiæ Tarentas. simul communicando et habendo, ita quod canonici regulares duas partes ex prædictis bonis habeant, sæculares vero tertiam partem habeant : verumtamen statuimus et ordinamus quod canonici sæculares deserviant in ecclesia B. Mariæ de Musterio et ipsam ecclesiam officient decenter et honeste, exceptis illis solemnitatibus et diebus quibus in ecclesia sancti Petri horis canonicis interesse tenentur, secundum nostram aliam ordinationem quam olim fecimus, quæ extitit per sedem apostolicam confirmata, cui per hanc ordinationem nolumus in aliquo præjudicium generari, sed per hanc in ea suppleri quæ in ea minus plane statuta et ordinata fuerunt. Statuimus etiam et ordinamus quod canonici sæculares teneantur residentiam facere per quatuor menses in anno in dicta ecclesia sanctæ Mariæ, si fructus suarum voluerint percipere præbendarum, et pro residuo tempore quilibet dimittere teneatur unum servitorem qui in dicta ecclesia deserviat honeste et decenter, alioquin nihil de præbendarum fructibus percipiant. Item statuimus et ordinamus quod Archiepiscopi qui pro tempore fuerint, habeant collationem præbendarum prædictarum, quando aliqua de præbendis supradictis per mortem alicujus canonici vel etiam alio modo vacare contigerit, et canonici superstites teneantur illum recipere quem eis duxerit præsentandum Archiepiscopus qui pro tempore fuerit, installationem dicti canonici per Archidiaconum faciendam. Item statuimus et ordinamus quod Archiepiscopus Tarentas. duos ex canonicis supradictis possit in suo servitio tenere et habere, fructus præbendarum suarum integre habendo et colligendo, dum in ejus servitio moram duxerit contrahendam. Item statuimus et ordinamus quod Archiepiscopus Tarentas. qui pro tempore fuerit, vicarias seu capellanias ipsius ecclesiæ conferat quando ipsas vacare contigerit, secundum quod sibi, Deum habendo præ oculis, videbitur expedire, ita tamen quod vicarius ibi per ipsum constitutus, perpetuam residentiam faciat et deserviat secundum quod onus impositum fuerit vicariæ seu capellaniæ sibi collatæ et assignatæ. Item statuimus et ordinamus quod fructus præbendarum non residentium canonicorum, disponantur et expediantur secundum ordinationem Archiepiscopi qui pro tempore fuerit, tantum in fabricam vel aliam utilitatem dictæ ecclesiæ sanctæ Mariæ convertendo. Item statuimus et ordinamus quod postquam aliquis ex canonicis supradictis residentiam fecerit per annum integrum in ecclesia supradicta, si ipse extra terram ad studendum voluerit se transferre ad vitam scholasticam exercendam, ex fructibus suæ præbendæ decem libras viennenses habeat, et centum solidi viennenses dimittantur uni servitori qui loco sui ponatur, qui et constituatur ad serviendum in ecclesia superius nominata. Item statuimus et ordinamus quod Officium ecclesiæ Beati Petri fiat et servetur in ecclesia prædicta Beatæ Mariæ, hoc excepto, quod nec ad preces, nec ad canticum............... teneantur prædictæ ecclesiæ servitores, item hoc excepto quod infra festum Paschæ et festum Pentecostes non teneantur dicere in matutinali officio nisi tres psalmos et tres lectiones cum Laudibus matutinalibus, prout moris est in nostris ecclesiis suffraganeis Augustensi et Seduncnsi. Volumus etiam et ordinamus ut per has nostras constitutiones et ordinationes, litteræ confirmationis Sedis Apostolicæ factæ et habitæ super divisione rerum et ordinatione canonicorum sancti Petri regularium et dictorum canonicorum sæcularium, nullum præjudicium generetur nec in aliquo obvietur, sed semper in suo robore duratura, et quæ in dicta littera Papali continentur, volumus prædictos canonicos observare non obstante hac præsenti nostra ordinatione et institutione, si ei forte in aliquo refragari videatur. Item statuimus et ordinamus quod in absentia Archiepiscopi fructus canonicorum non residentium, secundum ordinationem et dispositionem Archidiaconi Tarentasiæ disponentur et ordinentur, et dispensentur de consilio aliquorum canonicorum residentium antiquiorum secundum quod sibi videbitur expedire, convertendo tamen in utilitatem ipsius ecclesiæ sanctæ Mariæ. Item statuimus et ordinamus quod excessus canonicorum excedentium in absentia Archiepiscopi, per Archidiaconum corrigantur et emendentur, et etiam ipso præsente, nisi adeo grandis et enormis esset excessus quod per ipsum commode emendari non possit. Item statuimus et ordinamus ut una die semper in hebdomada, sive aliqua die ipsius hebdomadæ fiat officium Beatæ Mariæ solemne, et tunc non tenentur ad alias diurnas horas, nisi quis prædictorum servitorum dictas horas secrete voluerit dicere. Item statuimus et ordinamus ut servitores Beatæ Mariæ in habitu ecclesiastico, se conforment cum servitoribus S^{ti} Petri quando ipsos divinis horis contingerit interesse. Hæc autem statuta recitavimus in præsentia totius conventus S^{ti} Petri, et totus conventus ipsa laudavit, garentisavit et approbavit, et in signum consensus suum sigillum apposuit. In quorum omnium robur et testimonium sigillum nostrum una cum sigillo R. Archidiaconi Tarentas. qui omnia hæc statuta laudavit, garentisavit et approbavit nomine et vice canonicorum sæcularium Tarentas. præsentibus litteris duximus apponendum. Datum et actum Musterii die martis post dominicam de ramis palmarum, anno Domini millesimo ducentesimo septuagesimo.

N. 23. Bulle du pape Innocent (?) du 2 des kal. de septembre, donnant commission à l'archevêque de Tarentaise pour visiter et réformer les églises du diocèse.

N. 24. Bulle du pape Innocent IV, du 16 des kal. de février, portant commission à l'archevêque d'élire des chanoines réguliers dans l'église de Tarentaise.

 Ici notre inventaire est fautif : ce n'est point à l'archevêque mais bien au cardinal de St-Ange que cette commission apostolique est donnée. C'est la bulle de 1250, transcrite ci-devant, p. 259.

N. 25. Vidimé fait par l'official d'Aoste et signé par Pierre Blanchard, Claude Roudan et Jean Chevalier, des bulles du pape Martin (?) qui exempte de la juridiction et de la visite des archevêques et évêques, les hôpitaux de St-Bernard et de St-Nicolas de Montjou et Colonne-Jou.

N. 26. Bulle du pape Sixte IV, du 11 des kal. de

janvier 1472 (1), par lesquelles il confère au seigneur Christophe de la Rovere, élu archevêque de Tarentaise, le droit de collation, provision, présentation et élection de tous les bénéfices séculiers et réguliers sans cure et avec cure, même des canonicats, dignités, offices et personnats, pendant les mois de février, avril, juin, août, octobre et décembre, conjointement avec le chapitre.

(An. 1473.)

Texte de Besson, *preuves* n° 103, p. 472.
Cfr. *Gallia Christiana*, Tom. xii. p. 420.

Sixtus episcopus servus servorum Dei, dilecto filio Christophoro electo Tarentasiensi salutem et apostolicam benedictionem. Exigunt tuæ devotionis merita et grata per te nobis et Romanæ ecclesiæ impensa hactenus obsequia, ut personam tuam singularibus favoribus prosequendo, illam tibi gratiam propensius concedamus per quam te valeas aliis reddere pretiosum. Hinc est quod nos tuis in hac parte supplicationibus inclinati, discretioni tuæ omnia et singula beneficia ecclesiastica, cum cura et sine cura, secularia et quorumcumque ordinum regularia, etiamsi canonicatus et præbendæ, dignitates et personatus, administrationes vel officia fuerint, ad tuam dumtaxat.......... tibi soli et ad tuam ac dilectorum filiorum capituli Tarentasiæ conjunctim collationem, provisionem,

(1) *Ici notre Inventaire est fautif, la bulle porte la date de* 1473.

præsentationem, electionem, seu quamvis aliam dispositionem pertinentia, quæcumque, quodcumque et qualiacumque fuerint, quæ usque quoad vixeris, in singulis Februarii, Aprilis, Junii, Augusti, Octobris et decembris mensibus quomodocumque vacare contigerit, dummodo dispositioni apostolicæ generaliter reservata non fuerint, etiamsi præsentationes, nominationes vel electiones aliorum ad illa, quæ salvæ sint in talibus, præcedere consueverit, cum ipsis, capitulo libere conferendi et de illis etiam providendi proinde ac si a sede apostolica vel ejus legatis expectativæ gratiæ, aut super illis reservationes nullatenus emanassent, vel in posterum emanarent, plenam et liberam auctoritate apostolica tenore præsentium concedimus facultatem : ita tamen quod alia, quam prælatis et aliis personis in certis mensibus tunc expressis generaliter concessimus, facultate, deinceps tu et capitulum præfatum eisdem collationibus non utamini ; irritum quoque decernimus et inane si secus super his a quoque, quavis auctoritate, scienter vel ignoranter contigerit attentari. Datum Romæ apud S. Petrum, anno Incarnationis Dominicæ millesimo quadringentesimo septuagesimo tertio, undecimo kalendas. januarii, pontificatus nostri anno secundo. Gratis de mandato domini papæ. L. Griffus et H. de Albisis.

N. 27. Bulle de Sixte IV, de 1477, par lesquelles il révoque les provisions et les collations faites par le Nonce, des bénéfices de Tarentaise.

N. 28. Bulle du pape Alexandre VI, de l'an 1497, par lesquelles il mande aux suffragants de

Tarentaise de rendre honneur et obéissance au seigneur Claude de Châteauvieux, archevêque élu.

N. 29. Vidimé de l'an 1487, signé par Jean *Virtus*, des suppliques et lettres exécutoriales concernant l'église et les chanoines de Sion.

N. 30. Lettres d'excommunication de l'an 1502, signées Martini, contre les pertubateurs de la juridiction ecclésiastique.

N. 31. Monitoire apostolique de 1464, signé Pierre De Quercu, en faveur de l'archevêque de Compois, comme Abbé de Filly (1), contre ceux qui refusaient de passer reconnaissance et de lui prêter hommage.

N. 32. Bulle du pape Léon X, de 1514, par laquelle il réserve et donne les fruits et revenus du prieuré de Cologny (2), par mode de pension, à l'archevêque Claude de Châteauvieux.

N. 33. Monitoire apostolique de l'an 1406, signé Pierre Dufour, en faveur de l'archevêque Jean de Compois, comme Abbé de Filly, contre les sujets et le monastère de Filly.

N. 34. Bulle du pape Martin V, du 11 des nones de février (3), unissant le prieuré de St-Michel et ses revenus à la mense archiépiscopale.

---

(1) *Hameau de la commune de Sciez, à une lieu S. de Thonon; là florissait jadis une abbaye de chanoines réguliers de St-Augustin.* V. Besson, *p.* 98.

(2) *Ancienne paroisse du décanat d'Annemasse, et maintenant commune du canton de Genève, à demi-lieue de cette ville.*

(3) *Du 10 septembre 1528, selon* Besson, 235.

N. 35. Lettres du pape Benoît (?) qui confère un canonicat à Jean Bertrand.

N. 36. Sentence apostolique de l'an 1469, rendue contre Catherine Malet et ses complices, à cause de l'empoisonnement des domestiques de l'archevêque Thomas de Sur, et des biens usurpés à l'église.

N. 37. Vidimé de l'an 1505 fait par l'official de Tarentaise, signé par Jacques Martin de Beaufort, de la Bulle du pape Sixte IV, qui confirme la transaction passée entre l'archevêque Jean et le duc de Savoie Amédée, pour la juridiction sur les étrangers.

N. 38. Monitoire apostolique et sentence d'excommunication de l'an 1513, contre les perturbateurs de la juridiction ecclésiastique.

N. 39. Monitoire apostolique environ du même temps, contre le procureur-fiscal du duc de Savoie et les perturbateurs de la juridiction ecclésiastique.

N. 40. Supplique au pape par l'archevêque Jean-Philippe de Grolée, concernant l'entière juridiction dans les terres de l'archevêché ; et réponse portant inhibition à toutes sortes de personnes de troubler ce prélat en ses biens ou en sa juridiction spirituelle et temporelle ; cette pièce est signée par Jean Bevergeray.

N. 41. Vidimé des patentes du cardinal Pierre, de l'an 1376, qui exemptent l'archevêque et le clergé de payer une somme d'argent à l'Abbé de Lessan, nonce apostolique à cette époque.

N. 42. Prorogation de l'an 1400, en faveur de

l'archevêque Aymoz, du payement d'une composition due à la chambre Apostolique.

N. 43. Un extrait signé par Laboret notaire apostolique, le 8 décembre 1640, de la bulle d'Alexandre III concernant les suffragants de l'église de Tarentaise et les dîmes qui lui sont dues.

Cette bulle a été produite ci-devant, *Papalia*, n° 1. p. 235.

N. 44. Bulle du pape Léon X, de l'an 1514, qui mande aux officiaux de Lyon, de Tarentaise et de Bellay, de lancer l'excommunication contre les détenteurs et les receleurs des biens et des titres de l'église de Tarentaise et du prieuré de Cologny.

N. 45. Bulle de provision de l'archevêché de Tarentaise pour le seigneur Claude de Châteauvieux, du 18 des kal. de mai 1497.

N. 46. Vidimé des bulles du pape Alexandre VI, contenant la provision du prieuré de Villette en faveur de l'archevêque de Châteauvieux, de l'an 1500 le pénultième des kal. de mai. Au dos de ce vidimé est inscrite la mise en possession de ce prieuré, qui fut uni à la mense archiépiscopale par le pape Léon X, en le 4 des kal. de mai 1516.

N. 47. Bulle du pape Léon X, de 1514, réservant les biens et les fruits du prieuré de Cologny, en faveur de l'archevêque (1).

N. 48. Bulle du pape Alexandre VI, de l'an 1492,

---

(1) *Cet article est la répétition du* n° 32, *ci-dessus.*

en faveur du seigneur Claude de Châteauvieux, portant dispense pour cumuler deux bénéfices.

N. 49. Bulle du pape Alexandre VI, de l'an 1497 pour la consécration de l'archevêque de Châteauvieux.

N. 50. Bulle du pape Lucius (1), de 1503, en faveur de Louis de Villette, chanoine de Moûtiers, concernant le prieuré de Villette cette bulle porte qu'il pourra y rentrer quand il vaquera.

N. 51. Bulle du pape Alexandre VI, de l'an 1497 adressée aux sujets de l'archevêché de Tarentaise, pour qu'ils reçoivent le seigneur de Châteauvieux pour leur pasteur.

N. 52. Bulle du pape Alexandre VI, de l'an 1497 adressée pour la même fin au clergé de Tarentaise.

N. 53. Bulle du pape Léon X, réservant les fruits de la cure de St-Jean des Avantures, en faveur du dit seigneur de Châteauvieux.

N. 54. Sentence rendue par le St-Siége entre le seigneur de Châteauvieux et les héritiers d'Etienne Chénardi commissaire d'extentes pour le payement d'une certaine somme.

N. 55. Résignation de l'archevêché de Tarentaise faite en 1516 par le seigneur Claude de Châteauvieux, en faveur du seigneur Jean Philippe de Grolée.

---

(1) *Ce doit être le pape Jules II*, 1503-1513.

N. 56. Bulle de provision de l'administration de l'archevêché, en faveur du seigneur de Grolée, de 1516.

N. 57. Mise en possession du dit seigneur de Grolée, en 1516.

N. 58. Quittance du payement des bulles du dit de Grolée.

N. 59. Acte et prestation de serment par le même, en 1533.

N. 60. Acte de réception du pallium par le même, en 1533.

N. 61. Bulle du pape Léon X, qui ordonne de mettre le seigneur de Grolée en possession de la cure des Aventures.

N. 62. Mandat apostolique à l'effet de faire reconnaître et recevoir le seigneur de Grolée pour administrateur de l'archevêché.

N. 63. Lettres de réception des Ordres par le seigneur de Grolée.

N. 64. Lettres permettant au même de recevoir les Ordres *etiam extra tempora*.

N. 65. Deux mandats du seigneur de Compois, comme Abbé de Filly, à ses sujets et vassaux pour qu'ils aient à reconnaître et payer les droits et servis.

N. 66. Rémission de l'annate due pour la cure de St-Jean des Ventures, en faveur du seigneur de Grolée.

N. 67. Bulle du pape Grégoire XIII, du 1er septembre 1573, par laquelle il est accordé au seigneur Joseph de Parpaille de prendre possession de l'archevêché de Tarentaise.

N. 68. Procuration et acte de mise en possession, en 1573, du susdit archevêque.

N. 69. Bulle du pape Alexandre VI, de l'an 1502, concernant certaines dîmes demandées par le recteur de l'Hôpital de Moûtiers.

N. 70. Bulle de provision de l'archevêché de Tarentaise obtenue en 1659, par le seigneur François-Amédée Milliet.

N. 71. Copie des bulles apostoliques contre les usurpateurs et les pertubateurs de la juridiction ecclésiastique, de 1513.

N. 72. *Status Ecclesiæ Tarentasiensis,* de 1665 et 1671.

Ces deux rapports sur l'état de son diocèse, que Mgr Milliet de Challes adressa au pape, nous manquent; nous en donnons un troisième que le même prélat fit à Clément XI, vers le commencement de 1701.

(An. 1701.)

TEXTE d'une copie authentique appartenant à M. le vicaire général Berard.

Beatissime Pater,—Quartus est annus post redditam villicationis meæ et hujus ecclesiæ Tarentasiensis status rationem fælicis recordationis Innocentio Papæ XII, et nunc Sanctitati vestræ easdem muneris mei partes adimplere debeo, quod utique præsens facere optarem ut sacræ majestatis vestræ recreari possim et sancta limina visitare prout teneor; sed quia ætas mea provecta, locorum distantia, ecclesiæ meæ necessitas ac temporum calamitas non patiuntur, quas muneris mei partes adimplere nequeo, scriptis refero et procuratorem ut infra constituo, qui nomine meo sanctuaria hujusmodi visitet, summæque Beatitudini vestræ ac Eminentissimis Patribus S. R. E. cardinalibus, ipsius ecclesiæ firmis columnis, reverentiam nomine meo venerabundus exhibeat, quod Tibi illisque gratum acceptumque iri deprecor.—Tarentasiæ igitur diœcesis quondam Centronia nuncupata, in pede Alpium Grayarum et in dominio Celsitudinis suæ regiæ Victoris Amædei Sabaudiæ ducis, Pedemontium principis ac regis Chypri posita est, cujus caput est Munsterium civitas in qua erecta est archiepiscopalis sedes et sex ecclesiæ, tres sæcularium et tres regularium, quarum prima sæcularium est ecclesia metropolis sub invocatione Deiparæ Virginis Assumptæ et SS. Petri et Pauli Apostolorum, præbendis constans viginti totque canonicis quorum primus est Decanus, dignitas post pontificalem major, secundus Sacrista, tertius Cantor qui sunt etiam dignitates seu personnatus, duo ex reliquis canonicis Pænitentiariæ et Theologatus præbendas obtinent. Extant præterea sacerdotes honorarii tam musicæ quam minoribus beneficiis deservientes numero sex, inclusis duobus choristis. Habet etiam dicta ecclesia seminarium puerorum symphonianorum numero sex a capitulo eligendorum qui morantur in domo claustrali cum eorum præceptoribus. Dictam ecclesiam metropolitanam quantum in nobis fuit reparare fecimus tam quoad fabricam quam ad paramenta et ornamenta pro divino cultu in sacrificiis, quibus nunc sufficienter munita existit, ac ædificium pro ornamentis hujusmodi conservandis construere fecimus.—Secunda ecclesia dictæ civitatis, citra flumen Isaræ, est parrochialis Beatæ Mariæ Vriginis, quæ ante annum 1600 collegiata erat, deinde auctoritate apostolica unita est metropolitanæ ecclesiæ, quapropter venerabile capitulum tenetur ad manutentionem sex presbyterorum eidem deservientium præter vicarium qui una cum canonico animarum curam exercet.— Tertia ecclesia S^{ti} Michaelis, ordinis minorum regularis Observantiæ S^{ti} Francisci, in loco eminenti a civitate distante erecta est.—Quarta Capucinorum in suburbio S^{ti} Albani. — Quinta monialium conventualium S^{ti} Francisci. — Sexta prioratus S^{ti} Martini extra mænia civitatis, in qua erecta est confraternitas SS^{mi} Sacramenti vulgo Disciplinatorum a centum annis et ultra, et ibi adjuncta capella S^{ti} Josephi pro mulieribus ejusdem Confraternitatis. — Extat præterea in dicta civitate Xenodochium seu hospitale S^{ti} Antonii, quod expensis nostris et partim redditibus annuis ejusdem xenodochii nuper restaurari curavimus et a fundamentis extrui, opus hoc ut speramus cito perficiendum, cujus annui redditus proveniunt ex decimis grani et vini quæ insumuntur in eleemosynis pauperibus erogandis, reparatione dicti xenodochii et sustentatione Rectoris.—Fores et faciem templi metropolis ecclesiæ novissime ornari fecimus elegantibus picturis, Deiparæ semper Virginis triumphum et Assumptionem repræsentantibus, cum effigie ejusdem Virginis Assumptæ auro et ligno apprime sculpta, quæ omnia egregie apparent intrantibus januam civitatis.—Archiepiscopus Tarentasiensis pro tempore existens tenetur ex inveterata consuetudine singulis maii mensibus per viginti octo dies distributioni eleemosynæ unius frusti panis undecim fere unciarum unicuique eroganti etiam divitibus, quæ eleemosyna majorem redditus partem archiepiscopalis mensæ absorbet, quia quotidie ad eleemosynam hujusmodi erogandam octo mille homines circiter accedere solent, et plures si granorum penuria extat.—Synodum diæcesanum de more annis singulis coegimus et celebravimus, et statuta synodalia tum ad morum correctionem, tum ad officiorum divinorum recitationem et disciplinæ ecclesiasticæ observantiam condidimus, promulgari fecimus et observari curamus quantum in nobis est.—Totam nostram diæcesim quæ 76 parrochialibus ecclesiis constat, omniaque beneficia ecclesiastica visitavimus et octavam visitationem aggressi sumus ex quo ad Archiepiscopatum assumpti sumus, et in actis visitationum hujusmodi pænitentiæ, eucharistiæ sacramenta administravimus, prædicavimus et animarum saluti intendimus, quæ in anterioribus visitationibus ordinata erant exequi curavimus, et in hoc dignus est laude populus hujus diæcesis in ornandis ac ampliandis ecclesiis; pleræque fundamentis ex ante a vincennio extructæ sunt quarum triginta tres consecravimus et favente Deo ecclesias S^{ti} Eugendi, Turnonis et Allodiorum ac alias quæ fabricantur, brevi consecraturi sumus.— Annis singulis RR. patres Missionis Ordinis minorum Capucinorum in diversas diæcesis partes nostris expensis mittimus, ut populum doceant et instruant, prædicent, sacramenta conferant et oves nobis commissas ad salutis æternæ portum adducunt.—Diœcesani nostri ab omni hæresi semoti sunt sed omnes catholicam, apostolicam et romanam fidem, extra quam non est salus, profitentur.— Tota diœcesis in quatuordecim supervigilantias divisa est, et in qualibet quinque parrochi, quorum unus est supervigil in synodo diœcesana constitutus, coram quo singulo mense congregantur parrochi et presbyteri disceptaturi de iis quæ ad sacramentorum administrationem, divini officii recitationem, gregis sibi commissi gubernationem divinumque cultum et religionem spectant.— Extant quoque sub auctoritate Archiepiscopi Tarentasiensis, Prior, canonici et capitulum regulare ecclesiæ S[ti] Sepulcri Hierosolimitani extra muros civitatis Annessiaci in Gebennensi diœcesi, et tot quod sunt in Statu Celsitudinis suæ regiæ Sabaudiæ sub vocabulo S[ti] Sepulcri dominici Hierosolimitani, superior, protector et conservator perpetuus est idem Archiepiscopus pro tempore existens. — Adest quoque in dicta civitate Munsterii, prope ecclesiam S[ti] Martini, Seminarium clericorum nostræ diœcesis cujus capella novissime constructa est, ubi clerici sacris Ordinibus initiandi exercitiis spiritualibus vacant per annum, vitæ et morum ac vocationis suæ testimonia perhibent et in quo cæteri· presbyteri etiam curati identidem, saltem quolibet biennio, accedunt et exercitiis spiritualibus incumbunt per decem dies, ac rite eucharistiæ observantiam firmant. Seminarium hujusmodi a presbytero theologo a nobis deputato dirigitur et magistro docente moralem theologiam ac alio presbytero qui docet nudam et planam cantus harmoniam et cære-

moniarum ecclesiasticarum.—Hæc sunt, Beatisisme Pater, Summe Christi vicarie et Christianorum Parens, totiusque terrarum orbis Judex, et Eminentissimi maxime V. V. S. R. E. cardinales, quæ narranda censet, pro hac octava visitatione sacrorum liminum, devotus orator Franciscus Amædeus Milliet de Challes Dei et Apostolicæ Sedis gratia Archiepiscopus et Comes Tarentasiensis sacri romani imperii princeps in hoc archiepiscopatus ipsius anno quadragesimo, qui sacra sanctuaria hujusmodi præsens visitare non valens constituit procuratorem suum verum et indubitatum, specialem et generalem.........
(*En blanc*) qui nomine suo Sanctitati Vestræ genuflexo debitam reverentiam humiliter exhibeat et villicationis suæ rationem reddat, quæ pertinent ad hujus ecclesiæ administrationem plane indicet, vices ejus suppleat et accuratissime expediat aliaque præstet quæ per Constitutionem felic. record. Sixti V Pont. Max. et aliorum summorum pontificum fieri mandatur, aliaque gerat et exerceat quæ in præmissis et circa præmissa fuerint necessaria et opportuna, eligens domicilium in personam et domum dicti procuratoris sui in forma, promittens habere gratum, firmum et validum quod gesserit, relevans et relevare volens eumdem procuratorem ab omnibus expensis ratione præmissorum supportandis, sub obligatione bonorum suorum temporalium, adhibito juramento prelatorum more præstito, renuncians omni juri, legi, constitutionibus cæterisque contrariis quibuscumque.

+ Franc. A. archiep. Taren.—Mugnier canonicus, testis.—C. Delaculaz, testis.

N. 73. Un livre couvert de parchemin, intitulé : *Hieronymi Federici episcopi Laudensis, Nuncii cum facultate Legati de Latere, generalia decreta.* Au commencement de ce livre se trouve un mémoire manuscrit, pour prouver que le Concile de Trente a été reçu en Savoie.

Ce volume avait été imprimé à Turin en 1577 ; la bibliothèque du Grand-Séminaire de Moûtiers, en possède un exemplaire, édition de Luxembourg, 1747.

N. 74. Extrait d'une bulle du pape Clément (?) portant correction d'une autre bulle de provision de l'église de St-Pierre et de St-Paul de Sext (1) ; on y trouve la preuve que la collation et l'institution de ce prieuré appartiennent à l'archevêque.

N. 75. *Indulta et privilegia concessa a Summis Pontificibus in favorem Ducum Sabaudiæ.*

A défaut de cette précieuse collection, nous avons retrouvé un certain nombre de bulles qui y figuraient. Elles sont transcrites dans le récit des négociations qui amenèrent le concordat entre Benoît XIII et Victor-Amédée ; publié à Turin en 1731, cet ouvrage in-f° est intitulé : *Relazione istorica delle vertenze........ tra la corte di Roma e quella del Rè di Sardegna.* Les bulles qui y sont rapportées, étant d'une grande importance pour l'histoire de Savoie, nous transcrivons la principale, concédée par Nicolas V, le 4 des Ides de janvier 1451, et nous donnerons quelques extraits des autres.

(1) *Séez*, du latin *Sextum*.

(An. 1451.)

Texte de la *Relazione istorica, Documenti,* n° 2, p. 4.

Nicolaus V. Episcopus Servus Servorum Dei, ad futuram rei memoriam. Etsi ex paternæ charitatis affectu quorumlibet Statui pacifico, et tranquillo in votivis confovendo profectibus assiduæ sollicitudinis curam libenter intendimus, congruit tamen Nos catholicos Principes nobis et Apostolicæ Sedis devotos, quo id a nobis sincere requiritur, propensioribus favoribus prosequi, ne status sui dispendia subeant, et quævis ipsos conturbet adversitas intestina. Hinc est quod quamvis Sedis prædictæ providentia circumspecta actus suos sub eo semper dirigat rationis moderamine, ne in cujusquam protendantur præjudicium, vel offensam, nihilominus dilectum filium nobilem Virum Ludovicum Ducem Sabaudiæ, qui uti catholicum decet Principem nobis et dictæ Sedi plene assurgens obedientiæ debito, pro suæ devotionis affectu a nobis attolli meruit favore benevolentiæ specialis, eo considerationis nostræ respectu prosequi volentes, quo firma fiducia omnem sibi tollat suspicionis causam, ne ex promotione quorumvis ad quarumcumque ecclesiarum, vel monasteriorum infra districtum sui temporalis Dominii consistentium regiminat, seu provisionibus quibuslibet, de quibusvis dignitatibus dispositionis nostræ reservatis, ibidem consistentibus, quibuscumque personis per Nos faciendis sui Status succedat dispendium, aut alia quævis adversitas intestina, præfatum Ducem harum serie certum reddimus, et sibi promittimus, quod Ipso, et Dominio hujusmodi in integritate dictæ obedientiæ persistentibus, ad quarumcumque metropolitanarum, vel aliarum cathedralium earumdem regimina, aut dignitates abbatiales infra districtum prædictum neminem præficiemus, seu illis de quorumcumque personis non providebimus, nisi habitis prius per Nos intentione, et consensu ipsius Ducis de personis idoneis ad hujusmodi regimina, seu dignitates promovendis, vel de quarum personis tales provisiones fuerint faciendæ. De aliis vero dignitatibus, videlicet post pontificales majoribus, prioratibus conventualibus, ac alias dispositioni nostræ generaliter reservatis in districtu præfato personis providebimus idoneis, nonnisi fuerint de locis ditionis ipsius Ducis, aut sibi gratæ vel acceptæ de aliis locis oriundæ. Præterea prioratus Tallueriarum, Ripaliæ et Novalitii, ac præposituram Montisjovis, quæ in confinibus hujusmodi Dominiorum consistunt, si, cum illos vacare contigerit, nulli conferemus, nisi similiter prius ab ipso Duce ejus intentione habita de personis, quibus fuerint conferendi. Gratias autem expectativas, et speciales reservationes quaslibet cum quibusvis, quæ ex illis descendunt, providendi mandatis, in districtu prædicto personis dumtaxat, qnæ locorum ejusdem districtus alienigenæ, vel extraneæ non fuerint, nisi fortassis ejusdem Ducis consensus aliis personis super hujusmodi gratiis obtinendis suffragetur, concedemus. Quod si fortassis ex importunitate petentium, aut per præoccupationem, seu alias inadvertenter per Nos contra præmissa quasvis provisiones, præfectiones, et collationes fieri, aut alias quicquam concedi contigerit, auctoritate Apostolica earumdem præsentium tenore statuimus, declaramus et decernimus, ea omnia utpote præter et contra mentem nostram a nobis extorta, et quæcumque inde secuta, cum processibus inde pro tempore habitis, quasvis etiam in se censuras et pœnas continentibus, nullius fore roboris vel momenti, ipsisque processibus minime intendendum sive parendum esse, nec censuras et pœnas hujusmodi quemquam arctare, sed illas et eosdem processus penitus haberi debere pro infectis. Nulli ergo omnino hominum liceat hanc paginam nostræ promissionis, statuti, declarationis et constitutionis infringere, vel ei ausu temerario contraire. Si quis autem hoc attentare præsumpserit, indignationem Omnipotentis Dei et Beatorum Petri et Pauli Apostolorum ejus se noverit incursurum. Datum Romæ apud Sanctum Petrum, anno Incarnationis Dominicæ millesimo quadringentesimo quinquagesimo primo, quarto Idus januarii, Pontificatus nostri anno quinto.

(An. 1515.)

Léon X, dans un Bref donné à Rome le 6 juin de cette année, relate, confirme et renouvelle :

1º La bulle ci-dessus de Nicolas V.
2º Celle de Sixte IV qui décrétait :

Ut nullus alienigena seu alterius nationis vel dominii clericus, vel cujusvis Ordinis regularis, qui non esset de Ducatu, Ditione vel Dominio hujusmodi oriundus, aut saltem verus et actualis illorum incola cujuscumque dignitatis, status, gradus, ordinis vel conditionis existeret, beneficia ecclesiastica secularia, vel cujusvis ordinis regularia cum cura vel sine cura quæcumque, quotcumque et qualiacumque forent ex tunc deinceps vigore litterarum quarumcumque, gratiarum expectativarum sub quacumque verborum forma emanarent, acceptare seu obtinere possit, nec ei jus aliquod acquireretur;............. ac locorum archiepiscopos, episcopos, necnon monasteriorum abbates pro tempore existentes ac conventus, earumdem ecclesiarum capitula, et quosvis alios Ordinarios, obtentu prædictarum litterarum sub quavis verborum forma et expressione, etiam cum specifica et individua statuti et ordinationis hujusmodi derogatione a Sede præfata, vel legatis ejusdem ex tunc in antea impetrandarum et processuum habendorum per easdem, quasvis censuras et pænas in se continentium, ad receptionem alicujus vel aliquorum ad beneficia hujusmodi adversus statutum et ordinationem prædicta compelli minime debere seu posse, necnon censuræ, processus et pænæ hujusmodi, etiamsi dictæ litteræ, etiam motu proprio et ex certa scientia emanarent, minime arctarent, sed haberentur pro cassis, irritis et infectis.

3° Les lettres d'Innocent VIII qui confirmaient et approuvaient la concession ci-dessus de Sixte IV.

4° Celles de Jules II données en confirmation des bulles de Sixte IV et d'Innocent VIII, avec cette clause :

Quodque illis (litteris) per quascumque clausulas, etiam derogatoriarum derogatorias, seu fortiores et insolitas, nullatenus derogatum esse censeretur, nisi illorum toto tenore, ac de verbo ad verbum et nihil ommisso, inserto, necnon de speciali et expresso præfati Caroli et pro tempore existentis Sabaudiæ Ducis censensu.

> 5° Celles de Boniface VIII en faveur du comte Amédée, portant :

Ut nullus delegatus vel subdelegatus ab eo executor seu etiam conservator a Sede prædicta deputatus, posset in ejus (Comitis) personam excommunicationis, et in terras suas interdicti sententias promulgare sine speciali mandato Sedis ejusdem, faciente plenam et expressam ac de verbo ad verbum de indulto hujusmodi mentionem.

> 6° Celles du même Jules II, confirmant l'indult précédent, avec cette clause :

Quodque in locis ecclesiastico interdicto, etiam cum hujusmodi licentia suppositis, si eum (Ducem) ad illa declinare, vel in eis residere contingeret, missas et alia divina officia etiam apertis januis ecclesiarum, campanis pulsatis. et alta voce, excommunicatis tamen et interdictis exclusis, celebrari, necnon ecclesiastica sacramenta, quæcumque alias tamen rite sibi et eisdem uxori et liberis ministrari facere, et illa suscipere libere et licite valeret et valerent.

> Après ces citations, on lit dans la bulle de Léon X :

Singulas litteras prædictas et in eis contenta quæcumque, ac quatenus sint in usu, omnia et singula privilegia, concessiones, gratias et indulta....... ex certa scientia, auctoritate apostolica, tenore præsentium approbamus, renovamus et confirmamus, ac perpetuæ firmitatis robur tenere et inviolabiliter observari decrevimus, supplentes omnes et singulos defectus juris et facti si qui forsan intervenerunt in eisdem. Et nihilominus præmissa omnia et singula prout per prædictos prædecessores........ concessa fuerunt, de novo concedimus et indulgemus, ac statuimus ac ordinamus quod illis ac præsentibus litteris nullo unquam tempore, etiam per Sedem eamdem derogari posset, nec derogatum conseatur, nisi de toto tenore et data præsentium plena, specifica, individua, specialis et expressa, ac de verbo ad verbum, non autem per clausulas generales idem importantes mentio fiat, et ipsius Caroli et pro tempore existentis Sabaudiæ Ducis expressus accedat assensus.

(An. 1529.)

> Clément VII, par un Bref donné à Rome le 13 février de cette année, approuve et confirme tous les indults et tous les priviléges ci-devant ténorisés, ajoutant cette clause :

Quodque illis, necnon prædictis et præsentibus litteris nullo unquam tempore etiam per Sedem apostolicam per quascumque litteras apostolicas, etiam quasvis clausulas, etiam derogatoriarum derogatorias, efficaciores et insolitas ac etiam irritantia decreta sub quorumcumque verborum expressione in se continentes, nullatenus derogari possit, nec derogatum censeatur, nisi de toto tenore et data præsentium specialis, specifica, individua plena et expressa, ac de verbo ad verbum et nihil ommisso, non autem per clausulas generales idem importantes mentio fiat, et expresse appareat Romanum Pontificem illis derogare voluisse, ac causa urgens et sufficiens exprimatur, et hujusmodi derogatio per trinas dictinctas litteras earumdem tenorem continentes, tribus similiter distinctis vicibus præfato Carolo et pro tempore existenti Sabaudiæ Duci intimata et insinuata fuerit, ipsiusque Caroli et pro tempore existentis Sabaudiæ Ducis ad id expressus accedat assensus, et aliter factæ derogationes nemini suffragentur, necnon provisiones, præfectiones, collationes, acceptationes et aliæ dispositiones quæcumque in contrarium, etiam per Nos et Sedem præfatam pro tempore factæ et faciendæ nullius roboris vel momenti existant, nec jus aliquod, vel etiam coloratum titulum possidendi tribuant.

(An. 1554.)

Jules III, par Bref daté de Rome du 10 décembre, accorde au Duc Emmanuel-Philibert la confirmation de tous les indults précédents, avec les mêmes clauses.

(An. 1572.)

Grégoire XIII, dans un Bref du 12 décembre, accorde la même confirmation en faveur du même Duc de Savoie.

(An. 1595.)

Clément VIII, accorde la même confirmation, le 19 juin, de cette année.

(An. 1700.)

Innocent XII, par un Bref du 3 juillet, renouvelle tous ces priviléges, et résout affirmativement le doute qui s'était élevé sur l'extension de l'indult de Nicolas V. Il déclare qu'il doit s'étendre en-deçà comme au-delà des Monts pour tous les pays soumis alors au Duc Louis.

(An. 1525.)

Clément VII, en son Bref des nones de septembre, renouvelle le privilége accordé par Jules II au Duc Charles de Savoie, en ces termes :

Quod præfatus Carolus Dux, vassalli *etc* pro quibuscumque causis fori ecclesiastici prophanis, de quibus laici nullo modo cognoscere possunt, per conservatores, judices ac alios quoscumque *etc* extra civitates, diœceses, terras, castra et loca mediate vel immediate eidem Carolo Duci subjecta recommendata, ad quarumvis personarum, universitatum seu collegiorum tam ecclesiasticorum quam sæcularium instantiam, extra Dominium præfati Ducis in instantia citari, aut conveniri, vel alias quoquomodo ad judicium evocari non possent neque debeant, sed hujusmodi causæ........ in partibus illis in prima instantia cognoscantur.

Il ajoute :

Nullique judices ecclesiastici tam sub dominio temporali ipsius Ducis, quam extra illud existentes, de causis mere prophanis vassallorum, adhærentium, recommendatorum subditorum et personarum prædictorum quoquomodo se intromittere, nec de causis appellationum in illis pro tempore interpositis cognoscere possint, neque debeant, nisi in eventum denegatæ justitiæ, auctoritate et tenore prædictis perpetuo statuimus et ordinamus.

III.

Ducalia. — TRANSACTIONS ENTRE LES PRINCES DE SAVOIE ET NOS ARCHEVÊQUES ; LETTRES DUCALES ET TITRES CONCERNANT LA JURIDICTION SUR LA VILLE DE MOUTIERS.

* **N. 1.** Deux originaux, en latin sur parchemin, d'une transaction faite le 27 juin 1358, par le comte Amédée VI de Savoie et l'archevêque

Jean de Bertrand. Cet acte désigne les localités soumises à la juridiction temporelle du prélat, indique la juridiction sous laquelle tombent les étrangers délinquants sur les terres de l'archevêque, règle les droits sur les protocoles des notaires décédés, et obvie aux conflits de pouvoir.

Nous suivrons pour cet acte et plusieurs autres ci-après inventoriés, un extrait authentique des registres du Sénat de Savoie, appartenant à M. le comte A. de Foras. Le manuscrit du Sénat fut copié sur un transumpt fait par le notaire Claude Rocha, le 27 avril 1500, selon la commission signée par le Conseil résidant auprès du prince, à Genève, le 10 du même mois. Sur la demande de l'archevêque Claude de Châteauvieux, plaidant contre Jacques Buchet et Claude, Jean et Jacques ses enfants mineurs, le commissaire Rocha fut introduit dans les archives de l'église de St-Pierre, par Rd. Jean Peterlat curé de Champagny et procureur de l'archevêque, et, aidé par le notaire Michel Richerme, il y prit copie de plusieurs patentes ducales, en présence de Rd. Jean Pellicier, chapelain, de noble Bernardin de Marnix, et d'autres témoins.

(An. 1358.)

Texte de l'extrait des registres du Sénat de Savoie.

Variantes de Besson, *preuves,* n° 85, p. 430.
Cfr. *Gallia Christiana,* Tom. xii. p. 406.

In nomine Domini, amen. Anno ejusdem millesimo tercentesimo quinquagesimo octavo, inditione undecima, die vicesima septima mensis junii, per præsens publicum instrumentum cunctis appareat evidenter præsentibus et futuris, quod cum litis et discordiæ materia verteretur et esset et major cothidie speraretur inter Reverendum in Christo Patrem et Dominum Dominum Johannem Tharen. Archiepiscopum seu castellanos et ipsius alios curiales ex una parte, necnon Illustrem Principem Dominum nostrum Dominum Amedeum Sabaudiæ Comitem seu ballivos, castellanos, mistrales et ceteros ipsius officiarios ex altera parte, super mero et mixto imperio cum omnimoda juridictione foristerorum (1) seu alienigenorum qui non sunt de toto Sabaudiæ Comitatu vel ejus ressortis, feudis vel retrofeudis quando casus exercicii (2) contingeret in ipsos, videlicet in civitate Musterii et sua parrochia, castro (3) sancti Jacobi, Parrochia sancti Marcelli, Parrochia Montisgirodi, Parrochia de Prato, Parrochia de Altacuria, Loco de Chentron cum pertinentiis, Parrochia Allodiorum, Parrochia sancti Johannis de Perreria, Parrochia sancti Johannis de Bellavilla excepto villagio Villarii Lullins (4) quod est totum et in solidum dicti Domini Comitis, Parrochia de Naves excepto villagio de Ronchal quod est totum et in solidum dicti Domini Comitis, Castro Bossellarum, Parrochia de Bossellis, Parrochia de Champagniaco, Parrochia sancti Boni, Castro Bastiæ, Parrochia sancti Desiderii et Parrochia de Tors; Item super captione, detemptione simul et commissione papirorum tabellionum

---

(1) forissetarum *est fautif dans* BESSON.
(2) exercitus *est fautif.*
(3) castri *est fautif.*
(4) Lullini.

seu notariorum quorumcumque decedentium sicut evenit in castellaniis, parrochiis, locis et terris prædictis; Item super bastardis seu spuriis capellanorum seu personarum ecclesiasticarum quorumcumque natis et nascituris et eorum posteritatis (1) in futurum ex feminis ecclesiæ; Item super bonis usurariorum civitatis Musterii; Item super executione sanguinis fienda et non fienda per gentes ipsius Domini Comitis in locis prædictis, parte præfati Domini Comitis asserente pro vero quod in extraneos prædictos, papiris, bastardis, bonis usurariorum et executione sanguinis et fustigationis jus habebat tam de jure sui principatus, suæ superioritatis et ex antiqua consuetudine quibus usus fuit tam ipse quam sui prædecessores tam longissimo tempore quod hominum memoria de contrario non existit; parte præfati Domini Archiepiscopi contrarium proponente (2) sed pro vero dicente sicut asserit et ejus gentes quod ad ipsum prædictæ ecclesiæ suæ Tharent. nomine noscuntur sunt et esse debent tam jure imperialium privilegiorum quam ex antiqua consuetudine quibus etiam fuit usus per castellanos et familiares suos sicut asserit tanto tempore quod hominum memoria de contrario non existit licet per usurpationem contra debitum rationis (3) per officiarios ipsius Domini Comitis in contrarium quandocumque fuit aptentatum. Post multas igitur altercationes et tractatus multimodis habitos, amicabiliter inter partes tandem suis spontaneis voluntati-

(1) posteris.
(2) opponente.
(3) contra rationem.

bus ad tractatum virorum nobilium videlicet Reverendissimi in Christo Patris et Domini Domini Johannis electi Yporegien. et Comitis, Dominorum Prioris Romæ (1) perceptoris (2) sancti Anthonii Camberiaci, Ludovici Ravoyriæ domini Domessini, Humberti Bastardi de Sabaudia domini Altivillarii et Moletarum, Joannis Ravasii legum doctoris et militis (3) sancti Mauritii, cancellarii Sabaudiæ, Jacobi de Claromonte militis et domini sancti Petri de Sauciaco (4), Hugonis Bernardi juris utriusque professoris et militis, simul et Petri Gerbasii Thesaurarii supradicti Domini Comitis, concorditer (5) inter se mutuis voluntatibus super prædictis et infrascriptis cum dependentiis, emergentiis et connexis (6) ad invicem sicut sequitur transegerunt. In primis quod ad dictum Dominum Archiepiscopum dictamque Tharentasiæ ecclesiam pertineat et pertinere debeat pleno jure, merum mixtum imperium, omnimoda juridictio, ipsorumque exercitium in omnes homines utriusque sexus cujuscumque status et conditionis existant et posteritates ipsorum natas et nascendas, delinquentes vel contrahentes vel quasi, sive sint transeuntes, oberrantes vel undecumque sint vel fuerint oriundi videlicet in Musterio, castris, locis et parrochiis suprascriptis exceptis dumtaxat hominibus qui

(1) .... Romæ *manque*.
(2) præceptoris.
(3) domini.
(4) Souciaco.
(5) convenientes *est fautif*.
(6) *Il manque les cinq mots précédents*.

essent oriundi de Comitatu Sabaudiæ seu aliis terris quæ ad dictum Dominum Comitem pertinent ratione juridictionis, ressorti feudi, retrofeudi, qui non essent homines et justitiabiles ipsius Domini Archiepiscopi et Tarentasiæ ecclesiæ, in quibus imperium et juridictio prout supra ad dictum Dominum Comitem ejusque successores perpetuo remaneat vigore et ex causa transactionis præsentis, ita tamen quod dictus Dominus Comes seu ejus officiarii præsentes pariter et futuri dictum Dominum Archiepiscopum in jurisdictione et imperio prout supra ipsorumque exercitio, aliarum personarum quæ non essent de terra dicti Domini Comitis, feudis, retrofeudis vel ressorto nullathenus debeant impedire, sed eos uti permittant sine contradictione quacumque; in homines autem suos ad eum pertineat merum imperium et juridictio prout actenus consuevit; Item quod quotiens notarios mori continget qui in territoriis supradictis suum domicilium et mansionem haberent, licet in alieno loco profecti forte diem clausissent extremum, ad dictos Dominos Archiepiscopum et Comitem seu ipsorum officialem et judicem, papirorum prothocolorum seu cedularum commissio debeat æqualiter pertinere, et commodum quod subsequitur exinde, inter ipsos Dominos æqualibus portionibus dividatur. Est tamen conventum inter partes prædictas, et in transactione præsenti pariter ordinatum, quod mortuis notariis supradictus Dominus Archiepiscopus seu ejus officiarii possint et sibi liceat prothocolla cedulas seu notas sic decedentium notariorum propria auctoritate capere absque eo quod dictus Dominus Comes seu ejus officiarii de capitone vel custodia dictorum prothocollorum cedularum

seu notarum se possint vel debeant intromittere quoquomodo, et ea custodire prout justius et utilius expedire
viderint, quousque per dictos officialem et judicem seu
alios a dictis Dominis Archiepiscopo et Comite potestatem
habentes facta fuerit commissio de eisdem, et tunc dictus
Dominus Archiepiscopus seu ipsius officiarii ipsa prothocolla cedulas sive notas ipsi commissario expedire sine
contradictione qualibet teneantur. Item quod spurii seu
bastardi presbiterorum capellanorum seu quarumcumque
ecclesiasticarum personarum qui sunt nati vel nascentur
in posterum ex bonis feminis et justicialibus ipsius ecclesiæ, prædicto Domino Archiepiscopo et Tarentasiæ
ecclesiæ deinceps pertineant et pertinere debeant pleno
jure sintque ipsius Domini Archiepiscopi homines justitiabiles, ac si forent nati de hominibus justitia-
bilibus ecclesiæ memoratæ, ut in hoc partus ventris
conditionem sequatur et posteritates ipsorum natas et
nascendas (1). Item quod licet delinquentium et contrahentium infra territoria supradicta, illorum videlicet qui
sunt de comitatu Sabaudiæ feudis retrofeudis et ressorto,
punitio et cognitio par modum infrascriptum ad ipsum
Dominum Comitem ex causa transactionis præsentis debeat
pertinere, excepto apud Musterium in quo loco dicto
Domino Archiepiscopo per modum in præsenti transactione contentum juridictio reservatur. Nihilominus convenerunt dictæ partes et transegerunt ut supra, quod
dictus Dominus Comes, ejus successores vel officiarii, non
possint nec sibi liceat facere vel exercere per se vel

---

(1) natæ et nascendæ *est plus exact*.

alium, quavis occasione vel causa qualicumque, licet modicum corporis punimentum nec (1) pœnam sanguinis, fustigationis, incathenationis, ligationis vel quamlibet aliam quæ corpus affligeret quoquomodo infra parrochias et territoria supradicta, sed ipse Dominus Archiepiscopus et ejus successores qui pro tempore fuerint solus et soli et in solidum deinceps et in perpetuum dictæ pœnæ sanguinis cujuscumque generis existat, exercitium et executionem infra loca limitesque et confines supradictos et supradicta, ubicumque voluerint, habeant, teneant et libere exerceant, quandocumque et quotienscumque casus occurrerit et contingerit evenire, in hominibus in quibus ad eum juridictio pertinet. Itaque ipse Dominus Comes, per se vel alium, deinceps de prædictis vel aliquo prædictorum, se nullathenus intromittat, nec Archiepiscopis qui fuerint pro tempore vel aliis qui ecclesiæ prædictæ Tharentasiæ nomine prædicta facerent vel exercerent per se vel per alium molestias (2) aliquas inferant, vel turbationes, vel impedimenta quæcumque prædicta nullathenus in locis prædictis aliqualiter attemptando. Item quia idem Dominus Archiepiscopus gravem querimoniam defferebat super eo quod castellanus Tharentasiæ pluries in locis Musterii cridas fieri fecerat seu præcepta pœnalia quæ pœnam sanguinis continebant, pro casibus pro quibus pœna corporalis infligi de jure vel consuetudine non debebat, videlicet pluribus in loco Musterii habitantibus

(1) seu.
(2) malitias *est fautif*.

sub pœna pugni, quam (1) aliqua in quibus Domino tenebantur apud Salinum recognituri (2) venirent, extitit in præsenti transactione conventum et pariter declaratum ipsas pœnas seu edicta pœnalia vel præcepta non tenuisse, et ob hoc ipsa præcepta pœnalia tanquam facta contra juris ordinem non valere, nec deinceps per Dominum Comitem, castellanum Tharentasiæ præsentem vel futurum seu quemvis alium fieri in istis casibus vel similibus non debere. Item quia apud Musterium dicto Domino Archiepiscopo in omnes habitantes, omnis juridictio pecuniaria pertinet ab antiquo, dicto vero Domino Comiti pœna sanguinis in illos videlicet qui sunt sui homines vel oriundi de terra sibi subjecta ratione dominii, feudi, retrofeudi pariter et ressorti, et cum casus delicti contingeret commissi vel committendi per illos in quos ad dictum Dominum Comitem pœna sanguinis pertinet, ad dictum vero Dominum Archiepiscopum pœna pecuniaria secundum modum superius declaratum, an pœna pro delicto commisso corporalis seu sanguinis et pecuniaria imponi deberet posset in dubium revocari, propter quod ipsa ecclesia reciperet in posterum lesionem, dicti Domini Archiepiscopus et Comes sic ordinaverunt et composuerunt in transactione præsenti, quod quocienscumque utrum pœna infligi debeat sanguinis, pecuniaria, vel civilis, per partes sine fraude revocabitur in dubium, tunc ipsius Domini Archiepiscopi judex vocatis partibus et auditis super illo dubio debeat per sententiam declarare

(1) quod.
(2) recognitari *est fautif*.

an pœna debeat esse vel non corporalis, in casu vero dubii supradicti dictus Dominus Archiepiscopus seu ejus officiarii possint et eis liceat ipsum inculpatum capere et auctoritate propria tenere carceribus mancipatum, si hoc exigat qualitas delictorum, cognitio auctoritate prædicta infra tempus congruum debeat esse facta; et si forsan pœnam cognoverit corporalem, tunc per ipsius Domini Archiepiscopi officiarios, castellano Tharentasiæ ipsum sic inculpatum de crimine, inter parrochias Musterii et Salini pugniendum remittant; in casu vero quo illum inculpatum de crimine non debere pœnam sanguinis sustinere, rite facta cognitione declaret, dictus Dominus Comes vel ejus officiarii de ipso se intromittere non debeant ullomodo, sed eum dicti Domini Archiepiscopi et officiariorum suorum pugnicioni (1) relinquant, et idem per omnia in omnes (2) habitantes apud Salinum dicti Domini Archiepiscopi, in quibus ad eum pertinet cognitio (3) corporalis, debeat observari. Item cum ad Dominum Comitem bona mobilia usurariorum decedentium apud Musterium, illorum videlicet qui sunt homines sui, vel ratione juridictionis, feudi, retrofeudi vel ressorti sibi subjecti pertineant ut asserit idem Dominus Comes vigore consuetudinis generalis et interdicti, castellani Tharentasiæ seu alii dicti Domini Comitis officiarii ipsam consuetudinem in corruptelam dampnabiliter convertentes, non usurarios habundantes facultatibus usurarios

(1) potestati *est fautif*
(2) in homines *est exact.*
(3) punitio, *Item.*

asserendo, ut possent ab ipsorum heredibus commoda extorquere, et quod erat deterius, domos infra civitatem prædictam ipsius Domini Archiepiscopi feudales, injuriose rompendo bona mobilia interdum palam, quandoque clam et latenter portando, in dictæ ecclesiæ grave prejudicium et jacturam, conventum est per partes easdem et ad ipsius ecclesiæ et totius populi conservationem concorditer arrestatum quod quotienscumque de prænominatis aliquem mori contingerlt qui revera usurarios exercuerit contractus, et hoc sine fraude foret notorium et publice manifestum, tunc castellanus Tharentasiæ (1) vel alius pro ipso sufficiens officiarius dicti Domini Archiepiscopi, in introitu domus dicti deffuncti, secum et testibus fide dignis debeat evocare, et confecto inventario de bonis ipsius secundum modum consuetudinis prout utilitati dicti Domini Comitis expedire noverit, ordinare; si vero per defuncti heredes ipsum esse usurarium negetur et per negationem (2) sine calompnia in dubium revocetur, tunc castellanus Tharentasiæ officiarios dicti Domini Archiepiscopi vocare debeat, et ipsis officiariis præsentibus vel contumaciter (3) absentibus domum defuncti intrare, et cum notario et testibus fide dignis, de bonis inventarium conficere diligenter, et ipso confecto de stando cognitioni curiæ dicti Domini Comitis, recipere idoneam cautionem, deinde informationes an si fuerit usurarius defunctus vel non, fieri faciant (4) et recipi debite quales jura

(1) Tharentasiæ *manque.*
(2) hæc negatio *est plus exact.*
(3) continenter *est fautif.*
(4) faciat.

Domini noverint convenire, et ipsas remittat judici Tharentasiæ pro dicto domino Comite, vel illi qui pro justitia facienda in Tharentasia præsideret, et ipsius judicis vel præsidentis sententia lata, rite et legitime observetur. Antea autem quam per modum supra scriptum per judicem vel alium potestatem habentem fuerit definitiva sententia promulgata, castellanus Tharentasiæ vel alius dicti Domini Comitis officiarius quicumque, de bonis prædictis se non possit vel debeat intromittere quoquomodo ipsa bona vel ipsorum aliqua capiendo vel alias quomodolibet detrahendo; in casibus autem qui non sunt in præsenti transactione comprehensi specialiter, dicti Domini Archiepiscopus et Comes jura quæ habent in illis casibus non expressis de jure vel consuetudine, sibi specialiter reservarunt. Pro quibus idem Dominus Comes confitetur se habuisse et realiter recepisse a dicto Domino Archiepiscopo, solvente suo et dictæ ecclesiæ suæ Tharentasiæ nominibus, ex causa compositionis et transactionis præsentis per manum Petri Gerbasii Thesaurarii sui, videlicet tria millia florenorum boni auri et ponderis Floren. de quibus tribus millibus florenis ipsum Dominum Archiepiscopum et dictam suam ecclesiam Tharentasiæ ejusque successores in ea, ipse Dominus Comes spontanee et de jure suo certificatus, ut asserit, solvit, liberat penitus atque quittat, pactum validum et expressum faciens de ulterius prædicta florenorum quantitate a dicto Domino Archiepicopo vel ejus successoribus in dicta ecclesia, aliquid non petendo. Promittentes, præfatus Dominus Archiepiscopus positis manibus ad pectus prælatorum more sub bonorum suorum et ecclesiæ suæ prædictæ ipotheca, et idem Dominus Comes bona fide et per juramentum suum ad sancta Dei evangelia corporaliter præstitum (1) bona sua quæcumque proinde obligando, prædictam compositionem et transactionem ac omnia et singula suprascripta et in præsenti instrumento contenta pro se et suis successoribus in ecclesiæ Tharentasiæ hæredibus successoribus in Comitatu Sabaudiæ ratum et rata, gratum et grata, firmum et firma habere perpetuo et tenere et nunquam contra facere vel venire per se vel alium aliqua arte vel ingenio seu quibusvis coloribus exquisitis, nec contra facere vel venire volenti consentire seu præbere palam vel oculte directe vel indirecte auxilium consilium vel juvamen, sed omnia ea vel singula sicut jacent, ipsorum quilibet quantum ad eum pertinet inviolabiliter perpetuo cum effectu observare et per suos officiarios præsentes et futuros integre jubere et facere realiter observari. Renunciantes itaque præfati Domini Archiepiscopus et Comes in quantum ipsorum quemlibet concernit ex eorum certis scientiis, virtute juramentorum præstitorum per eosdem, exceptioni dictarum transactionis, compromitionis, translationis, confessionis et quictationis promissorum, obligationum et jurium, prædictorum non sic, non rite et non legitime factorum, doli mali metus in factum actioni conditioni sine causa justa vel injusta, quique dolus non dederit causam contractui vel incideret in contractum dictorum trium millium florenorum non habitorum et

(1) BESSON *a omis les clauses suivantes, pour arriver immédiatement à la fin de cette longue charte :* Acta sunt hæc apud Camberiacum etc.

non receptorum, spei receptionis et numerationis facturæ, juri per quod deceptus in contractibus subvenitur minoris ætatis et restitutionis in integrum, beneficio jurique dicenti contractum summam quingentorum aureorum excedentem sine insinuatione judicis non valere et rescindi posse, jurique dicenti generalem renuntiationem non valere nisi præcesserit specialis omnibusque statutis privilegiis et rescriptis edictis et edendis, concessis et concedendis, indultis et indulgendis per quæ contra prædicta vel aliqua prædictorum dictæ partes possent facere vel venire vel in aliquo se tueri, et generaliter omnibus juribus tam canonicis quam civilibus per quæ contra prædicta vel eorum aliqua possent facere vel venire seu in aliquo defendere quomodolibet vel tueri, et est actum inter partes in pactum expressum quod de prædictis fiant duo vel plura ejusdem tenoris publica instrumenta videlicet unum ad opus cujuslibet partium earumdem quæ levata vel non, in judicio producta vel non, dictari valeant ad consilium unius vel plurium sapientium facti tamen substantia non mutata, hancque magno ad equum dicti Domini Comitis sigillo ad æternam memoriam rei gestæ. Acta sunt hæc apud Camberiacum (1), in tornella juxta cameram mediocrem dicti castri, ubi ad hæc testes vocati fuerunt et rogati, videlicet viri venerabiles Dominus Bertrandus Bertrandi Prior Tharentasiæ, Guillermus præceptor sancti Anthonii de Chamberiaco, Humbertus Bertrandi canonicus Bisonencis (2) de Tharentasia, nobi-

(1) videlicet in castro Camberii,
(2) Bisuntinensis et Thur.

es viri Ludovicus Ravoiriæ Dominus de messino et
Bellomontis (1), Humbertus Bastardus de Sabaudia domi-
us Altivillarii et Molletarum, Jacobus de Claromonte
Dominus sanctæ Helenæ de Lacu, Johannes Ravaysii
Dominus sancti Mauritii cancellarius Sabaudiæ milites,
Hugo Bernardi utriusque juris professor et miles, Johan-
es Camberii (2) canonicus Tharentasiæ, Jacobus Morandi
urisperitus et Petrus Gerbasii de Bellicio Thesaurarius
Domini nostri Comitis supradicti. Ego vero Bonifatius De
Jota gratianopoliten. diocesis auctoritate imperiali et
icti Domini Sabaudiæ Comitis notarius publicus, hiis
mnibus interfui et præsens instrumentum rogatus recepi,
psumque levari et in formam publicam redigi feci per
Johannem Ravaisii naturalem (3) notarium publicum
coadjutorem meum vigore generalis commissionis per
ipsum Dominum Comitem mihi factæ, in eo me subscripsi
manu mea propria ipsumque signo meo solito signavi
tradidique dicto Domino Archiepiscopo ad opus sui et
uæ Tharentasiæ ecclesiæ prælibatæ.

Nos vero Amedeus Comes Sabaudiæ præfatus agnos-
centes et confitentes universa et singula supradicta conti-
ere veritatem ac rite et legitime processisse, præsens
publicum instrumentum ad majorem observationem et
roboris firmitatem omnium præmissorum nostri magni
igilli appensione fecimus roborari. Datum Camberiaci,
quoad dicti sigilli appositionem, die sexta augusti anno

---

(1) de Ameissini et Bellimontis.
(2) Chambrerii.
(3) per Andream Bellatruchi de Camberiaco notarium.

prædicto. Per Dominum, R^{di} Domini Johannes Ravaisi Cancellarii Sabaudiæ, Jo. de Ma.^{cro} (1).

N. 2.   Vidimé de la transaction précédente fai par l'official de Tarentaise, et signé par Jea de La Fontaine.

N. 3.   Transaction faite entre l'archevêque d Tarentaise, les évêques de Belley, de Mau rienne et d'Aoste, et le comte Amédée d Savoie, en l'an 1432, pour terminer leur contestations relatives à leur juridiction su les causes matrimoniales, les décimes, l droit de patronage, les crimes d'hérésie et d sacrilége et autres chefs. Ce transumpt e latin sur parchemin, est scellé et signé pa Pierre Rellier, Jean Seytour et Lancellot d *Averid.*

(An. 1432.)

TEXTE de Besson, *preuves,* n° 99, p. 455
Cfr. *Gallia Christiana*, Tom. XII, p. 410

In nomine Domini, amen. Ad perpetuam rei memoriau cunctis præsentibus et futuris notum fiat instrument publici præsentis indagine, quod jam dudum vertentibu mutuis petitionibus et querelis inter reverendissimur reverendosque in Christo Patres et Dominos Dom. misera

---

(1) *L'homologation qui précède manque dans* BESSON.

ione divina Joannem de Bertrandis Archiepiscopum Tarentasiæ, Aymonem Gerbasii Maurian. Guillelmum Dierii Bellicen. et Ogerium August. Episcopos, nominibus suis suarumque ecclesiarum et successorum suorum in eisdem, ex una parte, et Illustrissimum Principem Dominum nostrum Dom. Amedeum Ducem Sabaud. Chablasii et Augustæ Principem, Marchionem in Italia, Comitem Pedemontium et Gebenensis, Valentinensisque et Diensis, Dominum civitatis et districtus Niciæ, nomine suo, suorum hæredum et successorum ex altera parte, super eo videlicet quod prædicti domini prælati conquerebantur erga præfatum dominum nostrum Ducem, quod castellani et cæteri officiarii ipsius Dom. nostri Ducis, curias ecclesiasticas ipsorum Dom. prælatorum seu officialium suorum impedire satagebant, laicos recurrentes ad ipsas curias ecclesiasticas pro causis et casibus ad forum ecclesiasticum pertinentibus easdem curias ecclesiasticas adire perturbando, et ipsos laicos inde molestando. Item super eo quod dicti castellani et officiarii prædicti Dom. nostri Ducis bona mobilia usurariorum defunctorum, nulla causæ cognitione ecclesiasticorum judicum præcedente, de facto velut confiscata seu pertinentia prædicto Dom. nostro Duci vigore consuetudinis per ipsos castellanos et officiarios prætensæ, nomine ipsius Dom. nostri Ducis, et pro eo per inventarium recolligere et levare præsumpserant, quod est et præsumitur in magnum ecclesiasticæ juridictionis præjudicium, ad quam dicti domini prælati criminis et restitutionis usurarum cognitionem de jure prætendunt pertinere, nec non damna passorum ex ipsis usuris quibus eorumdem usurarum extortarum foret restitutio facienda, petentes et requirentes præfati domin[i] prælati suis et prædictis nominibus per prælibatum D[om.] nostrum Ducem sibi et suis ecclesiis super præmissis debit[e] provideri, prædictos castellanos et officiarios a præmissi[s] attentatis remediis opportunis compescendo. Quibu[s] quidem petitionibus, querelis et requisitionibus dicto[-]rum Dom. prælatorum, per præfatum Dom. nostrur[m] Ducem benigne receptis, mansuete auditis et matur[e] consideratis pro parte ipsius Dom. nostri Ducis, eisder[m] Dom. prælatis super ipsis responsum est, quod idem D[om.] noster Dux, non credebat nec credit curias ecclesiastica[s] dictorum D. prælatorum in casibus et causis ad forur[m] ecclesiasticum de jure pertinentibus fuisse per dicto[s] castellanos aut officiarios ipsius D. nostri Ducis Sabaud[iæ] turbatas vel impeditas, nec unquam voluit seu præcepi[t] idem D. noster Dux, quod ipsæ curiæ ecclesiasticæ i[n] suis casibus et causis impedirentur, sed potius conser[-]varentur. Verumtamen potuit contingere quod dict[i] castellani et officiarii jurisdictionem et jura ipsius D[om.] nostri Ducis, prout ad eos spectat, conservare volente[s] subdictos ejusdem D. nostri Ducis a prosecutionibu[s] causarum suarum mere civilium et profanarum, non a[d] forum ecclesiasticum sed seculare pertinentium, coran[m] judicibus ecclesiasticis de facto incohatarum debitis reme[-]diis revocarunt, et in hoc nulla turbatio, nullumque[e] impedimentum illata fuerunt curiæ ecclesiasticæ, cun[m] juridictio ecclesiastica ad ea quæ sunt juridictionis sæcu[-]laris non debuerit, nec debite potuerit fimbrias sua[s] extendere, nec causas ad forum sæculare pertinentes a[d] eorum forum ecclesiasticum attrahere. Et insuper eadem parte dicti D. nostri Ducis, pro suorum tam spirituali quam temporali indemnitate subditorum adversus D. præfatos prælatos et eorum officiales, proponebatur hæc querela : videlicet quod ipsi D. prælati eorumque officiales, subditos ejusdem D. nostri Ducis ad ecclesiasticas curias pro causis et casibus ad forum ecclesiasticum pertinentibus recurrentes, multimodis in exercitio jurisdictionis ecclesiasticæ gravare et opprimere consueverant, et præcipue in promulgatione nimis facili et repentina sententiarum excommunicationis et interdicti tam personalis quam localis, hujuscemodi censuris animas simplicium personarum injuste frequenter laqueando, et ipsas sententias interdum contra personas incertas et innominatas indebite proferendo, necnon in ipsarum censurarum processibus plures litteras superfluas emanando, ut puta litteras regravatorias principalis personæ excommunicatæ, deinde literas monitorias et excommunicatorias participantium cum ipsis excommunicatis, et postmodum litteras trium monitionum successivarum contra castellanos et alios officiarios sæculares, ex quarum decursu, causæ frustratoriis delationibus protelantur, scripturisque et sigillis ipsarum litterarum litigantes in dictis curiis ecclesiasticis extorsionibus immoderatis opprimuntur, et nihilominus tunc cedunt interdum dicti D. prælati seu judices ecclesiastici importune petentibus et decernunt monitiones generales in casibus manifestis seu probabilibus contra jus et in magnum dispendium animarum. Adversus autem secundam petitionem seu querelam dictorum D. prælatorum, videlicet de bonis usurariorum defunctorum supra factam, ex parte dicti D. nostri Ducis responsum est quod nullus errat seu facit injuriam utendo jure suo; et quia tam præfatus D. noster Dux quam ejus incliti progenitores, est et fuerunt in consuetudine vetustissima usuque et possessione seu quasi, illibata, continuata et præscripta spatio tanti temporis quod, nulla hominum memoria in contrarium existit, levandi, percipiendi et habendi bona mobilia usurariorum defunctorum, in detestationem et pœnam criminis usurarum, licitum fuit et est eidem D. nostro Duci et suis prædictis prædecessoribus ipsa bona mobilia usurariorum defunctorum levare et percipere in pœnam prædictam per quam multi revocati fuerunt et revocantur ab exercitio usurariæ pravitatis, sine præjudicio jurisdictionis ecclesiasticæ quæ nihilominus suas pœnas canonicas in dictos usurarios potest exercere. Ex quibus causis et rationibus asserebatur pro parte dicti D. nostri Ducis, ipsum D. nostrum Ducem ad petita per ipsos D. prælatos non teneri, quinimo per eosdem D. prælatos excessus eorum et suorum officialium circa præmissa debere modificationibus opportunis limitari et restringi. Super quibus quidem exceptionibus et querelis parte D. nostri Ducis in medium propositis, pro parte dictorum D. prælatorum extitit replicatum, videlicet quod non credunt se nec eorum officiales errasse in audiendo et admittendo in foris suis ecclesiasticis causas laicorum sibi spiritualiter subditorum aut alias submissorum, etiam sæculares et profanas, nec in hoc juridictionem temporalem læsisse, tum ex eo quod ipsi D. prælati sunt judices ordinarii in suis diœcesibus, tum eo quod ipsi sunt et fuerunt, ut dicunt, in consuetudine antiquissima et quasi possessione legitime præscripta audiendi et admittendi in curiis suis ecclesiasticis omnes causas criminales et civiles etiam sæculares et profanas ad eorum auditoria delatas etiam inter laicos, tum ex eo quod ipsi D. prælati dicebant et dicunt hujusmodi consuetudinem per jus scriptum approbari; quare petebant et requirebant ut prius castellanos et alios officiarios dicti D. nostri Ducis a prædictis impedimentis curiarum ecclesiasticarum et levatione dictorum bonorum mobilium usurariorum per dictum nobilem D. nostrum Ducem compesci. Parte vero ipsius D. nostri Ducis replicantis dictam consuetudinem per dictos D. prælatos allegatam, tanquam juri et rationi repugnantem, sæpiusque juste interruptam non valuisse nec valere in præjudicium jurisdictionis temporalis. Super quibus fuerit præloquuta et tractata quædam compositio sive transactio sub certis capitulis, clausulis, articulis, modisque et formis in ea contentis, super qua fuit quædam scriptura per providum virum Nicodum Festi, consiliarium et secretarium dicti D. nostri Ducis, facta et recitata de data currente anno millesimo quatercentesimo trigesimo, indictione octava, die sexta junii, quæ non fuerit sigillata, licet actum esset expresse quod sigillari deberet sigillis dictarum partium, sed super nonnullorum dictæ propositionis, compositionis vel transactionis articulorum sive capitulorum intellectu, antequam sigillaretur, varia fuerint mota et orta dubia ex quibus, nisi ad meliorem declarationem eorumdem procederetur, possent in posterum inter officiarios dictarum partium contentiones, discordiæ et debata oriri, contra tamen mentem, intentionem et voluntatem ipsarum partium, dictorumque suorum officiariorum concordiam et populi quietem. Inde fuit et est tandem ex præmissis sequutum, quod anno Dominicæ nativitatis millesimo quadringentesimo trigesimo secundo, indict. decima et die decima sexta mensis januarii, pontificatus sanctissimi in Christo Patris et D. nostri D. Eugenii, divina providentia Papæ quarti, anno primo, in mei notarii publici et testium infrascriptorum præsentia, personaliter propter hoc constitutæ partes supradictæ, videlicet præfati D. Archiepiscopus Tarentas. Episcopi quoque Maurian. et Bellicen. necnon venerabilis D. Gerardus Blanorii de Flerico licentiatus in decretis, canonicus Augustensis, ambassiator et procurator, ut sufficienter edocuit, et nomine procuratorio dicti D. episcopi August. pro quo ad hoc se fortem facit et de rato habendo promittit, ex una, et memoratus Illustrissimus D. noster Dux Sabaud. ex altera partibus, quæ siquidem partes Statum pacificum, prosperum utriusque status ecclesiastici et sæcularis, ut dicebant, singulariter affectantes, et ut efferantur de medio omnia odia omnisque discordiæ fomes et occasio, volentesque et desiderantes omnem dubietatem et ambiguitatem dictorum capitulorum seu articulorum auferre, illaque declarare ad concordiam ipsarum partium suorumque officiariorum utilitatem et populi quietem, materia tamen hujusmodi prius diligenter advisa et visitata, disputataque et discussa etiam cum libris, tam per præfatos D. prælatos et eorum officiarios, quam consiliarios præfati D. nostri Ducis, interveniente amicabili tractatu multorum reverendorum patrum D.

prælatorum, magistrorum in sacra pagina et egregiorum doctorum ac licentiatorum utriusque juris, scienter et sponte, ut dicebant, suis et prædictis nominibus, de et super omnibus et singulis petitionibus, querelis et dubiis supradictis, ad transactionem, declarationem et compositionem præcipuas de et super præmissis, de nova dicta compositione sive transactione per dictum Nicodum Festi, ut supra recepta, revocata, annullata et irritata ac pro infecta habita, et quam volunt per præsentem annullari et annullant, pro infectaque haberi et teneri solemni stipulatione hinc inde interveniente, devenerunt sub modis et capitulis infra scriptis : In primis transigendo declaraverunt dictæ partes casus meros in quibus judices ecclesiastici possunt et ad eos spectat et spectare debebit cognoscere et jus dicere in eorum curiis, etiam inter meros laicos. Et primo in causis matrimonialibus, quando est quæstio de fide et viribus matrimonii. Item in causis legitimitatis et illegitimitatis natalium, quando in eis incidit dubium de viribus matrimonii parentum. Item in causis juris patronatus ecclesiarum seu beneficiorum ecclesiasticorum et piorum locorum. Item in crimine hæresis, sortilegii, sapiente hæresim et simonia. Item in crimine adulterii, quando agetur ad separationem thori. Item in causis usurariæ pravitatis, quando est quæstio super jure an contractus de quo constat sit involutus malitia usurarum, et etiam in punitione ipsius criminis usurarum pœnis juris canonici, quarum infligendarum non est capax jurisdictio sæcularis. Item in causis decimarum jure divino vel canonico institutarum, quando est quæstio de jure decimandi secundum tamen dispositionem juris communis. Item in causis primitiarum, obligationum et funeralium. Item in causis perjurii, ad cognoscendum an juramentum sit licitum vel illicitum. Item in causis sacrilegii, quando quæstio vertitur an sit sacrilegium vel non. Item in causis feudalibus de feudis ab ecclesia moventibus, quando est quæstio de feudis ecclesiæ super proprietate sive petitione inter duos feudatarios dictorum D. prælatorum transigentium aut alterius eorumdem, quorum uterque confitetur et recognoscit feudum esse ecclesiæ, et etiam in aliis casibus ubi D. prælati prædicti essent judices rei conventi in temporalitate sive sæcularitate. Item in omnibus causis mixtis, ubi jurisdictio esset specialiter per judicem sæcularem præventa, cognitio omnimoda et in solidum ad judicem sæcularem spectet nisi in criminalibus causis in quibus processus unius curiarum prædictarum non impediat processum alterius. Item generaliter in omnibus causis et casibus de quibus curia sæcularis non potest reddere jus. Item declaraverunt dictæ partes casus mixtos inter curiam ecclesiasticam et sæcularem. Et primo in causis usurariæ pravitatis, quando agitur ad repetitionem usurarum, nec est quæstio inter partes an sit usura quod petitur vel non. Item in causis decimarum, quando non est quæstio de jure decimandi. Item in causis dotalibus in casibus tamen in quibus de jure spectat ecclesiæ cognoscere de eis, quando dos petitur vel repetitur. Item in causis ultimarum voluntatum, secundum quod jus commune disponit et in illis casibus. Item in omnibus causis et casibus civilibus in quibus reperiretur conventus se submisisse ecclesiasticæ jurisdictioni, exceptis casibus in quibus de jure communi scripto non admittitur seu prohibetur submissio, et admittatur pœnitentia ante litem contestatam, in casibus in quibus de jure communi est admittenda. Item in omnibus causis civilibus, in quibus ecclesiastici judicis cognitio per reum prorogaretur, videlicet per spontaneam confessionem seu per formalem litis contestationem, exceptis casibus in quibus jure communi scripto non admittitur sed prohibetur prorogatio. Item in omnibus casibus in quibus procederetur super observatione pacti jurati contra jurantem et non ejus successorem. Item in causis reconventionum, ubi reconventio fieret ante litem contestatam vel statim et incontinenti post. Item in communibus mixtis, ut perjurii et sacrilegii, quando non ageretur an juramentum sit licitum vel ne, vel an sacrilegium vel ne, sortilegii quando non sapit hæresim, pacis fractæ et blasphemiæ Dei et sanctorum. Item in crimine adulterii, scilicet quoad ecclesiam, quando non ageretur ad thori separationem, quod per censuram ecclesiasticam amoveri et compelli possint tales adulteri ut desistant a peccato. Item in causis viduarum, pupillorum et miserabilium personarum, hominumque et rusticarum ecclesiarum, quando procederetur super violentia, injuria vel oppressione, et ut tales deffendantur, et protegantur ab oppressionibus illicitis secundum tamen denunciationem juris communis cui constari debeat. Item in omnibus causis et casibus in quibus haberetur recursus ad judicem ecclesiasticum propter negligentiam vel defectum judicis sæcularis, videlicet quando talis negligentia vel defectus non suppleretur per superiores judices sæculares, vel quando ad ipsos non potest haberi aditus vel recursus ad quos gradatim recurri debeat. Item fuit declaratum inter dictas partes et conventum quod nullus etiam laicus possit seu debeat impediri per curiam sæcularem in impetrando a judice ecclesiastico et exequendo contra laicum citationem, etiam causa speciali in ea non expressa, in casibus tamen ad ecclesiasticum forum tam de jure communi quam vigore transactionis præsentis pertinentibus. Item quod non impediatur curia ecclesiastica per curiam sæcularem in citando et compellendo laicos in ipsa curia ecclesiastica testimonium veritatis perhibere cum fiet vel exigeretur fieri in curia ecclesiastica de aliquo facto, negotio ve crimine ad ipsam curiam pertinente de quibus ibidem ageretur informatio vel inquisitio veritatis. Item quod si a laico convento coram judice ecclesiastico per quemcumque petatur manifestatio seu recognitio feudi vel rei emphiteoticæ, aut alterius rei cujus directum dominium ad petentem spectat seu spectare asseritur, et talis conventus petat se ad sæcularem judicem remitti, talis judex ecclesiasticus talem remittere non teneatur, et idem servetur si petatur recognosci census alias quam ratione directi dominii, exceptis causis recognitionum seu manifestationum de feudis nobilibus pro quibus non debetur tributum seu servitium annuum, in quibus fiet remissio quando per reum petetur. Item in quacumque actione vel causa reali, personali seu mixta, non tamen celsa, mota vel quæ moveretur in posterum coram ecclesiastico judice contra laicum per quemcumque beneficiatum aut alium in sacro ordine constitutum, vel aliam quamcumque personam ecclesiasticam seu clericum solutum qui tamen sit ad divina servienda deputatus, publiceque et manifeste serviat ; judex ecclesiasticus hujusmodi remissionem facere ad judicem temporalem, etiamsi petatur, nullatenus teneatur. Idem servetur in actionibus realibus super mobilibus rebus summam decem floren. parvi ponderis non excedentibus, et in actionibus personalibus dictam summam florenorum parvi ponderis non excedentibus. In omnibus vero actionibus personalibus prædictam summam seu valorem decem florenorum parvi ponderis excedentibus, si remissio petatur fieri a judice ecclesiastico, ipse judex ecclesiasticus causam ipsam et remitti petentem, ad judicem sæcularem remittere debeat et teneatur cum expensarum condemnatione. Et insuper in cæteris actionibus realibus, personalibus, mixtis et interdictis, si et quando per laicum remissio a judice ecclesiastico ad judicem sæcularem fieri petatur, judex ecclesiasticus statim talem causam et petentem ad judicem sæcularem similiter cum expensarum condemnatione remittere debeat et teneatur, alioquin litem suam faciet et quidquid exinde fiet per eum sit irritum et inane ipso jure. Item fuit inter dictas partes declaratum et conventum generaliter quod non impediatur introductio ecclesiastica per judices seu officiarios sæculares in omnibus aliis causis et casibus si qui sint de jure communi scripto ad forum ecclesiasticum pertinentes, et pari modo non impediatur curia sæcularis per dictos D. prælatos eorumque officiales et alios judices seu officiales ecclesiasticos in aliis casibus ad forum sæculare spectantibus. Postmodum super emanationibus et executionibus litterarum censuræ ecclesiasticæ, fuit inter dictas partes transigendo declaratum et conventum ut sequitur : Et primo quod in curia ecclesiastica, pro prima contumacia nullus excommunicetur vel interdicatur, sed contumax reputetur et condemnetur in expensis partis actricis, et iterum citetur peremptorie et præcise, et si tunc secundo fuerit contumax, excommunicetur ; et si hujusmodi sententiam excommunicationis sustinuerit per viginti dies, lapsis ipsis viginti diebus per aliam litteram aggravetur idem excommunicatus, et in eadem littera castellanus seu officiarius sæcularis, ac idem excommunicatus et aggravatus.......... moneatur ad compellendum ipsum excommunicatum redire ecclesiasticæ unitati sub pœna excommunicationis latæ sententiæ termino viginti dierum eidem castellano seu officiario sæculari in dicta monitione præfixo, infra quem terminum viginti dierum dictæ monitionis si dictus castellanus seu officiarius sæcularis monitus eidem monitioni non paruerit, tunc lapso dicto termino decernantur et fiant per judicem ecclesiasticum litteræ aggravatoriæ contra ipsum castellanum seu officiarium cum comminatione de apponendo in loco sui officii interdictum ecclesiasticum, si forsan sententiam prædictam excommunicationis sustinuerit per decem dies ex tunc immediate sequentes, nisi idem castellanus vel officiarius legitimam excusationem habeat propter quam dictæ monitioni parere non possit, puta, quia prædictus subditus suus non residet excommunicatus in ejus castellania seu potestate, ut personam ipsius excommunicati apprehendere possit, nec habet idem excommunicatus bona in eadem castellania, quamquidem excusationem facere debeat dictus castellanus seu officiarius quando monebitur, vel saltem ante litteras aggravatorias contra ipsum emanatas curato vel vicario parrochialis ecclesiæ loci dicti castellani seu officiarii, qui dictas litteras monitorias contra ipsum castellanum seu officiarium exequetur, et tunc dictus curatus seu vicarius hujusmodi excusationem castellani seu officiarii moniti, in dorso prædictarum litterarum aggravatoriarum loco executionis rescribere teneatur. Quæ si vera fuisse et esse judici ecclesiastico appareant, contra dictum castellanum seu officiarium, dictus judex ecclesiasticus ex causa præmissa ulterius non procedat. Si vero hujusmodi excusationem castellani vel officiarii non esse veram, dicto judici ecclesiastico constiterit per summariam informationem parte etiam non vocata factam aut alio quovis modo, tunc contra ipsum castellanum seu officiarium idem judex ecclesiasticus procedere valeat et debeat etiam usque ad executionem ecclesiastici interdicti inclusive, lapsis tamen prius viginti diebus a fine trium litterarum prædictarum aggravatoriarum contra dictum castellanum seu officiarium, emanatarum, computandis. Item quod non decernatur nec fiat in curia ecclesiastica monitio præcisa pro promissione jurata per publicum instrumentum vel alias, sed fiat ipsa monitio cum assignatione diei, et si die assignata in hujusmodi assignatione pars monita non compareat, tunc concedatur et fiat contra dictum contumacem monitio præcisa ad solvendum ad certum terminum, qui si non pareat dictæ monitioni, præcise excommunicetur deinde aggravetur, et in eadem littera aggravatoria moneatur castellanus seu officiarius et exinde procedatur ordine supra dicto. Item quod deinceps non concedantur nec fiant ad cujuscumque instantiam et requestam per judices ecclesiasticos monitiones generales nisi de et super rebus clam substractis vel retentis, damnum datis, vel offensis occultis quæ probari non possunt. Item quod per judices ecclesiasticos non decernantur nec proferantur sententiæ excommunicationis vel interdicti contra personas incertas et innominatas, et si forsan de facto concederentur, nullæ sint nulliusque efficaciæ prædictæ sententiæ; nec etiam contra pupillos, sed teneantur curati seu vicarii ad quos ipsæ litteræ excommunicatoriæ vel interdictoriæ contra dictos pupillos delatæ fuerint exequendæ, referre seu scribere a dorso earumdem litterarum, judici ecclesiastico a quo fuerint emanatæ, quod tales sunt pupilli, ut actores prosequantur jura sua contra tutores ipsorum pupillorum si habeant, et si non habeant tutores, procurent eisdem de tutoribus provideri. Item quod castellani et alii officiarii præfati D. nostri Ducis moniti ut supra per judices ecclesiasticos prompte et diligenter pareant et obediant prædictis monitionibus ecclesiasticis, et omnia et singula capitula prædicta quantum eorum officia concernunt inviolabiliter observent et observare teneantur; et si forsan ex contemptu vel non observantia ipsarum monitionum ecclesiasticarum, sententiam excommunicationis incurrerint, et eam per octo dies sustinuerint, pœnam sexaginta solidorum fortium pro qualibet die qua hujusmodi excommunicationis sententiam sustinere præsumpserint, fisco præfati Dom. nostri Ducis nulla gratia seu remissione inde fieri facienda applicandam. Circa vero articulum supradictum de bonis usurariorum christianorum defunctorum extitit inter prædictas partes declaratum et concordatum ut sequitur : videlicet quod de cætero in posterum bona mobilia alicujus decedentis existentia, aut bona habentis de et in civitatibus seu diœcesibus dictorum D. prælatorum transigentium, prætextu, occasione seu colore usurariæ pravitatis per castellanos vel alios officiarios ipsius D. nostri Ducis, aut aliquem eorum, non capiantur seu ad manum ejusdem D. nostri Ducis ponantur, nec inventarisentur aut quovismodo hæredes vel successores hujusmodi defuncti in illis bonis mobilibus turbentur vel molestentur, nisi idem defunctus tempore suæ vitæ fuerit seu esset usurarius publicus seu manifestus, aut alias de crimine usurarum apud bonos et graves foret publice diffamatus, et tunc videlicet constito de manifesta vel publica diffamatione apud bonos et graves contra ipsum defunctum de et super ipso crimine usurarum occurrente, licitum sit fieri inventarium de bonis mobilibus ipsius defuncti in integrum, ne quid ex ipsis bonis occultari vel substrahi valeat, ipso modo videlicet quod si officialis D. episcopi, ordinarii loci, sit in loco domicilii talis defuncti usurarii, tunc per ipsum officialem aut alium ab eo deputatum, nec non et per castellanum loci seu procuratorem præfati D. nostri Ducis communiter, ipsum inventarium præsentibus tamen tribus probis et honestis viris ejusdem loci una cum publico notario qui inde conficiet publicum instrumentum. Si vero officialis D. ordinarii loci vel alius per eum subrogatus in prædicto loco non fuerit, tunc hujusmodi inventarium fiat per curatum seu vicarium parrochialis ecclesiæ ejusdem loci et prædictum castellanum seu procuratorem prædicti D. nostri Ducis per modum supradictum; et completo inventario dicta bona mobilia inventorisata remaneant et reponantur in domo ipsius defuncti sub fideli custodia et periculo hæredum et successorum ipsius defuncti donec fuerit cognitum per judicem ecclesiasticum ordinarium loci, vocato et præsente castellano seu procuratore præfati D. nostri Ducis in ipsa examinatione, cognitione causæ an ipse defunctus fuerit usurarius vel non, ubi non confiterentur hæredes seu successores ipsius defuncti, sed potius negarent ipsum defunctum fuisse usurarium, videlicet quando est quæstio super jure an contractus de quibus constat, sint involuti malitia usurarum, alias autem quando est quæstio super facto, donec fuerit cognitum per judicem ecclesiasticum et judicem sæcularem D. nostri Ducis, loci ubi de hoc diceptaretur et cognitum fuerit quod ipse defunctus fuerit usurarius, vel hoc confitebuntur vel non negabunt dicti hæredes vel successores, tunc fiat proclamatio publica in loco domicilii dicti defuncti et aliis locis vicinis opportunis per dictos officialem et castellanum, et quicumque prætendens usuras receptas vel extortas ab eo per dictum defunctum usurarium et illas repetere intendens, veniat et compareat peremptorie et præcise coram officiali seu judice ecclesiastico ordinario loci, necnon castellano seu officiario præfati D. nostri Ducis qui ad hoc deputatus fuerit infra mensem vel alium certum terminum per dictum judicem ecclesiasticum de consensu dictorum castellani seu procuratoris dicti D. nostri ducis sibi præfigendum, jus suum quod prætendit in hac parte prosccuturus, ultra quem quidem terminum sic præfixum non comparens nullatenus audiatur, et ad satisfaciendum eis a quibus defunctum usuras extorsisse probatum fuerit, primo cedant et distrahantur bona ipsius defuncti usurarii de quibus prædictum castellanum seu procuratorem D. nostri Ducis magis expedire videbitur, et de illis fiat restitutio et satisfactio usurarum extortarum repetentibus, videlicet illis a quibus defunctum usuras extorsisse certum fuerit, et de incertis, facta inquisitione per judicem ecclesiasticum vocato et præsente consentienteque et simul veritatem inquirente dicto castellano seu procuratore præfati D. nostri Ducis................. per libros rationum defuncti prædicti vel aliter per instrumenta contractuum, aut per testes idoneos seu alias legitime prout inde veritas melius haberi poterit, fiat distributio per dictum officialem seu judicem ecclesiasticum vocato et præsente castellano seu procuratore dicti D. nostri Ducis ad hoc deputato, de dictis bonis defuncti de quibus, ut præfertur, videbitur eidem castellano et procuratori D. nostri Ducis melius expedire in pios usus in patria dicti D. nostri Ducis prout secundum Deum et eorum discretionem melius fieri poterit et debebit; factis vero et completis restitutione et distributione præmissis de toto eo quod supererit ex ipsis bonis dicti defuncti, vel si in termino designato nullus comparuerit usurarum repetitor, ex tunc officialis seu judex vel quicumque officiarius ecclesiasticus de ipsis bonis defuncti nullatenus se debeat nec valeat immiscere, nec Dominum impediat in quocumque. De bonis autem mobilibus defunctorum clericorum in sacro ordine videlicet subdiaconatu et supra constitutorum, vel aliarum personarum quarumcumque religiosarum, ecclesiasticorum seu clericorum solutorum qui sint ad serviendum in divinis deputati et serviunt publice et manifeste, qui vel quæ dicerentur usuras in vita eorum exercuisse, præfatus D. noster Dux aut ejus castellani seu officiarii, occasione seu prætextu usurariæ pravitatis, seu prædictæ consuetudinis vel alias, usuræ ratione deinceps se nullomodo intromittant, nec ipsa bona ad manus ejusdem D. nostri Ducis reponant, sed ipsum casum cognitioni et ordinationi judicum ecclesiasticorum penitus relinquant, nisi quatenus ab ipsis judicibus ecclesiasticis vel commissariis per eos ad hoc deputatis contingeret eorum auxilium invocari, et nisi ubi hæredes defuncti essent laici et fieret repetitio usurarum solutarum per eum qui diceret se usuras hujusmodi persolvisse defuncto, quo casu possit judex sæcularis, si coram eo repetitio hujusmodi fiat, de hac causa cognoscere secundum determinationem præsentis transactionis. Item fuit ulterius actum, transactum, concordatum et declaratum quod dictus D. noster Dux promittit et jurat pro se et suis hæredibus et successoribus universis, et occasione alicujus statuti, conventionis aut dispositionis alterius cujuscumque facti aut factæ per eum vel ejus prædecessores, seu fiendi aut fiendæ per eum vel ejus successores vel alios quoscumque, ratione, occasione sive causa, non faciet neque facient aliquid per se vel eorum officiarios seu gentes directe vel indirecte, tacite vel expresse, quod sit in posterum contra præsentem transactionem vel per quod ei derogetur vel in aliquo fiat præjudicium; et si forsan, quod absit, contrarium fieret, illud et illa vult, intendit et decernit D. noster Dux ex nunc prout ex tunc et e converso pro infectis haberi; et eodem modo faciunt et promittunt prædicti D. prælati contrahentes. Item declarando idem D. noster Dux protestatur expresse quod non intendit de cætero aliquos alios prælatos admittere, adhærere volentes, nec in prædicta transactione et declaratione comprehendi, quinimo de contrario protestatur. Quæ omnia et singula supra et infra in præsenti publico instrumento comprehensa, declarata et conventa inter dictas partes, suis et prædictis nominibus et eorum quilibet prout cum tangit, juramentis suis tactis evangeliis sanctis in manu mei notarii publici infrascripti more publicæ personæ stipulantis et recipientis, nomine omnium et singulorum quorum interest et interesse poterit quomodolibet in futurum, necnon sub expressa obligatione omnium et singulorum bonorum ipsarum partium præsentium et futurorum quorumcumque, expresse promiserunt mutuis stipulationibus intervenientibus, rata, grata et perpetuo firma habere, tenere et inviolabiliter observare, nec ex aliqua causa quidquam contra facere, dicere, statuere, præcipere, mandare, nec in contrarium directe vel indirecte, publice vel occulte quomodlibet venire seu quomodocumque attentare. Renunciantes ipsæ partes *etc*.......... De quibus omnibus et singulis dictæ partes voluerunt, mandaverunt et rogaverunt fieri tot publica instrumenta quot ipsæ partes habere voluerint et eadem in forma publica per me eumdem notarium infrascriptum sibi expediri sigillis ipsorum D. contrahentium, in fidem et majus robur præmissorum sigillanda. Acta, data et propalata fuerunt præmissa in casto Thononii diœcesis Geben. prædictis anno Dom. millesimo quatercentesimo trigesimo secundo, indictione decima et die decima sexta januarii, præsentibus Illustri ipsius D. nostri Ducis primogenito Ludovico de Sabaudia, comite Gebennensi, necnon reverendo in Christo patre Francisco de Cresco, abbate Filiaci ac etiam spectabilibus, egregiis et nobilibus viris Dominis Joanne de Belloforti, cancellario Sabaudiæ, Joanne de Montelupello dom. Choutagniæ, Amedeo de Chalant dom. Vareti, Henrico de Collomberio dom. de Vufleriis, Joanne de Compesio dom. Grufiaci militibus, Urbano Ceriserii, Francisco de Thomatis, Antonio Galleoni, Rodulpho de Fesigniaco judice Gebennesii, Jacobo Orioli judice Bressiæ, Joanne Odinet judice Chablasii legum doctoribus, Roberto de Monte Vagnardo, Petro de Grolea scutiferis, Petro Carterii ducali procuratore fiscali et pluribus aliis testibus ad præmissa astantibus. Et ego Guillelmus Bolomerii de Poncino, diœces. Lugdun. publicus imperialis notarius, supra scripti D. nostri Ducis Sabaud. secretarius, præmissæ transactioni *etc*.

Amedeus Dux Sabaudiæ............ dilectis consiliis nobiscum et Camberiaci residentibus, præsidentique et magistris computorum nostrorum, etiam thesaurario Sabaudiæ, necnon universis et singulis ballivis, judicibus, procuratoribus, castellanis, commissariis, cæterisque officiariis, fidelibus et subditis nostris modernis et posteris ubilibet constitutis ad quos præsentes pervenerint, seu ipsorum vices gerentibus, salutem. Viso instrumento superius descripto transactionis per nos, cum reverendis in Christo patribus Archiepiscopo Tarentas.

compatre, Episcopis Maurianensi, Bellicensi et Augustensi consiliariis nostris charissimis, procerum et peritorum tam circunspecta deliberatione.......... sed nolentes sicut nec licet quæ............ et labiis nostris proderint jurata facere, sed potius prout nostri præsidii decus deposcit, illibata servare, vobis et vestrum singulis sub nostræ benevolentiæ obtentu, ballivis vero judicibus et alliis inferioribus sub pœna viginti quinque librarum fortium per eorum quemlibet quoties contra fecerit committenda et nostro fiscali ærario irremissibiliter applicanda, districte committimus et mandamus quatenus amodo in antea, memoratam transactionem in omnibus suis clausulis et capitulis, quoties et quandocumque se casus ingesserint, cum prænominatis D. prælatis ipsorumque officialibus mutuo practicetis, teneatis et observetis et inconcusse observare faciatis, quibuscumque exceptionibus rejectis, nihil adversum attentando in quantum pœnis prædictis vos affligi formidetis. Sic etiam in præmissis vos habendo, et transactio ipsa inter nos et nostros, ipsosque D. prælatos et suos semper in viridi observantia rata manens, incommutabili utriusque partium patrocinio prorsus censeri debet illæsa. Datum Thononii die sexdecima januarii, anno Dom. millesimo quatercentesimo trigesimo secundo. Per Dominum, præsentibus, *etc. Signé :* BOLOMIER.

Joannes de Bertrandis miseratione divina Archiepiscopus Tarentas. et comes, Aymo Gerbasii Maurianen. Guillelmus Diderii Bellicensis et Ogerius Augustens, eadem misericordia episcopi. Dilectis nobis in Christo vicariis, officialibus, procuratoribus aliisque officiariis nostris ac nostrarum curiarum juratis præsentibus et futuris, necnon capitulis, prioribus, conventibus, ecclesiarum parrochialium rectoribus ac vicariis perpetuis, cæterisque beneficiatis, capellanis, tabellionibus et clericis per civitates et diœceses nostras ubilibet constitutis salutem. Cum die datæ præsentium ad laudem Dei, utriusque status ecclesiastici et sæcularis pacificationem ac populi quietem, inter illustrissimum principem D. nostrum, D. Amedeum Sabaudiæ ducem ex una, et nos partibus ex altera, certa inita, facta et formata fuerit transactio in instrumento suprascripto contenta; quam quidem transactionem pro nobis et successoribus nostris cum juramento illibatam servare promisimus; idcirco vobis ac vestrum singulis sub nostræ indignationis et viginti quinque librarum fortium pœna per vestrum quemlibet quoties contra fecerit, committenda, et nobis prout ad quemlibet nostrum spectabit, irremissibiliter applicanda, districte præcipimus *etc. comme ci-dessus.* Datum........... per præfatos D. Archiepiscopum Tarentas. Episcoposque Maurian. et Bellicens. ibidem personaliter astantes, necnon D. Episcopum Augustens. licet absentem, per interpositionem dicti vener. D. Girardi Blanerii ejus procuratoris peragentis ejusque sigillum ad hoc deferentis. *signé* : Gonterius de Sub Via.

Cet acte, dit Besson, *fut vidimé le 7 janvier 1449 par François de la Fléchère, docteur ès droits, prieur de Ste-Hélène au diocèse d'Aoste et vicaire général du cardinal archevêque de Tarentaise Jean de Arciis, d'après le transumpt qui en fut fait sur l'original par les notaires Pierre Rellierii, Jean Seytoris et Lancelot de Arceriis.*

N. 4. Une copie de la transaction précédente, écrite sur parchemin et signée par Nicod Festi, avec une ordonnance de la duchesse Blanche de Savoie qui mande à ses officiers de Tarentaise de l'observer exactement.

* **N. 5.** Lettres-patentes des princes Charles, Philippe, Louis, Amédée et de la princesse Blanche de Savoie, des années 1504, 1498, 1493, 1488, 1454, 1453 et 1427, par lesquelles il est ordonné aux châtelains et autres officiers ducaux de Tarentaise, d'observer les transactions passées entre les ducs et les archevêques. A cette liasse est jointe l'enquête faite sur leur mutuelle juridiction, selon le transumpt signé par l'official de Tarentaise, en 1453. Ces dépositions juridiques établissent que : quand les habitants de Moûtiers se rendaient coupables de délits, *in casu pecuniario*, hors de Moûtiers et dans les terres ducales, les officiers du duc faisaient le procès et les remettaient au juge de l'archevêché ; et qu'au contraire, quand les sujets du duc commettaient des délits dans les terres archiépiscopales, les officiers du prélat opéraient la capture des délinquants et les remettaient aux officiers ducaux.

L'extrait des registres du Sénat, appartenant à M. de Foras et mentionné ci-devant, p. 312, nous fournit les lettres-patentes de 1453, 1493, et 1498. Celles de 1453, précédées de la supplique de l'archevêque de Arciis, se trouvent dans la 1re Partie de cet Inventaire, ci-devant, p. 21 et suiv. Notre texte, sauf deux ou trois fautes insignifiantes, est conforme à la copie que le Sénat fit prendre sur le transumpt fait à la demande de Mgr de Compeys, par le Conseil Résidant à Chambéry, le 5 mars 1489.

(An. 1493.)

Texte de l'extrait des registres du Sénat.

Blanchia Ducissa Sabaudiæ, tutrix et tutorio nomine illustrissimi filii nostri carissimi Caroli-Johannis-Amedei, Ducis Sabaudiæ, Chablasii et Augustæ, Sacri Romani Imperii Principis Vicariique perpetui, Marchionis in Italia, Principis Pedemontium, Baronis Vaudi, Comitis Gebenensis ac de Villariis, Niciæ Vercellarumque ac Friburgi Domini. Dilectis consiliis nobiscum citra et ultra montes, Camberiaci scilicet et Taurini, ordinarie residentibus, necnon aliis judicibus et procuratoribus fiscalibus castellanisque Sabaudiæ et Tharentasiæ a Saxo superius et inferius, ac cæteris universis et singulis ducalibus officiariis mediatis et immediatis, præsentibus et futuris quibus præsentes pervenerint, seu ipsorum locatenentibus, mistralibus servientibusque generalibus, salutem. Visis auctentiis seu transumpto litterarum illustrissimorum nunquam delendæ memoriæ prædecessorum et proavi dicti filii nostri, ac litteris de observetis illustrissimi piæ memoriæ domini conthoralis mei observantissimi domini Caroli Sabaudiæ *etc* Ducis prælibati filii nostri genitoris quondam, subannexis, debite per ipsum nobiscum residens Consilium visitatis, et consideratis contentis in eis. Supplicationi itaque R^{mi} in Christo patris sincere benedilecti consiliarii nostri ac personæ ipsius filii nostri gubernatoris, domini Conrini ex comitibus Plozaschi, archiepiscopi et comitis Tharentasiensis, super hiis nobis factæ, favore benevolo annuentes, ex nostra igitur certa scientia et potestatis plenitudine tutorio nomine præmisso, vobis harum serie et vestrum cuilibet in solidum districte precipiendo committimus et mandamus, sub pœna centum librarum fortium, pro quolibet vobis dictis consiliis inferiore, vice qualibet qua fuerit contra factum, committenda et ærario ducali applicanda, quathenus prædictas litteras in ipsis auctentiis descriptas et alias inde concessas ac has nostras, necnon transactiones ibi mentionatas (1) juxta illarum formam, continentiam, mentem et tenorem præfato domino supplicanti et suis, in singulis partibus et punctis teneatis, attendatis et inviolabiliter observetis, tenerique, attendi et per quoscumque observari faciatis illæsas, necnon in aliquo contraveniatis quomodolibet vel opponatis, seu contravenire volenti, vel permittatis per quempiam directe vel indirecte, quidquid autem contra eas actum, gestum et attemptatum fuerit irritum et inane decernentes, revocarique et annullari harum serie mandantes, quibuscumque litteris, mandatis, oppositionibus, exceptionibus et aliis in contrarium concessis et facientibus, repulsis et non obstantibus, quibus omnibus quoad hæc, ex dicta nostra certa scientia, derogamus et derogatum esse volumus per

(1) *Il s'agit de la transaction de* 1358, *ci-devant, p.* 312.

præsentes. Datas die nona mensis martii, anno Domini millesimo quatercentesimo nonagesimo tertio. Per Dominam, præsentibus D. R. Anthonio Championis episcopo et principe Gebennarum, cancellario Sabaudiæ, Claudio de Sabaudia gubernatore Vercellarum, A. de Romagniaco abbate sancti Solutoris, Anthonio domino Divonæ præsidente, Augustino de Azelleo præsidente patrimoniali, Petro de Agacia, Petro Cara, Ludovico de Vignate advocato, Sebastiano Ferrerii domino Gallianci thesaurario generali Sabaudiæ.

(An. 1498.)

Texte de l'extrait des registres du Sénat.

Philibertus Dux Sabaudiæ, Chablasii et Augustæ, Sacri Romani Imperii Princeps Vicariusque perpetuus, Marchio in Italia, Princeps Pedemontium, Comes Gebenensis et Baugiaci, Baro Vuaudi, Gay et Faucigniaci, Niciæque Vercellarum et Friburgi Dominus. Dilectis conciliis nobiscum citra et ultra montes residentibus, necnon ballivo, judicibus et procuratoribus fiscalibus castellanisque Sabaudiæ et Tharentasiæ a Saxo superius et inferius, ac cæteris universis et singulis officiariis nostris mediatis et immediatis præsentibus et futuris quibus præsentes pervenerint, seu ipsorum locatenentibus, mistralibus servientibusque generalibus, salutem. Visis autentico seu transumpto litterarum illustrissimorum nunquam delendæ memoriæ prædecessorum nostrorum, necnon litteris confirmationis et observatoriis signanter ab illustrissimo quondam bonæ memoriæ domino genitore nostro concessis et præsentibus annexis, omnibus et omnium tenoribus inspectis ; Supplicationi itaque Rev^{mi} in Christo patris benedilecti fidelis consiliarii nostri, domini Claudii de Castroveteri archiepiscopi et comitis Tharentasiæ super hiis nobis factæ, benevole annuentes, ex nostra certa scientia, vobis et vestrum cuilibet in solidum expresse precipiendo committimus et mandamus, sub pœna centum librarum fortium, pro quolibet prædictis consiliis inferiore, quatenus dictas litteras in dictis autenticis descriptas et alias inde concessas, ac pariter has nostras ac transactiones inibi mentionatas juxta illarum formam et tenorem prænominato Rev^{mo} domino supplicanti et suis, teneatis, attendatis et inviolabiliter observetis, ac per eos quorum intererit observare faciatis penitus illæsas, in nulloque contraveniatis quomodolibet vel opponatis, idve fieri faciatis aut permittatis per quemquam ; quidquid enim contra eas actum, gestum et attemptatum fuerit, irritum et inane fore decernimus et revocari et annulari mandamus per præsentes, quibuscumque oppositionibus, exceptionibus, litteris, mandatis et aliis in contrarium forte concessis adducendisque et faciendis, penitus repulsis et nonobstantibus, quibus omnibus quoad hæc ex dicta nostra certa scientia derogamus et derogatum esse volumus per præsentes. Datas Camberiaci, die vicesima secunda mensis februarii, anno Domini millesimo quatercentesimo nonagesimo octavo, Per Dominum, præsentibus dominis illust. Raveyriæ nobili Sabaudiæ Comite de Villariis gubernatore Niciæ, Guigone de Castroveteri gubernatore

Breissiæ, Anthonio de Gingino domino Divonæ præside, Guillermo domino Gellerie, Johanne domino de Challes, Amedeo de Challes magistro hospitii.

<blockquote>Au dos de ces lettres, étaient écrits les deux certificats de réception et de publication qui suivent :</blockquote>

Nos Claudius Bernardi, jurium doctor, judex Maurianæ et Tharentasiæ, universis et singulis harum testimonio fieri volumus manifestum quod visis litteris dominicalibus ab alia parte descriptis, per venerabilem dominum Johannem Lachardi procuratorem et egregium Bernardum Morine receptorem generalem R^{mi} domini Claudii de Castroveteri archiepiscopi Tharentasiæ et comitatus ejusdem ejusque archiepiscopalis mensæ, præsentatis et exhibitis, requirentibusque debita cum instantia ipsas dominicales litteras juxta ipsarum vim, mentem, formam et tenorem per nos observare et per quos intererit observari facere, et nos, Judex præfatus prætactis præsentantibus de præmissis et ipsarum litterarum præsentatione, eas deposcentibus duximus impertiendas testimoniales litteras, sigilli nostræ hujusmodi judicaturæ roboratas. Datas et actas Salini, die secunda mensis aprilis, anno Domini 1498. Per dictum dominum judicem, *signé* : Georgius Chappocti.

Universis fiat manifestum quod anno Domini 1498, indictione prima, et die Lunæ, secunda mensis aprilis, fori civitatis Musterii, dominicalibus litteris retro exaratis, per venerabilem dominum Johannem Lachardi procuratorem mensæ archiepiscopalis Tharentasiensis pro R^{mo} in Christo patre et domino domino Claudio de Castroveteri miseratione divina archiepiscopo et comite Tharentasiæ, nobili et potenti Antonio de Viridario castellano Salini Tharentasiæ a Saxo inferius, præsentatis et exhibitis, et per ipsum reverentiis quibus decuit receptis, quarum tenore intellecto paratum se obtulit illis obedire, pro quarum uberiori executione, honestus Bartholomeus Goncellini serviens ducalis ipsius castellaniæ, sua voce præconia, alta et intelligibili in bancha ducali alæ veteris Musterii, coram populi multitudine ad forum congregati, illas et ipsarum tenorem exclamavit et publice scire fecit juxta ipsarum formam, de quibus præmissis supradicto venerabili domino Johanne Lanchardi procuratori prædicto ac nomine præsenti, has testimoniales litteras ego ipse notarius et curialis Salini subsignatus fieri decrevi et concessi. Actas in dicta bancha ducali, præsentibus ibidem nobili Petro de Castellario, provido Antonio Grogneti Mathei, cum pluribus aliis testibus ad hæc vocatis, et me Durando Varrati notario et curiali Salini subsignato.

* **N. 6.** Lettres-patentes des ducs Philibert, Philippe, Charles et de la duchesse Blanche de Savoie, ainsi que le transumpt fait par le Conseil de Chambéry et le juge-majo de Maurienne et de Tarentaise, de celles des princes Louis et Edouard. Ces lettres des années 1498, 1496, 1493, 1489, 1453 et 1324 ordonnent aux châtelains et aux officiers ducaux de Tarentaise, d'observer les transactions conclues entre ces princes et les arche-

vêques; elles leur défendent d'exercer des actes de juridiction dans Moûtiers, sauf aux jours de marchés et de foires, et spécialement d'y opérer des arrestations. Le cas échéant ils devront requérir les gens de l'archevêque qui leur remettront les coupables sur les confins de Salins.

Nous n'avons à reproduire ici que les lettres-patentes de 1324, 1489 et 1496 qui ne figurent pas au n° précédent.

(An. 1324.)

Texte de l'extrait des registres du Sénat.

Eduardus Comes Sabaudiæ, dilecto suo castellano Tharentasiæ vel ejus locumtenenti, qui nunc est et qui pro tempore fuerit, Salutem et dilectionem sinceram. Tenore præsentium vobis et vestrum cuilibet committimus et mandamus atque precipimus, quathenus in civitate Musterii nullam personam, jurisdictionis nostræ vel alterius cujusque, in aliis diebus quam in diebus fori vel nundinarum aliqualiter capere præsumatis; et si forte casus requireret quod in aliis diebus, quam nundinarum vel fori, persona caperetur ibidem, requiratis gentes reverendissimi in Christo patris ac prædilecti consiliarii nostri Bertrandi, dei gratia Tharentasiæ archiepiscopi, ut eos qui capiendi fuerunt, capiant et vobis tradant eosdem in confinibus villæ Musterii, ad faciendum id quod justitia suadebit; prædicta etiam volumus observari in quocumque juridictionis civilis exercitio. Datum

Camberiaci, die decima sexta mensis martii, anno Domini millesimo tercentesimo vicesimo quarto.

(An. 1489.)

Texte de l'extrait des registres du Sénat.

Carolus Dux Sabaudiæ, Chablasii et Augustæ, Sacri Romani Imperii Princeps vicariusque perpetuus, Marchio in Italia, Princeps Pedemontium, Comes de Villariis, Baro Vaudi et Gay, Niciæque Vercellarum ac Friburgi Dominus. Dilectis consiliis tam nobiscum Chamberiaci quam Thaurini residentibus, necnon ballivo, judicibus et procuratoribus ac castellanis Sabaudiæ et Tharentasiæ, universisque et singulis aliis officiariis nostris mediatis et immediatis quantum spectabit, præsentibus et futuris, seu ipsorum loca tenentibus, mistralibus etiam servientibus generalibus, salutem. Visis litteris ab illustrissimis nunquam delendæ memoriæ dominis et prædecessoribus nostris, emanatis, hiis per authenticum sive transumptum annexis, una cum transactionibus et aliis litteris inibi mentionatis, et consideratis omnibus in eis contentis, supplicationi itaque reverendissimi in Christo patris, consiliarii et compatris nostri dilecti domini Johannis de Compesio, archiepiscopi et comitis Tharentasiæ, super hiis nobis factæ, benevole annuentes, ex nostra certa scientia, vobis et cuilibet vestrum in solidum districte precipimus et mandamus, sub pœna centum librarum fortium, pro quolibet dictis consiliis inferiore, et vice qualibet contrario casu committenda, quathenus prædictas transactiones et litteras, signanter has per authentium sub annexas, juxta ipsarum formam, mentem, continentiam et tenorem teneatis, attendatis et inviolabiliter observetis illæsas, et per quosvis faciatis inconcusse observari, et in nullo contra veniatis quomodolibet vel opponatis, quibuscumque oppositionibus, litteris et mandatis ac aliis in contrarium adducendis, concessisque et facientibus, repulsis et non obstantibus, quibus omnibus, quad hæc, ex dicta nostra scientia, derogamus et derogatum esse volumus per præsentes. Datum Chamberiaci, die nona mensis martii, anno Domini millesimo quatercentesimo octuagesimo nono. Per Domimum, præsentibus R[do] Domino Francisco de Sabaudia, archiepiscopo Auxitanen. et R[do] Domino Anthonio Championis episcopo Montisregalis, cancellario Sabaudiæ, et Barone Myolani Sabaudiæ marescallo, Gabrielle de Seissello barone de Aquis, Philippo Chevrerii præsidente Sabaudiæ, Anthonio de Gingino domino Divonæ, Petro de Bonovillario domino de Mesieres, Jacobo de Porta, Paulo de Capris advocato et Claudio Pecleti requestarum magistro.

Suit l'exécution de ces lettres :

Anno Domino millesimo quatercentesimo octuagesimo nono, inditione septima et die mercurii, octava mensis aprilis, quæ est dies nundinarum publicarum Ramispalmarum tentarum in civitate Musterii Tharentasien. diocesis, præsentatis et exhibitis hujusmodi, ab alia parte descriptis de observetis, dominicalibus litteris cum aliis præcedentibus obtentis, per reverendissimum in Christo patrem et dominum dominum Johannem de Compesio, miseratione divina, archiepiscopum et comitem Tharentasiæ, nobili viro Johanni Bruni vicecastellano Tharentasiæ a Saxo inferius pro ipsis exequendis, quibus per eum cum honore et reverentia decentibus receptis, ipsis visis, mandatis ipsarum dominicalium litterarum se parere et obedire obtulit, tandem hac die supra scripta ad majorem et evidentiorem executionem earumdem litterarum, de antefati castellani præcepto ac mandato expresso, ipsæ enim litteræ dominicales fuerunt et extiterunt in dictis plenis nundinis civitatis prædictæ, coram populi multitudine ibidem ad causam dictarum nundinarum aggregata, per Jacobum Giroti servientem generalem Sabaudiæ Ducatus et præconem publicum curiæ ducalis Salini, subtus ala veteri civitatis prædictæ et in ducali bancha, sua præconia, alta et intelligibili lingua laica proferendo cridatæ, proclamatæ, promulgatæ et executæ juxta iparum formam, mentem, tenorem et continentiam, singula singulis debite relatis, nihil de contingentibus in eisdem obmittendo, proutque ac more, loco et hora talia fieri solent, et etiam velut dominicales cridæ ibidem sunt fieri solitæ. Postremo parte prælibati reverendissimi domini archiepiscopi et comitis de præmissis omnibus, a me notario publico et vicecuriali atque scriba curiæ ducalis Salini subsignato, petitæ et requisitæ extiterunt præsentes litteræ testimoniales seu publicum ipsiusmet instrumentum. Actum et gestum in ducali bancha civitatis prædictæ, præsentibus ibidem nobili Aymondo *Fure* de Salino, provido Rodolpho Bellonis notario publico parrochiæ sancti Sigismondi prope Conflentum, Petro Bornaz mandamenti Bellifortis, Andrea

Pugini de Avancheriis et Johanne Mercerii parrochiæ sancti Eusebii de Cors et pluribus aliis testibus ibidem astantibus, ad præmissa vocatis et rogatis, et me.......... de Macognino notario publico, curiali atque scriba curiæ ducalis Salini a Saxo inferius. *Signé* : DE MACOGNINO.

(An. 1496.)

TEXTE de l'extrait des registres du Sénat.

Philippus Dux Sabaudiæ, Chablaisii et Augustæ, Sacri Romani Imperii Princeps Vicariusque perpetuus, Marchio in Italia, Princeps Pedemontium, Comes Baugiaci, Gebennensis et de Villariis, Baro Vuaudi, Beugesii et Faucigniaci, Niciæ, Bressiæ et Vercellarum Dominus. Dilectis consiliis nobiscum citra et ultra montes residentibus, necnon ballivo, judicibus et procuratoribus fiscalibus, castellanisque Sabaudiæ et Tharentasiæ a Saxo superius et inferius, cæteris universis et singulis officiariis nostris mediatis et immediatis, præsentibus et futuris, quibus præsentes pervenerint, seu ipsorum locatenentibus, mistralibus, servientibusque generalibus, salutem. Visis auctentico seu transumpto litterarum illustrissimorum nunquam delendæ memoriæ prædecessorum nostrorum necnon litteris confirmatoriis et observatoriis ab illustrissimo quondam bonæ memoriæ domino nepote nostro domino Carolo duce Sabaudiæ et ab illustrissima domina Blancha ducissa tutriceque illustrissimi quondam etiam nepotis nostri domini Caroli-Johannis-Amedei, concessis, præsentibus annexis, et omnium tenoribus nspectis, supplicationique Rmi in Christo patris benedicti fidelis consiliarii nostri domini Conrini ex comitibus Plozaschi, archiepiscopi et comitis Tharentasiensis, super iis nobis factæ benevole annuentes, ex nostra certa scientia, vobis et vestrum cuilibet in solidum expresse precipiendo committimus et mandamus sub pœna centum librarum fortium, pro quolibet prædictis consiliis inferiore, quathenus ipsas litteras in dictis auctenticis descriptias et alias inde concessas ac pariter has nostras, necnon transactiones ibi mentionatas, juxta illarum formam et tenorem, prænominato Rmo domino supplicanti et suis, teneatis, attendatis et inviolabiliter observetis, ac per eorum quorum intererit observari faciatis penitus illæsas, in nulloque contraveniatis quomodolibet, vel opponatis, idve fieri faciatis aut permittatis per quemquam, quidquid enim contra eas actum, gestum et attemptatum fuerit, irritum et inane fore decernimus, et revocari ac annullari mandamus per præsentes, quibuscumque oppositionibus, litteris, mandatis et aliis forte in contrarium concessis adducendisque et facientibus, penitus repulsis et non obstantibus, quibus omnibus quoad hæc ex dicta nostra scientia derogamus et derogatum esse volumus per præsentes. Datas Taurini die decima maii, anno millesimo quatercentesimo nonagesimo sexto. Per dominum, præsentibus dominis R. Johanne de Varax episcopo Bellicensi, R. Stephano Morelli episcopo Mauriannæ, R. Antonio de Montefalcone episcopo Lausanensi, R. Hieronymo Collagrano episcopo Montisregalis, R. A. de Romagniano abbate sancti Solutoris, cancellario Sabaudiæ, Hugone de Pallude marescallo Sabaudiæ,

Ludovico comite Cameræ, Gabriele de Scissello baron[e] de Aquis, A. de Gingino præside, A. de Azelleo præsid[e] patrimoniali, Petro de Agacia, Petro Cara, Ludovico d[e] Vigniate.,........ advocato fiscali Sabaudiæ, Sebastian[o] Ferrerii domino Gallianice Sabaudiæ generali thesaurario

* **N. 7.** Lettres-patentes des ducs Charles et Loui[s] de Savoie, avec la copie des information[s] prises à l'égard de la juridiction contre le[s] délinquants hors de Moûtiers. Les lettres d[u] duc Louis de l'année 1453, rappellent e[t] confirment le sixième article de la transactio[n] de 1358, *ci-dessus p.* 312. Celles du du[c] Charles sont de l'an 1488 et prescriven[t] l'observation des transactions antérieures.

   Nous reproduisons cette enquête et ce[s] deux lettres-patentes selon la copie authen[-] tique qui en fut faite sur les originaux, e[n] 1748, par le notaire Borrel, à la demande d[u] chanoine Joseph Vibert sous-économe de[s] revenus de l'archevêché. Cette copie nous [a] été communiquée par M. le comte de Foras[.]

(An. 1453.)

Texte d'une copie de 1748, Borrel n^{re}.

In nomine Domini, amen. Anno ejusdem Domini nostr[i] millesimo quatercentesimo quinquagesimo tertio, di[e] vero decima mensis aprilis, receptis per me Joannem d[e] Costis legum doctorem, humili cum honore et reverenti[a] prout decet, supplicatione cum litteris ducalibus e[t] annexis præsentibus inclusis, mandatis in eis contenti[s] posse tenus obtemperare cupiens, ipsaque ad debitum executionis effectum deducere, ad civitatem Musterii me transtuli, ibique juxta dictarum ducalium litterarum mentem et tenorem, dato mihi pro adjuncto egregio decretorum doctore domino Georgio de Gilliaco, parte Rev^{mi} domini cardinalis de Arciis archiepiscopi Tarentasiensis, ipse dominus Georgius et ego informationem super tribus articulis prædictæ supplicationis possibilem recipimus, in absentia tamen egregii domini judicis Maurianæ et Tarentasiæ ac etiam procuratoris fiscalis illustrissimi domini nostri Ducis qui pro tunc a patria Tarentasiæ absentes erant cum pluribus et diversis personis a quibus putamus de et super contentis in jam dictis articulis aut ipsorum aliquibus seu aliquo veracius informari signanter cum infra particulariter nominatis qui medio eorum corporali juramento in nostris manibus sponte et corporaliter præstito promiserunt super his et de quibus per nos in ipsam materiam concernentibus interrogabuntur illam quam sciverint puram, meram et absolutam dicere veritatem, semotis affectione et partialitate quibuscumque et alio quolibet inhonesto. Et primo super articulo dictæ supplicationis primo in ordine, mentionem faciente de quodam equo viri venerabilis domini Claudii Pacardi procuratoris præfati reverendissimi domini cardinalis, examinatus dominus Andreas Doxe, dixit in effectu, quod nonnullis annis retrofluxis, videlicet quando certi notarii detinebantur apud Aquamblancam per officiarios ducales, ipse dominus Claudius Pacardi dixit ipsi loquenti : vadatis quæsitum equum meum qui est in domo Joannis de Adreto et ducatis apud Musterium ; qui loquens accepit ipsum equum et cum eum duceret, supervenerunt castellanus Salini et Conflenti et cum eis procurator fiscalis ill.mi domini nostri Ducis moderni videlicet Humbertus de Macognino, qui eidem loquenti dixerunt, dimitte ipsum equum quia non est vester, quibus ipse loquens respondit : satis est meus, postquam mihi est recommissus ad ducendum Musterium per eum cujus est, videlicet domini Claudii Pacardi ; ipsi tamen nihilominus ipsum equum penes se retinuerunt. Interrogatus quis ipsorum ipsum equum retinuit, dixit : unus ex famulis dicti procuratoris aut castellani Salini ; dicens ultimo quod quando instabat habere ipsum equum fuit sibi dictum in domo hospitis : recedatis hinc quia malum posset vobis contingere ; aliud dixit se nescire super continentia dicti articuli. Verum quia circa detentionem dicti equi non comperimus officiarios ducales super hoc interrogatos in ipsius effectu multum discrepantes, quinimo dicentes : ipsum equum penes eum penes quem in custodiam traditus fuit a casu mortuum fuisse et propterea ipsum restituere non posse, propterea super ulteriore examinatione procedere et insistere omisimus. — Super secundo dictæ supplicationis articulo in quo fit quærimonia videlicet quod officiarii ducales plures ex hominibus jurisdicialibus et habitantibus Musterii, apud Salinum componere et concordare fecerunt in quos ad hoc nullam habent potestatem, ut patet tam per transactiones quam per alia legitima documenta et cujus articuli decisio pendet ex intellectu sexti allegatæ transactionis articuli incipientis : *Item quia apud Musterium dicto domino archiepiscopo in omnes habitantes omnis juridictio pecuniaria pertinet ab antiquo, dicto vero domino comiti pœna sanguinis in illos videlicet qui sunt sui homines vel oriundi de terra sibi subjecta ratione dominii, feudi, retrofeudi pariter et ressorti;* dicunt enim officiarii ducales illud verbum *apud Musterium* non referri ad illud verbum *pertineat;* itaque habitantes Musterii delinquentes extra ipsum locum in casu etiam pecuniario pertinere debent ipsi domino nostro si sint alias ejus homines vel oriundi, quasi solum apud Musterium in tales domino archiepiscopo juridictio pertineat; ipse vero dominus archiepiscopus suique officiarii dicunt verbum illud *apud Musterium* sic referri et referendum fore ac illud verbum in habitantes, ita quod talis sit sensus et intellectus : Item quia in habitantes apud Musterium dicto domino archiepiscopo jurisdictio pecuniaria pertinet, adeoque ipsi etiam homines domini nostri Ducis habitantes apud Musterium extra locum Musterii delinquant in casu pecuniario, juridictio ad ipsum dominum archiepiscopum debet pertinere, et istum intellectum dicunt necessario recipi debere per tenorem primi dictæ transactionis articuli, et quia etiam sic hactenus extitit usitatum et interpretatum. Super quo usu et consuetudine in casu prædicti articuli informationes recepimus cum personis infrascriptis qui jurati ut supra, dixerunt et deposuerunt in manibus nostris per ordinem ut sequitur :

Et primo : Bartholomæus Boverii, habitator Salini, juratus et interrogatus ut supra, dixit se vidisse tempore ejus memoriæ, videlicet quod quando officiarii ducales in casu præmisso attentabant procedere contra habitantes in loco Musterii, se opponebant officiarii ecclesiæ et inter eos propterea vidit semper esse altercationes, aliud dixit se nescire.—Item Joannes Bonivini, super usu et observantia prædicta, interrogatus et juratus ut supra, dixit et deposuit se vidisse observari prout in ipsa supplicatione a 40 annis retrofluxis, salvis pluribus sine contradictione. —Item Joannes Fabry senior, notarius de Rumilliaco, habitator Musterii juratus, dixit quod a 25 annis circa de quibus recordatur, vidit ita observari videlicet, officiarios ecclesiæ exercere jurisdictionem in habitantes Musterii etiamsi extra delinquant dum tamen casus esset pecuniarius, non tamen vidit, ut dixit, aliquos ex hominibus ecclesiæ habitare Salini; verumtamen a tempore quo fuit procurator fiscalis Jacobus Vagnelati et successive Humbertus de Macognino, vidit sæpe contrarium observari. Interrogatus si quando contra fiebat vidit ad hoc se opponere officiarios ecclesiæ, dixit quod sic, et fieri requisitiones et fuisse factas remissiones per officiarios ducales ipsis officiariis ecclesiæ, signanter de quodam Antonio Flecheti, aliud dixit se nescire.—Item die sequenti duodecima aprilis, Petrus Queyssonis, habitator et burgensis civitatis Musterii, interrogatus medio ejus juramento, dixit quod tempore bonæ memoriæ domini Joannis de Bertrandis, vidit observari videlicet quod in ipsos habitantes per officiarios ducales non exercebatur juridictio, si extra delinquebant, nisi esset casus pœnam sanguinis requirens, ab ipso autem tempore citra, vidit aliquando per officiarios ducales in ipsos homines habitantes Musterii alias jurisdiciarios et subditos D. nostri Ducis, si delinquebant extra territorium Musterii et penes juridictionem D. nostri Ducis, actus jurisdictionis exercere videlicet citando, assignando, processus formando et interdum componendo ; interrogatus si ad ipsos actus se opponebant officiarii ecclesiæ, dixit quod vidit oppositionem fieri et requiri remissiones, et signanter de quodam Petro Favoreti oriundo de Ayma, habitatore Musterii, apud Salinum detento qui ipsis officiariis ecclesiæ remissus fuit, causam suæ scientiæ reddens quia vidit et fuit præsens, et etiam de Joanne Bangeti, Petro Montosi et aliis eorum complicibus qui removerunt tornafollum existens subtus Musterium loco dicto in Balmosia, qui, ut dixit, fuerunt capti per officiarios ducales et tanquam habitantes Musterii officiariis ecclesiæ remissi.—Item Petrus Bocti, de Salino ætatis 50 annorum, memoriæ autem 35, interrogatus dixit et deposuit quod fuit et stetit servitor trium vel quatuor castellanorum successive et custos carceris Salini, quo tempore circa exercitium jurisdictionis contra habitantes Musterii, alias de ressorto D. nostri Ducis delinquentes extra locum Musterii penes jurisdictionem D. nostri Ducis in casibus pecuniariis vidit per officiarios ducales procedi et actus jurisdictionis exercere et fieri compositiones saltem a 30 annis et citra, tamen sæpe vidit quod officiarii ecclesiæ super hoc conquerebantur nescit tamen quid exinde sequutum fuerit, aliud dixit se nescire.— Item Joannes Seytor notarius juratus dixit et deposuit quod tempore suæ memoriæ vidit observari, videlicet quod si habitantes Musterii offendebant extra ipsum locum circa jurisdictionem D. nostri ducis in casu pecuniario, si fiebat processus et detinerentur per officiarios ducales remittebantur et fieri vidit remissiones officiariis ecclesiæ signanter de quodam Antonio Capelli qui propter offensam suorum animalium fuit detentus et velut habitator officiariis ecclesiæ remissus et in pluribus aliis casibus de quibus dixit se non recordari qualiter aut nunc observetur et si contra fiat dixit se nescire.— Petrus Aymonis ætatis ut dixit 60 annorum et memoriæ 40 interrogatus et juratus ut supra dixit quod si habitantes Musterii etiam alias homines D. nostri Ducis delinquant extra ipsum locum in casu pecuniario, fieri consueverunt remissiones officiariis ecclesiæ, et ipsemet dixit se semel fuisse remissum per officiarios Aymæ, videlicet per nobilem Joannem de Viridario pro tunc castellanum a Saxo superius, vidit etiam remitti Antonium Flecheti qui erat homo D. nostri Ducis et habitator Musterii et etiam captus Salini pro tornafollo suo subtus Musterium, nescit tamen qualiter nunc observetur. — Joannes Mussilionis notarius ætatis 60 annorum et memoriæ 40 habitator Musterii juratus dixit quod in habitantes Musterii alias de jurisdictione D. nostri Ducis extra ipsum locum delinquentes in casu pecuniario contra quos procedunt officiarii ducales et eos componunt non procedebatur tempore D. Joannis de Bertrandis, archiepiscopi Tarentasiensis nec procedi vidit nec componi, nec ad ejus venit notitiam, post autem bene audivit fuisse contra aliquos processum et ipsos fecisse concordare et adhuc de præsenti procedunt et componunt. Interrogatus si viderit ad hoc se opponere officiarios ecclesiæ, dixit quod sic, et remissiones fieri petere, nescit tamen si secutæ fuerint.—Petrus Boverii, de Salino, ætatis 60 annorum ut dicit et memoriæ

50, dixit quod in habitantes Musterii etiam extra ipsum locum delinquentes in casu pecuniario semper teneri vidit et audivit quod jurisdictio pertinet ad ecclesiam et remitti consueverunt officiariis ecclesiæ, si casus non exigat pœnam sanguinis, et ita vidit observari ; interrogatus quos vidit remitti, dixit quod plures de quibus ad præsens non recordatur.—Item nobilis Antonius de Belloforti, juratus dixit, quod a 10 annis citra vidit exercere jurisdictionem per officiarios D. nostri Ducis super habitantes Musterii delinquentes penes jurisdictionem et territorium D. nostri Ducis etiam in casu pecuniario dum tamen forent homines ipsius D. nostri Ducis, et nihilominus vidit fieri requisitiones per officiarios ecclesiæ, sed tamen nullos vidit eis fuisse remissos, de compositionibus autem dixit se nihil scire.—Item Joannes filius quondam Joannis Gomberti, parrochiæ Longæfidis, interrogatus dixit quod arrestari et detineri sæpe vidit homines D. nostri Ducis habitantes Musterii, tam Aymæ quam apud S^{tum} Mauritium quando delinquebant penes territorium D. Ducis et de ipsis delictis componere de 18 annis citra de quibus recordatur, et nunquam vidit requirere per officiarios Dni cardinalis nisi essent homines ipsius D. cardinalis quos vidit requirere et remittere, aliud nescit.—Antonius Ceriserii, interrogatus dixit, quod vidit fieri compositiones in casu de quo quæritur et vidit Antonium Flecheti propter verba habita cum castellano quod fuit captus et ductus Salinum et ibi composuit, nec fuit, ut dixit, remissus.—Item deposuit Aymo Viberti alias Tron, videlicet quod tales vidit componere sæpe cum officiariis ducalibus, nec vidit fieri remissiones, licet interdum viderit fieri oppositiones per officiarios ecclesiæ.—Jacobus de Chaneto de Cors superius, dixit quod contra tales delinquentes extra locum vidit per officiarios ducales procedi et compositiones fieri, prout anno proxime fluxo contigit de Mermeto Guidardi de Villariogerelli; interrogatus si in casibus hujusmodi viderit nunquam fieri remissiones officiariis ecclesiæ, dixit se nescire et non recordari.— Antonius Lucietæ, ætatis 60 annorum, interrogatus dixit, quod vidit tempore ejus memoriæ tales sic delinquentes detineri et procedi contra eos per officiarios ducales; si tamen et quando remitti petebantur per officiarios ecclesiæ, remittebantur; interrogatus quos remitti vidit, dixit se non recordari.—Item Petrus Rellierii, notarius, juratus dixit quod observari vidit tempore quo Petrus Bertin erat procurator fiscalis, quo etiam tempore ipse loquens erat clericus et scriba curiæ judicaturæ Tarentasiæ quoid in tali casu tanquam jurisdictio pertineat ecclesiæ in tales habitantes extra casum sanguinis fiebant remissiones officiariis ecclesiæ et alii dimittebantur, et etiam e contra officiariis ducalibus in casu sanguinis per officiarios ecclesiæ sicut de Berthodo de Chosali qui inculpabatur de furto cum fractura, qui fuit remissus officiariis Salini.— Aymo Pullionis ætatis 60 annorum, memoriæ autem 40, interrogatus dixit quod vidit in casu hujusmodi fieri remissiones officiariis ecclesiæ velut judicibus competentibus, et ipsemet fuit remissus per officiarios Salini, et pariter vidit de quodam Antonio Flecheti et de aliis pluribus de quibus dixit se non recordari.—Item Raymondus filius nobilis Petri Carreli, juratus dixit quod semper dici audivit quod in casu pecuniario in tales delinquentes extra locum si sint habitantes Salini etiam si sint homines D. nostri Ducis, jurisdictio est ecclesiæ et consueverunt si petantur remitti, prout sæpe et communiter dici audivit quando steterunt per annum et diem. — Petrus Chinaleti dixit quod vidit, si habitantes delinquebant extra locum in jurisdictione D. nostri Ducis, fiebant processus per officiarios ducales, verumtamen secundum qualitatem delicti, interdum vidit fieri remissiones. — Nobilis Georgius de Gilliaco, interrogatus dixit quod indifferenter quando homines illustrissimi D. nostri Ducis etiam habitantes Musterii extra ipsum locum delinquant, vidit ipsos per officiarios ducales puniri et componi a tempore suæ memoriæ, et ipsemet ita observavit tempore quo fuit castellanus, licet viderit super hoc interdum fieri oppositiones per officiarios ecclesiæ, aliud nescit. — Super tertio autem dictæ supplicationis articulo, super facto vacare et ipsa restitutione quia ad ea de quibus in primo articulo fit mentio processum fuit, amoti dicuntur penuncelli armorum ill.mi D. nostri super rebus hominum jurisdiciabilium ipsius domini nostri Ducis appositi et intendenter ad terram prostrati ; super quo dicitur per informationes jam alias super hoc receptas, constare et apparere ipsos penuncellos et res ipsas super quibus appositi fuerunt, esse penes jurisdictionem ecclesiæ, et ita dicitur communiter, videlicet super territorio parrochiæ et infra fines Campagniaci jurisdictionis ecclesiæ, quas tamen non vidimus, informationemque aliam ad præsens accipere non valeamus propter multitudinem nivium in ipso monte existentium, idcirco ad ulteriora non processimus pro præsenti ; quia tamen sive sit penes territorium ecclesiæ sive aliter, et sive per homines ecclesiæ sive per alios fuerint ipsi penuncelli sic irreverenter amoti, locus est puniri, propterea Revmus D. cardinalis de Arciis, archiepiscopus Tarentasiensis suique officiarii se obtulerunt castellano si appareat sive apparere possit per ejus jurisdiciarios hominesque et subditos dictæ suæ ecclesiæ id perpetratum fusse aut auxilium præbuisse, et si super hoc conjecturæ seu indicia sufficientia contra eos seu eorum aliquos adducantur, facere ut convenit debitæ justitiæ complementum, petentes hoc ideo eisdem dicta annualia de quibus in supplicatione fit mentio, libere relaxari, super quo poterit eadem celsitudo providere prout eidem videbitur opportune, suoque magnifico consilio providendum. *signé* : JOANNES DE COSTIS.

(An. 1453.)

TEXTE de la copie de 1748, Borrel n^{re}.

Ludovicus Dux Sabaudiæ, Chablasii et Augustæ, Sacri Romani Imperii Princeps Vicariusque perpetuus, Marchio in Italia, Princeps Pedemontium, Gebennæ et Baugiaci Comes, Baro Vaudi et Faucigniaci, Niciæque, Vercellarum ac Friburgi Dominus. Dilectis judici ac procuratori et castellano Tarentasiensi ac cæteris officiariis nostris ad quos spectabit seu ipsorum locatenentibus, salutem. Cum pro parte R^{mi} in Christo patris D. Cardinalis de Arciis, archiepiscopi Tarentasiensis, compatris nostri charissimi, nobis nuper oblata supplicatio contineret quod licet ex antiqua consuetudine et etiam ex forma et tenore transactionum inter illustres prædecessores nostros et archiepiscopos Tarentasienses dudum initarum, in omnes habitantes civitatis Musterii, etiam qui alias forent homines et jurisdiciarii nostri, omnis jurisdictio, excepta pœna sanguinis, eidem archiepiscopo pertineat, et vice versa in omnes habitantes Salini, etiam qui alias forent homines et jurisdiciarii dictæ ecclesiæ Tarentasiensis, omnis jurisdictio, excepta pœna sanguinis, ad nos spectet, ita quod homines ipsius ecclesiæ habitantes apud Salinum per annum et ultra non possint detineri apud Musterium seu alias terras ecclesiæ prædictæ, nec e contra homines nostri qui per annum apud Musterium moram traxerint non possint detineri apud Salinum vel alia territoria nostra, nisi in casu quo pœna sanguinis veniret infligenda, et ita fuerit retroactis temporibus observatum ; attamen a certo tempore citra, secus factum est et contraventum fuit per officiarios nostros qui hujusmodi habitatores Musterii interdum et sæpenumero arrestaverunt et detinuerunt apud Salinum illosque concordare et componere fecerunt, actum jurisdictionis in eos exercentes contra omnem justitiam dictarumque transactionum formam ; supplicando propterea ut eidem archiepiscopo super præmissis opportune providere vellemus et taliter quod ipsa ecclesia Tarentasiensis in hujusmodi jurisdictionis suæ juribus gravata non remaneret. Hinc fuit et est quod nos hujusmodi supplicationi favore benevolo justisque respectibus inclinati et maxime jura et libertates ecclesiæ prædicte in aliquo lædere vel minuere nolentes, sed potius conservare et augere cupientes, visis itaque et per nostrum nobiscum residens Consilium visitatis transactionibus supra mentionatis et maxime viso sexto antiquæ transactionis articulo cujus tenor sequitur : Item quia apud Musterium dicto D. Archiepiscopo in omnes habitantes omnis jurisdictio pecuniaria pertinet ab antiquo, dicto vero D. comiti pœna sanguinis in illos videlicet qui sunt sui homines vel oriundi de terra sibi subjecta ratione dominii, feudi, retrofeudi pariter et ressorti. De cujus siquidem articuli intellectu inter nostros et ipsius archiepiscopi officiarios difficultas erat, dicebant enim officiarii nostri illa verba *apud Musterium* referri debere ad illud verbum *pertinet*, et ita jurisdictionem in ipsos habitantes Musterii delinquentes extra ipsum locum in casu etiam pecuniario nobis pertinere debere, si alias essent homines nostri vel oriundi de terra nobis subjecta ut supra, quasi tantummodo apud Musterium in tales eidem archiepiscopo jurisdictio pertineat ; e contra vero ipse archiepiscopus et sui officiarii dicebant : illa verba *apud Musterium* referri et referenda esse ad illud verbum *habitantes*, ita quod talis esset sensus et intellectus : Item quia in habitantes apud Musterium dicto D. archiepiscopo omnis jurisdictio pecuniaria pertinet, et ita quod si etiam homines nostri habitantes apud Musterium extra locum Musterii delinquant in casu pecuniario, juridictio ad ipsum archiepiscopum debeat pertinere, et hunc intellectum dicebant ipse archiepiscopus et sui officiarii recipi necessario debere tum ex forma et tenore transactionum supra mentionatarum, tum quia sic hactenus interpretatum, usitatum et observatum fuit; qua siquidem difficultate et differentia per nos et nostrum nobiscum residens consilium intellecta et diligenter examinata et quoniam licet dicta verba sint ambigua, ex informatione tamen per dilectum fidelem consiliarum nostrum dominum Joannem de Costis super præmissis de nostri mandato nuper sumpta cujus copia præsentibus est annexa, invenimus longe plures testes deponentes et melius, de usu secundum intellectum dicti archiepiscopi et officiariorum suorum, quam sint deponentes secundum intellectum officiariorum nostrorum, et quia ut inquit lex in ambiguis est pro ecclesia intelligendum, cum illa summa ratio sit quæ pro religione facit, eapropter aliisque justis moti respectibus, vobis et vestrum cuilibet in solidum districte præcipimus et mandamus, sic omnino fieri volentes, ordinantes et declarantes, quatenus transactiones supra mentionatas et maxime articulum superius insertum secundum sensum et intellectum supra ultimo declaratum, eidem archiepiscopo Tarentasiensi suisque officiariis teneatis, attendatis et observetis, tenerique attendi et per quoscumque observari faciatis, nec contra illarum formam et tenorem in hujusmodi habitantes apud Musterium, etiam qui alias essent homines et jurisdiciarii nostri et extra ipsum locum Musterii deliquissent, amodo in casibus pecuniariis et pro quibus pœna sanguinis non veniret infligenda, ullum jurisdictionis actum vel executionem exerceatis aut alias eos detineatis, condemnetis, componatis vel inquietetis, quinimo tales eidem archiepiscopo vel suis officiariis illico remittatis juxta ipsarum transactionum formam et tenorem, pro condigna justitia ministranda, advertendo tamen et providendo ut de hominibus ipsius ecclesiæ Tarentasiensis apud Salinum habitantibus illud idem erga nos per ipsum archiepiscopum et suos officiarios observetur. Datum Gebennis, die secunda junii, anno Domini millesimo quatercentesimo quinquagesimo tertio. Per Dominum, præsentibus dominis Jacobo ex comitibus Vallispergiæ cancellario Sabaudiæ, Joanne domino Chautagniæ, Petro de Balma, Joanne de Saxo domino de *Vannens*, Francisco de Thomatis præsidente Gebennensi, Gouterio Chabodi, Stephano Staillie, Jacobo Mainerii generali, Joanne Malleti thesaurario. *Signé* : LESTELLEY.

(An. 1488.)

TEXTE d'une copie de 1748, Borrel n[re].

Carolus Dux Sabaudiæ, Chablasii et Augustæ, Sacri Romani Imperii Princeps, Vicariusque perpetuus, Marchio in Italia, Princeps Pedemontium, Comes de Villariis, Baro Vaudi, Niciæque, Vercellarum ac Friburgi Dominus. Dilectis consiliis nobiscum et Chamberiaci residentibus, judici, procuratori et castellanis Tarentasiæ a Saxo superius et inferius, ac cæteris universis et singulis officiariis nostris mediatis et immediatis, præsentibus et futuris, ad quos præsentes pervenerint seu ipsorum locatenentibus, servientibusque generalibus, salutem. Visis et per dictum nobiscum residens consilium de nostri mandato visitatis litteris bonæ memoriæ illustrissimi D. et avi nostri D. Ludovici

Sabaudiæ Ducis, necnon informationibus præsentibus annexis, et consideratis contentis in eis, supplicationi itaque Reverendissimi in Christo patris consiliarii et compatris nostri domini Joannis de Compesio, Dei et apostolicæ sedis gratia, archiepiscopi Tarentasiæ, super hiis nobis factæ annuentes, ex nostra certa scientia, etiam matura dicti consilii super his deliberatione præhabita, vobis et vestrum cuilibet in solidum districte committimus et mandamus sub pœna centum librarum fortium pro quolibet dictis consiliis inferiore, quatenus dictas subannexas litteras præfato consiliario et compatri nostro et suis officiariis, juxta ipsarum formam et tenorem teneatis, attendatis et observetis, tenerique attendi et per quosvis faciatis inconcusse observari, et in nullo contraveniatis quomodolibet vel opponatis, quibuscumque litteris, mandatis, oppositionibus et aliis in contrarium adducendis, concessisque et faciendis, non obstantibus. Datum Thaurini, die vigesima sexta mensis martii, anno Domini millesimo quatercentesimo octuagesimo octavo. Per Dominum, præsentibus dominis reverendo Urbano Bonivardi episcopo Vercellarum, Gabriele de Seyssello barone de Aquis, Georgio Trucheti præside, Petro de Agatiis, Antonio de Monteolo collaterali consilii Thaurinensis, *Deffin*......... Pettenatis advocato finali, Renato de Muris generali Sabaudiæque thesaurario.

* **N. 8.** Lettres-patentes des ducs Philibert et Philippe de Savoie, et de la duchesse Blanche, des années 1502, 1496 et 1495, défendant au Conseil de Chambéry et aux officiers ducaux de Maurienne et de Tarentaise de troubler ou molester ceux qui recouraient au for ecclésiastique. Ces lettres sont accompagnées des suppliques faites à cette fin par nos archevêques.

*** N. 9.** Informations faites en 1486 concernant la juridiction temporelle de l'archevêque, principalement sur les deux articles suivants : si les officiers archiépiscopaux exercent leur juridiction sur les justiciables de l'archevêché, ailleurs que dans les paroisses spécifiées en la transaction de 1358 ; et dans quelles paroisses ils l'exercent. Il résulte de cette enquête, par la déclaration du premier témoin, que des hommes sujets de l'archevêque et résidants à Aime ont été pris et remis aux officiers archiépiscopaux pour être conduits au château de St-Jacquemoz ; que cette même juridiction a été exercée dans les paroisses de Landry et de Longefoy contre certains hommes qui ont été cités au château susnommé ; qu'enfin on en a usé contre les justiciables de l'archevêché, hors des quatorze paroisses mentionnées par la transaction, notamment à Montagny, à Cléry, à Villargerel et à Fessons, etc. Cette enquête dont le commencement manque, contient 52 feuillets et est signée : Operarii.

*** N. 10.** Un livre d'informations prises relativement à la juridiction sur la vallée de St-Paul, les mandements de La Bâthie et de Conflans, en litige entre les ducs de Savoie, d'autres seigneurs des lieux et l'archevêque. Ces dépositions reçues, ensuite d'une requête du cardinal de Arciis, en 1450, constatent que l'archevêque a l'*omnimode juridiction* et le *mère et mixte empire* sur ses hommes, partout où ils se rendent coupables rière le duché de Savoie; que ses prédécesseurs ont été en possession d'exercer cette juridiction sur leurs hommes dans la vallée de St-Paul; qu'ils ont droit de faire des *cryes*, de lever les biens et de les subhaster sur leurs hommes de cette vallée; que les hommes de l'archevêque, qui y habitent, ont coutume de payer la *sacre* et la régale, le cas échéant. Enfin on y trouve d'autres articles relatifs à la capture d'un nommé Ville, homme justiciable de l'archevêché; ces dernières dispositions reconnaissent à nos prélats le droit d'exercer toute juridiction sur leurs hommes, dans la vallée de St-Paul, comme en d'autres lieux non sujets à l'archevêché.

N. 11. Un procès intenté par devant le Conseil de S. A. R. en 1505, par l'archevêque de Châteauvieux contre le procureur fiscal du duc, à cause des empêchements mis aux maisons de feu Jean-Michel Croisson situées à Moûtiers. La sentence du 19 décembre 1505, déclare ces empêchements abusifs et ordonne de les ôter.

* **N. 12.** Vidimé fait par l'official de Tarentaise, Jean *de Subtus Rupe*, signé Barbier, de la transaction passée en 1276 entre le comte Philippe de Savoie et les seigneurs Rodolphe Demontanea et Aimon Bruissonis agissant au nom de l'archevêque Pierre. On voit en cet acte que le prélat a juridiction, en cas de peine de sang, sur ses hommes qui habitent Salins.

(**An. 1276.**)

Texte d'une copie extraite de l'original en parchemin, en 1759, par le notaire Excoffier. Communiqué par M. le comte de Foras.

Nos officialis curiæ Tarentasiensis notum facimus universis presentes litteras inspecturis seu etiam audituris, quod nos una cum testibus et notariis infrascriptis vidimus, inspeximus, et de verbo ad verbum legimus quoddam publicum instrumentum non vitiatum, non abrasum, non cancellatum, non abolitum, sed prorsus vitio et omni suspicione carens, cujus instrumenti tenor de verbo ad verbum sequitur in hunc modum, et est talis :

Anno domini millesimo ducentesimo septuagesimo sexto, indictione quarta, die mercurii, sexto idus Martii presentibus testibus infrascriptis coram viris discretis ac jurisperitis domino Joanne Stornelli milite Judice tum temporis Sabaudiæ pro illustri viro domino Philipo comite Sabaudiæ, domino Aymone procuratore tunc temporis dicti domini Philipi comitis, domino Hugone Hysuardi milite castellano tunc temporis Salini, ex una parte, positis nomine et vice dicti illustris comitis, seu gerentibus vices illius comitis. Et ex altera parte domino Rodulpho Demontanea officiali curiæ Tarentasiensis, Aymone Bruyssonis canonico ecclesiæ Beati Petri de Musterio, Guillelmo de Cornillione, castellano sancti Jacobi Tarentasiensis tunc temporis, positis nomine et vice venerabilis patris domini Petri Tarentasiensis archiepiscopi gerentibus vices ipsius domini archiepiscopi. Dominus Gonterius Royllardi de Cors miles positus et vocatus pro parte dicti illustris domini comitis Sabaudiæ, dominus Petrus Rubey de Bosellis miles positus et vocatus pro parte dicti venerabilis domini archiepiscopi, dominus Guillelmus Serjot de Castro Argenti, miles medius vocatus et electus.........(1) a dictis partibus positi pro amicabiles compositores veritate inquisita usus et moris antiqui per ipsos, cujus usus et moris debet habere, dictus vero illustris D. Philipus comes Sabaudiæ in Tarentasia et dictus archiepiscopus, quicumque sit archiepiscopus, dictus vero D. Guillelmus Serjot miles de voluntate expressa et consensu suorum sociorum, videlicet D. Petri Rubey positi loco D. archiepiscopi et dicti D. Gonterii Royllardi militis positi pro parte dicti illustris D. comitis Sabaudiæ dixit nomine recordamenti quod D. archiepiscopus in aliquo homine suo sive jurisdictionis suæ qui habitat apud Salinum per annum et amplius per morem consuetum inter illos de Salino et de Musterio non habet aliquod bannum excepta pœna sanguinis....... (2) infligenda delinquenti personæ per dictum D. Archiepiscopum, et dictus illustris comes per illam consuetudinem non habet bannum, justitiam in hominibus suis sive jurisdictioni suæ commorantibus apud Musterium per spatium temporis prædicti exceptis rebus dicti hominis et bonis quæ cadunt in commissum et confiscari debent pro delicto ipsius delinquentis, vel qui vacant per defectum heredis quem non habet dictus talis, quæ pertinent ad D. Archiepiscopum, et eodem jure consuetudinario utitur dictus

---

(1) Un mot que le notaire n'a pu lire.
(2) *Item.*

D. Comes in suis hominibus commorantibus apud Salinum per spatium supra dictum ; et per illam consuetudinem de consilio predictorum sibi conjunctorum una cum suis adjunctis dixit et pronuntiavit satisdationem receptam a Guillelmo castellano prædicti domini archiepiscopi de Aymone Gombert qui moratus fuit apud Salinum per spatium supradictum, quem Aymonem D. Petro de Colombier ballivo Sabaudiæ, ceperat apud Musterium, et adhuc moratur et satis amplius stetit nullam fore, et fidejussores acceptos per dictum castellanum dicti D. archiepiscopi de jure non teneri, et de facto debere quittari dictam satisdationem cum fidejussoribus supradictis ; dixit etiam modo et forma quibus supra quod præmissis factis per castellanum D. archiepiscopi, quod si D. Hugo Hysuardi castellanus dicti D. comitis supradicti occasione facti quod fecerat super promissis pignorationes aliquas per se vel per alium fecerat, vel obligationes aliquas receperat ab hominibus dicti D. archiepiscopi quod illas restituat, quittat, solvat ; et hoc dixit salvo jure utriusque Domini supradicti comitis et archiepiscopi, et alterius personæ, in primis salva echeta dicti D. comitis et dicti D. archiepiscopi. Et inde jussa fuerunt fieri duo publica instrumenta unius tenoris per manum mei notarii infrascripti : Actum in insula Musterii in territorio sancti Albani (in Gleria) juxta campum Rodulphi Bruyssonis de Musterio et juxta viam publicam per quam itur versus pontem canonicorum ecclesiæ Beati.... de Musterio, ubi fuerunt testes vocati et rogati D. Boso de Salino miles, Hugo Taurini canonicus secularis Beatæ Mariæ de Musterio, Humbertus Sapientis de Confleto, Guillelmus Championis, Jaquemetus Ponçonis,

Rodulphus de Balmes de Salino, Rodulphus Bruyssonis de Musterio, Jaquemetus Copet famulus D. Hugonis Hysuardi et multi alii. Et ego Boso Alliodi de Salino notarius publicus auctoritate imperiali D. comitis Sabaudiæ hanc cartam rogatus scripsi et tradidi et mea signa in signum veritatis apposui.

Unde nos officialis prædictus facta diligenti collatione de instrumento originali ad præsens vidimus seu exemplar nihil addito vel mutato ipsum vidimus seu exemplar publicamus et pro publicato habemus sedentes pro tribunali et eumdem voluimus et precepimus eamdem vim habere et firmitatem ac si esset originale prædictum. In cujus rei testimonium sigillum curiæ nostræ præsentibus duximus apponendum. Datum et actum Musterii die decima quinta mensis maii, præsentibus testibus Joanne Mathei et Ricardo Barberii de Musterio notariis, et pluribus aliis.

Et ego Joannes de Subtus Rupem de Rupe imperiali auctoritate notarius publicus prædictis interfui, et hoc vidi, scripsi, et signis meis rogatus in testimonium premissorum signavi.

Et ego Joannes Mathei de Musterio imperiali auctoritate publicus notarius prædictis interfui et signa mea ultima in testimonio premissorum apposui.

Et ego Richardus Barberii de Musterio clericus auctoritate imperiali publicus notarius prædictis interfui et inde signum meum ultimum in testimonium premissorum apposui.

N. 13. Sentence rendue par le Conseil du duc Philibert de Savoie, en 1477, entre l'archevêque et le procureur fiscal général de Savoie, sur l'appel interjeté par les habitants de Moûtiers que les officiers ducaux avaient condamnés à payer certaines sommes pour la réparation du pont Séran. Cette sentence déclare nul et mal fait tout ce qui a été fait et constate que, le pont Séran étant situé partie dans la terre ducale et partie dans la terre ecclésiastique, la connaissance de la cause n'appartenait pas aux officiers ducaux, et que les habitants de Moûtiers n'étaient tenus à la manutention de ce pont qu'en tant qu'il leur plaisait.

N. 14. Un accord fait entre la comtesse C. de Savoie et l'archevêque Pierre de Tarentaise en 1273, relativement à certaines injures, spoliations et empêchements du marché de Moûtiers. Cet accord remet toutes choses en leur état accoutumé.

N. 15. Les lettres du duc Charles de Savoie, de 1484, avec la supplique à lui faite par les évêques, abbés et prieurs, pour obtenir que les transactions fussent observées et que les officiers ducaux s'abstinssent d'emprisonner les bénéficiers; le tout en parchemin et signé Aspord.

N. 16. Les lettres des ducs de Savoie émanées ensuite des suppliques écrites par les archevêques de Tarentaise, par lesquelles il est reconnu que toutes sortes de personnes peuvent recourir par devant le juge ecclésiastique, jusqu'à la somme de 10 florins.

* **N. 17.** Accord fait le 7 des kal. de mai 1276 entre l'archevêque Pierre et le châtelain de Salins agissant au nom du comte de Savoie, par lequel on voit que, par rapport au droit des langues et de l'éminage, on n'a pas prouvé le droit du comte.

* **N. 18.** Lettres du comte Amédée de Savoie, de 1287,

par lesquelles il accorde à l'archevêque Aimon et à ses successeurs qu'il ne se tiendra aucun marché ni foire depuis la ville de Conflans jusqu'à Aime, sauf à Moûtiers.

(An. 1287.)

Texte d'une copie existante aux archives de la ville de Moûtiers, collationée et signée en 1701 par le notaire Blanc.

Nos Amedeus comes Sabaudie, et in Italya marchio notum facimus universis presentes litteras inspecturis quod considerata vera affectione quam ad nos et predecessores nostros ecclesia Tharentasiensis habuit ab antiquo et compensatis graciis et acceptis serviciis que nobis exhibuit incessanter, et pro remedio anime nostre et predecessorum nostrorum reverendo in Christo patri Domino Aymo Dei gracia Tharentasiensis archiepiscopo et successoribus suis qui pro tempore fuerint in ecclesia Tharentasiensi predicta, Christique ecclesie pro nobis et successoribus nostris damus et concedimus in perpetuum ex gracia speciali quod a Confleto usque Aymam ipsis locis seu villis scilicet Confleti et Ayme exclusis mercatum per nos vel per alium non faciemus, nec constituemus, nec ordinabimus ullo tempore, nec fieri nec ordinari neque constitui per aliquos, vel aliquas personas aliquatenus permittemus, item damus et concedimus prefatis D^{no} archiepiscopo et successoribus suis ecclesie Tharentasiensis qui nunc sunt, et qui pro tempore fuerint pro nobis et successoribus nostris quod infra dictos terminos exclusivè nullas nundinas faciemus de cetero nec fieri sustinebimus per quas mercatum et nundine Monsterii possint in aliquo deteriorari vel etiam impediri, preterea volumus et ex nunc in antea pro nobis et successoribus nostris ut melius possumus in favorem et graciam prefate ecclesie ordinamus et constituimus quod per nos vel gentes, seu officiales nostros, vel alios aliquos de nostris vel alienis hominibus nullatenus compellatur vel aliquatenus inducatur aut suggeratur ire ad mercatum nostrum Salini, et ibi negociari nisi quantum sue fuerit libere voluntatis, nec impediatur quominùs possit mercatum Monsterii pro sue voluntatis arbitrio frequentare, et ibidem mercari et negociari ad plenum, et mercationes suas propensiùs exercere concedimus, etiam pro nobis et successoribus nostris quod ipsi dicto archiepiscopo et successoribus suis liccat nundinas Munsterii de nocte per suam familiam facere custodiri, remittentes eidem omne jus si quod habeamus vel habere videamur habendi vel ponendi custodias de nocte apud Monsterium in nundinis antedictis, promittentes bona fide dicto archiepiscopo pro se et successoribus suis recipienti, et ex nunc in antea nullos custodes de nocte in dictis nundinis ponemus, nec poni faciemus, per nostros subjectos sustinebimus ibi poni, ratione nostri vel etiam vice comitatus, retenta nobis custodia dicta nundinarum earum de die prout hactenus extitit consuetum, remittentes etiam puro corde dicto Domino archiepiscopo et hominibus suis omnes injurias illatas in nundinis Monsterii prædictis proximis vel longinquis nobis vel gentibus nostris per homines superiores, confitemur etiam pro remuneratione omnium predictorum nos habuisse et recepisse septies centum libras Viennæ in bona pecunia numerata et eas fore usas in utilitatem nostram a prefato domino archiepiscopo, et si forte nos vel predecessores nostri consilii, concessiones nostras, ordinationes et constitutiones predictas aliqua fecimus et constituimus vel litteras seu privilegia aliqua concessimus seu mandata fecimus, ipsa totaliter revocamus, quassamus, irritamus et penitus annullamus volentes quod ex nunc in antea obtineant et reperiantur alicujus roboris firmitatem, promittentes pro nobis et successoribus nostris bona fide et per juramentum nostrum corporaliter prestitum predictis archiepiscopo et ecclesiæ cathedrali easdem predictas concessiones, constitutiones, et ordinationes et omnia predicta et singula inviolabiliter observare, et nullo tempore per nos, vel per alium contraire vel contravenienti consentire, mandantes et præcipientes ballivis et judicibus nostris Sabaudie et Castellanis nostris Tharentasie qui nunc sunt et qui pro tempore fuerint ut prædicta omnia et singula que superiùs sunt expressa attendant, inviolabiliter et perpetuo observent nec contra prædicta præsumant in aliquo facere vel venire, nec contravenire volentibus vel facientibus modo aliquo consentire ; in quorum omnium robur et testimonium, sigillum nostrum omnibus præsentibus duximus apponendum. Datum Lugduni die sabati post purificationem Beate Marie Anno domini Millesimo ducentesimo octuagesimo septimo.

N. 19. Vidimé fait par l'Official de Tarentaise Aragonis et signé par Pierre Magnin des lettres du duc Louis de Savoie, du 13 juin 1453, et de la supplique qui en obtint l'expédition. Ces lettres ordonnent aux officiers de Tarentaise d'observer et de faire observer la transaction et leur défend de faire aucun acte de juridiction dans Moûtiers, hors les jours de marchés et de foires.

A défaut du vidimé ci-dessus nous donnons celui fait par le Conseil Résidant à Chambéry, le 5 mars 1489.

(An. 1453.)

Texte de l'extrait des registres du Sénat, communiqué par M. le comte de Foras.

Illustrissimus Princeps licet civitas Musterii cum suo districtu pleno jure pertineat mense archiepiscopali Tharentesiæ nec in ipsa nec in dicto ejus districtu liceat jurisdictionis nec imperii exercitium facere officiariis vestris quibusvis ut patet ex tenore transactionum jamdudum inter predecessores vestros et reverendissimi in Christo patris D. cardinalis de Arciis archiepiscopi et comitis Tharentesiæ firmatarum excepto tamen quæ in die fori possunt ipsi officiarii vestri cridas quoad subditos vestros ad forum venientes facere et ipsos tunc assignare apud Salinum vel alia loca vestræ ditioni et diminio supposita nihil omnino tamen officiarii vestri Tharentesiæ et interdum certi vestri aut consiliorum vestrorum commissarii et servientes seu clientes extra diem fori in dicta civitate et ejus districtu jurisdictionis exercitium Dóm....... (1)

(1) Un mot manque.

exercere præsumunt contra dictarum transactionum dispositionem et tenorem, testes sine licentia territorii dicti D. archiepiscopi vel suorum officiariorum examinando in ipsa civitate repertos subditos vestros assignando citando vel injunctiones eis faciendo et quandoque personaliter eos capiendo et apud Salinum vel quo volunt ducendo ligatos et captos et hujusmodi similia multa attentare, unde Illustrissimus Princeps, cum hæc cadant in magnum præjudicium jurisdictionis et libertatis ecclesiæ Tharentesiæ supplicatur pro parte dicti D. archiepiscopi quathenus sub pœnis formidabilibus inhibere dignemini ne abinde talia per ipsos officiarios notarios commissarios scribas et alios vestros quocumque nomine censeantur vel dignitate præfulgeant attententur et sic ipsi ecclesiæ providere quod ejus juridictio et libertas nullatenus ledantur seu usurpentur illæsæ quiescant et privilegia sua transactiones et alia jura ejus sibi inconcusse et integre serventur ad laudem Dei omnipotentis qui vestram dominationem soliciter conservet et augeat.

Ludovicus Dux Sabaudiæ etc dilectis judici procuratori et castellano Tharentesiæ ac cæteris officiariis nostris ad quos spectabit præsentibus et futuris seu ipsorum locatenentibus salutem. Visis supplicatione præsentibus annexa necnon transactionibus ibidem expressis justisque respectibus moti et præsertim jura ecclesiæ Tharentasiæ pro qua supplicatur quovis modo usurpari nolentes sed potius illa conservare cupientes vobis et vestrum cuilibet in solidum districte præcipimus et mandamus et sub pœna centum librarum fortium per vestrum quemlibet paracat comittenda et nobis applicanda quatenus transactiones ipsas teneatis et observetis ac per quoscumque teneri et observari faciatis nec contra illarum formam et tenorem ullum juridictionis actum vel executionem in civitate Musterii extra diem fori et nundinarum quovismodo exerceatis seu per quemque exerceri faciatis vel permittatis, quinimo si quid jam per vos forte factum vel attentatum fuerit illud ad pristinum debitumque statum redducatis quod nos etiam reducimus per præsentes et hoc absque alterius expectatione mandati in quantum dicta pœna vos affligi formidatis. Datum Gebennis die decima tertia junii anno Domini millesimo quatercentesimo quinquagesimo tertio. Per Dominum, præsentibus dominis Ja. ex comitibus Valispergiæ cancellario Sabaudiæ, Petro de Balma, Francisco de Thomatis præsidente Gebennensii, Philiberto de Monthou, Johanne Championis, Jacobo Meynerii Generali et Johanne Malleti thesaurario. Redde litteras portitori. Lestelley.

* N. 20. Vidimé fait par le juge-maje de Tarentaise et de Maurienne, Claude de Verdone, à Salins le 18 juin 1488, signé et scellé Queyssonis, des lettres du duc de Savoie Edouard, du 6 mars 1324, par lesquelles il défend à ses officiers de Tarentaise de saisir aucune personne de sa juridiction, dans la cité de Moûtiers, sauf les jours de marchés et de foires.

Voir les lettres ducales de 1324, ci-dessus, p. 356.

N. 21. Vidimé fait par le juge de Maurienne et de Tarentaise des lettres du duc Charles de Savoie, par lesquels il ordonne à ses Conseils de surseoir au jugement de certaines causes jusqu'à plus amples informations.

N. 22. Lettres du duc Amédée de Savoie, de l'an 1423, par lesquelles il révoque les *cryes* faites à Moûtiers par le châtelain de Tarentaise.

N. 23. Lettres du comte Amédée de Savoie, de 1287, par lesquelles il défend sēs officiers de contraindre ses hommes ou les étrangers de venir au marché de Salins.

N. 24. Lettres d'Yolande, duchesse de Savoie, de l'an 1476, par lesquelles elle ordonne à son Conseil et à ses officiers de Tarentaise de maintenir, protéger et défendre le bailli constitué par l'archevêque, défendant au seigneur de Montfalcon de s'introduire en cette charge de bailli, cassant et annulant les lettres qu'elle lui aurait subrepticement accordées à cette fin. A cette pièce exécutée sous forme d'exploit et signée au dos Pognuti, sont jointes deux lettres missives pour le dit office de bailli.

* **N. 25.** Lettres de Philippe, Blanche et Charles de Savoie, des années 1496, 1493, 1489 et 1488, par lesquelles ordre est donné aux officiers ducaux d'observer les transactions.

Ces lettres se trouvent ci-devant, p. 360, 350, 357 et 376.

N. 26. Vidimé des lettres du duc Charles par lesquelles il révoque la citation faite contre l'archevêque et le juge temporel de l'archevêché, pour la prestation de l'hommage.

* **N. 27.** Vidimé des lettres du comte Amédée par

lesquelles il ordonne à ses officiers de Tarentaise de maintenir l'archevêque en ses droits, usages et juridiction. Ce vidimé est de l'an 1367.

N. 28. Vidimé fait le 3 juillet 1358 par le Conseil résidant à Chambéry, des lettres du duc Amédée par lesquelles il concède à l'archevêque que ses officiers puissent saisir les sujets ducaux délinquants dans Moûtiers ou ailleurs dans la juridiction archiépiscopale, moyennant qu'ils les remettent ensuite aux officiers ducaux. Cette concession est à la suite d'une supplique dressée à cette fin par l'archevêque.

N. 29. Lettres en forme d'arrêt données, le 27 juin 1540, à la relation de la cour du parlement, oui le procureur général et le seigneur archevêque, par lesquelles il est ordonné que l'archevêque jouira, par provision du droit de justice et des autres droits comme ses prédécesseurs.

N. 30. Franchises accordées aux habitants de Salins, en 1351, par le comte Amédée, et diverses confirmations des mêmes franchises par les ducs Charles et Philippe en 1483 et 1496. Les confins de Salins sont marqués dans ces franchises.

N. 31. Copie signée par le notaire Rossat, bourgeois de Chambéry, des lettres du duc Charles en 1529, — de la transaction faite en 1358 entre le comte Amédée et l'archevêque Jean, — et des suppliques des archevêques avec les lettres des ducs Charles de 1505, Edouard de 1324, Louis de 1453, Blanche de 1493,

Béatrix de 1509, Charles de 1509, Amédée de 1358, Louis de 1529.

Pour les pièces de 1358, 1324, 1453, 1493, voyez ci-devant les p. 312, 356, 372 et 350.

N. 32. Lettres du duc Louis, de 1453, par lesquelles il défend à ses officiers de troubler les héritiers et successeurs des prêtres en la succession de leurs biens meubles et créances ; la supplique faite à cette fin y est jointe.

N. 33. Lettres de la comtesse C....... de Savoie, du 14 des kalendes d'août 1418, par lesquelles elle remet aux communiers d'Hautecour la moitié de l'alpéage de leur montagne qu'elle retenait injustement.

* **N. 34.** Lettres du duc Louis du 26 août 1453, signées Lestelley, avec la supplique du cardinal de Arciis se plaignant du trouble que lui causait le procureur fiscal de Tarentaise à l'égard de sa juridiction et de son titre de comte de Tarentaise. Le duc défend au procureur fiscal et au châtelain de Tarentaise, de molester l'archevêque et de lui disputer son titre.

Voyez ces pièces, ci-dessus, p. 372 et 388.

N. 35. Lettres du duc Charles, de 1508, avec la supplique de l'archevêque, signées et scellées Vulliet, par lesquelles il ordonne à ses officiers de Tarentaise d'observer les transactions, et leur défend de mettre les armes et les panonceaux ducaux dans le territoire ecclésiastique.

N. 36. Lettres du comte Amédée de 1354, par lesquelles il lève les empêchements mis par ses officiers au chemin tendant de Moûtiers à Bozel.

N. 37. Supplique adressée au comte Amédée de Savoie, avec les lettres de ce prince de 1369, tendant à faire transcrire les titres en faveur de l'église de Tarentaise.

N. 38. Supplique adressée au même comte Amédée, avec ses lettres de 1359 prescrivant l'observation des traités et des compositions.

N. 39. Lettres du comte Amédée de 1358 prescrivant l'observation de la transaction de la même année, transcrite ci-dessus, p. 312.

N. 40. Lettres du comte Amédée de 1373, prescrivant l'observation de ses lettres précédentes.

N. 41. Lettres du comte Aimon de 1331, défendant à ses officiers de faire aucune nouveauté contre les hommes de la juridiction de l'archevêque.

N. 42. Lettres du comte Amédée de 1365, prescrivant à ses officiers de défendre les droits de l'église de Tarentaise.

N. 43. Lettres du comte Amédée de 1359, ordonnant d'informer sur la voie de fait par laquelle on aurait fait détruire le chemin sur Salins tendant à Bozel.

N. 44. Vidimé des lettres du duc Philibert par lesquelles il commande de restituer les biens appartenant à l'église de Tarentaise.

N. 45. Lettres du Conseil résidant à Chambéry concernant les usuraires.

N. 46. Lettres du comte Amédée de 1420, par lesquelles il défend de molester l'archevêque et ses familiers pour le pontonage de Conflans.

N. 47. Lettres du comte Aimon de 1334, ordonnant de restituer les biens et les terres de l'archevêché, qu'il avait mis sous sa garde.

N. 48. Lettres du comte Amédée de 1296, défendant à ses officiers de troubler l'archevêque ou ses officiers dans la juridiction temporelle qui leur appartient.

N. 49. Lettres des princes Amédée, Louis, Aimon et Philibert, par lesquelles ils ordonnent qu'on informe sur les droits des archevêques et qu'on sursoie aux procès engagés entre eux et les archevêques.

N. 50. Lettres du comte Amédée de 1395, par lesquelles il prend l'archevêque, son archevêché et ses sujets sous sa protection et sauvegarde.

N. 51. Vidimé des lettres de sauvegarde accordées en 1535 par le roi de France, François Ier, pour les terres et paroisses de l'archevêché.

N. 52. Arrêt rendu par le Sénat le 2 février 1570, entre l'archevêque et le sieur Banous lieutenant du juge mage de Tarentaise, sur l'abus et entreprise de juridiction en matière d'hérésie.

N. 53. Lettres d'Emmanuel-Philibert, de 1566, par lesquelles il défend à ses officiers d'emprisonner et de molester les ecclésiastiques et les laïcs qui sont de la juridiction de l'archevêque.

N. 54. Lettres données par la cour du parlement, le 8 mars 1540, ordonnant au geolier de remettre entre les mains de l'archevêque ou de ses officiers le nommé Marc Alleyson.

N. 55. Lettres du duc Louis, de 1449, ordonnant qu'on lève les empêchements mis à la juridiction temporelle de l'église de Tarentaise.

N. 56. Lettres du duc Charles de 1509, citant le procureur fiscal par devant le Conseil pour entendre droit sur la supplique faite à requête de l'archevêque pour le maintien de sa juridiction temporelle.

N. 57. Lettre de la duchesse Blanche de Savoie, de 1494, ordonnant de remettre aux officiers de l'archevêché le nommé Pierre Denis reconnu homme de l'archevêché.

N. 58. Lettre du duc Louis de 1452, ordonnant de lever les empêchements mis à la juridiction temporelle de l'église de Tarentaise.

N. 59. Lettres du conseil de Savoie et des princes Charles, Philibert, Amédée, Charlotte, Yolande, Louis, Philippe, Blanche et François, des années 1527, 1500, 1502, 1488, 1502, 1467, 1538, 1448, 1487, 1494, etc., avec les suppliques des archevêques. Ces lettres ordonnent la rémission de certains hommes sujets de l'archevêché, et, conformément aux transactions antérieures, lèvent les empêchements mis à la juridiction temporelle de l'archevêque.

N. 60. Lettres des princes Louis, Charles, Philibert

et Philippe de Savoie, avec les suppliques des archevêques demandant qu'on sursoie à des procès pendants jusqu'à ce qu'on eût informé pour constater que certains délinquants étaient clercs et justiciables de l'archevêché.

N. 61. Lettres de Louis de Savoie, de 1436, ordonnant à ses officiers de faire enlever l'enclose nouvellement faite à Salins, sur le Doron, afin de laisser passer le bois de l'archevêque et d'autres nommés dans la supplique.

N. 62. Lettres du duc Charles, de 1504, avec le verbal d'exécution pour la main levée des empêchements mis à la juridiction de l'archevêque.

N. 63. Lettres d'Aimon de Savoie, de 1334, ordonnant de remettre l'archevêque en possession de tous ses biens et de sa juridiction.

N. 64. Vidimé des lettres du duc Edouard, de 1489, défendant de saisir les biens du nommé Muriset, justiciable de l'archevêché.

N. 65. Lettres de Louis de Savoie, de 1451, exemptant l'archevêque cardinal de Arciis de lui prêter hommage et fidélité.

N. 66. Vidimé des lettres susdésignées pour l'exemption de l'hommage.

N. 67. Vidimé des lettres du prince Charles et des testimoniales du juge de Maurienne à l'égard de la prestation d'hommage pour la juridiction temporelle de l'archevêché.

N. 68. Procès en cour de Rome entre l'archevêque et le duc, pour prestation d'hommage.

N. 69. Acte de sursis du susdit procès en 1511.

* **N. 70.** Acte de prestation d'hommage de Mgr Parpailla, de 1576.

N. 71. Copie de l'intimation faite à Mgr de Châteauvieux pour la prestation du même hommage, signé Vulliet.

N. 72. Lettres des princes Charles, Amédée et Louis, et du Conseil des Etats, des années 1518, 1512, 1486, 1376 et 1452, pour la contribution du subside soit don gratuit en faveur des ducs de Savoie.

N. 73. Lettres de Louis de Savoie, de 1458, déclarant nul et mal fait tout ce qui a été entrepris contre les droits de l'église de Tarentaise, en l'emprisonnement de Jean Musillon, accusé d'hérésie et conduit à Rumilly.

N. 74. Lettres, ducales, de 1496, ordonnant de retenir dans les prisons archiépiscopales les accusés d'hérésie.

N. 75. Lettres citatoires émanées en 1541 de la cour du parlement, sous François Ier, roi de France, à l'égard de la juridiction de l'archevêque.

N. 76. Copie des franchises des habitants de la Tarentaise au-dessus du Siaix, accordées par les princes de Savoie, en 1391.

Nous avons retrouvé une copie authentique de ces Franchises parmi les papiers de rebut des archives de la ville d'Aime. Cette copie extraite des originaux et écrite par le notaire Sybué, vers l'an 1500, porte ce titre : Sequuntur tenores certarum franchisiarum patrie Tharentesie concessarum, per me subsignatum copiatarum debiteque de verbo ad verbum eciam per me una cum egregio Benedicto de Janco curiali ville Ayme collationatarum quas cum propriis originalibus earumdem reperimus consonantes. Signé : De Janco et Sybue. Malheureusement ce manuscrit considérable est à moitié lacéré et rongé, de sorte que plusieurs chartes ne peuvent s'y lire qu'en partie, d'autres y manquent complètement.

(An. 1391.)

In nomine Domini amen. Nos Amedeus comes Sabaudie, dux Chablaisii et Auguste et in Ytalia marchio. Notum fieri volumus tenore presentium universis tam presentibus quam futuris, quod nos considerantes graves jacturas et dispendia que nos et universi nostri subdicti patiuntur ex eo videlicet quod officia nostri Sabaudie comitatus sunt pro tantis financiarum quantitatibus obligata, nam quicumque ballivi, judices, castellani et alii officiorum rectores, inspicientes quod super dictis officiis suas pecunias, nobis aut nostris predecessoribus mutuo tradiderunt, die et nocte curant et excogitant incessanter quod lucra pro dictis eorum pecuniis eis proveniant undecumque debeant procedere ne videmus quam hujusmodi commoda ymo pocius rapinas illicitas alibi capere valeant quam super nos et subdictos nostros predictos et propterea ut submissus nobis populus sine hujusmodi extorsionibus et rapinis amodo in antea quiete vivere valeat et ne cogamur a subdictis nostris predictis subsidia, fogagia, subvenhones, mutua aut prestationes alias tam frequenter requirere aut requiri facere, nostri parte, post spaciosam deliberationem inde habitam cum patrie nostre prelatis, militibus, legum professoribus et peritis, in conclusione et arresto remansimus quod pro nunc subvencionem requirere debeamus qua mediante ab hujusmodi gravibus oneribus et debitis nos eximere et educere valeamus, tandem a dilectis nostris burgensibus, communitatibus et habitatoribus castellanie Tharent. facta per nostros consiliarios requisitione super hiis vice nostra, ipsi omnes deliberatione prehabita in relevamen et exempcionem officiorum et omnium nostrorum predictorum mille florenorum ducatos auri aut quindecim denarios grossos pro quolibet floreno solvendos annis singulis in festo Nativitatis Dominice septem annis proximis durantibus nobis de speciali gratia concedimus in qua quantitate nolumus nec intendimus conjugatos clericos locorum et castellanie predictorum contribuere debere nec aliquid solvere de predictis quam concessionem sive donum de speciali gracia nobis factam fuisse cognoscimus et etiam reputamus quod nolumus nec intendimus dictis burgensibus et communitatibus in aliquibus eorum bonis consuetudinibus, libertatibus, franchisiis, privilegiis et statutis, novis seu veteribus, prejudicium aliquod generari et mediantibus gracia et concessione presentibus, nos comes prefatus pro nobis et nostris heredibus et successoribus universis, dictis burgensibus, communitatibus, habitatoribus et incolis et qui ibidem habitabunt in posterum, pro se et eorum posteritatibus perpetuo, eis super hoc instantibus damnis, largimur et concedimus ex nostra certa sciencia per presentes, capitula, libertates, franchisias et privilegia que inferius seriose scribuntur. Et primo, eisdem communitatibus, burgensibus, habitatoribus, incolis et qui in tota castellania Tharent. imposterum habitabunt, in libertatis privilegium concedimus et donamus quod nos, ballivi, judices, castellani seu alii quicumque commissarii, non possimus vel debeamus, aut non possint vel debeant, aliquas inquisiciones vel processus formare vel facere contra ipsos vel aliquem ipsorum, nisi ad denuntiacionem, clamam seu instigacionem partis alterius quam curie procuratoris et officiariorum nostrorum, nisi in casibus criminalibus infrascriptis, videlicet falsi, incendii, homicidii, adulterii, raptus mulierum, furti, predacionis, violencie manifeste et aliorum casuum unde pena sanguinis esset delinquentibus rationabiliter infligenda, penas enim eis vel alicui ipsorum imposterum imponendas per officiarios nostros predictos occasione aliorum casuum quam superius expressorum et contra formam nostre concessionis presentis, ex nunc prout ex tunc, tenore presencium annullamus viribusque omnino careant et effectu, et caus ipso, aliquis de communitatibus et castellania supradictis in manibus officiariorum nostrorum predictorum respondere minime teneatur. Item quod aliquis de communitatibus et castellania supradictis pro aliquibus debitis aut excessibus aliis quibuscumque, capi, detineri, arrestari vel incarcerari non possint per aliquem seu aliquos officiariorum nostrorum, nisi forsan commiserint tale crimen unde delato foret pena sanguinis irroganda, ubi tamen ipse delatus de stando juri in curia nostra et de judicato solvendo cum suis clausulis universis ydoneam obtulerit et oblatam prestiterit caucionem, et si quidam detentus, arrestatus vel incarceratus pro aliquo casu superius expressorum ab inquisicione et processu forsan fuerit absolutus, castellanus, mistrales aut quicumque alii officiarii nostri pro pastu sive minjallia, ingressu, exitu, mistralegio seu alia quavis exaccione, nihil penitus capere vel recipere debeant nec etiam teneantur, sed inquisiciones et processus fiendi contra tales infra unum mensem perfecte compleri debeant, postquam fuerint carcerati vel detenti, et infra tres menses immediate sequentes debeant terminari justicia mediante, et si decise non fuerint infra dictum terminum de jure vel concordia judex quidem et cognoscere super ipsis eo casu faciat litem suam, castellani vero et mistrales pro pastu et minjallia et expensis delati talis absoluti, regressum habeant ad promotores et instigatores inquisicionum et processuum fiendorum contra ipsos et bona cujuslibet eorumdem. Item quod nos seu castellani nostri Tharent. presens etiam et futurus non possimus vel non possit ponere, constituere vel habere in aliqua mistraliarum castellanie Tharent. mistralem aliquem seu submistralem, qui sit oriundus de sua mistralia, nec de una leuca prope ipsam mistraliam, licet in una dictarum mistraliarum possint constitui et teneri mistrales et submistrales de alia mistralia et e converso, dum tamen leuce distancia servabitur prout supra. Item quia seysine et sequestraciones de jure sunt prohibite, volumus, ordinamus et concedimus quod adversus aliquem seu aliquos de communitatibus et burgensibus et habitatoribus predictis aut eorum bona, nulle seysine seu sequestraciones nostro seu alterius nomine vel instancia fiant vel mandentur fieri in tota castellania Tharent. nisi debita cognitione judiciali precedente. Item quod custodibus champeriis seu foresteriis vel aliquibus ipsorum de bannis, offensionibus et acusis, nullathenus sit credendum nisi prius damnum datum sufficienter probetur et constet et pignus ei quo dampnum datum fuerit manifeste valeat exhiberi et animalia que dampna dederint curie nostre fuerint presentata, et si aliter in hoc casu processum fuerit, subdicti nostri mistraliarum et castellanie prædictarum seu ipsorum aliqui, non teneantur nobis vel alteri bannum dare. Item quod castellanus seu mistrales mistraliarum et castellanie predictarum non possint vel debeant nunc vel in futurum limitari vel distingui facere vias et itinera publica a locis communibus, nisi prius vocatis duobus probis viris vel nisi minus juste reperiretur probative occupata et per consequens penis seu bannis proinde imponendis, ipsi nostri subdicti seu ipsorum aliqui parere minime teneantur. Item visa et examinata statutorum Sabaudie clausula que talis est : Item quod clerici curiarum tantum recipiant omnes notas seu instrumenta deinceps fienda super albergamentis, investituris, regichiis et laudibus aliorum contractuum tangencium dominium in papiris seu prothocollo reddigant, in quo nulla alia instrumenta ponantur nisi dominium tangencia et illa papirus seu prothocollum semper transeat ad successores ejus in clericatura predicta, qui potestatem habeat, virtute presentis statuti, talem qualem habebat clericus qui receperat instrumenta predicta et clericus cujuslibet earum solvat duo id quod alii notarii sue clericature donum dabant ante presens tempus, qui notarii ab eo quod dabant ante sint quieti, omnis autem notarius aliter recipiens instrumenta predicta, preterquam clerici dictarum curiarum, et recipi precipiens solvant duo pro singulis vicibus viginti quinque florenos, et nichilominus talia instrumenta nullius sint valoris vel momenti, Nos comes prefatus dictam clausulam et contenta in ea declaramus et intelligimus dedeclaratamque et intellectam esse volumus per modum infrascriptum, videlicet quod omnes et singulos contractus albergamentorum, infeudacionum, investiturarum quarumlibet, per nos, castellanos, officiarios et commissarios nostros castellanie nostre Tharent. fiendos ab inde de et super rebus, bonis et juribus nostris feudalibus seu emphyteoticis recipiant, recipere possint et debeant nostri secretarii vel clerici et notarii curiarum nostrarum dumtaxat, et non alii notarii seu jurati quicumque, alios vero contractus vendicionum, empcionum, permutacionum, excambiorum et aliarum alienacionum et disposicionum quarumlibet immediate fieudos de et super feudis et emphyteotibus nostris quibuscumque, ab inde in antea, inter alias quascumque personas quam nos et nostros officiarios suprascriptos, recipere possint et eis liceat, dicti clerici curiarum nostrarum et alii quicumque notarii publici curiarum nostrarum tamen jurati, quos partes contrahentes ad hoc duxerint eligendos, qui tamen notarii et jurati nostra jura in et super dictis feudis emphyteotibus nostris debeant, in contractibus predictis, reservare et nullis cavillationibus seu fraudibus fiendis super hiis consentire, et infra decem dies postquam receperint instrumenta de feudis seu emphyteotibus nostris, nunciare teneantur clerico curie qui memoriam faciat de ipsis contractibus de feudis nostris in suo prothocollo, mandantes et injungentes, tenore presencium, castellano nostro Tharent. mistralibus et quibuscumque notariis presentibus et futuris, quathenus nostras presentes litteras et omnia et singula in eis contenta firmiter teneant et observent, faciantque in locis opportunis castellanie nostre predicte nunciari et publicari, eaque omnia teneri et actendi per notarios universos atque subdictos nostros quoslibet castellanie nostre predicte, nullo alio mandato a nobis super hoc expectato ; et quia dubitamus quod firme cleri curiarum nostrarum Tharent. non minuantur in futurum presenti declaracione causam, vocari fecimus dominum Hugonierium Chabodi Judicem et Xresimum Provanum castellanum nostros Tharent. quorum consilia participare volumus in hac parte, et verum per declaracionem nostram predictam jura nostra dictorum officiorum in futurum decrescat nec ne, quorum relacione prehabita decretum quod pluros et infiniti contractus vendicionum donacionum permutacionum et aliorum hujusmodi de rebus et bonis de feudo seu emphyteosi nostra moventibus, per omnes notarios dicte castellanie recipientur et fient qui per solum clericum curie nostre recipi nequirent de presenti, ex quibus laudaciones et investiture cum albergamentis rerum et bonorum nostrorum in manibus clericorum curiarum nostrarum pervenient per quas poterunt onera quelibet relevari et per consequens firme in suo esse presenti poterunt permanere, ad declaracionem processimus antedictam veritatis, tenore presencium mandamus omnibus et singulis notariis et juratis castellanie nostre predicte recepturis aliquos de contractibus antedictis et quatenus eis receptis infra octo dies post dictam recepcionem incohandos dictis castellano seu ejus locumtenenti et clericis curiarum nostrarum predictarum presentibus et futuris eorum licteris vel aliis instrumentis, et significent ut ea in libris et papiris curiarum nostrarum predictarum pro interesse nostro illam valeant registrare. Item quod castellanus noster Tharent. presens et qui inde pro tempore, teneatur et debeat servicia nostra bladorum et vinorum annis singulis ab ea debentibus exigere recuperare et levare infra unum mensem proximum statum functo termino quo dicta servicia sunt consueta anno quolibet nobis solvi incohandum, alias precium commune quo dicta servicia infra dictum mensem vendentur communiter in dicta castellania et de pluri precio et valore quilibet dicta blada et vina infra annum vendi contingerit idem castellanus, si in recuperando dicta blada et vina terminis consuetis negligens fuit, nobis et nostris successoribus teneatur et debeat. Item super cessis et interdictis ecclesiasticis si ea in aliquibus parrochiis castellanie Tharent. ad cujusvis instantiam apponi contingerit et teneri et castellanus noster Tharent. presens etiam et futurus instantibus parte aliqua, populo seu curatis parrochiarum predictarum, sub pena viginti quinque librarum forcium per ipsum castellanum commictenda et ab eo irremissibiliter applicanda eroganda quotiens reisus fuit in premissis quod a dictis parrochiis et singulis ipsarum tolli et admoveri debeant de presenti teneantur effectualiter providere. Item quod nos, judex, castellanus, procurator, commissarii, mistrales aut quicumque alii officiarii nostri presentes et futuri, non possimus aut non possint aliqua bona usurariorum castellanie

Tharent. mobilia sive immobilia quecumque, occasione aliquorum contractuum usurariorum, capi et capere, de ipsis inventaria facere aut ea aliter impediri in vita vel post obitum talium personarum, quovis colore quesito, nisi tamen talis decedens dici debeat usurarius publicus et seysire, sequestrare usurariis contractibus fuerit in vita ipsius diffamatus, et in quovis alio casu non possint vel debeant heredes sic decedencium per nos vel aliquem officiariorum nostrorum predictorum, sestiis aut hujusmodi quomodolibet molestari. Item quod nulla persona de castellania nostra Tharent. cujuscumque condicionis aut status fuerit, citari, evocari vel trahi possit extra curiam nostram ad cujusvis instantiam vel requesta in persona vel rebus videlicet in eadem curia nostra obtulerit de se et rebus suis fieri facere et fecerit conquerenti justitie complementum, non obstantibus quibuscumque libertatibus, franchisiis, privilegiis aut aliis immunitatibus per nos vel alium concessis et indultis, personis aliis quibuscumque in posterum concedendis. Item quod durantibus proximis septem annis quibus fiet solucio quantitatis per nos superius requisite, subdicti nostri dicte castellanie nostre Tharent. vel aliqui ipsorum nullum aliud donum, fogagium subsidium, mutuum aut subventionem aliam quam superius requisitam et concessam, nobis vel nostris successoribus impendere, dare vel facere quomodolibet teneantur, quinymo, ipsis septem annis durantibus, quieti sint, liberi et immunes a quibuscumque cavalcatis et exercitibus nostris nisi urgens et talis necessitas immineret quod aliter statum nostrum et honorem commode deffendere non possemus. Item omnia statuta et ordinaciones hactenus factas per communitates castellanie Tharent. super communibus pascuis montium et planorum dicte castellanie, si nobis et rei publice utile non fuerunt, ad ordinacionem judicis et castellani ac procuratorum nostrorum Tharent. volumus et precipimus revocari ac etiam revocamus. Item quod aliqui officiarii nostri presentes et futuri aliquas mensuras bladorum et vini aut aliorum quorumcumque pondera etiam et libramina que signata fuerint in signis armorum nostrorum, capere, levare vel seysire non possint vel debeant, ab aliquibus mercatoribus aut personis aliis dicte castellanie, nisi in eis evidens falsitas appareat fraus et dolus, et si dicte mensure, pondera et libramina sint levata vel aliqua ipsorum fuerint de falsitatis vicio redarguta unde ille vel illi quorum fuerint vel qui signaverint, minus justa, venirent pugniendi, ipse tales mensure pondera et libramina justificare, cocquare et ad rationis debitum moderare, per eligendos probos viros infra octo dies proximos postquam levate fuerint, quibus pertinebunt per dictos nostros officiarios sine exactione aliqua occasione restitucionis dictarum mensurarum ponderum et libraminum reddere realiter debeant et etiam expediri. Item quibus cumque communitatibus et subdictis nostris castellanie Tharent. et eorum posteris concedimus et largimur, quod ipsi possint et eis liceat et singulis eorum parrochiis atque locis constituere, ponere et habere procuratores et scindicos pro negociis ipsarum communitatum utiliter explicandis, cum potestate et auctoritate necessaria, prout eis videbitur expedire, vocato tamen castellano nostro predicto vel mistrali mistralie illius cui suberit locus ipse. Item nos comes prefatus pro nobis et nostris successoribus quibuscumque eisdem communitatibus hominibus et sub dictis nostris castellanie supradicte ac singularibus personis pro se et eorum posteritatibus perpetuo et certa nostra sciencia laudamus, approbamus, emologamus, et serie presencium confirmamus omnes et singulas eorum libertates, franchisias, privilegia et immunitates alias eis dudum generaliter vel specialiter concessas et indultas per recolende memorie Illust. Dominos nostros comites Sabaudie predecessores, et juxta ipsarum libertatum, franchisiarum et privilegiorum continentiam et effectum prout tunc et quemadmodum eis hacthenus uti consueverunt et gaudere, quas libertates et franchisias ac quecumque privilegia castellani et vicecastellani et mistrales castellanie Tharent. in ingressu officiorum suorum jurare teneantur super sancta Dei evangelia quod eas et ea fideliter observabunt. Promictentes, tenore presencium, dictis communitatibus, hominibus, habitatoribus et incolis nostris castellanie supradicte et recipientibus ad opus sui et successorum suorum in posterum per solempnem stipulacionem et per juramentum nostrum prestitum corporaliter ad evangelia Dei sancta, sub nostrorum obligatione bonorum quorumcumque, omnia et singula capitula, concessiones, libertates et privilegia superscriptas et superscripta, eisdem nostris communitatibus, hominibus, habitatoribus et incolis et eorum perpetuo successoribus, tenere actendere complere et observare inviolabiliter cum effectu et nunquam per nos vel alium seu alios quoquomodo facere, opponere vel venire, nec contrafacere, vel venire volenti prebere auxilium, consilium vel juvamen. Mandantes, tenore presencium, judici, castellano, procuratoribus nostris Tharent. ac quibuscumque commissariis, mistralibus et certis officiariis nostris, presentibus et futuris, vel eorum locatenentibus, quathenus quascumque concessiones, largitiones et gracias superius declaratas, dictis nostris burgensibus, hominibus, habitatoribus et incolis et eorum posteritatibus perpetuo, in qualibet earum parte teneant et observent et non contrafaciant vel opponant aut fieri vel opponi contra ea vel ipsorum aliqua quomodolibet patientur. Datum Musterii die octava Augusti, anno Domini Millesimo triscentesimo nonagesimo primo. Per Dominum, relatione dominorum archiepiscopi Tharent. Johannis de Corgenon, Johannis de Cofflens, Johannis de Serravalle et Johannis de Provana. Redde Litteras portitori. Michael de Croso.

(An. 1399.)

Nos Amedens comes Sabaudiæ Dux Chablaisii et Auguste in Ytalia Marchio etc ac imperii sacri vicarius generalis. Notum fieri volumus universis quod nos visis et diligenter inspectis franchisiis libertatibus privilegiis immunitatibus contentis in dictis presentibus annexis ad humilis supplicationis instantiam in hac parte nobis facte pro parte dilectorum fidelium hominum incolarum habitatorum et subdictorum nostrorum tocius castellanie nostre Tharent. matura deliberatione prehabita cum nostris consiliariis infrascriptis ex nostra certa scientia pro nobis, heredibus et successoribus nostris quibuscumque easdem franchisias libertates privilegia et immunitates per omnes et singulos punctos ac clausulas earumdem dictis fidelibus hominibus

incolis habitatoribus et subdictis nostris presentibus et
futuris laudamus approbamus ratifficamus et tenore presentium confirmamus. Ceterum ad humilem supplicationem
predictorum burgensium incolarum habitatorum communitatum et subdictorum nostrorum castellanie predicte
nobis factam eis et eorum posteritatibus declaramus et
additiones franchisiarum concedimus et largimur prout
infra. Primo videlicet quod cum in primo capitulo seu
paraffo dictarum franchisiarum hic annexarum conti-
neatur : et officiarios nostros ad inquirendum procedi non
debere contra aliquem nisi ad denuntiationem ejus partis
exceptis casibus et criminibus in dicto capitulo descriptis
inter quos casus exceptos crimen falsi est simpliciter
exceptatum quod est nimis generale, ideo pro nobis et
nostris declaramus et volumus quod super eo crimine
falsitatum per dictos officiarios nostros procedatur secundum exceptionem ibi descriptam videlicet quando
contingerit talem falsitatem fore commissam ex qua pena
legis Cornelie de falsis veniret infligenda. Item quia in
tertio capitulo seu paraffo dictarum franchisiarum continetur nullum mistralem seu submistralem esse debere qui
sit oriundus de mistralia in qua erit mistralis, declaramus
et volumus quod non ponatur ibi mistralis vel submistralis
quamvis non sit de ipsa mitsralia oriundus si habitet et
habitaverit per triennium in ipsa mistralia. Item volumus
declaramus et addimus dictis franchisiis hic annexis quod
aliquis moram trahens cum aliquo de aliqua mistralia
oriundo vel in ipsa habitante ut supra non possit esse
mistralis nec mistraliam tenere vel exercere in dicto loco

ad requisitionem vel subgestionem illius cum quo morabit ne per indirectum fiat quod directe prohibetur. Item ulterius addimus et volumus quod sicut dictum est de mistrali et submistrali pari modo intelligatur de clerico curie videlicet quod non ponatur nec esse possit in aliquo clericature officio clericus vel viceclericus ipsum officium exercens qui sit oriundus vel qui habitaverit per triennium in aliquo loco submisso dicte sue clericature officio dumtamen alius ydoneus extra limites dicte clericature reperiatur qui se offerat dictum clericature officium velle fideliter exercere. Item addimus ultro et volumus quod castellanus Tharent. qui nunc est et qui pro tempore fuerit non possit nec debeat in fraudem dictarum franchisiarum constituere seu etiam ordinare per parrochias mistraliarum dicte castellanie aliquos qui sub nomine vicecastellani officia mistralis exerceant. Mandantes tenore presentium expresse universis et singulis baillivis et judicibus procuratoribus castellanis mistralibus et ceteris officiariis nostris in Tharent. et alibi ubilibet constitutis ac locatenentibus ipsorum presentibus et futuris quatenus predictas franchisias libertates privilegia et immunitates per nos ut supra confirmatas declaratas et concessas actendere omnino inviolabiliter et observare juxta ipsarum predictarum substantiam continentiam et tenorem nichil in contrarium quomodolibet faciendo in quantum indignationem nostram cupiunt evitare. Datum Chamberiaci die vicesima quarta mensis jullii anno Domini millesimo tercentesimo nonagesimo nono. Per Dominum, presentibus dominis Episcopo Maurianne, Capitan.... Pedemontium, Johanne de Coflens cancellario, Petro de Muris et Asperimontis, Jacobo

Sostionis, Amblardo Gerbasii Pand... thesaurario Sabaudie. Redde litteras portitori. Humbertus de Rivo.

(An. 1449.)

Ludovicus dux Sabaudie Chablasii et Auguste sacri romani imperii princeps et vicarius perpetuus Marchio in Ytalia comes Pedemontium Geben... et Baugiaci, Baro Vuaudi et Foucigniaci Nycieque Vercellarum dominus. Universis modernis et posteris serie presentium facimus manifestum quod nos visis et in presentia consiliariorum nostrorum subscriptorum diligenter visitatis binis licteris presentibus annexis franchisiarum et libertatum dilectis fidelibus nostris hominibus et incolis castellanie nostre Tharent. hacthenus concessarum et per clementissimum dominum et genitorem meum metuendissimum tunc Sabaudie comitem confirmatarum. Supplicationi itaque ipsorum fidelium nostrorum super infrascripta nobis favore benevolo annuentes ex nostra certa scientia pro nobis et nostris heredibus et successoribus universis etiam de beneplacito et expresso mandato ipsius clementissimi domini genitoris mei hujusmodi franchisias privilegia libertates et immunitates ut in ipsis litteris annexis concessas et per ipsum clementissimum dominum genitorem meum ut premittitur confirmatas juxta illarum formam et tenorem eisdem fidelibus nostris hominibus incolis ac communitati ac singularibus personis ipsius tocius castellanie nostre Tharentesie sueque posteritati nate et nasciture harum serie confirmamus ratifficamus pariter et approbamus et insuper volentes ipsos fideles nostros gratia tractare ampliori ut quanto nostre liberalitatis ubertate se noverint favorabilius pertractare tanto ad nostra et nostrorum obsequia se exhibeant promptiores, ex eadem igitur nostra certa scientia pro nobis et nostris predictis ac de beneplacito et mandato clementissimi domini genitoris mei prelibati eisdem hominibus incolis et communitatibus ac singularibus personis predicte castellanie nostre Tharent. sueque posteritati tenore presentium damus largimur et de novo concedimus alias libertates privilegia franchisias et immunitates in perpetuum valituras que sequuntur : Et primo quod in solutionibus fiendis creditoribus hominibus tamen et incolis utriusque sexus castellanie nostre Tharent. extraneis vero dumtaxat si sint usurarii publici debitores eorum homines etiam et incole utriusque sexus dicte castellanie Tharent. si juraverint se non habere pecunias numeratas unde solvere non incarcerentur neque detineantur dummodo consignent creditoribus suis tot bona mobilia seu immobilia aut se moventia super quibus creditores solutiones capere et de quibus fieri volumus dacionem insolutum ad taxationem duorum proborum per castellanum loci eligendorum absque aliqua subastacione fienda, et si bona difficerent propter quod oporteat debitorem incarcerari aut etiam vigore submissionis per eum facte vel detineri, quod prestita cautione per ydoneos fidejussores de non recedendo vel si recessit de solvendo debitum talis debitor a carceribus relaxetur et in arresto constituatur simpliciter in villa seu loco ubi castellanus pro tunc tenebit curiam suam. Item quod si in futurum oriatur contentio inter aliquas personas seu communitates dicte castellanie

Tharentesie occasione eguantiarum pro regalis talliis subsidiis et donis nobis factis et fiendis quod castellanus teneatur partibus justitiam ministrare summarie simpliciter et de plano sola facti veritate inspecta et absque involutione litigii et scripturarum et si quis inde appellaverit remittatur ad cameram computorum et non alibi in qua camera presidens et magistri computorum summarie simpliciter ut supra ordinent et partibus justitiam ministrent. Item quod quotienscumque aliquis de dicta patria nostra Tharent. fuerit ad judicem evocatus teneatur actor in prima dieta seu citatione suam petitionem facere sive reus compareat sive non, alioquin omnes expense que fient per actorem usque ad diem facte petitionis pro nullis habeantur et ad earum restitutionem reus non teneatur. Item quod omnes officiarii dicte castellanie libere et absque aliquo premio seu costu in introitu sui officii jurare teneantur quilibet quathenus eum concernit observare dictas franchisias tam confirmatas quam nunc de novo concessas. Item quod homines dicte castellanie cum consensu tamen et presentia castellani ipsius castellanie possint et valeant constituere sindicos et procuratores generales tam pro negotiis patrie ipsius castellanie quam pro prosequendo observantiam hujusmodi franchisiarum et tam pro singularibus personis quam in generali. Item quod in dicta castellania amodo in anthea judex clavarius castellani et ceteri officiarii tenere aut habere non presumant pensionarios id est personas que pro una certa summa aliquo tempore pro scripturis et etiam sigillo quotquot volunt causas possunt conducere, sub pena viginti quinque librarum fortium pro quolibet et qualibet vice et quam incurrant tam dicti officiarii quam pensionarii et de qua possit quilibet accusare, applicanda nobis pro duabus partibus et pro tertia accusatori. Item quod quando continget aliquos comparere coram castellano pro causis non excedentibus summam unius floreni Sabaudie pro qua summa volentes possint coram eo comparere teneatur castellanus causas hujusmodi summarie sine involutione scripturarum sed dumtaxat simpliciter juxta formam statutorum partibus justitiam ministrare. Item quod nullus officiarius audeat exequutioni demandare aliquas licteras judiciales nisi debite signate sint et sigillate, alioquin assignati vel compulsi vigore talium litterarum non signatarum nec sigillatarum obedire non teneantur. Item quod castellani et curiales de scripturis que fient coram eis capere non debeant neque presumant ultra formam statutorum. Item concedimus eisdem hominibus et incolis utriusque sexus dicte castellanie ferias et vacationes a judiciis ita quod invicti ad judicia patrie Tharent. et Maurianne trahi non possint a die vicesima jullii inclusive usque ad sequens festum beati Bartholomei Appostoli et a vicesima quarta septembris inclusive usque ad decimam sequentem octobris etiam inclusive. Premissa autem sic egimus et concessimus tam liberaliter et de gratia speciali quam pro et mediantibus quater centum et quinquaginta florenis parvi ponderis per nos ab eisdem hominibus et incolis dicte castellanie nostre Tharent. habitis manibus dilecti fidelis Hugoneti Doussens receptoris nostri generalis citra montes qui de illis nobis legitime tenebitur computare, mandantes propterea judici procuratori castellano mistralibus ac ceteris officiariis nostris ad quos spectabit modernis et posteris ipsorumque loca tenentibus et cuilibet eorumdem quathenus hujusmodi franchisias privilegia libertates et immunitates hactenus et etiam nunc per nos concessas et confirmatas eisdem hominibus incolis et communitati et singularibus personis dicte castellanie nostre Tharent. sueque posteritati in omnibus et per omnia teneant actendant et inconcusse observent ac per quoscumque teneri actendi et inviolabiliter observari faciant in nulloque contraveniant quomodolibet vel opponant. Datum Chamberiaci nobis absentibus quia sic fieri jussimus nostri absentia non obstante die vicesima secunda Augusti anno Domini millesimo quatercentesimo quadragesimo nono Per Dominum : Relatione dominorum Anthonii Episcopi Augustensis, Petri de Grolea domini Sancti Andree ,Jacobi de Turre presidentis, Petri de Menthone domini Montis Roberti, Jacobi Richerdi Judicis Beugesii, Johannis Championis baillivi Lausannensis, quos quatercentum et quinquaginta florenos p. p. recepi Ego Hugo Curt de mandato dicti domini receptoris Hugoneti. Lestelley.

(An. 1465.)

Amedeus dux Sabaudie Chablaisii et Auguste sacri romani imperii princeps vicariusque perpetuus marchio in Ytalia et Pedemontium princeps, Nicieque Vercellarum et Friburgi dominus. Universis serie presentium facimus manifestum quod nos visis et per nobiscum residens consilium solerti cum indagine visitatis trinis franchisiarum et libertatum licteris per bone memorie illustres decessores et successive dominum et genitorem nostros dilectis fidelibus nostris hominibus et incolis castellanie nostre Tharent. hacthenus largitarum confirmatarum et concessarum presentibus annexis. Supplicationi itaque ipsorum fidelium nostrorum super hiis nobis facte suis nedum apud nos ymo et memoratos antecessores nostros exigentibus benemeritis et obsequiis benevole annuentes et eos nostrorum imictando vestigia progenitorum gratia speciali prosequi affectantes, ex nostra igitur certa scientia pro nobis et nostris heredibus et successoribus quibuscumque predictas franchisias libertates et immunitates ut in dictis annexis concessas sub modis reservationibus et formis in eis expressis laudamus ratifficamus approbamus et confirmamus et roboris firmitatem obtinere volumus per presentes. Mandantes propterea consiliis nobiscum et Chamberiaci residentibus necnon baillivo Sabaudie judicique et procuratori ac castellano Tharent. ac ceteris officiariis nostris presentibus et futuris seu ipsorum locatenentibus et cuilibet eorumdem sub pena viginti quinque librarum forcium per ipsorum quemlibet dictis consiliis inferiorem qui non paruerit commictenda et nobis applicanda quathenus predictas franchisiarum libertatum et immunitatum hasque nostras confirmationis earumdem licteras sub modis reservationibus conditionibus et formis in eis ut premictitur contentis predictis hominibus incolis et singularibus personis castellanie nostre predicte Tharent. sueque posteritati in omnibus et per omnia teneant actendant et inconcusse observent tenerique et observari per quos intererit faciant illesas, in nulloque contrafaciant quomodolibet vel opponant etiam absque alterius expectatione mandati quantum dicta pena se formidant affligi, has licteras nostras eisdem hominibus in testimonium concedentes. Datas Chamberiaci die quindecima novembris anno Domini Millesimo quatercentesimo sexagesimo quinto. Per dominum : presentibus dominis Johanne Michaelis Cancellario Sabaudie, Jacobo comite Montisbellis et Intermontium. Philiberto de Palude domino sancti Jullini, Ludovico Bonivardi domino Greyliaci, Glaudio de Challes magistro hospicii, Johanne de Costis, Petro de sancto Michaele, Stephano Morelli advocato fiscali et Johanne de Lestelley magistro requestarum. Redde Litteras portitori. Du Plastre.

(An. 1473.)

Yolant primogenita et soror cristianissimorum Francie regum Ducissa, tutrix et tutorio nomine illustrissimi filii nostri carissimi Philiberti ducis Sabaudie Chablaisii et Auguste Sacri Romani Imperii principis vicariique perpetui, marchionis in Ytalia principis pedemontium Nicieque vercellarum ac Friburgi etc domini. Universis serie presentium fieri volumus manifestum quod nos visis et per nobiscum residens consilium visitatis trinis franchisiarum libertatum et immunitatum licteris per illustres prefati filii nostri predecessores et successive per illustrissimum dominum et socerem nostrum dilectis nostris hominibus et incolis castellanie Tharentesie concessis ac aliis confirmationis earumdem nunquam delende memorie illustrissimi domini et conthoralis mei presentibus annexis et consideratis contentis in eis ; supplicationi itaque ipsorum hominum et incolarum dicte castellanie Tharentesie super hiis nobis facte benevole annuentes et eosdem quos semper nedum apud nos ymo et prefati filii nostri predecessores novimus obsequiosos favoribus gratiosis circa hec prosequi affectantes, ex nostra certa scientia maturaque consilii predicti deliberatione prehabita tutorio nomine predicto ac pro dicto filio nostro suisque heredibus et successoribus universis predictas franchisias libertates immunitates confirmationes ut in dictis annexis concessas sub modis reservationibus et formis in eis expressis laudamus ratifficamus approbamus et confirmamus et roboris firmitatem obtinere volumus per presentes. Mandantes propterea consiliis nobiscum et Chamberiaci residentibus necnon baillivo Sabaudie judicique et procuratori et castellano Tharent. ac ceteris prelibati filii nostri officiariis presentibus et futuris ad quos spectabit seu ipsorum locatenentibus et cuilibet eorumdem sub pena viginti quinque librarum fortium per ipsorum quemlibet dictis consiliis inferiorem qui non paruerit commictenda quathenus predictas franchisiarum libertatum immunitatum confirmationes hasque nostras confirmationis earumdem licteras sub modis reservationibus conditionibus et formis in eis ut premittitur contentis predictis hominibus et incolis et singularibus personis castellanie predicte Tharent. sueque posteritati in omnibus et per omnia teneant actendant et inconcusse observent tenerique actendi observari per quos intererit faciant illesas in nulloque contrafaciant quomodolibet vel opponant etiam absque alterius expectatione mandati in quantum dicta pena se formidant affligi. Datum Vercellis die sexta mensis aprilis anno Domini millesimo quatercentesimo septuagesimo tertio. Per Dominam, presentibus dominis R. Johanne de Compesio episcopo Thaurinensi, Urbano Bonivardi episcopo Vercellarum, Humberto Chevrerii cancellario, Glaudio de Seyssello marescallo Sabaudie, Jacobo comite Montismajoris et domino Myolani. P. Bastardo de Aquis magno magistro hospicii, Petro de S^{to} Michaele presidente, Michaele de canalibus marchio de Gastaldiis, Oldrardo Cavanoxii advocato, Ruffino de Muris generali, Johanne Locterii thesaurario. Redde licteras portitori. Veczon.

(An. 14??)

Nos Amedeus comes Sabaudie notum facimus universis presentes licteras inspecturis quod ad nostri nostrorumque tutorum presentiam Nobiles nostri castellanie nostre Tharentesie seu major pars ipsorum venientes suo et aliorum hominum nobilium innobilium dicte castellanie nominibus suas et nobis graves exposuerunt querimonias infrascriptas: Primo videlicet quod tam nostri predecessores et nos quam officiales nostri castellanie predicte in ipsorum nobilium et innobilium prejudicium aquas pascua et alia communia in locis aliquibus universitatibus parrochiarum in aliquibus certis villagiis et personis pertinentia a triginta proxime preteritis annis citra et ante certis personis singularibus albergarunt sub certis annualibus nobis inde debitis serviciis et certis receptis introgiis ex inde quorum albergamentorum pretextu dictis aquis pascuis et communibus aliis et eorum per cursibus uti per nostros officiarios impediuntur injuste. Item quod officiarii nostri castellanie predicte per penarum impositiones et alias homines eosdem potissime bona terras et predia juxta vias publicas seu stratas et vias vicinales possidentes et habentes ad reffectionem reparationemque viarum et stratarum publicarum latitudinis unius teyse nostre per loca singula dicte castellanie nostre hoc in locis pluribus arcta patria minime patiatur, necnon et vias vicinales et privatas ejusdem latitudinis quamquam necesse non existat, nec quisquam de earumdem artitudine conqueratur compellunt incessanter, contra dictos homines per penarum impositiones inquisitiones et aliter sepius in gravamen ipsorum procedentes. Item quod officiales antedicti dictos homines nobiles et innobiles piscationes et venationes exercere et facere licet hoc consueverint ab antiquo per penarum impositiones et modis aliis compulsivis impediunt multipliciter atque turbant. Item cum ipsi nobiles usi sint ut asserunt pacifice spatio tanti temporis quod in contrarium hominum memoria non existit, res et bona que de nostro feudo nobili tenent in emphiteosim perpetuo concedere sub annuis servitiis seu canonibus introgiis competentibus personis aliis albergare pro sue libito voluntatis officiales nostri jamdicti nobiles eosdem albergamenta talia facere dicentes hoc eisdem non licere nobilibus sepius impediunt atque turbant et jam facta revocant in ipsorum nobilium prejudicium et annullant. Item quod nostri judices dicte terre sigillorum scripturarum de dictis que fiunt coram ipsis mistrales pro pignorationibus gagiamentis et executionibus exigunt emolumenta multipliciter ultra modum quorum occasione dicti conquerentes ob expensarum timorem jura sua dimittunt sepius indiscussa propter que omnia homines nostri predicti gravantur multimode laboribus et expensis et ea omnia et singula cedunt in eorum prejudicium jacturam et non modicam lesionem per nos sibi de competenti supplicantes humiliter remedio provideri. Quorum supplicationibus inclinati benigniter in hac parte volentes ipsos quantum juste poterimus in suis juribus confirmare sibi super predictis prout decet providere ut per nostram provisionem hujusmodi futuris que sibi fieri possent oppressionibus obviemus super primo suarum dictarum conquestionum articulo de communibus albergatis hacthenus faciente mentionem, omnia et singula albergamenta per nostros predecessores hos castellanos et officiarios dicte castellanie de pascuis aquis et communibus aliis antedictis a triginta annis proxime preteritis citra revocamus et annullamus omnes volentes et concedentes quod parrochie ville villagia et persone ad quas et que predicte res albergate taliter ante albergamenta pertinebant hujusmodi de cetero pacifice rebus ipsis gaudeant utantur ita tamen quod in parrochia qualibet in qua albergamenta facta sunt antedicta per nostrum judicem vel castellanum Tharentesie vocatis secum quatuor probis hominibus de dicta parrochia per universitatem ipsius parrochie nominandis certis personis aliqua pars sufficiens dictorum albergamentorum albergetur et in emphytheosim concedatur sub servitiis et canonibus annuis nobis debitis in ipsa parrochia pro dictis albergamentis communium factis a dicto tempore citra que persone res ipsas que sic albergabuntur eisdem a nobis et nostris in emphyteosim perpetuo teneant et de dictis servitiis nobis et nostris perpetuo respondeant atque solvant taliter quod nostri redditus occasione renovationis hujusmodi diminutionem non recipiant aliqualem nec ab inde per nos nostrosve successores vel officiales quoslibet fiant nec fieri debeant albergamenta modo quovis aliqua de pascuis aquis et rebus aliis communibus antedictis. Super secundo vero articulo de stratis et vicinalibus atque privatis viis et publicis loquente, sic duximus ordinandum, quod vie et strate private in statu et latitudine rationalibus maneteneantur modo quo fieri poterit meliori ad utilitatem communem per illos per quos est fieri consuetum, nec ipsi homines vel eorum successores ad refficionem semitarum vel viarum vicinalium aut privatarum nisi ad partis querimoniam coherceri debeant vel compelli. Super tertio autem articulo de piscationibus et venationibus proponente querelam volumus et eisdem concedimus per presentes quod licite et impune in dicta castellania venari valeant et piscari venationesque et piscationes exercere donec aliud super hiis duxerimus ordinandum, nobis tamen integre reddendo jura ipsa penas etiam si que propter hoc imposite fuerint revocamus et tenore presentium annullamus. Super quarto siquidem articulo de rebus et bonis albergandis que dicti nobiles de nostro tenent nobili feudo continente, volumus et dictis nobilibus auctoritatem et licentiam liberaliter impertimur quod res et bona que de nostro mero nobilique feudo tenere monstrentur pro quibus nullum debetur servitium annuale possint et sibi liceat in emphitheosim concedere et in perpetuum personis aliis albergare dum tamen albergamenta sub modico canone magnisque introgiis secundum rei qualitatem albergande monstrant vel

alias in fraudem alienationis sub colore albergamenti et nostre concessionis presentis et tunc in talibus albergamentis que fit sub modico canone magnis introgiis fierent vel in fraudem laudes et vendas de introgiorum quantitate percipere debeamus et habere jure feudi directi dominii homagiis et aliis nostris juribus in predictis nobis et nostris semper salvis. Quibus tamen non obstantibus ipsi nobiles de alienationibus que per suos fient emphiteotas de rebus taliter albergandis vel albergatis secundum formam nostre concessionis presentis laudes et vendas percipere debeant et habere. Super quinto autem articulo querimoniam exactionis scripturarum sigillorum et pignorationum seu gagiamentorum proponente, volumus et eisdem concedimus quod super exactionibus hujusmodi servent eis et firmiter statuta nostra Sabaudie comitatus secundum quorum tenorem emolumenta scripturarum sigillorum et gagiamentorum predictorum exigi volumus et nil ultra. Mandantes tenore presentium judici castellano mistralibus et ceteris nostris officiariis in dicta Tharentesie castellania constitutis presentibus et futuris seu locatenentibus eorumdem quathenus nostras concessionem ordinationem presentes et omnia et singula que superius exprimuntur et que pro nobis et nostris successoribus concedimus actendant perpetuo firmiter et observent et faciant observari in nulloque contra quomodolibet faciant vel actemptent sed ea omnia et singula cum opus fuerit mandent executioni cum effectu. Pro quibus omnibus ab ipsis hominibus per manus dilecti famialis nostri Guillermini Boni de Chamberiaco centum florenos auri boni ponderis......
.... *(La continuation de cette charte manque).*

(An. 1456.)

>Tenor certarum litterarum de Observetis a magnifico residente consilio Chamberiaci obtentis.

Consilium illustrissimi principis domini nostri domini Ludovici ducis Sabaudie Chamberiaci residens. Dilectis nostris ballivo Sabaudie judicique et castellanis Mauriane et Tarentesie a saxo superius et inferius clavariis et scribis eorumdem locorum etiam clavario nostro, mistralibus, servientibus generalibus necnon ceteris universis et singulis ducalibus officiariis mediatis et immediatis ad quos spectat et presentes pervenerint ipsorumque locatenentibus, salutem. Cum nuper franchisie, indulta, immunitates et dominicales lictere quibus hæc sunt annexe Nobis parte tocius universitatis Tharent. fuerunt exhibite et presentate, ecce quod nos easdem reverenter recipimus et demum paratum nos offerimus ipsas franchesias et libertates secundum earum mentem continentiam et tenorem observare mandantes dominicalibus ut tenemur obedientes, vobis propterea et vestrum cuilibet in solidum harum tenore districte mandantes et sub pena centum librarum forcium per quemlibet contrafacientem commictenda et fisco ducali applicanda irremissibiliter quatenus easdem in omnibus suis punctis et capitulis observetis prothenus illesas in nulloque quomodolibet contrafaciatis vel opponatis etiam absque alterius expectatione mandati quantum dicta pena et aliis in ipsis franchisiis comprehensis formidatis affligi. Datum Chamberiaci die vicesima mensis novembris anno Domini Millesimo quatercentesimo quinquagesimo sexto. Per consilium, presentibus Dominis Antermo de Ranzo presidente, Michaele De canalibus, Guillelmo Fabri, Guigone de Feysigniaco advocato et Jacobo Morelli procuratore fiscalibus. Redde litteras portitori. Franciscus de Cusinens.

(An. 1496.)

Philipus dux Sabaudie Chablaisii et Auguste sacri romani imperii princeps vicariusque perpetuus marchio in Ytalia princeps pedemontium comes Gebennensis et de Villariis, baro Vuaudi Nycieque Vercellarum ac Friburgi etc dominus. Universis serie presentium fieri volumus manifestum quod Nos visis licteris franchisiarum libertatum et immunitatum per nunquam delende memorie illustrissimum principem dominum et genitorem nostrum metuendissimum sindicis hominibus incolis et communitatibus Tharentesie concessarum ac aliis confirmatoriis ab illustrissimis dominis Amedeo fratre et aliis antecessoribus nostris emanatis presentibus annexis et consideratis contentis in eis. Supplicationi itaque parte eorumdem sindicorum hominum incolarum et communitatum Tharent. super infrascriptis nobis humiliter facte benevole annuentes et eosdem nedum in hiis ymo et longe majoribus suis apud nos et prefatos genitorem fratrem et certos antecessores nostros exigentibus serviciis et benemeritis benignis prosequi affectantes. Ex nostra igitur certa scientia maturaque procerum et consiliariorum nostrorum subscriptorum super hiis deliberatione prehabita proque nobis et nostris heredibus et imposterum successoribus universis predictas franchisias libertates immunitates licteras annexas sub modis conditionibus reservationibus et formis ac prout illis hactenus usi sunt, prefatis sindicis hominibus incolis et communitatibus Tharent. et ipsorum posteritati confirmamus ratifficamus et approbamus ac roboris firmitatem perpetuo obtinere volumus per presentes. Quo circa mandamus consiliis nobiscum et Chamberiaci residentibus presidi et camere computorum nostrorum ballivo Sabaudie judici procuratori castellanis et mistralibus Tharentesie a saxo superius et inferius ac ceteris universis et singulis officiariis fidelibusque et subdictis nostris mediatis et immediatis presentibus et futuris ipsorumque officiariorum locatenentibus et cuilibet eorumdem sub pena centum librarum forcium pro quolibet dictis consiliis et de camera inferiore quatenus predictas franchisias libertates immunitates et licteras annexas hasque nostras illarum confirmationis licteras juxta ipsarum formam mentem continentiam et tenorem prefatis sindicis hominibus incolis et communitatibus ac ipsorum posteritati teneant actendant et observent ac per quosvis faciant inconcusse observari et in nullo contraveniant quomodolibet vel opponant, quibuscumque oppositionibus excusationibus licteris mandatis et aliis in contrarium facientibus concessisque et adducendis repulsis et non obstantibus et absque alterius expectatione mandati. Datum Thaurini die vigesima secunda mensis augusti anno Domini millesimo quatercentesimo nonagesimo sexto. Per Dominum, præsentibus dominis R. X de Montefalcone episcopo Lausanne, R. M.

ex comitibus Romagniaci abbate Saugani cancellario Sabaudie, Jacobo de Bussy domino Heyriaci gubernatore Nycie, X. ex dominis Azelii presidente patrimoniali, Petro de Agaciis, Petro Decara, Ludovico de Vignate deffendente advocato et Sebastiano Ferrieri Domino Gachardi thesaurario. Redde licteras portitori. Catel.

(An. 1460.)

Ludovicus dux Sabaudie Chablaisii et Auguste sacri romani imperii princeps vicariusque perpetuus marchio in Ytalia princeps Pedemontium, Gebennen. et Baugiaci comes baro Vuaudi et Foucigniaci Nycieque Vercellarum ac Friburgi etc dominus. Universis modernis et posteris seriem presentium inspecturis facimus manifestum quod cum nos pridem certis ex causis ac bonis moti respectibus deputaverimus constituerimusque et ordinaverimus in judicatura nostra Tharentesie clavarium dilectum nostrum Petrum Durandi qui penas bampna et mulctas dicte judicature ac aliarum curiarum ipsius patrie Tharent. tam a saxo superius quam inferius exigere et recipere Nobisque proinde legitimam rationem et computum reddere deberet et teneretur, cumque postea et novissime parte dilectorum fidelium nostrorum hominum et communitatis tocius dicte patrie Tharentesie nobis cum gravi querela et vicibus repetitis extiterit expositum hujusmodi clavariatus officium eisdem vel plurimum fore onerosum, supplicando propterea ut ipsum clavarium perpetuo removere insuperque quascumque penas quas a toto tempore preterito usque in hodiernam diem reperirentur commisisse ratione injunctionum de solvendo et inobedientiarum pro causis similibus a judice vel castellanis nostris dicte patrie Tharentesie factarum seu emanatarum eis remictere ac dictum clavarium ipsorum hominum indempnitati providendo prothinus semovere et preterea tam per felicium recordationum illustres predecessores nostros quam nos eisdem hominibus et communitati Tharentesie concessas franchisias et libertates confirmare et approbare et ulterius eisdem hominibus et communitati in libertatem franchisiam et privilegium perpetuas quod nullus amodo in antea per nos vel successores nostros deputatus commissarius in ipsa patria Tharent. quamvis pro quacumque causa exercere habeat commissionem dare et concedere dignaremur. Quorum supplicationi de meritis premissorum tam ex rescriptione dilectorum fidelium presidentis et magistrorum camere computorum nostrorum hiis subjunctaque alia vera et fideli relatione informati, affectantes itaque ipsos fideles nostros suamque posteritatem nostrorum inherendo vestigiis progenitorum sinceris precordiis in suis quibuscumque agibilibus confovere et thueri ut quanto nostre munificentie presidio se noverint sincerius pertractatos tanto fidelitatis et amoris indissolubilis obsequiis nobis et successoribus nostris jugiter efficiantur promptiores, certisque aliis laudabilibus moti respectibus atque causis, matura quoque consilii nostri deliberatione prehabita, ex nostra certa scientia pro nobis et nostris heredibus et successoribus universis dictum Petrum Durandi ut prefertur constitutum clavarium ac omnes et singulos alios clavarios et commissarios hactenus ad penas et mulctas tam per judices castellanos quam alios officiarios dicte patrie nostre Tharent. seu eorum locatenentes ac commissarios nostros tam conjunctim quam divisim a toto tempore preterito usque in diem presentem hodiernum prefatis hominibus et communitati seu ipsorum alteri impositas et in eos declaratas exigendas constitutos et deputatos ex nunc in antea et in perpetuum revocamus et revocatos esse volumus et decernimus et preterea prefatis hominibus castellanie et patrie Tharentesie et ipsorum cuilibet quantum ad eum spectaverit omnes et singulas hujusmodi penas et mulctas eisdem ut premictitur tam per dictos judices castellanos et alios officiarios dicte patrie Tharent. seu eorum locatenentes ac commissarios nostros tam conjunctim quam divisim impositas et per eos a toto tempore preterito usque in hodiernum diem in non parendo in civilibus et injunctionibus de solvendo eisdem hominibus per dictos officiarios seu ipsorum alterum factis incursas et in quibus ipsi seu eorum alter comperirentur condemnati vel in libris curiarum descripti remictimus donamusque et omnino quictamus per presentes eisdem clavariis et commissariis et cuilibet ipsorum hoc ideo. inhibentes sub pena nostre indignationis et ulterius centum librarum forcium pro quolibet ne ad ipsarum penarum hacthenus commissarum seu incursarum occasionibus civilibus antedictis exactionem seu dictorum hominum alteriusve ipsorum quamvis molestationem de cetero directe vel indirecte quovis ex quesito colore procedant seu procedere audeant vel presumant quomodolibet aut alias eosdem in personis vel bonis arctent vel molestent qualitercumque.

Item prefatis hominibus et communitati Tharentesie

sueque predicte posteritati in privilegium, franchisiam et libertatem perpetuas damus donamus et concedimus quod amodo in antea et in perpetuum per nos aut successores nostros quoscumque nullus in dicta patria Tharentesie ad prementionatas penas et mulctas exigendas sive recuperandas deputari vel constitui possit aut debeat clavarius vel commissarius et quod quevis pene pro civili debito in antea in patria ipsa non registrentur seu registrari possint vel debeant, salvis tamen et per expressum reservatis penis et mulctis impositis seu imponendis per consilia nostra nobiscum et Chamberiaci residentia in exequutionem rerum per ipsa consilia judicatorum.

Item insuper volumus et ordinamus ac in vim specialis privilegii eisdem hominibus et incolis ut supra concedimus quod in exactionibus debitorum civilium servetur forma et tenor capituli per nos alias eisdem concessi, cujus tenor immediate sequitur et est talis :

Imprimis quod in solutionibus fiendis creditoribus hominibus tamen et incolis utriusque sexus castellanie nostre Tharent. cujuscumque conditionis, extraneis vero dumtaxat si sunt usurarii publici debitores eorum homines etiam utriusque sexus dicte castellanie Tharentesie si juraverit se non habere pecunias numeratas unde solvere non incarcerentur neque detineantur dummodo consignent debitoribus suis tot bona mobilia seu immobilia aut se moventia super quibus creditores possint solutiones capere et de quibus fieri volumus datis in solutum ad taxationem duorum proborum per castellanum loci eligendorum absque aliqua subhastatione fienda. Et si bona defuerint propter quod debeat debitorem incarcerari aut etiam vigore submissionis per eum facte vel detineri quod prestita cautione per ydoneos fidejussores de non recedendo vel si recesserit de solvendo debitum talis debitoris a carceribus relaxetur et in arresto constituatur simpliciter in villa sive loco ubi castellanus pro tunc tenebit curiam suam, ubi vero solvere recusaret et jurare atque de bonis suis offerre possit talis debitor in personam arctari cogi et compelli et eidem pene imponi et imposite per castellanum loci exigi non obstantibus predictis, et si forsitan contra factum fuit totum contra factum ex nunc prout ex tunc et e contra irritamus et nullius valoris esse volumus et decernimus per presentium tenorem.

Item preterea eisdem hominibus et communitati sueque predicte posteritati in privilegium franchisiam et libertatem perpetuas ac in approbationem cujusdam alterius eisdem sive suis predecessoribus per nunquam delende memorie clementissimum dominum nostrum dominum et genitorem meum dum comitali fungeretur dignitate concessi privilegii constantibus patentibus licteris datis Musterii die octava mensis augusti anno currente millesimo tercentesimo nonagesimo primo et per Michaelem de Croso confectis, cujusquidem capituli tenor sequitur et est talis :

Primo eisdem communitatibus burgensibus habitatoribus et incolis et qui in totâ castellania Tharent. in posterum habitabunt in libertatis privilegium concedimus et donamus quod nos, ballivi, judices, castellani seu aliqui quicumque commissarii non possimus vel debeamus aut non possint vel debeant aliquas inquisitiones vel processus formare vel facere contra ipsos vel aliquem ipsorum nisi ad denuntiationem clamam seu instigationem partis alterius quam curie procuratoris et officiariorum nostrorum nisi in casibus criminalibus infrascriptis videlicet falsi, incendii, homicidii, adulterii, raptus mulierum, furti, proditionis, violentie manifeste et aliorum casuum unde pena sanguinis esse venit delinquentibus rationabiliter infligenda, penas enim eis vel alicui ipsorum in posterum imponendas per officiarios nostros predictos occasione aliquorum casuum quam superius expressorum et contra formam nostre concessionis predicte ex nunc prout ex tunc tenore presentium annullamus viribusque omnino careant et effectu, et casu ipso aliquis de communitatibus castellanie supradicte in manibus officiariorum nostrorum predictorum respondere minime teneatur, damus, donamus et concedimus quod omnes et singule commissiones hacthenus per nos seu submissos nostros quibusvis hominibus sive commissariis absque clama seu denuntiatione alterius partis quam fisci nostri sub quacumque verborum forma in arguendum de criminibus et delictis concesse contra subdictos nostros dicte communitatis vel alterius ex eis exceptis tamen eis que in pretacto privilegio describuntur et reservantur nullius sint valoris et momenti vel efficacie ymo verius quoad homines ipsos casse irrite et nulle existant quas etiam harum per seriem cassamus irritamus et annullamus etiam postquam vigore earumdem exceptis premissis casibus fuerit adversus eosdem homines processum decernentes propterea et volentes quod amodo in antea et in perpetuum nullis ex officiariis nostris sive commissariis per nos deputandis inquirere possit vel debeat contra aliquem ex hominibus ipsis predicte communitatis Tharent. super aliis criminibus sive delictis quam supra exceptis nisi ad denuntiationem seu querimoniam alterius partis quam fisci seu alterius officiarii nostri, qui fiscus seu alter officiarius noster nullam nisi in pretactis exceptis casibus faciat seu facere debeat partem.

Ceterum eosdem homines et communitatem Tharentesie suamque perpetuam posteritatem juxta per nos et prelibatos illustres et predecessores nostros eisdem hominibusque suisque predecessoribus dudum concessas franchisias libertates et privilegia super inde nobis exhibitas et per dictum consilium nostrum visitatas quibus cavetur eosdem pro civili debito dummodo jurarent se non habere in pecunia numerata unde satisfacere eorum creditoribus et primo de eorum bonis mobilibus deinde immobilibus consignaverint usque ad congruentem quantitatem debiti non debere capi vel incarcerari confovere ac thueri ac cetera premissa gratia ampliori pertractare volentes, eapropter ex dicta nostra scientia eisdem hominibus et communitati ac singularibus personis tocius hujusmodi castellanie et patrie Tharentesie sueque predicte posteritati in vim specialis privilegii et edicti ac franchisie et libertatis perpetuo duraturarum etiam in nostrorum Sabaudie statutorum observationem, damus concedimus et largimur harum serie quod in exequendo sentencias et res judicatas per quemcumque exequutorem de pignore levari seu capi non debeant boves aratores equi ceterave quecumque animalia aratrium vomeres ligones falces et alia instrumenta ad agriculturam necessaria nisi in subsidium videlicet ubi contra quem exequutio fieri debebat alia non haberet bona mobilia.

Et insuper eosdem homines et communitatem Tarentesie gratia tractare ampliori affectantes omnes et singulas franchisias libertates capitula eisdem predecessoribus suis tam per nos quam prelibatos predecessores nostros concessas secundum ipsarum mentem tenoremque et verum effectum confirmamus ratifficamusque et approbamus ac pro confirmatis ratifficatis et approbatis per judicem, procuratorem et castellanum ac ceteros officiarios nostros patrie predicte Tharent. et alios ad quos spectant modernos et futuros et ipsorum quemlibet nunc et in perpetuum haberi volumus et teneri ac eosdem officiarios et ipsorum quemlibet quantum ad eum spectaverit et suo suberit officio dictas hujusmodi franchisias in omnibus suis punctis capitulis se fore penitus observaturos et non contrafacturos super sacrosantis Dei evangeliis tociens quociens expedierit sub pena indignationis nostre necnon perditionis horum que super ipsis suis officiis habere reperirentur et ulterius centum marcharum argenti pro quolibet qui non paruerit jurari volumus et decernimus per presentes. Promictentes propterea pro nobis et nostris predictis bona fide nostra in verbo principis premissa omnia et singula dictis hominibus et communitati tenere actendere et observare nec econtra ea seu ipsorum aliqua venire seu contrafieri facere per quemcumque. Et hec sic egimus tam premissorum intuitu liberaliterque et de gratia speciali quam pro et mediantibus quatercentum florenis parvi ponderis per nos propterea habitis manibus dilecti fidelis consiliarii thesaurariique nostri Sabaudie generalis Berthini Maglochy qui de illis nobis legitime tenebitur computare. Mandantes propterea consiliis nobiscum et Chamberiaci residentibus necnon ballivo Sabaudie judicique et procuratori et castellano etiam dicto Petro Durandi clavario dicte judicature Tharent. ac ceteris officiariis nostris modernis et posteris ad quos spectant et presentes pervenerint ipsorumque locatenentibus et cuilibet eorumdem sub pena consimili predicte per quemlibet dictis consiliis inferiore qui non paruerit commictenda et nobis irremissibiliter applicanda quathenus hujusmodi revocationem penarumque remissionem franchisiam libertatem declarationem confirmationem et licteras nostras prefatis hominibus et communitati sueque predicte perpetue posteritati et cuilibet eorumdem quantum ad eum spectaverit teneant, actendant et inconcusse observent ac per quos intererit teneri actendi et observari faciant illesas in nulloque contraveniant quomodolibet vel opponant sed dictus clavarius et ceteri quibus spectaverit penas et mulctas predictas de suis registris sive libris penitus et omnino deleant et cancellent quas delemus et cancellamus per presentes. Dantes ulterioribus presentibus in mandatis dilectis fidelibus presidenti et magistris camere computorum nostrorum quod dum et quociens prefati officiarii nostri in observatione pretactarum et hujusmodi franchisiarum nostrarum defecerint seu ipsis contravenerint pretactas penas adversus eos registrentur et ad illas nobis solvendum viis et modis omnibus quibus fieri poterit forcioribus cogant et compellant seu cogi et compelli mandent et cum effectu faciant quibuscumque oppositionibus pariter et exceptionibus necnon constitutionibus et aliis licteris tam in contrarium concessis quam in posterum forsitan concedendis et facientibus non obstantibus, quibus omnibus ex nostra certa scientia derogamus et derogatum esse volumus harum serie etiam abque alterius expectatione mandati in quantum dicta pena ipsorum quilibet singula singulis debite refferendo se affligi formidat. Datum Carginani die vicesima sexta mensis jullii anno Domini millesimo quatercentesimo sexagesimo. Per Dominum, presentibus dominis A. ex marchionibus Romagnani cancellario Sabaudie, Aimone comite Camere vicecomite Mauriane, E. marchione sancti Saturnini comiteque de Varax. T. ex marchionibus Romagnani magistro hospicii, P. Anthonio Starabelli advocato fiscali et Francisco Cerrati generali. Redde licteras portitori. Garodi. Quos quatercentum florenos p. p. nomine et in absentia dicti thesaurari habui ego Cosinens.

(An. 1462.)

Amedeus dux Sabaudie Chablaisii et Auguste sacri romani imperii princeps vicariusque perpetuus, marchio in Ytalia, princeps Pedemontium etc. Universis serie presentium inspecturis rei geste noticiam cum salute. Digne putamus agere cum subdictos nostros ab illicitis oppressionibus reddimus alienos et singula dicionis nostre loca juxta proprias cujusque loci qualitates gratiis singularibus munifice communire studemus. Cum itaque consideramus situm atque qualitates patrie nostre Tharentesie a saxo superius cujus territorium infertile satis atque aridum est eo libentius dilectis fidelibus nostris hominibus et communitati ejusdem patrie opem ferre et nostre munificentie partes exhibere movemur quo eciam ipsos subdictos nostros intemerata fidelitatis constantia erga nos et inclitam domum nostram semper claruisse dignoscimus. Sane supplicationi pro parte predictorum hominum et communitatis Tharentesie a saxo superius super hiis nobis facte favore benevolo bonisque respectibus inclinati ut prefertur ipsa patria hac largitione mediante opulentior in dies efficiatur et majora suscipiat incrementa, habita primitus super hiis consilii nostri deliberatione matura, pro nobisque et nostris heredibus et successoribus universis eisdem hominibus et communitati ac eorum perpetue posteritati in vim perpetui et irrevocabilis privilegii serie presentium concedimus et largimur : Primo videlicet quod exactores seu receptores emolumenterum scripturarum curie judicature nostre Tharentesie qui nunc sunt et imposterum fuerint de et pro emolumentis licterarum tutelarum atque curarum et aliarum quarumcumque scripturarum quas ipsa curia ex nunc in antea fieri et confici contingerit ab eisdem hominibus et eorum posteritate seu aliquo ipsorum nichil recipere vel exigere debeant neque possint aut eis quomodolibet licitum sit preter et contra formam et dispositionem statutorum generalis refformationis nostre dicionis super hoc edictorum quinymo ipsam statutorum formam penitus in hoc observare teneantur. Item cum in libertatibus toti patrie predicte Tharentesie jam pridem concessis et novissime per nos confirmatis, inter cetera caveatur quod de minoribus causis civilibus unum florenum p. p. non excedentibus judex Tharent. se intermittere non debeat donec per castellanum loci prius de illis fuerit cognitum ad quem hujusmodi causarum cognitio ex ipsarum libertatum forma dignoscitur pertinere quinymo intentata causa coram ipso judice partibus se remitti petentibus teneatur ipse judex coram ipso castellano remittere, quia tamen raro aut nunquam contingit quod utraque pars se petat remitti, ne igitur ex hoc ipsi homines et communitas hujusmodi sibi concessa immunitate frustrati sint, volumus decernimus et ut supra concedimus quod amodo quocienscumque contingerit aliquas tales causas minores coram judice memorato incohari ubi et quandocumque pars rea seu citata coram dicto castellano se remitti petierit, debeat ipse judex hujusmodi causas unum florenum excedentes coram ipso castellano libere et indifficiliter remittere quiquidem castellanus debeat de causis ipsis summarie et sine scriptis juxta predictorum statutorum nostrorum formam cognoscere nec de ipsis causis ex tunc dictus judex se quomodolibet debeat intromittere nisi per viam appellationis aut recursus. Item quia clavarii et exactores emolumentorum sigilli nostri grossi et minuti curie judicature predicte Tharentesic et emolumenta sigilli hujusmodi actorum causarum ibidem ventilatarum a partibus litigantibus, in singulis actibus et memorialibus que ibidem conficiuntur exigere volunt et ad ipsa acta sigillandum et emolumenta sigilli solvendum partes ipsas cogunt quamvis ex dictarum libertatum serie id asserant esse vetitum, volumus et eisdem hominibus concedimus quod amodo homines communitatis predicte eorumve posteritatis ad predicta acta sigillandum seu sigillari faciendum et ipsius sigilli emolumenta solvendum nullathenus cogi aut arctari possint ultra tamen formam libertatum et franchisiarum predictarum ac stilum et modum in curia consilii nostri Chamberiaci residentis hacthenus usitatum et servari solitum. Item fora sive mercata Ayme et Burgi sancti Mauricii propter litteras captionales que adversus confluentes ad illa exequutioni demandari plerumque contingit fore penitus anichillantur cum ex hoc multorum retardentur commeatus et commercia, volumus et concedimus quod diebus quibus hujusmodi fora seu mercata in ipsis locis Ayme et Burgi Sancti Mauricii teneri stabilita sunt ac deinceps tenebuntur et celebrabuntur nulla persona cujuscumque status et conditionis existat in ipsis locis Ayme et Burgi Sancti Mauricii pro quacumque causa seu casu civili capi detineri seu arrestari possit nec debeat seu etiam bona quecumque de pignore levari subastari imcantari vel expediri quinymo sint et esse debeant omnes et singuli ad eadem loca diebus mercatorum predictorum confluentes et in eisdem locis tunc existentes a talibus arrestationibus et molestationibus liberi quieti et penitus immunes eundo redeundo et stando, debitis fiscalibus dumtaxat exceptis et reservatis. Item concedimus eisdem atque largimur quod de cetero clavarii et exactores mulctarum et penarum consiliorum nobiscum et Chamberiaci residentium aut alterius cujusvis curie nostre pro penis et mulctis exigendis non debeant nec eis licitum sit mittere seu destinare simul in eodem contextu in qualibet castellania seu mistralia patrie predicte nisi solum et dumtaxat unicas litteras compulsorias cum rotulo designationis omnium eorum a quibus exigi petentur ipse pene juxta predictorum Sabaudie statutorum dispositionem............... (*Il manque deux pages au manuscrit.*)

Datas in civitate Auguste die penultima mensis maii Anno Domini millesimo quatercentesimo sexagesimo....... (*manque la fin.*)

(An. 1487.)

Tenor capitulorum trium statuum parte patrie Tharent. ab Ill. Domino Karolo Sabaudie duce obtentorum.

Sequuntur capitula que tres status patrie cismontane et vallisauguste supplicant Illustrissimo Domino nostro Carolo Sabaudie etc duci ipsis in vim pacti.... (*manquent 12 lignes*).
Item eis concedat quod quicumque officiarius qui infringet aut contraveniet statutis Sabaudie capitulisque jam obtentis et factis maxime ultimo istis in tribus statibus confectis aut franchisiis alicujus ville loci vel communitatis, quod ipse talis officiarius pro vice qualibet incurrat penam decem librarum forcium ipso facto constito prius de contraventione et de pena absque alia declaratione..... (*manquent 12 lignes*). Aut capitulis et statutis contravenit, donec et quousque de dicta pena satisfecerit. Et qui talis officiarius requirendum id facere teneatur exequi sub simili pena predicta similiter quibus supra applicanda. Illustrissimus Dominus noster Sabaudie etc dux prefatus vult et jubet capitulum suprascriptum...... (*manquent 12 lignes.*) loci et communitatis in quo loco ipse castellanus et ceteri

officiarii de quibus prefuerint officiis eligendos, debeatque quilibet officiarius de quibus supra et castellanus in assumptione sui officii... donec tamen pro se suisque servitoribus de satisfaciendo de omni eo quod reperiretur ipsis teneri in sindicatu suo et...... (*manquent* 12 *lignes*). Illustrissimus Dominus noster vult et jubet capitulum suprascriptum prorsus observari. Item quod Dominus noster prefatus advertat et faciat ut totum suum ducale domanium alienatum tam per donationes quam aliter..... (*manquent* 12 *lignes*.) ipsius illustrissime dominationis cedit incommodum et si illis quibus presentialiter ipsa officia fuerunt data aliquid dare libeat id solum faciat per ejus thesaurarium. Illustrissimus Dominus noster vult et jubet superscriptum capitulum suum prorsus sortiri debere effectum. Item quod deputetur..... (12 *lignes*.) informationes fiant sumptibus delatorum qui reperientur deliquisse. Item et inhibetur eidem preposito et sub magnis penis ne audeat aliquem capere arrestare vel detinere nisi prius sumptis informationibus legitimis et demonstratis indicibus..... (12 *lignes*.) sub penâ pro quolibet et vice qualibet centum solidorum forcium pretextu quarumcumque litterarum concessarum aut concedendarum que pene applicentur illustrissimo Domino nostro. Illustrissimus Dominus noster dux prefatus vult et jubet contenta in eodem capitulo .... (12 *lignes*.) Item quod denuntians de crimine lesione aut dampno quocumque idoneam cautionem prestare teneatur infra tres dies immediate sequuturos de expensis refundendis in casu subcombentie et si non fecerit denuntians relaxetur denuntiatus.....

(*12 lignes.*) cautionem prestare etiam non recipiant salaria ultra formam statutorum ducalium. Illustrissimus Dominus noster vult et jubet contenta in suprascripto observari. Item quod predicti officiarii nullas possint facere compositiones que non reciperentur per curialem curie loco sui officii. Illustrissimus Dominus noster dux prefatus vult et jubet contenta in capitulo suprascripto observari. Item quod commissarii et receptores extentarum non possint compellere recognoscentes ad percipiendum neque capiendum duplum sue recognitionis sive protestationis nisi illud fieri requirant sed sufficiat percipere fieri unum instrumentum ad opus domini instantis. Illustrissimus dominus noster dux vult et jubet observari statuta ducalia super in capitulo suprascripto contentis. Item quia subdicti illustrissimi Domini nostri ducis patrie sue Auguste in confectione recognitionum suarum et aliarum solvunt etiam libros ejusdem Domini nostri ducis et aliis ultraquam faciant alii subdicti sui cismontani quod est eis sumptuosum gravamen plures commissarii ex eo sepe fieri instant ymo quod deterius est sunt excessivi in ponendo verba superflua et frustratoria ac extentionem verborum faciendo magnum monstrum pergameni absumunt ut extrahant plures pecunias a simplicibus agricolis quod fuit et est magnum gravamen ipsi patrie ex quo attentis oneribus universis et requirentes supplicant supersederi de recognitionibus ipsis fiendis saltem per decem annos saltem quoad illos qui non habent dilationem et suffertam de non recognoscendo. Illus. Dominus noster dux vult servari tempus in statutis comprehensum super contentis in capitulo suprascripto. Item quod nullus prepositus marescallorum non exerceat aliquam commissionem nec se immisceat quovismodo nisi de criminibus officium suum tangentibus. Illust. Dominus noster vult et jubet contenta in suprascripto capitulo servari. Item quod homines vallis Auguste possint et eis licitum sit emere et capere sal in quibuscumque partibus pedemontanis penes jurisdictionem prefati illust. Domini nostri ducis et illud conducere et conduci facere pro eorum expensis et usu necessariis solvendo pedagia et gabellas debitas pedagiatoribus et gabellatoribus locorum per que transibunt ad formam statutorum super hoc edictorum prout hacthenus fuerunt assueti a quinquaginta annis proxime preteritis et ultra. Illust. Dominus noster dux vult et jubet observari contenta in capitulo suprascripto dummodo portantes et vehentes sal de quo in eodem, transeant per supra pontem suum Ypporregie ut gabella sua non defrandetur. Item supplicant homines Tharent. quod judicatura Tharent. teneatur in juridictione Illust. Domini nostri ducis et non penes juridictionem reverendi Domini archiepiscopi. Illust. Dominus noster dux vult et jubet judicaturam Tharent. teneri debere in loco magis apto ordinationi judicis et sindicorum patrie predicte Tharent. Item supplicant omnes communitates patrie cismontane etiam et communitates vallis Auguste quod omnes et singuli subdicti dicti Domini nostri ducis Sabaudie existentes et commorantes in dictis patriis cismontanis et vallis Auguste possint et valeant uti vestimentis et ornamentis ad eorum libitum et voluntatem non obstantibus statutis generalibus. Illust. Dominus noster dux prefatus vult et jubet contenta it suprascripto capitulo observari ita tamen quod si fueri excessus in habitantibus aliis de quibus in eo, prefatus illust. Dominus noster dux possit limitare ordinare et disponere prout sibi videbitur expedire.

(An. 1489.)

Karolus dux Sabaudie Chablaisii et Auguste sacri romani imperii princeps vicariusque perpetuus, marchio in Ytalia Pedemontium princeps, baro Vuaudi, comes de Villariis Nicieque Vercellarum ac Friburgi etc dominus. Universis serie presentium fiat manifestum quod cum in tribus statibus et congregatione illorum noviter ista in villa Chamberiaci facta per ipsos tres status, ad subveniendum nobis..... fuerit concessum subsidium sex florenorum pro quolibet foco hominum nostrorum et ecclesiasticarum personarum, baronum vero et banneretorum et aliorum nobilium merum mixtum imperium et omnimodam juridictionem habentium, tamen florenorum solvendorum terminis sequentibus videlicet duos florenos in festo omnium sanctorum anni proxime futuri millesimi quatercentesimi nonagesimi alios duos florenos in tum sequenti festo omnium sanctorum anni nonagesimi primi et reliquos duos florenos ad solvendum restantes in alio sequenti festo omnium sanctorum ipso anno prius revoluto, per quos tres status nobis fuit humiliter supplicatum ut capitula istis in tribus statibus ultimate tentis in quibus equidem nobis fuit per ipsos concessum subsidium sex florenorum ut supra cujus ultima solutio ejusdem subsidii in proximo omnium sanctorum festo venit fienda, et de quibus a nobis obtinuerunt concessionem litteris nostris patentibus datis Carginani die septima mensis septembris millesimo quatercentesimo octuagesimo septimo per nostrum subscriptum secretarium signatis et nostro sigillo cancellarie sigillatis confirmare et novo concedere primo capitula presentibus annexa nobis per ipsos tres status exhibita in vim privilegii et pacti perpetuo duraturi dare et confirmare dignaremur, cui nove supplicationi annuentes quia ipsi tres status fuere erga nos obsequiosi in dicti subsidii concessione ob quod nedum in premissis ymo et longe majoribus commendatos suscipere volentes, ex nostra certa scientia motuque proprio etiam matura nobiscum residentis consilii super hiis deliberatione prehabita pro nobisque et nostris heredibus et successoribus universis capitula eis in penultimo subsidio concessa ut prenarratur confirmamus ratifficamus et approbamus ipsaque et alia subannexa in vim pacti et privilegii perpetuo duraturi ipsis et eorum posteris damus et concedimus per presentes. Mandantes eapropter consiliis nobiscum et Chamberiaci residentibus presidenti et magistris camere computorum nostrorum necnon universis et singulis ballivis judicibus castellanis procuratoribus clavariis clericis curiarum mistralibus et servientibus generalibus ac cuilibet eorumdem sub pena centum marcharum argenti pro quolibet dictis consiliis et de camera inferiore quatenus predicta capitula incolis burgensibus hominibus communitatibus civitatum villarum villagiorum et locorum ipsius patrie nostre cismontane et vallis Auguste et eorum posteritatibus ac cuilibet eorumdem juxta ipsorum formam et tenorem teneant attendant et observent tenerique attendi et per quosvis faciant inconcusse observari et in nullo contraveniant quomodolibet vel opponant quibuscumque oppositionibus et exceptionibus litteris mandatis et ceteris in contrarium concessis adducendisque et facientibus repulsis et non obstantibus, quibus omnibus quoad hec ex dictis nostris certa scientia et potestatis plenitudine derogamus et derogatum esse volumus per presentes, quas in premissorum testimonium concedimus. Datas Chamberiaci die quarta mensis augusti anno Domini millesimo quatercentesimo octuagesimo nono. Per Dominum, presentibus dominis reverendissimo Johanne de Compesio Tharent. archiepiscopo, R. A. Championis episcopo Montisregalis Sabaudie cancellario, L. de Monteferrando episcopo Lausanne, R. Stephano Morelli episcopo Mauriann. Ludovico comite camere viceque comite Maurian. Gabrielle barone de Aquis et domino Dyvone, Jacobo de portu, Amedeo Malleti, Paulo de Capris fiscali advocato. Redde litteras portitori. Veczon.

> Ces lettres furent présentées le 10 du mois d'août, même année, à noble Jean de Macot vice-chatelain de Tarentaise en dessus du Siaix qui les fit publier dans la ville du Bourg-saint-Maurice, par François Lanche sergent général le jour de la foire de saint Laurent.

(An. 148?)

Quoniam ex precepto illustrissimi principis domini nostri Domini Philiberti Sabaudie etc ducis ac ex consilio Ludovici christianissimi francorum regis avunculi colendissimi tres status universalis sue patrie hoc in loco Montiscallerii in spiritu sancto ut videtur sunt in presentiarum convocati ut honos et commodus prelibati principis nostri et universalis patrie ducalis ad laudem et gloriam Omnipotentis Immortalisque Dei necnon ad et honorem ad preservationem decusque et augmentum status prelibati domini nostri et pro bono universalis rei publice et subdictorum dicit consulit et advisat prout infra ultra tamen alia responsa jam data propositis parte prefati illust. Domini nostri maxime super facto Alemanorum, Placet illustrissimo Domino nostro sub calefficationibus et formis in fine cujuslibet ipsorum descriptis.

Imprimis rogandus et exorandus illust. princeps et Dominus noster Philibertus Sabaudie etc dux prelibatus quod Deum ante omnia timeat mandata ejus observet et suos immitando illust. progenitores, virtutes colat, divinum officium cultum et Deum ac eleemosinas consuetas juxta ritum majorum suorum observet habito semper moderamine etatis reddituumque suorum ut hiis enim divinis officiis et eleemosinis percussus Deus ipsum principem nostrum et ejus statum deffensabit; exorandus quoque est et rogandus ut consilio christianissimi francorum regis ejus avunculi colendissimi semper utatur et vivat. Illud dignum et sanctum dicimus et non tantum illustrissimi genitores nostri facere sed ferventius divino cultui et servitio pro posse insudare instituimus et omni in re nostra ut premissum est consilio ipsius dicti regis semper uti. Item videtur ipso consilio trium statuum quod sint eligendi aliqui viri sapientes et graves tam ex dominis prelatis ecclesiarum quam nobilibus et vaxallis castellorum ac etiam de ipsis communitatibus ex omni patria ducali nostra Nyciensi qui habeant aspicere et advertere circa reservationes status ipsius · Ill. Domini nostri ac sue rei publice et subdictorum in hunc qui sequitur modum : Et primo animadvertant et provideant ipsi eligendi quod illust. Dominus noster prelibatus habeat secum duo consilia unum et primum consilium secretum seu status quod reprensentet ipsum principem et habeat omnimodam potestatem aliud vero justitie ordinarium prout infra. Item animadvertant et provideant dicti eligendi in predicto consilio et statui illust. Domini nostri necnon in consiliis justitie tam secum quam Chamberiaci et Thaurini residentibus ac super redditibus et obventionibus financiisque ipsius illust. Domini nostri sint homines probi et digni, in numero tantummodo necessario et sufficienti et non superfluo tam de patria ultramontana quam citramontana et econtra ac etiam Nycie et qui sint homines digni et calificati secundum convenientiam officiorum suorum et juxta formam decretorum ducalium et ita quod in omnibus officiis et administrationibus servetur equalitas id est quod tot sint de patria ultramontana quam citramontana et econtra ac juxta mentem regie majestatis. Huic quarto et duobus proxime precedentibus placet quod deputentur homines probi qui advisent circa statum nostrum et justitiam et dent advisamenta eorum offerentes nos semper paratos benigne audire et providere juxta formam juris et statutorum nostrorum salvis semper nostra auctoritate et nostri nobiscum residentis consilii. Item quantum concernit cambellanos videtur equalitas servanda ut tot numero sint de patria cismontana quam ultramontana, quantum vero ad ceteros servitores domus illust. domini nostri remittebuntur discretioni domini Deslins cui cura illust. domini nostri est commissa dabitur ordo talis quod merito omnes citra et ultramontani debebunt contentari. Item videtur advisandum predictum dominum Deslins quod quilibet officiarius domus teneatur habere penes se formam decreti ducalis concernentis suum officium et secundum formam illius se gerens et quilibet teneatur exercere suum officium ac se impedire de officio alterius ne officiorum inculcatu fiat. Item quod pensiones moderentur et regulentur arbitrio consilii illust: Domini nostri providendo ut qui habebunt pensiones non habeant parcellas. Item quod officia castellanie concedantur personis aptis et ydoneis ad illa exercendum et qui per seipsos illa regant et exerceant et non per substitutos attento maxime quod per tales substitutos in officiis multe et incredibiles fiunt extorsiones et patria supra modum depauperatur, nisi in servitiis ducalibus essent occupati, quo casu etiam substituti teneantur servare decreta dominicalia tam circa introitum et expensas carcerum quam circa compositiones fiendas et capiant secundum formam decretorum ac etiam singulis annis tenere sindicatum consuetudine in contrarium alleganda non obstante. Huic octavo et duobus immediate sequentibus procedentes dicimus ea omnia recitata in ipsis capitulis comprehensa fore in statutis generalis reformationis Sabaudie que uti digna et sancta observare intendimus et hoc non lesa auctoritate nostra quam semper firmum locum volumus obtinere. Item quod exercentes et administrantes justitiam necnon quicumque alii officiarii teneantur ydonee cavere de tenendo sindicatum et juri parendo coram deputandis et eligendis, qui deputandi et eligendi auctoritatem habeant quascumque querelas audire et de ipsis justitiam ministrare semel in anno nec eorum officia debeant quoquomodo impediri et sint tales eligendi viri probi de omni statu. Placet et volumus quod franchisie et statuta predicta que rem hanc in se continent observentur et concedimus etiam locis et communitatibus que non habent. Pollicemur ulterius et volumus quod non semel in anno sed omni die omni hora possint confici justitiarios et officiarios dari querele et nos de ipsis summariam faciemus ministrare justitiam non facta acceptione personarum. Item quod videantur rationes subsidiorum donorum et compositionum ac obventionum et reddituum ducalium maxime a duobus annis proxime preteritis citra et qualiter et in quos usus supradicta omnia commissa fuerunt et eodem modo de jocalibus et aliis bonis mobilibus non solum volumus sed rogamus quod videantur rationes in eo expresse et que bona mobilia habemus et per quos et apud quos retroacta sunt. Item quod franchisie libertates privilegia capitula statuta bone consuetudines conventiones patrie pacta et singulorum locorum serventur quibus per supra et infra scripta non derogetur et quod nulla compositio cujuscumque compositionis quantitatis sit aut ex quavis causa fieri possit in curia Illust. Domini nostri aut altero consiliorum ducalium nisi transeat per universale consilium justitie et presente toto consilio sit facta et littera dicte compositionis sigillo cancellarie aut alterius sigilli ducalis ubi fuerit facta sigillata. Item quod Illust. Dominus noster interteneat omnes ligas et confederationes suas cum amicis et benigvolis et cum bono consilio semper regie majestatis specialiter antiquam ligam dominorum

Bernentium et Friburgentium. Item quod omnia jocalia et bona pretiosa illust. Domini nostri debite inventarizentur et in tuto reponantur ne aliquid detrahatur et in futurum ratio reddi possit et inventaria mittantur in camera computorum. Placent isti decimus tertius et duo precedentes undecimus videlicet et duodecimus prout jacent et signanter quod compositiones et alia que agentur in curia nostra sigillentur sigillo cancellarie tantummodo juxta formam dictorum statutorum et non aliter. Item videantur inventaria ducis Ludovici et Amedei et advisetur quid de jocalibus desit. Placet ut supra in decimo capitulo. Item provideatur quod sub umbra curiarum ecclesiasticarum et maxime delegatorum juridictio illust. Domini nostri non ledatur et subdicti ducales per indirectas vias et alienas curias non trahantur et maxime cessiones ut dretum contingit servata tamen semper libertate ecclesiastica et etiam ne sub umbra et velamine privilegii clericalis delicta remaneant impugnita et contra hec vim prelatorum in statibus existentibus appunctuentur ut breve appostolicum super materia clericorum publicetur et exequatur. Volumus in hiis observari formam dictorum statutorum et brevis appostolici super hoc novissime obtenti quod etiam publicari jubemus. Item quod nullo modo procedatur contra heredes et bona aliquorum deffunctorum pretextu usurarum vel contractuum simulatorum nisi per informationes legitimas comperirentur fuisse et esse usurarii manifesti in patria ducali. Volumus franchisias super hoc obtentas et concessas ad unguem observari. Item quod nullomodo debeat fieri seu possit aliqua compositio cum homicidiis voluntariis et cum falsariis fabricatoribus vel exponentibus dolose monetam falsam et instructorum assaciniis sed de talibus fiat debita justitia sine aliqua remissione. Placet et volumus accuratissime observari. Item quod officiales habeant eorum salaria quia sub umbra quod salaria non multa fiunt inhonesta. Placet et volumus ut supra. Item quod redditus census et obventiones civitatum villarum et oppidorum illust. Domini nostri ducis non accensentur vel dentur ad firmam sed teneantur cum onere reddendi computum in camera computorum attento quod sunt varie et multe extorsiones sub pretextu istarum censarum, et hoc capitulum non habebat locum in hiis que nunc accensantur pro solutione fienda Alamanis. Volumus et concedimus salva tamen semper auctoritate nostra. Item quod clausula decreti generalis super recognitionibus feudorum principis edita ubique in dictione Sabaudie servetur et eodem modo de collationibus prothocollorum nisi consuetudine vel privilegio alterius esset observatum. Volumus et concedimus. Item quod prohibeatur delatio armorum in civitatibus et villis sub magnis penis. Placet et concedimus exceptis privilegiatis. Item provideatur quod inquisitores heretice pravitatis non procedant ultra formam juris ita et taliter quod officiarii ducales advertant ne sub pretextu dicte inquisitionis ducales subdicti indebite opprimantur. Concedimus quod non procedant inquisitores ultra formam juris et dictorum statutorum. Item provideatur quod nullus forensis per gratias expectativas electiones vel alias collationes obtineat beneficia ecclesiastica in patria ducali quinymo observetur privilegium nuper per sanctissimum Dominum nostrum concessum. Volumus et concedimus. Item quod propter involutionem causarum ventillantium in consilio residenti cum omnes cause fuerint pene immortales videtur advertendum ne tanta causarum coadunatio fiat sed remittantur cause ad ordinarios locorum exceptis causis ex forma decreti ducalis reservatis. Servetur forma statutorum nostrorum. Item in consilio illust. Domini nostri pro abreviatione causarum currat instantia ut in aliis consiliis detractis tamen temporibus quibus contingeret curia transferri de loco ad locum quo casu dentur ferie quibus durantibus non eis currat instantia ut supra proxime. Item quod cause appellationum gradatim procedant nisi de ambarum partium processerit voluntate uti supra proxime. Item quod in causis criminalibus commissarii non mittantur per patriam sed puniantur delicta per ordinarios nisi forte casus sit quorum cognitio pertineat ad consilium Illust. D. N. pro quibus casibus deputentur commissarii viri probi conscientiffici qui cum ordinario procedant et non aliter, et pro eorum labore scripturarum non exigatur ultra formam statuti corruptela allegata pro consuetudine non obstante. Servetur forma statutorum predictorum ut supra. Item similiter per castellanos scribas curiarum et per alios circa exactionem scripturarum servetur forma decreti ducalis consuetudine in contrarium non obstante. Placet et volumus inconcusse observari. Item per commissarios extentarum non exigantur a subdictis nisi secundum formam ducalis statuti ut supra proxime. Item quod castellani et omnes officiarii teneantur debita occasione officiorum suorum exigere infra triennium aut debitam diligentiam de exigendi facere alioquin currat eis prescriptio triennalis. Placet et volumus ut supra.

(An. 1482)

Tenor confirmationis eorumdem capitulorum suprascriptorum seu earumdem franchisiarum per bone memorie illust. Dominum Philibertum Sabaudie ducem prelibate patrie Tharent. concessorum.

Philibertus Sabaudie Chablaisii et Auguste sacri romani imperii princeps vicariusque perpetuus marchio in Ytalia Pedemontium princeps, baro Vuaudi Nycieque Vercellarum ac Friburgi etc dominus. Dilectis consiliis nobiscum Chamberiaci et Thaurini residentibus necnon universis et singulis gubernatoribus baillivis judicibus vicariis potestatibus capitaneis castellanis procuratoribus commissariis clavariis presidentibus et magistris camere computorum Sabaudie ac ceteris officiariis nostris mediatis et immediatis presentibus et futuris seu ipsorum locatenentibus mistralibus servientibus generalibus salutem. Per tres status isto in loco Montiscallerii invicem congregatos nobis fuerunt exhibita capitula superius descripta super quibus facte fuerunt responsiones in fine cujuslibet ipsorum descripte quorumque capitulorum et responsionum dilecti nostri sindici homines et communitates tocius patrie Tharent. observantiam humillime supplicarunt. Quorum supplicationi annuentes et eisdem nedum in hiis ymo longe majoribus suis nedum apud nos ymo et bone memorie illustrissimos predecessores nostros exigentibus serviliis et benemeritis, favoribus benignis prosequi affectantes ex nostra certa scientia matura consilii nobiscum residentis deliberatione prehabita predicta capitula et responsiones prout jacent hec responsiones prefatis hominibus et communitatibus ad opus ipsorum et suorum stipulantium et recipientium confirmamus ratifficamus approbamus ac roboris firmitatem obtinere volumus. Vobis propterea et vestrum cuilibet in solidum districte committimus et mandamus sub pena vestrorum privationis officiorum ulterius centum marcharum argenti pro quolibet dictis consiliis et de camera inferiore, quathenus capitula et responsiones ipsas juxta earum formam mentem tenorem prefatis hominibus et communitati ac suis predictis teneatis attendatis et inviolabiliter observetis..... (*Le reste manque.*)

(An. 1460.)

Tenor supplicationis seu rescriptionis presidentis magistrorum computorum.

Illustrissime princeps et metuendissime domine, humillime recommandatione premissa princeps illustrissime has celsitudinis vestre nobis in camera transmissas mandastis nobis quathenus eidem celsitudini rescriberemus a quo tempore citra clavarius pro penis exigendis in castellania Tharent. fuit constitutus et de quanto solet eidem celsitudini ad causam ipsius clavarie officii computari etiam de commodo et incommodo vestris ac reipublice si clavarius tollatur super quibus ipsa celsitudo scire dignetur quod Symondus Rifferii primus clavarius judicaturarum Mauriane et Tharent. in ejus primo computo dicti officii anni Domini 1442 et successive alii clavarii ibidem post ipsum constituti de et pro predictis penis et mulctis dictarum judicaturarum Maurianne et Tharent. mistum computaverunt in diversis partibus et quantitatibus descriptis in folio papiri quod celsitudini prelibate his incluso transmittimus. Quo vero ad commodum et incommodum ejusdem celsitudinis ac reipublice videre nostro plurimum in talibus notitiam habentium prius habita deliberatione, utile foret celsitudini vestre reipublice quod pene et mulcte potius exigantur per castellanos ordinarios quam si clavarius ibidem constituatur ne ipsas penas et mulctas debentes expensis et aliis viis exquisitis indebite opprimantur, Illustrissime princeps dominationem vestram prelibatam qui potens conservare dignetur feliciter et prospere, scriptum Chamberiaci sexta junii 1460 ejusdem celsitudinis humillimi servitores presidens et magistri computorum.

Perquisitio facta pro clavario Tharentesie et Maurianne anne 1442 reperitur fuisse computatum de et pro mulctis de quinque libris tres solidos forcium et quatuor florenos parvi ponderis in computo ejusdem clavarii. In computo domini Joannis de Portu tunc clavarii duorum locorum anni 1443 reperitur fuisse computatum de sexaginta octo solidis fortium et quatuor florenis p. p. In computo ejusdem clavarii anni sequentis 1444 reperitur fuisse computatum de quatuor libris et duodecim solidis forcium. In computo domini Guillelmi de Viridario judicis Tharent. et Maurianne anni 1445 nichil reperitur fuisse computatum. In computo dicti domini Johannis de Portu clavarii anni 1446 reperitur fuisse computatum de quinque libris et tres solidis et septem denariis forcium. In computo Petri Expagnodi 1447 reperitur fuisse computatum de centum et quinquaginta solidis forcium et quatuordecim florenorum. In computo dicti Petri Expagnodi 1448 reperitur fuisse computatum de quatuor libris et quatuordecim solidis forcium et viginti quinque florenis parvi ponderis. In computis clavariorum post ipsos annorum Domini 1449 et 1451 usque ad annum nuper lapsum 1459 inclusive nichil reperitur fuisse computatum causantibus litteris per homines et communitates Tharent. et Maurienne a Domino obtentis....... (*manque la fin.*)

> Pour compléter cette importante série de chartes contenant les franchises de Tarentaise, il aurait encore fallu reproduire deux lettres patentes du prince Louis, l'une de 1455, l'autre de 1456, mais les déchirures de notre manuscrit n'ont presque rien épargné de ces deux longues chartes.

N. 77. Lettres du prince Louis prescrivant l'observation des susdites franchises, en 1438.

N. 78. Supplique de l'archevêque et lettres du prince Louis, de 1454, défendant à son conseil de s'immiscer en l'appellation des causes de la juridiction de l'archevêché.

N. 79. Lettres de Louis et Blanche de Savoie en 1452 et 1453, signées de Bertellino et Albi, ordonnant d'annuler et annulant toutes les assignations et les injonctions faites au préjudice de la juridiction de l'église de Tarentaise.

N. 80. Procès soutenu devant l'official entre le

procureur fiscal de l'archevêché et celui du duc, concernant le nommé Jean Baudry de la paroisse des Allues qu'on disait être justiciable de l'archevêché.

N. 81. Procès entre l'archevêque et le procureur fiscal ducal pour avoir la rémission du nommé Jean Revel, justiciable de l'archevêché.

N. 82. Lettre du duc Philibert, de 1496, ordonnant à ses officiers, à teneur des transactions, de ne faire aucun procès contre les hommes nommés en la supplique y jointe.

N. 83. Lettres du duc Charles, de 1506 et 1508, signées Cartier, défendant à ses officiers de mettre des panonceaux dans la juridiction de l'église de Tarentaise, ni d'autres empêchements qui avaient été mis dans la ville de Moûtiers.

* **N. 84.** Sentence rendue par le conseil de Savoie, en 1445, entre l'archevêque de Arciis et le procureur fiscal du duc, ordonnant que les panonceaux, mis en la montagne de Valorsière rière Champagny, seront ôtés.

(An. 1441 — 1445.)

Texte de l'extrait des registres du Sénat communiqué par M. le comte de Foras.

Tenor sententiæ per magnificum consilium illustrissimi Principis et D. nostri Sabaudiæ Ducis latæ in favorem reverendissimi D. archiepiscopi Tharentesiæ super remotione penuncellorum armorum ducalium appositorum in

parrochia Champagniaci altera quatuordecim
parrochiarum per officiarios ducales.

In nomine Domini amen. Anno a nativitate ejusdem sumpto millesimo quadragesimo quinto (sic) et die vicesima octava mensis septembris per nos consilium Illustrissimi Principis Do. nostri D. Ludovici Ducis Sabaudiæ Chablaisii et Augustæ Sacri romani Imperii principis vicariique perpetui Marchionis in Italia comitis Pedemontium Gebenensis et Baugiaci ac Vaudi Faugeniaci (sic) Niciæ et Vercellarum Domini, cum eo residens assignata in quadam supplicationis causa coram nobis aliquando ventilata inter reverendissimum in Christo patrem D. Johannem de Derciis (sic) archiepiscopum Tharent. ex una et procuratorem fiscalem præfati D. nostri pro jure et interesse fiscalibus, partibus ex altera, prout de hujusmodi assignationi ex ultimo memoriali actorum ipsius causæ dato Gebennensis die quarta mensis hujus septembris per subscriptum secretarium confecto latius potest apparere ipsa die prædictæ assignationis vigore comparuerint judicialiter coram nobis Antonium de Fonte procurator ut in actis hujus causæ constat et nomine procuratorio prædicti reverendissimi in Christo patris D. Johannis de Arciis archiepiscopi Tharentesiæ supplicantis requirens hinc et super hujusmodi causa secundum jam dictæ nostræ assignationis formam per nos jus dici et sententiam deffinitivam ferri, ex una parte, et Humbertus de Dampno Petro præfati D. nostri secretarius et procurator fiscalis pro jure et interesse fiscalibus requirens equidem in et super dicta causa per nos jus dici et sententialiter deffiniri, ex alia parte. Quibus partibus auditis visaque primo supplicatione præfato D. nostro Sabaudiæ Duci parte præfati D. archiepiscopi Tarentesiæ die penultima mensis augusti anno Domini millesimo quatercentesimo quadragesimo primo porrecta una cum litteris provisionis super ea obtentis quarumquidem supplicationis et dominicalium litterarum tenor sequitur super ea obtentis.

Vobis Illustrissimo Principi D. nostro Sabaudiæ Duci humiliter supplicando exponitur pro parte reverendissimi in Christo patris et D. D. Johannis de Harciis Tharentesiæ archiepiscopi et comitis comitatus ejusdem dictæque suæ ecclesiæ quam nuper videlicet a duobus mensibus citra discretus vir Antonius Morardi assertus procurator substitutus fiscalis vestræ illustrissimæ dominationis Tharentesiæ associatus ut fertur aliis officiariis et gentibus accessit ad montem de Valle Orseria sitam infra limites parrochiæ Champagniaci infra quam nullus alius a D. archiepiscopo habet territorium limitatum et ibidem in locis appellatis in Plano Pasquerio et in Teppa tam super possessionis certarum personnarum de Champagniaco quam super quibus hominum communitatis dictæ parrochiæ affexit seu affigi fecit et poni perticas fusteas et in eisdem apponi penicellos ad crucem albam depictos vigore litterarum a vestra metuendissima dominatione emanatarum partibus quarum interest minime evocatis, unde cum premissa cedant in grande lesionem et turbationem jurisdictionis dicti D. exponentis et suæ ecclesiæ necnon contra formam transactionis antiquæ seu jam dudum initæ inter vestræ Celsitudinis et prælibati D. archiepiscopi prædecessores ac etiam nulliter et de facto processeret dictus Antonius ad dictos actus parte legitime non vocata. Quapropter ad vestram prælibatam celsitudinem tanquam ad veram cultricem justitiæ qui non consuevit sinere aliquid contra justitiam fieri et contra facta ad tramitem justitiæ reduci facere humiliter recurritur parte dicti D. exponentis supplicando quatenus eidem super præmissis de bono et juridico remedio providere dignetur sitque ipsa suæ ecclesiæ juridictio illisque remaneat et sui subdicti suo solito more offerens se semper paratum ipse exponens volentibus de suis subdictis conqueri debitam justitiam ministrare.

Ludovicus Dux Sabaudiæ dilecto nostro Antonio Morardi procuratori nostro substituto in Tharentesia salutem. Visa supplicatione præsentibus annexa nolentes reverend. in Christo Patrem archiepiscopum Tharentesiæ in sua juridictione aliqualiter opprimi seu indebite molestari quinimo super hiis omnibus plene informari affectantes, tibi districte mandamus quatenus causas et motus tuos quare penuncellum armorum nostrarum in monte de valle Orseria apposuisti, etiam cujus auctoritate et ad quorum instantiam etiam pro nostro vel alterius jure necnon quæ partes super ipso monte sive contendentes, et generaliter meram et omnimodam totius negotii veritatem nobis seu nobiscum residenti consilio hic apud Camberiacum die quindecima proximi octobris infallibiliter venias relaturus assignando et tecum adducendo ad eamdem diem ipsas partes super dicto monte contendentes coram eodem consilio cum omnibus titulis et informationibus suis de quibus una adversus aliam se juvare et deffendere volunt quomodolibet in hac parte compariturum quibus die et loco procurator dicti archiepiscopi cum suis juribus intererit ut ipsis omnibus visis dictisque partibus utrobique exauditis jura nostra dictique archiepiscopi cum aliorum contendentium ratione curia hæc servari valeant illæsa. Datum Chamberiaci die penultima augusti anno Domini millesimo quatercentesimo quadragesimo primo. Per Dominum. Præsentibus dominis Petro Marchiandi cancellario Jo. domino Chautaniæ, Ja. domino Montis majoris, Amedeo domino Vareti, Bartholomeo Chabodi Præsidente computorum, Guillermo Bolomerii magistro requestarum, Johanne de Costis, Mermeto Arnaudi, Francisco Ravasii, magistro hospitii de Ruppe. Viso successive instrumento parte fiscali producto sub die sexdecima mensis octobris anni proxime dicti necnon commissione ipsa die per nos facta Vincentio de Ruppe ducali secretario pro informatione summarie sumenda super veritate et meritis totius causæ visis insuper articulis parte dicti procuratoris fiscalis productis sub die vicesima quinta mensis augusti anni proxime fluxi descriptis in quadam cedula sui parte ipsa die coram nobis producta incipient. procur. fiscalis, visa etiam cedula cum articulis in ea descripta productis parte dicti D. archiepiscopi sub die vicesima octava ejusdem mensis incipient. quoniam parte etc visis quoque dictis et attestationibus testium super jam dictis articulis hinc inde examinatorum necnon etiam per prius examinatorum parte dicti D. archiepiscopi vigore commissionis prædictæ in hujus causæ exordio per nos factæ coram nobis publicatorum die ultima mensis octobris subsequentis, visa deinde cedula parte præfati D. archiepiscopi producta die vicesima secunda mensis novembris immediate sequentis incipiente cum inspectis etc Visa insuper proclusione via ipsi procuratori fiscali per nos facta quæcumque ulterius in testes partis ipsius supplicantis opponendi sub die decima tertia mensis februarii ultimo fluxi, visis in summa omnibus et singulis tam in facto quam in jure quæ partes ipsæ hinc inde coram nobis dicere proponere producere et allegare voluerunt et super ipsis omnibus sufficienti deliberatione præhabita nos memoratum consilium pro tribunalibus more majorum sedent. Deum et sacras scripturas oculis præhabentes nihil de contingentibus obmittendo sed servatis solemnitatibus in talibus solitis Christi nomine invocato et signum venerandæ sanctæ crucis faciendo dicentes in nomine Patris et Filii et Spiritus Sancti amen, ad hanc nostram sententiam deffinitivam processimus et procedimus in hunc qui sequitur modum. Quoniam intentionem præfati D. archiepiscopi Tharentesiæ supplicantis comperimus justifficatam et probatam sufficienter fuisse non obstantibus adductis in adversum, propterea et aliis justis de causis nos ad hæc moventibus et animum cujuslibet recte judicantis movere debentibus per ipsam nostram deffinitivam sententiam quam ferimus in hiis scriptis pronunciamus et declaramus penuncellos armorum de et pro quibus extitit supplicatum fore et esse tollendos et admovendos tanquam appositos super finibus Champagniaci et super territorio et juridictione Tharentesiæ ecclesiæ et omnia attentata in dictæ ecclesiæ prejudicium in dictorum penuncellorum appositione fore in pristinum statum reducenda et reponenda victum victori in quantum partem privatam concernit et ipsius instantiam in expensis in præsenti causa condemnantes ipsarum taxatione nobis in posterum reservata a qua quidem sententia nostra præfatus procurator fiscalis pro jure et interesse fiscalibus ad prælibatum D. nostrum Ducem ejusque generales audiencias proximo tenendas supplicavit applosque et litteras dimissorias sibi dari postulavit cujus supplicationem tanquam a nullo gravamine interjecta non admisimus nec admittimus nisi si et in quantum de jure fuerit admittenda alias non, hanc responsionem loco appostolorum de jure debitorum eidem procuratori fiscali facientes. Data et lata fuit hæc nostra sententia Gebennis loco in quo jura partibus per nos reddi sunt solita anno et die supra primoscriptis. Per consilium, præsente D. Joanne de Costis de Bosco. Registrata est registri duos florenos parvi ponderis.

N. 85. Placet obtenu du prince par Mgr François-Amédée Milliet de Challes, le 23 août 1658, avec les arrêts de vérification des bulles obtenues du Saint-Siége, lui donnant pleine main levée des fruits et revenus de l'archevêché.

N. 86. Les instructions et articles donnés par Amédée et Yolande et signés par eux, pour être proposés au pape par le légat envoyé à Rome de leur part.

N. 87. Acte de fondation faite par Amédée de Savoie en 1418, de la sainte chapelle du château de Chambéry, signé Nicod Festi.

(An. 1418.)

Texte d'une copie appartenant à M. le marquis Costa de Beauregard prise sur l'original à Turin et reproduite par M. de Jussieu dans *La sainte chapelle du château de Chambéry*.

In nomine Patris et Filii et Spiritus sancti, amen. Anno salutiferæ nativitatis Domini nostri Jesu Christi currente millesimo quatercentesimo decimo octavo, indictione undecima cum eodem anno sumpta, et die quarta mensis februarii in castro Camberiaci, præsentibus egregiis nobilibus viris domino Joanne de Belloforte cancellario Sabaudiæ, Francisco de Menthone, Joanne Beegii, Lamberto Oddineti legis doctoribus, Petro de Martello, Petro Audriveti et Petro Amblardi scutiferis, et Guigone Mareschalli, thesaurario Sabaudiæ generali testibus, ad infrascripta vocatis specialiter et rogatis; hujus veri, publici et autentici instrumenti serie noverit præsens ætas et ejus successiva posteritas, quod illustris et excelsus princeps dominus noster dominus Amedæus Dei gratia dux Sabaudiæ, Chablasii, Augustæ, marchio in Italia, comes Pedemontium et Gebennensis, propter infrascripta specialiter peragenda constitutus in præsentia prænominatorum testium, nostrique Joannis Bombat de Dyvona Gebennensis diocœsis notarii publici ipsiusque domini ducis secretarii, infrascripta omnia et singula more publicæ personæ recipientis ac solemniter stipulantis vice, nomine, et ad opus omnium ac singulorum quorum interest et poterit in futurum quomodolibet interesse; ipse, inquam, dominus noster dux inter glomerosas reipublicæ congeries quibus ejus æstuantis animi solidante sedula meditatione solvitur, illo potissimum pie demulcetur affectu, ut nedum præsens quem divinæ dispensationis arbitrium munifice suo contulit dominio pacis ac justitiæ cemento potiatur, verum humanæ fragilitati salubre consilium præbens, ut, dum vita superest sibi comes perpetuum consideret ingressum, commercio, ubi nec hærugo nec tinea demolitur thesaurisans, signanter quantum ad præsens attinet, quæ divinum cultum sacrasque ædes conspiciunt jugiter præferat, condita protegat, collapsa restauret, ac divina rerum opulentia exuberante instauret : sic quod illius oppitulante gratia cujus res agitur, procul pulsis piaculis die messionis extremæ oppositis, ille agricola veniens commissa suo regimini salva fore talenta, quæ sibi in hac lacrimarum valle collata sunt, marsupiis non abdita sed potius geminata comperiat, et undequaque exultationis manipulos reportans voce jucunditatis intonet : Euge, serve bone et fidelis, intra in gaudium domini tui ; dictus siquidem dominus noster dux iis et aliis piis motus propositis, solertique deliberatione prævia, fidem rectam, spem firmam et affectionem indefessam, quas erga omnipotentem Deum et salvatorem nostrum Jesum Christum, ac gloriosissimam Virginem Mariam ejus matrem, et beatum Stephanum protomartyrem, ac totum cæleste cænobium intrinsecus defert in mente præcipuas, detergens, id pro se, et suis hæredibus et posteritati vult, jubet et solemniter ordinat, hujus publici adminiculo instrumenti : capellam per ipsum in castro suo Camberiensi fundatam et jam partim miro artificio pulcherrimisque cælativis constructam, secundum ipsius capellæ fundatorumqne, et jam in ea constructorum exigentiam de bono in melius persistendo mediari, et perfici ad honorem Dei omnipotentis, beatæque Virginis Mariæ ejus matris, ac sub nomine et vocabulo dicti beati protomartyris Stephani, in ipsa capella secundum ipsius majorem decentiam tria construi altaria ad divinum cultum ibidem divina suffragante clementia propagandum modis, formis et conditionibus successive, particulariter in hujusmodi publico instrumento adnotatis. Et primo quod amodo in ante, in ipsa capella et assidue manuteneantur sex idonei sacerdotes et duo clerici, quorum sacerdotum unus erit et constituetur per dictum dominum nostrum ducem fundatorem, et successive per ejus posteritatem ejusdem capellæ rector, aliique quinque sacerdotes et duo clerici in ipsa capella in divinis officiis continuo deserviant ad usum curiæ romanæ ut infra : videlicet primo quod qualibet die per ipsos celebrentur in ipsa capella tres missæ inclusa missa quæ in veteri cappella dicti castri Camberiaci celebratur, scilicet una magna missa alta voce de die et secundum exigentiam officii cujuslibet diei, in qua personaliter interesse debeant dicti omnes, rector cappellani et clerici dictæ capellæ duntaxat et exceptis hiis quos eminens necessitas impediret; et duæ missæ submissa voce quarum una semper celebrabitur de Beata Maria, et altera voluntate eam celebrantis, una cum aliis orationibus et suffragiis in fine dictarum missarum per eas celebrantes dicendis, ordine et modo eisdem per dictum dominum nostrum fundatorem super hoc statuendis, quos ordinem et modum dictus dominus noster dux statuit ut infra : et primo quod teneantur dicti cappellani celebrantes in dicta cappella qualibet vice qua contigerit ipsos vel alterum ipsorum celebrare, dicere in fine missæ : *Miserere mei Deus* cum oratione de Beata Maria : *Concede nos;* ita quod ibi astantes possint audire. Item et post mortem ipsius fundatoris dicere in fine missæ, sicut dictum est : *De profundis,* cum orationibus : *Inclina, Deus cui proprium,* et *Fidelium.* Item et die jovis qualibet voce alta ipsi omnes capellani dictæ cappellæ, celebrata missa magna, et *Miserere* et *De profundis* cum orationibus suprascriptis dicere : *Veni Creator* cum oratione : *Deus qui corda fidelium;* et die veneris qualibet : *Vexilla regis* cum oratione : *Domine Jesu Christe fili Dei vivi;* et die sabbati : *Ave maris stella,* cum oratione : *Deus qui de Beatæ Mariæ Virginis.*

Item celebrabuntur omni die in eadem cappella per rectorem cappellanos et clericos quos supra, alta voce vesperæ et completorium secundum usum et exigentiam diei; in quibus dicti omnes, rector, capellani et clerici debeant ut supra personaliter interesse. Item singulis diebus festivitatum tam Dei quam gloriosæ Virginis Mariæ, etiam omnium apostolorum ac beatorum Joannis Baptistæ, Michaelis archangeli, sanctæ Crucis, Mauritii et Stephani protomartyris, celebrabuntur per eosdem rectorem, cappellanos et clericos in ipsa cappella etiam matutinæ alta voce et solemniter prout mos et usus diei deposcunt. Item vult, jubet et ordinat idem dominus noster dux per unum de dictis cappellanis dispositione ipsius domini nostri seu rectoris dictæ cappellæ singulis hebdomadis unam missam submissa voce celebrari in cappella quam idem dominus noster dux de novo condidit in honorem et sub nomine beati Sebastiani in Chaneto prope dictum castrum Camberiaci, videlicet tali die cujuslibet hebdomadæ quali hoc anno fuerit festum dicti martyris Sebastiani celebratum ; in qua missa teneantur dicere orationem seu collectam dicti beati Sebastiani quibus quidem rectori, cappellanis et clericis, ac pro ipsorum victu et vestitu idem dominus noster dux constituit et assignat in dotationem dictæ capellæ ducentos florenos parvi ponderis annuales, per eosdem rectorem, cappellanos et clericos habendos et percipiendos, ac inter ipsos de cætero quolibet anno per manus ejusdem rectoris qui pro tempore fuerit distribuendos ut infra : videlicet primo quod rector dictæ cappellæ qui fuerit pro tempore percipere et habere debeat pro se et dictis duobus clericis dictæ cappellæ quos secum tenere debebit et eisdem victum et vestitum decenter ministrare, septuaginta quinque florenos dicti ponderis annuales. Quos vero ducentos florenos parvi ponderis annuales eidem rectori, cappellanis et clericis dictæ cappellæ, ac pro dotatione ejusdem cappellæ idem dominus noster dux pro se et suis quibus supra affidit, imponit et assignat perpetuo, ut sequitur, videlicet : centum quinquaginta florenos parvi ponderis annuales inde et super firma et exitu pedagii villæ suæ Camberiaci, et qui centum quinquaginta floreni parvi ponderis eidem cappellæ solventur in manibus ejusdem rectoris deinceps singulis annis, terminis ipsam summam solvi consuetis per pedagiatorem ipsius villæ qui tunc fuerit sine dolo, fraude, excusatione vel protestatione quacumque, sub pacto et conditione quod quotiescumque dominus noster dux vel sui traderent et affectarent alibi sufficienter et idonee centum et quinquaginta florenos, quod dictum pedagium dicto domino nostro duci et suis remaneat liberum, sine onere dictorum centum quinquaginta florenorum. Pro aliis vero quinquaginta florenis annualibus restantibus ex dicta universali dotatione dictorum ducentorum florenorum annualium, idem dominus noster dux pro se et suis prædictis tradit, cedit, concedit, quittat penitus et remittit dictæ cappellæ, rectorique. cappellanis et clericis ejusdem grangias et vineas subsequentes tanquam allodiales et ab omni servitute liberas et immunes, et quas eisdem allodiales manutenere pollicetur per præsentes, videlicet : primo, quamdam grangiam sitam in villa Albini juxta pratum Hugonis Bertrandi domicelli de una parte, et juxta viam publicam ex parte anteriori, juxta aquam fontis sancti Verani ex parte alia, et juxta curtile Margaritæ relictæ Michaelis Goionis ex parte reliqua. Item quamdam petiam vineæ cum quadam grangia infra existente continentem circa triginta fosseratas vineæ, sitas loco vocato in Nanto Bocheti juxta viam publicam qua itur de Albino ad domum illorum de Allioud ex una parte. juxta vineam Hysabellæ uxoris Poneti Guilloti alias Briton ex alia parte juxta vineam Petri Cirisie et Andrevetæ uxoris Antonii Guillermi a parte inferiori, et juxta vineam hæredum Petri de Avancheriis ex reliqua parte. Item quamdam aliam petiam vineæ sitam loco dicto in Molario de Montepiel juxta vineas Francisci Calodi ex duabus partibus, juxta jictum montis ex alia, juxtaque vineam Antonii Blondeti et ejus nepotum ex altera parte, cum ipsis aliis confinibus, dat propterea præsentibus in mandatis idem dominus noster dux universis et singulis officiariis, fidelibus et subdictis suis præsentibus et futuris, quatenus hujusmodi ordinationes, fundationes et dotationes suas memoratæ cappellæ et suis rectori, cappellanis et clericis qui fuerint pro tempore manuteneânt et observent, manutenerique et observari faciant per quoscumque, necnon castellano Montismeliani quod supradictas grangias et vineas ut supra traditas eidem rectori ad opus dictæ cappellæ tradat. sinat et expediat, ac etiam pedagiatori suo Camberiaci qui pro tempore fuerit, quod deinceps singulis annis eidem rectori solvat et realiter expediat dictos centum quinquaginta florenos annuales ut supra super dicto pedagio assignatos de et super firma et exitibus dicti pedagii, et absque alterius expectatione mandati, dando etiam præsentibus expressius in mandatum præsidenti Cameræ, magistrisque et receptoribus computorum suorum modernis et posteris quod dictos castellanum et pedagiatorem non cogant ad sibi quidquam de cetero solvendum vel computandum de et pro prædictis petiis ut supra dictæ cappellæ traditis et assignatis, sed ex illico postquam super hoc per exhibitionem præsentis instrumenti requisiti, de suis computis et de manu totaliter detrahant sine difficultate quacumque ; et donans tamen et expresse retinens idem dominus noster dux fundator et dotator præmissa, faciendo, sibi et suis hæredibus et successoribus collationem et patronagium dictarum capellarum rectorisque, cappellanorum et clericorum ipsorum, et cujuslibet eorumdem ; ita quod deinceps quomodolibet ipsa cappella et cappellania ejus, alieni beneficio, vel alieni personæ cujuscumque gradus vel..... fuerit, nullatenus possit aut valeat uniri, annecti, seu in commendam perpetuo vel ad tempus dari, quod semper ipse dominus dux fundator, et sui hæredes in ducatu Sabaudiæ successores habeant soli in solidum ac pleno jure patronagium, collationem, provisionem et omnimodam dispositionem, quotiescumque locus advenerit, dictarum cappellarum et singulorum personatuum ejusdem impugne et libere pro eorum matura voluntate ; et quod curatus præsens et futurus ecclesiæ parrochialis sancti Petri subtus dictum castrum Camberiaci, de qua parrochiali ecclesia est locus situatus dictarum cappellarum, nihil a dictis cappellanis et clericis earumdem amodo in antea petere vel exigere possit ratione dictæ suæ parrochialis ecclesiæ ejusdem, sed a dicto curato suaque parrochiali ecclesia sint de cito exempti, liberi totaliter et immunes tam ratione oblationum quam alia quavis causa, sed ipsas oblationes percipere debeat, habere et recipere dictus rector dictarum cappellarum, convertendas in luminario dictarum cappellarum, promittens insuper idem dominus noster dux pro se et suis predictis bona fide juramentoque suo, ac sub suorum omnium obligatione bonorum, præmissa omnia et singula per cum dictæ cappellæ tradita et assignata eidem cappellæ modo prædicto manutenere et inviolabiliter observare, ac observari facere per quoscumque cum omnis juris et facti renunciatione ad hæc necessaria pariter et cautela, de quibus omnibus idem dominus noster dux voluit, jussit tam ad opus sui quam dictæ cappellæ per me dictum notarium et segretarium suum subscriptum fieri duo et plura tenore ejusdem publica instrumenta sigilli ipsius domini nostri ducis munire in testimonium roboranda. Ego autem Joannes Bombat de Divona Gebennensis diocœsis auctoritate imperiali notarius publicus et dicti illustris principis domini nostri ducis Sabaudiæ secretarius, suprascriptis omnibus, dum sic agerentur, cum prænominatis testibus rogatus præsens fieri, hoc publicum instrumentum inde recepi, et aliis occupatus auctoritate inde michi commissa ipsum scribi feci per Guillermum Bolomerii de Poncino notarium, propria manu me hic subscripsi et mei tabellionatus signum consuetum huic apposui in testimonium veritatis omnium præmissorum.

N. 88. Supplique adressée au duc par l'archevêque de Arciis, pour flotter son bois sur le Doron et pour faire l'enclose, avec les lettres du prince Louis, du 28 novembre 1441, portant la permission demandée.

N. 89. Sommaire des raisons prouvant que les évêques ont droit au coussin dans les églises, en présence du souverain.

N. 90. Sac de pièces pour prouver la qualité de procureur fiscal de l'archevêché, avec l'extrait de la déclaration de Victor-Amédée II et l'arrêt de vérification du Sénat, du 12 mars 1683.

N. 91. Requête pour le procureur fiscal de l'archevêché pour obtenir renvoi au juge de l'archevêché d'un procès extraordinaire intenté contre Vullierme Bonnel de Longefoy, justiciable de l'archevêché.

N. 92. Exécution du 11 juillet 1689 d'une sentence

rendue par le juge-maje Bovery, ayant obtenu licence de l'archevêque, de mettre une fille au pilori de Moûtiers.

N. 92 bis. Remontrance et inhibition de mettre du bétail dans les bois de l'archevêché, du 24 juin 1683.

N. 93. Sac concernant la capitation que le roi de France voulait imposer sur les ecclésiastiques, lors de l'invasion de ce pays.

N. 94. Transumpt des lettres patentes d'Emmanuel-Philibert et de Charles-Emmanuel, portant confirmation des immunités et privilèges des archevêques, accordées le 1er mars 1563 et le 17 mars 1582, vérifiées au Sénat le 9 juillet suivant, expédiées et signées par le sieur Pointet secrétaire de S. A. R^{le} et scellées du sceau de sa dite Altesse, avec la requête présentée au Sénat par l'archevêque pour avoir ce transumpt.

(An. 1563.)

Emmanuel Philibert par la grâce de Dieu duc de Savoye Chablais Aouste et Genevois, Prince et vicaire perpetuel du sainct empire romain, marquis en Italie, Prince de Piemont, comte de Geneve et Genevois de Baugé Raumont Nice et Ast, Baron de Vaulx Gex et Faucigny, Seigneur de Bresse Verceil et du marquisat de Ceve. A tous que ces presentes verront scavoir faisons nous avons recu lhumble supplication de nostre tres cher tres ame et feal hieromme de Valperque Archevesgue de Tharentaise contenant que des lannée mil trois cent cinquante huit feu de bonne memoire Ame Louis comte de Savoye passat transaction avec larchevesque de Tharentaise par laquelle il donna et conceda plusieurs beaux privilleges franchises auctorites et libertes lesquelles ont esté depuis et finablement confirmées par feu de tres heureuse et bonne memoire le duc Charles dernier decedé nostre tres honore seigneur et pere que Dieu absolve ainsy que le dict exposant nous a faict apparoir par ses lettres sur ce depechées soubs l'année mil cinq cent et cinq et diceux privilleges le dict exposant et tous ses predecesseurs ont toujours paisiblement et justement jouy et use comme il faict encores de present touteffois dautant qu'au moien du déces de nostre dict seigneur et pere et que dempuis iceluy et nostre advenement en nos estats et duchez et heureuse restitution diceux par quesques temps occupés n'a este obtenu de nous confirmation des dicts privilleges doubte lexposant qu'a ladvenir on le voullut troubler et empêcher en la jouissance diceux sil n'avoit sur ce nos lettres de confirmation humblement requerant icelles Pour ce est il que nous inclinants liberalement a la supplication et requeste du dict archevesque exposant en consideration mesme de la bonne obeissance qu'il nous porte et affection qu'avons pour la conservation des droits du service divin lequel desirons estre augmenté et voullons estre continué en toutes nos terres et pour de ce faire en bailler plus doccasions avons tous et chacungs les dicts privilleges franchises libertés auctorités et immunitez concedées comme dict est au dict archevesque de Tharentaise continué confirmé et appreuvé et de nostre certaine science propre mouvement

et plaine puissance et auctorité souveraine continuons
confirmons loüons et appreuvons par ces presentes pour
en jouir et user par le dict exposant et ses successeurs a
perpétuité tant et si avant et par la forme et maniere
quils en ont cydevant et jusques a present deuement et
justement joüy et usé et jouit encore de present le dict
exposant si donnons en mandement par ces dictes presentes a nos tres chers tres ames et feaux conseillers les
gents tenants nostre senat et chambre de nos comptes en
Savoye juge maje du dict Tharentaise et autres nos
justissiers officiers leurs lieutenants et chacung deux cy
comme luy appartiendra que de nos presentes lettres de
continuation confirmation laudation et approbation ensemble des dicts droits privilleges franchises libertés
auctorités et tout leur contenu ils gardent entretienent et
observent fassent garder entretenir et observer et diceux
fassent le dict exposant et ses successeurs jouir et user
plainement et paisiblement et perpetuellement ainsy quils
ont jusques a present joüy et usé sans en ce leur faire ou
donner ny souffrir estre faict ou donné ores ny pour
ladvenir aucun trouble molestation ou empechement au
contraire lequel si faire estoit mettent incontinant et sans
delay en plaine delivrance car tel est nostre vouloir et affin
que ce soit ferme chose et stable a toujours nous avons
faict mettre nostre seel a lesdictes presentes signées de
nostre main sauf en autres choses nostre droict et lautruy
en toutes. Donne a Chambery le premier mars mil cinq
cent soixante trois. Signées Emanuel Philibert. V^a Montfort. Contresignées Ferrerii et scellées a seel pendant.

(An. 1582.)

Charles Emanuel par la grace de Dieu Duc de Savoye Chablais Aouste et Genevois, Prince et vicaire perpetuel du sainct empire romain, Marquis en Italie, Prince de Piemont etc A tous ceux qui ces presentes verront salut. Scavoir faisons que veu par nous en nostre conseil destat la transaction et privilleges passés et concedés par feu de bonne memoire Amed comte de Savoye en lannée mil trois cent cinquante huit avec l'archevesque lhors de Tharentaise lesquelles ont estes depuis confirmées par feu nos seigneurs et prédécesseurs Ducs et finablement par nostre tres honoré seigneur et pere que Dieu absolve par ces lettres patentes du premier de mars mil cinq cent soixante trois deuement expediees et cy joinctes nous inclinants liberalement a la supplication que nous a este faicte par nostre cher Rd Pere en Dieu bien ame et feal consellier et devost orateur Joseph Parpallie moderne archevesque de Tharentaise avons icelle transaction avec tous et un chacungs les dicts privilleges franchises libertés auctorités et immunités concedées comme dict est auxdicts archevesques de Tharentaise continué, confirmé et appreuvé et de nostre certaine science propre mouvement plaine puissance et auctorité souveraine continuons confirmons loüons et appreuvons par ces presentes pour en jouir et user par le dict seigneur archevesque et ses successeurs a perpetuité tant et se avant et par la mesme forme et maniere quils en ont cydevant et jusques a present deüement et legitimement jouy et usé et jouyt encores de present le dict exposant le tout touteffois sans préjudice de nos droicts et souveraineté riere la dicte archevesché de Tharantaise privilleges en dependants et autres auxquels nentendons deroger ny prejudicier aucunement. Si donnons en mandement par ces dictes presentes a nos tres chers bien amez et feaux consselliers les gents tenants nos senat et Chambre des comptes en Savoye et autres nos justiciers officiers leurs lieutenants et chacung deux si comme luy appartiendra que nos presentes lettres de confirmation et rattiffication ils gardent entretiennent et observent facent garder entretenir et observer inviolablement sans enfraindre et dicelle le dict sieur archevesque et ses successeurs jouir et user comme dessus plainement cessans et faisant cesser tous empêchements au contraire car tel est nostre vouloir. En tesmoing de quoy avons ces dictes presentes signées de nostre main faict mettre nostre seel accoustumé. Donné à Turin le dixseptieme mars mil cinq cent huitante deux. Signées C. Emmanuel. V^a Milliet. Contresignées Caluxe et scellées a seel pendant.

IV.

Munsterium.—JURIDICTION ET AUTRES DROITS DES ARCHEVÊQUES.

* N° I. Enquête faite en 1343, au nom de l'archevêque, établissant que les officiers du roi, contre la teneur des transactions et des droits archiépiscopaux, avaient fait fouetter une femme

à Moûtiers, avaient procédé contre plusieurs habitants, fait faire des proclamations, fait saisir des individus à Moûtiers des jours autres que ceux de marché ou de foire.

* **N. 2.** Enquête faite en 1541, au nom de l'archevêque contre le sieur de Sura juge de Tarentaise, signée par Jean de Boissonne et Morard. On y voit dans les dépositions, que les officiers de l'archevêque ont exercé la juridiction haute moyenne et basse au criminel comme au civil dans la ville de Moûtiers et les 14 paroisses même sur les hommes ducaux, sauf les jours de marché et de foire, et que les hommes ducaux saisis par les officiers de l'archevêché étaient conduits en un lieu limitrophe pour être remis aux officiers du duc.

* **N. 3.** Enquête faite à la requête du procureur du roi en 1541 où l'on voit que le domaine utile de Moûtiers et des 14 paroisses appartient à l'archevêque.

* **N. 4.** Informations faites en 1541, contre le sieur de Sura juge de Tarentaise, sur certaines paroles qu'il avait dites en mettant les armoiries du roi à la colonne de la halle de Moûtiers.

* **N. 5.** Arrêt rendu par la cour du parlement de Savoie en 1541, ordonnant que la potence fichée en la ville de Moûtiers par le sieur de Sura sera ôtée, sans préjudice des droits du roi.

N. 6. Procès-verbal de l'exécution de l'arrêt susdit, en 1541, signé de Palliers, constatant que la potence dont s'agit a été ôtée et mise à terre.

N. 7. Procès d'appel par l'archevêque contre le sieur de Sura, sur le fait de la susdite potence.

N. 8. Diverses procédures faites pour l'ouverture et la publication des enquêtes ci-devant inventoriées.

N. 9. Registre des tutelles et curatelles données à Moûtiers en 1498, signé Abondance et Chambon ; pour prouver le droit et la juridiction de l'archevêché.

N. 10. Acte d'appel par le procureur de l'archevêque contre une *crie* faite à Moûtiers par les officiers ducaux en 1471, contre les citoyens et habitants de la ville.

N. 11. Prostestation faite par l'archevêque contre un édit du roi publié à Moûtiers en 1540.

N. 12. Prostestation faite de la part de l'archevêque en 1463, contre les officiers ducaux qui avaient fait assigner les habitants de Moûtiers à Salins.

N. 13. Acte d'appel mis par le procureur fiscal de l'archevêché, en 1504, contre le châtelain de Salins qui avait assigné divers particuliers de Moûtiers à comparaître par devant lui.

N. 14. Acte de visite faite par le vibailli de l'archevêché, en 1450, d'une maison de Moûtiers appartenant à un habitant d'Aime.

N. 15. Acte d'opposition mis de la part de l'archevêque contre les *cries* faites à Moûtiers par les officiers ducaux, en 1510.

N. 16.   Acte d'opposition du procureur fiscal de l'archevêché en 1361, contre les assignations données aux habitants de Moûtiers pour comparaître par devant les officiers ducaux.

N. 17.   Protestation faite par le procureur fiscal de l'archevêque contre le châtelain ducal qui faisait un inventaire à Moûtiers en 1450.

N. 18.   Protestation du procureur fiscal de l'archevêché en 1452, contre le fait des officiers ducaux qui avaient mis les armoiries ducales à la maison de Boysié à Moûtiers.

N. 19.   Opposition du procureur fiscal de l'archevêché accusant la nullité de l'assignation donnée à plusieurs citoyens de Moûtiers de comparaître par devant les officiers de Salins, en 1463.

N. 20.   Autre protestation du même contre la *crie* portant assignation aux notaires des terres de l'archevêché de comparaître à Chambéry, en 1450.

N. 21.   Transumpt de l'acte d'appel du sieur Mollier tant en son nom que comme procureur fiscal de l'archevêché, sur le fait des officiers ducaux qui l'avaient saisi à Moûtiers et conduit en prison à Salins en 1449.

N. 22.   Protestation du même, en 1451, accusant de nullité les *cries* faites par les officiers ducaux contre les habitants de Moûtiers, et la détention de plusieurs d'entre eux.

N. 23.   Proclamation de sauvegarde accordée à

l'église de Tarentaise et à ses biens, par le comte Amédée de Savoie, en 1395.

N. 24. Protestation du procureur fiscal de l'archevêché de l'an 1500, contre les *cries* faites par les officiers ducaux et portant qu'aucun laïque ne devait appeler un autre laïque par devant les cours ecclésiastiques.

N. 25. Protestation du même contre les officiers de Salins qui avaient donné un ajournement personnel à Antoine Chardon de St-Bon, justiciable de l'archevêché, de l'an 1504.

N. 26. Protestation faite par l'archevêque de Compey de l'an 1449, concluant que le secours qu'il accorde au duc pour la défense de son patrimoine contre tous agresseurs, ne tirera point en conséquence et ne sera point au préjudice de ses sujets.

N. 27. Protestation du procureur fiscal de l'archevêché concluant à la nullité de l'assignation donnée par un officier ducal aux habitants de Moûtiers pour les faire comparaître à Turin, de l'an 1449.

N. 28. Protestation du même concluant à la nullité des *cries* faites de la part du conservateur des salines de Salins en 1449, pour défendre à quiconque de vendre du sel mariné depuis Conflans en dessus, sans sa permission.

N. 29. Protestation du même contre la *crie* faite par les officiers ducaux en 1500, défendant aux sujets du duc de s'appeler par devant la cour ecclésiastique.

N. 30. Protestation contre l'assignation donnée par les officiers ducaux en 1454 contre divers hommes de l'archevêché.

N. 31. Opposition formée par le procureur fiscal de l'archevêché, en 1453, contre les *cries* faites à Moûtiers de la part du duc, portant assignation à des justiciables de l'archevêché, habitants de Moûtiers, Naves, Champagny, de comparaître à Salins.

N. 32. Opposition du même, en 1509, à l'exécution faite par les officiers ducaux des biens de Jacques Berthier de Moûtiers.

N. 33. Protestation du procureur fiscal de l'archevêché, en 1500, contre les *cries* ducales faites concernant les foires.

N. 34. Acte d'appel formé par l'archevêque en 1509, contre les officiers ducaux qui détenaient un clerc.

N. 35. Liasse de protestations faites par le procureur fiscal de l'archevêché contre les *cries* ducales, d'actes des rémissions faites par les officiers ducaux d'hommes justiciables de l'archevêque, et d'actes de requisitions faites par les officiers archiépiscopaux des hommes pris et détenus par les ducaux, des années 1509, 1499, 1363, 1360, 1366, 1367, 1448, 1355, 1328, 1361, 1342, 1350, 1422, 1376, etc.

N. 36. Autre liasse de semblables protestations, rémissions, réquisitions et appels des années 1533, 1528, 1471, 1500, 1462, 1527, 1532, 1496, 1501, 1538, 1508, 1509.

N. 37. Informations, procédures et sentence par le juge ordinaire de l'archevêché contre des étrangers accusés d'avoir coupé des bourses un jour de foire dans Moûtiers, le 13 septembre 1661.

N. 38. Transumpt fait par l'official de Tarentaise, en 1375, signé Rapardi, de la transaction passée en 1278 entre le seigneur Pierre archevêque de Tarentaise et les sindics et la communauté de Moûtiers, concernant les ventes des possessions et maisons de cette ville et les laods et hommages dus à l'archevêque depuis le pont Gondin jusqu'à Lessourieu.

Cet acte important, qui paraît être la première base des franchises de la ville de Moûtiers, a déjà été publié à la p. 15 de ce volume, mais selon un texte très-fautif. Depuis, nous en avons retrouvé trois copies, datées de 1400, dans les archives de la ville, et nous allons le reproduire d'après ces textes exacts.

(An. 1278.)

Anno Domini millesimo ducentesimo septuagesimo octavo inditione sexta sexto kalendas junii, presentibus testibus infrascriptis. Cum esset dubitatio et contentio inter reverendum patrem dominum Petrum divina providentia Tharentesie archeepiscopum ex una parte et cives Musterii ex alia, super venditionibus rerum et possessionum existentium in civitate Musterii et infra terminos ipsius civitatis Musterii et utrum dicte res possint vendi sine laude domini archeepiscopi et utrum ipse debeat admicti suum hommagium quando aliquis civium vendit omnes possessiones suas vel majorem partem earum et super eo quod servatum est hactenus in predictis vel servari debeat in futurum. Dicte partes de predictis promiserunt alte et basse stare perpetuo dicto seu recordationi domini Rodulphi de Monte canonici Tharent. domini Petri de Rubeis de Bossellis militis, domini Petri de Thora canonici Tharent. electorum et positorum per dictum dominum archeepiscopum, et domini Aimonis Bruyssonis canonici Tharent. et Gonterii de Boveria et Jacobi Bossonis electorum et positorum per dictos cives Musterii. Qui sex jurati super sancta Dei evangelia dicere et recognoscere veritatem super predictis secundum conscientiam suam et secundum quod invenient per fidedignos et dictus dominus archeepiscopus de consilio et de consensu capituli sui promittit parti adverse per stipulationem et in bona fide in presentia evangeliorum servare et attendere cognitionem et recordationem predictorum. Item pro parte adversa promiserunt per sacramenta super evangeliis corporaliter prestita et per solemnes stipulationes Rodulphus Bruyssonis, Jacobus Bossonis, Petrus Allardi, Gonterius de Boveria, Reymondus Mercerius, Michael Mathei, Petrus Copeti, Petrus Serre, Hugo Cales et Petrus Fornerii pro se et pro illis de civitate Musterii presentibus fere omnibus illis de Musterio et consentientibus promiserunt supradicta omnia attendere et servare de cetero in perpetuum. Qui predicti sex arbitri seu recordatores unanimiter et concorditer habito super hoc diligenti consilio et tractatu et communicato etiam consilio cum pluribus canonicis Tharentesie et pluribus civibus de Musterio recordati fuerunt declaraverunt et dixerunt et asseruerunt pronunciando super hoc ex aucthoritate et potestate eisdem commissa quod omnes habitatores cives de Musterio quorum parentes antiquitus sive de novo homines fuerunt mense archeepiscopalis Tharentesie una cum omnibus filiis suis quotquot sint homines, sunt homines ligii domini Tharent. archeepiscopi sive mense archeepiscopalis ubicumque eant vel morentur, sive feudum teneant ab ipso sive non. Item quod consuetudinis antique vel inviolabiliter observate ususque longevi inter ipsos cives extiterit quod unus homo tam ligius ipsius domini archeepiscopi ab alio emit et emere potest ac etiam alio titulo gratuito vel non gratuito sibi acquirere domum sive domos possessiones sive possessionem ac etiam totum albergamentum sine ascensu et requisitione ipsius domini archeepiscopi vel alterius cujuscumque conditionis existat a quo dictum feudum tenentur ; hoc autem declaraverunt posse fieri de domibus et possessionibus sitis in territorio de Musterio a ponte Gondini inferius usque ad Lessoriour de lay et a terris de Grigniaco usque ad terras de Salino ultra Sanctum Albanum exceptis domibus nobilium de forcia sitis apud Musterium et in territorio ejus et exceptis domibus et casamentis de quibus deberetur homagium. Item exceptis possessionibus dictorum nobilium de quibus possessionibus homagium debetur eidem domino archeepiscopo que in toto vel in parte non possunt alienari sine consensu et voluntate dicti domini archeepiscopi. Item dixerunt declaraverunt recordati fuerunt et dixerunt quod predicta consuetudo quod unus civis ab alio potest emere sine consensu domini archeepiscopi ut supra declaratum extitit non extenditur nisi ad cives et habitatores ipsius civitatis de Musterio ita quod etiam ad alios homines ipsius domini archeepiscopi non extenditur nec ad ecclesias nec ad clericos sive regulares sive seculares. Item recordati fuerunt et dixerunt et declaraverunt quod qualitercumque unus civis homo ligius ipsius domini archeepiscopi emat ab alio vel alio titulo gratuito vel non gratuito id est lucrativo vel non lucrativo acquirat pecunia mediante a quocumque illud feudum mediate vel immediate teneatur, de solido quolibet debetur unus denarius et persolvi debet dicto domino archeepiscopo nomine venditionis. Item dixerunt recordaverunt et declaraverunt quod nullus debet habere domum vel casale in civitate Musterii nisi sit homo ligius ipsius domini archeepiscopi vel nisi se constituat hominem ligium ipsius domini archeepiscopi nisi hoc de gratia ipsius domini archeepiscopi speciali fieret. Item dixerunt et recordaverunt quod si bamnum vel edictum publice vel sub pena, qualiscumque sit, aliquid precipitur et proclamatur in civitate de Musterio per nuncios domini archeepiscopi vel nuncium et aliquis in ipsum bamnum inciderit temerarie tenetur emendare illud ad misericordiam domini archeepiscopi. Item dixerunt et recordati fuerunt et declaraverunt quod civem intelligunt postquam habitaverit civitatem Musterii per annum continuum et diem, et subsequenter post illum annum et diem habitat continue vel pro majori parte temporis. Item recordantur declarando quod de hiis que alienantur inter homines de Musterio ad invicem que tenentur immediate ab ipso domino archeepiscopo vel mensa ejusdem et inde sibi solvitur immediate servitium sive canon quod de hiis alienatis ipsi domino archeepiscopo medium placitum pro recognitione ipsius feudi ad suam misericordiam persolvatur ab habente illud feudum. Et ex hiis mihi notario precepta fieri fuerunt plura publica instrumenta ad instar unius abbreviature. Actum apud Musterium in domo predicti domini archeepiscopi in locutorio ante aulam veterem ubi testes ad hec interfuerunt vocati dominus Gonterius de Balma, dominus Petrus de Virgulto, Humbertus Sapientis de Confleto, dominus Anselmus Albis canonicus Tharentesie, dominus Joannes incuratus Avancheriorum, dominus Petrus Paccocti, magister Bernardus de Bellicio officialis curie Tharentesie. Et ego Jacobus Polleti de Confleto notarius publicus auctoritate imperiali et illustris domini comitis Sabaudie et in hoc loco prefati domini Petri Dei gratia Tharentesie archeepiscopi pro predictis rogatus interfui et hoc publicum instrumentum ad opus dictorum civium et aliud ad opus prefati domini archeepiscopi inde scripsi et subscripsi et tradidi cum appositione bulle plombee Tharentasiensis et signavi in testimonium veritatis.

N. 39. Deux volumes de procédures entre l'archevêque et le procureur fiscal du duc sur certaines citations et informations faites contre des sujets de l'archevêché, en 1533.

N. 40. L'acte d'acquisition faite par l'archevêque Jean de Bertrand, en 1431, du pré de l'Isle le long du Doron, écrit sur parchemin.

* N. 41. Albergement fait en 1457, par l'évêque Debrun (d'Hébron) en qualité d'administrateur de l'archevêché de Tarentaise, du rivage de

l'eau du Doron auprès de la prairie de l'Isle ; sans préjudice de cette prairie.

N. 42. Procès formé par le procureur fiscal de l'archevêché devant le juge maje de Tarentaise, en 1579, contre les sieurs Allemands agents des salines, parce qu'ils entreposaient des bois et causaient des dégâts sur les prés de l'Isle.

N. 43. Acte d'état pris par le procureur fiscal de l'archevêché, le 20 août 1632, des dégâts que font les bourneaux (canaux en bois) de l'Isle.

N. 44. Acte d'acquis, fait en 1310, par l'archevêque Bertrand, de certains biens situés à la Saulcettaz, provenants d'Antoine Peyroli, avec l'albergement des mêmes biens au même et la même année, le tout sur parchemin.

N. 45. *Ce numéro fait double emploi avec le précédent.*

N. 46. Reconnaissance passée en 1460 par les exécuteurs testamentaires du cardinal de Arciis en faveur de la mense archiépiscopale au profit de la chapelle des Innocents fondée en l'église de Saint-Pierre.

N. 47. Contrat et procès-verbal d'union du prieuré de Saint-Michel à la mense archiépiscopale de Tarentaise et mise en possession de l'archevêque, le tout de l'an 1428.

* N. 48. Acte d'acquis par l'archevêque du droit d'aunage de la ville de Moûtiers, de Vullielme Boson, en l'an 1313.

* N. 49. Albergement du droit d'aunage de Moûtiers fait en 1290 par l'archevêque Aymon.

* N. 30.   Autre albergement du même droit fait en 1306 par l'archevêque Bertrand.

* N. 31.   Albergement fait par le même, en 1315, à la communauté de Moûtiers, des fours et de l'éminage du blé et du sel.

Nous avons trouvé aux archives de la ville l'original de cet acte. En voici le texte.

(An. 1315.)

Anno Domini millesimo tercentesimo quintodecimo indictione quartadecima quinto nonas octobris presentibus testibus inferius nominatis. Per hoc presens publicum instrumentum conctis tam presentibus quam futuris apparcat evidenter quod cum Reverendus in Christo pater dominus Bertrandus Dei gratia Tarentasiensis archiepiscopus accensaverit et ad censam et firmam donaverit et concesserit ad vitam suam totam communitati Civitatis Musterii sue furnos suos et eminagia bladorum et salis cum tabulis sitis subtus ulnum et cum sedibus sitis in songneria Musterii. Et Poncetus Brussonis, Peronetus Serre, Nicholetus Mercifer, Richardetus Chereti, et Evrardus de Paludibus cives Musterii supplicaverint eidem domino Archiepiscopo et cum maxima instantia requisierint eidem nomine et ex parte totius communitatis Musterii ut eidem placeret predicta superius declarata dicte communitati in perpetuum accensare. Prefatus dominus Archiepiscopus videns, attendens et considerans quod ipse dictas res ad manum suam nec etiam predecessores ipsius unquam tenuerint sed semper ad censam posite fuerint, et quop ipse quamplures querimonias a pluribus dicte civitatis habuit pro aliquibus elevationibus et extorsionibus olim factis in predictis rebus et specialiter in dictis furnis per eos qui tenebant ipsas. Attendens etiam et considerans quod dicta communitas intendit et proponit dictas res in bono statu manutenere et specialiter majorem furnum et ejus domum qui et que minantur ruinam reficere. Et si quid ultra censum pro dictis rebus annuatim debitum superfuerit in utilitate et profiquo totius communitatis predicte semper ponere et applicare. Considerans insuper quod melius est et magis consonans rationi quod avantagium si quid fuerit in prædictis rebus ultra censum inde debitum vergatur in utilitatem et profiquum totius communitatis predicte quam unius personæ cum preferenda sit communis utilitas. Consideratis hiis omnibus et pluribus aliis quæ movent ipsum dominum Archiepiscopum ad infrascripta facienda et generaliter ad evitanda scandalum et querelas que cotidie oriuntur super predictas et ad amovendam suspicionem de animo ipsius super elevationibus et extorsionibus si que super predictis illicite facte fuerint volens predictorum hominum supplicationi et requisitioni acquiescere. Sua spontanea volontate pro se et mensa sua ac pro successoribus suis omnibus qui in Tarentasiensi Ecclesia pro tempore fuerint Archiepiscopi intendens in hoc utilitatem suam et profiquum suum ac mense sue et dictorum successorum suorum facere donavit tradidit et concessit ad censam et firmam perpetuam et irrevocabilem prefatis Ponceto, Peroneto, Nicholeto, Richardeto, et Evrardo ac mihi notario infrascripto tanquam persone publice presentibus et solempniter recipientibus nomine ipsorum et totius communitatis predicte dictos furnos suos et eminagia bladorum et salis que et quos habet et habere ac tenere et percipere consuevit in civitate Musterii cum tabulis sitis subtus ulmum et cum sedibus sitis in songueria et cum ipsorum omnium juribus et pertinenciis ac appendenciis ex eisdem pro viginti et octo libris fortibus et tribus somatis salis dandis et solvendis singulis annis dicto domino Archiepiscopo et ejus dictis successoribus in duobus terminis videlicet medietate in festo Beati Andree et alia medietate in festo Pasche. Ita quod si dicta communitas forsitan nolebat censam tenere nec habere quod dicte persone superius nominate et earum heredes et illi quos associare secum voluerint et eorum heredes ipsam censam in perpetuum tenere et habere possint pro censu superius dicto. De quibus rebus predictis prefatus dominus Archiepiscopus pro se et nominibus quibus supra prænominatas personas et me notarium infrascriptum ut supra recipientem per traditionem unius baculi in signum prefate investiture sicut moris est investivit et ipsos et me notarium ut supra recipientes veros possessores et quasi ac procuratores ut in rem suam propriam constituit ponendo eosdem et me notarium infrascriptum loco sui in omnibus et singulis supradictis et appendiciis ex eisdem, et promisit bona fide dictus dominus Archiepiscopus pro se et nominibus quibus supra predictis hominibus et mihi notario infrascripto stipulantibus solempniter ut supra et recipientibus manutenere deffendere auctorizare salvare disbrigare pacificare et expedire de cetero in perpetuum eisdem et toti communitati predicte sub expressa obligatione omnium bonorum suorum et dicte mense sue dictas omnes res et singulas superius accensatas de omni impedimento tam presenti quam futuro ab omnibus et contra omnes pro censu supra dicto. Et predicti Poncetus, Nycholetus, Richardetus et Evardus pro se et nomine quo supra ac tocius dicte communitatis promiserunt bona fide dicto domino Archiepiscopo stipulanti solempniter ut supra et recipienti jurati ad sancta Dei Evangelia corporaliter tacta et sub expressa obligatione omnium bonorum suorum presentium et futurorum dare et solvere bene et de pace de cetero in perpetuum singulis annis in dictis terminis dictas xxviii libras et dictas tres somatas salis eidem domino Archiepiscopo et successoribus supradictis. Et dictas res in bono statu manutenere taliter quod inde non oriatur querimonia juste facta. Renunciantes tam dictus dominus Archiepiscopus quam dicti homines ex eorum certa scientia in hoc facto exceptioni dicte cense non donate et non concesse et dictarum promissionum et obligationum hinc inde non factorum. Omni actioni et exceptioni doli mali et metus cause et in factum actioni. Et omni Juri tam canonico quam civili per quod possent facere vel venire contra predicta et sequentia vel aliqua de eisdem. Que omnia et singula predicta dictus dominus Archiepiscopus bona fide sub obligatione predicta et dicti Poncetus, Peronetus, Nycholetus, Richardetus et Evrardus sub juramentis suis et obligationibus predictis promiserunt sibi ad invicem bona fide attendere firmiter et complere. Et ea rata grata firma et illesa servare tenere perpetuo et habere et nullo tempore contra facere vel venire per se vel per aliam interpositam personam. Et de predictis dictus dominus Archiepiscopus precepit per me notarium infrascriptum sibi fieri unum publicum instrumentum et aliud sigillo suo sigillatum dicte communitati vel plura si necesse fuerit. Rogans et requirens idem dominus Archiepiscopus dominum priorem et canonicos ecclesie sancti Petri Tarentasiensis ac canonicos ejusdem Ecclesie seculares ut ipsis placeat sigilla capituli sui apponere huic presenti instrumento. Actum apud Musterium in domo Archiepiscopali in camera ipsa dicti domini Archiepiscopi ubi testes ad hec interfuerunt dominus Vullielmus de Allodiis canonicus secularis Tarentasie, dominus Petrus de Sancto Eugendo curatus de Tors, Hugo Bertrandi Prior prioratus Sancti Martini de Ayma, Johannes et Vullielmus Bertrandi fratres ejusdem, Rudetus quondam filius Vullielmi Mychaelis de Cleyriaco et plures alii. Et ego Petrus de Gammaz imperiali auctoritate et dicti domini Archiepiscopi publicus notarius rogatus predictis omnibus interfui et hoc publicum instrumentum inde scripsi subscripsi tradidi et signavi signis meis in testimonium veritatis.

   Suit la marque du notaire. Deux lignes plus on lit :

Nos vero Emilius de Serravalle, archidiaconus Tarentasiensis, Johannes de Mascoto, Johannes de Landrea, Rodulphus Brussonis, Petrus de Queio, Johannes Vallerii de Salino, Guillelmus de Allodiis, Thomas de Pertuyz et Johannes Jordani de Musterio canonici seculares Tarentasie sigillum nostri capitali huic presenti instrumento duximus apponendum in robur et testimonium omnium in ipso contentorum et ad eternam memoriam rei geste.

Le sceau du chapitre a disparu il ne reste que la lisière de parchemin à laquelle il pendait.

* **N. 52.**   Informations prises en 1329 par le juge de l'archevêché, sur le droit de Tavernage dont jouissait l'archevêque à Moûtiers. On lui payait une redevance sur chaque tonneau de vin vendu en ville. Ce droit fut plus tard albergé à la ville même.

Voici le texte de ce document :

(**An. 1329.**)

Anno Domini millesimo tercentesimo vigesimo nono, inditione duodecima die decima sexta septembris coram testibus infra scriptis; per hoc presens publicum instrumentum cunctis appareat evidenter quod hoc est inquisitio facta per dominum Vulliermum Bertrandi de Musterio judicem excessuum qui fiunt in terra domini Bertrandi miseratione divina Tarentasiensis archiepiscopi super tabernagio vini quod debetur et assuetum fuit et est solvi dicto domino archiepiscopo de subterno domus Julianæ dictæ magistræ de Lauzanna habitatricis Musterii de tempore retroacto usque ad hanc diem presentem sive tempus præsens; et primo Margarita Leyna uxor quondam Peroneti Borreli habitatrix Musterii inquisita et jurata dicere veritatem super dicto tabernagio tanquam testis respondit per suum juramentum quod ipsa stetit et moram fecit quasi in dicto subterno spacio triginta duorum annorum ad manum Bartholomei Acarini de Musterio cujus ejus erat dictum subternum et etiam ad manum ipsius Julianæ in quo quidem tempore dictorum triginta duorum annorum ipsa Margarita solvit quolibet anno de dicto tabernagio pro dicto subterno curiæ dicti domini archiepiscopi unam cupam vini et non ultra aliquando minus videlicet dimidiam cupam vini vel duos pictos vini ; sed postquam dictum tabernagium fuit ascensatum et fuit extra manus dicti domini Archiepiscopi ipsa Margarita solvit de dicto tabernagio Vulliermo Busseti qui dictum tabernagium tenebat ad censam a dicto domino decem et octo denarios fortium. Item dicta Juliana de Lauzanna habitatrix Musterii jurata et inquisita super dicto tabernagio dicere veritatem et super solutione ipsius tabernagii dixit suo juramento, quod postquam ipsa tenuit ad manum suam dictum subternum quod ipsa in principio solvit pro dicto tabernagio cuidam homini qui tenebat dictum tabernagium ad censam duos solidos fortium, tamen ipsa non recolit nominis illius hominis cui solvit. Item dixit dicta Juliana quod ipsa solvit postea Petro Machuti de Musterio duos solidos et sex denarios fortium qui tunc tenebat dictum tabernagium ad censam ; postea vero solvit Antonio Nicoleti tres solidos fortium qui tenebat dictum tabernagium ad censam, Joanni Brusonis vero nihil solvit de dicto tabernagio quia ipse Joannes Brusonis petit ab ipsa Juliana sibi solvi pro dicto tabernagio dicti subterni unum sextarium vini unde mihi Antonio Vulliermo Bertrandi videtur quod sit consonum rationi quod dicta Juliana Magistra de Lauzanna sit Manutenenda et retinenda de dicto tabernagio dicti sui subterni..... idque solvebatur tempore quo dominus archiepiscopus ad manum suam tenebat dictum tabernagium, nisi

Joannes Brusonis vel alius qui tenebat dictum tabernagium idem probat quantum ad plus solvendum teneatur dicta Juliana de dicto tabernagio, et bonum est hoc notum fieri domino archiepiscopo utrum hoc sit intentio sua de quibus sit inquisitum et per actum dictus dominus Vulliermus judex precepit fieri presens instrumentum per me notarium infra scriptum ad opus ipsius Julianæ. Actum fuit Musterii in domo dicti domini Vullermi in presentia Petri Tissot de Musterio, Petri de Rupecula mistralis Musterii testium ad hoc vocatorum et mei Jacobi de sancto Ambrosio imperiali auctoritate notarii presentia qui hoc instrumentum tradidi et subscripsi.

Copié en 1744, sur un parchemin authentique, par le notaire Pierre Farcy.

* N. 53. Transaction faite entre l'archevêque et le prieur de Saint-Martin de Moûtiers, en 1319, concernant la juridiction sur les hommes de ce prieuré habitants la vallée de Bozel. On y voit que l'archevêque et le prieur ont chacun la moitié indivise de la juridiction sur ces hommes, sauf quand il s'agit de peine corporelle, auquel cas elle appartient toute entière à l'archevêque.

N. 54. Procès et informations contre Jacques Martiny clerc de Moûtiers, de l'an 1503. Ces poursuites exercées par les officiers de l'archevêché avaient été motivées par une tentative contre la pudeur.

N. 55. Procès fait en 1448 à la requête du procureur fiscal de l'archevêché contre Christin métral de Salins, pour avoir assigné Ogier Galliot dans le palais archiépiscopal.

N. 56. Donation faite en 1251 par Jean de Bioleto à l'archevêque, de tout son fief d'Aigueblanche.

N. 57. Accord fait en 1225 entre le prieur de Saint-Michel et le curé de Salins concernant la célébration des fêtes solennelles, etc.

Besson, p. 204 et 205, nous a conservé une analyse et un fragment de cet accord entre le prieur Guillaume et le chapelain Pierre, à la date du 2 juillet. Le prieur revendiquait le droit de célébrer les offices divins, ou de les faire célébrer par un de ses chanoines, quand il se rendait à l'église de Salins unie à son prieuré. Il réclamait la propriété de la maison presbytérale de cette paroisse et prétendait que le prieur devait partager avec le chapelain les legs des bienfaiteurs et les offrandes pour les défunts. La transaction portait que le chapelain paierait 500 sous au prieur et que ce dernier, ou un des siens, officierait aux fêtes solennelles de Noël, de l'Epiphanie, de Pâques, de l'Ascension, de la Pentecôte, de saint Jean-Baptiste, de l'Assomption et de la Toussaint. Elle réglait encore que la maison curiale appartiendrait au chapelain, sauf une chambre, comme suit :

..... retento usu proprio lecti unius in camera magis decenti ; et in cellario unius arcæ et jugeris et de his prior habeat tantum usum proprium. De matriculario autem ponendo in ipsa ecclesia, prior et capellanus de consilio statuant clericum idoneum ipsi officio et discretum. De eleemosinis decedentium portionem canonicam habeat prior : quando non excedunt quinque solidos, capellanus habeat decem et octo demarios, quando excedunt quinque solidos, percipiat duos solidos, et residuum priori. Missas in presentia mortuorum, primam celebret prior, vel ejus canonicus, secundam capellanus. Si prior venire noluerit, vel vocatus non potuerit, celebret sacerdos ne per ejus moram officium protrahatur ; servata tamen longa consuetudine, in recipiendis, habendis et dividendis oblationibus mortuorum....

N. 58. Une liasse d'albergements faits par les archevêques à divers particuliers de Moûtiers, des maisons et places de la ville, des années 1450, 1306, 1350, 1307, 1393, 1360, 1563, 1310, 1315, 1392 et 1507.

N. 59. Autre liasse d'albergements faits par l'archevêque Jean de Bertrand, en 1421 et 1432, à divers particuliers de Moûtiers, de diverses pièces du lot et prés de la Contamine.

N. 60. Une liasse des actes d'acquisitions faites par les archevêques de plusieurs maisons et fiefs à Moûtiers, des années 1344, 1391, 1422, 1274, 1340.

N. 61. Une liasse des reconnaissances passées par divers particuliers en faveur de l'archevêché et du prieuré de Saint-Michel, des maisons et autre fief à Moûtiers et à Aigueblanche, des annés 1377, 1339, 1506, 1239, 1427, etc.

N. 62. Une liasse des actes d'hommage lige faits par divers particuliers, ensemble les contrats d'hommage des habitants de Moûtiers, par lesquels il est établi que personne n[e] peut habiter, ni avoir une maison dans cett[e] ville, s'il ne se constitue pas homme lige d[e] l'archevêché, des années 1435, 1339, 1298 1267, 1327, 1323, etc.

N. 63. Deux enquêtes faites par le juge de l'ar[-]chevêché de Tarentaise en 1579 et 1574, [e] démontrant que l'on payait à l'archevêqu[e] les laods pour la vente des biens situés su[r] le territoire de Moûtiers quand même i[ls] n'étaient pas de son fief et pourvu qu'i[ls] fussent mouvants de quelque fief.

N. 64. L'intventaire des biens meubles et im[-]meubles de feu noble Nicolas Pipin, inven[-]taire fait en 1599 par les officiers de l'a[r]chevêché de Tarentaise, pour preuve de [la] juridiction sur la noblesse.

N. 65. . Inventaire des biens de noble Claude d[e] Sallin fait par les mêmes officiers en 160[ ]

N. 66. Autre inventaire des biens de feu nobl[e] Charles Emmanuel Depingon fait par l[es] officiers de l'archevêché en 1609.

* **N. 67.** Une requête présentée à la Cour du Pa[r]lement de Savoie par les fermiers de la Layd[e] due à l'archevêque au détroit de Moûtier[s] avec les lettres de cette Cour à ce sujet, d[e] l'année 1550, scellées et signées Pomar[ ] et suivie de l'arrêt pour le paiement de [ce] droit.

* **N. 68.** Copie de la sommaire apprise faite à [la] requête du procureur fiscal de l'archevêch[é] au sujet de la susdite Layde, de l'an 154[ ]

* **N. 69.** Extrait fait et signé par Me Duranda[ ]

d'une autre sommaire apprise faite à la requête du procureur fiscal de S. A. R , en 1632, concernant le paiement de la Layde.

N. 70. Un procès en Appel par devant le juge de l'archevêché entre les syndics de Moûtiers et M⁰ Jean-Michel Durandard, fermier général de l'archevêché, au sujet de la taxe de vin du *bamp*.

N. 71. Une requête présentée à ce juge par le même M⁰ Durandard, par laquelle il demande à être reçu opposant à la taxe du vin du *bamp* faite par les syndics; ensemble le décret du juge, en date du 24 juin 1657, déclarant M⁰ Durandard opposant et par provision maintenant la taxe faite à raison de trois et quatre sols le pot; le tout dûment signifié par M⁰ Magnin.

N. 72. Ordonnance rendue le 25 juin 1662 par le juge de l'archevêché dans le procès entre les nobles syndics de Moûtiers et les fermiers généraux au sujet de la taxe du vin. (Voir le n° 172 ci-après.)

N. 73. Extrait de la supplique présentée à Philibert duc de Savoie pour qu'il fît défense de troubler le bailli dans son droit de faire les montres les jours de foire, ensemble les lettres de ce prince faisant droit à la requête de 1501, et signifiées la même année.

N. 74. Extrait de l'arrêt général rendu le 9 juillet 1631 par le souverain Sénat de Savoie, au sujet des dîmes, publié et signifié le 20 du même mois, et signé Ador.

* **N. 75.** Une copie de l'arrêt de la Chambre (des Comptes) rendu en 1562 à la requête de

Jean Veilliet marqueur (des poids et mesures), par lequel défense est faite de troubler ledit Veilliet dans son office en Tarentaise. Le procureur fical de l'archevêché a fait la même année opposition à cet arrêt suivant exploit signé Udry.

* **N. 76.** Une enquête faite en 1562 par le juge de l'archevêché, de laquelle il résulte que les archevêques sont en possession d'établir un marqueur (aujourd'hui vérificateur) pour marquer et signer les poids et mesures sur les terres de l'archevêché.

* **N. 77.** Une requête présentée à la Chambre des Comptes, le 20 mars 1562, par l'archevêque Jérôme de Valpergue.

* **N. 78.** Une autre requête présentée à la même Chambre par le même, le lendemain 21 mars 1562, avec titres à l'appui.

* **N. 79.** Une enquête faite en 1562 par Rapin, commissaire, sur réquisition du procureur fiscal de l'archevêché, au sujet du droit de marquer les poids et mesures.

* **N. 80.** Une requête présentée le 3 septembre 1562 à la Cour des Comptes par le même archevêque, aux fins d'être maintenu en possession de marquer.

* **N. 81.** Supplique du procureur fiscal au duc de Savoie et lettres de ce prince de l'an 1487, concernant la marque des mesures.

* **N. 82.** Diverses procédures faites à la châtellenie de Salins en 1565 au sujet de la marque des mesures.

* N. 83. Une copie de la requête présentée à la Chambre des Comptes le 24 novembre 1565 par Veilliet, marqueur.

* N. 84. Arrêt rendu le 19 janvier 1566, par la Chambre des Comptes dans le différent entre Jean Veilliet, marqueur, et l'archevêque; cet arrêt lève les défenses faites au marqueur, tout en réservant le droit des parties au principal.

* N. 85. Copie des lettres de la Chambre des Comptes des 20 avril et 20 décembre 1565, contenant la permission de marquer donnée à Veilliet.

* N. 86. Un plaidoyer produit par le procureur fiscal contre le marqueur Veilliet.

* N. 87. Diverses procédures faites au bailliage de Moûtiers en 1552, par ordre de la Cour des Comptes, concernant le droit de marquer.

N. 88. Accensement des marques fait par Me Cortine, procureur général de l'archevêque, à Me Arnaud, du 18 juillet 1560.

N. 89. Les lettres de commission de marquer données par l'archevêque Jean-Philippe de Grolé à Pierre Guigonet en 1544.

N. 90. Les informations prises à requête du procureur fiscal de l'archevêché, sur les excès et concussions du marqueur de Tarentaise.

N. 91. Les Mémoires concernant les marques; ensemble un inventaire des pièces produites.

N. 92. Lettres de protestation, de 1451, du procureur fiscal de l'archevêché contre les officier ducaux qui exigeaient le droit sur les poids et mesures.

N. 93. Les cries faites le 23 août 1447, par Jean Ale, métral, portant inhibition au nom de l'archevêque d'exporter les bléds et prescrivant de ne l'acheter et de ne le vendre qu'au marché.

N. 94. Trois patentes de L. A. R. des 16 juillet 1501, 22 et 28 octobre 1502, portant inhibition aux officiers ducaux d'empêcher le grand bailli de Moûtiers de faire les montres.

N. 95. Autres patentes du duc Amédée du 4 mars 1423, signées Despina, portant commandement au châtelain et officiers ducaux de Tarentaise de faire observer les ordonnances et proclamations faites à Moûtiers au nom de l'archevêque.

N. 96. Inhibitions faites par le bailli de l'archevêché à toute sorte de personnes de circuculer la nuit par la ville de Moûtiers sans lumière, de porter des armes offensives et de jeter des pierres, sous les peines portées dans cet arrêté de police.

N. 97. Subrogation de Me Martin Ducornet à la charge de grand bailli faite le 8 mai 1561 par Philippe Davise.

* **N. 98.** Informations faite par le bailli de l'archevêché à la requête du procureur fiscal, du 22 juillet 1553, signé Mercier, contre les bouchers avec inhibitions faites de la part de l'archevêque et par ordre du bailli de vendre la viande au-dessus de la taxe fixée.

N. 99. Trois extraits de comptes rendus, le 13 janvier 1639, par M⁽ᵉˢ⁾ Humbert Hôte, Claude Boson et Ador, par devant le Vibailli de l'archevêché.

N. 100. Un volume du procès en instance au Sénat de Savoie entre l'archevêque et les nobles syndics de Moûtiers, au sujet de la juridiction du grand bailli et de l'établissement d'un Conseil de Ville en l'année 1655.

N. 101. Arrêt du souverain Sénat de Savoie du 17 décembre 1655, signé Tiollier, signifié le 26 mai 1656, entre les syndics de Moûtiers et M⁽ᵉ⁾ Guillaume Greppat procureur fiscal de l'archevêché, consacrant l'établissement du Conseil de Ville et ordonnant que le bailli ou vibailli de l'archevêque assistera aux séances de ce Conseil avec les prééminences et l'autorité qu'il avait jusque-là dans les assemblées publiques. Cet arrêt maintient les officiers de l'archevêché en possession de tous leurs droits dans le surplus des affaires de police. (Voir le texte pages 179 et suivantes).

A la suite de cet article se trouve une note sans date constatant que malgré cet arrêt, les syndics de Moûtiers avaient rendu une ordonnance dans une vue de lieu faite pour un différent entre la veuve Lachenal et André Bermond; et que sans égard à l'opposition formée par la veuve Lachenal ils l'avaient fait exécuter. C'était empiéter sur la juridiction du juge de l'archevêché par devant lequel, dans ce cas, on devait renvoyer les parties. L'archevêque s'est de nouveau pourvu au Sénat qui a remis les

choses dans l'état établi par l'arrêt du [...]
décembre 1655.

N. 102. Procès intenté par le procureur fiscal [de ?]
l'archevêché de Tarentaise demandeur [...]
intervenant à fin de renvoi, contre le pro[...]
cureur fiscal de S. A. R. défendeur, au suj[et]
d'un procès intenté par devant le juge-mag[e ?]
par M⁰ Figon contre le sieur Arnaud.

N. 103. Un volume de procès d'appel au Séna[t]
dans la cause du n° 102.

N. 104. Un volume des actes de collation de tu[...]
telles, données par devant le sieur Daviso[...]
juge de l'archevêché en 1533, savoir: au[x]
enfans du sieur de Macognin et du sieur d[e]
Provence, avec diverses procédures faite[s]
par le procureur fiscal de l'archevêché pou[r]
le renouvellement des reconnaissances.

N. 105. Un volume de procédures contenant [...]
feuillets, et tendant à ce que le procès in[...]
tenté par les frères Pascal à noble Antoin[e]
de Provence fut renvoyé par devant le jug[e]
ordinaire de l'archevêché. Au folio 6, se
trouve ténorisé l'arrêt rendu par le Séna[t]
renvoyant les parties, Bertrand et de Pro[...]
vence par devant le juge de l'archevêché.

N. 106. Un volume de procès d'appel entre nobl[e]
Claude Chappot appelant d'un ajournemen[t]
personnel décrété contre lui le 14 décem[...]
bre 1569, par le juge de l'archevêché. Sui[t]
l'arrêt du Sénat qui dit avoir été mal appelé
et condamne l'appelant.

N. 107. Plainte et informations faites en 1577 par

l'archevêque et ses officiers contre noble Antoine de Provence, sieur de Setheney et sieur Vorzier.

N° 108. Lettres exécutoires décernées par le juge de l'archevêché le 31 mars 1569, sur le renvoi fait par la Cour du Parlement au procès intenté par le procureur fiscal, et nobles Louis de Provence et Pierre de Macognin.

N. 109. Rôles des nobles qui prêtent hommage à l'archevêque.

N. 110. Acte de tutelle décernée par le juge de l'archevêché à demoiselle Dorothée de Setheney de la personne et des biens de Joseph, son fils.

N. 111. Une information faite par le sieur Thierry juge de l'archevêché contre noble Antoine de Provence, le 23 juin 1571, ensemble le verbal et la plainte, et encore diverses procédures contre le sieur Boudard.

N. 112. Réponses personnelles faites par devant le juge de l'archevêché par noble Guidoz Baugé bailli de Moûtiers de l'an 1570.

N. 113. Divers dictams de sentences rendues par le juge de l'archevêché entre divers particuliers de Moûtiers nobles et autres, des années 1635, 1652, 1590, 1589, etc.

N. 114. Procès d'intervention du marquis de Saint-Maurice, ensemble diverses requêtes présentées au Sénat aux fins de produire et avoir le bureau.

N. 115. Inventaire de production et avis en droit.

N. 116. Un arrêt d'audience ordonnant de produire et remettre rendu entre le procureur fiscal et les nobles de Moûtiers, du 13 septembre 1652, signé Tiollier.

N. 117. L'arrêt rendu le 17 mars 1653, scellé et signé Tiollier, par le Sénat de Savoie, dans la cause du n° 116, et ordonnant que les nobles de Moûtiers plaideront par devant le juge ordinaire de l'archevêché de Tarentaise. A cette pièce est jointe le procès contre de Blonay. (Voir le texte de cet arrêt pages 184 et suiv.)

N. 118. Un sac contenant les procès de première et de seconde instance, intentés par les frères de Lachenal, par devant les officiers de l'archevêché, contre les hoirs de M° Jean Berard, Guichon Magdelain, et M° André Danis pour reddition de compte.

N. 119. Procès intenté par l'archevêque de Tarentaise contre les nobles de la ville de Moûtiers pour la préséance aux processions, à la suite duquel se trouve l'arrêt rendu le 19 mai 1657, signifié par M° Pétrequin, par lequel le Sénat ordonne, par manière de provision, que les officiers de l'archevêché précéderont les nobles aux processions et aux assemblées publiques. (Voir le texte pages 178 et 179.)

N. 120. Procès intenté par l'archevêque, par devant la Chambre des Comptes, le 1ᵉʳ décembre 1642, aux fins d'être reçu opposant à l'exécution faite par le sieur de Choiry, au plantement du pilori près de Moûtiers, et à la mise en possession du seigneur de Saint-Thomas de la terre d'Aigueblanche. (Voir le n° 38 ci-devant, p. 486.)

N. 121. Patentes du duc Amédé de 1418, par lesquelles il donne au cardinal de Challand la permission de construire le pont Seran sur l'Isère, sur la terre ducale au couchant et sur la terre de l'archevêché au levant. Ces lettres sont écrites sur parchemin et scellées aux armes de Savoie.

N. 122. Transaction entre l'archevêque et le seigneur de Briançon et d'Aigueblanche de 1267, ensemble l'extrait qui en a été fait en 1655 par M° Moris. Cette transaction fut faite par l'arbitrage des évêque de Maurienne et de Grenoble. Les sujets du différent étaient que le seigneur d'Aigueblanche avait fait dresser des fourches sur les terres de l'archevêque tout près de la cité de Moûtiers, qu'il ne payait pas les censes, et qu'il avait dressé des embûches. Les arbitres ont prononcé que les parties feraient procéder à des informations pour savoir sur quel domaine les fourches avaient été dressées, que les choses enlevées seront respectivement restituées.

N. 123. Ratification faite par l'archevêque en 1360 de la constitution dotale faite par Guillaume de Latour, à Pierre Bouvier, en faveur de sa fille Marguerite. Cette constitution comprenaît toutes les choses, possessions et biens que Guillaume de Latour possédait sur le territoire de Moûtiers et de Saint-Jacquemoz depuis le Siaix dessous jusqu'au lieu dit Les Essorieux. A la suite se trouve la prestation d'hommage pour les susdits biens.

N. 124. Un extrait de reconnaissance de la communauté d'Aigueblanche, signé Clavel, passée en faveur du sieur de Montmayeur en 1619, pour les communaux. Ils y donnent pour confins d'Aigueblanche les communaux et les propriétés de Moûtiers au levant.

N. 125. Lettres testimoniales faites en 1531, signées Lambersand, de la protestation du procureur fiscal de l'archevêché de Tarentaise contre les officiers de Salins qui avaient fait mettre un pilori au deçà de Pont Seran et sur la paroisse de Moûtiers. Il résulte de cet acte que le châtelain de Salins dans sa réponse a déclaré qu'il n'avait placé le pilori au deçà du pont que parce qu'il était en ruine, n'entendant aucunement par ce fait préjudicier à la juridiction de l'archevêque.

N. 126. Procès intenté par l'archevêque contre le seigneur de Saint-Thomas au sujet de la juridiction et des limites de Moûtiers.

TITRES CONCERNANT L'HOPITAL DE MOUTIERS.

N. 127. Copie des procédures faites par devant le

Conseil de Savoie en 1502 par messire Alexandre de Druin, recteur de l'hôpital de Moûtiers, contre l'archevêque, au sujet des défenses faites par celui-ci de payer les dîmes au recteur; et sentence de la Cour renvoyant les parties par devant les juges ecclésiastiques.

N. 128. Divers actes et procédures par devant le Parlement de Savoie, en 1543, entre messire Gaspard Adam, prêtre, et l'archevêque, contre les syndics de Moûtiers, concernant l'administration de l'hôpital, finissant par un arrêt d'admission à faire preuve.

N. 129. Un arrêt et lettres de la même Cour, de 1544, ordonnant de remettre au Parlement tous les les titres de l'hôpital.

Lettres du juge de l'archevêché portant défense à Me Gaspard Adam de remettre à quiconque les titres de l'hôpital, sous peine d'excommunication, de l'année 1544.

N. 130. Diverses copies de prorogation du délai et autres ordonnant de remettre à la Cour les titres de l'hôpital.

N. 131. Requête présentée en 1603, à l'archevêque, par le procureur fiscal concernant la direction de l'hôpital et du collège.

N. 132. Copies des lettres d'Herluin, archevêque de Tarentaise et des Bulles des papes Lucius et Honorius, non signées, par lesquelles ils confirment les priviléges du chapitre et les dîmes; et entre autres lui donnent l'hôpital et ses églises. (Cette dernière assertion n'est pas exacte.)

Voir pour les bulles de Lucius et d'Honorius les pages 239 à 248.

Nous croyons avoir sous les yeux la copie
inventoriée ci-dessus, des lettres d'Herluin
elle a été faite en 1543. Le texte de Besson
preuves n° 54, page 384, n'est pas très
exact. Voici cette copie :

Herluynus divina permissione Tharentasiensis Archiepiscopus et ejusdem loci Capitulum omnibus presentes litteras inspecturis salutem in Domino Notum sit presentibus et futuris quod cum super ordinatione hospitalis de
Musterio et super collatione prebendarum pertinentium a
mensam ejusdem Capituli olim quedam emanavit compositio ex qua eidem hospitali non erat sufficienter provisum et super dictis prebendis gravamen dicto capitul
immineret memoratus Dominus Archiepicopus et Capitulum supra dictum saniore ducti consilio volentes hinc e
inde removere gravamen Ita quod predicto hospitali esse
sufficienter provisum et penes Capitulum conferendi pre
bendas suas facultas libera remaneret De communi con
sensu et libera voluntate Domini Herluyni Tharentasiensi
archiepiscopi Petri prioris Bernardi decani Aynardi sa
criste Petri de Monte Obert Petri de Bellentro Johanni
Villielmi de Grasiaco Humberti de Monte Majori Petri de
Ayma, Guigonis de Cyvino, Thome et Petri de Confleto in
eadem ecclesia tunc residentium pensata communi utilitate
et habito diligenti tractatu fuit taliter ordinatum et compositum. Quod non obstantibus aliquibus compositionibus que
olim facte fuerunt inter Tharentasiensem archiepiscopum
et Capitulum memoratum super ipso hospitali Dominus

archiepiscopus Tharentasiensis quicumque pro tempore fuerit possit ad voluntatem suam irrequisito consensu Capituli conferre vel ordinare predictum hospitale sicut viderit expedire Item convenerunt unanimiter et concorditer dictus Archiepiscopus et predictum Capitulum quod prebendas suas possit conferre dictum Capitulum ad voluntatem suam irrequisito consensu domini Archiepiscopi cuicumque voluerit corporaliter sicut viderit expedire non obstantibus aliquibus compositionibus que olim super hoc inter dominum archiepiscopum et Capitulum facte fuerunt aliis capitulis in ipsis compositionibus contentis in suo robore nihilominus duraturis. Et ut ista compositio sive ordinatio rata et firma permaneat sigillis domini archiepiscopi et Capituli et de mandato eorumdem presens carta fuit communiter sigillata. Actum apud Musterium in Claustro S. Petri anno Domini millesimo ducentesimo quadragesimo quinto Idibus Junii.

N. 133. Deux remontrances faites par le procureur fiscal de l'archevêché de Tarentaise au juge pour qu'il décrétât une sommaire apprise sur l'état de la place où ont été construits les moulins, au-dessus de l'endroit où se distribue le pain de mai, et les deux sommaires apprises faites en 1654

N. 134. Un extrait de sentence rendue par le juge de l'archevêché de Tarentaise contre nobles Louis Dufour, Antoine Joguet et Charles Ferley accusés de sacrilége et d'homicide et signé Durandard.

En marge de cet article on lit la note suivante :

Cette sentence prouve la juridiction de l'archevêque sur la noblesse et sous les cloîtres de Sainte-Marie, attendu que l'homicide a été commis dans les cloîtres de Sainte-Marie (où était alors le chapitre séculier) sur la personne du sieur De Fisigny, chanoine.

N. 135. Une requête présentée au Sénat par le procureur fiscal de l'archevêché aux fins d'obtenir le renvoi par devant le juge de l'archevêché de M⁰ La Cour domicilié à Saint-Jean de Belleville ; ensemble l'acte de comparution du procureur fiscal par devant le lieutenant du Juge-mage requérant, le tout des années 1652 et 1653.

N. 136. Protestation faite le 29 décembre 1655 par le grand bailli contre une délibération du Conseil de ville, signée Pichat, aux fins de maintenir son droit d'ordonner comme par le passé.

N. 137. Les transactions faites par les receveurs généraux de l'archevêché de Tarentaise au sujet des plaits, lacds et vends du baillage de Moûtiers, de l'an 1528.

TITRES CONCERNANT L'AUMONE DE MAI

N. 138. Un acte sur par chemin, du 24 novembre 1490, par lequel la plupart des syndics de Tarentaise agissant au nom de leurs communes respectives, déclarent devant le sieur de Capris, commissaire à ce délégué, et protestent qu'ils ne se sont jamais plaints de l'aumône de mai et qu'ils n'ont aucun titre en vertu duquel l'archevêque soit tenu de la faire; mais qu'elle est faite par le bon plaisir, libéralité et piété de l'archevêque qui est libre de la faire comme il plaira plus ou moins généreuse. Ils ajoutent qu'ils n'entendent pas que les riches et ceux qui ont de quoi vivre, ainsique les forains aient le droit d'y prendre part. Ensemble les lettres de commission données par le duc et celles de permission données au dit sieur Capris pour informer sur le territoire de Moûtiers.

N. 139. Lettres de Blanche, duchesse de Savoie de l'an 1490, signées Rofferii, par lesquelles elle ordonne aux officiers ducaux de publier défense à ceux qui ont de quoi vivre d'aller à l'aumône de mai.

N. 140. Acte de l'année 1491, par lequel l'archevêque proteste qu'il n'est obligé à aucune aumône non plus qu'à refaire le pont proche de la boucherie, et par lequel les habitants dessus et dessous le Siaix assemblés à Saint-Pierre prient l'archevêque de vendre du blé de l'aumône pour faire ce pont. L'acte ajoute que l'archevêque a déclaré qu'en cédant à ces instances et faisant l'aumône et le pont, ce à quoi il n'est point tenu, il n'entend porter aucune atteinte aux droits de la mense archiépiscopale.

N. 141. Le traité fait en 1613 entre l'archevêque et les nobles syndics de la ville de Moûtiers pour le fait de la distribution du pain de mai, traité signé par les parties et par Crespin. Ensemble le rapport et le verbal des prudhommes sur le poids de chaque pain.

Des notes mises aux marges de cet article il résulte que :

1º Les poids de la Province de Tarentaise ont été élevés par arrêts de la Chambre des Comptes des 19 décembre 1661, 2 septembre et 20 novembre 1662 à 18 onces, poids de marc; en conséquence les pains de l'aumône de mai ne peuvent plus peser que deux livres et demie, ou deux livres trois quarts du nouveau poids.

2º En 1668, l'archevêque François Amédée Milliet a fait agrandir la place où l'on distribue l'aumône de mai, pour ne pas faire ouvrir la porte de son jardin.

N. 142. Arrêt du Sénat du 6 mars 1663, sur la distribution du pain de mai, ordonnant que cette distribution se fera de 7 heures du matin jusqu'à 10 heures précises, tant les jours de fête que les jours ouvrables et que passé 10 heures on pourra cesser l'aumône. Cet arrêt a été publié et signifié par Juvillié les 14 mars et 30 avril de la même année.

N. 143. Procès par devant le Sénat entre l'archevêque et les syndics de Moûtiers au sujet de la distribution du pain de mai' Ensemble les arrêts rendu dans cette cause les 23 mars et 14 avril 1612, et 22 avril 1613. Ces arrêts décident que l'archevêque continuera la distribution de l'aumône de mai à la même heure et de la même qualité de pain que par le passé.

N. 144. Une copie de requête présentée au Sénat par l'archevêque en 1571, et réponse du Sénat portant inhibition aux riches et ayant de quoi vivre d'aller au pain de mai.

N. 145. Une liasse des rôles de la distribution du pain de mai.

N. 146. Une copie de l'accensement fait le 1er janvier 1569 par S. A. R. des salines de Moûtiers, au sieur Bénédict Stochtral de Suisse. Ensemble les copies des inféodations faites en 1594 et 1592 au seigneur Dompt Amed de Savoye, marquis de Lans. On voit par ces dernières que S. A. R. n'a inféodé aucune juridiction dans ce lieu.

N. 147. Acte de dénonciation des fermiers des salines, du 5 août 1650, par devant les officiers de l'archevêché de Tareutaise contre Maurice Mathié de Pussy accusé d'avoir dérobé des sallignions; ensemble les informations, les lettres d'ajournement personnel, condamnation pour premier et second défaut, et réponses personnelles dudit Mathié. Encore autre dénonciation faite par le même le 13 décembre 1649, contre Jean Blanc de Montvalesan et François Villien d'Ayme; ce qui constitue une preuve de la juridiction de l'archevêque sur les délinquants aux salines.

N. 148. Une liasse de prix faits donnés par Antoine Ferley, économe de l'archevêché pendant la vacance du siége, des réparations à faire au palais et aux moulins de l'archevêché; ensemble les requêtes présentées au Sénat et à la Chambre des Comptes aux fins d'obtenir l'autorisation d'exécuter ces réparations.

N. 149. Les acquits faits en 1639 par Benoît Théophile de Chevron, de divers particuliers de Moûtiers, des maisons réduites en place publique devant le palais archiépiscopal. Ensemble les titres de propriété de ces maisons remis par les vendeurs. Avec ces pièces se trouvait encore l'acquis fait par le même, le 3 février 1653, de la place et arcade aboutissant au pont de pierre et devant la maison du sieur Viguet, au bout du pont.

N. 150. Un sac renfermant les liasses des acensements du greffe spirituel, de la taxe des émoluments et de la signature de la Cour spirituelle; avec un procès devant l'official contre M° André Morard, recteur de la chapelle de Saint-Félix d'Aigueblanche, pour le paiement de l'annate.

N. 151. Une citation faite par l'official de l'archevêché à requête du procureur fiscal, contre le châtelin ducal de sous le Siaix, aux fins de faire révoquer certaines cries faites par ce dernier contre les sujets de l'archevêché auxquels il était enjoint de ne comparaître que par devant la Cour ducale, de l'an 1345.

N. 152. Un arrêt de 1657 rendu par le Sénat à la requête du procureur fiscal, par lequel défense est faite à toutes personnes de faire couper du bois de haute futaie, sauf pour leur usage.

*N. 153. Défenses faites à Moûtiers de la part de S. A. R. et du roi, ensuite de l'arrêt rendu par le Parlement de Savoie, à tous les boulangers d'acheter du blé hors l'heure y désignée, de vendre du blé à des étrangers, de faire de feu la nuit par les rues, et de vendre la chasse occultement, de l'an 1556 et signé Jacquemard et Deléglise.

*N. 154. Un parchemin contenant l'acquisition faite par Michel Mathieu Rudet de Bellecombe du sixième de la Leyde de Moûtiers, de l'an 1288.

N. 155. Albergement passé par l'archevêque Benoit Théophile de Chevron, le 16 juillet 1635, à la communauté des Avanchers, des dîmes du blé de cette paroisse, moyennant la cense annuelle de huitante seytiers de blé, moitié seigle et moitié orge. A cet acte signé Hoste est jointe la transaction de 1269 pour les dîmes de *Recula*, passée avec le Sgr d'Aigueblanche.

N. 156. Une copie de l'albergement passé par le même archevêque, le 15 juillet 1647, et signée par extrait Gabriel, aux sindics et communiers de Doucy de la dîme du blé de cette paroisse sous la cense annuelle de cinquante-quatre seytiers de blé, savoir : vingt de seigle et trente-quatre d'orge.

Une copie authentique de cet acte existe encore aux archives de l'évêché. N'offrant rien d'intéressant nous nous abstenons d'en donner le texte.

N. 158. Arrêt d'homologation de l'acte par lequel les communiers de Doucy et des Avanchers reconnaissent que l'archevêque de Grolé est maintenu en possession de percevoir les dîmes de ces paroisses à raison de la *cotte treize*. Cet arrêt a été rendu par le parlement de Savoie le 19 décembre 1547.

N. 159. Le procès verbal soit exploit de signification du susdit arrêt et de maintient en possession de percevoir les dîmes à la dite cotte, faite aux dits communiers le 30 janvier 1548 et signé Thovex

N. 160. Transaction passée entre l'archevêque de Grolé et les communiers de Doucy et des Avonchers le 4 mai 1547 et signée Dupont; par laquelle ils confessent avoir payé les dîmes à la cotte treize et promettent les payer à l'avenir.

N. 161. Donation écrite sur parchemin de l'an 1351, faite par Pierre Villien, en faveur de Mgr Jean, archevêque de Tarentaise, du droit qu'il avait aux dîmes des Avanchers ; le donateur se réserve les pailles.

N. 162. Une transaction faite entre le cardinal de Challant, archevêque de Tarentaise et Dame Jeanne de la Rochette, au sujet de la dîme des pailles de Doucy, du 15 février 1406.

N. 163. Un avis en droit, non signé, pour défendre les droits de l'archevêque de Tarentaise, concernant la juridiction dans Moûtiers et sur les hommes justiciables de l'archevêché.

N. 164. Une liasse de divers titres, tels que reconnaissances, transactions, acquis et autres, concernant le prieuré de Saint-Michel, en ce moment uni à la mense archiépiscopale de Tarentaise; ensemble, l'acensement des dîmes de Feyssons, Montagni et Fontaines.

N. 165. Un registre de visites des chemins faites par le vibailli de l'archevêché dans la cité de Moûtiers, aux Essorieux et autres lieux dépendants du bailliage de Moûtiers.

N. 166. Autre registre de diverses cries faites à Moûtiers par les officiers de l'archevêque et concernant la police. Dans le même registre, se trouvent encore divers actes concernant les prestations d'hommage.

N. 167. Autre registre des informations faites au greffe de Moûtiers au sujet du vin du Bamp, des réparations aux chemins et des injures contre divers particuliers.

N. 168. Une requête et procès-verbal de bornage du pré appartenant à la mense archiépiscopale, situé à l'île de Moûtiers, du 16 mai 1654.

N. 169. Copie de la requête présentée à la Chambre des comptes par le procureur patrimonial, aux fins de faire à S. A. R. la somme de mille florins d'or qu'il préten

dait due lors de la promotion de chaq[ue]
archevêque. A la suite de cette requête, [on]
trouve la réponse de l'archevêque de Ch[e-]
vron, par laquelle on voit que S. A. R. [a]
défendu de le molester à ce sujet et l[es]
raisons qui démontrent que ce droit n'e[st]
pas dû.

Nous publierons plus tard cet importa[nt]
document.

N. 170. Un acquis fait le 10 mai 1671 (Me Ca[-]
tanas, notaire), par François-Amédée Mi[l-]
liet, archevêque et comte de Tarentaise, [à]
Jean Borrel et Jean-Dominique Rastagn[o]
d'une servitude concernant la fontaine q[ui]
est au-delà de la Saulcettaz.

N. 171. Un extrait du procès-verbal du cachète[-]
ment (apposition des scellées) fait par [le]
juge de l'archevêché de Tarentaise, dans [la]
maison capitulaire de Saint-Pierre, a[u]
décès du sieur Janus Ducrost, chanoin[e]
pour démontrer que l'archevêque a droit d[e]
juridiction temporelle dans les cloitres [et]
maisons capitulaires. Cet extrait porte [la]
date du 20 janvier 1672 et a été signé pa[r]
Pessoz.

N. 172. Une ordonnance du grand bailli de l'ar[-]
chevêché, concernant la taxe du vin d[e]
Bamp, rendue le 21 juin 1671, signé
Pichot.

N. 173. Un procès par devant le juge de l'arche[-]
vêché et les sieurs Ferley et Varambon[,]
fermiers de la Saline, au sujet des usu[r-]
pations et des dommages qu'ils causent a[u]
pré de l'île dépendant de l'archevêché, d[e]
l'an 1662.

N. 174.   Acte d'acquisition, par Benoît-Théophile de Chevron, des maisons existant devant le palais et ensuite réduites en place, du 25 mars 1639, signé : Gudinel. (V. ci-devant n° 150.)

N. 175.   Les défenses faites à Moûtiers par le sieur de Provence, grand bailli de l'archevêché de Tarentaise, au sujet de la taxe des vivres, publiées à Moûtiers par Simille, officier ducal, le 9 octobre 1692, signé : de Provence, grand bailli, pour établir son droit sur la police.

N. 176.   Un sac contenant le procès par devant le Sénat entre François-Amédée Millet de Challes, archevêque de Tarentaise, et noble Jean-François Manuel, se disant grand gruyer en deçà les monts, au sujet du droit de chasse, dans lequel sont les diverses lettres, missives, réponses, avis en droit et autres titres qui établissent que le droit de chasse appartient à l'archevêché. Ensemble, la sentence arbitrale, rendue entre les parties par le marquis de Saint-Maurice, chevalier de l'Ordre, arbitre délégué le 13 août 1674 par S. A. R. Cette sentence, prononcée et signée par Artaud, notaire de Chambéry, maintient de plus fort l'archevêque en possession des droits, priviléges et autorités qu'il a dans les terres dépendantes de la juridiction temporelle de son archevêché, concernant la chasse et le port des armes.

N. 177.   L'albergement des mines, minières et minéraux fait par François-Amédée Millet au sieur Pilotte, procureur au bureau des finances du Lyonnais, du 8 août 1671

(Cartanas, notaire). Ensemble, l'acte de dé
claration des droits de l'archevêque pou
les dites minières, reçu par le même no
taire, le 13 février 1672.

N. 178. L'acte de donation, par l'archevêqu
Boson, du prieuré de Saint-Martin d
Moûtiers au monastère de Nantua, d
l'an 1096, signé : Baptendier.

Besson (*Preuves* n° 11, p. 337) nous
conservé ce document, dont voici le texte

(An. 1096.)

In Nomine Sanctæ et Individuæ Trinitatis. Notum s
omnibus tàm futuris, quàm præsentibus, qualiter eg
Boso sanctæ Tarentasiensis Ecclesiæ, pastorali fultu
regimine, cum viderem mundi figuram præterire, ne
michi merita mea sufficere posse ad comparandum sta
tum felicitatis æternæ, cupiens tam animæ meæ, quàr
Ecclesiæ meæ consulere, ac bonorum virorum patro
ciniis providere, cogitavi quomodo Nantuacensi Monas
terio per Dei gratiam in sacro Ordine Cluniacensi Magis
terio omninò roborato aliquid conferre per quod meu
apud ipsum thesaurum in Domino collocarem, et fidu
ciam haberem, quia suis orationibus fratres ibi Domin
famulantes mihi subsidium ferre deberent. Erat auter
tunc temporis Prælatus ejusdem Ecclesiæ, seu loci Do
minus Hilio, sub cujus providentiâ tam temporalia
quàm spiritualia commoda eò usque profecerant, ut bor

odoris aromata exinde, longè latèque redolerent, et post se nominis magni personas ad sacri cultûs observantiam traherent. Hic igitur quodam tempore patriam nostram visitans, cum in præsentiâ nostri constitisset, de Ecclesiâ sancti Martini cœpit mecum habere colloquium et ut eam sancto Petro Nantuacensis Monasterii cui ipse præerat, traderem postulavit humiliter. Ego autem libentissime ejus annuens petitioni, fultus Canonicorum meorum, nobiliumque virorum consilio, dedi Deo, et sancto Petro Nantuacensis Monasterii, ac Monachis ejusdem loci prænominatam Ecclesiam sancti Martini cum omnibus appenditiis suis et Parrochianis, videlicet Dominum Gonterium et fratres ejus, et eos qui ad ipsos pertinent. Quæ Ecclesia ita est in vico qui dicitur Monasterium, quia est sedes Archiepiscopatûs Tarentasiæ, sed et Ecclesiam de Mascot similiter dedi. Ut autem hoc donum firmum et stabile perseveret, Episcopali auctoritate confirmari, et præsentes qui aderant, ut testes et laudatores existerent imperavi, atque suprà dictum Priorem laudentibus meis Canonicis de his omnibus investivi, ipsamque Ecclesiam manibus meis et tradidi, et eum et Monachos qui cum illo venerant, ego ipse in eam introduxi, et ut in æternum ipsam habeant coram cunctis qui aderant commendavi. Consuetudines verò subscribere feci quas Ecclesia sancti Petri Tarentas. et Ecclesia sancti Martini ad invicem sibi facerent ; scilicet si Archiepiscopus non aderit in præclaris Festivitatibus, vel si fuerit aliquâ causâ præoccupatus, quod non velit aut non possit Missam canere, Prior sancti Martini vice ejus cantabit, si tamen talis fuerit persona quæ honestè facere possit, et ipse jusserit, vel Canonici. Monachi habere debent Capellanum suun qui suam septimanam in majore Ecclesiâ faciat, et propriereà cibum et potum de communi, sicut unus Canonicus habebit. Si quid eis, videlicet Canonicis datum, vel oblatum fuerit quod inter se devident, Prior sancti Martin suam partem accipiet, sicut unus de majoribus Canonicis. Si Archipræsul in die santi Martini vel aliarum Festivitatum venerit ad illorum Ecclesiam, Prior cun Fratribus ei occurrat cum aqua benedicta candelabus e thuribulo, nullam aliam consuetudinem ab eis exiget. S Archiepiscopus omni Archiepiscopatui suo divinum interdixerit Officium, ipsi Monachi in privatis diebus Missam pro Defunctis cantabunt, in diebus autem Festis sive Dominicis, eam quæ ad diem pertinuerit, signumque non sonabunt, neque eam aliquis audiet, nisi tantùm familia eorum. Nullum mortuum qui Parrochianus si Ecclesiæ sancti Petri Monachi suscipient sine voluntate Præsulis, et consensu Canonicorum, præter præfatum Gonterium, et fratres ejus, et qui ad eos pertinent. S Episcopus ire Romam voluerit, et ut Prior sancti Martin cum eo pergat rogaverit, ipse Pontifex equum et victum et quæcunque fuerint necessaria ad iter agendum e præbebit. In Natali Domini, et in die Resurrectionis, e in sancta die Pentecostes, et Natali Apostolorum Petri e Pauli, et in Festivitate omnium Sanctorum, atque in Dedicatione Ecclesiæ, Monachi prædictæ Ecclesiæ debent esse ad processionem cum Canonicis. Si prædictus locus sancti Martini tantùm creverit, ut possint ibi stare tredecim Monachi, et Abbas possit constitui, quandocumque Archiepiscopus; et Abbas Cluniacensis pari voto et consensu elegerint, ipse præficiatur (1). Quod si Episcopus sine consensu Domini Abbatis, et Dominus Abbas sine consilio Præsulis aliquem ibi constituerit, ordinatio ipsa non permanebit, eò quod injusta sit. Si quis autem Episcopus vel Comes aut Vice-Comes, sive Judex, sive quælibet persona calumniaverit hanc donationem, et à sacro loco de his omnibus aliquid diminuerit vel subtraxerit, benedictione careat, maledictioni subjaceat, et in die judicii non in dexterâ parte coronandus cum Sanctis, sed in sinistrâ cum Diabolo ponatur in æternum damnandus nisi resipuerit. Signum Domini Bossonis Archiepiscopi qui hoc donum fecit, et testibus roborari præcepit. Signum Rifferii Decani. S. Ebrardi Canonici. S. Galmari Canonici. S. Amizonis Canonici. S. Richardi præpositi. Sigillum Gonterii Vice-Comitis, et fratris Emerici, aliorumq ; virorum nobilium et Clericorum cum Priore supradicto. adfuerunt Monachi isti, Berardus Teutonicus Monachus. P. Monach. Hugo Monach. Pontius Monach. famuli autem Girardus. Joannes Præsbyter. Pontius de Cerdone. Joannes Coquus. Anno Incarnationis millesimo nonagesimo sexto.

* **N. 179.** Défenses faites de la part de l'archevêque, et par ordre du grand bailli, de vendre les denrées en dehors des lieux accoutumés, du juillet 1679, signé : M. Arnaud, grand bailli, et publiées à Moûtiers le même jour.

(1) Evidemment, il a une faute de copiste dans ce texte. Pour que la phrase ait un sens, il faut lire : *Quemcumque Archiepiscopus et Abbas Cluniacensis pari voto et consensu elegerint, ipse præficiatur.*

Cela démontre le droit des officiers de l'archevêché sur la police.

N. 180. Ordonnance du grand bailli pour la taxe du vin du Ban, de 1672, signé : Pichot, avec deux autres des années 1678 et 1688.

N. 181. Trois ordonnances de police rendues par le bailli, savoir : 1° défense d'aller à la chasse dans les vignes ; 2° défense de faire des mascarades ; 3° ordre de nettoyer les rues.

N. 182. Prohibition de la chasse en 1684.

N. 183. Acte, du 18 mars 1673, portant échange d'une place, soit basse-cour, devant les esquaires (écuries) et pétrissure (lieu où l'on pétrissait le pain de mai) du palais, entre l'archevêque, d'une part, et R^d Mre Jean-Pierre Perrot, chanoine et sacristain de Saint-Pierre de Tarentaise, et Pierre Rey, marchand et bourgeois de Moûtiers.

N. 184. Un acte d'affranchissement, du 24 octobre 1685, portant acquisition d'une rente, passé entre Ill^{me} François-Amed Milliet, archevêque et comte de Tarantaise, prince du saint Empire romain, sénateur au souverain Sénat de Savoye, et les R^{des} Dames abbesse, coadjutrice et religieuses urbanistes de Sainte-Claire de la cité de Moûtiers, avec l'approbation du R. P. provincial de l'ordre des Conventuels de Saint-François et du Définitoire.

N. 185. Un sac contenant les titres d'acquisition et les pièces concernant les réparations faites aux moulins des Rottes et du Reclus. Et encore les pièces indiquant les réparations faites, depuis la mort de Mgr de Chevron, à l'église, au palais et autres lieux, réparations dont son hoirie devait être chargée, du moins en partie. Il y a encore plusieurs beaux à ferme de la mense archiépiscopale qui comprennent la dîme du vin d'Aime.

N. 186. Un acte de transaction reçu par Me Bernard, le 1er juillet 1659, entre le V. Chapitre de Saint-Pierre de Tarentaise et Me Antoine Ferley, économe de la mense archiépiscopale depuis le décès de Mgr de Chevron, arrivé le 15 juin 1658. Par cet acte le dit économe cède au V. Chapitre tous les arrérages de l'année 1657, bien qu'ils puissent être contestés par le successeur, soit en vertu du droit canon, soit des déclarations des Papes, soit encore en vertu de divers préjugés du Sénat. Il cède, en outre, le semestre de la saint Jean-Baptiste de l'année 1658, quoique le terme ne fût pas échu et que, du moins, les quinze derniers jours fussent dus sans conteste au successeur. Il leur donne, en outre, quatre mille florins à prendre sur le terme de Noël 1658, entièrement dû au successeur. Moyennant ce, le V. Chapitre renonce à la donation qui lui a été faite par Mgr de Chevron, le 4 avril 1655, et s'oblige à faire le service porté par l'acte de donation.

N. 187. Un acte portant cession par le dit économe au V. Chapitre de la somme et des arrérages qui font l'objet de la précédente transaction ; cet acte porte la date du 8 juillet 1659 et a été signé par Geyvroz.

N. 188. Une quittance reçue et signée par le notaire Moris, le 8 juin 1667, faite par le V. Chapitre à noble Jean Chapel, caution de M⁰ Jean-Michel Durandard, fermier, pour les sommes dont il est question à l'article 187.

N. 189. Un acte de rente constituée au capital de quatre mille florins en faveur du Chapitre, en exécution de la transaction susdite et payé depuis.

N. 190. Un acte de donation reçu par M⁰ Moris, le 4 avril 1655, par lequel Mgr de Chevron donne au Chapitre la moitié du moulin pour des services annuels.

N. 191. Un acte de déclaration fait par Mgr de Chevron en faveur du Chapitre, auquel il laisse son héritage. Cet acte, du 29 janvier 1658, a été reçu par M⁰ Jean-Baptiste Morard et expédié par M⁰ Moris, notaire.

N. 192. Un autre acte du même genre, fait par le même, le 30 janvier 1658, en faveur de divers particuliers et reçu par M⁰ Moris.

N. 193. Arrêt du Sénat, du 17 mai 1666, dans un procès entre le V. Chapitre et le sieur Jean Chapel, défendeur et demandeur en garantie, contre M⁰ Jean-Michel Durandard.

N. 194. Autre arrêt du Sénat, du 1ᵉʳ mars 1662, dans un procès entre le V. Chapitre et

Mᵉ Jean-Michel Durandard, défendeur, condamnant ce dernier à payer les sommes portées par la transaction du 1ᵉʳ juillet 1659 (n° 186).

N. 195. Un albergement passé par Mgr Benoît-Théophile de Chevron, signé : Ador, en date du 3 janvier 1644, en faveur de Pierre Porret, maître-maréchal, du bâtiment du moulin de la mense archiépiscopale, avec son rivage et ses places, appelé aux Rottes, sous la cense des deux ducatons, soit quatorze florins et deux quarts seulement parce que l'édifice du dit moulin était ruiné. Mais Mgr de Chevron étant obligé de le réparer, son successeur avait droit d'exiger que l'hoirie de Mgr de Chevron compensât le grave dommage porté à la mense archiépiscopale par cette aliénation. Car ce moulin, en bon état, avait rendu annuellement plus de cinquante setiers de de blé ; ou, tout au moins, il pouvait demander que le moulin construit par Mgr de Chevron au Reclus de la ville, sur l'Isère, fût donné à la mense à la place de celui qui avait été aliéné, la mense en ayant déjà racheté la moitié du V. Chapitre, en vertu de la transaction du 1ᵉʳ juillet 1659 (n° 186).

Item. Un acte de renonciation au précédent albergement, du 18 mars 1661, Mᵉ Moris, notaire, en faveur de Mgr Milliet, moyennant trois cents écus de dédommagement payés par l'archevêque.

Item. Une liasse contenant plusieurs prix faits et quittances des réparations faites au moulin par le dit Porret.

N. 195 *bis.* Une transaction faite entre Mgr l'archevêque et les sindics de Saint-Jaquemoz, du village de Montfort, et Pierre Sarrazin, concernant le moulin des Rottes, du 28 septembre 1693 : Sogey, notaire.

N. 196. Une liasse où se trouvent plusieurs prix-faits donnés par Mgr Milliet et Me Antoine Ferley, économe de l'archevêché, pour réparations faites, après la mort de Mgr Chevron, à l'église, au palais, au moulin des Rottes, etc., dont une partie devait être à la charge de l'hoirie du défunt, parce que les détériorations s'étaient produites sous son épiscopat et qu'il n'avait fait aucune réparation pendant les vingt-huit ans environ qu'il occupa le siége de Tarentaise.

N. 197. Une liasse de quittances faites en faveur d'Antoine Ferley, économe du temporel de l'archevêché pendant la vacance du siége, pour les réparations qu'il a faites avant et en exécution de la transaction passée avec le Chapitre en 1659.

N. 198. Diverses sentences, quittances et autres papiers concernant les payements et ventes que le V. Chapitre a fait, comme héritier de Mgr de Chevron et en exécution de la transaction de 1659.

N. 199. Une liasse de beaux à ferme qui démontrent la détérioration des biens de la mense archiépiscopale et en même temps qu'elle a toujours eu en propriété des moulins rière Moûtiers et sur le courant du fleuve d'Isère.

N. 200. Un sac contenant des mémoires et le rôle des biens que le V. Chapitre doit reconnaître en faveur de la mense archiépiscopale, le rôle des reconnaissances que les seigneurs doivent faire en faveur de l'archevêque, pour leurs fiefs et arrière-fiefs; et encore, le rôle des hommes-liges qui n'ont pas encore reconnu en faveur de l'archevêché et, en outre, diverses reconnaissances qui doivent être passées par des particuliers.

N. 201. Procès-verbal de la saisie du temporel et des revenus de l'archevêché faite par les seigneurs commissaires du Sénat, lors de la vacance, par le décès de Mgr de Chevron, arrivé le 15 juillet 1658, pour prouver le mauvais état des bâtiments de l'église et palais, auxquels le défunt n'avait fait aucune réparation, et que, par conséquent, on devait imputer sur son hoirie, si le V. Chapitre, son héritier, n'avait pas fait la transaction de 1659. Il faut en dire autant des frais de renouvellement des reconnaissances qu'il n'a pas fait et que son successeur a supportés.

* **N. 202.** Sac pour les mesures de l'éminage de Moûtiers, contenant les mesures de deux et d'un bichet, ainsi que le verbal de vérification du juge de l'archevêché.

N. 203. Contrat d'achat, par Mgr Milliet, d'un champ et d'une teppe sur l'airiel du moulin des Rottes, d'Anne-Marie Eybord, en date du 10 septembre 1696, et cession de la dite teppe au séminaire Saint-Sauveur, de Moûtiers.

N. 204. Acte d'acquisition et cession de droit d'un bois rière Villarlurin, appelé Getz-de-la-Loze, pour l'usage des RR. PP. Capucins, par Mgr Milliet de Challes, de Jean Bermond et Etiennette Collond, veuve d'Antoine Bermond, de Villarlurin, paroisse de Salins, du 4 août 1697, et quittance du 9 septembre 1697 : Me Cudraz, notaire.

N. 204 bis. Un autre acte d'acquisition de bois pour les mêmes, sur Villarlurin, suivant acte du 27 septembre 1699 : Me Pessoz, notaire.

N. 205. Acquisition d'une cense annuelle à Salins par Mgr Milliet, du 6 juin 1694 ; la cense est de six bichets de blé, moitié seigle et moitié orge.

N. 206. Protestation de Mgr Milliet de Challes contre la mise en possession de la paroisse de Salins du sieur Chapel de Rochefort, du 24 juin 1700.

N. 207. Protestation contenant dénonciation de nouvelle œuvre pour Mgr Milliet de Challes contre les sindics et communiers de Fessons-sur-Salins, acte reçu par Me Claude Pessoz, le 24 juin 1701.

* **N. 208.** Sac renfermant un procès contre les communiers de Hautecour, au sujet de la chassse, et plusieurs baux à ferme et quittances concernant les droits de l'archêché.

N. 209. Prix-faits donnés par Mgr Millet pour les réparations des moulins des Rottes et du Reclus, endommagés par les inondations d'octobre 1732 et du 14 septembre 1733.

N. 210. Copie de deux arrêts de la Chambre des Comptes concernant les poids, de l'année 1661.

N. 211. Délibération du Conseil de ville du 27 mars 1730, qui porte que, pour la distribution du pain de mai, on s'est servi de de la coupe depuis plus de 40 ans, plus un arrêt du Sénat à ce sujet, du 28 avril 1730.

N. 212. Une liasse d'albergement rière Moûtiers et son voisinage.

N. 213. Exécution faite au pilori de Moûtiers d'une sentence rendue par le juge-mage, après en avoir obtenu la permission de l'archevêque, en 1689. (Voir Titres ducaux, n° 92.)

N. 214. Un arrêt du Sénat rendu le 16 janvier 1748 et qui confirme l'arrêt rendu contre les sindics de Moûtiers le 17 décembre 1655.

N. 215. Informations et ordonnance du Sénat déclarant qu'il est loisible à Mgr l'archevêque de Rolland de délivrer chaque année aux administrateurs de l'hôpital la quantité de 2220 bichets, tiers seigle et deux tiers orge, moyenne qualité, à la place de l'aumône de mai.

N. 216. Une liasse de divers titres qui n'ont pas été inventoriés.

APPENDICE

Dans la garde-robe à gauche de la fenêtre visant sur le jardin, se trouve :

1º L'état des titres remis au commissaire royal, concernant le comté de Tarentaise ;

2º Une quittance et cession portant rente en faveur de Mgr de Rolland par la dame marquise de Chamosset, du 27 mars 1766 : Velut, notaire ;

3º Un cahier contenant les verbaux faits au sujet de l'érection de l'évêché de Chambéry avec des mémoires de l'archevêque ;

4º L'investiture de la terre et ville de Conflans en faveur de l'archevêque, avec le titre de prince ;

5º Un inventaire de divers titres appartenant à la mense, en 121 articles ;

6º Six liasses de divers titres et papiers relatifs aux droits de l'archevêché ;

7º Le testament de Mgr Milliet d'Arvillard, du 5 décembre 1742 : Bergonsy, notaire.

Voici le texte de ce testament, qui m'a été communiqué par M. Jorioz, juge de paix à Aime :

L'an mil sept cent quarante deux et le cinquième jour du mois de décembre, à Moûtiers, dans le palais archiépiscopal, à cinq heures après-midi, par devant moi, notaire royal collégié bourgeois de Moûtiers, soussigné, et en présence des témoins bas nommés, s'est, en personne, établi et constitué Ill^me et R^me François-Amédée Milliet d'Arvillars, archevêque, comte de Tarentaise, prince du saint Empire romain, natif de la ville de Chambéry, habitant en la présente ville, fils de feu illustre seigneur Messire Silvestre Milliet, marquis d'Arvillard, commissaire général de l'escadron de Savoye et maréchal de camp des armées du roi, lequel a fait son testament nuncupatif, sain de ses sens, bonne parole, mémoire et entendement, à la manière qui suit :

Premièrement, il a fait le signe de la sainte Croix sur sa personne, a recommandé son âme à Dieu, à la glorieuse Vierge Marie, à saint François, son parrain, à son bon ange gardien et, généralement, à toute la cour céleste du paradis, et, quand il plaira au Seigneur de séparer son âme de son corps, il élit sa sépulture dans le sépulcre des R^mes archevêques et où a été enseveli son prédécesseur et oncle, qui est dans l'église métropolitaine de Saint-Pierre, avec les cérémonies, messes, prières, aumônes et frais funéraux, à la manière des archevêques et suivant la manière observée dans la dite église et le cérémonial des évêques, voulant qu'auparavant son corps soit embaumé par application en dehors et sans incision et mis dans le sépulcre au moins trois jours après sa mort.

Item. Donne et lègue pour une fois la somme de deux mille livres pour les rétributions de 4,000 messes, à être célébrées, autant que faire se pourra, dans des autels privilégiés, et aussitôt qu'il sera possible, pour le repos de son âme et à son intention, voulant cependant que ses deux prêtres d'honneur s'en munissent pour autant qu'ils en pourront célébrer dans l'année.

Item. Il lègue, de plus, une constitution de rente, reçue et signée par Me Perinet, notaire de la cité d'Aoste, du capital de quatorze mille livres, passée par le général du duché d'Aoste, à faire des missions pour le salut des âmes et la plus grande perfection des fidèles de Jésus-Christ, en employant également les rentes du dit capital pour l'entretien des missionnaires pour le diocèse de Tarantaise et celui d'Aoste, où le R^{me} seigneur testateur a été évêque et dont, par conséquent, chacun des dits diocèses percevra la moitié de cette rente annuelle, et le tout sous la direction des R^{mes} seigneurs archevêques de Tarantaise et évêques d'Aoste et, en cas de vacance, des R^{ds} Vicaires Capitulaires respectifs, bien entendu que les dites missions seront perpétuelles, et, en cas que le capital de la dite rente vint à être remboursé, les dits R^{mes} seigneurs archevêques et évêques, de même que les dits R^{ds} Vicaires Capitulaires respectifs, seront obligés de replacer bien sûrement le dit capital en rente constituée pour chaque diocèse la moitié, pour que la cense soit toujours employée à l'exécution de la fondation ci-dessus narrée, bien entendu que les censes qui se trouveront arréragées de la dite rente au temps de son décès ne seront comprises dans le legs, mais appartiendront à son héritier.

Item. Il lègue pour une fois à la dite église métropolitaine de Saint-Pierre de Tarantaise la somme de deux mille livres, pour le capital d'une fondation d'une messe haute et service annuel solennel à tout Chapitre et perpétuel au jour de son décès, aussi bien que pour la célébration de cinquante deux messes basses tous les ans, soit d'une chaque semaine, aussi applicables à ses intentions et célébrables à perpétuité dans l'autel privilégié des Corps Saints ou à tel autre qui eût le même privilége, si le premier était détruit.

Item. Il lègue pour une fois la somme de deux mille livres, pour être mises en Mont-de-Piété, suivant le règlement des Souverains Pontifes, en faveur de la ville de Moûtiers et de tout le diocèse et en augmentation du dit Mont-de-Piété, déjà érigé dans la dite ville de Moûtiers, au séminaire des ecclésiastiques, par le R^{me} seigneur testateur, desquels deux legs ci-dessus l'héritier du seigneur testateur ne sera tenu d'en payer aucun intérêt jusqu'à ce que ceux qui en auront droit de les exiger en aient fait la demande.

Item. Il lègue pour une fois à l'hôpital de la ville de Moûtiers la somme de cinq mille livres, pour être le revenu annuel employé au soulagement des pauvres malades, tant du dit Moûtiers que de ceux du diocèse de Tarantaise, chargeant MM. les directeurs et administrateurs du dit hospice de placer la dite somme en lieu de sûreté, du consentement cependant du seigneur, son héritier, ou de l'héritier d'icelui, laquelle somme le dit héritier du seigneur testateur ne sera tenu de payer que dès que MM. les administrateurs du dit hôpital auront trouvé à en faire l'application, et, jusqu'à ce, le dit héritier ne sera tenu à payer aucun intérêt de la dite somme et ne sera non plus tenu à aucune éviction ni responsable de la dite somme et de celles portées par les deux legs ci-dessus à la suite, laissant cependant à son héritier et à ses substitués, successivement des uns aux autres, le droit et la faculté de veiller que la dite fondation soit remplie et dûment exécutée.

Item. Il donne et lègue aussi pour une fois la somme de cinq mille livres au séminaire de Moûtiers, érigé par son prééécesseur, archevêque et oncle François-Amédée Milliet de Challes de bonne mémoire, et à l'hospice des pauvres prêtres qui y sera annexé, de laquelle somme le seigneur, son héritier, sera libéré en la payant à MM. les directeurs du dit séminaire, à la diligence desquels cette somme devra être placée en rente constituée ou à l'achat d'un fond certain, sans que les héritiers du dit seigneur testateur soient responsables de la dite somme, les revenus de laquelle devront etre dépensés et délivrés : la moitié, qui est cent vingt-cinq livres, à R^d Joseph Vibert, des seigneurs chanoines de son église métropolitaine, son premier prêtre d'honneur, pendant l'espace de dix ans, après son décès, eu égard à ses soins et à ses bons et agréables services, et les autres cent vingt-cinq livres seront de même payables et délivrables chaque année, par le dit séminaire, à son second prêtre d'honneur, jusqu'à ce qu'il soit muni d'un bénéfice, comme d'une cure ou d'un canonicat, et, après le laps des dites dix premières années pour le fait du dit R^d Vibert et à la promotion d'un bénéfice pour son second prêtre d'honneur, la dite cense entière devra être dépensée à la volonté des protecteurs et commissaires ordinaires du dit séminaire, à l'entretien et subsistance des pauvres séminaristes et pauvres prêtres infirmes du dit diocèse de Tarantaise, et, au cas que la rente de cette somme ne soit pas placé à raison de cinq pour cent, ses dits R^{ds} prêtres d'honneur ne devront percevoir que chacun la moitié de la cense sur lequel pied elle aura été placée.

Item. Il lègue sa bibliothèque pour le service des seigneurs archevêques, ses successeurs, sans en pouvoir disposer.

Item. Il lègue à son église métropolitaine de Saint-Pierre sa chapelle, consistant en quatre chandeliers, un crucifix, une paire de burettes avec leur petit bassin, bougeoir, la clochette, une cuvette et son aiguier et une soucoupe, le tout d'argent, un magnifique calice d'argent doré, et c'est pour l'usage des archevêques, ses successeurs, et des autres prélats qui pourraient passer, de même que ses chapes, chasubles, aubes et lingerie d'autel et mitres.

Item. Il lègue au dit R^d sieur chanoine Vibert, son premier prêtre d'honneur, tous ses rochets, capes et hermines en propriété, avec encore l'usage des chasubles et aubes pendant sa vie, à la réserve de tout ce qui sera employé pour sa sépulture ; lui lègue de plus un lit de serge rouge complet et garni de ses draps, couvertes, matelas et garde-paille, avec six chaises et deux fauteuils de la même étoffe à son choix, et ce, outre les meubles qu'il déclare lui appartenir.

Item. Il lègue pour une fois la somme de deux mille livres pour être distribuée aux pauvres les plus nécessiteux, au choix de ses exécuteurs testamentaires, dans l'année de son décès et où bon leur semblera, à la prudence desquels il s'en rapporte uniquement, et c'est outre les aumônes qu'on est en coutume de faire les jours de la sépulture, neuvaine et anniversaire.

Item. Il donne et lègue pour une fois à demoiselle Magdelaine et Françoise Milliet d'Arvillard, sœurs de père et de mère de son dit héritier bas-nommé et arrière nièces du R^{me} seigneur testateur, à chacune d'icelles, la somme de cinq cents livres, payables dans l'année de son décès.

Item. Il veut et entend que tous les arrérages, tan échus que censes courantes dans le temps de son décès dus par les fermiers de ses biens patrimoniaux ou comme patrimoniaux, la moitié en appartiendra en propre à son héritier et l'autre moitié sera, par son ordre, distribuée aux pauvres dans les paroisses respectives où se trouvent situés les dits biens.

Item. Il veut, entend et ordonne que, dès qu'après son décès l'on aura prélevé et payé ses dettes, légats, frais funéraux, nourriture des personnes, habits et meubles y ordonnés, le surplus de toutes sommes effectives qui se trouveront lui appartenir, les arrérages, tant échus que censes courantes dans le temps de son dit décès, qu'encore celles à échoir après son dit décès et qui appartiendront au dit R^{me} seigneur testateur, que lui devront les fermier de l'archevêché, le tiers franc appartiendra à son héritier et, des deux autres deux tiers, il en sera fait et acquis des fonds solides et fructifères, dont les fruits et revenus annuels seront appliqués par les R^{mes} archevêveques, ses successeurs, ou, pendant la vacance, par les R^{ds} Vicaires Capitulaires, savoir : la tierce partie de ces fruits et revenus au maintien de la mense archiépiscopale, le second tiers au culte divin et pour la décoration et embellissement de son église métropolitaine et la dernière partie pour le soulagement des pauvres, voulant et entendant que, pour la portion affectée au culte divin et à la décoration et embellissement de la dite église métropolitaine, soit appliquée comme en décore ornement extérieur et autres, sans que, par ce leg, le seigneur testateur archevêque entende libérer les seigneurs archevêques, ses successeurs, et le Chapitre de l'obligation, où ils sont d'entretenir et réparer la dite église, en ce qui concerne les réparations nécessaires, mais que, seulement, les revenus en soient appliqués, comme sus est dit, pour un plus grand décore et autres emplois qui concernent le culte divin, voulant et entendant que, dans le présent légat, y soient comprises toutes les censes arréragées dues en conséquence de deux contrats de rente passés en faveur de la dite archevêché, le siége vacant par illustre dame Christine de la Valdizère de Saint-Michel, marquise de Sales : le premier, de trois mille ducatons de capital, et l'autre, de quatre mille, en date des vingt-huit septembre et premier octobre mil sept cent quinze, qui appartiendront un tiers franc à son héritier et les deux autres tiers pour la manutention de la dite mense archiépiscopale, culte divin et décoration de l'église métropolitaine et soulagement des pauvres, comme sus est dit, sauf toutes celles qui sont échues avant sa nomination à la dite archevêché de Tarantaise, qu'il donne et lègue privativement et entièrement en augmentation du dit culte divin.

Item. Il lègue à Messire François-Amédée Milliet, baron de Mont.... son cher neveu, l'usufruit, pendant sa vie, de ses biens situés dans la paroisse de Saint-Baldoph, Francin et Chignin, dans la province de Savoye, lesquels biens passeront entièrement, après la mort de son dit neveu, à son héritier ci-après nommé et institué ou à son substitué désigné dans sa disposition héréditaire et universel ci-après.

Item il lègue pour une fois à chacun de ses deux prêtres aumôniers qui se trouveront l'être à son décès, deux cents livres, les élisant pour ses exécuteurs testamentaires qu'il nomme à ce sujet et c'est outre l'honoraire qui pourrait être dû à celui qui en a, les frais qu'ils feront et les dommages qu'ils pourraient souffrir en exécution de la dite qualité d'exécuteurs testamentaires, qu'il charge de faire une relation à son héritier de la force de sa dite hoirie, en faisant procéder par moi notaire soussigné en en qualité de chancelier de l'Archevêché ou par celui qui remplira la dite chancellerie que le dit Rd^{me} Sg^r testateur nomme spécialement, à un inventaire de toutes les espèces monnoyées et autres meubles de l'hoirie exact judiciellement et en présence de quelques personnes d'une probité distinguée et reconnue ;

Il lègue de plus au valet de chambre qui sera lors de son décès et à son service trois cents livres pour une fois et cent livres à chacun des autres domestiques pour une fois, qui se trouveront aussi pour lors à son service, y comprenant les porteurs et c'est outre les salaires qui se trouveront leur être dûs au temps du dit décès, chargeant son héritier de faire faire à chacun de ses dits

— 547 —

domestiques un habit noir complet tant en juste au corps, vestes, culottes, bas que chapeau qu'ils porteront pendant toute l'année de deuil et c'est outre les habits de livrée qu'ils auront au temps du dit décès que le Rd^{me} Seig^r testateur leur donne.

Et ayant interrogé le dit Rd^{me} Sg^r testateur s'il ne veut rien léguer à l'hopital général de Chambéry et à celui des SS. Maurice et Lazare ou à celui de cette province a répondu ne vouloir faire autres légats que ceux ci-devant contenus.

Item il lègue à tous prétendants droit sur son hoirie la somme de cinq sols payables en faisant conster de leurs droits.

Et parce que le chef de tout testament consiste en l'institution héréditaire à cette cause le dit Rd^{me} Seig^r testateur dans tous et un chacun les biens, droits, noms et actions dont il n'a ci-dessus disposé crée et institue et de sa propre bouche nomme pour son héritier universel Illustre Sg^r Mre Laurent Justinien Gabriel Silvestre Milliet Marquis d'Arvillars et de la Flachère fils de feu Illustre Sg^r Mre Joseph Milliet Marquis d'Arvillars, ci-devant Ambassadeur de S. M. auprès de S. M. Catholique son cher arrière-neveu, lui substituant vulgairement et *par fils de commis* l'ainé de ses enfants males et les ainés males descendants de son ainé male né et procréé en légitime mariage par primogéniture et jusqu'à l'infini, toujours l'ainé d'iceux préferé aux autres en manière que cette substitution que le Sg^r testateur n'entend avoir effets que pour ses biens immeubles n'aye lieu qu'en faveur de celui qui tiendra la place d'ainé mâle dans la famille de son dit héritier et à la charge que les ainés males qui y recueilleront le dit fidéicommis payeront à leurs autres frères males annuellement une pension de huit cents livres partageable par égale part entre leurs dits frères voulant cependant que noble Sg^r Claude-Nicolas, Julien-François-Amédé, Louis, Pierre-Silvestre, Joseph-Jean et Claude fils Milliet d'Arvillars tous six frères de son héritier et ses arrière-neveux commencent à jouir de la dite pension à l'exclusion de tous autres bien entendu cependant que l'un des dits frères ou plusieurs venant à décéder les portions qu'ils auront de la dite pension accroitront à ce celui qui sera possesseur du dit fidéicommis sans que les autres frères de prédécédés puissent rien prétendre aux dites portions et si l'un des aînés descendants males venait à recueillir le fidéicommis dans un temps où il aurait des males jouissant de la dite pension en tout ou en partie alors il ne serait tenu de payer la dite pension à ses frères qu'après qu'elle aurait entièrement cessé dans la personne des oncles. En déclarant de plus le dit Sg^r testateur que dans les biens dont il a ci-dessus disposé en faveur de son héritier et substitué sont compris les biens de Crans, d'Annecy et des lieux circonvoisins et Villy-le-Pelou, qui lui ont été laissés par Mre Sg^r R^d Pierre François d'Arvillars son frère par testament et codicile des 10 mars 1718 et 1er décembre 1719 de tous lesquels biens il dispose au besoin nommément et spécialement en faveur du dit Sg^r Laurent Justinien Gabriel Silvestre Milliet Marquis d'Arvillars son héritier ci-dessus nommé et de l'aîné male d'icelui et de ses aînés males descendants de sa famille et entend iceux biens être compris dans le fidéicommis de progéniture par lui établi ci-dessus, déclarant au surplus le dit Sgr Archevêque que ses autres biens sujets au fidéicommis par lui établi, sont ceux de St-Baldoph, Francin et Chignin et les revenus du Chateau de Rumilly et dépendance qui sont tous ses biens immeubles qu'il possède avec Crans, Annecy, lieux circonvoisins et Villy-le-Pelou.

Item le dit Rd^{me} testateur déclare qu'il entend que son héritier et les ainés mâles descendants d'icelui qui posséderont le fidéicommis par lui établi puissent vendre les biens sujets à icelui à la charge que les biens francs qu'ils possèderont seront subrogés en place des aliénés et qu'au défaut de posséder des biens francs ils seront tenus d'appliquer le prix des ventes. Entendant le dit Rd^{me} testateur que ses dettes, legs et frais funéraires soient payés comme sus est dit des espèces monnayées qu'il délaissera ou des censes échues et à échoir dans le temps de son décès des revenus de la dite Archevêché et au cas que ces sommes et censes ne fussent pas suffisantes il veut que subsidiairement le surplus des dits payements se prenne sur les meubles et immeubles qui en tout autre cas devront appartenir à son héritier. Voulant que le présent testament, s'il ne vaut comme testament il vaille comme codicile, donation à cause de mort et par tous les meilleurs moyens qu'il pourra mieux valoir de droit, cassant, révoquant et annulant tous autres testaments, codiciles et dispositions de dernière volonté qu'il a par ci-devant fait et veut que le présent soit son seul et valide testament et dernière disposition qui sorte son effet, priant les témoins ci-après nommés par mon dit Sg^r testateur connus, nommés et appelés, de ce dessus être mémoratifs et d'en porter témoignage de vérité en étant requis.

Fait et prononcé au lieu que dessus en présence de discret Pierre François Tornieux natif de Moutier, Pierre André Vibert natif de Beaufort, Jean Baptiste Udry natif de Montagny, Jean Dugit de Queige, Antoine Abondance de Villarlurin, André Rellier des Avanchers et Joseph Voutier de Chevron tous clercs tonsurés faisant leurs exercices dans le Séminaire de cette ville, témoins requis, connus, nommés et appelés par le Rd^{me} Sg^r testateur qui avec les dits témoins ont tous signé sur la minute où le présent contient douze pages et deux tiers, insinué au folio du second livre de 1742 payé 6 livres 15 sols pour le droit suivant la quittance mise en marge de ma minute le 8 du dit décembre, signé Petit-Jean. Bergonzi notaire.

Relevé le 30 avril 1772 tous ceux qui liront le présent sont priés de dire un *Pater* et un *Ave* pour le repos de l'âme du Rd^{me} Sg^r testateur et de celle du copiste. Amen.

8° Un procès entre l'Archevêché et le Chapitre de St Pierre pour le droit de patronage et de correction des mœurs.

9° Une quittance passée à Noble Jean Joseph de B..... par Mgr de St Agnès le 9 7bre 1772, Tiollier notaire.

10° Acte de rétrocession en faveur du même Archevêque par le R. P. Bonardel Jésuite, du 7 9bre 1772, Tiollier notaire.

11° Acte de rente constituée en faveur du même Archevêque par le Marquis de Lescheraines, du 9 7bre 1772, même notaire.

12° L'Arbre généalogique des frères Pessoz de S¹ Laurent de la Côte, hommes-liges de l'Archevêché.

13° Lettres patentes de S. M. du 21 8ᵇʳᵉ 1777 qui autorisent et approuvent l'établissement d'une Bourse cléricale dans le diocèse de Tarentaise.

14° Acte d'acquis fait en faveur de Mᵍʳ de Sainte Agnès par François Brebaud, le 18 juin 1781, Cartenas notaire.

15° Autre acquis en faveur du même par les frères Bernard, du 5 mai 1781, Glatigny notaire.

16° Acte de rente constituée en faveur du même par les frères Gasagne, du 18 mai 1783.

17° Un sac de procès entre Rᵈ Hugonnier et Mᵍʳ Milliet d'Arvillard, 1740.

V.

Ecclesia et Capitulum. — TITRES CONCERNANTS L'OFFICIALITÉ L'ÉGLISE DE SAINT PIERRE DE TARENTAISE ET LE CHAPITRE.

N. 1. Une transaction faite entre le Seigneur Joseph Parpallia, Archevêque de Tarentaise, et le Chapitre régulier, le 2 octobre 1581, Pichonis notaire, concernant la célébration de l'office divin les jours de fête, les réparations de l'Eglise, la présentation de neuf Curés et la juridiction sur les Chanoines et les Prêtres desservant l'Eglise. D'après cet acte il a été convenu que l'Archevêque fera par lui-même ou par un Chanoine l'office divin les jours de fêtes solennelles désignées dans la transaction; quand aux réparations à faire au corps de l'Eglise, celles dont la dépense ne dépassera pas douze écus de cinq florins pièce, seront faites par moitié ; quand elles excèderont cette somme, l'Archevêque y contribuera pour les trois quarts, et le Chapitre, pour l'autre quart; que la présentation des Curés y désignés appartiendra au Chapitre, et celui qui sera présenté devra subir l'examen devant l'Archevêque et les examinateurs; que le Prieur et les Chanoines connaîtront et réprimeront les excès de désobéissance commis dans les cloîtres des Chanoines et des Prêtres desservant l'Eglise, réservé l'appel à l'Archevêque ou à son Official; pour tous autres cas criminels, ils sont réservés à l'Archevêque et à son Vicaire général ; toutefois, dans ces cas, deux chanoines réguliers assisteront au jugement.

En marge on lit la note suivante : Il a été dérogé à cette transaction par la Bulle de sécularisation du Chapitre, en ce qui concerne les prêtres desservants, placés sous la juridiction exclusive de l'Archevêque, et réservant au Chapitre la juridiction sur les Chanoines, et pour les petits délits seulement (1).

N. 2. Une transaction faite entre Mgr Anastase Germonio et le V. Chapitre de Tarentaise, le 26 avril 1618, reçue et signée Pichot, par laquelle l'Archevêque cède au Chapitre la dîme du vin que la Mense épiscopale pos-

---

(1) Voir le texte de la Bulle en ce qui regarde cette question, pages 31 et suivantes.

sédait rière Fontaines, la Saulce, la Roche de Montagny et leurs dépendances, de plus la cense de cinq florins sur la montagne de Retors. En retour, le Chapitre cède à l'Archevêque une cense de cinquante-cinq florins et ensemble sept seitiers blé froment, seigle et orge; et renonce en outre à ses prétentions au sujet du déjeûner des Rogations à St-Michel et de l'huile d'olive à consacrer le Jeudi-saint. Est excepté le déjeûner de St-Jaquemoz.

N. 3. Lettres sur parchemin de l'Archevêque Germonio, du 18 avril 1618, portant approbation et confirmation de la transaction passée entre l'Archevêque Parpallia et le V. Chapitre, et la permission donnée à l'Archevêque de ne célébrer que treize des principales fêtes indiquées dans la transaction.

N. 4. Un extrait, fait par M° Richard Girard, notaire de la Sacrée Rote, signé et scellé à deux sceaux, savoir de Girard et d'un Cardinal, des bulles du Pape Paul, du 4 des calendes de juin 1605, pour la sécularisation du Vénérable Chapitre régulier de St-Pierre de Tarentaise et l'union du dit Chapitre de Sainte-Marie avec le Chapitre de Saint-Pierre. Il est dit dans ces bulles que le Prieuré prendra le nom de Doyenné; que, pour éviter tout conflit entre l'Archevêque et le Chapitre au sujet de la juridiction sur les Chanoines, la connaissance des causes en première instance entre les dits chanoine appartient au Prieur et Chanoines, que l'appel et les cas de négligence et de connivence en première instance appartient à l'Ordinaire, de même que les cas plus graves méritant des censures, et autres cas réservés par le Concile de Trente ; que la libre collation des dignités de Sacristain et de Chantre appartient à l'Archevêque ; enfin que l'Ordinaire pourra désormais connaître de toutes causes contre les Doyen et Chanoines en l'assistance néanmoins de deux membres du Chapitre conformément aux prescriptions du Concile de Trente.

N. 5. Une sentence sur parchemin, scellée de deux sceaux, et rendue par Palutius Albertonius juge à ce délégué, le 20 mai 1661, par laquelle il ordonne au Chapitre d'observer fidèlement les bulles de sécularisation et de ne troubler en rien l'Archevêque dans l'exercice de la juridiction qui lui est conférée par les bulles, et ce sous peine d'excommunication et de mille ducatons. Cette sentence n'a pas été entérinée parce que le Chapitre a déclaré ne vouloir exercer aucune juridiction sur les chanoines si ce n'est selon la teneur des bulles ; cela résulte de la déclaration des priviléges du Chapitre faite par Mgr Milliet le 23 août 1661 et acceptée par le Chapitre.

N. 6. Lettres de Mgr Milliet du 23 août 1661 portant confirmation des transactions faites entre les Archevêques et le Chapitre et notamment celle de Mgr Parpallia. Et quant à la juridiction il laisse au Chapitre la connaissance en première instance des causes tant civiles que criminelles, sauf appel au au tribunal archiépiscopal, et ce toutefois pour les cas non réservés à l'Ordinaire par les bulles de sécularisation et par le Concile de Trente. Signé Mauris Moris.

N. 7. Lettres de confirmation par Mgr Milliet des lettres indiquées ci-dessus, scellées et signées par l'Archevêque et par tous les Chanoines.

N. 8. Une transaction entre Mgr Claude de Châteauvieux Archevêque et le Sr de Compois Prieur du V. Chapitre de l'année 1507, écrit sur parchemin et signé Chapot, au sujet de la Chape que devait porter le dit Prieur.

N. 9. Un extrait de lettres de confirmation par Mgr Germonio des transactions de 1618, fait par Me Pavilliet notaire.

N. 10. Autre transaction entre Mgr Benoit Théophile de Chevron et le V. Chapitre, du 20 mars 1642, signée Gudinel, au sujet des greniers existant sur la petite nef de St-Pierre du côté du palais, et dont l'Archevêque prend à sa charge l'entretien ainsi que du toit qui les recouvre.

En marge de cet article on lit la note suivante : Les dits greniers ont été démolis pour élever les basses nefs lorsque l'Archevêque Milliet a fait réparer l'Eglise ; c'est pourquoi la dite transaction n'a plus raison d'être.

N. 11. Une transaction faite entre le V. Chapitre de St Pierre et le Sr Antoine Ferley, économe de l'Archevêché pendant la vacance du Siége, du 1er juillet 1659, au sujet des moulins que Mgr de Chevron avait fait construire au dessus du Pain de Mai et de leurs revenus. Par cet acte le Chapitre cède au susdit économe, en sa qualité, toutes les prétentions qu'il pourrait avoir sur ces moulins tant comme héritier que comme donataire de Mgr de Chevron; et ce moyennant la somme de quatre mille florins payée par Mgr Milliet. Signé Cartanas notaire.

N. 12. Un procès intenté en l'année 1574 par le Chapitre à l'Archevêque, pour les réparations à faire à l'Eglise de St Pierre. Suit un appointement de sursoyance à ce procès.

N. 13. Une sentence provisionnelle rendue par le Nonce en 1566 sur le différent entre l'Archevêque et les Chapitres de St Pierre et de Ste Marie de Moutiers à propos du payement des décimes accordés par le Pape à S. A. R. sur le Clergé de Tarentaise, par laquelle il ordonne que, par provision, de la somme imposée au Clergé, l'Archevêque et les Chapitres, en payeront la moitié et l'autre moitié le reste du Clergé. Que de cette première moitié l'Archevêque payera les deux tiers et les Chapitres l'autre tiers, enfin que de ce tiers le Chapitre régulier payera les deux tiers et le Chapitre séculier l'autre tiers. Scellé et signé : Franciscus Epus.

N. 14. Un procès par devant le Sénat entre le Chapitre et l'Archevêque au sujet du droit de nommer à certains bénéfices et de châtier les Chanoines et les Prêtres desservants de l'Eglise. A la fin se trouve l'arrêt du Sénat rendu le 8 mars 1582, dans lequel est donné acte de la déclaration de l'Archevêque qui affirme n'empêcher en rien les demandeurs dans l'exercice de leur droit de conférer les bénéfices de leur collation ; et quant à la question de juridiction les parties se pourvoiront au parquet et conviendront dans le terme de trois jours si le Prieur et les Chanoines sont de l'Ordre et Règle de St Augustin.

N. 15. Une copie du procès entre le Chapitre et l'Archevêque pour la juridiction sur les Chanoines et les Prêtres desservants, et pour le service et entablature les jours de fête, avec l'arrêt du 18 juillet 1578, ordonnant de convenir des faits, de rapporter des preuves, et par provision que les demandeurs soient maintenus dans le droit de faire les entablatures suivant la forme de pièces produites au procès.

N. 16. Un acte d'opposition formée par le procureur du Chapitre au greffe de l'Archevêché le 17 juillet 1577, au commandement fait et attaché à la porte de leurs maisons de chasser de leurs dites maisons toutes femmes de quel âge et de quelle qualité qu'elles soient.

Suit un article qui ne porte pas de n° et ajouté après la confection de l'inventaire. Contrat concernant certaines constructions faites devant St Pierre et dont le revenu est affecté au balayage et nettoyage complet de l'Eglise quatre ou cinq fois par an. Cet acte du 29 7bre 1699 est signé par Me Hoste notaire.

N. 17. Une requête en latin présentée à Mgr Parpallia par le Chapitre afin d'avoir à déclarer si, ensuite de la défense par lui faite de tenir des femmes, ils encourent l'excommunication lorsqu'ils en gardent de non suspectes, de l'an 1577.

N. 18. Un acte d'appel comme d'abus, de 1577 signé Mollier, mis au greffe par le Chapitre contre le commandement de l'Archevêque affiché à l'Eglise, parce que cet acte empiète sur leur juridiction.

N. 19. Les réponses personnelles du Sr Amigonibus chanoine régulier, du 24 juillet 1577, sur l'accusation d'avoir tenu des femmes contre l'édit de l'Archevêque, et sentence de condamnation à une amende, signé : Josephus Parpallia.

N. 20. Un volume de procédures contre R^d Pierre Durandard chanoine régulier, avec les lettres de prise de corps et les réponses du prévenu, du 26 août 1577, et sentence de l'Official, comme délégué du St Siége, portant condamnation en amende et pénitence.

N. 21. Une sentence de l'Official de Tarentaise du 15 août 1566, contre R^d Jean Relvay chanoine et chantre de St Pierre.

N. 22. Un volume de procédures et requêtes présentées au Sénat pour obtenir la permission d'exécuter les lettres citatoires du Nonce sur les différents que l'Archevêque a avec le Chapitre.

N. 23. Volume de procédures en latin, signé par extrait Empioz, entre le procureur fiscal de l'Archevêché, et le Sr Borgin chanoine de St Pierre accusé ; ordonnance sous peine d'excommunication au Prieur de rapporter les pièces criminelles par devant l'Official, de l'an 1579.

N. 24. Volume de procès au Sénat entre l'Archevêque et le Chapitre appelant comme d'abus des ordonnances du Vicaire général contre le Sr Borgin, de l'an 1579.

N. 25. Plainte et informations prises par l'Archevêque contre R^d Davise chantre de l'Eglise de St Pierre et réponse de celui-ci.

N. 26. Un procès par devant l'Official de l'Archevêché intenté par R^d Mre Bernard Combet, demandeur en action personnelle, contre le Sr Guichard à Magdalenis chanoine, défendeur, de l'an 1599.

N. 27. Autre procès intenté au même tribunal, en 1600, par Rd Mre Bernard Combet archidiacre, demandeur en action personnelle, contre Rd Mre Louis Vorzier chanoine séculier, défendeur.

N. 28. Autre procès intenté par devant l'Archevêque, en 1602, par Rd Mre Mauris Chardon, curé de Montagny et les sindics du dit lieu, demandeurs, contre Rd Mre Etienne Revel chanoine séculier et recteur de la chapelle de Notre Dame, fondée en la dite Eglise de Montagny, défendeur.

N. 29. Autre procès intenté en 1603, par devant l'Official de Tarentaise par le Chapitre séculier, demandeur en action personnelle, contre le Sr Buthod chanoine séculier, défendeur.

N. 30. Un autre procès de l'an 1605, intenté au même tribunal, par Jacques Micaud, demandeur, contre le Sr Duchâtellard chanoine séculier, défendeur.

N. 31. Autre procès de la même année, par devant le même juge, entre Guichard à Magdalenis, demandeur, et les Srs François et Amédée Duchâtellard chanoines réguliers, défendeurs.

N. 32. Un procès de l'an 1606, par devant l'Official, entre Mre Nicolas Longet recteur de l'Eglise des Allues, demandeur, et Mre Etienne Revel chanoine, défendeur.

N. 33. Autre procès de la même année, par devant le même juge, entre Mre Bon Chapuis vicaire de la Saulce, contre Mre Etienne Revel chanoine, défendeur.

N. 34. Autre procès de l'an 1609, par devant l'Archevêque, entre R^d Jacques Bal, demandeur, contre le S^r R^d chanoine Revel, défendeur.

N. 35. Autre procès de l'an 1610, par devant l'Official entre honorable François Cochet, demandeur, contre Mre Etienne Revel chanoine.

N. 36. Encore un autre procès de la même année, au même tribunal, entre Mre Pierre à Magdalenis, demandeur, contre le sieur chanoine Revel.

N. 37. Un autre procès, au même tribunal, de l'an 1613, entre Antoine Bonnevie, marchand, demandeur, et Marc Antoine Chavallard chanoine sacristain de St Pierre, défendeur.

N. 38. Autre procès de la même année entre Pierre Orset, demandeur, et ledit Sr Chavallard, défendeur.

N. 39. Un autre procès au même tribunal, de 1614, entre Urbain et Jean François Arnaud, frères, demandeurs, et le Sr Venel, défendeur.

N. 40. Une liasse de diverses sentences et procédures devant l'Official de l'Archevêché, contre des Chanoines de la Cathédrale, en matière civile, à l'instance de divers particuliers et même du Chapitre.

N. 41. Une petite liasse de procédures, soit réponses personnelles, requêtes d'élargissement, faites à l'instance du procureur d'office du Chapitre et par les juges délégués du Chapitre, contre les Srs Bernard chanoine, et Cordier curé de prime, *occasion d'une batterie.*

N. 42. Une liasse de procédures et informations faites par l'Official de Tarentaise contre divers Chanoines et Prêtres desservants de St Pierre et Ste Marie, pour preuve de juridiction, des années 1575, 1577, 1645, 1652 et 1611.

N. 43. Trois avis en droit donnés par les Srs Morel et Blanc concernant la juridiction de l'Archevêque sur les Chanoines, et confirmation de la transaction de Mgr Parpallia par Mgr Germonio.

N. 44. Acte de mise en possession par procureur de Mgr François Amédée Milliet archevêque, du 12 8bre 1660, dans lequel le Chapitre fait ses réserves au sujet de ses immunités et priviléges, signé Bernard.

N. 45. Une remontrance du procureur fiscal, et les enquêtes faites par l'Archevêque contre Dom Benoît Laurent, prêtre desservant à St Pierre; ensemble les lettres citatoires, de l'an 1661, et encore l'acte d'appel du Chapitre contre l'Archevêque du 8 avril 1661 et signé Jalliet.

N. 46. Un procès au Sénat intenté en 1633 par Mgr Benoît Théophile contre le Chapitre de St Pierre aux fins d'être maintenu en la possession, autorité et droit de ses prédécesseurs d'être ressaisi de sa croix et bâton pastoral, avec défense au Chapitre de le troubler en cela. Ensemble le verbal fait par le Sr Davise commissaire où il est enjoint au Chapitre de rendre la croix et le bâton pastoral, suivant l'arrêt rendu à ce sujet.

N. 47. La parcelle des dépens adjugés contre le Chapitre.

N. 48. Une requête présentée à l'Archevêque le 22 janvier 1661, par Antoine Bouvier du Bois, aux fins d'être reçu appelant du décret du Chapitre contre le Sr Burdel chanoine.

N. 49. Un compromis de l'an 1369, sur parchemin, entre l'Archevêque et le Chapitre au sujet de certaines censes réclamées par ce dernier.

N. 50. Un acte de cession en faveur du Chapitre, sur parchemin, de 1362, fait par les héritiers du Sr Humbert Bertrand, de leur part des dîmes de la Val d'Isère et de St Mauris, en payement d'un legs fait au Chapitre.

N. 51. Bulle du pape Clément donnant à l'Archevêque le pouvoir d'examiner et d'agir selon sa conscience, la supplique des Chanoines réguliers de St Pierre demandant de de pourvoir à leurs prébendes et habitations notablement diminuées.

N. 52. Une copie des bulles du pape Honorius par lesquelles il confirme au Chapitre ses privilèges, sa juridiction, ses Eglises, ses censes, dîmes et fiefs (1).

N. 53. Les suppliques faites en l'année 1472 au Duc de Savoie par le Chapitre qui demandait que les obstacles mis à la garde des biens et châteaux de l'Archevêché pendant la vacance du siége par les officiers de ce prince fussent levés, attendu que cette garde appartenait au Chapitre. Ensemble les Lettres d'Yolande et d'Amédée faisant droit à la requête.

N. 54. Un acte sur parchemin, de 1193, portant échange entre le Chapitre de St Pierre de Tarentaise et l'abbé Dagaun (2) concernant la maison du pont Alvin et ses dépendances, et les dîmes de Salins et de Fessons.

La donation des Eglises de St Michel, Salins, Montagny et Fesson, au Monastère de St Maurice par Pierre archevêque de Tarentaise, en 1140, dont Besson, preuves n° 18 page 352, nous a conservé le texte peut expliquer cet article de l'inventaire. Voici ce texte :

(An. 1140.)

In Nomine Domini nostri Jesu Christi, ego Petrus Tarentasiensis Ecclesiæ Archiepiscopus, circumspectâ Religione Ecclesiæ Agaunensis, optimum duxi ut vera fraternitas, et perpetua societas inter nostram et illam

---

(1) Voir le texte de cette pièce pages 243 et suivantes de ce volume.
(2) Lisez : D'Agaune, soit St Maurice en Valais.

esset Ecclesiam : Et ideo mihi et Decano, et aliis Canonicis Ecclesiæ nostræ placuit quod præfatæ Ecclesiæ Agaunensi Ecclesiam Beati Michaëlis cum Ecclesiis Salini, Montagniaci, et Fessonis dedimus perpetualiter, dum in Canonicâ, non in Monachicâ perseveraverint Regulâ, alioquin minimè. In his retinemus annuum censum octo solidorum, et processiones videlicet in Purificatione gloriosæ Virginis Mariæ in ramis palmarum, in Paschâ, in Rogationibus, in Ascensione, in Pentecostes, in festo Beati Petri, Beatæ Mariæ, in cæteris Festis, et in aliis Sanctis, si necesse fuerit eorum suffragium. Hujus rei testes sunt, Matheus Decanus, Guillelmus Sacrista, Pontius, Ebrardus Cantor, Adalbertus Magister, David, Bernardus Albertus de Ponte, Guibertus de Altacuriâ. Nicolaus, Petrus visus. Hanc cartam ego Matheus Decanus præcepto Domini Archiepiscopi, anno ab Incarnat. Domini millesimo centesimo quadragesimo. Innocentio Papâ Rom. regnante Conrado Rege.

N. 55. Un acte de transaction de 1210 entre l'Abbé de Tamié et le Chapitre de St Pierre de Tarentaise, concernant les dimes de la maison de Tamié.

N. 56. Une remontrance du procureur fiscal au juge de l'Archevêché tendant à ce qu'il fut informé contre Jeanne Porral, accusée d'avoir habité d'une manière compromettante avec un ecclésiastique du Chapitre, suivie du décret du juge en date du 21 mars 1661.

N. 57. Une transaction sur parchemin, de 1387, entre le Chapitre et l'Archevêque au sujet des plaids, laods et vends, dûs à celui-ci, et leur juridiction respective sur les hommes du dit Chapitre.

N. 58.

L'acte de fondation faite en 1454, par le Cardinal de Arciis, Archevêque de Tarentaise, de la Chapelle sous le vocable des Sts Innocents en l'Eglise de St Pierre, pour l'entretien de six enfants appelés Innocents, de deux maîtres et un serviteur; sous les chefs y décrits, et la manière de vivre, faire les offices, assister au chœur, chanter etc.; principalement de dire une messe à perpétuité tous les jours après Matine. Le fondateur a donné pour cela huit mille florins et une maison, reçus par le Chapitre régulier qui a accepté toutes les conditions imposées et a promis de les faire religieusement observer.

Nous possédons l'un des quatre exemplaires originaux de cet acte important dont nous donnons ci-après la teneur. Il est écrit sur parchemin et heureusement a été parfaitement conservé; et ne sera pas une des moindres curiosités de notre bibliothèque.

(An. 1454.)

In nomine sancte et individue Trinitatis Patris et Filii et Spiritus Sancti. Amen. Ex tenore presentis publici instrumenti universis et singulis presentibus et futuris pateat et sit notum quod anno a nativitate ejusdem Domini millesimo quadringentesimo quinquagesimo quarto indictione secunda et die vicesima quinta mensis julii hora meridiei vel circa pontificatus sanctissimi in Christo Patris et domini nostri domini Nicolai divina providentia Pape Quinti anno octavo in civitate Tarentasiensi Musterii nuncupata et loco capitulari ecclesie cathedralis Sancti Petri Tarentasiensis consueto videlicet in Capella beate Catherine in nostrum Johannis Loterii Michaelis Galteri et Johannis Seytoris notariorum publicorum et testium infrascriptorum ad hoc specialiter vocatorum et rogatorum presentia congregato capitulo ipsius ecclesie ad sonum campane ut est moris in quo interfuerunt reverendissimus in Christo pater et dominus dominus Johannes miseratione divina etc. Sanctorum Nerei et Achillei Sacrosancte Romane ecclesie presbyter Cardinalis de Arciis vulgariter nuncupatus Archiepiscopus et Comes Tarentasiensis pro se et nomine suo et ad opus sui Capelleque puerorum magistrorum et famuli eorum de quibus infra fit mentio ex una, necnon venerabiles et circumspecti viri domini Johannes de Puceto Prior, Petrus Festi Archidiaconus, Urbanus de Mascoto Cantor, Georgius de Gilliaco decretorum doctor, Georgius de Viridario, Petrus Albi licenciatus in decretis, Aymo de Prato, Johannes de Meaparte, Jacobus Reverditi, Jacobus Laurentii, Albertus de......... Johannes de Montemajori, Johannes Peronerii et Petrus Pelicheti tam regulares ordinis canonicorum regularium Sancti Augustini quam seculares ipsius ecclesie constituentes facientes tenentes et celebrantes pro se et suis in eodem Capitulo successoribus suoque et aliorum dominorum de ipso Capitulo pro tunc absentium vice et nomine partibus ex altera. Qui reverendissimus dominus Cardinalis Archiepiscopus dixit quod ipse dudum ad laudem gloriam et honorem Sanctissime et individue Trinitatis beatissime que Virginis Marie atque beatorum Innocentium Dominique cultus augmentum et ipsius ecclesie decorem cui jam pluribus annis retrolapsis prout Altissimo placuit prefuit et adhuc preest animi sui deliberatione prehabita pro salute anime sue pia devotione motus desideravit et desiderat fundare et dotare in ipsa Sancti Petri Tarentasiensis ecclesia sponsa sua quandam capellam sub nomine et vocabulo Innocentium et ad sex puerorum innocentium nuncupatorum duorumque magistrorum sive capellanorum et unius famuli eorum vite humane sustentationem de voluntate et consensu Capituli ipsius ecclesie prout in certis capitulis sive articulis in scriptis redactis per eum ibidem traditis et exhibitis legendis et de ipsius reverendissimi domini ac Capituli hujusmodi voluntate alta et intelligibili distinctaque voce per me Michaelem Galteri notarium ejus Secretarium infrascriptum lectis et publicatis continetur hujusmodi sub tenore.

In primis eligentur sex pueri qui vocabuntur Innocentes natique erunt ex legitimo matrimonio et ex bonis famatis parentibus. Item erunt etatis octo annorum vel circa et non minoris nisi tales reperirentur et presentarentur quorum prudentia et discretio suppleret etatem. Item non recipientur aliqui eorum qui non suis oculis naso ore et tota facie bene compositi et bone philosomie ac aspectu placidi. Item ipsi habebunt loquelam bonam et expeditam et erunt bene audientes habebuntque sua organa bene disposita ad cantandum. Item brachia manus et cetera membra eorum corporum bene disposita integra et completa et absque ulla diminutione sive difformitate. Item non admittetur aliquis ex eis qui cadat morbo caduco nec habens anelitum malum seu nimis fortem. Et super istis fiat examinatio diligens ante receptionem cum parentibus eorumdem Innocentium. Et si super istis parentes interrogati veritatem tacuerint ipse vel illi eis statim prepalato morbo hujusmodi remittatur vel remittantur. Et idem de magistris et eorum famulo fiat. Item si contingeret aliquem quod absit de predictis Innocentibus Magistris et famulo judicio medicorum morbum seu infirmitatem incurabilem durante tempore quo debent deservire incurrere tunc eo casu si beneficiati fuerint eorum beneficia eisdem remaneant et de ipsis per dominos de Capitulo fiat prout de aliis incorporatis et deservientibus in ipsa Tarentasiensi ecclesia fit. Si autem beneficiati non fuerint remittantur parentibus suis et vadant ad eosdem. Et pari modo fiat de capellanis sive Magistris et famulo eorum predictis et ab omnibus juribus et magistratu eorum priventur et censeantur esse privati. Et statim alius surrogetur presentandus et admittendus in forma aliorum de qua forma inferius fit mentio. Item si de Capellanis sive magistris et innocentibus hujusmodi contingeret aliquem esse occulis scandalosum vel nimis durum ad retinendum ad discendum seu comprehendendum ad servitium ecclesie et eis imposita necessaria tunc judicio sanioris partis dicti Capituli monitione precedente moneatur et juribus suprascriptis ac beneficio si quod ratione Capelle Innocentium de qua infra obtineat sive habeat privetur et alius loco ipsius surrogetur in forma qua ibi ordinari debent sive admitti. Item stabunt dicti Innocentes sic recepti Domino famulaturi et servituri usque ad decimum sextum annum eorum etatis inclusive et non ultra nisi contingeret aliquem talem esse qui de bene cantando et aliis virtutibus specialiter commendaretur a majori parte dicti Capituli et Magistris quo casu possit stare talis usque ad decimum octavum annum ejusetatis inclusive. Item deferent ipsi Innocentes in ecclesia habitum suis temporibus per alios in ipsa ecclesia portari solitum excepta tonsura capitis quam multo majorem ceteris portabunt et eam sibi radi facient de quindecim inquindecim diebus. Item portabunt vestes talares et capas componendas ad discretionem dictorum capellanorum sive magistrorum. Non portabunt tamen vestes caligas neque capucia diversorum colorum sed omnes induentur eodem colore et conformabitur color capuciorum colori vestium et calligarum suarum et e contra. Item capellani sive magistri ipsorum Innocentium eligentur sacerdotes vel tales quod infra annum post eorum receptionem sint promoti ad sacerdotium devoti et commendati de moribus et virtutibus et potissime de castitate qui sciant officium divinum et sint fundati in gramaticalibus et sciant artem musice ut sciant et possint alios instruere et docere, et sint de legitimo matrimonio nati et non sint discurrentes sed firmi et stabiles ecclesiamque et divinum officium libenter insequentes. Et non sint avari nec prodigi aut fumosi nec rixosi sed patientes et mites honesteque vite. Item quod sint diligentes in docendo et instruendo dictos Innocentes tam officium divinum quam gramaticam quam musicam et alios bonos mores servandum quod Deus eis ministerietur. Et hoc in eorum receptione facere jurent. Ipsique Capellani sive magistri dictorum Innocentium sint habitus et tonsure quibus supra dictum est de ipsis Innocentibus. Et sicut ceteri sacerdotes dicte ecclesie Sancti Petri Tarentasiensis tonsuram deferant. Item habebunt dicti capellani sive magistri et innocentes pro eis famulando et serviendo unum famulum qui eis famulabitur et serviet eorum lectos faciendo et domum bene aptatam ac munde tenendo cibaria parando et alia quevis faciendo que ad honestatem et necessitatem pertinebunt jussionibus Capellanorum sive Magistratorum ipsorum licitis et honestis obtemperando. Item eligetur dictus famulus notus et bone fame et talis quod ejus vita vel moribus ipsi pueri innocentes nuncupati non valeant aliquod malum exemplum capere aut eorum boni mores corrumpi. Et super istis sint bene avisati et cauti magistri sive capellani ipsi et advertentes ne illud bonum quod ob eorum bonam doctrinam innocentes capere possent ea per famulum forte discolum subtrahatur vel aliqualiter corrumpatur. Et sit ipse famulus ex bonis et commendatis et legitimis parentibus. Item intererunt dicti Magistri sive Capellani et innocentes infallibiliter omnibus diebus dominicis et festivis que colli et observari in manuali ecclesie parrochialis Musterii præcipiuntur ac in festis duplicibus videlicet in matutinis et singulis horis et officiis in dicta ecclesia beati Petri cantando tam pro vivis quam pro defunctis. Preterquam in omnibus et singulis festis beate Marie Virginis ac dedicationis ecclesie ejusdem beate Marie Musterii quibus festis in ipsa ecclesia beate Marie ipsi ire debeant et interesse in omnibus horis et officiis ut supra. Exceptis et reservatis festis Purificationis, Assumptionis et Nativitatis ejusdem beate Marie quibus in memorata ecclesia beati Petri remanere et interesse debeant dicti innocentes et Magistri in omnibus horis et officiis ut supra nisi contingeret reverendissimum dominum Archiepiscopum Tarentasiensem pro tunc existentem in ipsa ecclesia beate Marie celebrare in dictis tribus festis beate Marie. Quo casu cum eodem domino Archiepiscopo ipsi innocentes et Magistri ire et interesse debeant. Et aliis diebus feriatis non sint astricti interesse in dicta ecclesia in horis et officiis nisi in missa et officiis pro dicto domino fundatore ut supra et infra ordinatis et in magna missa et vesperis ipsius ecclesie cathedralis beati Petri. Et stabunt in dictis officiis et horis tres cum uno magistro in una parte chori et alii tres cum alio magistro in alia parte et faciunt officium in ecclesia secundum quod eisdem ordinabitur. Item stabunt dicti innocentes firmi in choro nec discurrent per ecclesiam ultra debitum officii sibi commissi. Item non fabulabuntur inter se nec cum ceteris de ecclesia et multominus cum laicis. Item non dirigent eorum oculos vagos sed erunt intenti circa divinum officium et ejus exercitium, et si faciant contrarium statim cum reversi fuerint de ecclesia per capellanos sive magistros eorum aut alterum ipsorum cum virgis castigentur omni mora postposita ut terreantur de cetero talia facere. Item cum incedent per ecclesiam et alibi non incedent nimis lento vel festino passu sed moderato incessu. Item habebunt et capient dicti magistri et innocentes distributiones suas prout alii capellani et innocentes sive clerici chori habent et capiunt in dicta ecclesia et juxta morem et consuetudinem dicte ecclesie eisdem magistris et innocentibus solvendos et satisfaciendos per dictum Capitulum prout ceteris capellanis et clericis chori ipsius ecclesie. Item capellani sive magistri predicti cantabunt missam de qua infra fit mentio alternatis ebdomadis et providebunt quod alter ipsorum semper sit cum ipsis innocentibus et potissime in ecclesia ut sint magis intenti ipsi innocentes circa divinum officium ac supra et infrascripta observanda. Item servient dicti innocentes et capellani sive magistri in missa cantanda et ordinanda et in anniversariis pro intentione dicti fundatoris celebrandis. Item quando venient dicti capellani et innocentes de domo ibunt bini et bini ad ecclesiam et magistri eorum retro et incipient cantare voce mediocri psalmum *Miserere mei Deus* etc. usque ad altare capelle dicti domini fundatoris. Quo finito dicet capellanus sive magister ebdomadarius versum *Ora pro nobis Sancta Dei Genitrix*. Et respondebunt innocentes *Ut digni efficiamur promissionibus Christi*. Et *Dominus vobiscum* etc. cum collecta *Interveniat pro nobis* etc. Qua finita dicent capellani sive magistri *Anime omnium fidelium* etc. et innocentes respondebunt *Amen*. Deinde ibunt ad chorum bini et bini quando ad ecclesiam ire debebunt ut supra. Item omni die postquam officium per dictum R^{mum} D^{num} ut supra et infra ordinatum est in dicta ecclesia completum ibunt dicti innocentes bini et bini ante altare beate Marie Virginis retro magnum altare dicte ecclesie cathedralis beati Petri situm et capellani sive magistri retro et cantabunt antiphonam *Regina celi letare* etc. *Dominus vobiscum* etc. una cum collecta beate Marie que ad tempus convenerit. Et quando prohibetur cantare alleluia aut dicent loco ipsius antiphone *Ave Maria gratia* etc. Collecta ut supra etc. Et alio tempore *Salve Regina* secundum quod tempus requirit. Qua finita dicent capellani sive magistri orationem *Fidelium Deus omnium* etc. et *Requiescant in pace.* Innocentibus respondentibus *Amen.* Et hoc ad opus fidelium defunctorum et fundatoris hujus capelle predicti. Item quando intrabunt mensam pro refectione sumenda dicent *Benedicite. Oculi omnium in te sperent Domine.* Et sumpta refectioen gratias reddent Deo dicendo *Confiteantur tibi Domine* etc. Et in cena etiam officium pertinens videlicet *Edent pauperes et saturabuntur* etc. Et mutabunt Benedicite et Gratias secundum officium quod fit in ecclesia et super hoc bene advertant magistri. Et dicendo benedicite et gratias ut supra faciant duos choros videlicet tres innocentes cum uno magistro ab una parte et ceteri tres innocentes cum alio magistro. Et quando *Gloria Patri* dicetur jubeant dicti magistri dictos innocentes inclinare ob Dei nostri Salvatoris reverentiam. Item non ibunt dicti innocentes per villam nisi cum capellanis sive magistris ipsorum nec exibunt domum sive licentia illius qui pro tempore reget. Item sufficientior ipsorum magistrorum sive capellanorum et magis ydoneus eligendus per dictum Capitulum regulare dicte ecclesie sancti Petri Tarentasiensis regimen et preeminentiam habeat in ipsa capella innocentium ut supra et infra fundata. Item non facient magistri sive capellani prefati eos nuncios nec alibi destinabunt eos extra pertinentia ad divinum officium. Item diebus festivis quando erit locus recreationis et solatii ibunt omnes simul ipsi innocentes et capellani sive magistri ipsorum cum eis et ibunt honeste et mature et per loca omni suspicione carrentia et cum famatis personis. Et caveant ipsi capellani et magistri ipsorum quod sint reversi antequam incipiantur officia divina in dicta ecclesia ut supra dictum est, itaque sint in ecclesia predicta antequam aliquod divinum officium ibidem incipiatur. Item non comedant extra domum suam etiam in domo parentum suorum nisi tamen totus clerus simul comedat, vel dominus Archiepiscopus vel aliquis ex dominis de Capitulo aut honestis burgensis sive civis eos omnes cum capellanis sive magistris eorum invitare vellet. Et tunc caveant capellani sive magistri eorumdem quod honeste in loquela et moribus se gerant sic quod de omni modestia et sobrietate commendentur et non dividantur diebus quibus domini de Capitulo tenent refectorium sed simul domino Archiepiscopo Priori Archidiacono vel alteri ex dominis distribuantur. Inducent capellani sive magistri ipsos innocentes hujusmodi modis gratiosis ad faciendum abstinentiam et jejunia observandum secundum quod videbunt eos posse supportare. Magistri vero observent jejunia a jure et sinodalibus constitutionibus ordinata sic quod eorum bono exemplo animentur innocentes predicti ad bene agendum juxta illud psalmiste *Cum sancto sanctus eris* etc. Item non morabit mulier juvenis neque senex domum ipsorum innocentium ullis temporibus. Et si contingeret aliquem de ipsis pueris egere propter infirmitatem ope vel suffragio mulierum eo casu portetur extra domum in loco honesto et sibi ministrentur necessaria donec couvaluerit nisi esset infirmitas perpetua vel incurabilis et tunc provideatur ut supra dictum est. Quod etiam de magistris intelligatur. Item non patientur capellani sive magistri ipsos innocentes jurare quovis modo per Deum nec Sanctos nec aliquod aliud illicitum seu turpe juramentum. Etiam ipsi magistri ab eisdem se abstinent. Item dormient omnes ipsi innocentes in una camera. Et capellani sive magistri ipsorum in aliis suis cameris nisi esset causa infirmitatis. Item habebunt in camera in qua dormient innocentes lampadem incensam et lucentem tota nocte. Item cum ibunt ad dormiendum et corum cameram intraverint dicent capellani sive magistri ipsorum *De profundis* et innocentes cum ipsis per modum chori. Et hoc cum *Pater noster* et collecta *Fidelium Deus* etc. et versu *Anime omnium fidelium* etc. Et adhuc facient omni mane quando surgent ad opus patris et matris ac omnium parentum benefactorum et famulorum dicti domini fundatoris. Item non permittent dicti capellani sive magistri ipsorum innocentium conversari cum ipsis nec intrare domum pisorum nisi ecclesiasticos, nobiles, burgenses benefamatos et honestos viros. Item non patientur dicti capellani sive magistri quod in domo ipsorum innocentium fiant ludi vel utatur instrumentis ad divinum cultum non pertinentibus. Item non possit aliquis ipsorum innocentium in Episcopum vel Archiepiscopum in festis sanctorum Nicolai, Innocentium et Circumcisionis eligi seu fieri, nec quemcumque alium clericum per villam aut alibi sequi nec cachinare, et hoc propter dissolutionem et distractionem a divino officio. Item docebunt eos magistri sive capellani ipsi divinum officium responsoria antiphonas et alia que dicere et cantare erit expediens in dicta ecclesia. Ac etiam docebunt eos gramaticam et musicam cum artibus liberalibus quantum eis erit possibile. Item capellani sive magistri memorati tenebunt eos honeste indutos et vestibus convenientibus secundum temporis exigentiam videlicet quandiu cape portantur de panno grisei coloris pretii ulna octo grossorum de duobus in duobus annis unam vestem et quolibet anno unam vestem de panno coloris persici (1) usque ad valorem sexdecim grossorum pro ulna. Et similiter induantur dicti magistri. Et intelligatur de ulna ad mensuram gebennensem que pretia predicta per dictum capitulum regulare ipsius ecclesie sancti Petri solvantur. Item quilibet infans sive puer qui de novo in numero ipsorum innocentium recipietur seu agregabitur tenebitur portare pro seipso unam bonam vestem et capucium cum caligis coloris persici et pretii supra ordinati et etiam unam capam de panno competenti et requisito et unum superpelliceum bonum de bona tela et unum gausape et unam mapam et unum par linteaminum bonorum et sufficientium. Item tenebunt dictos innocentes capellani sive magistri eorum sub virga discipline et timore eo modo quod eum timeant et eis obediant plene sine murmuratione. Et sepe faciant eis mutare suas camusias ut sint et mancant mundi. Item non tenebunt...... in domo ipsorum innocentium nisi pro ipsis innocentibus dumtaxat ne forsan iidem innocentes ab eorum bonis moribus distraherentur. Item non fient invitationes nec comestiones in domo ipsorum innocentium. Poterunt tamen

---

(1) Couleur intermédiaire entre le vert et le bleu.

magistri ipsorum aliquem dictorum et alios ad eorum suffragium pro instructione innocentium ad prandium vocare et retinere. Sed non propter hoc cesset lectio. Item statim post solis occasum claudentur janue dicte domus. Nec permittetur aliquis ultra illam horam nisi pro necessitate apparente exire. Item confitebuntur dicti innocentes qualibet prima dominica cujuslibet mensis, recipientque sacrum Eucharistie sacramentum dum decimum quartum eorum etatis annum attingent seu quilibet eorum attinget in festis sequentibus quolibet anno. Videlicet Nativitatis Domini, Paschæ, Penthecostes, Assumptionis beate Marie Virginis et Omnium Sanctorum. Item habebunt et tenebuntur dicti capellani sive magistri una cum dictis innocentibus celebrare et cantare alta voce qualibet die cujuslibet anni videlicet antequam sit pulsata prima unam missam et ea tunc incipiatur dicta missa quando prima incipietur pulsari et...... ipsa missa finiatur. Et ante celebrationem ipsius misse pro signo ipsius misse pulsetur una grossarum campanarum ipsius ecclesie beati Petri Tarentasiensis. Celebrenturque dicte misse primo quolibet die dominico de Sanctis Petro et Paulo Apostolis et dicatur secunda collecta ad devotionem missam celebrandis, tertia vero collecta dicatur pro pace ecclesie et totius dominii Sabaudie. Item qualibet die tunc dicatur missa de mortuis et prima collecta dicatur *Deus qui nobis patrem et matrem* etc. tertia *Fidelium Deus omnium* etc. Item singulis diebus martis alternatis vicibus videlicet una die martis de Sancto Jacobo confessore fundatore dicte ecclesie Tarentasiensis. Et alio die martis de Sancto Petro Confessore et Archiepiscopo Tarentasiensi. Et dicatur prima collecta de ipsis Confessoribus, secunda *Deus qui inter Apostolicos* etc. et tertia ad devotionem celebrantis. Item die mercurii dicatur missa de Innocentibus. Die jovis de Sancto Anthonio Viennensi. Die veneris de beato Johanne Baptista. Et die sabbati alternatis vicibus de beata Maria Virgine videlicet una die sabbati officium de Conceptionis et altera die sabbati officium de beata Maria Virgine secundum quod tempus occurret. Et dictis diebus mercurii, jovis, veneris et sabbati dicantur secunda et tertia collectis ut supra proxime in die martis ordinatum est. Exceptis tamen quinque festis solemnibus in quibus predicta missa de ipsis festis celebretur et commemorationes supra proxime memorata dicantur. Item quod omnibus diebus premissis cujuslibet anni in celebratione dictarum missarum teneantur et debeant dicti magistri et innocentes cantare in organo *Kyrie eleison, Gloria in excelsis Deo, Credo, Sanctus, Agnus Dei et Deo gratias* secundum quod tempus occurrerit. Item qualibet die finita dicta missa dicent dicti magistri et innocentes *De profundis* etc. cum collecta *Deus qui inter apostolicos sacerdotes* etc. et *Fidelium* etc. ad intentionem dicti fundatoris domini et post ejus decessum, duos choros faciendo. Item quod ipsum Capitulum provideat habere et habeat magistros innocentes et famulum hujusmodi infra unum annum a festo Nativitatis Domini proxime futuro inchoandum pro executione pro et infrascriptorum facienda expensis ipsius capituli regularis. Item non poterunt prefati magistri nec aliquis ipsorum onus magisterii hujusmodi per eos suscepti dimittere seu deserere ante finitum decimum octavum sue residentie annum sine causa evidenti et rationabili ac de voluntate domini Prioris et Capituli regularis dicte ecclesie sancti Petri. Quod si faciant ipso facto sint privati beneficio ratione servitii seu magistratus predicti forsan obtenti et sine quovis declaratione juris vel facti et solemnitate citatione monitione aut assignatione quacumque et simpliciter. Et incontinenti possit ipsum beneficium conferri magistro futuro qui succedat in magistratu loco illius qui magistratum dimiserit. Et fiet dicta collatio per dominos Priorem et Capitulum regulare cum consilio domini Archidiaconi et Capituli secularis Tarentasiensis prout infra de collatione declaratur. Et post declarationem hujusmodi legitime cause teneantur residere per sex menses antequam locum absentent. Et quia supra dicitur absque rationabili causa, illa consebitur rationabilis et justa que per Officialem tarentasiensem et duos ex dominis canonicis presentibus deputandos ad hoc expresse per Capitulum regulare summarie simpliciter et de plano vel per majorem partem ipsorum dominorum de Capitulo regulari judicata fuerit rationabilis. Et super hoc stetur eorum relationi effectualiter absque ulteriori declaratione cavillatione subterfugio aut interpellatione vel recursu ad arbitrium boni viri. Et casu quo dicti duo canonici deputandi cum Officiali non possent super hoc esse concordes cognitio predicta capitulo regulari predicto in solidum pertineat. Et hoc effectualiter summittent se voluntarie dicti magistri in eorum receptione alias non admittantur id facere nolentes. Item in choro ab utraque parte fiet unum pulpitum parvum si sit necesse cum minori dampno et impedimento ecclesie quo fieri poterit, super quibus dicti innocentes poterunt libros tenere ad officium necessarios. Item super jurisdictione dictorum innocentium et magistrorum et famuli conventum est quod si dicti innocentes infra limites ecclesie, claustri et cymiterii vel alibi delinquant leviter tunc per eorum magistros corrigantur. Si autem ipsi magistri leviter delinquant infra limites ecclesie, cymiterii et claustri corrigantur ut alii capellani leviter delinquentes. Sed si prefati magistri et innocentes vel ipsorum aliquis graviter delinquant seu enormiter delinquerint infra limites predictas vel alibi fiat secundum quod est de more usu et consuetudine fieri in aliis de ecclesia Tarentasiensi predicta. Item fient littere seu instrumentum ad partem quod unientur per reverendissimum dominum Cardinalem Archiepiscopum et Capitulum prefatos dicte Capelle Innocentium, videlicet ecclesie parrochialis Bozellarum de collatione Archiepiscopi Tarentasiensis et Gilliaci de jure patronatus et presentandi capituli regularis dicte Ecclesie Tarentasiensis diocesis Tarentasiensis cum suis annexis et pertinentiis quarum fructus redditus et emolumenta percipient et habebunt dicti capellani sive magistri durante tempore quo in dicta capella servient et onus magistratus ut supra tenebunt et habebunt dumtaxat. Scilicet magister cantus Bozellarum et magister gramatice Gilliaci, servitio tamen et manutentione debitis dictorum parrochialium ecclesiarum super dictis fructibus et aliis pertinentiis ipsarum ecclesiarum semper salvis, aliisque honoribus et oneribus ipsarum ecclesiarum per ipsos magistros habendis et debite supportandis ut in ipsis litteris sive instrumento cavebitur. Item in provisionibus capellaniarum in dicta ecclesia Sancti Petri Tarentasiensis fundatarum et dotatarum vacando dicti capellani sive magistri et innocentes......... preferantur et semper sufficientior et magis ydoneus dictorum capellanorum sive magistrorum et innocentium eligendus per Priorem et Capitulum regulare presentetur et instituatur ut moris est in aliis fieri. Item quod omnia et singula bona mobilia et immobilia ac jura quecumque eisdem innocentibus seu capelle ipsorum ut supra et infra fundate tam inter vivos quam in ultimis voluntatibus et alios quocumque modo et qualitercumque legata et donata seu leganda et donanda ultra tamen donata et relicta ac donanda et relinquenda per ipsum reverendissimum dominum fundatorem sint et remaneant capitulo regulari predicto pro supportatione onerum dicte capelle per ipsum facilius subeunda. Vult tamen dictus dominus fundator quod si contingeret fidelium devotione dictam portionem augmentari sic quod de ipsa ultra necessaria dictis innocentibus et magistris ut supra possint unus vel plures alii innocentes alimentari et sustentari quod illud augmentum seu portio convertatur pro uno, duobus vel pluribus innocentibus eligendis secundum formam supra et infra scriptam et non ad alios usus super quo conscientias ipsorum de capitulo vult ipse dominus fundator esse obligatas et oneratas. Et si facultas diminuatur etiam numerus innocentium diminuatur. Item de oblationibus que offerentur ad altare dictorum innocentium idem sit sicut de oblationibus que fiunt et offeruntur in aliis altaribus ecclesie predicte tarentasiensis. Item prefatus reverendissimus dominus fundator vult et ordinat quod ipse quoad vixerat habeat jus eligendi et admittendi dictos capellanos sive magistros, innocentes et famulum eorum, et post ejus obitum dictum capitulum regulare cum consilio tamen capituli secularis Tarentasiensis juxta eam formam suprascriptam. Et si contingeret ipsum capitulum infra duos menses esse negligens sicque infra ipsos duos menses loco magistri vel innocentis seu magistrorum sive innocentium aut famuli hujusmodi decedentis seu existentis aut decedentium sive existentium non esset alius vel alii ordinati vel surrogati vult dominus fundator ipse quod dominus Archiepiscopus Tarentasiensis pro tempore existens providere possit juxta tamen formam suprascriptam pro illa vice dumtaxat. Item vult et ordinat idem dominus fundator quod magistri sive capellani dictorum innocentium sive quicumque alius deputandus per ipsum capitulum regulare et capellanos sive magistros predictos ad administrationem receptionemque et distributionem ipsius capelle quolibet anno computa reddere teneantur modo et forma infrascriptis videlicet in manibus duorum aut plurium deputandorum et eligendorum per ipsum capitulum regulare qui audient et videbunt rationes et computa ipsorum magistrorum sive capellanorum aut deputandorum in administratione et receptione ut supra in dicta civitate Musterii videlicet in primo festo Nativitatis Domini pro redditione computorum et reliquorum in festo Epiphanie Domini pro totali conclusione ipsorum computorum vacabunt et ad illa computa seu rationes videndas et reddendas possint dicti eligendi et deputandi ad dicta computa audienda compellere dictos capellanos sive magistros aut deputandos ad administrationem et receptionem predictas ut supra simplici requisitione sub pena decem florenorum ad manutentionem sive augmentationem predictorum convertendorum cui pene sponte se summittent domini Prior et capitulum regulare. Item si ex emolumentis ipsius capelle in reddictione dictorum computorum in fine cujuslibet anni dicti capellani sive magistri aut deputandus ad administrationem et receptionem ut supra aliquid remaneat oneribus et expensis supra et infra ordinatis prius solutis et satisfactis per dictum capitulum regulare remanentia reservetur pro manutentione ipsius capelle. Item dictam missam dicti magistri et innocentes celebrabunt ut supra ordinatum est in capella Corporum Sanctorum ipsius ecclesie Sancti Petri in qua pridem duas alias capellanias sive capellas dictus reverendissimus dominus fundator fundavit et dotavit. Quarum quidem duarum capellaniarum duo rectores alternatis vicibus qualibet die unam aliam missam summissa voce celebrare debent et tenentur. Et ut dicti magistri innocentes et famulus statim suum principium habere possint et ut incipiant citius Deo famulari est arrestatum et conclusum inter reverendissimum dominum fundatorem et capitulum predictum quod ipse dominus fundator teneatur dictam capellam missali graduali et aliis libris ac paramentis et ornamentis necessariis quibuscumque munire seu muniri facere pro prima vice et dictum capitulum regulare munita manutenere. Item ipse reverendissimus dominus fundator emet et edificabit seu emi et edificari aut reparari facere unam domum pro dictis magistris ac innocentibus et famulo bonam et sufficientem pro eorum mansione quamprimum aderunt illamque domum pro prima vice muniet lectis munitis et aliis utensilibus quibuscumque necessariis ibidem seu muniri faciet. Et ex tunc dictum capitulum regulare prestare et supportare teneatur et debeat perpetuo pro alimentis ipsorum innocentium et magistrorum et famuli eorum quod fuerit necessarium. Item pro complendis et adimplendis supra et infrascriptis omnibus et singulis tangentibus victum et vestitum et distributiones et alia necessaria dictorum magistrorum innocentium et famuli ut supra dictum est dictus dominus fundator dat assignat et ex tunc tradi jubet dicto capitulo regulari Tarentasiensi *octo millia florenorum* parvi punderis quolibet valente et computato ad rationem duodecim denariorum grossorum monete Sabaudie nunc currentis. Quos ipse reverendissimus dominus fundator consignabit seu consignari et assignari faciet realiter et cum effectu ipsi capitulo regulari infra festum beati Michaelis Archangeli de mense septembris proxime futuri in et de melioribus debitis suis que habet ipse reverendissimus dominus et sibi debentur seu debebuntur et que ipsi domini de capitulo regulari eligere et assumere voluerint et que ipse reverendissimus dominus faciet et reddet ac promittit facere et reddere ipsi capitulo bona valida et vera. Cedet que ipse reverendissimus dominus fundator dicto capitulo omnes actiones et rationes actuales et effectuales ac jura sua sua quecumque adversus debitores hujusmodi quos ipsi Prior canonici et capitulum elegerint ut prefertur pra solutione fienda et consequenda in promptu compellendos et conveniendos. Quibus assignatis et assumptis ipsum capitulum teneatur et debeat confessionem dare de receptione corumdem, cujusquidem confessionis instrumentum publicum recipiatur et in forma publica redigatur, quod instrumentum confessionis triplicari debeat et unum in thesauro Domini Archiepiscopi reponatur conservandum, reliquum vero Capitulo seculari Tarentasiensi et tertium magistris sive capellanis predictis expediantur et fiant per dictum reverendissimum dominum et suis expensis solvenda. Item ut premissa omnia et singula validius tutius et firmius et in casu annuente Altissimo juxta etiam mentem dicti domini fundatoris permaneant illesa et pretactus cultus divinus nullo modo impediatur supra dicti domini de Capitulo promittent bona fide et per juramenta sua et sub obligatione omnium bonorum dicti capituli quod omnia et singula ad victum et vestitum innocentium magistrorum et famuli supradictorum necessaria realiter et cum effectu sine aliquali retentione prorogatione mora aut exceptione magistro sive magistris qui pro tempore regent unacum distributionibus ipsis magistris et innocentibus libere expedient dabunt tradent seu expediri et tradi facient. Et casu quo permissa non adimplerent aut facere different conscientiam et se legitime obligando ut supra dictum capitulum astringent quod ad premissa adimplenda et quodlibet eorum cogi et compelli possint et valeant a dictis capellanis sive magistris dictorum innocentium et a capitulo seculari tarentasiensi predicto vel eorum altero et a procuratore seu procuratoribus per ipsos seu eorum alterutrum constituendo seu constituendis ita quod id quod unus ipsorum inceperit alius prosequi possit et valeat ac finire per officiales curie ipsius reverendissimi domini Archiepiscopi tarentasiensis et successorum suorum pro tempore existentium quorum juridictioni coercioni et compulsioni dictum capitulum sponte se summittet, qui officiales summarie simpliciter et de plano sine strepitu et figura judicii procedere valeant sola facti veritate et necessitate inspecta. Et ad premissa et quelibet ipsorum adimplenda ipsos capitulum seu conrearium et receptorum aut procuratorem eorum qui erunt pro tempore compellent per censuram ecclesiasticam et sub aliis penis ecclesiasticis ac viis juris et remediis oportunis melioribus et fortioribus quibus fieri poterit et debebit. Item si dictum capitulum regulare quod absit premissa non attenderet et onera hujusmodi supportare et exercere recusaret sive legitime victum et vestitum ac distributiones dictis magistris et innocentibus et famulo ut supra scriptum est tradere et expedire nollet et recusaret tunc et eo casu adveniente ipse reverendissimus dominus fundator dictam fundationem vult et ordinat transferri et transportari ad ecclesiam beate Marie Virginis dicte civitatis; videlicet ad altare quod est de presenti retro majus altare chori ipsius ecclesie beate Marie et omnia et singula jam forte pro tunc per dictum capitulum regulare occasione dicte fundationis recepta et habita unione duarum curarum sive ecclesiarum parrochialium de Bosellis et Gilliaci supra mentionatis ipsi capelle innocentium juxta ipsius unionis pretacte formam tenorem et effectum in suo esse remamente capitulo seculari ipsius ecclesie beate Marie Virginis eo casu adveniente tradi deliberari et integraliter restitui et absque aliquali diminutione pro et mediante eo quod dictum capitulum seculare teneatur et debeat omnia et singula onera supra et infra scripta per dictum capitulum regulare supportari ordinata adimplere supportare et facere prout et quemadmodum dictum capitulum regulare adimplere supportare et facere tenetur ut supra et infra deductum est. Et casu quo ipsum seculare dicte ecclesie beate Marie hoc facere nollet sive negligeret seu cessaret ut prefatam ipsam fundationem capelle et ejus servitium cum suis qualificationibus antedictis ex nunc prout ex tunc vult ipse reverendissimus dominus cardinalis archiepiscopus fundator transferri et translata esse ad hospitale dicte civitatis Musterii. Item si quod absit in futurum centroversiam questionem sive dissensum pro quacumque re inter reverendissimum dominum cardinalem et archiepiscopum fundatorem seu alios dominos archiepiscopos tarentasienses qui erunt pro tempore et dictos dominos de capitulo qui etiam erunt pro tempore oriri contingeret promittent prefati domini Prior Archidiaconus canonici et capitulum pro se et successoribus suis quod propterea non erunt in aliquo molesti prefatis magistris innocentibus et famulo pro tempore existentibus imo favore et auxilio benevolis eos tractabunt nec a solutione et observatione premissorum quatenus partem ipsius capituli tangit et tangere poterit quovis modo cessabunt nec alias se subtrahent seu ipsum capitulum se subtrahet. Item si contingeret dictos dominos de capitulo seu ipsum capitulum propter aliquam causam per aliquot tempus cessum a divinis in ipsa ecclesia tarentasiensi facere seu a divinis quomodolibet cessare tunc dicti magistri et innocentes tenebuntur et poterunt dicere et celebrare in loco qui decentior videbitur missam per dictum dominum fundatorem dici supra ordinatam dicta cessatione non obstante nisi alias a jure esset eis inter dictum nec capitulum predictum in hoc eosdem impedire seu prohibere poterit. Supplicans igitur humiliter effectibus majoribus quibus potest prefatus reverendissimus dominus fundator illustrissimis domino Ludovico duci Sabaudie et domine Anné de Cypro ejus consorti eorum que illustri et generose prosapie ac omnibus de genere suo reverendissimisque patribus dominis Archiepiscopis Tarentasiensibus in eodem ecclesia suis successoribus et sibi succedentibus ac etiam venerabilibus dominis Priori Archidiacono et capitulo dicte Tarentasiensis ecclesie presentibus et futuris totique clero ecclesie ejusdem ac etiam nobilibus civibus burgensibus et aliis omnibus hujus civitatis ac aliis ipsius ecclesie subditis totiusque diocesis tarentasiensis incolis et habitatoribus quatenus Dei amore pietatisque et caritatis intuitu dictos magistros et innocentes specialiter suscipere dignentur recommissos eos tuendo preservando dirigendo et sustinendo favendo consulendo et eorum necessitatibus misericorditer si opus fuerit succurrendo et subveniendo eosque in plana et pacifica quiete manutenendo. Vult enim et intendit dictus dominus fundator quod ipsi omnes supra mentionati specialem et bonam partem in omnibus precibus et orationibus per ipsos magistros et innocentes fundendis Altissimo beatissimeque Virgini Marie beato Petro sanctisque Innocentibus ob quorum reverentiam denominantur totique curie celesti habeant et reportent quod eis prestare dignetur qui sine fine vivit et regnat. Amen. Quibusquidem capitulis sive articulis sic lectis et publicatis et per ipsos dominos reverendissimum Cardinalem Archiepiscopum Priorem Archidiaconum Canonicos et Capitulum attente auditis ipsi domini dixerunt verum fore de et super hiis omnibus et singulis longum et frequentatum ad invicem dudum per et inter se habuisse tractatum et propterea ut res ipsa ibidem deducta Deo auctore firmetur et suum sortiatur effectum nunc ibidem convenisse et esse presentes. Ideo ipse reverendissimus in Christo pater et dominus dominus Johannes Cardinalis Archiepiscopus et Comes Tarentasiensis gratis et ex sua certa scientia et spontanea voluntate omnibus eis melioribus modo via jure et forma quibus dici fieri et intelligi potuit et debuit ac potest et debet ipsam capellam sub nomine et vocabulo sanctorum Innocentium in ipsa sancti Petri Tarentasiensi ecclesia fundavit et dotavit fundatamque et dotatum esse voluit ac fundat et dotat de presenti aliasque egit et fecit quantum factum et negotium hujusmodi ipsum et partem suam tangit et concernit ac tangere et concernere potest et poterit in omnibus et per omnia prout et quemadmodum in ipsis capitulis sive articulis superius continetur. Ex una. Et domini Prior Archidiaconus Canonici et Capitulum prefati et supra ad sonum campane capitulantes ac Capitulum ipsius ecclesie tenentes facientes et celebrantes suis et aliorum canonicorum absentium et totuis capituli ipsius ecclesie nomine et vice prout supra ex sua certa scientia et spontanea voluntate unanimiter et concorditer nemine eorum in aliquo discrepante contradicente opponente vel resistente habita super hiis deliberatione matura eisdem modo via et forma quibus supra pro se et suis in eodem capitulo successoribus, partibus ex altera, fundationem et dotationem hujusmodi ac omnia et singula in eisdem articulis sive capitulis contenta acceptaverunt suumque et ipsius Capituli assensum et consensum in eis omnibus et singulis dederunt et prestiterunt dantque et concedunt hujusmodi publici instrumenti tenore. Ipsique domini reverendissimus Cardinalis Archiepiscopus fundator ex una necnon Prior Archidiaconus Canonici et Capitulum prefati partibus ex altera quantum quamlibet ipsarum partium factum et negotium hujusmodi tangit tangereque potest et poterit mutuo consensu interveniente pepigerunt convenerunt et fecerunt prout in ipsis memoratis capitulis sive articulis singula singulis referendo continetur. Ipsis hinc inde pro se et suis nobisque notariis publicis infrascriptis ut communibus et publicis personis vice nomine et ad opus omnium et singulorum quorum interest et interesse poterit de eorum voluntate et consensu stipulantibus et recipientibus. Que omnia universa et singula supra et infrascripta memorati domini reverendissimus Cardinalis Archiepiscopus fundator ex una necnon Prior Archidiaconus et Capitulum prefati ex alia partibus quantum ipsas partes tangit et concernit ac tangere et concernere poterit pro se et suis successoribus hinc inde stipulatione predicta repetita rata grata firma et valida perpetuo habere tenere et observare attendere esseque et permanere perpetuo voluerunt et consenserunt et contra ea vel eorum aliqua per se vel alium seu alios directe vel indirecte nunquam dicere facere vel venire. Seque non dixisse vel fecisse in preteritum dicereque seu facere in futurum aliquid quominus ipsa omnia et singula suum effectum sortiantur firmaque et illibata permaneant ac perpetui roboris obtineant firmitatem eorum bona fide et per juramenta sua ; videlicet per reverendissimum dominum Cadinalem Archiepiscopum fundatorem more prelatorum manu sua dextra ad pectus suum necnon dominos Priorem Archidiaconum et Canonicos prefatos nominibus quibus supra ad et super sancta Dei evangelia corporaliter tacta et prefata promiserunt et juraverunt et ad illa se astrictos et obligatos esse voluerunt. Et propterea reverendissimus dominus Cardinalis Archiepiscopus sua et domini Prior Archidiaconus Canonici et Capitulum prefati ejusdem Capituli bona omnia et singula mobilia et immobilia res et jura quecumque et eorum singula presentia et futura ubicumque et in quibuscumque consistentia dicta stipulatione interveniente summiserunt obligaverunt et ypothecaverunt obligataque et ypothecata esse voluerunt et concesserunt. Renuntiantes propterea in et super hiis omnibus et singulis exceptionibus defensionibus subterfugiis et cautelis necnon juris et facti renuntiationibus clausulis privilegiis indultis et concessionibus apostolicis et aliis quibuscumque necnon relaxationibus absolutionibus et dispensationibus juramenti sive juramentorum quibus mediantibus vel eorum aliquo ipsi domini Cardinalis et Capitulum contrahentes vel sui successores aut eorum aliquis sui parte et nomine contra premissa vel eorum aliqua quatenus quamlibet ipsarum partium tangit aut tangere poterit dicere facere vel venire possent aut in aliquo se juvare defendere seu tueri quibus non uti promiserunt et juraverunt prout supra. Et specialiter juri dicenti renuntiationem generalem non valere nisi precesserit specialis. De et super quibus omnibus et singulis premissis reverendissimus dominus Cardinalis fundator et domini Prior et Capitulum prefati petierunt voluerunt et rogaverunt fieri quatuor publica instrumenta et tot quot fuerint necessaria sive fieri requisita per nos dictos notarios publicos infrascriptos que quatuor instrumenta ipse reverendissimus dominus fieri et tradi voluit expensis suis videlicet unum pro ipso reverendissimo domino fundatore aliud pro suis successoribus in Christo Archiepiscopis Tarentasiensibus aliud pro dicto Capitulo et quartum pro innocentibus et eorum magistris predictis. Acta dicta facta gesta recitata et publicata fuerunt hec anno indictione die loco et pontificatu quibus supra et interfuerunt presentes venerabiles circumspecti et nobiles ac discreti viri domini Guillermus de Viridario legum doctor Judex Mauriane et Tarentasie Claudius Mureti in utroque jure bacalarius Jacobus Jay Jacobus Scarde Johannes Peronii et Guillermus Balistre presbyteri capellani tam in sacti Petri quam beate Marie ecclesiis predictis beneficiatis Humbertus de Macognino procurator ducalis Sabaudie in Tarentasia et Andreas de Bertolino civis Musterii et Johannes de Turre de Sancto Marcello Tarentasiensis diocesis et plures alii testes ad premissa vocati specialiter et rogati.

Et ego Michael Galteri clericus Constantiensis provincie Rothomagensis publicus apostolica et imperiali auctoritatibus notarius necnon reverendissimi in Christo patris et domini Johannis Cardinalis et Archiepiscop prefati secretarius qui in premissis omnibus et singulis dum sicut premittitur agerentur et fierent una cum honorabilibus et providis viris Johannes Loterii et Johannes Seytoris notariis publicis subsignatis et testibus prenomminatis presens fui eaque sic fieri vidi et audivi et de eis cum ipsis notariis notam recepi ex quo presens publicum instrumentum manu mea extraxi et scripsi ac subscripsi signoque meo quo in publicis utor instrumentis in capite hujus mee subscriptionis anteposito unacum ipsis notariis signavi ad opus futurorum Archiepiscoporum Tarentasiensium et pro eis de voluntate dicti domini fundatoris requisitus in fidem robur et testimonium veritatis premissorum corumdem.

N. 59. Acte de fondation, de 1489, par Mgr Jean de Compois Archevêque de Tarentaise, de la Chapelle sous le vocable des Innocents, à Ste Marie, pour l'entretien de six enfants appelés innocents, d'un maître de musique et d'un serviteur sous les clauses et conditions y exprimées et principalement concernant leur mode et façon de vivre, faire les offices, assister au chœur et chanter; et sous l'obligation de dire une messe tous les jours après Matine. Et pour ce le fondateur a donné quatre mille cinq cents florins et une maison à l'acceptation du Chapitre.

N. 60. Une quittance faite par les Chapitres de St Pierre et de Ste Marie en faveur de Mgr le Cardinal de Arciis archevêque, pour la somme de neuf cent quarante florins léguée à chacun d'eux pour la fondation d'une Chapelle sous le vocable de Notre-Dame faite par ce bienfaiteur et dotée par son testament et ce pour y dire chaque jour une messe des morts, soit aux Corps Saints. Et cette somme est destinée à l'entretien de deux prêtres, l'un à St Pierre et l'autre à Ste Marie, chargés de célébrer ces messes.

N. 61. Autre acte de fondation, de 1345, par Jacques Morand de Moutiers, pour l'érection d'un autel au premier pilier, proche la Magdelène, dans l'église de St Pierre.

N. 62. Une liasse des institutions, soit présentations par le Chapitre de titulaires pour les chapelles de St Christophe, St Henri confesseur, St Jean l'Evangéliste, la Conception de Notre Dame, St Jacques, St Louis, des Innocents, des dix mille Martyrs et de la chapelle de Notre Dame fondée aux Corps Saints, des années 1412, 1451, 1463, 1428, 1558, 1470, 1565, 1468, 1490, 1569 et 1453.

N. 63. Un acte d'albergement, de 1345, fait par le Sacristain de St Pierre, du consentement du Chapitre, d'une place appartenant à l'Eglise et sise devant la grande porte de St Pierre.

N. 64. Une reconnaissance de cense faite en 1343, par les frères Chedal en faveur de la Chapelle de Notre Dame, de St Jean-Baptiste et de Ste Catherine en l'église de St Pierre.

N. 65. Un rôle non signé des Chapelles fondées à l'église de St Pierre.

N. 66. Une donation soit accensement perpétuel fait en 1314 par l'Archevêque au Chapitre, de la dîme de Bellentre pour la cense annuelle de sept livres fortes.

N. 67. Une copie des requêtes présentées au juge maje de Tarentaise par le Chapitre, aux fins d'obtenir le payement des quartans à la cure de Bozel et de la dîme du vin de la Roche et au dessus.

N. 68. Une liasse de diverses copies non signées et autres actes de peu de valeur et non inventoriées en détail.

N. 69. Un extrait des statuts jurés par Mgr Parpallia en faveur du Chapitre, signé Mugnier, signifiés à Mgr Berliet, par M⁰ Thyerry ; ces statuts n'ont plus été jurés ou approuvés par les autres archevêques comme étant contraires aux droits de l'Archevêché.

N. 70. Autres articles présentés à Mgr de Chevron par le Chapitre et qui n'ont été ni jurés ni approuvés par Mgr Milliet son successeur, ainsi qu'il résulte de l'attestation mise au bas de ces articles le 9 décembre 1663, signée et scellée par l'Archevêque.

N. 71. Transaction entre Mgr de Chevron et le Chapitre, concernant la célébration des offices et les réparations de l'église, reçue le 23 mars 1646 par M⁰ˢ Laboret et Moris.

Une note mise en marge de cet article dit que cette transaction n'est pas observée en tous ses points et renvoie à la donation du 12 juillet 1684, M⁰ Moris notaire, faite au Chapitre pour les offices que l'Archevêque doit faire.

N. 72. Trois sentences rendues par l'Archevêque, soit ses délégués, contre le Chapitre de Sᵗ Pierre, défendeur contre honorable Marguerite Chardon ; l'autre dans le procès entre Sʳ Danthon Chantre et le Chapitre au sujet des options et résidences, des 18 avril 1668, 30 juillet 1669 et 5 décembre 1665, signé Moris. Ces pièces sont une preuve de la juridiction de l'Archevêque sur le Chapitre.

N. 73. Deux autres sentences rendues par le même contre le Chapitre, défendeur, et M⁰ Gaspard Rol, Bon Sarrazin et consorts, et encore entre le Sʳ Magdelain chanoine, des 7 mars 1664 et 15 juin 1667, signé Moris greffier.

N. 74. . Une donation faite par Mgr de Chevron de la moitié des moulins du Pain de mai et de leurs revenus, dûment homologuée par le juge mage de Tarentaise, reçue et signée par M⁰ Moris le 4 avril 1655.

En marge on lit la note suivante : Mgr François Amédée Milliet successeur de Mgr de Chevron a racheté cette moitié des moulins pour le prix de 4000 florins suivant contrat reçu par M⁰ Bernard notaire et secrétaire du Chapitre.

N. 75. Informations faites par l'official de Tarentaise contre D. Théobald Trally, Prieur de St Pierre, de l'année 1426, pour justifier le droit de juridiction de l'Archevêque sur les chanoines et doyen.

N. 76. Remontrances du procureur fiscal de l'Archevêché et informations prises en conséquence contre R. Mʳᵉ Nicolas Trollier, Doyen de St Pierre, ensemble ses réponses personnelles et sentence rendue contre lui des 7 et 9 mai 1668.

N. 77. Un acte en date du 17 juillet 1674, Guiguet notaire, par lequel R. Mʳᵉ Jean

Pierre Perrot, Chanoine Sacristain de St Pierre fonde une place de Maître de Cérémonies pour l'Eglise cathédrale.

N. 78. Procédure criminelle et sentence rendue à la poursuite du procureur fiscal de l'Archevêché, le 5 juin 1675, par l'Archevêque et les Chanoines adjoints, contre le Sr Chanoine Jolliet.

N. 79. Deux sacs de papiers concernant les droits de la Chantrerie.

N. 80. Un acte de donation par Mgr Milliet à sa cathédrale d'un ornement complet se composant de sept chapes, de trois chasubles et de deux tunicelles, reçu par Me Cartanas, notaire; le 24 octobre 1680.

M. Durandard, avoué à Moûtiers, a bien voulu nous donner une copie de cet acte dont voici la teneur.

(An. 1680.)

L'an 1680, et le 24 8bre; Il est ainsi que Ill^{me} et R^{me} S^{gr} François Amet Milliet de Challes, Arch^{que} et Comte de Tarentaise, Prince du St Empire Romain, Con^r d'Estat de S. A. R. Pr Président à la Souveraine Chambre des Comptes de Savoye à l'exemple des S^{grs} R^{mes} Arch^{ques} ses prédécesseurs aye donné au commencement de son entrée à l'esglise métropolitaine de Tarentaise son espouse, un ornement d'une moire d'argent blanche et bleu, savoir, une chappe de moire d'argent avec les offres de toile d'or, et une chasuble avec les tuniques de moire d'argent blanc et la croix et offre de moire bleue, néanmoins voyant que les habits qui estaient pour servir dans les jours les plus solennels estaient tous usés estant porté de charité et ayant fait faire un ornement complet composé de sept chapes de velour rouge à fleurs à fond d'argent avec les offres à fond d'or, dont celle qui est pour le pontife et les offres en broderie d'or avec des chiffres de mesme, plus une chasuble de mesme avec la croix en broderie d'or et les Mystères de la Passion, avec les tunicelles de toile d'or et deux tuniques de mesure, velour à fond d'argent et les offres à fond d'or pour le diacre et sous-diacre et deux autres chasubles de mesme étoffe de velour l'une à fond d'or et l'autre à fond d'argent avec les manipules et estolles de même comme aussi le voile du calice et un gremial de toile d'or garni d'une dentelle d'argent, lequel ornement complet comme dessus, voulant faire donation à la dite esglise, il en a fait l'acte suivant. A cette cause par devant moy notaire ducal royal soubsigné et présents les tesmoins bas nommés s'est personnellement estably le dit R^{me} Seig^r Arch^{que} et Comte de Tarentaise, lequel de son grez pour luy et ses successeurs a donné et par le présent acte donne par donation faite entre vifs et pour œuvres pies à la dite esglise métropolitaine de St Pierre de Tarentaise sa dite espouse le susdit ornement de velour complet consistant comme sus est dit en sept chappes, une chasuble, deux tuniques, deux tunicelles, deux autres chasubles, le voile de calice et gremial, à la charge néanmoins que les dits ornements ne serviront que quand il sera officié pontificalement par le S^{gr} Archevêque et ses successeurs ou par quelqu'autre evesque de leur consentement, comme aussi l'on se pourra servir des dits ornements quand les dits arch^ques et evesques tiendront chapelle et qu'on officiera en leur présence, mais au dit cas le prestre officiant de quelle dignité qu'il soit ne se servira point de la Chasuble et Chappe qui sont en broderie, mais seulement des autres, car elles ne serviront que pour les Personnes des dits Arch^ques et Evesques comme aussi les tunicelles de toile d'or à fleurs blanches avec le gremial de toile d'or, et et afin que le tout soit bien exécuté, les dits ornements demeureront dans les grands tiroirs qui sont soubs la table de la sacristie du dit St Pierre du costé du cloistre cimettière que le dit S^gr a fait faire pour cela, et les S^grs Arch^ques en retiendront la clef ou la feront remettre à M^rs les Sacristains dont la dignité est de la perpétuelle collation et provision des dits S^grs Arch^ques qui veilleront à la conservation des dits ornements et à l'exécution du présent acte de donation.

R^d Mre J^n Pierre Perret Sacristain du dit St Pierre présent pour luy et ses successeurs stipulant et acceptant de laquelle le dit R^me S^gr Arch^que m'a requis le présent que je lui ai accordé. Fait à Moûtiers dans le palais archiépiscopal. Présents R^d J^n Louis Vignet prestre d'honneur du dit R^me Seig^r Arch. donateur et J^n Jacques Chevallier de Montagny et hon. Claude .... bourgeois de Moûtiers témoins requis et appelés.

Suivent les signatures.

CARTANAS *Notaire.*

N. 81, Acte de donation pour fondation du service que le Chapitre doit faire les jours que le Seigneur Archevêque est entablé, et conventions avec le Chapitre, et encore la quittance de cette fondation du 12 juillet 1684, Moris notaire.

N. 82. Un extrait du livre des délibérations capitulaires, contenant une protestation du Chapitre et la réponse de l'Archevêque au sujet de leurs priviléges.

N. 83. Lettres portant conventions entre l'Archevêque et le Chapitre et confirmation d'icelles, du 22 décembre 1728.

VI.

Alta Curia. — TITRES D'AULTECOURT.

N. 1. Un acte de donation, de 1268, faite en faveur du Prieuré de St Michel, maintenant uni à la Mense, par Hugues Chapellain de Salins, de tous ses droits sur l'alpéage d'Autecourt, sur les pâturages, les prés et les bois.

N. 2. Un acte de cession en faveur du Prieuré de St Michel par Albert Gros d'Aime, du sixième de l'alpéage d'Hautecour, de l'an 1337.

N. 3. Echange entre l'archevêque de Tarentaise et le prieur de Talloires de certains hommes et albergements d'Hautecour moyennant une rente annuelle de onze livres viennoises, de l'an 1286.

N. 4. Acte de donation par Pierre de Grignie, en faveur du même prieuré de St Michel, de tout ce qu'il possédait rière Grigny, de l'an 1259.

N. 5. Un autre acte de donation en faveur du même prieuré faite par Aymoz de Pecolard, de certains casamentiers et fiefs rière Hautecour, de l'an 1217.

* N. 6. Un albergement fait en 1430 par l'archevêque Margaret à Jean et Jacque Cheyneys d'Hautecourt, du nant du Buellet pour aiguer les prés chaque samedi.

* N. 7. Un autre albergement du même nant fait par l'archevêque à François et Germain Pessoz d'Hautecour pour le service de moulins et autres artifices, de l'an 1538.

* N. 8. Un acensement fait par l'archevêque Jean de Compois en 1486, à Pierre Clarey d'Hautecour d'un moulin appartenant à l'archevêché sous la cense annuelle de quatre setiers de seigle.

* N. 9. Un autre albergement fait par l'archevêque de Bertrand à Antoine Durochex de l'eau de Buellet pour le service d'un moulin existant rière Hautecour.

N. 10. Un albergement fait par le prieur de St Michel à Peronet Bonet d'une pièce de terre sise en Lachal, de l'an 1336.

N. 11. Un acte de convention entre l'archevêque et Antoine Evrard de Moûtiers, pour faire arroser par le Buellet, les prés de la Contamine, de l'an 1356.

N. 12. Une tache donnée par les syndics d'Hautecour à Jean Recordon pour détourner l'eau sortant du rocher Ladvis.

N. 13. Une ordonnance publiée à Hautecour de la part de l'archevêque, au sujet des réparations des chemins et du payement des laods, et portant défense de détourner l'eau de Buellet, de l'an 1373.

N. 14. Une liasse de reconnaissances passées tant en faveur de la mense archiépiscopale que du prieuré de St Michel, à ce moment uni à la dite mense, par divers particuliers d'Hautecour, pour divers fonds et biens existants sur la dite paroisse.

N. 15. Une petite liasse d'actes d'acquisitions faites en faveur de la dite mense et du même prieuré, de divers biens rière Hautecour.

N. 16. Trois duplicata d'actes d'acquisitions de communaux d'Hautecour faites par divers particuliers du même lieu, en vertu de l'autorisation donnée par le juge de l'archevêché, de l'an 1581.

N. 17. Un rouleau de reconnaissances passées en faveur de l'archevêché, rière Hautecour, en 1431.

En marge on lit la note suivante : Voir à St Jacquemoz un rouleau de reconnaissances d'Hautecour.

N. 18. Un albergement fait le 8 juillet 1664, signé Festaz, par l'archevêque François Amédée Milliet à la Communauté d'Hautecour de tout le fief de l'archevêché rière cette paroisse, pour la cense annuelle de deux pistolles et demi d'Espagne, sous les réserves et clauses portées dans l'acte.

N. 19. Un sac de procès contre les habitants d'Hautecour au sujet de la chasse (1).

---

(1) Voir ci-devant IV. Moûtiers, art. 208.

N. 20. Une grosse rière Hautecour stipulée en 1357.

VII.

Mandamentum Bastiæ—LA BASTIE, CIVINS, S. PAUL, ROGNIAIX, BLEYS, CONFLENS ET AUTRES LIEUX DEPENDANTS DU MANDEMENT DE LA BASTIE.

N. 1. Un albergement fait en 1308 par l'archevêque Bertrand aux habitants de la Bâthie, des montagnes et pâturages de la dite paroisse; savoir depuis la Roche de Cevins jusqu'à l'église de Tours, et depuis l'Isère jusqu'à la sommité des montagnes; sous l'alpéage annuel de 8 fruits des dites montagnes.

N. 2. Une vente faite en 1326 à l'archevêque de Tarentaise par Marguerite veuve d'Aymoz de Lodognifrey de Tours, du droit d'alpéage qu'elle avait rière Tours et la Bâthie.

* N. 3. Un albergement fait en 1353, par l'archevêque à Jean de Cleyry d'un moulin situé au lieu dit les Côtes de la Bâthie.

* N. 4. Autre albergement fait en 1346 par l'archevêque à Mermet Marion des droits qu'il avait sur le moulin d'Ablonaz (1).

* N. 5. Autre albergement fait en 1304 par l'archevêque à Aymoz Fagol de tout le rivage du torrent de la Choudane de la Bâthie et de tous ses droits sur le moulin des Côtes de la Bâthie.

(1) Arbine.

* N. 6.   Un autre albergement fait en 1274 par l'archevêque à Humbert du Cudrey de ses droits sur le moulin du Cudrey.

N. 7.   Une liasse d'albergements faits par les archevêques à divers particuliers de la Bâthie de divers biens consistants en prés, terres, bois, chesals, maisonements, rière la Bâthie.

N. 8.   Autre liasse comprenant les actes d'acquisitions faites par les archevêques de divers fonds et droits rière la Bâthie.

N. 9.   Une liasse de reconnaissances passées en faveur de l'archevêché par des particuliers de divers biens et fonds rière la Bâthie, Cevins, Rogniaix, Bleys et autres lieux dépendants de ce mandement.

N. 10. Un rouleau de reconnaissances passées en faveur de l'archevêché en 1331, par les particuliers y nommés, rière la Bâthie.

N. 11. Un autre rouleau de reconnaissances en faveur de l'archevêché rière la paroisse de la Bâthie passées en 1374.

N. 12. *Item.*   en 1343.
N. 13. *Item.*   en 1308.
N. 14. *Item.*   en 1308.
N. 15. *Item.*   en 1416.
N. 16. *Item.*   en 1308.
N. 17. *Item.*   en 1358.
N. 18. *Item.*   (manque la date)

N. 19. Autre rouleau de reconnaissances passées par les favetiers de la Bâthie en faveur de l'archevêché, de l'an 1344.

N. 20.   Autre rouleau de reconnaissances en faveur de la mense épiscopale rière la Bâthie, de l'an 1344.

N. 21.   Item.   de 1308.

N. 22.   Item.   de 1313.

N. 23.   Item.   de 1335.

N. 24.   Item.   (manque la date)

N. 25.   Un gros rouleau de reconnaissances passées en faveur de l'archevêché par les favetiers y nommés rière la paroisse de Cevins, de 1331.

N. 26.   Autre rouleau de reconnaissances rière le dit lieu de Cevins en faveur de l'archevêché, de 1308.

N. 27.   Item.   de la même année.

N. 28.   Item.   (manque la date)

N. 29.   Item.   item.

N. 30.   Item.   item.

N. 31.   Un rouleau de reconnaissances en faveur de l'archevêché rière la paroisse de St Paul auquel manque le commencement.

N. 32.   Item.   de 1344.

N. 33.   Un rouleau de reconnaissances en faveur de l'archevêché rière la paroisse de Cevins, de 1420.

N. 34.   Un rouleau de reconnaissances en faveur de la même, rière la paroisse de Rogniaix, de 1387.

N. 35.   Item.   (manque la date)

N. 36.   Une transaction de 1326 entre le Seigr de Fessons et celui de Cevins concernant les limites de leurs juridictions respectives et dans laquelle sont désignées les limites des paroisses de Cevins et de Fessons.

N. 37.   Un acte d'échange fait en 1362, entre l'archevêque et noble François d'Avallon conseigneur de St Paul, de certains hommes rière la vallée de St Paul.

N. 38.   Un inventaire des biens situés rière la paroisse de Fessons fait par les officiers de l'archevêché en 1411.

N. 39.   Les lettres d'Aimoz Comte de Savoie de 1333, par lesquelles il ordonne à ses officiers de surseoir à l'exécution de la contrainte décernée contre les hommes de l'archevêché rière la chatellenie de Conflans pour les chevauchées, ensemble le vidimé du Conseil, de l'an 1334.

N. 40.   Un acte d'appel du chatelain de la Bâthie au sujet des cries et citations faites à Cevins contre les sujets de l'archevêché par les officiers du seigneur de Conflans, de l'an 1359.

N. 41.   Les lettres de Charlotte de Aurelianis Comtesse de Genevois portant défense à ses officiers de molester les officiers de l'archevêque rière la Bâthie et ordonne de rendre un nommé Pierre Crey justiciable de l'archevêque, de l'an 1538.

N. 42.   Une transaction faite en 1353 entre l'Archevêque de Tarentaise et les seigneurs Amédée de Conflans et Guigues d'Avallon conseigneurs de St Paul, concernant l'alpéage de la vallée de St Paul dans laquelle il est dit que la moitié de l'alpéage appartient au seigneur d'Avallon rière le lieu de sa juridiction et l'autre moitié appartient à l'archevêque et à Amédée de Conflans (voir le n° 10, page 378.

N. 43. Une sentence rendue par l'Official de Tarentaise en 1462, au sujet de l'alpéage de .a vallée de St Paul, par laquelle il est établi que la moitié du dit alpéage appartient à l'Archevêché.

N. 44. Une liasse contenant l'action intentée par devant les officiers de l'archevêché par Jacquemete Gaudel contre françois Boson de St Paul, ce qui prouve la juridiction de l'Archevêque sur les Boson, avec encore les lettres d'ajournement personnel et les réponses du dit Boson, de l'année 1544.

N. 45. Un duplicata de l'acte par lequel Jean fils d'Antoine Boson se reconnaît homme lige et justiciable de l'archevêché, de 1486.

N. 46. Les lettres d'appel obtenues du Parlement de Savoie, en 1544, par Guigue d'Avalon, Sg^r de St Paul, contre les officiers de l'archevêque qui faisaient un procès à François Boson prétendant avoir juridiction sur lui comme étant dans la terre de l'archevêché, ensemble les présentations, l'inventaire de communication et autres pièces de la procédure par devant la dite Cour, sur l'appel en question.

N. 47. L'arrêt rendu par le Parlement en 1545, sur la question ci-dessus entre François d'Avalon appelant et Mgr de Grolée Archevêque, par lequel la Cour rejette l'appel et renvoie les parties par devant le juge de l'Archevêché, pour faire et parfaire le procès au délinquant François Boson.

N. 48. Une petite liasse de reconnaissances en faveur de l'archevêché rière St Paul.

N. 49. Informations prises à la requête de l'archevêque en 1432, contre Pierre de Foresta et Claude Fontane pour certains tumultes par eux faits à la Bâthie et dans le château.

N. 50. Une liasse de contrats sur parchemin, quittances, ventes, reconnaissances en faveur de divers particuliers de la Bâthie.

N. 51. Les Lettres patentes accordées par François Amédée Millet, du 14 mars 1664, à noble Thomas Claret de la Bâthie, portant permission d'exploiter les carrières rière le mandement de la Bâthie.

N. 52. Un rouleau de reconnaissances en faveur de l'archevêché rière la Bâthie (manque le commencement).

N. 53. Un extrait des Lettres patentes de Louis Duc de Savoie, de 1449, par lesquelles il ordonne à ses officiers de lever les empêchements et interdits mis à la juridiction temporelle de l'archevêché par les Sgrs du château de Conflens.

N. 54. Un procès intenté par le procureur fiscal de l'archevêché contre les Sgrs du chateau sur Conflens, au sujet de la juridiction sur Jean Magnigneys, de l'an 1448.

N. 55. Donation faite en 1439 par le Comte Amédée de Savoie à l'archevêché de Tarentaise des dixmes qu'il avait sur les paroisses de Conflens et de Pallud.

N. 56. Copie d'une enquête faite en 1616 contre l'archevêque au sujet des dixmes, signé Nicole.

N. 57. Un rouleau de reconnaissances rière Cevins en faveur de l'archevêché, de 1368.

N. 58. Un albergement passé en 1608 au nom d'Anastase Germonio à M⁰ Jean Rat de l'eau du nant de Biorges, rière la Bâthie, signé Pichot.

N. 59. Autre albergement fait par Mgr de Chevron, en 1642, en faveur de François Jacquemet du nant Dabinaz (Arbine) de la Bâthie, signé Clavel, notaire.

N. 60. La Reconnaissance générale de la généralité du fief rière la Bâthie faite en faveur de l'archevêque de Tarentaise par tous les hommes et communiers de cette paroisse le 7 mars 1661, signé Moris. Ensemble l'arrêt d'homologation du 9 avril suivant, signé Fort, et l'acte de procuration (voir xii page 126).

N. 61. Un albergement passé le 20 janvier 1667, signé Festaz, par François Amédée Milliet à Didier Bouvet (?) des masures existant sous le château de la Bâthie pour la cense de 30 sols et sous la condition qu'il fera un avancement servant de banche aux officiers locaux.

N. 62. Un albergement passé par l'archevêque de Tarentaise le 2 mars 1655, reçu par M⁰ Moris notaire, au sieur de Bongain curé de la Bâthie du nant et ruisseau de Gubigny.

N. 63. Echange fait entre l'archevêque de Tarentaise et noble Jean-François Duvergier

Sgr de Bleys, le 9 avril 1668, Festaz nre, de certains fiefs qu'ils possédaient dans leurs terres respectives.

N. 64. Un sac contenant 1° l'acquisition faite par l'Archevêque François Amédée Milliet de Me Claude Greppat vibaillif de l'archevêque de Tarentaise le 23 avril 1671, Cartanas notaire, des dixmes rière Langon, paroisse de la Bâthie ; 2° La quittance concernant l'acte qui précède du 30 avril 1671, même notaire; 3° Tous les titres concernant les droits acquis par l'archevêque.

N. 65. Un acte d'accord entre l'archevêque de Tarentaise et le Seigneur Comte de Cevins au sujet du fief des moulins et artifices du nant d'Ablonaz paroisse de la Bâthie, du 15 octobre 1670, Cartanas notaire.

N. 66. Un acte portant consentement donné par les sindics, les conseillers et communiers de la Bâthie de payer les dîmes sur les champs de la dite paroisse à la cotte 30, du 29 octobre 1662, signé André Curial.

N. 67. Un Albergement passé par l'archevêque à Claude Jacquemet et frères des rivages du nant d'Ablonaz du 14 décembre 1665, signé Festaz.

N. 68. Autre albergement passé par le même à Didier Costaz de la Bâthie du rivage du nant de Gubigny du 25 mai 1667, signé Festaz.

N. 69. Remontrance faite par le procureur fiscal de l'archevêché à l'official contre ceux qui refusaient de payer les dîmes, ensemble les exploits de citations, du 2 octobre 1662.

* N. 70. Une reconnaissance d'albergement faite au profit de l'archevêché par Jacque Apret de la Bâthie, du nant Varin, le 7 mars 1661, signé Festaz.

N. 71. Albergement passé le 16 novembre 1665, signé Festaz, par l'archevêque, des rivages du nant Dablonaz tendant en Cavet à Georges Costaz, Didier Tencaz et Jean Morard de la Bâthie.

* N. 72. Un registre d'informations et autres act s judiciaires rière la Bâthie, Cevins, et autres lieux de ce mandement pour preuve de la juridiction de l'Archevêque dans ces localités.

N. 73. Autre registre contenant des pièces de même espèce.

* N. 74. Un sac contenant les titres et procédures faites au Sénat pour prouver que les archevêques ont juridiction sur les hommes de l'archevêché rière la paroisse de Cevins.

N. 75. Procès verbal de bornage d'un bois appartenant à l'archevêché sur la paroisse de la Bâthie, dressé par le sieur Rosset châtelain de la Bâthie.

* N. 76. Un albergement perpétuel fait le 7 avril 1661, Moris notaire, par l'archevêque de Tarentaise, à Pierre et Claude Marguerat de Tours, du ruisseau du Truil.

N. 77. Un contrat de reconnaissance passée en faveur de la commanderie de St Jean du Temple de Chambéry, par les sindics et communiers de la Bâthie et Tours, de la montagne de Tours, du 25 mai 1671, signé

Festaz, sous le servis de demi-quintal de fromage.

On lit en marge de cet article la note suivante : Cette cense a été acquise des dames religieuses de Conflans acquéreuses des biens de la dite commanderie, par François-Amédée Millet en faveur duquel la dite cense est reconnue.

N. 78. Contrat d'acquisition des dîmes dûes au curé de Venthon rière la paroisse de Tours, faite par le dit archevêque le 27 mai 1673, Cartanas notaire, par lequel il conste qu'il a acquis une cense annuelle au profit de la cure de Venthon en échange des susdites dîmes.

N. 79. Procès verbal de la levée d'un cadavre trouvé dans les montagnes, dressé le 3 août 1681, signé Dépersi.

N. 80. Une reconnaissance en faveur de François-Amédée Millet de Challes par noble et révérend messire Jean de Bongain prêtre, recteur de la chapelle de la Maladière de Conflans, du 27 février 1685, Moris notaire.

N. 81. Acte d'acquisition d'une rente féodale rière Tours et la Bâthie par François-Amédée Milliet de Challes, du Chapitre de St Pierre de Tarentaise, en date du 10 décembre 1694, Cartanas et Ulliel notaires.

N. 82. Deux albergements rière la Bâthie passés Mgr Millet de Challes à Messire Eynard Palliardet, praticien de la Bâthie, le 8 mai 1682, sous la cense de trois pots de seigle et l'autre passé à Nicolas Combaz, le 15 juin 1691, sous la cense de deux quartes d'avoine.

N. 83. Reconnaissance de la généralité du fief de la paroisse de Tours, du 9 mai 1661, (voir page 135 et suivantes).

N. 84. Acquisition des dîmes de Farète, du 25 janvier 1263, signé Vital de Conflans, notaire.

N. 85. Transaction entre R. Jean-Claude Mibord procureur général de Mgr de Rolland et les procureurs et communiers du mandement du Châtel sur Conflans, du 6 mars 1758, Levret notaire, insinué au tabellion de Conflans, par laquelle ceux-ci s'obligent à payer à l'archevêque, chaque année, à la fête de saint André apôtre, la somme de 190 livres, 4 sols, 4 deniers, comme abonnement pour les dîmes rière le dit mandement.

N. 86. Une liasse de divers parchemins et titres trouvés sans numéros, et qui ont paru sans utilité et portés en bloc dans l'inventaire.

VIII

Bosellum. — BOZEL, CHAMPAGNY, PRALOGNIAN, LE PLANEY ET AUTRES VILLAGES DÉPENDANTS DU DIT BOZEL.

N. 1. Un acte de déclaration, soit sentence rendue par les Évêques de Belley, Maurienne, et Sion, sur le différend entre les habitants de Bozel et le seigneur Pierre, archevêque de Tarentaise, au sujet de la pêche, et par laquelle ils condamnent les habitants de Bozel à la restitution du droit de pêche. (Sans date.)

N. 2. Une transaction entre l'Archevêque et le Curé de Bozel, de l'an 1320, par laquelle ce dernier cède à l'Archevêque tous ses droits sur la dîme de Bozel, moyennant six seytiers de bled, moitié seigle, moitié orge.

N. 3. Deux ventes faites par Jean du Vergier, tant en son nom qu'en celui d'Urbain, son frère, que par Sabrienne des Gouttes, en 1383, de tous les droits qu'il pouvait avoir sur les alpéages de la vallée de Bozel, de l'an 1509, en faveur de l'archevêché de Tarentaise.

N. 4. Deux actes de ratification faits par Marguerite, femme du noble Jean du Vergier, et par noble Urbain du Vergier de la vente des susdits alpéages faite en 1509.

N. 5. Acquisition faite par l'Archevêque de Tarentaise, en 1406, de noble François Sécaley (Séchal), de tout le domaine et juridiction qu'il avait sur ses hommes rière la vallée de Bozel.

N. 6. Autre acte de vente faite en faveur du cardinal de Arciis, en 1439, par noble Jaq. du Vergier, de Bozel, du droit de juridiction qu'il avait sur certains hommes de cette vallée.

N. 7. Un autre acte de vente faite par François Sécalcy, de 1436, en faveur du cardinal de Arciis (une surcharge dans l'inventaire dit de Gondelmeriis, ce qui est plus exact. Voir Besson, p. 216.), des droits de juridiction qu'il avait sur ses hommes de Villarmartin, Champagny et La Perrière.

N. 8. Une vente faite au cardinal de Arciis, en 1439, par noble Jaq. du Vergier, des droits de juridiction qu'il avait sur les hommes énumérés dans l'acte.

N. 9. Autre acte de vente de Jean du Vergier, en faveur du même, des droits de marques, poids, mesures et aunages rière toute la vallée de Bozel, de l'an 1443.

N. 10. Une liasse de ventes, en faveur de l'archevêché, de divers servis, dîmes, usages, hommage et direct domaine, rière Bozel, Champagny et autres lieux dépendants de la vallée de Bozel.

N. 11. Autre liasse d'acquisitions, en faveur de l'archevêché, dans la vallée de Bozel, de diverses pièces de terrain.

N. 12. Un albergement fait en 1419, par l'archevêque de Bertrand à Etienne Blanc, de Bozel, d'un eyriel, soit du rivage du Doron, du côté de Villeneuve.

N. 13. Albergement fait, en 1419, à divers particuliers de Bozel, de l'eau du ruisseau de Bonvieux (passant par Bozel), pour arroser leurs possessions, moyennant la cense d'une obole pour chaque feu.

N. 14. Autre albergement, en faveur de Jean Albi (Blanc), par le bailli de l'archevêché, d'un eyriel et rivage de l'eau de la Vaugelaz, de l'an 1405.

N. 15. Autre albergement fait par Mgr de Bertrand, en 1420, à Etienne Chevalier, de l'eyriel de l'eau à prendre au ruisseau du Vaz, pour l'usage de ses propriétés.

* **N. 16.** Autre albergement fait en 1298, par Soubriet de Pralognan à Jaquemet de Crozaz, de la moitié d'un moulin situé sur le Doron.

N. 16. Une liasse d'albergements faits par les archevêques à divers particuliers de Bozel, Champagny et Pralognan.

N. 17. Un gros rouleau de reconnaissances, de l'an 1347, en faveur de nobles Antoine et Pierre de Bozel.

N. 18. Autre rouleau de reconnaissances, de 1347, en faveur des mêmes, par divers particuliers de Saint-Bon.

N. 19. Autre rouleau de reconnaissance, en faveur des mêmes, de 1347, pour divers biens rière la vallée de Bozel.

N. 20. Un rouleau de reconnaissances, en faveur de l'archevêché, de 1317, pour divers biens situés sur Champagny.

N. 21. Un autre rouleau de reconnaissances, en faveur de nobles Pierre et Jean du Siaix, de 1356, rière la paroisse de Saint-Bon.

N. 22. Un rouleau de reconnaissances, en faveur de noble Antoine Subriet, de 1317, pour divers fonds rière Pralognan.

N. 23. Autre, en faveur de noble Pierre du Siaix, de 1356, pour divers biens situés à Villarmartin et Bozel.

N. 24. Un autre, en faveur de noble Vulliet de Saint-Vial, de 1313, de divers fonds rière Bozel.

N. 25. Un autre, auquel manque une grande partie du commencement, en faveur de Subrianne Subret, de 1346, rière la paroisse de Pralognan.

N. 26. Autre rouleau de reconnaissances, en faveur de noble Nantermette de Villette, de 1340, pour divers biens dans la vallée de Bozel.

N. 27. Un autre, en faveur de l'archevêché, passées par divers particuliers, pour des biens existants au Plancy et Bozel, de 1336.

N. 28. Un autre, en faveur de l'archevêché, de 1387, passées par Jean Chenal, pour divers biens rière Lachenal, paroisse de Bozel.

N. 29. Un autre, en faveur de l'archevêché, de 1318, pour divers biens à Villarmartin.

N. 30. Trois reconnaissances sur parchemin, attachées ensemble, en faveur de l'archevêché, de 1406, passées par les hommes du sieur Sécalci, acquis par l'Archevêque, dont ils reconnaissent la juridiction.

N. 32. Une liasse de reconnaissances passées, en faveur de l'archevêché, par des nobles de la vallée de Bozel, qui ont cédé leurs droits aux Archevêques, pour divers biens, nature prés, terres et bois, chezal, maisons, etc., rière Bozel, Champagny, Pralognan, le Planey et autres lieux de la vallée.

N. 33. Une sentence rendue par le juge de l'archevêché, en 1577, entre Michel Mermoz de Pralognan, pour le payement des laods et vends dus par suite de l'albergement à lui fait par François de Bruisson.

N. 34. Une liasse de cries et citations faites, au nom de l'Archevêque, à Bozel et Champagny, aux fins que tous les favetiers et tous autres ayant à faire reconnaissance et à prêter hommage et encore que les hommes de l'archevêché aient à suivre la bannière de l'Archevêque pour prêter secours au Duc de Savoie.

* N. 35. Une transaction, de 1428, entre Jean de Bertrand et le Chapitre de Sainte-Catherine d'Aiguebelle, par laquelle celui-ci s'oblige à reconnaître les hommes, rentes, hommages, fiefs et tous autres biens qu'ils tiennent sur Champagny et la vallée de Bozel.

N. 36. Un vidimé fait par le juge-maje de Tarentaise et Maurienne d'une sentence du Conseil de Savoie, de 1445, entre le cardinal de Arciis et le Procureur fiscal du Duc, dans laquelle il est ordonné que les penonceaux et armes ducales plantés en la montagne de Valorcières, sur les limites de Champagny, lieu appelé en Plan-Pâquier par le Procureur fiscal du Duc, seront enlevés et ce dernier condamné aux dépens.

N. 37.   Procès intenté par devant le Conseil par l'Archevêque et le Procureur fiscal du Duc, pour que les dits penonceaux fussent enlevés et le tout réparé, de l'an 1441.

N. 38.   Un acte de visite faite, en 1447, par les officiers de l'archevêché à l'occasion de certaines fractures et violences faites au chesire et montagnes de Champagny.

N. 39.   Une sentence rendue par l'official de l'archevêché, en 1280, entre l'Archevêque et les nobles de Bozel, concernant certaines assemblées illicites et autres tumultes, et condamnant les nobles à quelques amendes pécuniaires.

N. 40.   Un acte, de 1318, par lequel on reconnaît que la reconnaissance et hommage faits par Eynard Richard l'a été au préjudice de l'archevêché.

N. 41.   Un acensement, de 1322, fait par l'archevêque Bertrand, des dîmes des blés, pailles et animaux rière Champagny.

N. 42.   Copie d'une déclaration faite par l'official de Tarentaise, en 1329, portant que les nobles de Bozel peuvent faire punir les hommes délinquants, mais en dehors de la vallée de Bozel.

N. 43.   Lettres obtenues de la chancellerie du Parlement de Savoie, en 1355, par Maffrey Sarrasin de Bozel, l'autorisant à acquiescer à la sentence de torture rendue contre lui par le juge de l'archevêché et de laquelle il a appelé.

N. 44. Un procès et acte de procédure intenté par les hommes et sujets du Duc, dans la vallée de Bozel, à l'occasion des biens, meubles et immeubles des défunts rière la dite vallée de Bozel, et acte par lequel le Duc déclare que la connaissance de la cause ne lui appartient pas ; condamnation des demandeurs aux dépens.

N. 45. Un procès par devant le juge-maje de Savoie intenté au sujet de l'opposition formée par le châtelain de Bozel, à la publication des lettres de sauvegarde obtenues par le sieur de Lethency.

N. 46. Un albergement fait, en 1641, par Benoit-Théophile de Chevron à divers particuliers de Villargoytroux, paroisse de Bozel, de la possession d'Arnal sous la cense de 80 florins et 6 sols, et trois bichets de blé de dîme. (L'acte est aux archives de l'évêché.)

N. 47. Autre albergement, par l'archevêque Parpallia, en 1587, au sindic et communauté de Villarmartin, du bois d'Arnal, autrement dit Verbocher, pour la cense annuelle de 40 florins et l'affouage du dit archevêque.

N. 48. Acquis fait par Mgr de Chevron d'une rente féodale, appelée *pontus*, rière la vallée de Bozel, de 1645, ensemble les subhastations de la dite rente et autres titres justificatifs.

N. 49.   Une cession de droits et actes d'acquis, faits en faveur de l'archevêché, par Mgr de Chevron, des bâtiments avoisinant le palais de Bozel.

N. 50.   Acte d'affranchissement de taillabilité fait, en faveur de Jacques et Nicolas Ruffier de Champagny, par Mgr de Chevron, en 1659.

N. 51.   Un albergement, fait, en faveur de Jean de Rossex, par le cardinal de Arciis, d'un moulin rière Bozel, de 1451.

N. 52.   Un acquis, fait par l'archevêque Milliet, le 23 février 1671, Cartanas, notaire, de demoiselle Françoise de Sablin, veuve du baron de la Tornette, et de demoiselle Marie de la Tornette, d'une juridiction, hommage et hommes rière Bozel. Cet acte contenait, en outre, une cession de droit, faite en faveur de l'Archevêque, par Antoinette Cellin, veuve de Jean Clerc, marchand de Chambéry, et encore tous les titres concernant les droits, ainsi que le consentement donné par R. messire Louis-François de la Tornette, du 1er octobre 1670, même notaire.

N. 53.   Autre acquis, fait par le même, de noble seigneur Jean-Baptiste de Provence, conseigneur de la vallée de Bozel, d'une rente féodale, juridiction, hommes et hommage, rière Bozel, du 4 avril 1671, Cartenas, notaire ; ensemble, la quittance faite à l'Archevêque, le 18 du même mois. (Voir ci-après n° 56.)

N. 54. Un affranchissement des plaids, servis et amortisations, en faveur des communautés de Pralognan, du Planey et de Villargoitroux, par Mgr Millet, comme correspectif de la rente par lui acquise de Jean-Baptiste de Provence ; acte du 31 août 1671 : Festaz, notaire.

N. 55. Autres contrats d'affranchissements, servis et plaids, en faveur de la communauté du Planey, par le même Archevêque, comme correspectif de la rente par lui acquise des frères Dutour ; acte du 22 juillet 1665 : Festaz, notaire.

N. 56. Un extrait du testament de noble Michel de Provence, du 14 mars 1556 : Galliot, notaire. (Voir ci-devant n° 53.)

N. 57. Reconnaissance générale de la généralité du fief du Planey, du 15 octobre 1662 : Festaz, notaire. (Voir p. 142.)

N. 58. Reconnaissance générale de la généralité du fief du village de la Croix, paroisse de Pralognan, du 28 octobre 1662, en faveur de l'archevêché, ensemble l'acte d'assemblée et de procuration faite le même jour, par devant messire Prol, châtelain.

N. 59. Reconnaissance générale du fief rière les villages des Granges, Cruise, d'Arbeley, La Chapelle et les Bieux, paroisse de Pralognan, du 7 octobre 1662 : Festaz, notaire. (Voir le texte p. 157 et suiv.)

N. 60. Arrêt d'homologation des susdites reconnaissances générales des paroisses de Pralognan, du Planey et du village de La Croix et autres, du 20 avril 1663, signé : Mojandre. (Une copie de cet acte existe aux archives de l'évêché.)

N. 61.   Deux actes, du 17 août 1664 : Festaz, notaire, par lesquels les sindics conseillers et communiers des paroisses de Pralognan et du Planey s'engagent à payer à l'archevêché les dîmes à raison de la cote 16.

N. 62.   Albergement perpétuel, passé par l'archevêque Millet à la communauté de Bozel et Moulins, du fief de l'archevêché rière les dits lieux, sous la cense annuelle de 35 florins ; acte du 19 août 1663 : Festaz, notaire.

N. 63.   Déclaration faite, par devant Me Festaz, notaire, le 31 août 1664, par les hommes et communiers des villages de Bozel et Moulins, qui s'engagent à payer les dîmes dues à l'archevêché, à raison du seizième. (Copie de cet acte existe aux archives de l'évêché.)

N. 64.   Acte d'échange, entre Mgr Milliet et les R. P. Dominicains de Montmeillan, du 23 juillet 1665, de la dîme appelée sainte Anne rière Bozel, à eux donnée par Mgr de Chevron, contre 50 florins à prendre sur l'albergement dû par les communiers de Villette à l'archevêché de Tarentaise, signé : Festaz. (Voir XIII, art. 30.) En marge de cet article, on lit : « Ces 50 florins ont été affranchis par les PP. de Saint-Dominique, suivant transaction du 28 juin 1698 : Cartanas, notaire. » (Existe à l'évêché.)

N. 65.   Reconnaissance générale de tous les

fonds rière le quartier de Villarmartin, d
5 juin 1665 : Festaz, notaire. (Voir le text
p. 156 et suiv.)

N. 66. Acte, du 15 août 1664, par lequel le
sindics et communiers du quartier de Vil
larmartin s'engagent à payer les dîmes
raison du seizième.

N. 67. Reconnaissance générale de tous le
biens situés sur le quartier de Tincav
passée, en faveur de l'Archevêque, l
10 juillet 1665 : Festaz, notaire. (Voi
p. 166 et suiv.)

N. 68. Albergement perpétuel, passé par l'Ar
chevêque, en faveur des habitants de Tin
cave, de toutes les dîmes dues à l'arche
vêché, moyennant une cense annuelle d
50 seytiers de blé, moitié seigle, moiti
orge ; acte du 2 septembre 1664 : Festaz
notaire. (La copie existe aux archives d
l'évêché.)

N. 69. Acte par lequel les habitants de Tincav
s'engagent à payer les dîmes à raison d
seizième, du 51 août 1664 : Festaz, no
taire.

N. 70. Reconnaissance générale de tous les bien
existants rière le quartier de Villargoitroux
par les habitants de ce quartier, en faveu
de l'Archevêque ; acte du 6 août 1665
Festaz, notaire. (Voir p. 169 et suivantes

N. 71. Albergement, soit reconnaissance, e
faveur de l'Archevêque de Tarentaise, pa
les habitants de Villargoitroux, du ma

d'Arnal, sous la cense de 80 florins de servis, si gros d'argent et 3 bichets pour dîmes, du 5 août 1663 : Festaz, notaire.

N. 72. Acte par lequel les habitants du quartier de Villargoitroux s'engagent à payer les dîmes dues à l'archevêché à raison du seizième ; acte du 31 août 1664 : Festaz, notaire.

N. 73. Albergement du fief de l'archevêché rière Champagny, par Mgr Millet, aux sindics et communiers de cette paroisse, pour la cense annuelle de 60 florins : Festaz, notaire. (Une copie existe aux archives de l'évêché.)

N. 74. Acte par lequel les communiers de Champagny s'engagent de payer à l'archevêché les dîmes à raison du seizième, du 10 août 1664 : Festaz, notaire.

N. 75. Acte d'échange, entre l'Archevêque, d'une part, et demoiselle Silvie Vulliet et les frères Vichard, ses enfants, d'autre part, du fief et conditions taillables imposées sur les fonds des dits Vichard contre 5 seitiers de blé, que ces derniers percevaient sur les dîmes de Champagny dues à l'archevêché ; acte du 6 octobre 1662. (Une copie de cet acte existe aux archives de l'évêché.)

N. 76. Un acte par lequel le Procureur fiscal de l'archevêché requiert communication des pièces de la visite faite à l'occasion d'un homicide commis sur la personne de Maurice Suzan, sur le territoire de la Saulce, par Pierre Chappuis, justiciable de l'archevêché.

Par cet acte, il est démontré que les Archevêques prennent leurs hommes en quelque lieu qu'ils délinquent, le juge-maje de Tarentaise ayant consenti à la remise du dit Chapuis et de toutes les pièces relatives à son crime au juge de l'archevêché, de 1657.

* **N. 77.** Acte d'Albergement, fait par Mgr de Chevron à François Chif de Bozel, d'un foulon aux Gachaudières ; acte du 2 mai 1652 : Moris, notaire.

N. 78. Acte d'acquis, par Mgr Millet, de noble Gabriel Dutour, d'une rente féodale, de dîmes et hommes de la vallée de Pralognan ; acte du 6 mars 1664 : Moris, notaire.

* **N. 79.** Albergement, passé par Mgr Millet à Bernard Sarazin, d'un cours d'eau du nom de Bonrieu, pour faire virer une roue pour souffler une forge ; acte du 24 septembre 1662.

* **N. 80.** Autre albergement, du même et du même ruisseau, pour le même objet, à Michel Léger, maréchal, du 28 septembre 1662 : Festaz, notaire.

N. 81. Acte de cession de place, en faveur de Mgr de Chevron, par Me Jean Bruny, du 4 août 1655 : Moris, notaire.

N. 82. Convention, entre Mgr de Chevron et Me Jean-François Rol, pour la reconstruction de la muraille du verger de l'archevêché, du 4 août 1655 : Moris, notaire.

N. 83. Acte d'affranchissement d'une cense de

50 florins, payée par Mgr Milliet aux religieux Dominicains de Montmeillant.

Cette cense provenait d'un échange fait avec eux d'une dime qu'ils exigeaient à Bozel ; acte du 28 juin 1628. (Voir ci-devant n° 64.)

N. 84. Une liasse de reconnaissances rière Bozel et Champagny.

N. 85. Une transaction avec Me Jean-Baptiste Dunand concernant les dîmes de Bozel, du 5 octobre 1596, signé : Magnin. (L'original existe aux archives de l'évêché.)

N. 86. Une reconnaissance des dîmes de Champ-Béranger, rière Villarmartin, de l'an 1217.

N. 87. Une liasse d'hommages-liges.

N. 88. Une liasse d'acquis, d'albergements et et de reconnaissances rière la vallée de Bozel.

* N. 89. Un albergement du cours d'eau du ruisseau de la Rosière, du 18 février 1732, signé : Favre, notaire.

N. 90. Divers parchemins et autres titres, mis en liasse parce qu'ils n'ont paru d'aucune utilité.

IX

Sanctum Bonum. — SAINT-BON.

N. 1. Un acquis, fait, en 1322, en faveur de

l'archevêché de Pierre de la Saulse, des dîmes qu'il possédait à Saint-Bon.

N. 2. Une liasse de quarante-six albergements faits par les châtelains de Bozel, au nom de l'Archevêque, en 1566, à la requête des sindics de Saint-Bon, de diverses pièces de communaux rière la dite paroisse.

N. 3. Une vente, faite, en 1322, par Jean Bret de Saint-Bon au seigneur Archevêque, du droit de dîme qu'il avait dans cet paroisse.

N. 4. Une liasse d'acquis, faits en faveur de l'archevêché, de divers servis, usages et hommages, droits et bien-fonds rière la même localité.

N. 5. Autre liasse d'albergements, faits par les Archevêques à divers particuliers, de plusieurs pièces de terres, bois et montagnes.

N. 6. Une liasse de reconnaissances passées par divers particuliers de Saint-Bon en faveur de l'archevêché.

N. 7. Rouleau de reconnaissances rière Saint-Bon, de 1556, passées en faveur de noble Pierre du Siaix.

N. 8. Un contrat d'affranchissement, de servis, plaids, etc. fait, en faveur de la communauté de Saint-Bon, par Mgr Millet, le 24 août 1671 : Festaz, notaire, en compensation de la reconnaissance générale du fief et de l'acquisition d'une rente de Jean-Baptiste de Provence. (Une copie authentique de cet acte existe aux archives de l'évêché.)

N. 9. Une quittance, faite par le même Archevêque, le 8 mai 1663 : Festaz, notaire, en faveur de Muguer, Charvin, Blanc, Légier et Lacullaz de Saint-Bon, de ce qu'ils devaient à raison de l'affranchissement de la condition lige, à eux fait par le seigneur de Provence, et relevant en arrière-fief de l'archevêché de Tarentaise. (Existe aux archives de l'évêché.)

N. 10. Reconnaissance générale de tous les biens-fonds existants rière Saint-Bon, faite le 1er mai 1663 : Festaz, notaire, en faveur de l'archevêché de Tarentaise, par les sindics et communiers de Saint-Bon.

N. 11. Une déclaration faite le 24 août 1664, par devant Me Festaz, notaire, par les sindics et communiers de Saint-Bon, par laquelle ils s'engagent à payer à l'archevêché les dîmes à raison du seizième.

N. 12. Un contrat d'albergement d'une montagne appelée Roaches, rière Saint-Bon, passé en faveur de divers particuliers, en 1423, et signé Claude Dunand.

* **N. 13.** Albergement du ruisseau de la Closettas, sous la cense de 4 ais de large, du 8 juin 1734 : Favre, notaire.

X

Bellifortis. — BEAUFORT ET DÉPENDANCES.

N. 1. Un extrait d'hommage passé en 1220 en faveur de l'archevêché de Tarentaise, par

Vullielme Comte de Genevois, pour la Val de Luce, signé Macognino, et encore les conventions faites entre Hugues Dalphin seigneur de Foucigny et Mgr Bertrand archevêque de Tarentaise, en 1318, au sujet de certaines redevances rière Beaufort.

N. 2.   La transaction soit convention faite en 1318 entre Hugues Dalphin et Mgr Bertrand au sujet de certaines redevances rière Beaufort, par laquelle il a été décidé que l'archevêque et le seigneur de Foucigny et leurs successeurs, percevront la moitié de toutes les redevances qui arriveront par la laide du marché et des foires, la moitié des redevances du poids, de l'aunage, de l'éminage, et du louage des bancs de l'ale, le dit Hugues Dalphin déclare tenir son droit de l'archevêque.

N. 3.   Une sentence arbitrale rendue en 1225 par l'évêque de Maurienne et l'abbé de Tamié, entre l'archevêque de Tarentaise et seigneur de Belfort (Beaufort) par laquelle ils adjugent toute la ville de Saint-Maxime et tout ce qui est entre les eaux, jusqu'au bois au fief de l'archevêque.

N. 4.   Un acte sur parchemin, de l'année 1260, par lequel les sindics, au nom de la communauté de Saint-Maxime, déclarent que toute la ville ainsi que tout ce qui est dans les confins y décrits sont du fief de l'archevêché.

N. 5.   Une crie faite en 1368 de la part de l'archevêque à Saint-Maxime de Beaufort pour que tous ceux possédaient des biens dans les confins y désignés eussent à les reconnaître en faveur de l'archevêché et que les habitants de Saint-Maxime eussent à réparer leurs chemins.

N. 6. Autres cries de 1319 et 1332 faites au même endroit et pour le même objet.

N. 7. Ratification faite par l'archevêque en 1289 d'un albergement de la dîme des agneaux et autres animaux rière Beaufort.

N. 8. Un rouleau de reconnaissances de 1368, passées en faveur de l'archevêché rière Beaufort et Hauteluce.

N. 9. Un extrait de l'enquête faite en 1435 à la requête de l'archevêque et de Léone de Quege concernant des moulins baptieurs et raisse de Quege, de laquelle il résulte qu'ils sont du fief de la dite Léonette de Quege.

N. 10. Les lettres de Philibert de Savoie duc de Nemours, comte de Genevois, de 1531, par lesquelles il ordonne à ses officiers de lever les empêchements et saisies faites sur le moulin de Quege.

N. 11. Une liasse d'acquis et donations faites en faveur de l'archevêché, de divers biens et dîmes rière Beaufort.

N. 12. Une liasse de reconnaissances de divers biens rière Beaufort et Quege.

N. 13. Des lettres du Conseil de Savoie, de 1369, par lesquelles il est ordonné aux châtelains et officiers de Beaufort de lever les empêchements mis à la juridiction de l'archevêque et de révoquer les cries faites à ce sujet.

N° 14. L'acte de fondation de la chapelle sous le vocable de S¹ Tors (en Beaufort), de l'an 1644, Poncier notaire.

N. 15. Albergement des dîmes passées par Mgr de Chevron, le 8 novembre 1646, à la communauté du Villard de Beaufort.

N. 16. Un autre albergement des mêmes dîmes par Mgr Milliet, du 28 novembre 1662, Moris notaire.

N. 17. Une copie de la protestation faite le 1ᵉʳ octobre 1663 par le procureur fiscal de l'archevêché contre la mise en possession du seigneur marquis de Fleury, du marquisat de Beaufort.

N. 18. Un accensement passé le 11 juin 1670, Cartanas notaire, par Mgr Millet à la communauté du Villard de Beaufort, de toutes les dîmes de cette localité.

N. 19. Une quittance passée le 18 octobre 1673 par le sieur Donat Christin pour la construction de l'ale mercière de Saint-Maxime de Beaufort.

N. 20. Un acquis fait par Mgr Milliet le 13 juin 1670, Festaz notaire, de Mᵉ Jean-Baptiste Guignoz notaire d'Hauteluce, des pailles provenant des dîmes du mas de........, quartier des Bellevilles, paroisse d'Hauteluce.

N. 21. Un acensement fait le 15 avril 1682, Cartanas notaire, des dîmes du Villard à la communauté de cette paroisse et ratification de cet acte, du 7 juin, Chevalier notaire.

N. 22. Albergement d'une même dîme passé à la communauté du Villard de Beaufort par Mgr Milliet d'Arvillard, le 28 mai 1728, Mugnier notaire.

N. 23. Un volume de procès par-devant le Sénat contre les sindics et les communiers de Beaufort pour les réparations à faire à l'église de cette paroisse.

N. 24. Dans l'albergement n° 22 ci-dessus est l'accord fait le 26 novembre 1741 d'une diminution de cense de 34 livres par an à cause des dégâts faits dans la paroisse du Villard la veille et le jour de saint Thomas apôtre, en 1740.

XI.

Bellevillæ. — S. MARTIN ET S. JEAN DE BELLES-VILLES.

N. 1. Un rouleau de reconnaissances, de 1378, en faveur de l'archevêché de Tarentaise, de divers biens rière la paroisse de Saint-Martin-de-Belleville.

N. 2. Un autre rouleau de reconnaissances, de 1337.

N. 3. Un autre rouleau de reconnaissances, de

1430, en faveur de l'archevêché et du prieuré de Saint-Michel.

N. 4. Un autre de 1378.

N. 5. Un rouleau de reconnaissances en faveur de noble Pierre Dumas d'Urtières rière Saint-Martin de Belleville, de 1374.

N. 6. Un autre rouleau de reconnaissances en faveur de l'archevêché, rière la même paroisse (sans date).

N. 7. Un livre de reconnaissances passées en faveur de Jean et Jeannette Gay, des Urtières, rière la dite paroisse de Saint-Martin, de 1358.

N. 8. Une liasse de reconnnaissances passées en faveur de l'archevêché et du prieuré de Saint-Michel, rière Saint-Martin de Belleville (sans date).

N. 9. Un inventaire fait en 1506 par les officiers de l'archevêché des biens meubles de Jean Galliot de Saint-Martin-de-Belleville, pour prouver la juridiction de l'archevêché.

N. 10. Un autre inventaire, fait en 1498, des biens meubles d'Antoine Aigue, de Saint-Martin-de-Belleville, justiciable de l'archevêché.

N. 11. Une liasse de reconnaissances en faveur de l'archevêché, rière la paroisse de Saint-Jean-de-Belleville.

N. 12. Une liasse d'acquis faits en faveur de l'archevêché de divers biens rière Saint-Jean et Saint-Martin-de-Belleville.

N. 13. Une liasse d'acensements des dîmes dues à l'archevêché rière Saint-Martin-de-Belleville.

N. 14. Un extrait de l'enquête faite le 7 mars 1541, à la réquisition du procureur fiscal de l'archevêché, au sujet des dîmes dues rière Saint-Martin-de-Belleville, par laquelle on voit qu'on est obligé de laisser sur les champs la dîme à raison d'un treizième. (L'original existe aux archives de l'évêché.)

N. 15. Un albergement fait en 1412 par le cardinal de Challand à Antoine Caparon d'une fontaine rière Villars Bertrix, lieu dit au Fontanil, paroisse de Saint-Jean-de-Belleville.

N. 16. Un autre albergement fait en 1414 à Don Jean Luiset d'un cyriel et aqueduc conduisant l'eau de Valbuche pour arroser ses possessions.

N. 17. Un autre albergement de 1408, à Vullierme Revel, de toutes les fontaines et ruisseaux de la Fléchère, paroisse de Saint-Jean-de-Belleville.

* N. 18. Un autre albergement de 1394, fait à Jaquemet et Pierre Oynto, de Saint-Jean-de-Belleville, des fontaines descendant de Beaucrey jusque au ruisseau de Saint-Martin.

N. 19. Une sentence d'absolution de divers crimes, rendue en 1357, par le juge de l'archevêché, en faveur d'Hugues Perrin, de Saint-Jean-de-Belleville.

N. 20. Un procès intenté par l'archevêque, en 1486, contre Humbert et André Rosse de Villarly, paroisse de Saint-Jean, pour le payement du subside dû au Duc.

N. 21. Un autre procès intenté en 1533 par l'archevêque contre Antoine, Pierre et Anselme Costerg, de Saint-Martin-de-Belleville, pour obtenir un renouvellement de reconnaissance.

N. 22. Un duplicata de l'acte de reconnaissance passé en 1520 par M⁰ Pierre Leger citoyen de Moûtiers, en faveur de l'archevêque de Tarentaise. (Cette pièce existe aux archives de l'évêché.)

N. 23. Un procès intenté, en 1544, par l'archevêque, par-devant le juge-maje de Tarentaise, contre les habitants de Villarly, au sujet des dîmes.

N. 24. Un albergement fait en 1604 par Mgr Berliet, des dîmes du quartier de Saint-Jean-de-Belleville, en faveur de la communauté de ce quartier.

N. 25. Reconnaissance générale de la généralité du fief rière Saint-Jean-de-Belleville, passée le 10 mars 1664, en faveur de l'archevêque de Tarentaise, par les communiers de cette paroisse. (Voir Docum. page 175.)

N. 26. Albergement perpétuel des dîmes du quartier de Saint-Jean-de-Belleville, du 10 mars 1664, Festaz notaire. (L'original de cet acte est aux archives de l'évêché.)

N. 27. Un autre albergement perpétuel des dîmes du quartier du Villaret et Beauvillard, paroisse de Saint-Jean-de-Belleville, du 11 juillet 1664, Festaz notaire.

N. 28. Autre albergement perpétuel des dîmes de la Combaz et la Flachère, paroisse de Saint-Jean-de-Belleville, du 22 juillet 1664, Cartanas notaire.

N. 29. Albergement des dîmes de Villarly, du 27 juin 1664, Cartanas notaire.

N. 30. Albergement des dîmes de Saint-Laurent de la Côte en faveur de la communauté, du 14 juin 1664, Festaz notaire.

N. 31. Échange du fief de la cure de Saint-Jean fait avec l'archevêque le 23 octobre 1664, Festaz notaire. (L'acte original est aux archives de l'évêché.)

N. 32. Albergement du fief et des dîmes du quartier du Saint-Marcel, paroisse de Saint-Martin-de-Belleville, du 15 juillet 1664. Festaz notaire.

N. 33. Une copie du monitoire et sentence d'excommunication rendue par l'official de l'archevêché contre ceux qui refusaient de payer les dîmes à la Cote seize publiés par le Curé de Saint-Martin le 23 septembre 1674.

N. 34. Procès-verbal, dressé le 17 août 1674 par les Sieurs Viguet et Grogniet, de la levée du corps de Jeanne Vial, femme de Marie-Jacques Lacour, tuée par une pierre descendue de la montagne, au Planay près, de Mollié-Soulaz.

N. 35.	Un accord fait le 10 août 1674, Cartanas notaire, entre l'Archevêque et Jean Manenta de Saint-Jean-de-Belleville, par lequel ce dernier déclare que l'Archevêque est en possession de retirer les dîmes rière cette paroisse à raison du seizième.

N. 36.	Un acte d'acquis d'une rente féodale rière Saint-Jean-de-Belleville, fait par Mgr Milliet, le 9 novembre 1678, Cartanas notaire, de R. Claude de Laudes, chanoine de Saint-Pierre.

N. 37.	Un albergement fait le 13 septembre 1681, Cartanas notaire, par Mgr Milliet de Challes, aux communiers de Villaranger, paroisse de Saint-Martin-de-Belleville, des dîmes du dit quartier ainsi que des Priaux et Gittamellon pour la cense annuelle de trente-quatre setiers de blé, moitié seigle et moitié orge, payable à Moutiers au palais archiépiscopal.

N. 38.	Un autre albergement fait par le même le 13 septembre 1681, même notaire, des dîmes des Freynes, des Varcins et de la Rochette, aux communiers de ces quartiers, sous la cense annuelle de onze setiers de blé moitié seigle et moitié orge, payable à la Saint-André au palais archiépiscopal.

* N. 39.	Albergement passé à Philibert Deschamps et Jean Mugnier, de Saint-Jean-de-Belleville, du cours d'eau du torrent descendant de la montagne de Valbuche, du 29 mars 1688, Cartanas notaire.

N. 40.	Un rouleau de reconnaissances passées en faveur de Mgr Jean de Bertrand, rière les Bellevilles, de l'an 1357.

XII

Clericaci et Turnonis. — CLÉRY ET MANDEMENT DE TOURNON.

N. **1.** Une sentence rendue en 1418, par le Conseil de Chambéry, au sujet de la juridiction de l'Archevêque de Tarentaise sur Cléry et le mandement de Tournon.

N. **2.** Un extrait de la susdite sentence du Conseil ducal, lettres et provisions du prince et leur mise à exécution par l'Archevêque, à l'occasion des empêchements que l'on mettait à l'exercice de sa juridiction sur les hommes de l'archevêché habitant le mandemnt de Tournon.

N. **3.** Copie d'une autre sentence rendue en 1418, par le Conseil d'Amédée, duc de Savoie, signé Seytoris, à la requête du bailli de l'archevêché, en faveur du cardinal de Challant, archevêque de Tarentaise, contre les officiers ducaux du mandement de Tournon, par laquelle il est interdit à ces derniers de mettre aucun obstacle à la pleine et entière juridiction de l'Archevêque sur les hommes justiciables de l'archevêché, conformément au sentences déjà rendues sur ce sujet.

N. **4.** Enquêtes faites par les officiers de l'archevêché, en 1434, contre Antoine de Ginaz de Gilly, homme justiciable de l'Archevêque.

N. **5.** Enquêtes faites rière Cléry, en 1550, par

le Curial de Tournon, contre diverses personnes accusées de vol.

N. 6.   Requête, ordonnance et subhastation faite par les officiers de l'archevêché, en faveur de M⁰ Pierre Aymony, au préjudice des hoirs de Jean Champon de Cléry, sujets de l'archevêché, des années 1463 et 1465.

N. 7.   Les lettres du Conseil ducal de Savoie, de 1519, portant défense aux officiers ducaux de molester les hommes de l'archevêché pour le paiement du subside.

N. 8.   Une liasse de tutelles et administrations de biens décernées par les officiers de l'archevêché aux enfants pupilles de feu Hugonet Palluel, Guillaume Palluel, Collet Palluel, Jean Palluel, Jean Fontanet, Sermoz Fontanet, Ansermet Fontanet et Michel Palluel, tous du mandement de Tournon, justiciables de l'archevêché, des années 1577, 1557, 1555, 1536, 1515, 1501, 1488 et 1472.

N. 9.   . Une liasse d'inventaires faits par les officiers de l'Archevêque des biens des enfants pupilles de défunt Antermet Fontanet, en 1488 ; de Jean et Louis Bignet, en 1559 ; de Louis Palluel, en 1556 ; de Guillaume et Georges Palluel, en 1556 ; de Collet Palluel, 1555 ; de Simon Ginet, 1501 ; de Michel Palluel, en 1572.

N. 10. Une liasse de divers actes judiciaires, tels que : quittances de comptes, esgances, commissions pour inventaires, lettres citatoires, actes de sindicat, procurations e autres actes faits par devant les officiers d l'archevêché, par les hommes sujets à sa juridiction, rière le mandement de Tournon et Cléry.

N. 11. Une sentence rendue en 1572, en faveur de l'archevêché de Tarentaise, contre Jean de la Plantée de Cléry, au sujet de l'écheute.

N. 12. Une ordonnance rendue par l'official de Tarentaise, en 1347, contre les débiteurs de Péronet Delibano, et portant collocation d'ordre.

N. 13. Promesse faite en 1220, par Nantermet de Miolans, de ne faire aucune exaction sur les hommes sujets de l'archevêché, rière Cléry. Autre promesse du même, de 1222.

N. 14. Un rouleau de reconnaissances de 1355, passées en faveur de la mense archiépiscopale, de divers fonds, rière Cléry et Tournon, appartenant au prieuré de Cléry.

N. 15. Un autre rouleau de reconnaissances de 1573, en faveur de l'archevêché, rière Cléry et le mandement de Tournon.

N. 16. Un autre rouleau de reconnaissances de 1573, rière Cléry et ses dépendances.

N. 17. Un petit rouleau de reconnaissances de 1521, rière la paroisse de Cléry.

N. 18. Une liasse de reconnaissances passées en faveur de l'archevêché et de divers particuliers, dont l'archevêque a acquis les droits, pour divers biens rière le mandement de Tournon et de Cléry.

N. 19. Une liasse d'acquis et donation faits en faveur de l'archevêché et du prieuré de Cléry, uni a la mense.

N. 20. Une liasse d'albergements faits par les archevêques, prieurs de Cléry, de divers biens rière Cléry et le mandement de Tournon.

N. 21. Un procès entre le procureur fiscal de Savoie et le procureur fiscal de l'archevêché, au sujet de la juridiction rière Tournon et Cléry, de l'an 1508.

N. 22. Les lettres d'ajournement obtenues du juge de l'archevêché contre divers particuliers, hommes-liges et justiciables de l'Archevêque, dans le mandement de Tournon.

XIII

Mandamentum Sancti Jacobi. —
SAINT JACQUEMOZ, LE PREZ, SAINT MAURIS ET DÉPENDANCES D'ICEUX ET MONTGIROD.

N. 1. Un acte en parchemin portant convention faite en 1152, entre Saint-Pierre II, archevêque de Tarentaise, d'une part, et Anselme et Aimé de Chentron, d'autre part, au sujet du bois de Chentron; dans lequel il est dit que l'archevêque a le domaine et le droit de faire ce qu'il voudra du dit bois, situé entre le Siaix et Jet-Bajard, et depuis le sommet du pré jusqu'au sommet du dit bois, et l'autre partie appartiendra à l'Archevêque (sic).

N. 2.   Autre acte du même genre, de l'an 1152, entre le même Archevêque et Etienne Panneneus, dans lequel il est dit : l'Archevêque a, rière le Prez, les bans, justices, plaids généraux, droits de chasse et autres droits féodaux.

N. 3.   Une sentence rendue en 1409, par l'official de Tarentaise, dans le procès entre le procureur de l'archevêché, demandeur, et noble Antoine de Saint-Pierre, autrement du Siaix, défendeur, au sujet du droit d'écheute, d'une vigne située près du lac de Saint-Jacquemoz, laquelle vigne est déclarée tombée en écheute en faveur de l'Archevêque.

N. 4.   Deux doubles d'un albergement fait en 1336, au sindic de Montfort, paroisse de Saint-Marcel, du cours d'eau descendant de Montfort, depuis le lieu appelé des Quartiers dessous jusqu'à l'Isère, et par la montagne d'Armena, pour l'arrosage de leurs prés.

N. 5   Autre albergement fait par l'Archevêque, en 1394, à Pierre Charvaz du Pré, du tiers du cours d'eau descendant du moulin de Montfort, tendant vers la *Contamine en verse.*

N. 6.   Un albergement fait par l'Archevêque, en 1311, à Soffrey du Siaix, d'une pièce de pré située sur Montfort. Dans cet albergement, se trouve les limites de la juridition de l'archevêque et du Duc de Savoie, part de Fessons dessus.

N. 7.   Un albergement fait à la communauté du Pré par l'Archevêque, en 1396, des pâturages, bois noirs, cours d'eau, moulins et autres artifices existants rière la dite paroisse, conformément aux limites et confins y désignés. (L'original de cet acte existe aux archives de l'évêché.)

N. 8. Un albergement fait par l'Archevêque, en 1405, à Jean Porson, autrement Germain de Chentron, d'un eyriel et cours d'eau venant du ruisseau de Pravins, pour construire un moulin.

N. 9. Un rouleau de reconnaissances, en faveur de l'archevêché, de 1369, de divers biens rière la paroisse de Saint-Jacquemoz.

N. 10. Un rouleau de reconnaissances, en faveur de l'archevêché, de 1369, de divers biens rière la paroisse du Pré, mandement de Saint-Jacquemoz.

N. 11. Un autre rouleau de reconnaissances, de 1459, de divers biens rière la paroisse de Saint-Jacquemoz.

N. 12. Autre rouleau de reconnaissances, de l'an 1369, rière Chentron et Saint-Jacquemoz.

N. 12 *bis*. Un acquis d'une rente féodale à Montgirod, par Mgr Millet, du 15 décembre 1694, Cartanas, notaire, de Jean Dimier et autres particuliers de Villette.

N. 13. Un rouleau de reconnaissances rière le Pré, de 1587.

N. 14. Un livre de reconnaissances passées, en faveur de l'archevêché, rière la paroisse du Pré, en 1388.

N. 15.   Un petit livre de reconnaissances passées en faveur de l'archevêché, rière Chentron et la châtellenie de Saint-Jacquemoz, de 1349.

N. 16.   Une liasse de reconnaissances rière le mandement de Saint-Jacquemoz et Saint-Maurice.

N. 17.   Une liasse d'acquis et cession faits, en faveur de l'archevêché, par divers particuliers, dont il a acquis les droits.

N. 18.   Un carnet de reconnaissances rière le Bourg-Saint-Maurice, de 1388.

N. 19.   Un rouleau de reconnaissances rière le même lieu, de 1359.

N. 20.   Un petit rouleau de reconnaissances de dîmes passées en faveur de l'archevêché, rière le Bourg-Saint-Maurice, de 1269.

* N. 21.   Deux doubles de la sentence rendue par les juges-majes de Maurienne et Tarenrentaise et le juge de l'archevêché, entre l'Archevêque, d'une part, et Humbert de Villette, d'autre part ; par laquelle est ordonné que l'Archevêque est en possession de lever les bans, cautions, faire justice et rendre droit sur les hommes du dit Humbert de Villette, habitant en la ville d'Alpettaz, de l'an 1273.

* N. 22.   Albergement, de l'an 1317, fait à Muriset-des-Maisons, d'un moulin avec le cours d'eau descendant par le Boisson au delà du pont de Saint-Jacquemoz.

N. 23.   Un sac contenant les volumes de procès

intentés par devant le juge ordinaire de l'archevêché, le juge d'appel et le Sénat, par le procureur fiscal de l'archevêché et Jean-François Gallios, fermier, contre nobles Jean-Pierre et Jean-François de Saint-Jacquemoz, au sujet de l'écheute arrivée par le décès *ab intestat* de noble Jean-François de Saint-Jacquemoz.

N. 24. Un albergement fait en 1592, par Mgr Parpallie à Hugues Mugnier de Montfort, des moulins et cours d'eau du ruisseau descendant de Montfort.

N. 25. Un albergement fait en 1601, à divers particuliers du Pré, des vignes du clos de Saint-Jacquemoz, sous la cense annuelle de trois, vingt, dix scytiers de vin. (Voir p. 74 et suiv. — L'original existe aux archives de l'évêché.)

* N. 26. Albergement fait par Mgr de Chevron, en 1651, au quartier d'Hauteville, paroisse du Pré, du rivage du nant au de la Fontannaz, du Revers et de la Tollaz, pour construire un moulin : Moris, notaire.

N. 27. Une transaction de l'an 1487, passée entre le procureur de Villette et le prieur de Colonne Joux, au sujet d'une passation de reconnaissances et de payement de servis.

N. 28. Un rouleau de reconnaissances en faveur de l'archevêché, rière le mandement de Saint-Jacquemoz et Hautecour, de 1450.

N. 29. Duplicata du n° 20.

N. 30. Albergement fait par Mgr Germonio, le 12 mai 1609, signé Villien, aux communiers de Villette, des biens ruraux, des dîmes et autres droits du prieuré de Villette dépendant de l'archevêché. (Voir Bozel, art. 64 et 85. — Le prieuré de Villette a été uni à l'archevêché par le pape Léon X, le 4 des kalendes de 1516. Note de l'inventaire.)

N. 31. Reconnaissance générale de la généralité du fief de Saint-Marcel passée en faveur de Mgr Milliet, par les sindics et communiers du dit lieu, le 27 août 1663 : Festaz, notaire. (Voir p. 171 et suiv. — Une copie de cet acte existe aux archives de l'évêché.)

N. 32. L'acte par lequel les sindics de Saint-Marcel déclarent devoir la dîme à raison du seizième, du 4 octobre 1665 : Festaz, notaire.

N. 33. Reconnaissance générale du fief de Notre-Dame-du-Pré, passée par cette communauté, en faveur de l'Archevêque, le 22 juillet 1663 : Festaz, notaire. (V. p. 162 et suiv.)

N. 34. Albergement des dîmes du quartier d'Hauteville, paroisse du Pré, passé en faveur du dit quartier, le 30 juin 1664 : Festaz, notaire. (Une copie existe aux archives de l'évêché.)

N. 35. Un procès intenté par devant le juge de l'archevêché de Tarentaise, par le procureur de l'archevêché et les sindics de Saint-Marcel, contre le procureur fiscal du Duc et les sindics de Fessons, au sujet des montagnes d'Armenaz, de l'an 1495.

N. 36. L'acte d'indication des bornes du bois

de l'archevêché, rière Saint-Jacquemoz, du 19 mai 1658 : Moris, notaire. (Une copie se trouve aux archives de l'évêché.)

N. 37. Enquête faite a la requête du seigneur de Villette et des communiers du dit lieu et encore de Pierre Charvaz contre les communiers de Montgirod, au sujet d'usurpations dans les bois et pâturages et encore de batailles suivies de blessures faites dans le bois appelé des Combes ou des Côtes, situé entre le bois appartenant aux habitants de Villette et le ruisseau appelé Aigua-Ruffa, le tout fait par devant les officiers de l'archevêché, en 1571. (L'Académie possède une copie de cet acte et de ce procès.)

N. 38. Une liasse de cotets de la dîme du vin, rière le mandement de Saint-Jacquemoz.

N. 39. Une quittance, du 5 mars 1681, de la cense due par M. de Villareymon, pour la part des dîmes qu'il a à Aime, l'autre tiers étant dû par M. Chappel de Rochefort et l'autre tiers appartient à l'archevêché, et pour ce, les dits possesseurs ont payé, dès l'année 1648, au fermier de l'archevêché, 200 florins, soit 100 chacun.

N. 40. Procès-verbal de bornage du bois appartenant à l'archevêché, rière Saint-Marcel, du 27 octobre 1684. (Cet acte existe aux archives de l'évêché.)

N. 40 bis. Autre visite et bornage du dit bois, du 25 juin 1695, signé Ulliel.

N. 40 ter. Un sac contenant plusieurs titres concernant Villette.

N. 41.   Un albergement perpétuel passé par l'archevêque, le 5 mai 1700 : Cartanas, notaire, à Jean-Pierre Vivet de Saint-Jacquemoz, pour la cense annuelle de 5 florins.

N. 42.   Une liasse de parchemins.

N. 43.   Une liasse de procédures.

N. 44.   Un sac portant une étiquette sur laquelle on lit : *Procès de l'aumône*.

MONGIROD ET DÉPENDANCES

(Voir aussi ci-devant avec Saint-Jaquemoz)

N. 1.   Rouleau de reconnaissances passées en faveur de l'archevêché, en 1339, de divers biens rière Montgirod.

N. 2.   Un petit rouleau de reconnaissances passées en 1322, en faveur de Jean et Girard de Bellentre, de divers biens rière Montgirod.

N. 3.   Une liasse de reconnaissances, en faveur de l'archevêché, rière Montgirod.

N. 4.   Une petite liasse d'acquis, en faveur de l'archevêché, de divers biens rière Montgirod.

N. 5.   Un procès intenté par le procureur fiscal de l'archevêché, en 1542, contre les Charvrière de Montgirod, par lequel il demandait qu'ils eussent à répondre par devant le juge de l'archevêché, les défendeurs alléguant qu'ils étaient justiciables du Duc;

et, par sentence de 1543, le juge de l'archevêché se déclare compétent.

N. 6. Enquêtes faites en 1553, par le curial et châtelain de Saint-Jacquemoz, contre Jean du Solliez, accusé d'homicide, ensemble la réponse personnelle de l'accusé.

N. 7. Une enquête faite à requête du procureur fiscal de l'archevêché, concernant la juridiction rière le mandement de Saint-Jacquemoz, dans laquelle on voit que les officiers de l'archevêché ont exercé et ont droit d'exercer la juridiction dans les quatre paroisses dépendantes de ce mandement.

N. 8. Une liasse de ventes de communaux faites par les sindics de Montgirod, par autorisation de l'Archevêque et par ses officiers, ce qui prouve que les sindics n'ont pas le droit de vendre les biens communaux sans autorisation préalable du juge de l'archevêché.

N. 9. Un extrait du testament fait en 1549, par Pierre...., du Villaret, paroisse de Montgirod, par lequel il donne tous ses biens à la chapelle de Saint-Jean du Villaret.

N. 10. Albergement fait par l'Archevêque, en faveur de la communauté de Montgirod, du fief dépendant de l'archevêché, rière cette paroisse, du 22 juin 1664 : Festaz, notaire. (Voir p. 115 et suiv.)

N. 11. Reconnaissance des dîmes passée en faveur de l'archevêché, par la communauté de Montgirod, sous la cense de 33 seytiers et demi de seigle et 5 florins en argent, du

22 juin 1664 : Festaz, notaire. (Voir p. 118 et suiv.)

N. 12. Acquis d'une rente féodale, rière Montgirod, Centron et Longefoy, par Mgr Millet, de Jean Dimier et consorts de Villette, du 13 décembre 1694 : Cartanas, notaire.

N. 13. Albergement perpétuel passé par le même Archevêque aux communiers de la paroisse de Montgirod, sous la cense de 14 florins, le 20 décembre 1694 : Ulliel, notaire.

N. 14. Cadastre des biens de l'église paroissiale de Montgirod.

N. 15. Quittance en faveur de Mgr l'Archevêque, du 4 janvier 1699, par les sindics de Montgirod.

XIV

Hommagia nobilium. — HOMMAGES NOBLES ET RECONNAISSANCES DE RIÈRE FIEF.

* N. 1. Reconnaissance d'hommage par Vullielme, comte de Genevois, du 10 juillet 1210, en faveur de l'Eglise de Tarentaise, pour la val de Luce, sur parchemin.

* N. 2. Un transumpt de la susdite reconnaissance, ensemble les priviléges et concessions des empereurs.

* N. 3. Reconnaissance d'hommage en faveur de l'Eglise de Tarentaise, par Rodolphe de Montmayeur, chanoine de Genève, pour les biens qu'il tenait tant rière les Allues qu'ailleurs, de 1667.

* N. 4. Une reconnaissance d'hommage de noble Rolet de Montmayeur, de l'année 1524.

* N. 5. Reconnaissance d'hommage de Claude de Montmayeur, de 1386.

* N. 6. Un rouleau de reconnaissances passées en faveur de la mense, en l'année 1327, par Antoine de Montmayeur, pour le fief qu'il tient rière la val de Bozel et les Allues.

* N. 7. Un extrait fait par Me Moris, notaire, en 1655, de la transaction de 1389, entre le seigneur Edouard de Savoie, archevêque de Tarentaise, et Claude de Montmayeur, pour la passation des reconnaissances des choses qu'il tient de l'archevêché et pour la juridiction sur ses hommes. Dans cet acte, a été convenu : que le seigneur de Montmayeur fera une reconnaissance spéciale en faveur de l'Archevêque ; qu'il cède à l'Archevêque son droit de juridiction sur ses hommes et leur postérité, rière Bozel, Saint-Bon, la Perrière et les Allues, et généralement sur tous les hommes des dites paroisses ; enfin, qu'il fera reconnaître cette juridiction en faveur de l'Archevêque.

* N. 8 Autre reconnaissance d'hommage passée en faveur de la mense archiépiscopale de Tarentaise, par nobles Gabriel, Antoine, Jean, Reymond, Pierre et François de Duyn, pour les biens et fiefs qu'ils ont rière la val de Bozel, le mandement de la Bâthie et ailleurs, de l'an 1423.

* N. 9. Autre reconnaissance passée par noble

Antoine de Duyn, seigneur du château sus Conflens, de l'hommage par lui prêté pour les biens qu'il possède rière Nâves, le mandement de la Bâthie et depuis l'Essérieux jusqu'au nant de Gottaz, de Chentron, 1366.

* N. 10. Reconnaissance, par nobles François et Rondet Sécalci frères, en faveur de l'archevêché, pour les biens et fiefs qu'ils possédaient rière la val de Bozel, de 1392.

* N. 11. Reconnaissance d'hommage et fief, par nobles Hugues Jean, et Hugues frères, et Jean de Mascôt, en faveur de l'archevêché, pour les biens qu'ils possèdent rière la val de Bozel, des années 1264, 1289, 1310 et 1445.

* N. 12. Une liasse de reconnaissances d'hommage et fief, par nobles Humbert de Villette, seigneur de Chevron, Amédée, Antoine, veuve du dit Humbert, François Perrodus, Aymonet, Anterme et Jean de Villette, des années 1365, 1344, 1332, 1359, 1439, 1425, 1348, 1309, pour les biens, fiefs, hommages et usages qu'ils tenaient en arrière-fief de l'archevêché.

* N. 13. Autre liasse d'hommages et de reconnaissances d'arrière-fief, par nobles Antoine, Pierre, Jean, Villelme et Viffrey de Cornillon, des années 1325, 1328, 1322, 1325, 1332, 1388, du château de Cornillon, avec le mère mixte empire, juridiction, hommes, hommages, servis et usages dans tout le mandement et territoire de Cornillon, depuis l'Arly jusqu'au château, de plus dans toute la paroisse du Queige et

pour ce qu'ils possèdent rière la Bâthie et Tours.

* N. 14.
Autre liasse de reconnaissances et hommages, par nobles Girard, Villerme, Catherine, François et Jean de Queige, des années 1368, 1384, 1319, 1311, 1320, 1361, du fief et arrière-fief, rière Queige, des hommes y décris, de la moitié de l'alpéage de Queige et de toute la pleine juridiction qu'ils tiennent dans cette paroisse.

* N. 15.
Une reconnaissance d'arrière-fief faite par noble Antoine de Ravoire, conseigneur de Queige, en 1512, de la juridiction, cense, servis, hommes, hommages et usages qu'il possède rière Queige.

N. 16.
Acte de prestation d'hommage, par le même, en conséquence de la reconnaissance de l'an 1524.

* N. 17.
Acte de prestation d'hommage, par noble Jean, fils naturel d'Antoine de Miolans, pour les biens et fiefs à lui donnés en dot par noble Pierre de Cornillon, rière Queige, de l'an 1350.

* N. 18.
Une liasse de reconnaissances et hommages prêtés à la mense de Tarentaise, par nobles François, Jean et Jacques du Vergier, pour les biens, fiefs, hommes, hommages et juridiction qu'ils possèdent en la val de Bozel, des années 1427, 1424, 1439, 1434, 1332, 1405, 1308, et encore par Vullierme du Vergier de Biorge, 1231.

* N. 19.
Autre liasse de reconnaissances et hommages, par nobles Rollet, Pierre et Hum-

bert Carrel, des années 1369, 1374, 1314, 1439, pour ce qu'ils possédaient rière la val de Bozel.

* N. 20. Une autre liasse de reconnaissances, d'arrière-fiefs et hommages, par nobles Antoine, Pierre, Richard, Jean-Antoine et Jean du Siaix, de Saint-Marcel, des années 1359, 1360, 1295, 1350, 1389, pour les censes, servis, usages et hommages qu'ils possédaient à Montgirod, Chentron, Saint-Marcel, le Pré et Saint-Martin-de-Belleville.

* N. 21. Reconnaissance et prestation d'hommage et fidélité des seigneurs Aymeric et Gontier d'Aigueblanche, seigneur de Briançon, pour ce qu'ils possédaient de la mense, rière Moûtiers, Nâves, Bozel et pour le château de Briançon, des années 1284, 1286, 1252, 1255 et 1265; et encore autres actes du même genre, des années 1258, 1254, 1255, 1269, 1335, 1206, 1281, plus la transaction de 1258, au sujet du château de Briançon et des dîmes de Bonneval, soit Montpont.

* N. 22. Une liasse de reconnaissances et hommages, par nobles Pierre Reynaud, Jean et Gontier de la Saulce, pour ce qu'ils possédaient rière la val de Bozel et des Bellevilles.

N. 23. Une autre liasse de prestations d'hommages, de nobles Jean et Guillaume de Saint-Vial, des années 1368, 1333, 1358, 1255, 1370 et 1374.

* N. 24. Autre liasse de reconnaissances et hommages, par nobles Jacques, Humbert et

Amédée de Conflens, pour ce qu'ils possédaient à Tours, des années 1286, 1310, 1306 et 1352.

* N. 25. Une autre liasse de reconnaissances, d'arrière-fiefs et hommages, par nobles Nantelmette Guigonet, Guiguet et François d'Avallon, de 1312, 1333 et 1354, des hommes, hommages, servis et autres tributs qu'ils tenaient à Montgirod, Montbéranger et dans la val de Bozel.

* N. 26. Un rouleau de reconnaissances, d'arrière-fiefs, par les seigneurs Antoine de Montmayeur (1327), Jacques de Mascot (1328), Guiguet d'Avallon (1322), Pierre Boezuti de Bozel (1325), Villerme de Bozel (1316), Jacquemet de Saint-André (1311), Reynaud et Jean de la Saulce (1316), Pierre Bret du Pré (1308), Jean Jordan et Reymond du Vergier (1308), pour les biens qu'ils tenaient de l'archevêché.

* N. 27. Un autre rouleau des hommages nobles passés en faveur de l'archevêché, par nobles Guigues Villiencii (1405), Jacques Rouge, autrement de Arnod de Bozel (1405), Guillaume de Montagny, François d'Avallon, Antoine des Goutes, André du Vergier, Jean du Vergier, François Sécalci, Pierre des Goutes, Jacquemet du Vergier, Jean des Goutes, Pierre Bret, Jeannette Rolin, Georges de Pucetos, Aimé de Pucet, Rolet Didier, Jean de Duyn, Jean Dutour, toutes de l'année 1405, pour les biens et fiefs qu'ils tenaient de la mense.

* N. 28. Reconnaissance d'arrière-fiefs et hommages, par noble Jean de Montchabod, en 1425.

* N. 29. Reconnaissance et hommage, par noble Antoine de Montagny, de 1368.

* N. 30. Deux reconnaissances et hommages, par noble Pierre Bret de Saint-Bon, des années 1434 et 1439.

N. 31. Reconnaissance portant hommage, par noble Jacques Manuel, pour son fief de Cevins, 1566.

* N. 32. Prestation d'hommage, par Antoine et Pierre Reymond, de 1375.

* N. 33. Autre prestation d'hommage, par noble Morard de Chentron, de 1365.

* N. 34. Deux reconnaissances portant hommage, par nobles François et Pierre Noely, seigneurs des Monts, Bellegarde et conseigneurs de la val de Bozel, de 1528 et 1588.

* N. 35. Reconnaissance d'hommage de nobles Jean et Pierre de Bozel, de 1298 et 1434.

* N. 36. Hommage prêté par nobles Louis et Arthold de Beaufort, pour les fiefs, censes, servis, hommes, hommages et juridiction qu'ils tenaient de l'archevêché, de 1484 et 1345.

* N. 37. Hommage de noble Rolet de Chissy, de 1376.

* N. 38. Deux reconnaissances et prestations d'hommages de noble Jean de Bellentre, de 1318 et 1405.

* N. 39. Hommage de nobles Amédée, Jean et Pierre de Bertrand, de 1338, 1471. Ils ont fait écheute, étant morts sans enfants.

* N. 40. Reconnaissance d'hommage, par nobles Catherine, Antoine et Richard Villien, de 1590, 1560 et 1553.

* N. 41. Hommage de noble Georges de Ponceto de Salins, de 1587 et 1588.

* N. 42. Reconnaissance d'hommage de Jean de La Tour, de 1345.

* N. 43. Reconnaissance portant hommage de nobles Jaquemette, Jeannette et Antoinette Rouge de Bozel, de 1427.

N. 44. Reconnaissance d'hommage de nobles Georges, Pierre et Antoine Biol de Verrens, de 1530.

* N. 45. Reconnaissance d'hommage de noble Thomas de Châtelard de Cœur, 1518.

* N 46. Reconnaissance portant hommage de nobles Humbert et Aimé de Gimilly, de 1516.

* N. 47. Acte d'investiture, par le cardinal de Ruvère, archevêque de Tarentaise, en faveur de noble Martin de Ruvère, du fief et arrière-fief de nobles Amédée et Jean de Bertrand, de 1479.

* N. 48. Reconnaissance d'hommage, par noble Jaquemet de Cléry, de 1564.

* N. 49. Reconnaissance des nobles Pierre Nic de Saint-Jacquemoz, de 1514.

N. 50. Reconnaissance et hommage de noble Léone, veuve de Vullierme de Fillinge, pour ce qu'elle possédait à Aigueblanche, 1517.

* N. 51. Prestation d'hommage, par noble Pierre Cussin de Bozel, en 1344.

* N. 52. Hommage de noble Aimé des Goutes de Bozel, de 1306.

* N. 53. Reconnaissance et hommage de Pierre de Romestaing de Conflans, 1281.

N. 54. Lettres patentes de Mgr de Grolée, par lesquelles il fait remise de toutes les amendes et droits qui pourraient lui compéter contre nobles Jean, François et Pierre de Saint-Jacquemoz.

* N. 55. Investiture et hommage prêté en faveur de l'archevêché, par noble Humbert de Beaumont, dit Cuarraz, bourgeois de Chambéry, du fief qu'il a acquis de Pierre de Beaufort, rière Bozel, en 1508.

* N. 56. Un procès intenté par le procureur fiscal de l'archevêché contre nobles Jean, Louis et Hugues de Loctier, seigneurs de Bellecombe, aux fins d'obtenir prestation d'hommage, de 1565.

* N. 57. Une liasse des hommages des seigneurs de Cevins.

* N. 58. Une liasse d'hommages prêtés par Hugues de Montagny et Pierre de La Thuile.

N. 59. Une liasse d'hommages des seigneurs de Virgulto de Bozel (lisez : du Verger de Bozel), des années 1289, 1294 et 1295.

XV.

Allodiorum et Perreriae. — ALLUES, MONTAGNY, FESSON SUS SALLIN ET DEPENDENCES DES DITS LIEUX.

N. 1. Une transaction du 16 avril 1393, entre Mgr Edouard de Savoie, archevêque de

Tarentaise, et les sindics, conseillers et communiers des Allues, dans laquelle il est établi que tous les fonds, montagnes, alpages, cours d'eau, et généralement tous les biens de la paroisse des Allues qui ne sont pas d'un fief particulier sont du fief de l'archevêché.

N. 2. Un acte de 1359 par lequel l'archevêque déclare que les habitants des Allues et de la Perrière lui ont donné le subside tout gratuitement et sans y être aucunement obligés.

N. 3. Une sentence rendue par l'official de de Tarentaise en 1405, contre les sindics des Allues, dans laquelle il est dit que les habitants des Allues sont tenus de payer doubles usages à l'arrivée de chaque nouvel archevêque.

N. 4. Une supplique adressée au duc Charles aux fins d'obtenir que les sujets du duc habitant aux Allues fussent admis conjointement avec les sujets de l'archevêque à élire des sindics; ensemble les lettres ducales de 1489 par lesquelles il est prohibé aux officiers de Salins de les molester en quoi que ce soit pour ce fait.

N. 5. Un albergement fait par l'archevêque en 1506 à Martin Curtet, de la montagne du Sault, rière les Allues, sous la cense de six florins et deux deniers gros de servis, et sous la condition que quand il plaira à l'archevêque et à ses successeurs d'y mettre deux trentaines de moutons, pour son usage, le dit Curtet sera obligé de les garder à ses dépends.

N. 6. Un livre des franchises accordées par les

archevêques aux paroisses des Allues et de Saint-Jean de la Perrière.

N. 7. Autre livre des mêmes franchises.

N. 8. Les enquêtes faites par M⁰ Moris notaire, en exécution du monitoire obtenu de Rome, desquelles il résulte que la mense épiscopale possède un pré, lieu dit en l'Arpasson sous la cense de 5 florins par an, et encore une maison, le tout rière les Allues. De plus, qu'elle a droit de retirer l'alpéage sur toute la paroisse.

N. 9. Autre enquête pour le même objet faite en 1638 par M⁰ Bland notaire.

N. 10. Un albergement fait par l'archevêque en 1545, de la mure de sa maison rière les Allues, sous la cense annuelle de 2 florins.

N. 11. Une liasse des acquis faits par les archevêques de divers particuliers des Allues, de plusieurs pièces de terre et prés rière la dite paroisse, ensemble deux testaments.

N. 12. Autre liasse des albergements faits par les archevêques de diverses pièces de prés, terre et mure rière les Allues, des années 1414, 1338, 1321, 1306, 1304, 1316.

N. 13. Une liasse de reconnaissances passées en faveur de l'archevêché par plusieurs particuliers, pour les biens qu'ils possédaient rière les Allues et dépendances.

N. 14. Un albergement fait par Mgr Milliet à Antoine Simillion, des Allues, du cours d'eau du nant de la Gittaz, pour construire un moulin, sous la cense annuelle d'un denier, du 14 décembre 1661, Moris notaire.

N. 15.

Un sac contenant le procès fait en l'année 1627, par-devant le souverain Sénat de Savoie, entre le procureur fiscal de l'archevêché demandeur, en payement des dîmes ; et les sindics des Allues défendeurs. Et arrêt du 9 juin 1627, statuant que, par provision, l'archevêque est maintenu en possession de percevoir les dîmes rière les Allues à la cote treize et en donnant caution.

N. 16.

Un autre sac contenant le procès pardevant la cour du Parlement de Savoie en 1547, entre Mgr de Grolée, demandeur en payement de dîmes contre Me Pierre Cartier de Moûtiers, pour les biens qu'ils possédaient rière Montagny et Fessons. Par appointement du 23 juin, le demandeur est maintenu en possession de percevoir ces dîmes, à raison de la cote treize.

N. 17.

Un autre sac contenant le procès entre le procureur fiscal de l'archevêché et Me Monod fermier, contre divers particuliers des Allues, au sujet de la généralité du fief rière cette paroisse demandeurs en payement des laods situés rière les Allues. Par ordonnance du 25 juin 1652, le juge ordinaire de l'archevêché enjoint aux demandeurs de produire les contrats par eux invoqués, de laquelle ordonnance ils ont appelé par-devant le juge des appelations de l'archevêché. Celui-ci, par sentence du 25 août 1654, a mis à néant l'appel et passant outre au principal, a condamné les appelants au payement des laods des biens situés rière les Allues et qui ne sont pas d'un autre fief. Cette sentence a été confirmée par arrêt du Sénat le 29 juillet 1655.

N. 18. Un rouleau de reconnaissances passées en faveur de l'archevêché par plusieurs particuliers de Montagny.

N. 19. Une transaction faite en 1462 entre l'archevêque de Tarentaise et Jean-Etienne des Allues, au sujet du droit de dîme rière Fontaine, paroisse de la Saulce.

N. 20. Une reconnaissance passée en 1281 par divers particuliers de Fessons pour les biens qu'ils possédaient rière cette paroisse.

N. 21. Une requête présentée à Mgr de Grolée par les syndics des Allues au sujet de la dîme de agneaux, et décret de l'archevêque qui commet le juge pour informer de la coûtume. Ensemble l'enquête faite par le juge en 1556 de laquelle résulte que lorsqu'on n'arrivait pas à nombre entier d'agneaux, le décimateur estimait l'agneau et laissait au paysan le choix ou de payer le prix de l'agneau ou de le lui laisser moyennant payement du surplus.

N. 22. Une transaction faite en 1310 entre le prieur de Saint-Michel et Bosonet de Melfe, de Fessons, au sujet de quelques dîmes. Dans cet acte il est arrêté que le dit de Melfe et autres donneront pour chaque chevreau et agneau 3 pittes, et pour chaque veau un vianey (un sou viennois).

N. 23. Reconnaissance générale de la généralité des biens rière les Allues, faite par les syndics et communiers de la paroisse en faveur de l'archevêché, le 22 janvier 1664, Festaz notaire. (Voir n° 41, page 174, et n° 10, page 58.)

N. 24. Un échange fait entre Mgr Milliet et R

Messire Mermet Bailly, curé des Allues, de certains fiefs de la dite cure, le 12 février 1666, Festaz notaire. (Une copie de cet acte existe aux archives de l'évêché.)

N. 25. Un autre échange entre le même archevêque et R. Messire Claude Villien recteur de la chapelle de Saint-Jean-Baptiste fondée en l'église des Allues, du 13 février 1666, Festaz notaire.

N. 26. Autre échange de fief entre l'archevêque et R. Guillaume Durandard, recteur de la chapelle de Saint-Mamert, fondée en l'église des Allues, du 25 janvier 1666, même notaire.

N. 27. Acquis fait par l'archevêque le 9 mai 1666, d'une rente féodale rière les Allues, de noble Aimé Trolliet, citoyen de Moûtiers.

N. 28. Albergement fait par l'archevêque le 11 octobre 1665, Festaz notaire, à la communauté de Fessons-sur-Salins, des dîmes et fief de la dite paroisse.

N. 29. Déclaration faite le 26 octobre 1664 par les hommes et communiers de Fessons-sur-Salins, par laquelle ils s'obligent à payer les dîmes à raison de la cote 16.

N. 30. Albergement fait par l'archevêque au quartier de la Thuile de Montagny des dîmes du quartier, du 11 septembre 1664, Festaz notaire.

N. 31. Acte du 7 septembre 1664, Festaz notaire, par lequel la communauté de Montagny s'oblige à payer les dîmes à la cote 16.

N. 32. Un albergement passé par l'archevêque à

Martin Gascon des Allues, du nant de la Possedaire, rière le village de Morel, du 14 mars 1667, Cartanas notaire, sous la cense d'un bichet de seigle.

N. 33. Une liasse de 4 reconnaissances passées en faveur de l'archevêché par divers particuliers de Montagny et de Fessons-sur-Salins pour la montagne de Sappey, de 1347.

N. 34. Albergement perpétuel passé par Mgr Milliet au quartier de Montagny des dîmes et fiefs rière le dit quartier, du 3 novembre 1664, Festaz notaire.

N. 35. Contrat de cession faite par Jean-François Girod, des Allues, en faveur de la mense archiépiscopale de Tarentaise, d'une pièce de forêt aboutissant à la forêt de l'archevêché rière les Allues, du 24 février 1675, Cartanas notaire.

N. 36. Acte de bornage du bois Champion avec la communauté des Allues, le 23 novembre 1694, à la requête du procureur fiscal de l'archevêché.

N. 37. Un procès concernant le bois de Champion, territoire des Allues, du 10 janvier 1694.

N. 38. Une liasse de reconnaissances et albergements rière Fessons et Montagny, de 1302 et 1358.

N. 36. Autre liasse d'acquis rière les Allues, Fessons-sur-Salins et autres lieux.

LA PERRIÈRE.

N. 1. Un rouleau de reconnaissances passée

en faveur de l'archevêché de divers biens rière la paroisse de la Perrière, de 1459.

N. 2. Autre rouleau de reconnaissances de 1326.

N. 3. Un autre de 1387.

N. 4. Une liasse de reconnaissances et hommages rière la Perrière.

N. 5. Deux acquis faits en faveur de l'archevêché de divers biens rière la Perrière, des années 1279 et 1310.

N. 6. Deux albergements de divers biens rière la Perrière, des années 1416 et 1414.

N. 7. Reconnaissance générale de la généralité du fief rière la paroisse de Saint-Jean de la Perrière, passée en faveur de l'archevêque par les communiers de la Perrière, le 30 juillet 1664, Festaz notaire. (Une copie authentique de cet acte se trouve au archives de l'évêché.)

N. 8. Echange fait entre l'archevêque et R. Michel Ulliel, curé de la Perrière, du fief de la cure, du 26 août 1664, Festaz notaire. (Voir l'original aux archives de l'évêché.)

XVI.

Visitationes et Synodalia. — ACTES DE VISITES, STATUTS SYNODAUX, FONDATION DE CHAPELLES ET AUTRES TITRES CONCERNANT LES BÉNÉFICES DE TARENTAISE.

N. 1. Les visites générales faites en 1408 par le seigneur Jean archevêque de Tarentaise, des paroisses et du chapitre de Tarentaise. commençant par la visite du chapitre régulier (1).

N. 2. Un extrait de visites faites en 1496 par Mgr Plosasque dans les paroisses de Tarentaise, commençant par la visite du chapitre.

N. 3. Un autre extrait des visites faites en 1472, par R. Messire Urbain de Mâcot à ce délégué par l'archevêque.

N. 4. Un autre extrait de visites faites en l'année 1618 par R. Messire Jean-Baptiste Germonio, vicaire général de Mgr Germonio.

N. 5. Visites générales faites par Mgr Benoît Théophile, de Chevron, en 1633 et 1634.

N. 6. Livre des visites générales faites par R. Messire Charles-Auguste de Sales, vicaire général, à ce député par Mgr de Chevron en 1638.

N. 7. Autre livre des visites faites en 1645 et 1647 par Mgr de Chevron.

N. 8. Un extrait de visites faites à l'église et au chapitre régulier de Saint-Pierre, en 1486, par Mgr Jean de Compois.

N. 9. Autres visites de l'église et chapitre régulier de Saint-Pierre, faites en 1509.

(1) La date de 1408 nous paraît erronée, car à cette époque et jusqu'en 1418 le siége de Tarentaise était occupé par le cardinal Antoine de Challant.

N. 10.	Extrait de visites non signées, faites dans les paroisses du diocèse de Tarentaise, sans date.
N. 11.	Un autre acte de visite faite en 1469 par Mgr Bertrand à l'hôpital de Moûtiers (1).
N. 12.	Un extrait de la visite faite dans la métropole de Saint-Pierre de Tarentaise par Mgr François-Amédée Milliet, en 1661. Dans cette visite se trouvent détaillés les offices, dignités et juridictions respectives de l'archevêque et du chapitre, ainsi que tout ce qui regarde le service divin.
N. 13.	Une liasse de visites faites par les archevêques ou leurs vicaires généraux de diverses cures et chapelles de Tarentaise.
N. 14.	Une liasse de statuts, ordonnances et constitutions synodales des archevêques ou de leurs vicaires généraux.
N. 15.	Un inventaire des biens de la chapelle de S. François, fondée hors des murs de la ville d'Aime, de 1460.
N. 16.	Fondation de la chapelle de S. Jean l'Evangéliste et de S. Pierre Apôtre, faite en 1653, par Jean Cohendoz, au lieu d'Hauteville.
N. 17.	Acte de fondation de l'office du Nom de Jésus à l'église paroissiale de Villette, de 1589, Malliet notaire.

(1) Mgr de Bertrand est mort en 1432 : ici encore il y a une erreur de date.

N. 18. Verbal de la translation des reliques du Bourg-Saint-Maurice, du 9 décembre 1635, écrit sur parchemin et signé Laboret.

N. 19. Un livre de visites générales faites en 1608 par Mgr Germonio.

N. 20. Un livre de la quatrième visite générale faite en 1651 par Mgr Benoît-Théophile de Chevron.

N. 21. Un sac contenant divers titres, comme albergements, procès, quittances concernant la chapelle de Notre-Dame de Pralognan.

N. 22. Un registre de divers actes d'institutions, présentations et autres actes concernant les bénéfices de Tarentaise, de 1487.

N. 23. Une liasse de fondations de chapelles, de présentations aux bénéfices et dotations.

N. 24. Un registre de visites faites en 1633 par Mgr Benoît-Théophile de Chevron.

N. 25. Registre de la seconde visite générale faite en 1638 par le même archevêque.

N. 26. Registre des concours et institutions tant des cures que des chapelles, de 1633 à 1640 (1).

N. 27. Un autre registre des résignations, concours et collations des bénéfices de Taren-

---

(1) Ce registre doit se trouver aux archives de M. le baron Dunoyer, à la Motte.

taise de 1631 à 1645. Signé à la fin Benoît-Théophile archevêque.

N. 28. Un autre registre de provisions et institutions, résignations, collations, procès et concours de 1645 à 1651.

N. 29. Autre registre d'institutions, résignations, incorporations, collations de divers bénéfices de Tarentaise, de 1601 à 1606.

N. 30. Registre de la visite faite par Mgr Berliet en 1605.

N. 31. Un autre registre d'institutions, collations et autres actes concernant les bénéfices, de 1590 à 1599, faits par Mgr Parpallia.

N. 32. Un autre registre du même genre, par Mgr Berliet, en 1605, et Mgr Germonio jusqu'en 1608.

N. 33. Un autre registre d'institutions et autres actes concernant les bénéfices, faits du temps de Mgr Germonio, de 1608 à 1610.

N. 34. Livre des visites générales faites en 1683 et années suivantes par Mgr Milliet.

N. 35. Autre livre des visites générales de 1678 et année suivante.

N. 36. Livre de la deuxième visite générale, de 1667.

N. 37. Livre contenant deux visites pastorales faites l'une en 1661 et 1662, l'autre en 1683.

N. 38. Un livre contenant un état des œuvres

pies de l'hôpital et autres rière Moûtiers, avec le verbal du juge-maje Cuillerat, du 1er juin 1731.

N. 39. Un extrait des visites de Mgr Milliet de Challes, en 1685.

N. 40. Un extrait des visites de Mgr Milliet d'Arvillars (1) en 1694.

N. 41. Un extrait des visites générales de Mgr de Challes en 1688.

N. 42. Un extrait des visites de Mgr de Chevron, en 1631.

N. 43. Un petit cahier intitulé : *Visitatio metropolitanæ ecclesiæ Sancti Petri*, de 1575.

XVII.

Sion et Aoste. — TITRES CONCERNANT LA SUPÉRIORITÉ DES SEIGNEURS ARCHEVÊQUES DE TARENTAISE SUR LES ÉVÊQUES D'AOUSTE ET DE SION.

N. 1. Un livre de visites faites par Mgr Jean de Bertrand, archevêque de Tarentaise, métropolitain, dans le diocèse de la Val d'Aouste, en 1427.

N. 2. Un autre livre contenant la continuation de la visite du même archevêque en qualité de métropolitain, rière la Val d'Aoste, en 1430.

---

(1) Il faut lire Mgr Milliet de Challes

N. 3.	Une ordonnance rendue par Mgr Jean de Bertrand à la suite de la visite faite par lui au monastère de S. Égide, diocèse d'Aoste, par laquelle il enjoint d'observer les ordonnances et faire les réparations portées par la visite de 1427.
N. 4.	Lettres du même archevêque par lesquelles il ordonne aux RR. Prieur et Chanoines de Saint-Ours d'exécuter les ordonnances et faire les réparations portées par la visite de 1427.
N. 5.	Un procès d'appel intenté par Sébastien Du Crey par devant l'official de Tarentaise, contre le procureur fiscal épiscopal d'Aoste, de 1514.
N. 6.	Extrait des lettres de Mgr de Grolée, administrateur de Mont-Joux, de 1438, par lesquelles il ordonne aux chanoines et religieux des hôpitaux de Mont-Joux et de Colonne-Joux de se trouver au chapitre qu'il doit tenir.
N. 7.	Une transaction faite entre le Prieur de Clages et le Curé de Riddes, diocèse de Sion, sur la présentation à la cure de Riddes, laquelle appartient au prieur, de 1339.
N. 8.	Une procuration faite en 1310 par divers curés d'Aoste pour se faire représenter au concile provincial de Tarentaise.
N. 9.	Lettres exécutoriales obtenues du Saint-Siége Apostolique par Mgr de Compois, archevêque de Tarentaise, contre l'évêque de Sion, concernant le droit de recevoir les appels de cet évêché, de l'an 1492.

N. 10.   Extrait des lettres apostoliques sur le dévolu des causes d'appel et recours de la cour épiscopale de Sion à la cour métropolitaine de Tarentaise, en faveur des archevêques de Compois et Carin de Plosasque, de l'an 1510.

Z. 11.   Deux copies de lettres obtenues du Saint-Siége concernant l'église paroissiale de Vespiaz, diocèse de Sion.

N. 12.   Lettres de citations obtenues du Saint-Siége, en 1490, contre le chapitre de Sion.

N. 13.   Un procès en appel par-devant l'official de Tarentaise, intenté par divers particuliers de Sion, en 1471.

N. 14.   Un extrait des lettres d'exemption de la juridiction métropolitaine de Tarentaise, obtenues de Sa Sainteté par l'évêque de Sion, et ce pour sa vie tant seulement.

N. 15.   Un procès en appel intenté par-devant l'official de Tarentaise par les communiers de la Val Arcère, diocèse de Sion, contre une ordonnance rendue par l'évêque de Sion.

N. 16.   Un acte d'appel mis par l'archevêque de Tarentaise au Siége Apostolique contre certaines ordonnances et statuts de l'évêque de Sion défendant à ses sujets d'avoir recours au tribunal métropolitain de Tarentaise, de 1490.

Z. 17.   Un procès intenté par Mgr Jean de Compois, archevêque de Tarentaise, contre l'évêque de Sion au sujet de quelques ordonnances rendues par ce dernier.

N. 18. Etablissement d'un official à la cité d'Aoste, par ordre de Son Altesse Royale, du 4 mars 1701.

XVIII

Sanctum Sepulcrum. — TITRES CONCERNANT LA JURIDICTION ET SUPÉRIORITE DES ARCHEVÊQUES DE TARENTAISE, SUR L'ÉGLISE ET SUR LES CHANOINES DU SAINT-SÉPULCRE D'ANNECY, DIOCÈSE DE GENÈVE.

N. 1. Les lettres-patentes de Hugues de Roletis de Tripoli, patriarche de Jérusalem, par lesquelles il donne à Mgr Jean de Bertrand, archevêque de Tarentaise, plein pouvoirs de visiter les prieurés du Saint-Sépulcre, dépendants du patriarchat de Jérusalem, de corriger les prêtres délinquants, conférer les bénéfices et généralement faire tout ce que le patriarche pourrait faire lui-même, de l'année 1421.

N. 2. Un extrait des bulles du pape Martin, par lesquelles il délègue l'Archevêque et ses successeurs pour conservateur, protecteur et défenseur des maisons du Saint-Sépulcre, avec tous les pouvoirs du patriarche de Jérusalem sur ces maisons. A la suite, se trouve un extrait de l'union faite par l'archevêque Jean des maisons du Saint-Sépulcre d'Annecy, du Puy et Strambin, ainsi que les lettres de confirmation de cette union par Mgr Jean de Compois.

N. 3. Copie des bulles du pape Félix, de l'an

1441, par lesquelles il confirme la juridiction de l'archevêché de Tarentaise sur les maisons du Saint-Sépulcre.

N. 4. Les bulles du pape Paul, de 1466, accordant provision du prieuré du Saint-Sépulcre à Jean Renguisii. Cette charge était devenue vacante par la démission de Jacques Renguisii.

N. 5. Acte de démission entre les mains de l'Archevêque de Tarentaise, par Jacques Renguisii et Georges Bellon, du prieuré de Sainte-Marie-du-Puy, diocèse de Turin.

N. 6. Un compromis fait en 1485 entre l'archevêque Jean de Compois et le prieuré du Saint-Sépulcre d'Annecy, au sujet du droit de faire la visite du Saint-Sépulcre.

N. 7. Une sentence rendue par Mgr Jean, archevêque de Tarentaise, en 1455, entre le révérend Prieur et le Chapitre du Saint-Sépulcre d'Annecy, d'une part, et Bienvenue, veuve de Guillaume de la Fingère, au sujet de certaines prébendes et usufruit sur lesquels elle prétendait avoir droit.

N. 8. Sentence d'absolution accordée par le cardinal de la Rovère, archevêque de Tarentaise, protecteur du Saint-Sépulcre, à un religieux du Saint-Sépulcre. A cet acte, est joint un extrait des bulles du pape Sixte, de l'an 1479, par lesquelles il député l'Archevêque pour protecteur de la maison du Saint-Sépulcre. (L'acte original, sur parchemin, se trouve aux archives de l'évêché.)

N. 9. L'acte d'union faite en 1410, par Nicolas

de Balionibus, prieur général du Saint-Sépulcre, de l'hôpital de Rotulo, avec le prieuré du Saint-Sépulcre.

N. 10. Les lettres de provisions obtenues du prieur du Saint-Sépulcre d'Annecy, par messire Jacques Renguisii, des églises de Saint-Sauveur et de Saint-Michel de Strambin, diocèse d'Ivrée, dépendantes du prieuré du Saint-Sépulcre d'Annecy, de 1427, et encore la confirmation faite de ces provisions par l'Archevêque de Tarentaise, en qualité de protecteur du Saint-Sépulcre.

N. 11. L'acte de mise en possession du prieuré du Saint-Sépulcre d'Annecy, de messire Pierre de Leta, de 1495.

. 12. Un acte de collation des bénéfices de Saint-Sauveur et Saint-Michel de Strambin, diocèse d'Ivrée, en faveur de Jacques Renguisius, en 1448, par le cardinal Lancellot, patriarche de Jérusalem.

N. 13. Un autre acte de collation des bénéfices de Sainte-Trinité, faite en 1456, en faveur de Julien Tillerie, par Jacques Renguisius, prieur du Saint-Sépulcre d'Annecy et vicaire perpétuel du prieur général du Saint-Sépulcre.

N. 14. Collation du prieuré du Saint-Sépulcre d'Annecy, faite en 1414, en faveur de Rodolphe de Bacalioux, par Nicolas de Balionibus, général du Saint-Sépulcre.

N. 15. Collation d'une prébende du Saint-Sépulcre, en faveur de Claude Bertod, en

1498, par Mgr de Châteauvieux, archevêque de Tarentaise.

N. 16. Un acte de présentation faite à l'Archevêque de Tarentaise de la personne de Pierre de Mura, pour l'hôpital de Rotulo, dépendant du Saint-Sépulcre d'Annecy, par le baron de Véry et la communauté de Rotulo, du 6 juillet.....

N. 17. Acte de publication des constitutions du Saint-Sépulcre d'Annecy, de la part du seigneur Archevêque de Tarentaise.

N. 18. Un compromis fait entre le Chapitre du Saint-Sépulcre et l'Archevêque de Tarentaise, au sujet de l'élection du prieur, de 1427.

N. 19. Une procuration, de l'an 1438, donnée par le Chapitre du Saint-Sépulcre, pour faire exiger leurs revenus.

N. 20. Délégation donnée, en 1486, par Mgr de Compois à messire Faciot de Cernis, pour faire les fonctions qu'il ferait lui-même, s'il était présent, dans toutes les églises dépendantes du Saint-Sépulcre d'Annecy, telles que : conférer les bénéfices, corriger, visiter, etc.

N. 21. Autre délégation, de l'an 1317, faite par Mgr de Grolée à Guillaume Bardin, par laquelle il le constitue son vicaire pour les maisons du Saint-Sépulcre au delà des monts.

N. 22. Provision d'une prébende du Saint-Sépulcre faite en 1498, en faveur d'Antoine

Bon, par le vicaire général de l'Archevêque de Tarentaise.

N. 23. Un acte de visite de 1526, faite par Mgr Jean-Philippe de Grolée, du prieuré et église du Saint-Sépulcre d'Annecy.

N. 24. Autre acte de visite, faite par Mgr Parpaglia en 1582.

N. 25. Autre acte de visite, faite en 1664 par l'official de Tarentaise.

N. 26. Autre visite faite en 1638 par Mgr de Chevron.

N. 27. Autre visite faite en 1638 par Charles-Auguste de Sales, vicaire général de Tarentaise.

N. 28. Autre visite, de 1655, faite par Empioz, vicaire général de Tarentaise.

N. 29. Inventaire des biens meubles de l'église du Saint-Sépulcre d'Annecy. (Sans date et sans signature.)

N. 30. Un procès, de 1494, par devant l'Archevêque de Tarentaise, intenté par Etienne Leta contre Pierre de Mura.

N. 31. Un autre procès au même tribunal, de 1512, intenté par Vincent Montpois contre Pierre Moyne, religieux du Saint-Sépulcre, défendeur.

N. 32. Un extrait des bulles des papes Pie, Urbain et Eugène, par lesquelles ils confirment les priviléges du Saint-Sépulcre et l'exemptent de la juridiction des Archevêques et Evêques, sauf du patriarche de Jérusalem. (Une copie authentique de ces bulles est aux archives de l'évêché.)

N. 33. Enquête faite en 1525, par les officiers du Duc, à requête des religieux du Saint-Sépulcre contre le prieur commandataire.

N. 34. Un acte de visite faite en 1427, par Mgr Jean de Bertrand, du prieuré du Saint-Sépulcre d'Annecy.

N. 35. Une transaction faite entre le recteur de l'hôpital de Rotulo et le curé du lieu, au sujet du droit d'ensevelir les morts, administrer les sacrements et faire autres fonctions.

N. 36. Transaction de 1656, signée Guiguet, entre R. messire Pierre-François Vidonne Novery, chanoine de Saint-Pierre de Genève, prieur commandataire du Saint-Sépulcre, et les RR. religieux, chanoines religieux du Saint-Sépulcre, au sujet des prébendes et du nombre des religieux.

N. 37. Enquête faite par le vicaire général de Tarentaise, en 1507, contre messire Claude Donzel, sous-prieur du Saint-Sépulcre d'Annecy.

N. 38. Un extrait de l'arrêt rendu le 20 février 1654 entre le sieur Pierre-François Vidonne Novery, prieur commandataire du Saint-Sépulcre, appelant comme d'abus du décret de l'official de Tarentaise, d'une part, et les RR. religieux du Saint-Sépulcre, d'autre part, par lequel il est dit : *n'y avoir abus.*

N. 39.   Les constitutions et statuts du Chapitre du Saint-Sépulcre d'Annecy, confirmées par Mgr de Chevron en 1642, signés : Benedictus Theophilus et Laboret, cancellarius.

N. 40.   Acte de nomination de messire Amblard Baudé à la charge de sous-prieur, faite par le Chapitre du Saint-Sépulcre d'Annecy, avec la requête présentée à l'Archevêque de Tarentaise, par le dit Baudé, pour être confirmé dans sa charge.

N. 41.   Un acte de nomination pour le sieur Chardon et requête à l'Archevêque pour obtenir confirmation.

N. 42.   Une liasse des comptes rendus par les procureurs du Saint-Sépulcre.

N. 43.   Une liasse de lettres concernant le Saint-Sépulcre.

XIX

Naves. — TITRES DE LA PAROISSE DE NAVES.

N. 1.   L'acte de protestation du 29 mai 1500, faite par le procureur fiscal de l'archevêché de Tarentaise, contre la visite des chemins faite par les officiers de Salins, rière les limites de Nâves, depuis Saint-Eusèbe-de-Cœur jusqu'à la Charrière de Lestans, où ils avaient fait mettre un pilori, prétendant, le dit procureur fiscal, que l'archevêché est en possession du droit et qu'il est en coutume de faire les visites des chemins depuis le torrent de Saint-Eusèbe-de-Cœur jusqu'à la Charrière de Lestans et jusqu'aux montagnes de Beaufort.

N. 2. Une reconnaissance d'albergement, faite par les communiers de Nâves, en faveur du seigneur de Briançon, pour faire pâturer leur bétail dans le bois que leur a albergé ce seigneur, et appelé le Bois-de-Briançon, situé aux quartiers de Glaise, La Sia et Fontaine, jusqu'au torrent de Glaise, et depuis le foulon de la Fingère dessous, de 1377.

N. 3. Lettres de Charles de Savoie, de 1528, par lesquelles il ordonne à ses officiers de laisser à l'église paroissiale de Nâves la libre administration de ses biens.

N. 4. Un rouleau de reconnaissances, de 1369, en faveur de l'archevêque de Tarentaise, rière la paroisse de Nâves.

N. 5. Autre albergement du 4 octobre 1676.

N. 5 bis. Un rouleau de reconnaissances rière la dite paroisse de Nâves, de 1369.

N. 6. Un autre, de 1387.

N. 7. Un autre de la même année.

*N. 8. Un albergement, passé par Jean-Jacques Viallar, procureur général de Mgr de Valpergue, à spectable Maurice de Riddes, juge-maje de Tarentaise, d'un rivage situé au territoire de Fontaine, paroisse de Nâves, de 1565.

N. 9. Une liasse de reconnaissances et hommages, par divers particuliers, rière Nâves.

N. 10.   Albergement, passé par Mgr Milliet, le 15 octobre 1665, Festaz, notaire, de toutes les dîmes et fiefs rière Nâves. (Cet acte existe aux archives de l'évêché.)

N. 11.   Un sac dans lequel sont les procès intentés par devant le Sénat, par Mgr Milliet, contre le seigneur comte de Cevins, au sujet des minières de la Fingère, paroisse de Nâves, et de la juridiction, sur le penchant des montagnes d'Entrebutine, avec la sentence arbitrale rendue entre les parties, de leur consentement, en janvier 1670, dans laquelle sont décrits les confins de la paroisse de Nâves, part de Cevins, et où il est dit : que l'archevêque et ses successeurs sont maintenus en possession d'exercer leur juridiction sur leurs hommes rière la paroisse de Cevins.

N. 12.   Un extrait de l'albergement, passé par Mgr de Bertrand à la communauté de Nâves, des communaux et bois noirs de la dite paroisse, du 6 août 1431.

N. 13.   Un inventaire, fait à Bellecombe, des des meubles et biens des enfants de feu Jean Marion, justiciable de l'archevêché, en date du 14 juillet 1498, ce qui prouve que les archevêques ont droit d'exercer leur juridiction sur leurs hommes en tout lieu, même hors les quatorze paroisses dépendantes du pouvoir temporel de l'archevêché.

* N. 14.   Albergement du cours d'eau du nant de Bisard, par Mgr Milliet aux sindics et conseillers de Fessons-sous-Briançon, du 17 mai 1695, sous la cense de 4 ais de sapin, réservés les laods et vends.

N. 15.
Sentence arbitrale, pour Mgr Milliet contre Jean, Charles et François de Seyssel, conseigneurs de Cevins, concernant les minières et le bornage de la Fingère, du 16 mai 1665, signé Pointet. (Extraite des archives du Sénat.)

XX

Seminarium. — TITRES CONCERNANT LE SÉMINAIRE.

N. 1.
Contrat d'acquisition faite le 2 septembre 1672, Martin, notaire, par Mgr Milliet, du seigneur de Blonay, baron d'Avise, d'une maison, jardin et verger, situés en la cité de Moûtiers, proche Saint-Martin, pour le séminaire, moyennant le prix de 1,300 ducatons.

N. 2.
Une quittance portant cession de droit, en faveur du même archevêque, passée par le baron de Saint-Christophe, le le 18 mai 1675 : Cuidard, notaire.

Ratification de cette cession par la dame baronne de Saint-Christophe, le 27 du même mois; comme garantie de l'acquisition de la maison du séminaire.

N. 3.
Contrat dotal du sénateur d'Avise et dame Géronne de Montragnard, du 8 novembre 1640, Vachier, notaire ; ensemble un contrat d'accord et de pension annuelle entre les mariés de Blonay et sentence arbitrale avec acte de décharge de caution, le tout lié ensemble, pour servir de ga-

rantie à l'acquisition de la maison du séminaire, vendue par le sieur de Blonay.

N. 4. Duplicata du testament de R. messire Jean-Pierre Perrot, chanoine de l'église de Saint-Pierre de Tarentaise, pour l'archevêque de Tarentaise, héritier universel, sous la date du 14 août 1670.

N. 5. Copie du codicille du même, en date du 18 août 1617, expédiée à l'archevêque, son héritier universel.

N. 6. Copie du codicille du même, du 17 juillet 1680. Il était alors sacristain de Saint-Pierre, vicaire général, et supérieur du séminaire.

N. 7. Copie du codicille du même, du 19 juin 1682.

N. 8. Autre codicille du même, du 16 avril 1683.

N. 9. Autre codicille du même, du 14 décembre 1683.

N. 10. Inventaire des meubles et effets laissés par R. seigneur messire Jean-Pierre Perrot, docteur en sainte théologie, bachelier en droit, vicaire général et official de Tarentaise et directeur du séminaire diocésain.

N. 11. Quittance du 11 juin 1674, passée à Mgr Millet de Challes par messire André Blanc, chanoine de la métropole de Tarentaise.

N. 12. Liasse de prix-faits, donnés par Mgr Milliet à Mᵉ Louis Billiot et ses associés, concernant le séminaire, des 29 janvier 1673, 6 février 1673, 9 avril 1674, 28 décembre 1665 et 10 décembre 1681.

N. 13. Comptes du séminaire, des années 1684, 1685, 1686 et 1687.

A la suite de cet article, on lit la note suivante : « Pour prouver que le possesseur du jardin qui est auprès du séminaire, du côté du couchant, vers Ponserrant, ne peut point faire de bâtiment dans le dit jardin et empêcher les vues du séminaire de ce côté, voyez le contrat d'acquit et échange coté dans l'inventaire des titres de Moûtiers, sous n° 82. »

N. 14. Contrat d'acquisition de la montagne du Petit-Loup, à Saint-Martin-de-Belleville, en faveur du séminaire.

N. 15. Deux sacs contenant des testaments, divers acquis, des procès, des quittances, le tout provenant de feu M. d'Oncieu, curé de Cléry, donnés au séminaire de Saint-Sauveur de Moûtiers.

XXI.

. . . . , ...

XXII.

Tours. — LA PAROISSE DE TORS.

N. 1. Un rouleau de reconnaissances passées en faveur de l'archevêché, rière la paroisse de Tours, de 1345.

N. 2. Un autre rouleau de reconnaissances, de la même année.

N. 3. Un autre rouleau de reconnaissances. (Sans date.)

N. 4. Un autre rouleau de reconnaissances, de 1416.

N. 5. Un autre. (Sans date.)

N. 6. Une liasse de reconnaissances de divers biens rière Tours. (Sans date.)

N. 7. Une liasse d'albergements, faits par les archevêques à divers particuliers, de divers biens rière Tours. (Sans date.)

N. 8. Une liasse d'acquis et de donations, en faveur de l'archevêché, de divers usages et biens rière Tours. (Sans date.)

N. 9. Un compromis fait en 1405 entre les communiers de la Bâthie et de Tours, et les hommes de noble Jean de Duyn, seigneur du Château-sur-Conflens, au sujet des pâturages et des chalets de la montagne de Laut de Tours.

N. 10. Reconnaissance générale de la généralité du fief de la paroisse de Tours, faite par les sindics et communiers d'icelle, en faveur de l'archevêque, le 9 mai 1661, Moris, notaire ; ensemble l'arrêt d'homologation, du 22 novembre 1661. (V. p. 135 et suiv.)

XXIII.

XXIV.

. . . .

XXV.

Mensa episcopalis. — SONT LES LIVRES DES COMPTES RENDUS PAR LES CHATELAINS DE L'ARCHEVÊCHÉ, DE TOUS LES REVENUS, DIMES, DEVOIRS, OBVENTIONS, GREFFES ET AUTRES DROITS DÉPENDANT DE LA MENSE ARCHIÉPISCOPALE, TOUS SPÉCIALEMENT ET EN DÉTAIL EXPRIMÉS, PAR LESQUELS ON PEUT PROUVER L'EXACTION, ET QUE LES DITS DROITS SONT DUS, ET POUR CE ILS SONT A CONSIDÉRER, POUR QUOI QUE CE SOIT, TANT POUR LA JURIDICTION QU'AUTREMENT.

N. 1.   Sac contenant plusieurs baux à ferme de l'archevêché, le prix fait des moulins du Reclus après l'inondation du 14 septembre 1733. Ensemble l'acquis d'une partie de la vigne du sieur Pessy, pour élargir l'aqueduc des six moulins, dont trois ont été transférés des Rottes au Reclus en 1735, après avoir déjà dépensé aux uns et aux autres 2,200 livres après l'inondation du 1er octobre 1732.

INVENTAIRE

DES LIVRES DES RECONNAISSANCES PASSÉES EN FAVEUR DE L'ARCHEVÊCHÉ DE TARENTAISE

1° *Des fiefs nobles et arrière-fiefs de l'archevêché.*

* **N. 1.**   Un livre de reconnaissances d'arrière-fiefs passées en faveur d'Édouard de Savoie, archevêque de Tarentaise, en 1388, des fiefs possédés par les seigneurs rière la val de Bozel, depuis le nant de la Cluseta et la Roche, 485 feuillets.

* **N. 2.**   Autre livre de reconnaissances d'arrière-fiefs en faveur du même, de 1388, des fiefs possédés rière Bozel, hommes, hommages, juridictions, censes et servis divers s'y trouvent décrits, 404 feuillets.

* **N. 3.**   Autre livre de reconnaissances d'arrière-fiefs, juridictions, censes, hommages et servis reconnus par les nobles y nommés, en faveur du cardinal de Challant, archevêque de Tarentaise, rière le mandement de Saint-Jacquemoz et dessus le Siaix, de 1415, 765 feuillets.

* **N. 4.**   Un autre livre de reconnaissances d'arrière-fiefs etc. en faveur du même archevêque, rière la val de Bozel, de 1420, 496 feuillets.

* **N. 5.**   Un autre livre de reconnaissances d'ar-

rière-fiefs etc. en faveur de Mgr Thomas de Sur, archevêque de Tarentaise, par les seigneurs de Cevins et autres conseigneurs de la vallée de Bozel, de 1462, M⁰ Poterlat notaire.

* N. 6. Un autre livre de reconnaissances de fiefs nobles passées en faveur de Mgr Claude de Châteauvieux en 1500, Barralis notaire, 28 vingt et 6 feuillets (566).

* N. 7. Autre livre de reconnaissances d'arrière-fiefs, de 1506, Barralis notaire, 656 feuillets.

* N. 8. Autre livre de reconnaissances d'arrière-fiefs en faveur du même, de 1507, rière la val de Bozel, Barralis notaire, 689 feuillets.

* N. 9. Autre, en faveur du même, de 1507, Barralis notaire, 607 feuillets.

* N. 10. Autre, en faveur du même, de 1508, Barralis notaire, 588 feuillets.

* N. 11. Un autre livre de reconnaissances de fief noble et arrière-fief en faveur d'Edouard de Savoie, de 1399.

N. 12. Un autre livre de reconnaissances d'arrière-fief en faveur de Mgr Milliet, par le comte de Cevins, en 1668, Festaz notaire.

N. 13. Autre livre de reconnaissances d'hommage noble en faveur de Mgr de Châteauvieux, en 1507, Barral commissaire, 120 feuillets.

N. 14. Un autre livre d'investiture et prestation d'hommage noble en faveur du même, en 1506, même notaire, 96 feuillets.

N. 15.   Un livre de reconnaissances de fief noble en faveur de Jean-Philippe de Grolée, par les seigneurs de la Pérouse, Bley et Saint-Paul, en 1549, signé Ulliel.

N. 16.   Un livre minute d'hommage noble en faveur de Jérôme de Valpergue par les seigneurs de Riddes, d'Avalon, de Crescherel, Duvergier et autres, en 1564, Me Gros notaire, 18 feuillets.

N. 17.   Autre livre de reconnaissances d'arrière-fief en faveur de la mense épiscopale, 84 feuillets.

2° Livres des reconnaissances des Allues, Montagny, Fessons et la Perrière.

N. 1.   Un livre de reconnaissances passées en faveur du seigneur Edouard de Savoie en 1387, rière les paroisses des Allues et la Perrière, 441 feuillets.

N. 2.   Autre livre de reconnaissances passées en faveur d'Aimon de Léchal, en 1403, rière la paroisse des Allues, 330 feuillets.

N. 3.   Un livre de reconnaissances passées en faveur du cardinal de Challant, rière la Perrière, Fessons, Montagny et la Saulce, de 1413, Sallanchie notaire, 400 feuillets.

N. 4.   Autre livre de reconnaissances passées en faveur du même rière la paroisse des Allues, en 1414, Sallanchie notaire, 477 feuillets.

N. 5. Un livre de reconnaissaces passées en faveur de Jean-Louis de Savoie, archevêque, rière la paroisse des Allues, en 1458, Poterlat notaire, 617 feuillets.

N. 6. Autre livre de reconnaissances en faveur du même, rière les Allues et Fessons-sur-Salins, de 1458, Poterlat notaire, 577 feuillets.

N. 7. Autre livre de reconnaissances en faveur du même, rière la Perrière, Montagny et la Saulce, en 1459, Seytoris notaire, 357 feuillets.

N. 8. Un livre de reconnaissances passées en faveur de Jean de Compois, rière les Allues, en 1487, Brunet notaire, 999 feuillets.

N. 9. Autre livre de reconnaissances en faveur du même, rière la Perrière, Montagny, Fessons, la Saulce, Bozel, Saint-Bon, Saint-Jean et Saint-Martin des Bellevilles et les Allues, de 1488, Brunet notaire, 663 feuillets.

N. 10. Autre livre de reconnaissances passées en faveur du même rière les Allues, de 1488, Brunet notaire, 916 feuillets.

N. 11. Un autre livre de reconnaissances passées en faveur du même archevêque, rière les Allues, Fessons-sur-Salins, Brunet notaire, de 1488, 770 feuillets.

N. 12. Un autre livre de reconnaissances passées en faveur de Mgr de Valpergue, rière les Allues, en 1573, 1023 feuillets.

N. 13. Un autre livre de reconnaissances passées

en faveur de Mgr Parpallia, rière Fessons-sur-Salins, en 1580, 395 feuillets, Degilly notaire.

N. 14. Un autre livre de reconnaissances en faveur de l'archevêché, rière les Allues, de 1519.

N. 15. Un autre livre du même genre et de la même année.

N. 16. Un autre de la même année.

N. 17. Un autre livre de reconnaissances, rière les Allues, passées en faveur de Mgr de Grolée, en 1519, Brillat notaire.

N. 18. Deux petits livres de reconnaissances, rière les Allues, passées en 1357, Rapin notaire, en faveur de Jean Derides, héritier de demoiselle Jeanne de Salins, fille et héritière de noble Urbain de Salins. Ces droits ont été acquis par Mgr Milliet de noble Aimé Trolliet de Moûtiers, qui les tenait du sieur Derides.

N. 19. Autre livre de reconnaissances passées en faveur de Mgr Milliet, rière les Allues, en 1665, Festaz notaire, 528 feuillets.

N. 20. Un cotet confinal et hommages de reconnaissance en faveur du même, rière les Allues, signé Festaz notaire, 433 feuillets, sans date.

N. 21. Un livre de grosse, de 1530, contenant 1553 feuillets, et commençant par le feuillet 931, en faveur d'Ill^{me} Sgr François de Luxembourg, Mes Martinet et Busat notaires.

3° *Livres des reconnaissances rière Saint-Jean et Saint-Martin-de-Belleville.*

N. 1. Un livre de reconnaissances, passées en faveur de l'archevêque Edouard de Savoie, rière Saint-Martin et Saint-Jean-de-Belleville, de l'an 1389, 603 feuillets.

N. 2. Un autre livre de reconnaissances, passées en faveur du cardinal de Challant, rière Saint-Martin-de-Belleville, en 1415, 526 feuillets : Sallanchié, notaire.

N. 3. Un autre livre de reconnaissances, passées en faveur du même, en 1417, rière Saint-Jean-de-Belleville, même notaire, 762 feuillets.

N. 4. Autre livre de reconnaissances, passées en faveur de Mgr André, évêque de Genève, administrateur du diocèse de Tarentaise, pour Jean-Louis de Savoie, rière Saint-Jean-de-Belleville, en 1458 : Jean Loctier, notaire, 435 feuillets [1].

N. 5. Autre livre de reconnaissances, passées en faveur du même, en 1459, rière la paroisse de Saint-Martin-de-Belleville : Loctier, notaire, 591 feuillets.

N. 6. Autre livre de reconnaissances, passées en faveur du même, la même année, rière Saint-Jean-de-Belleville, même notaire, 553 feuillets.

---

[1] André n'était pas évêque de Genève, mais évêque d'Hébron (Voir Besson, p. 216.)

N. 7.	Un autre livre de reconnaissances, passées en faveur de Jean de Compois, en 1487, rière Saint-Martin-de-Belleville : Chenerardy, notaire, 610 feuillets.
N. 8.	Autre livre de reconnaissances, passées en faveur du même archevêque, en 1487, rière Saint-Martin et Saint-Jean-de-Belleville, même notaire, 712 feuillets.
N. 9.	Un autre livre de reconnaissances, en faveur du même, de 1488, rière Saint-Jean-de-Belleville et Saint-Laurent-de-la-Côte, même notaire, 1068 feuillets.
N. 10.	Autre livre de reconnaissances, passées en faveur de Jean-Philippe de Grolée, rière Saint-Jean-de-Belleville et la Côte, en 1516 et 1520 : Brillat, notaire, 407 feuillets.
N. 11.	Autre livre de reconnaissances, en faveur du même, de 1520, rière Saint-Jean-de-Belleville, même notaire, 555 feuillets.
N. 12.	Autre livre de reconnaissances, en faveur du même, de 1520, rière Saint-Martin-de-Belleville : Brillat et Molière, notaires, 759 feuillets.
N. 13.	Un autre livre de reconnaissances, passées en faveur de Mgr de Valpergue, rière Saint-Jean-de-Belleville, en 1574 : de Gilly, notaire, 998 feuillets (1).

(1) La date de 1574 serait erronée ; cet archevêque mourut le 6 juillet 1573, et Mgr Parpaille a été nommé par bulles du 15 septembre 1573. (Voir Besson, p. 219.)

N. 14. Un autre livre de reconnaissances, en faveur du même, de 1574, rière Saint-Jean : de Gilly, notaire, 997 feuillets.

N. 15. Un autre livre de reconnaissances, en faveur du même, de 1574, rière Saint-Jean-de-Belleville : de Gilly, notaire, 886 feuillets.

N. 16. Autre livre de reconnaissances, passées en faveur de Mgr de Parpalia, rière Saint-Martin-de-Belleville, en 1577 : de Gilly, notaire, 811 feuillets.

N. 17. Autre livre de reconnaissances, en faveur du même, rière la même paroisse, de 1577 : de Gilly, notaire, 828 feuillets.

N. 18. Un autre livre de reconnaissances, en faveur du même, rière la Flachère de Saint-Jean-de-Belleville, de 1580 : de Gilly, notaire, 866 feuillets.

N. 19. Un livre de reconnaissances, passées en faveur de Mgr Compois, rière Saint-Jean-de-Belleville, en 1488 : Generardy, notaire, 997 feuillets.

N. 20. Un livre de reconnaissances et hommages, passés en faveur de Mgr Milliet, rière Saint-Martin et Saint-Jean-de-Belleville, en 1664 : Festaz, notaire, 564 feuillets.

N. 21. Autre livre de reconnaissances et hommages, rière les mêmes paroisses.

N. 22. Un autre livre de reconnaissances, passés en faveur de Mgr Milliet, qui avait acquis les droits de R. messire Michel Favre, procureur du séminaire diocésain : M° Peysey, notaire, les an et jour contenus dans l'acte d'acquisition.

4° *Livres des reconnaissances de l'archevêché rière la val de Bozel, Saint-Bon, Pralognan et Champagny.*

N. 1.   Un livre de reconnaissances, passées en faveur d'Edouard de Savoie, rière Champagny, Bozel, Saint-Bon et Pralognan, de 1386, 527 feuillets.

N. 2.   Un livre de reconnaissances, passées en faveur du cardinal de Challant, rière les paroisses de Champagny, Bozel, Saint-Bon et la Léchère-sur-Tincavaz, en 1417 : Voudany, notaire, 405 feuillets.

N. 3.   Autre livre de reconnaissances, en faveur du même, de 1417, rière Villard-Goîtreux, Tincave, Villarmartin et la ville de Bozel, même notaire, 405 feuillets.

N. 4.   Autre livre de reconnaissances, en faveur du même cardinal, de 1417, rière Pralognan et Saint-Bon, même notaire, 371 feuillets.

N. 5.   Un livre de reconnaissances, passées en faveur de l'archevêque Jean-Louis de Savoie, en 1458, rière Bozel et les villages en dépendants : Loctier, notaire, 514 feuillets.

N. 6.   Autre livre de reconnaissances, en faveur du même, en 1458, rière Saint-Bon, Bozel et dépendances : Poterlat, notaire, 855 feuillets.

N. 7. Un petit livre de reconnaissances des dîmes dues sur certaines pièces de terre, rière Champagny, en dehors de la dîme ordinaire, passées en faveur de Mgr Thomas de Sur, en 1464 : Poterlat, notaire, 96 feuillets.

N. 8. Un livre de reconnaissances, passées en faveur de Mgr de Châteauvieux, en 1504, rière Bozel et Saint-Bon : Barral, notaire, 864 feuillets.

N. 9. Autre livre de reconnaissances, en faveur du même, de 1504, rière Villarmartin, les Champs, Lachenal, Ratelard et dépendances, Barral, notaire, 658 feuillets.

N. 10. Autre livre de reconnaissances, en faveur du même, de 1501, rière Pralognan : Barral, notaire, 625 feuillets.

N. 11. Autre livre de reconnaissances, en faveur du même, de 1504, rière Saint-Bon, 570 feuillets.

N. 12. Autre livre de reconnaissances, en faveur du même archevêque, de 1506, rière Champagny et la Léchère-sur-Tincave : Barral, notaire, 470 feuillets.

N. 13. Livre de reconnaissances, passées en faveur de Mgr de Grolée, en 1540, rière Villarmartin, les Mullinettes, les Champs, Ratelard et dépendances : de Lacullaz, notaire, 689 feuillets.

N. 14. Autre livre de reconnaissances, en faveur du même, rière Bozel et Saint-Bon, 867 feuillets.

N. 15. Autre livre de reconnaissances, en faveur du même, de 1541, rière Saint-Bon, signé : de Cullataz, 826 feuillets.

N. 16. Un autre livre de reconnaissances, en faveur que dessus, de 1541, rière Pralognan et dépendances : de Lacullaz, notaire, 580 feuillets.

N. 17. Autre livre de reconnaissances, en faveur du même, de 1540, rière Champagny et Tincave : de Lacullaz, notaire, 634 feuillets.

5° *Livres des rentes acquises et unies à la mense archiépiscopale rière la val de Bozel.*

N. 18. Un petit volume de reconnaissances, passées en faveur de messire Pierre de Bozel, rière la vallée de Bozel, en 1542 : Mollier, notaire, et appartenant à la mense achiépiscopale, 615 feuillets.

N. 19. Autre livre de reconnaissances, passées en faveur du même, en 1546, rière Saint-Bon et Bozel, même notaire, 889 feuillets.

N. 20. Un livre de reconnaissances, passées en faveur de noble Jean Loctier, comme ayant droit de noble Marie Bret, de 1477, rière Saint-Bon : Poterlat, notaire, 171 feuillets. A ce volume, est joint le livre des reconnaissances de la dite Bret, de l'an 1470.

N. 20. *bis*. Un livre de reconnaissances, en faveur

de noble Thomas de Loctier, rière Bozel, de 1516 : Chevalier, notaire, 521 feuillets.

N. 21. Un livre de reconnaissances, passées en faveur de noble François de Loctier, conseigneur de la val de Bozel, rière Saint-Bon, en 1556 : de Gilly, notaire, 913 feuillets.

N. 22. Autre livre de reconnaissances et hommages, en faveur de François de Loctier, seigneur de Bellecombe, par les Fontanil de Saint-Bon, ses hommes-liges et justiciables, de l'an 1559, signé : Pleysance, 108 feuillets.

N. 23. Un livre de reconnaissances, passées en faveur de François d'Avallon, conseigneur de Bozel, en 1552, rière Villarmartin : Beysson, notaire, contenant 1574 feuillets.

N. 24. Autre livre de reconnaissances, en faveur du même, rière Montagny et Bozel : même notaire, 536 feuillets.

N. 25. Autre livre de reconnaissances, passées en 1552, en faveur du même, rière Bozel et Villarmartin : Beysson, notaire, 550 feuillets.

6° *Livres de la rente de Villeneuve acquise des sieurs frères Dutour, par le seigneur François-Amédée Millet, archevêque.*

N. 26. La minute des reconnaissances passées en faveur de noble Jean Dutour, conseigneur de la val de Bozel, de 1549, rière le village de Champ-Béranger, paroisse du Planey, Meyne notaire, 39 feuillets.

N. 27. Un petit volume de reconnaissances passées en 1549, en faveur de Jean Dutour, rière Champ-Béranger et le Planey, Meyne notaire, 804 feuillets.

N. 28. Autre livre de reconnaissances en faveur que dessus, de 1549, rière les mêmes lieux, Meyne notaire, 597 feuillets.

N. 29. Livre de reconnaissances passées en faveur de noble Pierre Dutour, en 1606, rière Champ-Béranger, Ducornet notaire, 968 feuillets.

N. 30. Autre livre de reconnaissances en faveur du même, rière même lieu, signée Ducornet notaire, 902 feuillets.

N. 31. Un livre de reconnaissances passées en 1594 en faveur de noble Antoine de Provence, conseigneur de Bozel, rière Saint-Bon, dont les droits ont été vendus à l'archevêque de Tarentaise, 1056 feuillets.

N. 32. Un livre de reconnaissances passées en faveur de noble Jean-François de Provence, rière Saint-Bon, Ducornet notaire, 726 feuillets.

N. 33. Un autre livre de reconnaissances passées en faveur du même, de 1614, rière Saint-Bon, Ducornet notaire.

N. 34. La minute des reconnaissances susdésignées, signée de Gilly, contenant 313 feuillets.

N. 35.   Un autre livre des minutes des susdites reconnaissances, signées Ducornet, 274 feuillets.

N. 36.   Autre minute des mêmes, signée de Gilly, 146 feuillets.

N. 37.   Un livre de reconnaissances et hommages en faveur de Mgr Milliet, rière Bozel, Saint-Bon, Champagny, Pralognan etc. de 1664, Festaz notaire, 922 feuillets.

N. 38.   Deux livres de reconnaissances passées en faveur de Maffrei de Salins dont Mgr Milliet a acquis les droits, le premier porte la date de 1521, et l'autre celle de 1532.

N. 39.   Un livre de reconnaissances en faveur de Jean de Bertrand, de l'an 1344.

N. 40.   Un livre de reconnaissances en faveur de noble Michel de Provence, de l'an 1550, signé Pleysance, contenant 709 feuillets. Ces droits ont été acquis de demoiselle Jeanne-Françoise fille de feu noble Antoine Noël dit Bellegarde, femme de noble Philibert Réné Noël.

N. 41.   Livre des hommages et des hommes justiciables du seigneur François de Luxembourg, signé Pleysance, 595 feuillets.

N. 42.   Un autre livre en faveur du même, signés Martinet et Busat, contenant 930 feuillets.

Note. Entre le n° 39 et 40 se trouvent intercalés deux articles portant les numéros 19.

N. 19.   Deux livres en faveur du R. Pierre de Bozel, signé Meiller, des années 1541 et

1452, contenant le premier 775 feuillets et le second 968.

N. 19 (bis). Un autre livre en faveur des nobles Pierre et Urbain fils de feu Bernard, à feu Jean de Bozellis, de l'an 1503, signés Nicolas Clerc et François Letteney, contenant 345 feuillets.

7° *Livre des reconnaissances rière le mandement de Saint-Jacquemoz et paroisses du Pré, Montgirod, Hautecour et Bourg-Saint-Maurice.*

N. 1. Un livre de reconnaissances passées en 1414 en faveur du cardinal de Challant, rière le Bourg, Montgirod, Saint-Marcel et Hautecour, signé Voudany, contenant 414 feuillets.

N. 2. Autre livre de reconnaissances en faveur du même, de 1414, rière Notre-Dame-du-Pré, même notaire, 325 feuillets.

N. 3. Un livre de reconnaissances passées en 1459, en faveur de l'archevêque Jean-Louis de Savoie, rière le Pré, contenant 478 feuillets.

N. 4. Un autre livre de reconnaissances en faveur du même, de 1460, rière Saint-Marcel et Hautecour, signé Loctier, 618 feuillets.

N. 5. Un livre de reconnaissances passées en faveur de Mgr de Compois en 1486, rière Montgirod, Villette, Longefoy, Hautecour, Bourg-Saint-Maurice et autres lieux dépendants du mandement de Saint-Jacquemoz, 1024 feuillets.

N. 6. Autre livre de reconnaissances en faveur que dessus, de 1486, rière Saint-Jacquemoz et Hautecour, signé : Brunet, 1008 feuillets.

N. 7. Livre de reconnaissances passées en faveur de Mgr de Grolée en 1523, rière le Pré, 919 feuillets.

N. 8. Autre livre de reconnaissances en faveur du même, de 1524, rière Hautecour et Longefoy, et des vignes du clos de Saint-Jaquemoz, Brillat notaire, 948 feuillets.

N. 9. Autre livre de reconnaissances en faveur que dessus, rière le Pré, de 1486, signé Brunet 949 feuillets.

N. 10. Autre livre de reconnaissances en faveur de l'archevêché, rière Mongirod, de 1524, 974 feuillets.

N. 11. Autre livre de reconnaissances en faveur de Mgr de Grolée, de 1523, rière Hauteville, Montmagny, Montfort et le plan de Saint-Marcel, Brillat notaire, 913 feuillets.

N. 12. Autre livre de reconnaissances en faveur du même, de 1523, rière le Pré, 846 feuillets.

N. 13. Un livre de reconnaissances et hommages en faveur de Mgr Milliet, rière les paroisses du mandement de Saint-Jaquemoz, de 1664, signé : Festaz notaire, 454 feuillets.

8° *Livres des rentes acquises et unies à la mense épiscopale, rière Montgirod, Centron et Longefoy, par Mgr Millet de Challes, suivant acte du 13 décembre 1694 : Cartanas, notaire.*

N. 14.   Un livre contenant 118 reconnaissances, signées par Me Puget, notaire, de 1558, avec une copie de l'original, et 26 cahiers de l'année 1515.

On lit à la marge de cet article : « Ce livre a été remis à la communauté de Montgirod, ainsi qu'il en résulte par la quittance passée à l'archevêque le 14 janvier 1649. »

N. 15.   Trois livres d'acquis et rentes, unis à la mense archiépiscopale par Mgr Milliet. Ces rentes avaient été acquises des religieuses de Sainte-Claire, qui les tenaient elles-mêmes de Carrellis. L'archevêque les a ensuite cédées a la communauté de Montgirod, se réservant les hommes-liges, suivant contrat reçu par Me Ulliel, notaire.

N. 16.   Un livre de reconnaissances, rière Hautecour, en faveur de Jean de Bertrand, de 1357, signé : Jean Grosset, contenant 60 feuillets.

N. 17.   Un livre de reconnaissances, rière Notre-Dame-du-Pré, en faveur de noble Pierre Carrellis, de 1458, signé : Scytoris, contenant 204 feuillets.

N. 18.   Une grosse contenant 390 feuillets, à laquelle manque le commencement et la fin.

N. **19.** Une autre contenant 175 feuillets.

N. **20.** Un livre de reconnaissances, rière Notre-Dame-du-Pré, Saint-Marcel, Hautecour et Montgirod, contenant 152 feuillets.

N. **21.** Une liasse de cahiers, de l'année 1456.

9° *Livres des reconnaissances de l'archevêché, rière le mandement de la Bâthie, Tors, Cevins, Saint-Paul, Bleys, Saint-Thomas-des-Excertz, Rognaix, Conflens, Cléry, Beaufort et autres lieux dépendants du mandement de la Bâthie.*

N. **1.** Un livre de reconnaissances, passées en faveur de l'archevêque Edouard de Savoie, en 1387, rière Cevins, la Bâthie et dépendances, contenant 213 feuillets.

N. **2.** Un livre de reconnaissances, en faveur de Jean-Louis de Savoie, en 1459, par les favetiers de Langon et du mandement de la Bâthie, signé : Poterlat, 583 feuillets.

N. **3.** Autre livre de reconnaissances, en faveur du même, de 1499 (1), rière Cevins, Rognaix, Saint-Paul et Saint-Thomas-des-Esserts, signé : Poterlat, 390 feuillets.

N. **4.** Un livre de reconnaissances, en faveur de Mgr de Compois, en 1487, rière Tours, Conflens, Beaufort, Cléry, Tournon et autres lieux du mandement de la Bâthie, signé : Chenevardy, 917 feuillets.

---

(1) Erreur de date évidente; il faut lire 1459.

N. 5.   Autre livre de reconnaissances, en faveur du même, de 1487, rière la Bâthie, Cevins et villages en dépendant, même notaire, 922 feuillets.

N. 6.   Autre livre de reconnaissances, en faveur du même, de 1487, rière Cevins, Rognaix, Saint-Paul, Saint-Thomas et ses dépendances, même notaire, 961 feuillets.

N. 7.   Un livre de reconnaissances, passées en 1420, en faveur de Mgr de Bertrand, rière la Bâthie et autres lieux de ce mandement : Sallanchié, notaire, 399 feuillets.

N. 8.   Un livre de reconnaissances, passées en 1459, en faveur de l'archevêque Jean-Louis de Savoie, rière Cléry, Verrens, Saint-Vial et le mandement de Beaufort : Poterlat, notaire, 331 feuillets.

N. 9.   Un livre de reconnaissances, passées en 1593, en faveur de Mgr de Grolée, rière la Bâthie : Barfety, notaire, 750 feuillets.

N. 10.   Autre livre de reconnaissances, en faveur du même, de 1523, rière Langon et autres villages de la Bâthie : Arnollet, notaire, 702 feuillets.

N. 11.   Autre livre de reconnaissances, en faveur du même, de 1522, rière Tours et Conflans : Arnollet, notaire, et Barfety, 355 feuillets.

N. 12.   Un autre livre de reconnaissances, en faveur du même, de 1533, rière Cevins, contenant 457 feuillets.

N. 13.   Un autre livre de reconnaissances, en

faveur du même, de 1530, rière Rognaix, Saint-Paul, Saint-Thomas et dépendances : Arnollet, notaire, 499 feuillets.

N. 14. Autre livre de reconnaissances, en faveur que dessus, de 1525, rière Cléry, Verrens, Tournon et dépendances : Arnollet, notaire, 618 feuillets.

N. 15. Autre livre de reconnaissances, en faveur du même, de 1525, rière le mandement de Beaufort : Arnollet, notaire, 259 feuillets.

N. 16. Un petit livre de reconnaissances, passées en faveur de Mgr Parpalia, en 1592, rière Beaufort : Oudeard, notaire, 472 feuillets.

N. 17. Un livre de reconnaissances et hommages, en faveur de Mgr Milliet, de l'année 1665, rière la Bâthie, Tours, Rognaix, Saint-Paul, Bleys et dépendances : Festaz, notaire, 652 feuillets.

N. 18. Un livre cotet des susdites reconnaissances.

N. 19. Un livre de reconnaissances et hommages, en faveur de Mgr Milliet, rière Cléry et le mandement de Tournon, en 166... : Festaz, notaire, contenant ...... feuillets.

N. 20. Autre livre cotet des dites reconnaissances de Cléry et Tournon, même notaire, même année.

N. 21. Un petit livre de reconnaissances, passées en faveur de Mgr Milliet, en 1666, rière la paroisse et le mandement de Beaufort : Festaz, notaire, 286 feuillets.

N. 22.   Le livre cottet des susdites reconnaissances.

10° *Livres des rentes acquises et unies à la mense archiépiscopale, rière la Bâthie, Tours et Conflans, par Mgr François-Amédée Milliet de Challes, suivant acte du 10 décembre 1694 reçu par Mes Cartanas et Ulliel, notaires ducaux, acquises du vénérable Chapitre de Tarentaise.*

N. 23.   Six livres des dites reconnaissances.

N. 24.   Un livre de reconnaissances, rière la Bâthie et dépendances, en faveur de révérendissime Jean de Rotariis, archevêque, de 1369, signé : Floret, contenant 156 feuillets.

11° *Livres des reconnaissances de l'archevêché, rière Moûtiers, Nâves et dépendances.*

N. 1.   Un livre de reconnaissances, passées en faveur d'Edouard de Savoie, en 1386, rière la cité de Moûtiers, contenant 66 feuillets.

N. 2.   Un livre de reconnaissances, passées en faveur de Jean-Louis de Savoie, en 1457, rière Moûtiers, Nâves et Hautecour ; se réfèrent au prieuré de Saint-Michel : Seytoris, notaire, 403 feuillets.

N. 3.   Un livre de reconnaissances, passées en

faveur de Mgr de Compois, en 1489, rière Moûtiers, Nâves et dépendances : Brunet, notaire, 989 feuillets.

N. 4. Un livre de reconnaissances, pour Mgr de Grolée, en 1525, rière Moûtiers et Nâves : Brillat, notaire, 580 feuillets.

N. 5. Livre de reconnaissances, pour Mgr de Valpergue, de 1571, rière la cité de Moûtiers : de Gilly, notaire, 571 feuillets.

N. 6. Un livre de reconnaissances, pour Mgr Parpalia, de 1580, rière les villages de Fontaine et Ronchal de Nâves : de Gilly, notaire, 592 feuillets.

N. 7. Autre livre de reconnaissances, pour le même, de 1580, rière Mollonson et Grand-Nâves, village de la paroisse de Nâves : Degilly, notaire, 804 feuillets.

N. 8. Un livre de reconnaissances, pour Mgr Milliet, de 1666, rière la cité de Moûtiers : Festaz, notaire.

N. 9. Un livre cotet des dites reconnaissances.

N. 10. Un livre de reconnaissances et hommages, en faveur de Mgr Milliet, en l'année ...... : Festaz, notaire, rière la paroisse de Nâves.

12° *S'ensuit l'inventaire des livres qui ont été trouvés dans l'archive non inventoriés.*

N. 11. Un livre de grosses reçues par Me Degilly en 1570, en faveur du seigneur Chappot, contenant 1578 feuillets.

N. 12. Un livre de reconnaissances en faveur de noble Urbain de Salins, de 1527, signé Bessonis, contenant 1166 feuillets.

N. 13. Autre livre de reconnaissances en faveur des nobles Lotier, de 1481, signé Cardodi, contenant 192 feuillets.

N. 14. Un livre de reconnaissances en faveur de noble Pierre Carreli, en 1438, signé Seytoris, contenant 204 feuilllets.

N. 15. Autre livre de reconnaissances rière Naves, 1387, en faveur de l'archevêque, signé de Allion, contenant 167 feuillets.

N. 16. Livre de reconnaissances passées en faveur de noble Pierre Carrelli, en 1514, signé de Campis, 152 feuillets.

N. 17. Une minute de reconnaissances en faveur du seigneur de Loctier, de 1366, signé Crozet, 345 feuillets.

N. 18. Un livre de grosses en faveur de noble Thomas de Loctier, de 1513, signé Chevalier, 1520 feuillets.

N. 19. Un autre livre de grosses pour noble Pierre de Bozel, comme chapelain de la chapelle de Sainte-Trinité, de 1342, signé Mollier, 968 feuillets.

N. 20. Autre livre de reconnaissances en faveur du même, de 1541, signé Mollier, 345 feuillets.

N. 21. Un livre de grosses des reconnaissances

passées en faveur de dame Louise de Savoie et de seigneur François de Luxembourg en 1529, signés Martinet et Buffat, contenant 1281 feuillets.

N. 22. Un livre de minutes de reconnaissances non signées pour les seigneurs de Loclier, de 1506, 183 feuillets.

N. 23. Un livre de grosses contenant les hommages ruraux, de 1513, en faveur de la mense, signé Barral.

N. 24. Un livre de grosses de reconnaissances pour noble Antoine de Provence, de 1572, signés Rellier et Ulliel, 957 feuillets.

N. 25. Un livre de grosses de reconnaissances pour le même, de 1578, même notaire, 862 feuillets.

N. 26. Autre de 1571, même notaire, 943 feuillets.

N. 27. Autre de la même année, Udry notaire, 931 feuillets.

N. 28. Autre pour le même, de 1570, Ulliel et Rellier notaires, 817 feuillets.

N. 29. Un autre pour le même, de 1572, 1259 feuillets.

N. 30. Un sac contenant des titres d'acquisitions et un albergement de la maison qui est devant le portail du palais et de l'église ainsi que d'une petite boutique, en faveur de l'archevêché.

N. 31. Une liasse de divers acensements des biens de l'archevêché, à laquelle est jointe une liasse de prix faits.

N. 32. Un livre de grosses de reconnaissances d'hommages pour noble de Bellegarde, contenant 520 feuillets.

FIN DE L'INVENTAIRE.

TABLE DES MATIÈRES

	Pages.
Avertissement	v
Introduction	1

1re Partie. — TRANSUMPTS.

I. Transumptum privilegiorum ab imperatoribus Ecclesiæ Tarantasiensi concessorum	4
II. Tenor transactionis quoad domos et alias possessiones civitatis Munsterii inter rev. archiepiscopum et cives factæ. . . .	15
III. Transumptum mandati ducalis pro jurisdictione Munsterii	21
IV. Bulla unionis et sœcularisationis venerabilis Capituli Tarentasiensis.	25
V. Transaction entre l'archevêque de Tarentaise et les syndics des Allues	46
VI. Convention entre Monseigneur l'illustrissime et révérendissime François Amédée Milliet archevêque et comte de Tarentaise et les hommes communiers et habitants de la paroisse des Allues . .	58

VII. Albergement des dimes de St-Jean de Belleville fait aux communiers du quartier du dit St Jean	69
VIII. Albergement des vignes de St-Jaquemoz fait à divers particuliers du Pré . . .	74
IX. Albergement des dimes de blé de Notre-Dame du Prez	77
Albergement du dime des Avanchers . .	82
Albergement du dime de Doucy. . . .	85
Albergement du dime de St-Laurent de la Costaz	86
Albergement du dime d'Auteville . . .	88
Albergement du dime du Villaret et Beau Villard paroisse de St-Jean de Belles Villes.	90
Albergement perpétuel passé à communauté de Naves des dimes et fief.	91
Albergement du fief de Champagny. . .	95
Albergement perpétuel du fief en faveur de la communauté de Bosel et Moullins.	98
Albergement porpétuel soit reconnaissance du dime de St-Jean de Belles Villes . .	101
Albergement du fief à la communauté d'Autecourt.	104
Albergement du fief et dime de St-Marcel paroisse de St-Martin de Belles Villes .	106
Albergement perpétuel soit reconnaissance de la possession d'Arnal	111
Albergement du fief fait à la communauté de Montgirod	115

X. Reconnaissance contenant labergement des dimes rière Montgirod 118
XI. Eschange entre illustrissime et révérendissime seigneur François Amed Millet archevêque et comte de Tarantaise, et damoiselle Sylvie Vulliet, et les sieurs frères Vichard, mère et fils 121
XII. Reconnaissance de la généralité du fief de la paroisse de la Bastie. 126
Arrêt d'homologation 133
Reconnaissance de la généralité du fief de la paroisse de Tours 135
Reconnaissance de la généralité du fief rière la paroisse de Pralognan . . . 137
Reconnaissance de la généralité du fief rière la paroisse du Planay 142
Reconnaissance de la généralité du fief rière le village de la Croix quartier de Pralognian, passé par les hommes et communiers du dit village de la Croix . . 146
Reconnaissance de la généralité du fief rière la paroisse de Saint-Bon, . . . 149
Reconnaissance générale de la généralité du fief rière le quartier de Villarmartin, paroisse de Bosel . . . , . . . 156
Reconnaissance générale de la généralité du fief rière Notre-Dame du Praz . . . 162
Reconnaissance générale de la généralité du fief rière Tencavaz paroisse de Bosel. 166
Reconnaissance générale de la généralité

du fief rière le quartier de Villargoytrouz paroisse de Bosel	169
Reconnaissance générale de la généralité du fief rière la paroisse de Saint-Jacquemoz	171
Reconnaissance générale de la généralité du fief de la commune des Allues . .	174
Reconnaissance générale de la généralité du fief rière la paroisse de St-Jean de Belles Villes.	175
XIII. Arrêts du souverain sénat de Savoye (concernant la préséance)	178
Extrait des registres du souverain sénat de Savoye (concernant la création et les attributions du conseil de ville de Moûtiers, et la juridiction du grand Ballif de l'Archevêché)	179
Extrait des registres du souverain sénat de Savoye, (concernant la juridiction de l'archevêque sur la noblesse résidant à Moûtiers).	184
XIV. Extrait de la sentence arbitrale rendue par le seigneur marquis de St-Maurice, entre le seigneur Archevêque et le seigneur Manuel concernant la chasse .	191

XV. Donation fondation pour Monseigneur l'illustrissime et révérendissime François Amé Milliet par la grâce de Dieu et du St-Siège apostolique archevêque et comte de Tarantaise, prince de St-Empire en faveur et avec les révérends seigneurs Chanoines et vénérable Chapitre métropolitain de St-Pierre de Tarantaise, (concernant les divers offices par lesquels les seigneurs seront entablés. . . . 194

Quittance de la présente fondation et donation 199

XVI. Transaction passée entre le vénérable Chapitre métropolitain de St-Pierre de Tarantaise et le sieur Anthoine Ferley comme économe de l'archevêché de Tarantaise, et révérendissime François Amé Milliet archevêque et comte du dit Tarantaise, prince du St-Empire romain etc 201

Renonciation d'albergement et relachement des moulins des Rottes pour Monseigneur l'illustrissime et révérendissime François Amé Milliet archevêque et comte de Tarantaise prince du St-Empire romain etc. passé à sa faveur par honorable Pierre Porret maitre maréchal de Moustiers du 18 mars 1667, reçu par Mᵉ Moris. 208

Extrait de cession et transport du 8 juillet 1658 fait par Mᵉ Anthoine Ferley économe de l'archevêché pendant la vacance en éxécution de la transaction à lui passée avec le dit vénérable Chapitre le premier

juillet 1659 reçues l'une et l'autre par
M⁰ Claude Bernard notaire 212
Deux lettres adressées à Thomas Blanc,
historiographe de Savoie 216

IIe Partie. — INVENTAIRE.

I. *Imperialia.* — Patentes et privilèges des
empereurs 219
II. *Papalia.* — Bulles et privilèges des papes . 235
III. *Ducalia.* — Transactions entre les princes
de Savoie et nos archevêques ; lettres
ducales et titres concernant la juridiction
sur la ville de Moûtiers 311
IV. *Munsterium.* — Juridiction et autres droits
des archevêques. 480
V. *Ecclesia et capitulum.* — Titres concernants l'officialité l'église de St-Pierre
de Tarentaise et le chapitre 551
VI. *Alta Curia.* — Titres d'Aultecourt. . . 600
VII. *Mandamentum Bastiæ.* — La Bastie,
Civins, St-Paul, Rogniaix, Bleys,
Conflens et autres lieux dépendants du
mandement de la Bastie 603
VIII. *Bosellum.* — Bozel, Champagny, Pralognian, le Planey et autres villages
dépendants du dit Bozel 613
IX. *Sanctum Bonum.* — Saint-Bon 627
X. *Bellifortis.* — Beaufort et dépendances . 629
XI. *Bellevillæ.* — St-Martin et St-Jean de
Belles Villes 633

XII. *Clericaci et Turnonis*. — Cléry et mandement de Tournon 639
XIII. *Mandamentum sancti Jacobi*. — St-Jacquemoz, le Prez, St-Mauris et dépendances d'iceux et Montgirod . . . 642
XIV. *Hommagia nobilium*. — Hommages nobles et reconnaissances de rière fief . . . 651
XV. *Allodiorum et Perreriæ*. — Allues, Montagny, Fesson sur Sallin et dépendences des dits lieux 659
XVI. *Visitationes et Synodalia*. — Actes de visites, statuts synodaux, fondation de chapelles et autres titres concernant les bénéfices de Tarentaise 666
XVII. *Sion et Aoste*.. — Titres concernant la supériorité des seigneurs Archevêques de Tarentaise sur les Evêques d'Aouste et de Sion 671
XVIII. *Sanctum Sepulcrum*. — Titres concernant la juridiction et supériorité des Archevêques de Tarentaise, sur l'église et sur les chanoines du St-Sépulcre d'Annecy, diocèse de Genève 674
XIX. *Naves*. — Titres de la paroisse de Nâves . 680
XX. *Seminarium*. — Titres concernant le Séminaire 683
XXII. *Tours*. — La paroisse de Tors 685
XXV. *Mensa episcopalis*. — Sont les livres des comptes rendus par les chatelains de l'archevêché, de tous les revenus, dimes,

devoirs, obventions, greffes et autres droits dépendant de la mense archiépiscopale, tous spécialement et en détail exprimés, par lesquels on peut prouver l'exaction, et que les dits droits sont dus, et pour ce ils sont à considérer, pour quoi que ce soit, tant pour la juridiction qu'autrement 687

Inventaire des livres des reconnaissances passées en faveur de l'archevêché de Tarentaise 688

FIN DE LA TABLE.

www.ingramcontent.com/pod-product-compliance
Lightning Source LLC
Chambersburg PA
CBHW071705300426
44115CB00010B/1316